新注釈民法（14）

債 権（7）

§§623〜696

山 本 豊

編 集

大村敦志・道垣内弘人・山本敬三
編集代表

有斐閣コンメンタール

本書のコピー，スキャン，デジタル化等の無断複製は著作権法上での例外を
除き禁じられています。本書を代行業者等の第三者に依頼してスキャンや
デジタル化することは，たとえ個人や家庭内での利用でも著作権法違反です。

『新注釈民法』の刊行にあたって

　『新注釈民法』の編集委員会が発足したのは，2010年秋のことであった。『注釈民法』（全26巻），『新版注釈民法』（全28巻）は，民法学界の総力を結集して企画され，前者は1964年に，後者は1988年に刊行が始まった。その後の立法・判例・学説の変遷を考えるならば，第三の注釈書が登場してよい時期が到来していると言えるだろう。

　編集にあたっては次の3点に留意した。

　第一に，『新版注釈民法』が『注釈民法』の改訂版であったのに対して，『新注釈民法』はこれらとは独立の新しい書物として企画した。形式的に見れば，この点は編集代表の交代に表れているが（『注釈民法』の編集代表は，中川善之助，柚木馨，谷口知平，於保不二雄，川島武宜，加藤一郎の6名，これを引き継いだ『新版注釈民法』の編集代表は，谷口知平，於保不二雄，川島武宜，林良平，加藤一郎，幾代通の6名であった），各巻の編集委員も新たにお願いし，各執筆者には『新版注釈民法』の再度の改訂ではなく新たな原稿の執筆をお願いした。もっとも，『注釈民法』『新版注釈民法』が存在することを踏まえて，これらを参照すれば足りる点については，重複を避けてこれらに委ねることとした。

　第二に，『新注釈民法』もまた，「判例に重きをおき，学説についてもその客観的状況を示して，現行の民法の姿を明らかにする」という基本方針を踏襲している。もっとも，判例に関しては，最高裁判例を中心としつつ必要に応じて下級審裁判例にも言及するが，必ずしも網羅的であることを求めないこととした。また，『注釈民法』『新版注釈民法』においては詳細な比較法的説明も散見されたが，『新注釈民法』では，現行の日本民法の注釈を行うという観点に立ち，外国法への言及は必要な限度に限ることとした。法情報が飛躍的に増加するとともに，かつてに比べると調査そのものは容易になったことに鑑み，情報の選別に意を用いることにした次第である。

　第三に，『新注釈民法』は，民法（債権関係）改正と法科大学院の発足を

強く意識している。一方で，民法（債権関係）改正との関係では，全20巻を三つのグループに分け，民法（債権関係）改正と関係の少ないグループから刊行を始めることとした。また，改正の対象となっていない部分についても，変動しつつある日本民法の注釈という観点から，立法論の現況や可能性を客観的に示すことに意を用いた。他方，実務との連携という観点から，要件事実への言及が不可欠な条文を選び出し，各所に項目を設けて実務家に執筆してもらうこととした。

　刊行にあたっては，多くの研究者のご協力をいただいているが，この十数年，大学をめぐる環境は厳しさを増しているのに加えて，民法（債権関係）改正法案の成立時期がはっきりしなかったこともあり，執筆者の方々はスケジュール調整に苦心されたことであろう。この場を借りて厚く御礼を申し上げる。

　冒頭に述べたように，注釈民法の刊行は1964年に始まったが，実は，これに先立ち，有斐閣からは註釈民法全書として，1950年に中川善之助編集代表『註釈親族法（上下）』，1954年に同『註釈相続法（上下）』が刊行されていた。有斐閣は2017年に創業140周年を迎えるが，民法のコンメンタールはその後半70年を通じて，歩みをともにしてきたことになる。熱意を持ってこの企画に取り組んで来られた歴代の関係各位に改めて敬意と謝意を表する次第である。

　　2016年10月

『新注釈民法』編集代表

大　村　敦　志

道　垣　内　弘　人

山　本　敬　三

本巻はしがき

　本巻の対象は，民法第3編第2章第8節から第14節までが規定する典型契約である。このうち，前半部分を占めるのは，雇用・請負・委任・寄託，すなわち，現代社会における産業構造の変化に伴って重要性が増しているといわれる役務提供型の典型契約である。それらに続いて，後半部分では，団体型の契約の代表である組合，リスク分配型の契約とも見うる終身定期金・和解が取り上げられる。本企画（『新注釈民法』）の前身に当たる『注釈民法』，『新版注釈民法』においては，これらの契約の注釈に2巻を当てていたが，『新注釈民法』においては，全体の巻数を絞り込むとの方針の下，1巻にまとめて取り扱う。

　『新注釈民法』は，現行の日本民法の注釈を行うものであり，明治期以来の沿革，学説史，外国法，立法論等に関する叙述は，わが国の現行法の位置づけを明らかにし，現状を的確に伝えるために必要な限りで，適宜これを行うことを基本的指針としている。本巻における注釈も，もとより，この指針に準拠している。実際上も，沿革，学説史，外国法，立法論等に関する叙述を，上記の範囲を超えて行うだけの紙幅は用意されていない。このことと関連して，日本民法の条文の対照条文としての外国法への言及について，特に一言補足しておきたい。『新注釈民法』では，各条文の次に，〔対照〕欄をもうけ，日本民法の理解に資する外国法の該当条文を掲げることにしている。ところが，本巻の対象とする典型契約の中には，外国法との対照がすんなりとはいかないものが，少なくない。ほんの数例を挙げるならば，たとえば，外国法における契約類型で「雇用」・「委任」の訳語が当てられるものであっても，その意味や射程が，日本法でいう「雇用」・「委任」と同じではないという場合がある。「組合」についても然りであり，権利能力を認められるドイツ法上の「組合」と日本民法上の「組合」とを同様のものと見て対比してよいかといった問題がある。こうした事情は，たとえば，「売買」における

iii

場合とは，相当に様相を異にするものといえよう。このような場合に，日本民法の条文の対照条文として，外国法の条文をどの程度挙げるべきかは，なかなかに悩ましい問題となる。「対照」の意味の理解いかんにも関わるが，意味や射程の異なる外国法の条文を，解説や留保なしに挙げるのは，現行の日本民法の位置づけや内容を明らかにするうえで，かえって誤解を招きかねないという見方も成立しうるからである。本巻では，この点の最終的判断を〔も〕，各執筆者の見識に委ねることとしている。本巻の雇用・組合および和解の注釈において外国法の対照条文が挙げられていないのは，以上のような理由に基づくものである。

　本巻の編集にあたって，最大の課題となったのは，いうまでもなく，民法改正の動向にどのように対応するかということであった。すなわち，本企画の具体化に向けての作業がスタートしたのは，法制審議会民法（債権関係）部会（以下，「部会」という）による民法改正に関する審議が開始されて1年ほど経過した頃であり，その後しばらくの間は，来るべき改正民法の内容がどのようなものになるかが見通せない状況にあった。本巻に関しては，とりわけ役務提供契約についての一般規定の新設という野心的な立法提案が検討の俎上に上っており，こうした情勢にどのように対応するかが，編集上の大きな問題であった。これについては，そうした企図が実現した場合を想定した執筆体制を一応整えつつ，それが実現しなかった場合に（実際，役務提供契約についての一般規定の新設は，最終的には断念されることとなった），内容・分量を柔軟に（大幅に）縮減させることが可能な者（すなわち，編者）を執筆予定者としてスタン・バイさせることにより，対処することとした。

　「民法の一部を改正する法律案」の内容が固まってからは（2015年3月31日閣議決定），2015年の夏頃から，執筆者会合を開催して執筆項目の選定や調整を進め，その後は，節目ごとに執筆者会合を重ねつつ，改正法案の各条の執筆作業が進められた。この段階では，いまだ改正法案が国会を通過しておらず，参考文献・資料がたいへんに乏しい状況であった。参考資料としては，部会の審議資料や議事録が有益な情報源であるが，本巻の対象となる典型契約の中には，部会の審議も比較的簡単に済まされるものも少なくなく，そう

した分野を担当する執筆者には，情報不足による苦労も多々あったものと推察される。

『注釈民法』，『新版注釈民法』における対応巻とは異なり，本巻においては，一典型契約に一執筆者を当てる方針をとった。そのことにより，執筆者が多数にわたることによる叙述の重複・不調和のリスクを回避し，単一の執筆者による一貫した叙述を確保しようと考えたからである。もっとも，そのため条文数や要執筆項目の多い典型契約の担当者には，とくに大きな負担をお願いすることになった。

ともあれ，そのような困難を克服して，本巻の刊行に漕ぎつけられることになった。平成29年民法改正の対象となった条文を含む分野からは，トップバッターとしての登場になる。これも，ひとえに，所属大学・機関の本務等で多忙を極める中，おおむね締切を守って，原稿を提出していただいた執筆者諸氏のご協力のおかげである。編者として深く謝意を表するとともに，資料不足等の下，意に満たない執筆個所を残した執筆者のために，平成29年改正民法施行後の理論・実務の展開を踏まえた改訂の機会があればと願うものである。

本巻が成るにあたっては，有斐閣注釈書編集部の山下訓正氏，藤木雄氏に，執筆者会合の設営から原稿の綿密なチェックに至るまで，万般にわたり，行き届いた助力をいただいた。こうしたサポートなくしては，本巻が，この時期にこの形で公刊されることはなかったといってよい。この場を借りて篤く御礼を申し上げる次第である。

　2018年8月

山　本　　豊

目　　次

第3編　債　　権

第2章　契　　約

役務提供契約総論 ── 雇用・請負・委任・寄託 ──

………………………………………………………（山本　豊）…　1

第8節　雇　　用

第623条（雇用）……………………………………（山川隆一）…　18

第624条（報酬の支払時期）………………………（　同　）…　52

第624条の2（履行の割合に応じた報酬）…………（　同　）…　57

第625条（使用者の権利の譲渡の制限等）………（　同　）…　70

第626条（期間の定めのある雇用の解除）………（　同　）…　78

第627条（期間の定めのない雇用の解約の申入れ）…（　同　）…　86

第628条（やむを得ない事由による雇用の解除）……（　同　）…101

第629条（雇用の更新の推定等）…………………（　同　）…106

第630条（雇用の解除の効力）……………………（　同　）…109

第631条（使用者についての破産手続の開始による解

約の申入れ）……………………………………（　同　）…111

第9節　請　　負

第632条（請負）……………………………………（笠井　修）…115

第633条（報酬の支払時期）………………………（　同　）…180

第634条（注文者が受ける利益の割合に応じた報酬）

………………………………………………………（　同　）…184

第635条　削除

第636条（請負人の担保責任の制限）……………（　同　）…214

目　　次

第637条（目的物の種類又は品質に関する担保責任の

　　期間の制限）………………………………………（　同　）…217

第638条から第640条まで　削除

第641条（注文者による契約の解除）………………（　同　）…224

第642条（注文者についての破産手続の開始による解

　　除）………………………………………………（　同　）…232

第10節　委　　任

第643条（委任）……………………………………（一木孝之）…239

第644条（受任者の注意義務）………………………（　同　）…247

第644条の2（復受任者の選任等）…………………（　同　）…265

第645条（受任者による報告）………………………（　同　）…272

第646条（受任者による受取物の引渡し等）…………（　同　）…277

第647条（受任者の金銭の消費についての責任）……（　同　）…283

第648条（受任者の報酬）……………………………（　同　）…286

第648条の2（成果等に対する報酬）………………（　同　）…295

第649条（受任者による費用の前払請求）…………（　同　）…303

第650条（受任者による費用等の償還請求等）………（　同　）…306

第651条（委任の解除）………………………………（　同　）…317

第652条（委任の解除の効力）………………………（　同　）…332

第653条（委任の終了事由）…………………………（　同　）…335

第654条（委任の終了後の処分）……………………（　同　）…342

第655条（委任の終了の対抗要件）…………………（　同　）…346

第656条（準委任）…………………………………（山本　豊）…349

第11節　寄　　託

第657条（寄託）……………………………………（吉永一行）…362

第657条の2（寄託物受取り前の寄託者による寄託の

　　解除等）…………………………………………（　同　）…369

第658条（寄託物の使用及び第三者による保管）……（　同　）…378

第659条（無報酬の受寄者の注意義務）……………（　同　）…385

第660条（受寄者の通知義務等）……………………（　同　）…390

vii

目　　次

第 661 条（寄託者による損害賠償）……………………（　同　）…397

第 662 条（寄託者による返還請求等）…………………（　同　）…400

第 663 条（寄託物の返還の時期）………………………（　同　）…407

第 664 条（寄託物の返還の場所）………………………（　同　）…409

第 664 条の 2（損害賠償及び費用の償還の請求権につ
　　いての期間の制限）……………………………………（　同　）…411

第 665 条（委任の規定の準用）…………………………（　同　）…417

第 665 条の 2（混合寄託）………………………………（　同　）…423

第 666 条（消費寄託）……………………………………（　同　）…430

第 12 節　組　　合

第 667 条（組合契約）………………………………（西内康人）…447

第 667 条の 2（他の組合員の債務不履行）……………（　同　）…473

第 667 条の 3（組合員の 1 人についての意思表示の無
　　効等）……………………………………………………（　同　）…482

第 668 条（組合財産の共有）……………………………（　同　）…490

第 669 条（金銭出資の不履行の責任）…………………（　同　）…506

第 670 条（業務の決定及び執行の方法）………………（　同　）…508

第 670 条の 2（組合の代理）……………………………（　同　）…518

第 671 条（委任の規定の準用）…………………………（　同　）…543

第 672 条（業務執行組合員の辞任及び解任）…………（　同　）…548

第 673 条（組合員の組合の業務及び財産状況に関する
　　検査）……………………………………………………（　同　）…549

第 674 条（組合員の損益分配の割合）…………………（　同　）…551

第 675 条（組合の債権者の権利の行使）………………（　同　）…556

第 676 条（組合員の持分の処分及び組合財産の分割）
　　………………………………………………………………（　同　）…566

第 677 条（組合財産に対する組合員の債権者の権利の
　　行使の禁止）……………………………………………（　同　）…572

第 677 条の 2（組合員の加入）…………………………（　同　）…575

第 678 条（組合員の脱退）………………………………（　同　）…582

目　次

第 679 条 ……………………………………………………（　同　）…588

第 680 条（組合員の除名）……………………………………（　同　）…594

第 680 条の 2（脱退した組合員の責任等）………………（　同　）…597

第 681 条（脱退した組合員の持分の払戻し）…………（　同　）…600

第 682 条（組合の解散事由）………………………………（　同　）…604

第 683 条（組合の解散の請求）……………………………（　同　）…609

第 684 条（組合契約の解除の効力）……………………（　同　）…611

第 685 条（組合の清算及び清算人の選任）…………（　同　）…612

第 686 条（清算人の業務の決定及び執行の方法）……（　同　）…614

第 687 条（組合員である清算人の辞任及び解任）……（　同　）…616

第 688 条（清算人の職務及び権限並びに残余財産の分

割方法）……………………………………………（　同　）…617

第 13 節　終身定期金

第 689 条（終身定期金契約）………………………………（西原慎治）…623

第 690 条（終身定期金の計算）……………………………（　同　）…635

第 691 条（終身定期金契約の解除）……………………（　同　）…636

第 692 条（終身定期金契約の解除と同時履行）………（　同　）…638

第 693 条（終身定期金債権の存続の宣告）……………（　同　）…639

第 694 条（終身定期金の遺贈）……………………………（　同　）…640

第 14 節　和　　解

第 695 条（和解）……………………………………………（竹中悟人）…641

第 696 条（和解の効力）……………………………………（　同　）…652

事項索引 …………………………………………………………671

判例索引 …………………………………………………………680

ix

凡　例

1　関係法令

関係法令は，2018 年 8 月 1 日現在によった。なお，各注釈冒頭の条文において，「民法の一部を改正する法律」（平成 29 年法律 44 号）による改正前の規定を枠内に併記した。

2　条　文

条文は原文どおりとした。ただし，数字はアラビア数字に改めた。

3　比較条文

各条文のつぎに，〔対照〕欄をもうけ，フランス民法，ドイツ民法など当該条文の理解に資する外国法・条約等の条項を掲げた。

4　改正履歴

各条文のつぎに，〔改正〕欄をもうけ，当該条文の改正・追加・削除があった場合の改正法令の公布年と法令番号を掲げた。ただし，表記の現代語化のための平成 16 年法律 147 号による改正は，実質的改正がある場合を除き省略した。

5　法令の表記

民法は，単に条数のみをもって示した。その他の法令名の略記については，特別なものを除いて，原則として有斐閣版六法全書巻末の「法令名略語」によった。

なお，旧民法（明治 23 年法律 28 号・法律 98 号）および外国法については，以下の略記例に従う。

旧財	民法財産編	オ民	オーストリア民法
旧財取	民法財産取得編	ス債	スイス債務法
旧担	民法債権担保編	ド民	ドイツ民法
旧証	民法証拠編	フ民	フランス民法
旧人	民法人事編	DCFR	ヨーロッパ私法に関する共通参照枠草案
イ民	イタリア民法		

6　判例の表記

①　判例の引用にあたっては，つぎの略記法を用いた。なお，判決文の引用は原文どおりとしたが，濁点・句読点の付加，平仮名化は執筆者の判断で適宜行った。

最判平 12・9・22 民集 54 巻 7 号 2574 頁＝最高裁判所平成 12 年 9 月 22 日判決，最高裁判所民事判例集 54 巻 7 号 2574 頁

② 判例略語

最	最高裁判所	簡	簡易裁判所
最大	最高裁判所大法廷	大	大審院
高	高等裁判所	大連判	大審院連合部判決
知財高	知的財産高等裁判所	大民刑連判	大審院民事刑事連合部判決
知財高大	知的財産高等裁判所特別部（大合議部）	大刑判	大審院刑事部付帯私訴判決
		控	控訴院
支（○○高△△支）	○○高等裁判所△△支部	判	判決
		中間判	中間判決
地	地方裁判所	決	決定
支（○○地△△支）	○○地方裁判所△△支部	命	命令
		審	家事審判
家	家庭裁判所		

③ 判例出典略語

家 月	家庭裁判月報	判 タ	判例タイムズ
下民集	下級裁判所民事裁判例集	判例拾遺	大審院判例拾遺
行 集	行政事件裁判例集	評 論	法律〔学説・判例〕評論全集
刑 集	〔大審院または最高裁判所〕刑事判例集		
		不法下民	不法行為に関する下級裁判所民事裁判例集
刑 録	大審院刑事判決録		
金 判	金融・商事判例	法 学	法学（東北帝国大学法学会）
金 法	金融法務事情	民 月	民事月報
交 民	交通事故民事裁判例集	民 集	〔大審院または最高裁判所〕民事判例集
高民集	高等裁判所民事判例集		
裁 時	裁判所時報	民 録	大審院民事判決録
裁判集民	最高裁判所裁判集民事	労経速	労働経済判例速報
裁判例	大審院裁判例（法律新聞別冊）	労 旬	労働法律旬報
		労 判	労働判例
訟 月	訟務月報	労民集	労働関係民事裁判例集
新 聞	法律新聞	LEX/DB	TKCローライブラリーに収録されているLEX/DBインターネットの文献番号
税 資	税務訴訟資料		
東高民時報	東京高等裁判所民事判決時報		
		WLJP	Westlaw Japanの判例データベースの文献番号
判決全集	大審院判決全集		
判 時	判例時報		
判 自	判例地方自治		

凡　例

7　文献の表記
①　文献を引用する際には，後掲④の文献の略記に掲げるものを除き，著者（執筆者）・書名（「論文名」掲載誌とその巻・号数）〔刊行年〕参照頁を掲げした。
②　判例評釈・解説は，研究者等による評釈を〔判批〕，最高裁調査官による解説を〔判解〕として，表題は省略した。
③　法務省法制審議会民法（債権関係）部会における部会資料等は，法務省のウェブサイト上の PDF 文書の頁数で示した。
④　文献の略記
　ⓐ　体系書・論文集

石田(文)	石田文次郎・債権各論講義〔1937〕（弘文堂書房）
石田(穣)	石田穣・民法Ⅴ（契約法）（現代法律学講座）〔1982〕（青林書院新社）
一問一答	筒井健夫＝村松秀樹編著・一問一答 民法（債権関係）改正〔2018〕（商事法務）
稲本ほか	稲本洋之助＝中井美雄＝水辺芳郎＝上井長久＝田山輝明＝能見善久＝伊藤進・民法講義5 契約（有斐閣大学双書）〔1978〕（有斐閣）
内田	内田貴・民法Ⅱ 債権各論〔第3版〕〔2011〕（東京大学出版会）
内山	内山尚三・現代建設請負契約法〔再増補版〕〔1999〕（一粒社）
梅	梅謙次郎・民法要義巻之三 債権編〔訂正増補第33版〕〔1912〕（有斐閣）
大村	大村敦志・新基本民法5 契約編〔2016〕（有斐閣）
笠井	笠井修・建設請負契約のリスクと帰責〔2009〕（日本評論社）
加藤	加藤雅信・契約法（新民法大系Ⅳ）〔2007〕（有斐閣）
川井	川井健・民法概論4 債権各論〔補訂版〕〔2010〕（有斐閣）
川島＝渡辺	川島武宜＝渡辺洋三・土建請負契約論〔1950〕（日本評論社）
北川	北川善太郎・債権各論（民法講要Ⅳ）〔第3版〕〔2003〕（有斐閣）
栗田	栗田哲男・現代民法研究（1）請負契約〔1997〕（信山社）
来栖	来栖三郎・契約法（法律学全集）〔1974〕（有斐閣）
後藤	後藤勇・請負に関する実務上の諸問題〔1994〕（判例タイムズ社）

凡　例

定塚	定塚孝司・主張立証責任論の構造に関する一試論〔1992〕（判例タイムズ社）
潮見	潮見佳男・基本講義 債権各論Ⅰ 契約法・事務管理・不当利得〔第3版〕〔2017〕（新世社）
潮見・改正法	潮見佳男・民法（債権関係）改正法の概要〔2017〕（金融財政事情研究会）
品川・上，下	品川孝次・契約法上巻〔補正版〕〔1995〕，下巻〔1998〕（青林書院）
末川Ⅰ，Ⅱ	末川博・債権各論第1部〔1939〕，第2部〔1941〕（岩波書店）
末川・上，下	末川博・契約法上（総論）〔1958〕，下（各論）〔1975〕（岩波書店）
末弘	末弘厳太郎・債権各論〔1918〕（有斐閣）
鈴木	鈴木禄弥・債権法講義〔4訂版〕〔2001〕（創文社）
滝井	滝井繁男・建設工事契約〔1991〕（ぎょうせい）
中田	中田裕康・契約法〔2017〕（有斐閣）
西原	西原慎治・射倖契約の法理——リスク移転型契約に関する実証的研究——〔2011〕（新青出版）
鳩山・上，下	鳩山秀夫・日本債権法各論〔増訂〕上，下〔1924〕（岩波書店）
平井	平井宜雄・債権各論Ⅰ上 契約総論（法律学講座双書）〔2008〕（弘文堂）
平野	平野裕之・民法総合5 契約法〔第3版〕〔2007〕（信山社）
広中	広中俊雄・債権各論講義〔第6版〕〔1994〕（有斐閣）
フォン・バールほか編	フォン・バールほか編（窪田充見ほか監訳）・ヨーロッパ私法の原則・定義・モデル準則——共通参照枠草案（DCFR）〔2013〕（法律文化社）
星野	星野英一・民法概論Ⅳ（契約）〔合本新訂5刷〕〔1994〕（良書普及会）
松坂	松坂佐一・民法提要 債権各論〔第5版〕〔1993〕（有斐閣）
水本	水本浩・契約法〔1995〕（有斐閣）
三宅・上，下	三宅正男・契約法（各論）上巻〔1983〕，下巻〔1988〕（現代法律学全集）（青林書院）
山本	山本敬三・民法講義Ⅳ₋₁ 契約〔2005〕（有斐閣）
山本・総則	山本敬三・民法講義Ⅰ 総則〔第3版〕〔2011〕（有斐閣）

凡　例

我妻・上，中Ⅰ，中Ⅱ	我妻栄・債権各論上巻（民法講義V₁）〔1954〕，中巻一（民法講義V₂）〔1957〕，中巻二（民法講義V₃）〔1962〕（岩波書店）

ⓑ　その他

注民	注釈民法〔1964〜1987〕（有斐閣）
新版注民	新版注釈民法〔1988〜2015〕（有斐閣）
契約法大系Ⅰ〜Ⅶ	松坂佐一＝西村信雄＝舟橋諄一＝柚木馨＝石本雅男先生還暦記念・契約法大系Ⅰ〜Ⅶ〔1962〜1965〕（有斐閣）
民法講座	星野英一編集代表・民法講座1〜7〔1984〜1985〕，別巻1・2〔1990〕（有斐閣）
百年Ⅰ〜Ⅳ	広中俊雄＝星野英一編・民法典の百年Ⅰ〜Ⅳ〔1998〕（有斐閣）
争点Ⅰ・Ⅱ	加藤一郎＝米倉明編・民法の争点Ⅰ・Ⅱ（法律学の争点）〔1985〕（有斐閣）
新争点	内田貴＝大村敦志編・民法の争点（新・法律学の争点）〔2007〕（有斐閣）
総判民	谷口知平＝有泉亨編・総合判例研究叢書・民法（有斐閣）
判民	東京大学判例研究会・判例民事法（有斐閣）（大正10年版・大正11年版は「判例民法」）
判例民法Ⅰ〜Ⅹ	能見善久＝加藤新太郎編・論点体系判例民法〔第2版〕Ⅰ〜Ⅹ〔2013〕（第一法規）
民百選Ⅰ〇版	民法判例百選Ⅰ総則・物権〔1974〕，第2版〔1982〕，第3版〔1989〕，第4版〔1996〕，第5版〔2001〕，第5版新法対応補正版〔2005〕，第6版〔2009〕，第7版〔2015〕，第8版〔2018〕（有斐閣）
民百選Ⅱ〇版	民法判例百選Ⅱ債権〔1975〕，第2版〔1982〕，第3版〔1989〕，第4版〔1996〕，第5版〔2001〕，第5版新法対応補正版〔2005〕，第6版〔2009〕，第7版〔2015〕，第8版〔2018〕（有斐閣）
平（昭）〇重判解	平成（昭和）〇年度重要判例解説（ジュリスト臨時増刊）（有斐閣）
最判解平（昭）〇年	最高裁判所判例解説 民事篇 平成（昭和）〇年度（法曹会）
法典調査会主査会議事	法典調査会民法主査会議事速記録（学術振興会）
法典調査会整理会議事	法典調査会民法整理会総会議事速記録（学術振興会）
法典調査会整理会議事	日本近代立法資料叢書・法典調査会民法整理会議事速記

凡　例

〔近代立法資料 14〕	録（商事法務）
法典調査会総会議事	法典調査会民法総会議事速記録（学術振興会）
法典調査会第一議案〔近代立法資料 13〕	日本近代立法資料叢書・民法第一議案（商事法務）
法典調査会民法議事	法典調査会民法議事速記録（学術振興会）
法典調査会民法議事〔近代立法資料 1〜7〕	日本近代立法資料叢書・法典調査会民法議事速記録一〜七（商事法務）
理由書	広中俊雄編著・民法修正案（前三編）の理由書〔1987〕（有斐閣）
基本方針	民法（債権法）改正検討委員会編・債権法改正の基本方針〔2009〕（商事法務）
詳解 I 〜 V	民法（債権法）改正検討委員会編・詳解債権法改正の基本方針 I 〜 V〔2009〜2010〕（商事法務）
部会資料	法制審議会民法（債権関係）部会　部会資料
部会第○○回議事録	法制審議会民法（債権関係）部会　第○○回会議議事録
中間論点整理	民法（債権関係）の改正に関する中間的な論点整理〔2011〕
中間論点整理補足説明	法務省民事局参事官室・民法（債権関係）の改正に関する中間的な論点整理の補足説明〔2011〕
中間試案	民法（債権関係）の改正に関する中間試案〔2013〕
中間試案（概要付き）	民法（債権関係）の改正に関する中間試案（概要付き）〔2013〕
中間試案補足説明	民法（債権関係）の改正に関する中間試案の補足説明〔2013〕
要綱仮案	民法（債権関係）の改正に関する要綱仮案〔2014〕

⑤　雑誌略語

青　法	青山法学論集	曹　時	法曹時報
金　沢	金沢法学	早　法	早稲田法学
関　法	関西大学法学論集	速判解	速報判例解説，新・判例解説 Watch
金　判	金融・商事判例		
金　法	金融法務事情	同　法	同志社法学
銀　法	銀行法務 21	東北学院	東北学院大学論集
神　戸	神戸法学雑誌	判　評	判例評論（判例時報に添付）
ジュリ	ジュリスト		
新　報	法学新報（中央大学）	阪　法	阪大法学
志　林	法学志林（法政大学）	一　橋	一橋論叢
専　法	専修法学論集	ひろば	法律のひろば

凡　例

法　学	法学（東北大学）	北　法	北大法学論集
法　協	法学協会雑誌（東京大学）	民　商	民商法雑誌
法　教	法学教室	名　法	名古屋大学法政論集
法　研	法学研究（慶應義塾大学）	立　教	立教法学
法　雑	法学雑誌（大阪市立大学）	立　命	立命館法学
法　時	法律時報	リマークス	私法判例リマークス
法　セ	法学セミナー	論ジュリ	論究ジュリスト
法　政	法政研究（九州大学）	論　叢	法学論叢（京都大学）
法　論	法律論叢（明治大学）		

8　他の注釈の参照指示

他の注釈箇所を参照するよう指示する場合には，→印を用いて，参照先の見出し番号で示した。すなわち，

同一箇条内の場合　　　　例：→ I 1 (1)(ア)

他の条文注釈の場合　　　例：→§175 II 1 (2)(イ)

他巻の条文注釈の場合　　例：→第 1 巻§9 II 3 (2)(イ)

編者紹介

山 本　豊（やまもと・ゆたか）　京都大学名誉教授

執筆者紹介（執筆順）

山 川 隆 一（やまかわ・りゅういち）　明治大学法学部教授
笠 井　修（かさい・おさむ）　中央大学法科大学院教授
一 木 孝 之（いちき・たかゆき）　國學院大学法学部教授
吉 永 一 行（よしなが・かずゆき）　東北大学大学院法学研究科教授
西 内 康 人（にしうち・やすひと）　京都大学大学院法学研究科教授
西 原 慎 治（にしはら・しんじ）　久留米大学法学部教授
竹 中 悟 人（たけなか・さとる）　学習院大学法学部教授

役務提供契約総論　I

第2章　契　　約

役務提供契約総論──雇用・請負・委任・寄託──

細　目　次

I　本項の趣旨 ……………………………1
II　役務提供契約の概念 …………………2
III　役務提供型典型契約の類別構成 ………3
　1　沿革的背景 ……………………………3
　　(1)　ローマ法における locatio conduc-
　　　tio から役務提供型の典型諸契約へ
　　　………………………………………3
　　(2)　自由労務の特別の位置づけ ………4
　　(3)　寄　託 ……………………………4
　2　比較法的位置づけ ……………………5
　3　雇用・請負・委任の間の異同…………8

　　(1)　改正前民法の起草時における理解
　　　………………………………………8
　　(2)　戦前の学説 …………………………9
　　(3)　現在の判例・学説 …………………9
　　(4)　具体的な役務提供契約の性質決定
　　　………………………………………10
　　(5)　典型契約に該当しない役務提供契
　　　約の法的取扱い ……………………11
IV　準委任に代わる役務提供契約の受け皿
　　規定の立法提案とその帰趨 ……………13

I　本項の趣旨

　本巻の前半部分では，雇用・請負・委任・寄託の契約類型を取り上げる。

　講学上，民法の規定している典型契約は，契約類型を特徴づける給付（対価である金銭給付ではない方の給付）の種類に着目して，いくつかのグループに分けて整理されるところ，雇用・請負・委任・寄託の契約類型は，伝統的には，労務提供型契約（末弘653頁〔労務供給ヲ目的トスル契約〕，我妻・中I220頁〔労務型の契約〕，広中243頁〔労務の利用を目的とする典型契約〕，来栖412頁〔労務を目的とする契約〕，鈴木634頁〔他人の労務を利用する契約〕，加藤371頁〔労務提供型典型契約〕など），近時においては役務提供型契約（北川73頁〔役務（サービス）提

〔山本〕　1

供型の典型契約〕，内田267頁〔役務型の契約〕，大村144頁〔役務型契約〕など）と呼ばれることが多い。すなわち，雇用・請負・委任・寄託は，財産権を契約相手方に移転する契約（売買・贈与等の財産権移転型契約）でも，物の使用・利用等を相手方に委ねる契約（賃貸借・使用貸借のような物利用型契約）でもなく，人の行為を対象とする契約であるという意味で，そのような呼称が与えられているわけである。

本項（役務提供契約総論）では，個別の契約類型の注釈の導入として，民法第3編第2章第8節から第11節までが定める典型契約類型のほか，それらに該当しない非典型的な役務提供契約について，総論的事項（役務提供型典型契約の体系構成，各典型契約の異同，総論レベルでの沿革・比較法的記述，典型契約に直接に該当しない役務提供契約の取扱い等々）につき，前注としての叙述を行う。

II　役務提供契約の概念

役務提供契約とは，役務を提供することを内容とする契約である。では，役務提供契約における「役務」とは何か。比較的最近においては，役務提供契約一般についての立法例や立法提案（後述する検討委員会試案〔一IV〕，オランダ民法，ヨーロッパ私法に関する共通参照枠草案）も現れているが，それらは，いずれも役務についての定義を定めていない。学説としては，「取引の対象となりうる人の行為」と説明するもの（中田裕康・継続的取引の研究〔2000〕165頁）があり，理論的にはなお掘り下げた検討の余地を残す（そこにいう「行為」とは何か，物の引渡しは「行為」ではないのか等が，さらに問われよう。役務提供契約の概念を，多面的に考察するものとして，沖野眞已「契約類型としての『役務提供契約』概念（上）・（下）」NBL583号〔1995〕6頁以下，585号〔1996〕41頁以下）ものの，以下の総論の叙述も，基本的にこの説明に拠ることとする。

なお，民法等に関する文献においては，Iに述べたように，伝統的には「労務」の語を用いることが多く，「役務」の語を用いるのは，比較的最近の傾向に属する。「労務」はそれを提供する主体との結びつきがなお意識されているのに対して，「役務」や「サービス」は労務給付を対象化して捉えているような語感の差を感じないではないが，両者は基本的に同義とみてよいであろう。したがって，以下の総論の叙述では，叙述対象の判例・学説やそ

れらが現れた時代に応じて，両方の用語をともに，互換的に使用することにする。

III　役務提供型典型契約の類別構成

　役務提供契約に属する典型契約として，民法は契約各則（第3編第2章）の第8節から第11節において，雇用・請負・委任・寄託という4種類の契約に関する規定を置いている。役務提供型の典型契約の区分・配置の仕方については，普遍的な標準が存在しているわけではなく，諸国の民法の規定方式は，法史的経緯等の相違を反映して，様々に分かれている。以下では，日本民法の規定方式（雇用・請負・委任の三分方式。寄託を入れるなら，四分方式）の理解に役立てるために，これを比較法的に位置づけるとともに，ローマ法以来の沿革的背景を簡潔に述べる。

1　沿革的背景

（以下の叙述につき，Ranieri, Dienstleistungsverträge: Rechtsgeschichte und die italienische Erfahrung, in: Zimmermann（hrsg.）, Service Contracts〔2010〕, S. 1ff., 北居功「役務の顧客適合性——履行プロセスで確定される給付内容」名法254号〔2014〕461頁以下を参照）

（1）　ローマ法における locatio conductio から役務提供型の典型諸契約へ

　ローマ法における locatio conductio（賃約）とは，ある者が，相手方にあるもの（自分自身または自己の労働力を含む）を一定の期間，一定の対価と引換えに提供し，相手方が，契約で取り決められた利用・労働または労働の結果を享受するという契約である。この契約類型は，土地の賃貸や奴隷・家畜の賃貸，商品の運送，衣服の製造・修繕・洗濯等々，きわめて広範で多種多様な契約を包摂するものであるがゆえに，これがローマの法律家の目に統一的な契約類型と映っていたのかについて議論があるものの，ローマ法学の通説的見解は，それ（locatio conductio の統一的構成）を肯定するようである。

　locatio conductio についての，こうした統一的観念は，その後，中世および近世のヨーロッパの法学において，ローマ法文に新たな解釈が施されることを通じて変容し，locatio conductio 内で給付目的に応じて個別類型に区分されるようになっていく。しかし，17ないし18世紀において進展したこの

〔山本〕　3

過程において，この区分のされ方は欧州大陸の国々により一様ではなかった。オランダ・ドイツでは，たとえば，物や権利を使用させる場合は locatio rei（今日の賃貸借に相当），労力を直接的に使用させる場合は locatio operarum（今日の雇用に相当），労力を間接的に使用させる，つまり労力の作用・成果（たとえば，物の製作・物の運送）を目的とする場合は，locatio operis（今日の請負に相当）という具合に3つに区分し，契約各則レベルで，賃貸借・雇用・請負を独立の契約類型として把握するようになったのに対して，フランス・イタリアでは，locatio operarum と locatio operis を体系的に独立の契約類型として区分する考え方は採用されなかった。

(2) 自由労務の特別の位置づけ

よく知られているとおり，ローマ法においては，医師・弁護士・教師などの提供する，いわゆる自由労務（operae liberales）は，奴隷・解放奴隷の提供する肉体労務などの不自由労務（operae illiberales）とは異なり，locatio conductio の対象ではなく，無償のものである mandatum（委任）に属するものと考えられた。対価を得て労務を提供することは，ローマの社会観念からは，そうした「高尚な労務」にふさわしくないと考えられたがゆえである。こうした労務の提供を受けた者は，慣習上，労務提供者に謝礼（honorarium, salarium）を支払う道徳上の義務を負うだけとされ，こうした取扱いは，古典期後のユスティニアヌスの時代に至って，特別審理手続（extraordinaria cognitio）において報酬が訴求可能であると認められるまで続いた（広中276頁以下）。

中世および近世のヨーロッパの法学においても，ローマ法の伝統に忠実に，前記の高級労務の提供を委任に位置づける考え方は維持され，フランスやオーストリアの法学文献では，19世紀末までそのような理解が説かれた。この問題は，当時のドイツのパンデクテン法学でも，大いに争われたが，1865年のザクセン民法（1230条）が，そして，ついにはドイツ民法（611条）が，高級労務の提供を雇用に包摂する立場に転換した。

(3) 寄　託

寄託の前身であるローマ法上の dispositum は，要物契約・無償契約とされ，locatio conductio や mandatum とは区別された類型として展開してきた。他人の物の保管が例外的に有償で引き受けられた場合には，それは locatio conductio であるとされたが，その後，給付目的に従った類型化が

進行する中で，有償の場合も寄託に位置づけられるようになっていった（Wendehorst, Das Vertragsrecht der Dienstleistungen im deutschen und künftigen europäischen Recht, AcP 206〔2006〕, 220）。

2 比較法的位置づけ

ここでは，日本民法における役務提供型典型契約の配置の特色を浮かび上がらせ，また，学説における（役務提供型典型契約の類型構造に関する）主張や立法提案を理解するための参考情報として，若干の比較法的叙述を行う（各国法の具体的な条文内容等については，法務省民事局参事官室（参与室）編・民法（債権関係）改正に関する比較法資料（別冊 NBL146 号）〔2014〕244 頁以下を参照）。

①ドイツ法：普通法学説において雇用と請負を区分する見解が確立した過程を経て，ドイツ民法は，雇用，請負，委任を別々の典型契約類型として法定している。委任が，ローマ法以来の伝統に忠実に無償契約とされている結果，有償役務提供契約の受け皿は，雇用と請負であることになる。これに加え，ドイツ民法は，有償事務処理契約についての規定（ド民675条）を設けている。もっとも，これは，独立の契約類型の存在を認めたものではなく，事務処理を目的とする雇用ないし請負契約に，委任の規定の一部が準用されるべきことを定めたものと解されている。

②スイス法：雇用，請負，委任を別々の典型契約類型として法定する点では，ドイツ法と類似するが，有償の委任を認めている（ス債394条3項）点で大きく異なる。委任は，法律行為の委託だけでなく，事実行為の委託も広くカバーするものとされ（後述④のフランス法との違い），有償役務提供契約の受け皿として，実務上大きな役割を果たしている。このようなスイス法のあり方は，我妻説を通じて，日本の通説的見解の形成にも少なくない影響を及ぼした（→3(3)）。

③オランダ法：オランダ民法の第7編（契約各則に相当）は，比較的近時の立法に属し（以下に述べる部分は1992年1月1日に施行），「役務提供契約（Opdracht)」と題する第7章は，その第1節において「役務提供契約についての一般規定」に当たる諸規律を定めている。ここで役務提供契約とは，一方当事者（役務提供者）が他方当事者（依頼者）に対して，有形物の製造・寄託・出版および人または物の運送以外の役務を提供する義務を負う契約であって，なおかつ，雇用契約を除くものをいい（第7編400条1項），有償のものも無

償のものも対象とする。役務（提供）は，積極的に定義されているわけではなく，適用除外される役務が列挙されるという規定の仕方を採用しているわけである。この一般規定の適用範囲については，さらにもう一つ別の限定が付されており，法，契約その他の法律行為の内容もしくは性質または慣習から適用されるべきでないことが導かれる場合は，不適用となる旨が規定されている（第7編400条2項）。第7章は第2節以下に，委任，仲介，商事代理，医療について定める。このうち，「委任」は，代理および間接代理の場合の本人と受任者との間の契約を対象とするものである。

　他方において，第7編第12章が規定する請負契約は，請負人が注文者に対し，代金と引換えに，「有形の性質の仕事を完成し引き渡す義務を負う契約」と定義されていて（第7編750条1項），日本における請負よりも狭いものが考えられている。

　このような内容のオランダ民法の規律は，欧州におけるモデル法（たとえば，後述するDCFR）や日本における学説・民法改正の議論にも影響を及ぼしている。

　④フランス法：フランス古法において locatio operarum（雇用に相当）と locatio operis（請負に相当）とを区分する考え方が採られなかった歴史的経緯を経て，フランス民法は，賃貸借契約（Du contrat de louage）と題する第3編第8章の下，その1708条において，賃貸借契約を物の賃貸借（louage des choses）と仕事の賃貸借（louage d'ouvrage）の二種に区別するのみである（つまり，雇用と請負が区分されていない。もっとも，契約各則のレベルではなく，契約責任のレベルで，手段債務と結果債務の区分論を展開することにより問題に対処しているという面がある）。仕事の賃貸借は様々な種類の契約を含みうるものであって，今日では，学説により事務処理委託契約（contrat d'entreprise）という現代的な呼称が与えられている。事務処理委託契約は，受託者が独立である点で，労働契約と区別され，また，事実行為を目的とする点で，法律行為を目的とする委任と区別される。このように，フランスでは，日本の準委任に相当する領域が，請負（louage d'ouvrage）の中に組み込まれ，その結果，請負は，準委任を含む事務処理委託契約へと発展した。準委任と請負が事務処理委託契約に一元化されているわけである（以上につき，後藤元伸「役務提供契約における典型契約としての請負契約・委任契約——フランス法における事務処理委託契約（contrat

役務提供契約総論　**III**

d'entreprise）を参照して」國井和郎還暦・民法学の軌跡と展望〔2002〕229頁以下を参照）。

⑤ヨーロッパ私法に関する共通参照枠草案（Draft Common Frame of Reference〔DCFR〕）：同草案は，契約各則に相当する第4編の第C部を「役務（Services）」に関する規律に当て，冒頭の第1章・第2章においてすべての役務提供契約に適用（無償の場合には適切な修正を加えて準用）される一般規定を定め，それに続く第3章から第8章までにおいて契約対象により定められた個別の下位類型（建築，保守管理，保管，設計，情報提供および助言，医療の6類型）についての規律を配置するという，ユニークな体系を採用する。結果達成を債務内容とするか否かで契約類型を区別するというドイツ式の考え方は採用されていない（この点では，フランス式に近く，一般規定の第C部第2章105条・106条において，技能および注意に関する義務と結果達成義務に分けて，役務提供者が負うべき義務につき詳細に規定される）。他方，「役務」とは別に第D部を設け，「委任（Mandate contracts）」についての規律が定められている。つまり，「委任」は「役務」の下位類型とはされていない。そこでいう「委任」は，前述③のオランダ法と同様，代理・間接代理の場合の本人と受任者との間の契約に限定されている（日本法上の準委任は，ここでいう「委任」ではなく，「役務」に属することになる）。なお，雇用は，そもそも原則としてDCFRの適用対象外とされている（第1編 I.-1:101条(2)(e)）。以上のうち，役務提供契約総則は，(ア)前記の下位の典型契約類型にも，そこで特則が置かれない限り適用されるものであるとともに，(イ)下位類型のどれにも該当しない役務提供型契約に関する典型契約規定という位置づけを有するものである（以上につき，フォン・バールほか編85頁・178頁以下・201頁以下）。このような役務提供契約総則の構想は，日本における立法論にも，検討委員会試案における同方式の採用という仕方で，影響を与えたところのものである。

　以上，日本の議論に影響を与えたという観点から限られた国々の法制を概観したにとどまるが，諸国における役務提供型典型契約の類別構成は，すこぶる多様であることが分かる。また，同じく，「委任」・「雇用」等の訳語が与えられる契約類型であっても，その意味や射程が，日本法でいう「委任」・「雇用」等と同じではないという場合も，多々存在する。日本法との比較を行う際には，安易かつ表面的な分析に陥らないよう，特に留意が必要で

〔山本〕　7

役務提供契約総論　**III**　　　　　　　　　　　　第3編　第2章　契　約

あるといえよう。

　ともあれ，以上のような比較法情報に照らすと，日本民法における役務提供型典型契約の類別構成については，その特色として，第1に，雇用と請負を独立の典型契約として区分している点（この限りでは，ドイツ式・スイス式に近く，フランス式は採用されていない），第2に，委任が法律行為の委託に限定されず（準委任。フランス式は採用されていない），また，有償の委任を認めている（ドイツ式は採用されていない）点（全体的に見て，スイス式に近い），第3に，役務提供契約一般を対象とした規定は設けていない点を挙げることが許されよう。第3の点についていえば，後述するように，民法改正をめぐる議論において，役務提供契約一般の受け皿規定を導入することが検討されたものの，結局は実現に至らなかった（→**IV**）。これは，オランダ式ないしDCFRモデルの不採用（日本で提案されたのは，雇用の特則が介入しない限りは，雇用にも役務提供契約規定が適用されるというもので，オランダやDCFR以上に野心的な試みであったが）を意味するであろう。

3　雇用・請負・委任の間の異同

　ここでは，他人の物の保管を内容とし輪郭の比較的明確な寄託を除き，雇用・請負・委任（準委任を含む）の間の異同につき，注釈を加える。

(1)　改正前民法の起草時における理解

　旧民法は，その財産取得編266条において「医師，弁護士及ヒ学芸教師ハ雇傭人ト為ラス」と定めていた。これに対し，平成29年改正前民法は，これらのいわゆる高級労務を提供する契約も雇用の定義に含めることとした（法典調査会民法議事〔近代立法資料4〕458頁以下〔穂積陳重〕，理由書597頁以下）。そこで，雇用と委任をどのように区別するかが問題となったが，当初は，委任を法律行為を委託する場合に限定することにより，雇用との境界を明確にしようとした（法典調査会民法議事〔近代立法資料4〕584頁以下〔富井政章〕，理由書618頁）。ところが，その後，委任の目的を法律行為の委託に限定する方針を改め，準委任の規定（656条）を設け，法律行為以外の事務の委託にも委任の規定を準用することとした（法典調査会整理会議事〔近代立法資料14〕306頁〔富井政章〕）。そのため，雇用と委任の関係がふたたび曖昧となり，後の議論の種が蒔かれることになった。

　8　〔山本〕

役務提供契約総論　III

(2) 戦前の学説

雇用・請負・委任の異同につき，請負が労務の成果ないし仕事の完成を目的とする点で，雇用・委任と区別されるということは，戦前の学説においても異論なく認められていた（鳩山・下524頁・558頁，末弘659頁・688頁以下）。問題は，雇用と委任の違いをどの点に求めるかということであった。

これについては，労務の提供それ自体を目的とする契約が雇用，他人の事務の処理を目的とし，労務の提供それ自体を目的としない（労務の提供は事務処理の手段である）契約が委任であるという仕方で両者の区別を説明するのが一般的であった（鳩山・下524頁以下，末弘659頁以下）。そのうえで，受任者は，当事者間の信任関係に基づいて事務を処理するにあたり一定の裁量が認められ，この点で委任は雇用と異なると説明された（鳩山・下608頁，末弘752頁）。これらの見解においては，労働者が使用者の指揮を受けることが多いとはいえ，それは常態であるにとどまり，いわゆる高級労務についてはそうではないという理由により，労務（提供）の従属性が雇用の類型的特質であるとはいえないという理解がとられていた（鳩山・下525頁・539頁。以上につき詳しくは，鎌田耕一「雇傭・請負・委任と労働契約」横井芳弘ほか編・市民社会の変容と労働法〔2005〕159頁以下）。

(3) 現在の判例・学説

戦後に至ると，労務者の提供する労務が使用者の指揮命令に服すること（従属労働性）が雇用の重要な特質であるとして，このような特質を有する雇用と独立した労務提供を目的とする委任とを対置する見解が主張された。この見解は，他方において，スイス法を参考にしつつ，委任を他人の事務を処理する法律関係の通則ともいうべきものとして捉えることを提唱し，委任を無償に限るために高級労務を雇用に位置づけざるを得ないドイツ法と異なり，日本ではそのような労務の提供契約は準委任とみてよいとして，外国法との対比の観点からも自説を補強した（我妻・中II532頁・539頁以下・666頁以下）。

こうした見解は，その後の学説により広く受け入れられ，通説としての地位を占めるに至った。すなわち，現在では，従属労働性の有無により，雇用と委任・請負を区別し，他方，労働の成果達成を目的とするか否かで，請負と雇用・委任とを対比する考え方が，広く受容されている（新版注民(16)2頁以下〔幾代通〕）。

役務提供契約総論　**III**　　　　　　　　　　　第3編　第2章　契　約

　もっとも，このような理解に対しては批判がないわけではない。その1つは，委任の規定中に，「他人の事務を処理する法律関係」に広く妥当させるにはふさわしくないものがあるという観点からの批判である（詳解Ｖ6頁）。とりわけ，651条の規律内容のうち，受任者からの任意解除（別名，無理由解除または自由解除）を認めている点が批判の的とされる。その2は，こうした観点をさらに一般化させて，準委任に代わる役務提供契約の受け皿を構想すべきだとするものである。もっとも，こうした企図を解釈論のうえで実現するのは，民法総則・債権総則・債権各則の各種の規律の適用・類推適用，契約解釈による対処や無名契約としての処理によるにしても限界があり，こうした見方は，おのずと後に言及する立法提案へとつながっていくべきものである。

　なお，これは（準）委任の守備範囲の縮減を目指す議論であるが，これとは別に，請負についても，その射程を限定すべきであるとする主張（立法論）がある。すなわち，仕事が物について行われる物型仕事と，仕事が物と結びつかず，役務を目的とする役務型仕事とを区別したうえで，前者のみを請負の対象とし，後者は請負から切り離して，委任と統合し，役務提供契約へと再編すべきであるとの立法論的主張である（山本642頁以下）。

(4)　具体的な役務提供契約の性質決定

　現在の通説的な考え方に従うならば，労務提供の従属性・独立性，成果達成目的性の有無という2つの基準によって，雇用・請負・委任の関係は整序されることになる。平成29年の民法改正により新設された648条の2は，委任事務の履行により得られる成果に対して報酬を約する場合（成果報酬型委任）につき，請負と同様の規律を定める（648条の2第2項が請負に関する634条を準用する）が，これはあくまで，仕事の完成または委任事務の処理ができなくなった場合の報酬請求について請負と成果報酬型委任の取扱いを平準化するものにとどまり，成果報酬型委任を請負と見ているわけではない。成果報酬型委任も，役務提供者が成果を達成する債務を負うものでない以上，あくまで委任であって請負ではないという見方は維持されている（部会資料46・69頁・70頁参照）。

　以上のように抽象的には，雇用・請負・委任の区分は一応明確であるというものの，実際の法適用においては，ある具体的な役務提供契約が，雇

10　〔山本〕

用・請負・委任のうちどれに該当するのかの判定が容易でないことも少なくない。これは、一つには、区別の指標とされる、労務提供の従属性・独立性、成果達成目的性のいずれもが、役務の種類（たとえば、医療）や役務提供者の地位（たとえば、弁護士）によって自動的に決定されるわけではなく、当事者間の契約の解釈や役務提供の実態の評価を経て判断されるべきものであることによる。たとえば、医師や弁護士といった自由業的な役務を目的とする契約は、委任とされるのが通例である（診療契約につき、米村滋人・医事法講義〔2016〕99頁）にしても、場合により請負であったり、雇用（たとえば、医師が契約相手である企業において継続的に従業員の健康管理に従事する場合）に当たる可能性も排除されないとされる（我妻・中Ⅱ 532頁・549頁・601頁以下、新版注民(16)4頁〔幾代〕）のは、このためである。また、「役務」に当たるとされる行為がきわめて広範かつ多種多様であるのに対して、民法の用意している役務提供型典型契約の類型や規定の抽象度が高いということも、当てはめに苦労を要する原因ということができるであろう（抽象度が高いがゆえに、多彩な諸契約が惹起する問題に曲がりなりにも対応しえてきたという側面も忘れられるべきではないであろうが）。

(5) **典型契約に該当しない役務提供契約の法的取扱い**

問題の契約が雇用・請負・委任のどれにも当てはまらないと考えられる場合には、当該の契約を混合契約、すなわち、非典型契約の一種であって、典型契約の構成分子とそれ以外の構成分子（他の典型契約の構成分子またはどの典型契約の構成分子にも当たらない分子）から成る一個の契約（鳩山・下740頁）と解したり、無名契約と解する等の手法で問題に対処することが考えられる。無名契約論による問題への対処については、656条の注釈に譲り、ここでは、混合契約論による対処について、簡潔に触れ、さらに、一定の役務提供契約に一般的に妥当する法理を認めて問題に対処しようとする裁判例に言及することとする。

混合契約論については、大正期に若干の研究が現れた（三潴信三「混成契約ノ彙類及ヒ解釋」法協31巻4号567頁、5号772頁、6号948頁〔1913〕、曄道文芸「混合契約論ノ研究」京都法学会雑誌10巻10号〔1915〕1853頁、11巻9号〔1916〕1295頁）ものの、鳩山説＝類推適用説（鳩山・下741頁は、混合契約については、契約総則の規定を適用するほか、典型契約に関する規定の類推適用によってその欠を補うべき

役務提供契約総論　Ⅲ

旨を説く。なお，我妻・中Ⅱ883頁以下も同様の方向である）が現れて支配的になるに及び，議論は下火になった（大村敦志・典型契約と性質決定〔1997〕29頁以下・159頁以下）。問題となる契約に典型契約の規定を類推適用するには，両者が類似していることが必要であるから，両者が類似するか否かをどのような仕方で判断すべきかという問題が依然として残るはずであるが，それ以上，議論が深められることはなかった。その後は，混合契約論による契約の形態・構造分析は，問題解決に資する具体的規範を直ちにもたらすものではなく，当該契約の全体像を見据えて改めて当事者の意思に立ち返った解釈が必要になるため，その衰退は必然であったと評する見解（北川110頁），新種契約を見るための視座と方法を得るうえでなお有益なものを含むという見解（河上正二「『混合契約論』についての覚書」法学56巻5号〔1992〕430頁）などが述べられており，混合契約論の評価は，なお帰一していない。

　裁判実務に目を転ずると，ある役務提供契約を混合契約に当たると判断した裁判例が，いくつか見出される。たとえば，NHKとその委託に基づき集金業務等に従事する者との間の契約は，委任と請負の性格を併せ持つ混合契約であるとした事例（東京高判平15・8・27判時1859号154頁）がある。もっとも，ここでの混合契約性の判断は，委任または請負の規定の適用を導くのではなく，労働契約性を否定し，解雇無効確認請求等を棄却する文脈で示されており，結論の決め手になっているのは，受託業務の遂行義務の内容，業務遂行の期間・場所・方法についての裁量の有無，兼業や業務再委託の可否，報酬の算出方法や税法上の区分等の実態であって，混合契約である旨の説示ではない。また，名古屋高裁昭和58年11月16日判決（判タ519号152頁）は，高速自動車国道の休憩所内における売店営業委託契約を商品販売業務委託の準委任契約と建物賃貸借契約の混合契約であるとしたものであるが，賃貸借関係は従たる要素にすぎず，主たる要素である準委任関係とその運命を共にすると判示しており（そのうえで，双方利益委任に関する準則を援用して，平成29年改正前民法651条1項ではなく，同条2項ただし書の類推による解除を認めた），賃貸借の要素を認めた意味はさほど明瞭ではない（せいぜい，同条2項ただし書の類推を根拠づける付随的根拠にとどまる）。このように，裁判例において，混合契約性判断が具体的な問題解決にとって有する意義は，多様であって，一律には整理できないのが実情であるように見受けられる。

役務提供契約総論 Ⅳ

　なお，混合契約・無名契約による問題への対処とは別に，民法の典型契約規定を手掛かりに，一定の役務提供契約に一般的に妥当する法理を解釈上抽出し，典型契約には属しない役務提供契約に適用するというアプローチも考えられる。京都地裁平成24年7月19日判決（判タ1388号343頁）とその控訴審判決である大阪高裁平成25年3月29日判決（判時2219号64頁）は，いずれも，民法は，委任・請負等の役務の提供を給付内容とする契約において，役務の提供を受ける者が，役務の提供者に生じる損害を塡補する限り，不必要となった役務の受領を強いられることはないという「一般法理」を定めていると解したうえで，携帯電話を利用する通信サービス契約（両判決によれば，これは委任には該当しない非典型の役務提供契約である）に同法理を適用した（消費者契約法10条違反の有無を判定する文脈での判断）ものであり，そうした手法をとった事例と位置づけられよう。これらの裁判例のいう「一定の役務提供契約」に，少なくとも雇用は含まれないであろうから，射程は若干限定されているけれども，こうした動向は，役務提供契約についての一般規定を導入しようとの立法論（→Ⅳ）との関係でも，注目に値するものといいうる。

Ⅳ　準委任に代わる役務提供契約の受け皿規定の立法提案とその帰趨

　平成29年の民法改正に至る法制審議会民法（債権関係）部会（以下，「部会」という）での審議においては，準委任に代わる役務提供型契約の受け皿規定を設けるべきか否かという論点が検討の俎上に載せられた。審議の結果，この点についての改正の企図は頓挫するに至ったのではあるが，今後の民法の解釈運用等への参考に供するために，この間の議論において，何が問題とされ，課題として何が積み残されたのかを簡単に確認しておく（審議過程の紹介・分析として，吉永一行「役務提供型契約法改正の挫折——法制審議会民法（債権関係）部会の議論の分析」産大法学48巻3＝4号〔2015〕419頁以下を参照）。

　部会での審議に先立って，改正論議を先導した「民法（債権法）改正検討委員会」の「債権法改正の基本方針」（検討委員会試案）は，「役務提供契約に関する一般規定」（【3.2.8.01】～【3.2.8.12】〔基本方針357頁以下〕）の創設を提案していた。この提案は，前述したDCFRやフランス民法上の「各種契約の一

〔山本〕　13

役務提供契約総論　Ⅳ　　　　　　　　　第3編　第2章　契　約

般理論」と称されるもの（これについては，森田宏樹「契約」北村一郎編・フランス
民法典の200年〔2006〕303頁を参照）を参酌しつつ，雇用・請負・委任・寄託
に当てはまる契約についての総則規定である（各類型の規律がこれを修正・排除
しない限度において適用される）と同時に，役務提供型典型契約のいずれにも当
てはまらない契約については，雇用・請負・委任・寄託に並ぶ典型契約規定
として機能するもの（いわば，二重の機能を有するもの）として構想されたもの
であった。

　部会での審議は，役務提供型典型契約である雇用・請負・委任・寄託のど
れにも該当しない役務提供契約についての一般規定を設け，これを準委任と
は別に規定するという考え方の当否，また，役務提供契約に関する規定を雇
用・請負・委任・寄託に関するそれと並立させて設けるか，前記の検討委員
会試案のように，役務提供契約の規定は役務提供型のすべての契約類型に適
用される上位のものとして位置づけ，他の4つの契約類型では共通ルール以
外のルールを規定するものとするかをめぐって行われた（部会資料47・18頁以
下）。さらに，いずれと位置づけるにせよ，仮にそのような規定を設けると
して，①役務提供者の義務に関する規律，②役務受領者の義務に関する規律，
③報酬に関する規律，④任意解除権に関する規律，⑤役務受領者について破
産手続が開始した場合の規律として，どのような内容のものが適切かについ
ても検討された。

　各規律事項に関して検討の俎上に上ったのは，次の諸点である（部会資料
47・1頁以下）。

　まず，①については，ⓐ役務提供者は，善良な管理者の注意をもって役務
を提供する義務を負う旨の規定やⓑ無償の役務提供者は，自己のためにする
のと同一の注意をもって役務を提供する義務を負う旨の規定，さらには，ⓒ
役務提供者が事業者であり，その事業の範囲内で役務の提供をする場合には，
報酬を受けないときであっても，善良な管理者の注意をもって役務を提供す
る義務を負う旨の規定，②については，役務受領者は，役務提供者による仕
事の完成のために必要な協力をしなければならない旨の規定を導入すべきか
が検討された。

　③については，ⓐ役務提供者の事業の範囲内で役務提供契約が締結された
ときは，役務受領者は報酬を支払わない旨の合意がない限り報酬を支払う義

14　〔山本〕

務を負う旨の規定，ⓑ役務の提供によってもたらされる成果に対して報酬を支払うことが合意される「成果完成型」と，役務提供そのものに対して報酬が支払われる「履行割合型」に区別したうえで，報酬は，成果完成型においては成果完成後，履行割合型においては役務提供を履行した後（期間によって報酬を定めたときは期間経過後）に支払わなければならない旨の規定，ⓒ履行割合型の役務提供契約が中途で終了した場合に，既にした履行の割合に応じて報酬を請求することができる旨の規定，ⓓ成果完成型の支払方式を採る役務提供契約が中途で終了した場合に，既にした役務提供の成果が可分で，それによって役務受領者が利益を受けるときは，役務提供者は，(a)既にした履行の割合に応じた報酬と，(b)既履行部分のために支出した費用であって(a)に含まれていないものを請求することができる旨の規定，ⓔ役務受領者の義務違反によって役務の提供が不可能になった場合には，役務提供者は，役務受領者に対し，(a)役務提供者がその契約から取得できると合理的に期待される報酬額と，(b)これに含まれていない費用を請求することができるが，(a)に未履行分の報酬が含まれている場合には，債務を免れることによって得た利益の額を控除しなければならない旨の規定，ⓕ役務受領者に義務違反がない場合であっても，役務受領者側に生じた事由によって役務の提供が不可能になったときは，役務受領者は，(a)既にした履行の割合に応じた報酬と，(b)これに含まれていない費用を請求することができる旨の規定を設けるべきかが問題とされた。

　④については，ⓐ役務受領者による解除につき，いつでも契約の解除をすることができるものとする【甲案】とやむを得ない事由があるときは，契約を解除することができ，さらに，期間の定めのない役務提供契約においては，いつでも契約を解除することができるとする【乙案】との優劣が問われ，また，ⓑ役務提供者による解除については，やむを得ない事由があるときは，契約を解除することができ，期間の定めのない役務提供契約や無償の役務提供契約においては，いつでも契約を解除することができる旨の規定の当否が問題となった。関連して，ⓒ役務提供契約の当事者が，これらの規定に基づいて契約の解除をしたときは，相手方に対し，解除がされたことによって相手方に生じた損害を賠償する義務を負う旨の規定を設けるものとしてはどうかが問われた。

⑤については，ⓐ有償の役務提供契約において役務受領者が破産手続開始の決定を受けた場合には，役務提供者または破産管財人は，役務提供契約の解除をすることができる旨の規定，ⓑこの規定に基づいて契約が解除された場合には，役務提供者は，既にした役務提供の履行の割合に応じた報酬およびその中に含まれていない費用について，破産財団の配当に加入することができる旨，さらに，ⓒ破産管財人が契約を解除した場合には，役務提供者は，契約の解除によって生じた損害の賠償を請求することができ，その損害賠償について破産財団の配当に加入することができる旨の規定を設けることの当否が論点となった。

　役務提供契約についてこのような一般規定を導入すべきであるとする論拠としては，今日の社会では，私立大学等における学生・生徒に対する教育，学習塾における学習指導，英会話などの習い事の指導，保育，介護，エステティックの施術，情報の提供や助言，コンサルティングなど，民法典制定時には想定されていなかったものを含めて役務の提供を内容とする様々な契約が多く見られ，役務提供契約の重要性が高まっているところ，こうした契約の受け皿として準委任は必ずしも適切ではなく，新たな受け皿規定を民法に新設すべきであるということが挙げられた（中間試案補足説明501頁）。加えて，仮に請負を物型仕事の場合に限定するという立法提案が容れられた場合には，従来請負に位置づけられていた役務型仕事の類型についても典型契約上の受け皿が必要になるという事情も存在した（部会資料47・3頁参照）。

　しかし，役務提供契約の一般規定を設けることに対しては，役務提供型の契約には，役務提供者側が情報や交渉力等において優位にある契約（たとえば，語学学校のような役務提供を内容とする消費者契約），役務受領者が情報や交渉力において優位にある契約（個人が自ら労務を提供する「雇用類似の契約」），当事者間に情報や交渉力の差がないものなどがあり，これらを包摂した類型を設けて一律に妥当する規律を設けるのは困難であるという異論が述べられた（中間試案補足説明502頁）。なお，この文脈で語られる「雇用類似の契約」とは，個人が事業者に労務を提供する契約であって，雇用契約・労働契約とは法性決定されないものを意味しており，裁判例に現れた事例としては，証券会社と外務員間の外務員契約（最判昭36・5・25民集15巻5号1322頁。準委任），貨物運送会社と会社所有のタンクローリーの運転手との間の「業務委託契

役務提供契約総論　IV

約」（大阪地判平 11・12・17 労判 781 号 65 頁。請負または委任もしくはそれらの混合契約），荷物配送会社と自己所有の自転車による配送員（メッセンジャー）との間の「運送請負契約」（東京地判平 22・4・28 判タ 1332 号 71 頁。請負），日本相撲協会と幕下力士との間の契約（東京地決平 23・2・25 労判 1029 号 86 頁。準委任類似の契約），NHK とその海外向けフランス語ラジオ放送のアナウンサーとの間の契約（東京地判平 27・11・16 労判 1134 号 57 頁。準委任）などがある。

　また，請負の概念についても，一時期，仕事の成果が有体物である場合や，仕事の成果が無体物であるが成果の引渡しが観念できる場合に限定することの当否が議論される場面はあった（中間論点整理補足説明 348 頁以下）ものの，結局のところ，その守備範囲を限定する方向の改正はされないことになった。このような次第で，役務提供契約の一般規定を新設しようとする企図は断念された（部会資料 57・33 頁以下）。

　この推移を受け，準委任に関する規定が役務提供型の契約一般に妥当する内容となっていないという観点から，準委任に関する 656 条の規定を改変すべきではないかが，さらに検討されたが，これについては，同条の注釈に譲る。

〔山本　豊〕

§*623* I   第3編 第2章 契 約

第8節 雇 用

（雇用）

第623条 雇用は，当事者の一方が相手方に対して労働に従事することを約し，相手方がこれに対してその報酬を与えることを約することによって，その効力を生ずる。

細 目 次

Ⅰ 本条の趣旨……………………………18
1 雇用契約の成立要件・定義等を定めた規定……………………18
2 雇用契約の意義と特色 ………………19
  (1) 意 義………………………………19
  (2) 雇用契約と労働契約の異同………20
3 民法と労働契約法の関係 ……………22
  (1) 民法と労働法…………………………22
  (2) 民法における雇用関係規定と労働契約法………………………………23
Ⅱ 雇用契約の成立とその要件……………26
1 採用の自由と労働法上の制約 ………26
2 労働に従事すること（を約すること）………………………………27
3 報酬を与えること（を約すること）……27
4 両者の意思表示の合致（諾成契約）……28
  (1) 雇用契約の成立時点………………28
  (2) 雇用契約の成立の認定……………30

  (3) 黙示の雇用（労働）契約…………31
5 雇用契約（労働者）該当性の判断 ……31
  (1) 判断基準…………………………31
  (2) 具体的事例………………………33
  (3) 法令による労働者概念の差異………33
  (4) 雇用契約（労働契約）のルールの
    類推適用………………………34
6 雇用契約の締結能力 …………………35
Ⅲ 雇用契約の効力…………………………36
1 雇用契約上の権利義務の設定と変更 ……36
  (1) 規律規範とその重層性……………36
  (2) 契約内容（労働条件）の変更……37
2 雇用契約上の権利義務の内容 ………39
  (1) 労働者の義務………………………39
  (2) 使用者の義務………………………46
Ⅳ 雇用契約の終了…………………………49
1 終了事由の概観 ………………………49
2 合意解約の法規制 ……………………51

Ⅰ 本条の趣旨

1 雇用契約の成立要件・定義等を定めた規定

　本条は，雇用契約の成立要件を定めた規定である。また，同時に本条は，雇用契約の定義を定めた規定であるともいえる。すなわち，本条によれば，雇用契約とは，当事者の一方（労働者）が相手方に対して労働に従事し，相

18 〔山川〕

第8節　雇　用　　　　　　　　　　　　　　　　　　**§623 I**

手方（使用者）がこれに対してその報酬を与えることを内容とする契約として定義することができる。さらに，本条からは，雇用契約が諾成契約であること，労働者が労働義務を負うのに対して使用者がこれに対する報酬を支払う義務を負う双務契約であること，および，有償契約であることが示される。

2　雇用契約の意義と特色

(1)　意　　義

　雇用契約は，請負契約および委任契約と並んで，労務供給契約（役務提供契約）として位置づけられる（寄託契約も労務供給契約の一種として位置づけられるが，寄託の対象物の存在を前提とする点で，雇用・請負・委任とは性格を異にする面がある）。そこで，雇用契約と請負契約および委任契約がどのように異なるかが問題となる。

　この点は役務提供契約総論で詳述されるので（→役務提供契約総論Ⅲ3），ごく簡単に述べると，まず請負契約は，当事者の一方が一定の仕事を完成し，他方がその結果に対して報酬を支払う契約であり（632条），契約の目的は仕事の完成であるが，これに対して雇用契約は，仕事の完成ではなく労務の供給それ自体が契約の目的である。他方，委任契約は，一方が他方に法律行為を行うことを委託する契約であり（643条。法律行為以外の事務の委託の場合は準委任契約となる〔656条〕），労務の供給自体が契約の目的である点では雇用契約と共通しているが，雇用契約においては労働者は使用者の具体的指示ないし指揮命令のもとで労務の供給を行うと解されているのに対し（ただし，この点は次にみるように見解の相違がある），委任契約における受任者は事務の処理につき広い裁量を有し，委託者は指揮命令ないし具体的指示までは行わないと解されている。また，委任契約の場合は，報酬の支払は要件とはされていない。

　もっとも，明治民法の制定当時は，雇用契約における労務の供給は，使用者の指揮命令や具体的指示がなされる場合に限らず，教師や医師，弁護士のような高級労務も含むと理解されていたようである。立案担当者の1人である梅謙次郎博士も，教師や医師，弁護士による労務（いわゆる高級労務）の供給も雇用に含まれる旨を述べている（梅682頁。ただし，こうした者による無形の価値を有する勤労も雇用契約の対象となる旨を述べる文脈においてである）。しかし，その後の民法理論の展開のなかで，雇用契約は使用者の指揮命令のもとで労務の供給を行う契約であるとの理解が有力になっていった。特に第二次世界

〔山川〕　　19

§623　I

大戦後，我妻栄博士がこうした見解を採用したことから（我妻・中II 532頁），こうした理解が一般的なものとなった（他方で，上記の高級労務のような労務供給形態は一般に準委任と分類されるに至った。ただし，学校と教師との契約は，こうした理解のもとでも雇用契約とされることが一般である）。ここでは，雇用契約は，後述するように，労働者が使用者の指揮命令のもとで労務を供給する契約として定義される労働契約と同様に，いわゆる従属的な労働関係に関わるものとして位置づけられるようになったといえる（以上については，土田道夫編・債権法改正と労働法〔2012〕2頁〔水町勇一郎〕参照）。

　そして，平成16年（2004年）には，民法の現代語化のための改正がなされた際に，雇用契約に関する規定（623条等）において，「労働者」，「労働に従事」という，労働契約を想起させる表現が用いられるに至った。平成29年（2017年）の債権法改正においても，こうした用語は維持されており，また，改正の検討過程においても，上述した第二次世界大戦以降の民法学の一般的理解を修正する旨の議論はなされていない。むしろ，準委任に代わる役務提供契約に関する規定の創設をめぐる議論のなかで，雇用契約に類似する役務提供契約については役務提供者側の交渉力がその受領者側よりも弱いのが通常であるので，役務提供者側の交渉力の方が強い契約とは別個に取り扱うべきかが議論されており（中間論点整理補足説明347-348頁・392-394頁），ここでは，雇用契約を労働契約と同様に従属的な労務供給関係に関する契約ととらえる理解が前提となっているといえる。以上のことからすると，改正民法のもとでも，雇用契約における労務の供給は，労働者が使用者の具体的指示ないし指揮命令のもとでの労務の供給をいうものと解すべきであろう（こうした意味での労務供給に該当しない役務提供にかかる契約は，準委任契約ないし無名契約として位置づけられるが，そのなかでも雇用契約に類似するものをどう取り扱うかについては，後に検討する。→II 5 (4)）。

(2)　雇用契約と労働契約の異同

　以上の議論とも関連するが，民法においては雇用契約という用語が用いられるのに対し，労働基準法や労働契約法など労働法の分野では，労働契約という用語が用いられることが一般であるため，雇用契約と労働契約の異同いかんという問題が生ずる。

　この問題は，労働法令が整備された第二次世界大戦後まもなくから議論さ

第8節　雇　用

れてきており，両者は別個の概念であるとする見解（峻別説）と，同一の概念であるとする見解（同一説）が対立してきた（学説史として，石田眞「労働契約論」籾井常喜編・戦後労働法学説史〔1999〕615頁など参照）。峻別説は，労働契約については契約形式ではなく実態により判断されるとし，客観的にみて，当事者の一方（労働者）が他方の指揮命令のもとで労務を供給し（「使用従属関係」），他方（使用者）がそれに対する報酬（賃金）を支払う契約であれば労働契約に該当すると主張した。これに対して，同一説は，民法上の雇用契約も，当事者の一方が他方の指揮命令のもとで労務を供給し，他方がそれに対する報酬を支払う契約をいうので，労働契約と同一の契約類型であると主張した。

　ここでは，労働契約の概念そのものについては基本的には見解の差はなく，民法上の雇用契約をどのように考えるかで見解が分かれていたといえる。また，峻別説は，民法上の雇用契約の該当性の判断は，実態ではなく，当事者がある契約を雇用契約という形で合意したかという契約形式により左右されるとの理解を前提にしていたものとみられる。

　他方で，上述したように，民法学においては，第二次世界大戦後は同一説が一般的な理解となり，これを背景として，平成16年（2004年）の民法の現代語化の際には，雇用契約に関する規定において，「労働者」，「労働に従事」という用語が採用された。また，平成19年（2007年）の労働契約法の制定にあたり，改めてこの問題についての議論が盛んになり，労働法学においても同一説が有力となった（荒木尚志ほか・詳説労働契約法〔2版，2014〕77頁，菅野和夫・労働法〔11版補正版，2017〕142頁，西谷敏・労働法〔2版，2013〕13頁など）。ここでは，民法上の雇用契約該当性についても，当事者がある契約を雇用契約と合意したかという契約形式ではなく，いかなる内容の労務供給を合意したかを客観的に判断するとの理解がとられているように思われる。なお，裁判例においては，労働契約と雇用契約の異同を意識した判断がなされることはほとんどみられず，同一説を暗黙の前提とした裁判例が多いものと推測される。

　もっとも，その後，債権法の改正に向けての検討が開始される頃には，上述したように，明治民法の立案当時は，いわゆる高級労務も雇用契約の範疇に入るものと理解されていたことをふまえて，民法上の雇用契約については，労働契約とは異なり指揮命令下の労務の供給という限定を外すべきであると

〔山川〕　21

§*623* I 第3編 第2章 契 約

の見解が主張された（鎌田耕一「雇傭・請負・委任と労働契約」横井芳弘ほか編・市民社会の変容と労働法〔2005〕151頁など）。しかしながら，上述したように，民法の現代語化の際に採用された「労働者」等の用語が改正法でも維持されていることや，今回の債権法改正の検討過程では，雇用契約の定義を修正するかどうかは直接的には検討の対象とはならなかったこと等を考えると，今回の債権法改正も，従来から多数であった同一説の理解を前提としたものと考えられる。

3 民法と労働契約法の関係

(1) 民法と労働法

民法と労働法の関係については，伝統的には，①民法が一般法であるのに対し，労働法は労働関係を対象とする特別法である，②民法が対等な当事者を前提とする市民法であるのに対し，労働法は使用者と労働者の従属関係を前提とする社会法である，③民法が私法に関する基本的な法原則を定める基本法であるのに対し，労働法は社会法として一定の政策目的の達成を図るための政策立法である，といった点において，法体系上の性格や位置づけを異にするという把握が一般的であった。しかし，現在においては，こうした古典的イメージは一定程度変容を迫られているように思われる（以下については，山川隆一「民法と労働法」日本労働法学会編・講座労働法の再生第1巻——労働法の基礎理論〔2017〕47頁参照）。

すなわち，民法においては，債権法の改正の検討のなかで，現代社会により適合したものとする観点からの見直しが求められるに至った。たとえば，いわゆる約款については，約款を利用する当事者が約款の各条項を契約内容とする旨の合意（組入れ合意）を要件とすることや，いわゆる不当条項の効力を否定することが検討された。また，信義則等の一般条項の適用にあたり当事者間の交渉力や情報量の較差を考慮すべしとする規定を新設する旨の提案がなされた。

最終的には，約款規制に関しては，規制対象が「定型約款」に絞られるとともに（548条の2。この概念については，山本豊「定型約款の新規定に関する若干の解釈問題」ジュリ1511号〔2017〕46頁），組入れ合意については，定型約款を準備した者があらかじめ当該約款を契約内容とする旨を表示していた場合にも契約内容への組入れが認められることとされ（同条1項2号。同号の意味と組入れ

第8節 雇用　　　　　　　　　　　　　　　　　　　　　§*623* I

合意との関係については，山本・前掲論文，沖野眞已「約款の採用要件について」星野英
一追悼・日本民法学の新たな時代〔2015〕543頁など参照），不当条項については，
相手方の権利を制限したり義務を加重したりする条項で信義則に反するもの
は契約内容への組入れが否定されるとの規定が設けられるにとどまった（同
条2項）。また，信義則等の一般条項の適用にあたり当事者間の交渉力や情報
量の較差を考慮すべしとする規定の法案化は見送られた。このように，当初
示されていた提案は，一定の修正を受け，または見送られたものも少なくな
いが，定型約款規制の導入が実現されたように，民法は，現代における企業
と消費者との取引の実態に照らして一定の現代化が図られたといえる。

　このように，一定程度にせよ民法を現代社会に適合させる方向がとられる
に至った現状のもとでは，民法と労働法の差異に関する古典的なイメージを
一定程度相対化する視点が必要になっているように思われる（西谷敏・労働法
の基礎構造〔2016〕74頁参照）。他方で，労働法も，現代的な意味での市民法と
しても位置づけられうるのであり，労働法においても，民法や民法理論の現
代的な展開をふまえた理論を構築していくことが望まれるであろう。

　もっとも，労働関係が，使用者と労働者の間の交渉力の不平等などの点に
おいて，民法の想定する一般的な取引関係とは異なる特質をもつことはなお
否定しがたいと思われる。その意味で，社会法や政策立法としての労働法の
特色はなお残ると考えられ，また，裁判例上も，使用者の解雇に対する権利
濫用法理による制約（→§627 Ⅳ），使用者による就業規則の合理的変更によ
って労働者の同意なくして労働契約上の労働条件の変更を認める取扱い（→
Ⅲ 1 (2)(イ)），労働条件の不利益変更に対する労働者の同意の成立を慎重に認
定・判断する手法（→Ⅲ 1 (2)(ア)）など，労働関係の特質をふまえて，一般的
な民法の解釈や適用に比べて特徴的な取扱いがなされてきている。その意味
では，民法と比較しての労働法の独自性や特色は存在し続けているといえる
が，そこでの独自性や特色の具体的内容については，民法の現代化をふまえ
る一方で，労働関係の特色を改めて確認した上で検討を行うことが必要とな
ると思われる。そして，こうして明らかになった労働法の独自性については，
民法理論における検討の素材として提供することも考えられよう。

(2)　民法における雇用関係規定と労働契約法

　具体的な立法のあり方に関しては，債権法改正作業の初期の時点において，

〔山川〕　23

§623 I　　　　　　　　　　　　　　　　　　　　　　　　第3編　第2章　契　約

民法の雇用の節における諸規定と労働契約法の関係をどう整序するか，特に，両者のうち一方を他方に統合すべきかが議論の対象となった（労働法学からの検討として，野田進「労働契約法と債権法との関係性」日本労働法学会誌123号〔2014〕3頁などがある）。雇用の節の諸規定の適用対象である雇用契約と労働契約法の適用対象である労働契約という概念の異同については，前述のように見解の対立があるが（→2(2)），両者を同一とみる見解が多数であることもあり，同一の契約を規律する規定が異なる法典に併存している現状をどう考えるかが問題となったのである（他方で，両者を異なるものとみて，雇用契約を労働契約よりも広い概念ととらえる場合には，労働契約法は，雇用契約のうちから労働契約に該当するものを取り出して規律した特別法として把握されるので，両者の統合はさして大きな問題にはならないであろう）。

　そして，この点については，雇用の節の諸規定を労働契約法に統合する方向（この場合，民法の雇用の節の規定については，全面的に削除する対応，雇用〔労働〕契約の定義規定のみを置く対応などがありうる），逆に労働契約法上の諸規定を民法に統合する方向，両者の併存を今後も認めつつ，各規定について何らかの振り分けを考える方向などが考えられる。

　ここでは，単に2つの現行法の規定をどのように整理するかという形式的な問題にとどまらず，①民法と労働契約法の性格ないし法体系上の位置づけをどう考えるかという理論上の問題，また，この問題とも関連して，②民法と労働契約法それぞれの法実現の手法をどう考えるかという問題や，③民法と労働契約法の立法ないし改正を検討する際のプロセスないし場（forum）をどう考えるかという立法のあり方の問題も視野に入れて検討する必要がある。

　①の問題に関しては，基本法である民法に対して労働法は政策立法であるという理解が一般的であり，前述したように，こうした観点からの両者の差異は相対化し始めている面があるとはいえ，なお両者の性格の相違は否定しがたいところである。もっとも，労働契約法は，労働基準監督官等による行政指導が想定されていない点で，民事法規としての色彩が強いものであるが，平成24年（2012年）改正により有期労働契約者に関する無期転換や不合理な労働条件格差の規定が設けられたことにより，政策立法という性格を強めつつあるといえるので，民法と労働契約法を統合した場合には，民法に政策立

第8節 雇 用 　　　　　　　　　　　　　　　　　　　§*623* Ⅰ

法的な規定が盛り込まれることになり，その点で疑問が提起されることが予想される。他方で，労働契約法に雇用の節の規定を統合する場合は，労働契約法上に雇用に関する基本法的な規定の一部が存在してもさほど不都合はないように思われる。

　また，②の問題に関しては，労働契約法は，契約上の権利義務関係を定めるものであるとはいえ，所轄官庁である厚生労働省が，法律の周知の他に，一定の政策的誘導措置を実施することがある（同法18条に基づく有期契約労働者の無期転換を促進するための周知啓発や助成金の支給など〔厚生労働省ウェブサイト「有期契約労働者の無期転換ポータルサイト」（http://muki.mhlw.go.jp/policy/）参照〕）。これは，労働契約法が政策立法としての位置づけを有しているためであり，同法が民法に統合された場合，こうした措置を行い続けることが困難になることが懸念される。

　さらに，③の問題についてみると，現在，労働契約法を含む労働立法の大部分は，公益代表者と労使の代表者が参加する審議会において，基本的に労使のコンセンサスを得たうえで法案が作成されてきている。これは，労働立法については，労使代表者の人事管理や労使関係の経験を活かして審議を行うとともに，現場での実現可能性などの観点からも検討を行ったうえ立法を行うというメリットがあるためであるが，民法への統合は，このような立法プロセスのメリットを失わせないかという問題も生じる。

　以上のように，雇用契約と労働契約が同一の概念であるとすると，民法の雇用の節の規定と労働契約法を統合することは十分考慮に値するが，いずれに統合するかについては，民法上の規定を労働契約法に統合する方が，民法への統合よりも問題は少ないと考えられる。ただし，そのような統合を図る場合，労働契約法の規定と民法の規定と内容に差異がある事項については，民法の規定の適用の余地がない場合には，特別法である労働契約法の規定の方が残されることになろう。また，使用者が同居の親族のみを使用する場合に労働契約法を適用除外とする規定（労契21条2項）については，民法の規定まで適用除外となってしまわないように，現在の労働契約法の規定のみを適用除外とする旨の規定に変更することになろう。

　なお，民法の雇用の節の規定と労働契約法の規定の併存を今後も認めつつ，各規定について何らかの振り分けを考える場合には，雇用（労働）契約に関

〔山川〕　　25

§*623* **II**　　　　　　　　　　　　　　　　　　第 3 編　第 2 章　契　約

する基本的規定は民法に置き，それ以外を労働契約法に置くという方向（和田肇「思想としての民法と労働法」法時 82 巻 11 号〔2010〕4 頁）などが考えられるが，何をもって基本的規定とするかなどにつき検討すべき課題が生じ，また，国民にとっての分かりやすさという点ではやや問題が残るといえよう。

いずれにせよ，民法における雇用の節と労働契約法の統合については，法制審議会と労働政策審議会の双方での対応が必要となるものであり，債権法改正についての検討の開始段階においては，労働契約法につき，平成 24 年には有期労働契約に関する大規模な改正が検討中であったことも背景として，今後，労働契約法のさらなる整備をふまえて慎重に検討すべしとの指摘もみられた（山川隆一「雇用の規定を残す必要はあるか」椿寿夫ほか編・民法改正を考える〔2008〕311 頁）。

法制審議会民法（債権関係）部会でも，中間的な論点整理の段階で，民法の雇用に関する規定と労働契約法の関係については，「将来的には民法の雇用に関する規定と労働契約法の関係の在り方が検討課題となり得るが，当面，民法と労働契約法との関係について現状を維持し，雇用に関する規定は，引き続き民法に置くこととしてはどうか」とされた（中間論点整理 161 頁）。

II　雇用契約の成立とその要件

1　採用の自由と労働法上の制約

わが国では，労働者の採用，すなわち労働者との雇用契約の締結に関して，使用者に広い採用の自由が与えられている。すなわち，どれだけの人数を採用するか，応募者のうち誰を選択して契約を締結するか，採用の決定にあたりいかなる事項を調査するか，最終的に雇用契約を締結するかどうかなどにつき，使用者は，営業の自由の一環として，自由に判断することができるのが原則である（最大判昭 48・12・12 民集 27 巻 11 号 1536 頁〔三菱樹脂事件〕）。

しかしながら，こうした採用の自由には，法律上の制約を課すことも（憲法に違反しない限り）可能であり，近年，採用の自由に制約を課す法律も増えつつある。たとえば，雇用の分野における男女の均等な機会及び待遇の確保等に関する法律 5 条は，労働者の募集・採用について女性差別を禁止している。また，障害者の雇用の促進等に関する法律は，国，地方公共団体および

26　〔山川〕

第8節　雇　用　　　　　　　　　　　　　　　　　　　§*623*　II

事業主に対して，一定の率以上の障害者の雇用を義務づけている（同法37条・43条等）。さらに，労働者派遣事業の適正な運営の確保及び派遣労働者の保護等に関する法律（労働者派遣法）40条の6は，一定の同法違反行為を行った派遣先事業主につき，派遣労働者に対する労働契約の申込みをしたものとみなす旨を定めており，労働者が承諾の意思表示を行えば，派遣先との間で直接労働契約が成立することになる。

2　労働に従事すること（を約すること）

本条によれば，雇用契約は，当事者の一方（労働者）が相手方に対して労働に従事することを約する旨の意思表示と，相手方（使用者）がこれに対してその報酬を与えることを約する旨の意思表示が合致することにより成立する。ここで，労働に従事することとは，これまでみてきたように，労働者が使用者の指揮命令（→I 2(1)）ないし具体的指示のもとで労務を供給すること（役務を提供すること）を意味すると解すべきである。

そして，一般的な雇用形態において，使用者（求人者）の募集に対して労働者（求職者）が応募し，これを受けて使用者が当該労働者を採用した場合には，それぞれの意思表示の内容を詳細に認定するまでもなく，すなわち，使用者の指揮命令ないし具体的指示のもとで労務を供給するという効果意思を表示したか否かを特段詮索するまでもなく，雇用契約の成立が認められるのが通常である（ただし，いわゆる採用内定のような場合には，どの段階で契約が成立したかが問題となる。→4(1)）。これに対し，問題となった契約が雇用契約かそれ以外の契約かが争われるような場合には，それぞれの意思表示の内容がいかなるものであったか，換言すれば，契約の要素である労務供給の内容はいかなるものであったかが検討されることになる。

3　報酬を与えること（を約すること）

雇用契約が成立するためには，使用者の側では，労働者の労務供給に対して報酬（賃金）を使用者が支払う旨の意思表示をすることが要件となる。賃金の詳細については，就業規則等で定められていることが多いため，雇用契約の締結段階ではそれらの詳細まで具体的に示した上での意思表示がなされることは少ないが，職業安定法により，労働者の募集を行う者は，賃金や労働時間等の労働条件を明示することが要求されており（同法5条の3第1項），募集の段階で求人票等により賃金の見込み額等を示していることが多いため，

〔山川〕　　27

§623 **II**   第3編 第2章 契 約

それが雇用契約の内容に盛り込まれることは少なくないであろう。使用者が求職者に求人票を示すこと自体は，雇用契約の申込みではなく申込みの誘引であるのが通常であるが（東京高判平12・4・19労判787号35頁〔日新火災海上保険事件〕），雇用契約が成立した場合には，原則として，求人票記載の労働条件が労働契約の内容となると考えられる（大阪地判平10・10・30労判750号29頁〔丸一商店事件〕など）。

　なお，雇用契約における賃金の額については，基本的に当事者の合意に委ねられるが，最低賃金法による最低賃金額の規制がなされている（適用対象は，労働基準法上の労働者である〔最低賃金法2条1号，労基9条〕）。最低賃金法の定める最低賃金額を下回る賃金の合意は無効となり，無効となった部分は同法所定の最低賃金額により補充される（同法4条2項）。

4　両者の意思表示の合致（諾成契約）

(1)　雇用契約の成立時点

　雇用契約が当事者の意思表示の合致により成立する諾成契約であることは，本条から明らかであるが，雇用契約の成立過程においては，当事者間で種々のやり取りがなされるため，雇用契約が成立したといえるのはどの時点かが争われることがある。この点は，現在の民法理論から見れば，いわゆる合意の熟度（大村敦志・新基本民法1〔2017〕47-49頁参照）が雇用契約の成立時点という局面において問題となったものと位置づけることもできよう。

　この点が特に問題となったのは，新規学卒者についてのいわゆる採用内定をめぐってであった。すなわち，新規学卒者の募集・採用のプロセスは長期にわたることが少なくなく，在学中から就職活動が行われ，採用内定という段階を経て，卒業後に就労を開始するといったパターンが多いところ，採用内定の取消しという事態が発生した場合に内定取消しを受けた学生がどのような法的請求をなしうるかに関連して，採用内定時点で雇用契約が成立しているかが争われたのである。

　この点については多様な議論が展開してきた。すなわち，まず，内定から入社までは一連の契約締結過程であるとする契約締結過程説が唱えられたが，これによれば，内定取消しに対しては不法行為による損害賠償請求の余地があるのみである。次に内定は，卒業後に労働契約を締結する旨の予約であるという予約説が主張されたが，この説でも，予約違反への対処はやはり損害

第8節 雇 用　　　　　　　　　　　　　　　　　　　　　§*623* II

賠償請求（ただし予約違反の債務不履行）にとどまるのが通常である。そこで，内定段階で労働契約が成立するとする労働契約成立説が唱えられた。この説によれば，内定取消しは労働契約の解約（解雇の一種ともいえる）であり，内定者はそれが合理的理由を欠く権利濫用に当たるため（労契16条参照）無効であるなどと主張して雇用契約上の地位確認訴訟を起こしうる。もっとも，内定者が卒業ができない場合などには内定が取り消されることから，労働契約成立説はさらに，卒業することが停止条件であるとの説（契約は内定時に成立するが，その効力は卒業ないし入社まで発生しないとする），卒業できないことが解除条件であるとの説（内定時に契約の効力まで発生するが，卒業できないと効力が失われるとする），卒業できないことなどを理由とする解約権が留保されているとする説（この説によれば，解約権を行使しない限り契約は存続する）などに分かれた。

　こうしたなかで最高裁は，内定の実態は様々であるから一律には考えられないとしつつも，採用内定通知後には労働契約を成立させるための意思表示は特に予定されていなかった事案において，内定通知により使用者が契約締結の申込みを承諾したものとして，内定時に解約権が留保された労働契約が成立したと判断した（最判昭54・7・20民集33巻5号582頁〔大日本印刷事件〕）。本件では，採用内定通知後には労働契約を成立させるための意思表示は特に予定されていなかった点で，契約締結に至る過程は終了したという一定の区切りがつけられた（合意の熟度が一定段階に達した）といえることから，契約の成立が認められたものと思われる（このような法的構成は，解約権留保付労働契約説と呼ばれている）。

　以上は新規学卒者についての議論の展開であるが，中途採用者についても，「採用内定」という用語が用いられることがある。その実態は新規学卒者以上に様々であるが（前掲東京高判平12・4・19〔日新火災海上保険事件〕では，内定通知の後に労働条件等についての説明会が実施されている），事案によっては，内定時点で労働契約の締結過程が終了したとして，契約成立が認められる場合があろう（東京地決平9・10・31判タ964号150頁〔インフォミックス事件〕）。

　なお，採用内定以前の段階において，一般にはよりインフォーマルな形で，使用者から新規学卒者等に対し，「内々定」という通知が行われることがあり，その不当な取消し等につきいかなる救済がなされるかも問題となりうる。

〔山川〕　29

§623 II 第3編 第2章 契約

「内々定」という現象の中身もまた多様なものであり，その実態に応じた判断がなされるべきであるが（「内々定」という表現が用いられていても，実際には「内定」段階である場合もありうる），その後の契約成立に向けたプロセスが予定されている場合には，契約の成立までは認めることはできず，契約締結への期待権の侵害による不法行為の成立を認めうるにとどまるであろう（福岡高判平23・3・10労判1020号82頁〔コーセーアールイー（第2）事件〕など）。

(2) 雇用契約の成立の認定

以上とも関連するが，採用内定という段階に限らず，雇用契約はどの時点で成立したと認められるかが争われることがある。この点は，採用内定という取扱いが必ずしも確立していない中途採用の事例で問題となることが多い。

本条によれば，雇用契約は，労働者が相手方に対して労働に従事することを約する旨の意思表示と，使用者がこれに対してその報酬を与えることを約する旨の意思表示が合致することにより成立する。また，労働契約法6条は，労働契約は，労働者が使用者に使用されて労働し，使用者がこれに対して賃金を支払うことについて，労働者および使用者が合意することによって成立すると定めている。ここでは，いかなる内容の合意があれば雇用契約（労働契約）の成立要件がみたされたといえるかが問題となる。

この点については，裁判例上，一般的な判断基準は確立しておらず，個々の事案に即した判断が示されているが，労働義務の内容や賃金等の労働条件についての詳細な合意をなすまでには至っていなくとも，契約内容の概略ないし基本的な内容について，事案によってはさらに就労開始の予定時期について共通の了解が示されたとみられる時点で，契約の成立を認める傾向があるように見受けられる（以上のような傾向を示す契約成立肯定例としては，東京地判平20・6・27労判971号46頁〔インターネット総合研究所事件〕，否定例としては，大阪地判平17・9・9労判906号60頁〔ユタカ精工事件〕がある）。あくまで各事案の事情に応じて判断すべきものであるが，両当事者が当該契約の効力を受けることを了解し，相互がその旨を表明した段階に至っていれば，詳細についてはなお詰めることが予定されていたとしても，雇用契約の成立を認める段階に達していたと評価することができると思われる。契約内容の概略ないし基本的な内容，さらに就労開始の予定時期について共通の了解が示された段階に達していれば，そのような評価が可能な場合が多いといえよう。

30 〔山川〕

第8節 雇 用 §*623* **II**

(3) 黙示の雇用（労働）契約

雇用契約については，黙示の契約の成立を認めうるかが問題となることがある。典型的には，請負会社などから別の企業に「派遣」（労働者派遣法上の「労働者派遣」以外の請負によるものも含む）されて就労する従業員と受入れ企業との間において，黙示の雇用契約の成立が認められるかが争われる事例が少なからずみられる。

こうした事例に関し，近年の裁判例は，黙示の労働契約の成立を認めるためには，①「派遣元」従業員が受入れ企業の指揮命令を受けて就労しているのみでは足りず，加えて，②「派遣元」企業が名目的なものにとどまっていたり，受入れ企業が指揮命令以外に採用・配置や懲戒など労働者に対する管理を行っていたりすることなどから，受入れ企業が労務供給先と評価できる実態が存在するとともに，③受入れ企業が実際上それら労働者の賃金を決定していることが必要であるという立場を示している（最判平21・12・18民集63巻10号2754頁〔パナソニックプラズマディスプレイ事件〕，福岡高判昭58・6・7判タ497号197頁〔サガテレビ事件〕など）。

5 雇用契約（労働者）該当性の判断

(1) 判 断 基 準

当事者間に労務の供給を内容とする契約が成立していたとしても，その契約がいかなる性質のものか，ないしは，雇用契約が成立したと評価をなしうるかが問題となることがある。契約の性質決定の問題といえるが，労働法上は，「労働者」性を認めうるかどうかの問題として議論されることが多い。労働法の領域では，昭和22年（1947年）に制定された労働基準法は，その適用について労働契約の存否を明示的には問題としておらず，「労働者」（労基9条）に同法を適用するという構造をとっているため，「労働者」該当性の問題として議論がなされてきた。また，平成19年（2007年）に制定された労働契約法のもとでも，「労働者」につき，「使用者に使用されて労働し，賃金を支払われる者をいう」と定義されており（労契2条1項），「事業又は事務所」においてという労働基準法9条に存在する要件（厚労省の通達では，工場や支店など，一定の場所で相関連する組織のもとに業として継続的に行われる作業の一体と解釈されている〔昭22・9・13発基17号〕）は存在しないことを除けば，労働基準法上の労働者と基本的に同一の概念であると一般に解されているので，やはり，

〔山川〕　31

§*623* II 第3編 第2章 契約

労働契約法上の「労働者」該当性の問題として議論がなされる。

　民法上の雇用契約の成否については，同法623条の定める要件をみたす合意がなされたかを問題とすれば足りるはずであり（労働契約法上の労働契約の成否も，同法6条の要件をみたす合意がなされたかという問題として把握できる），客観的な事実関係のもとで労働者と評価されるか否かを問題とする労働基準法上の労働者概念の問題とは次元を異にする面があるが，雇用契約の成否が問題となる場合も，客観的な事実関係のもとで雇用契約と評価される意思表示がなされたものと認められるかという観点から，契約当事者の意思表示の解釈を行わざるを得なくなる。そうすると，ある労務供給契約が雇用契約といえるかという問題を考えるにあたっても，労働基準法上の労働者該当性についての判断枠組みは有益なものとなりうると思われる。裁判例でも，労働基準法上の労働者該当性の判断枠組みを用いて労働契約ないし雇用契約の成否を問題とするものが少なくない（近年のものとして，東京地判平24・12・14労判1067号5頁〔ミレジム事件〕）。

　労働基準法上の労働者概念も労働契約法上の労働者概念も，①「使用され（て労働）」すること，および②賃金を支払われること，という2つの主要な要件から構成される。これらは，雇用契約における①「労働に従事」すること，および②「これに対してその報酬を与える」ことという契約当事者の意思表示の内容と対応している。そして，①については，上記のとおり（一I2(1)），使用者の指揮命令ないし具体的指示のもとでの労務供給と理解されている（これを「使用従属関係」と呼ぶことがある）。

　しかし，これらの要件はなお抽象的であるため，労働基準法上の労働者概念を中心として，これらをさらに具体化した判断要素が整理されてきている（厚生労働省に設置された労働基準法研究会が裁判例を整理したうえ1985年に発表した報告に基づくものである）。すなわち，①については，(i)仕事の依頼，業務従事への指示等に関する諾否の自由の有無，(ii)業務遂行上の指揮監督の有無，(iii)場所的・時間的拘束性の有無，(iv)代替性の有無（他の者による労務提供も許容されるか）などの要素から判断し，また，②については，報酬の算定方法や支払方法などの要素から報酬の労務対価性があるかどうかを判断する。その他，③補強的要素として，(i)機械・器具の負担関係，税務上の事業所得の取扱い，報酬の額などの事業者性や，(ii)専属性の程度なども考慮される。

第8節 雇 用 §*623* Ⅱ

(2) 具体的事例

これまで労働者性が問題となった主要な例を挙げると，まず，委任契約の形式がとられる取締役等であっても，使用人を兼務し，代表者の指揮命令のもとで労働している場合には，その限りで労働者に当たりうる（東京地判平11・11・30労判789号54頁〔バベル事件〕）。また，大学病院の研修医について労働者性が認められた例があるが（最判平17・6・3民集59巻5号938頁〔関西医科大学事件〕），出来高払の委任契約を締結していた証券会社の外務員につき，労働者性が否定された例もある（最判昭36・5・25民集15巻5号1322頁〔山崎証券事件〕）。

さらに，みずからトラックを所有し請負契約により運送業務を行う傭車運転手については，事業者としての性格をもつことや，労務供給の方法や就業時間について拘束度が少ないことに着目して，労働者災害補償保険法上の労働者（労働基準法上の労働者と同一の概念と解されている）に当たらないとした最高裁判決がある（最判平8・11・28判タ927号85頁〔横浜南労基署長事件〕）。請負契約との関係では，大工について労働者性を否定した最高裁判決もみられる（最判平19・6・28判タ1250号73頁〔藤沢労基署長事件〕）。

なお，上記の使用人兼務取締役の類型において，使用人としての労務供給部分について労働契約の成立が認められるとともに，取締役としての労務供給部分については委任契約の成立が認められた事例がある（長野地松本支判平8・3・29労判702号74頁〔住建事件〕）。ここでは，委任契約と労働契約の双方が併存する，いわば併存契約が認められたことになる。

(3) 法令による労働者概念の差異

上記のとおり，雇用契約の当事者としての労働者と労働基準法上および労働契約法上の労働者の概念は基本的に一致するものであるが，労働法令によっては，これと異なる労働者の定義を定めているものがある。たとえば，労働組合法上の労働者は，「職業の種類を問わず，賃金，給料その他これに準ずる収入によつて生活する者」と定義されている（労組3条）。ここでは，まず，「使用される」という要件がなく，特定の使用者との労務供給関係は不要とされている（同法上の労働者は，労働組合の構成員という観点も含めて定義されており，失業者も組合を結成できるためである）。

また，「賃金を支払われる者」にとどまらず，賃金に準ずる収入によって

〔山川〕 33

§*623* **II**　　　　　　　　　　　　　　　　　　　第3編　第2章　契　約

生活する者も含むとされている点や，労働組合法の趣旨が，一定の労働基準
を強制したり契約上の権利義務を設定したりすることではなく，団体交渉に
よる集団的な労働条件の設定のためのシステムを用意することにある点など
から，同法上の労務供給関係は，雇用契約ないし労働契約関係に加えて，そ
れに準じた労務供給関係をも含むものとして，労働基準法ないし労働契約法
上の労働者概念よりも一定程度広く認められている（オペラの合唱団員〔最判平
23・4・12民集65巻3号943頁〔新国立劇場運営財団事件〕〕，住宅設備機器の修理業を
営む会社と業務委託契約を締結して出張修理業務を行う者〔最判平23・4・12判タ1350
号165頁〔INAXメンテナンス事件〕〕などにつき労働組合法上の労働者性が認められて
いる）。

(4)　雇用契約（労働契約）のルールの類推適用

　雇用契約ないし労働契約に該当しない労務供給契約は，いわゆる役務提供
契約の一種となるが，平成29年民法改正において，役務提供契約に関する
規定の新設が見送られたため，その法的性質は，従来からの理解に従い，準
委任契約と把握されることになろう（656条の要件に合致しない場合は無名契約と
評価される場合もあろう）。もっとも，こうした契約のうちでも，雇用契約等に
準じた実質をもつものについては，解釈上，一定程度雇用契約等に準じた扱
いをすることが考えられる（労働者に当たらないがそれに類似する「契約労働者」に
つき，一定の保護を与える立法論も主張されている〔鎌田耕一編著・契約労働の研究
〔2001〕125頁〕）。

　具体的には，雇用契約に関する民法上の規定や労働契約に関する労働契約
法上の規定（たとえば，合理的理由等を欠く解雇を権利濫用として無効とする労働契約
法16条）を類推適用することである。裁判例にも，雇用的性格をもつ請負契
約につき，雇用的な性格の程度に応じて解雇権濫用法理を適用しうるとした
ものや（東京地判昭43・10・25労民集19巻5号1335頁〔東京12チャンネル事件〕），
NHKの集金人につき，有期労働契約に関して期間途中の解雇を基本的に禁
止したもの（大阪地判平27・11・30労判1137号61頁〔NHK堺営業センター（地域ス
タッフ）事件一審判決〕。ただし大阪高判平28・7・29判タ1435号114頁〔NHK堺営業
センター（地域スタッフ）事件控訴審判決〕は結論として類推適用を否定した），また，
力士の契約の解除につき，準委任類似の契約と評価しつつ，解除は信頼関係
を破壊する特段の事情がある場合にのみ認められるとしたもの（東京地決平

34　　〔山川〕

第8節　雇　用　　　　　　　　　　　　　　　　　　**§623　II**

23・2・25 労判 1029 号 86 頁〔日本相撲協会事件〕）がある。このように，準委任契約ではあるが一定程度雇用契約に近い色彩をもつ契約は，混合契約と呼ぶこともできよう。

なお，労働法のうち公法的な性格をもつものは，類推適用をすることはできないが，労働者に当たらない者でも特に規定を設けて，労働者と一定程度共通の保護を与える場合がある（家内労働法や労働者災害補償保険法 33 条 1 号 3 号等）。

6　雇用契約の締結能力

民法によれば，親権者や後見人は，未成年者の同意を得れば当該未成年者のために雇用契約を締結できる（824 条ただし書・859 条 2 項）。しかし，労働基準法は，親権者または後見人は，未成年者（4 条。現在は満 20 歳未満の者をいうが，平成 30 年〔2018 年〕6 月の民法改正により，2022 年 4 月以降は 18 歳に引き下げられる）に代わって労働契約を締結してはならないと定めている（労基 58 条 1 項）。労働基準法の制定当時，親がみずからの利益のために未成年者の子に代わって労働契約を締結し，賃金を前借りする悪習がみられたために，特に未成年者の保護を図ったものであるが，現在でもそうした事態を防止する必要はなお存在するといえよう。労働基準法の適用対象である「労働者」は「事業」または「事務所」に使用される者であり（「事業」の意義については，一 5 ⑴），同法 58 条 1 項の規制も「事業」における労働契約に限られると考えられるが，上記のような規制の趣旨や，同項では「労働者」という要件が存在しないことから，そのような限定を付さない解釈をなしうるかにつき検討の余地があると思われる。

他方，未成年者が雇用契約を締結する場合，法定代理人（親権者または後見人）の同意を要する（5 条 1 項・823 条 1 項）ことは，民法の定めるとおりである。同意が得られない場合には，未成年者または法定代理人は契約締結の意思表示を取り消すことができる（5 条 2 項）。同意が得られた場合には，その労働契約に関して未成年者は成年者と同様の行為能力をもつが（6 条 1 項参照），親権者もしくは後見人または行政官庁は，その契約が未成年者に不利であると認める場合には，将来にむかって契約を解除することができる（労基 58 条 2 項）。

なお，労働基準法は，原則として，満 15 歳に達した日以後の最初の 3 月

〔山川〕　35

§623 Ⅲ 第3編 第2章 契約

31日が終了するまで児童を使用してはならないこと（労基56条1項），未成年者は親権者や後見人から独立して賃金を請求することができ，親権者または後見人は，未成年者に代わって賃金を受け取ってはならないこと（労基59条）を定めるほか，労働時間規制等についても様々な特別規制を置いている（労基60条1項等）。

Ⅲ 雇用契約の効力

1 雇用契約上の権利義務の設定と変更

(1) 規律規範とその重層性

雇用契約の当事者である使用者と労働者の契約上の権利義務を規律する法的規範には，両当事者間の個別合意としての雇用契約の他にも，様々なものがある。すなわち，使用者が一方的に作成しうる文書ではあるものの，労働契約法により雇用契約の内容を規律する特別な効力を与えられている就業規則（労契7条・10条等），使用者と個別労働者が団体交渉の結果合意した労働条件について，一定要件のもとで個別の雇用契約に優先して労働者に適用される労働協約（労組16条・17条等），最低労働条件や雇用契約上の権利義務等を直接に設定する労働基準法や労働契約法などの法令上の規定などである（労基12条等参照）。したがって，以下において，「雇用契約により」，「雇用契約上の定め」といった表現を用いる場合，労働契約そのものが権利義務を設定する場合にとどまらず，上記の規定により就業規則や労働協約が雇用契約の当事者間の権利義務を規律する場合が含まれることになる。

以上のような各種の規範が重層的に存在する場合は，それらの優先劣後関係が問題となり，一部明文の規定が置かれているが（労契13条等），解釈に委ねられる場合も少なくない（山川隆一「労働契約と労働協約・就業規則」曹時65巻3号〔2013〕1頁参照）。

なお，いわゆる労働慣行（労使慣行）は，それ自体として労働契約上の権利義務を発生させるものではないが，①一定の取扱いが長期間にわたり反復して行われ，②しかもそれが当事者に規範として承認されるに至った場合には，黙示の合意が成立したものとして，あるいは民法92条の事実たる慣習として，労働契約上の権利や義務となりうる（最判平7・3・9労判679号30頁参

第8節　雇　用　　　　　　　　　　　　　　　　　　　　§*623*　III

照〔商大八戸の里ドライビングスクール事件〕）。

　平成29年改正民法における約款規制の導入の検討段階においては，就業
規則等の扱いも議論の対象となった。まず，就業規則については，次に述べ
るように労働契約が定型取引に該当しないことに加え，仮に定型約款に該当
しうるとしても，労働契約法が特別法として規律を行っており，民法の規定
は適用されないと解される。問題は就業規則には該当しない労働契約書のひ
な型等であるが，定型約款の定義における「不特定多数の者を相手方として
行う取引」とは，相手方の個性に着目せずに行う取引を意味するので，労働
契約はそもそも定型取引に該当しないこととなるため（一問一答243頁），労
働契約書のひな型は定型約款に該当しないとされている（その結果，約款の組
入れ要件をみたすことによる契約内容化の擬制はなされず，また，平成29年改正民法
548条の4所定の一方的変更の拘束力の規定も適用されないことになる）。

　(2)　契約内容（労働条件）の変更

　㋐　個別合意による変更　　雇用契約の内容については，当事者が合意す
れば，強行法規や公序等に反しない限り，自由に変更できるのが，契約自由
の原則から導かれる帰結のはずである。労働契約法8条もそのような個別合
意による労働契約内容の変更の可能性を定めている。

　しかしながら，判例上，労働者による権利の放棄，あるいは使用者からの
労働条件変更等の申出に対する労働者の同意に関しては，労働関係の特質を
反映して，厳格な認定ないし効力の判断がなされてきている。

　すなわち，最高裁判例は，以前から，労働者による賃金債権の放棄や，賃
金債権を受働債権とする使用者による相殺への労働者の同意に関し，それら
が労働者の自由な意思に基づいてされたものであると認めるに足りる合理的
な理由が客観的に存在したかどうかを問題とする判断枠組みを採用してきた
（最判昭48・1・19民集27巻1号27頁〔シンガー・ソーイング・メシーン事件〕，最判平
2・11・26民集44巻8号1085頁〔日新製鋼事件〕）。そして，最近の最高裁判例は，
就業規則の変更による退職金の不利益変更への同意に関し，労働者の同意の
有無についての判断は慎重にされるべきであるとしたうえ，労働者の同意と
みられる行為があっても，それが「労働者の自由な意思に基づいてされたも
のと認めるに足りる合理的な理由が客観的に存在するか否かという観点」か
らの検討を行うべきであるとした（最判平28・2・19民集70巻2号123頁〔山梨

〔山川〕　37

§623 Ⅲ 　　　　　　　　　　　　　　第3編　第2章　契　約

県民信用組合事件〕）。その後の裁判例は，労働者の退職の合意などの問題に関しても，同様の枠組みを採用するようになっている（東京地立川支判平29・1・31労判1156号11頁〔TRUST事件〕）。

　通常の契約において合意の成否を問題とする場合，一方当事者の承諾について，意思表示の瑕疵等が問題になりうることは格別，「自由な意思に基づいてされたものと認めるに足りる合理的な理由が客観的に存在するか否か」が問題とされることは想定しにくいところであるが（また，労働契約に限って，意思表示の成立とは別の次元で明文の規定のない効力発生要件を課したとも考えにくい），最高裁は，上記のような認定の手法を採用する理由として，「労働者が使用者に使用されてその指揮命令に服すべき立場に置かれており，自らの意思決定の基礎となる情報を収集する能力にも限界があること」を挙げており（前掲最判平28・2・19〔山梨県民信用組合事件〕），労働関係の特質，すなわち，労働者のいわゆる従属性および情報における格差をふまえて，同意の意思表示の成立につき独特の認定のあり方を示したものといえる（山川隆一「労働条件変更における同意の認定」菅野和夫古稀・労働法学の展望〔2013〕257頁参照）。

　⑷　就業規則および労働協約による変更　　労働法においては，使用者と個別の労働者の合意による労働条件（契約内容になったもの）の変更の他に，労働者の集団に対して，就業規則や労働協約による労働条件の変更が法律上ルール化されている。

　まず，就業規則は，使用者が一方的に作成できる労働条件や服務規律を定めた文書であるが，職場においては実際上法律に近い機能を果たしていることから，労働基準法は，事業場単位で10人以上の労働者を常時使用する使用者に対して，就業規則の作成，労働基準監督署長への届出，同規則の作成・変更の際の労働者の過半数代表の意見聴取，および事業場の労働者への周知を義務づけている（労基89条・90条・106条）。そして，労働契約法は，使用者が就業規則の変更により労働契約内容である労働条件を変更する場合，それが労働者に周知され，かつ変更が合理的であるといえる場合には，変更に反対する労働者も変更後の労働条件に拘束されるものとしている（労契10条）。こうしたルールは判例法理（最大判昭43・12・25民集22巻13号3459頁〔秋北バス事件〕など）により創造されたものであるが，解雇が解雇権濫用法理（労契16条）により制約されている日本法の現状のもとで，「合理性」という

38　〔山川〕

第8節 雇 用　　　　　　　　　　　　　　　　　　§*623*　Ⅲ

概念のもとで労使の利益調整を図りつつ，解雇によらずに，業務上の必要性に基づき一方的に労働条件の変更をなしうる手段を使用者に与えたものと位置づけられる。

　次に，労働協約は，使用者と労働組合が団体交渉で合意した労働条件等を一定の要件のもとで文書化したものであるが（労組14条），労働協約所定の労働条件は組合員の労働契約を規律する効果をもち（労組16条），判例上，労働協約が組合員の労働条件を不利益に変更するものであっても，組合の目的に反するものでない限り，当該労働協約は組合員を拘束するとされている（最判平9・3・27判タ944号100頁〔朝日火災海上保険（石堂）事件〕）。また，協約を締結した労働組合が事業場で4分の3以上の同種の労働者を組織している場合には，当該協約は組合員でない未組織少数労働者にも効力が拡張され（労組17条），当該協約が労働条件を不利益に変更するものであっても，それを拡張適用することが著しく不合理である場合を除き，当該協約は未組織労働者を拘束すると解されている（最判平8・3・26民集50巻4号1008頁〔朝日火災海上保険（高田）事件〕）。

2　雇用契約上の権利義務の内容

　雇用契約における当事者の基本的義務は，労働者においては，使用者に対して労働に従事する義務，換言すれば，使用者の指揮命令ないし具体的指示のもとで労務を供給する義務であり，使用者においては，労働者の労務供給に対して報酬を与える義務である。また，雇用契約においては，これらの基本的義務以外に種々の付随的な義務が観念されている。

(1)　労働者の義務

(ア)　主たる義務 ── 労働義務

　(a)　指揮命令権　　労働者の雇用契約上の主たる義務は，労働義務，すなわち，使用者の指揮命令ないし具体的指示のもとで労務を供給する義務である。ここで，使用者は，労働義務の内容を具体化するための指揮命令権を有するということができる（使用者と労働者の合意によっても労働義務の内容を具体化することができることはいうまでもない）。そうすると，使用者の指揮命令権は，その行使によって労働者の労働義務の内容が具体化されるという効果を生じさせる形成権としての性格をもつと考えることができる（土田道夫・労務指揮権の現代的展開〔1999〕469頁。ただし，労働者が派遣元事業主に雇用されて派遣先の指

〔山川〕　39

§623 III 第3編 第2章 契 約

揮命令を受けて労務を供給する労働者派遣については，その労務供給関係の法的性質につき種々議論がある。この点については，派遣労働者はあくまで派遣元に対して労働義務を負うが，その労働義務の内容は，労働者派遣契約に基づき，一定程度において派遣先の指揮命令によって特定されると考える〔山川隆一「労働者派遣関係の法的構造」野川忍ほか編著・変貌する雇用・就労モデルと労働法の課題〔2015〕371頁参照〕）。

　こうした使用者の指揮命令権の範囲は広範なものであり，具体的な作業の内容や態様の他，労務を供給する場所や時間配分，企業組織における職務上の地位（職位）などを含み（労働時間等は就業規則等により定められることも少なくない），さらに，研修の実施や健康診断などの事項にも及びうる（健康診断受診命令につき，最判昭61・3・13労判470号6頁〔電電公社帯広局事件〕）。他方で，特別な合意や就業規則，労働協約，法令等による限定がなされる場合もあり，また，権利濫用法理による制約もありうる（最判昭43・12・24民集22巻13号3050頁〔千代田丸事件〕は，危険海域への就航命令に従わないことを理由とする解雇を無効とした）。

　（b）債務の本旨に従った履行　労働者の労働義務の履行は，他の一般の契約と同様に「債務の本旨に従って」なされなければならない（493条）。通常の契約の場合は，履行すべき義務の内容は契約等により定まっているが，雇用契約の場合はそれが指揮命令により具体化されることが多いので，指揮命令により定まる内容の労務の供給をすることが，債務の本旨に従った履行となるのが原則である。

　しかし，傷害や疾病により労働者が指示された労務を完全には遂行できない場合には，他の内容の労務の供給を「債務の本旨に従った」労働義務の履行と認めうるか（また，使用者がその受領を拒否した場合に，労働者は民法536条2項により賃金請求をなしうるか）という問題が生ずる。病気等によって指示された労務の一部のみの履行しかなし得ない場合は，原則として債務の本旨に従ったものとはいえないが，職種や業務内容に限定がない労働契約においては，当該労働者が，同人を配置しうる現実的な可能性のある業務について労務を履行することができ，かつ同人がその提供を申し出ている場合には，なお債務の本旨に従った履行の提供があるものと評価しうる（最判平10・4・9判タ972号122頁〔片山組事件〕）。これは，雇用契約における提供すべき労務の内容が広範に及びうるという労働関係の特質を背景に，その一部としてたまたま

40　〔山川〕

指示された労務を，病気等によってなし得ない場合に，まったく債務の本旨に従った履行をなし得ないと評価するのは適切でないことから，病気等の事情に一定の配慮を求めたものと思われる（賃金請求権との関係については，→§624の2 IV 1 ⑵。なお，障害者の雇用の促進等に関する法律36条の3は，障害のある労働者に対して，職務の遂行についても，使用者にとって過重な負担にならない限り合理的配慮を要求している）。

(c) 善管注意義務・職務専念義務　労働義務の履行の方法についても，契約上の債務履行の一般原則としての「善管注意義務」が妥当し，労働者は，職業人として通常の合理的な注意を払って労働義務を履行しなければならない。そして，労働義務はいわゆる「なす債務」であるから，注意の注ぎ方も重視され，労働者は「誠実」労働義務ないし「職務専念義務」を負うとされる（公務員については，職務専念義務を定めた明文の規定がある。国家公務員法96条1項，地方公務員法30条）。

職務専念義務の中味については，政治活動や組合活動として行われる勤務時間中のリボンやプレート，バッジ等の着用をめぐって議論がある。最高裁は，旧電電公社職員につき，職務専念義務とは，「勤務時間及び職務上の注意力のすべてをその職務遂行のために用い職務にのみ従事しなければならない」義務であると理解し，勤務時間中のプレート着用はこれに違反すると判断している（最判昭52・12・13民集31巻7号974頁〔電電公社目黒電報電話局事件〕）。これに対しては，職務専念義務とは契約の趣旨に従い労働を誠実に履行する義務をいうにとどまると解し，この義務とリボン等の着用は必ずしも矛盾しないとの見解がある（最判昭57・4・13民集36巻4号659頁〔大成観光事件〕における伊藤正己裁判官補足意見等）。

前者の見解によれば，労働者が客観的には労働義務を履行していても，注意力を欠いたという精神的状態だけで債務不履行が成立することになりかねないが，そのように個人の内心への介入を内容とする法的義務の設定は妥当とは思われないので，債務不履行が成立するのは，契約上の義務の履行に客観的な支障が生じた場合と考え，注意力を欠いたことは，債務不履行における労働者の過失を構成する要素であると考えれば足りよう。もっとも，業務の種類によっては，リボン等を着用することが，客観的に要求される労務の履行の水準と合致しない場合には（服装規制等に合理的な理由がある場合を含む），

§623 III

第3編 第2章 契約

労働義務違反が成立しうると考えられる（たとえば，接客業において顧客に不快な印象を与えるリボンを着用する場合など）。

　(イ)　付随義務　　雇用契約においては，労働者の労働義務と使用者の賃金支払義務という基本的義務の他に，付随的な義務がいくつか存在することが認められている。こうした付随義務は，労働関係の特質を背景とするものである。すなわち，労働関係（使用者と労働者の雇用関係）は，一般に，①企業組織のなかで展開するものであることから，労働者の職場規律維持義務が基礎づけられ，また，②人間の労務供給を対象とする継続的な関係であることから，使用者の配慮義務および労働者の誠実義務が基礎づけられるのである。

　(a)　職場規律維持義務（企業秩序遵守義務）　　労働者は，職場規律を維持する義務を負う。上記のとおり企業が組織体として活動することから必要になるものであり，「企業秩序遵守義務」と呼ばれることもある（最判昭52・12・13民集31巻7号1037頁〔富士重工業事件〕）。ただし，この義務は，契約上の債務としての性格は希薄であり，職場規律に違反することが懲戒処分の根拠となりうることを正当化するために用いられることがほとんどである。また，職場規律維持義務といっても，それ自体で独自の内容をもつわけではなく，具体的な内容はその根拠によって異なりうる。

　まず，就業規則等の条項にもとづくものとして，服装規定遵守義務が挙げられるが，この義務は，労働者の私的領域の自由との関係で合理的限定を受ける（東京地判昭55・12・15労民集31巻6号1202頁〔イースタン・エアポートモータース事件〕は，ハイヤー運転手のひげを禁止する規定につき，不快感を与えるひげや異様・奇異なひげのみを禁止していると限定解釈した。また，福岡地小倉支決平9・12・25労判732号53頁〔東谷山家事件〕は，茶髪を改めよとの指示に従わなかったトラック運転手に対する論旨解雇を権利濫用とした）。

　また，労働契約を締結したことに伴い，労働者が信義則上負うに至る義務もある。たとえば，使用者が，他の労働者の規律違反に関する調査を行う過程で従業員に協力を求めた場合には，労働者は，労働義務を履行するうえで必要的かつ合理的な限度においてのみ調査協力義務を負うとされる（前掲最判昭52・12・13〔富士重工業事件〕）。使用者の行う所持品検査についても同様のことがいえるが，労働者のプライバシー侵害のおそれもあるので，合理的理由を必要とするほか，その方法も相当なものでなければならない（最判昭

42　〔山川〕

第8節　雇　用　　　　　　　　　　　　　　　　　　　　　§*623*　III

43・8・2 民集 22 巻 8 号 1603 頁〔西日本鉄道事件〕)。

　(b)　誠実義務　　雇用契約においては，当事者双方が互いの利益を不当
に侵害しないことを要請され，労働者は誠実義務を，使用者は配慮義務を負
うことになる。ここで，労働者の誠実義務とは，労働者が，その労働義務の
履行とは直接にはかかわらない領域においても，使用者の利益を不当に侵害
してはならない義務のことである。もっとも，これらの義務の性格は必ずし
も一様ではなく，義務の内容や発生要件は個別に考える必要がある。

　まず，労働契約上，労働者は使用者の企業秘密を保持すべき義務を負う
（東京高判昭 55・2・18 労民集 31 巻 1 号 49 頁〔古河鉱業事件〕)。労働者の在職中は，
この義務は信義則にもとづくものとして，個別の合意や就業規則上の規定が
なくとも発生すると考えられるが，退職後については，特段の契約上の根拠
がない限り秘密保持義務も消滅するという考え方と，労働契約が終了しても
信義則上秘密保持義務は存続するという考え方とがある（竹地潔「企業秘密・
情報の管理」土田道夫 = 山川隆一編・労働法の争点〔2014〕68 頁参照)。もっとも，不
正競争防止法は，「営業秘密」（同法 2 条 1 項 4 号）を保有する事業者からその
営業秘密を示された場合に，不正の競業その他不正の利益を得る目的，また
はその保有者に損害を加える目的で営業秘密を使用し，または開示する行為
を不正競争とし（同法 2 条 1 項 7 号)，差止請求，損害賠償請求，信用回復措
置の請求などの救済措置を与えている（同法 3 条・4 条・14 条)。同法のもとで
は，労働者の退職後も，契約上の特別の合意の存否にかかわらず，使用者は
同法の違反行為に対し，同法を根拠として差止請求をなしうる（同法 3 条)。

　また，労働者は，使用者の同業他社に就職したりみずから同業の企業を開
業したりしない義務（競業避止義務）を負うことがある。この競業避止義務が
契約上の債務としての性格をもつ場合には，退職金の不支給や損害賠償請求
などの根拠となるだけでなく，違反者に対する競業行為の差止請求も可能で
ある（奈良地判昭 45・10・23 下民集 21 巻 9 = 10 号 1369 頁〔フォセコ・ジャパン事件〕)。

　在職中の競業避止義務は，特別の合意や就業規則上の規定がなくとも信義
則上認められると解される。他方，退職後の競業避止義務については，契約
上特別の根拠は不要であるとの見解もありうるが，同義務は，労働者の職業
選択の機会を制約する点で労働者に対する不利益が大きいことから，契約上
特別の根拠を必要とする説が一般である（石橋洋「競業避止義務」土田 = 山川

〔山川〕　　43

§*623* **III** 第3編 第2章 契 約

編・前掲書66頁参照）。契約上の根拠がなければ次に述べる競業制限の合理性
の判断が困難になることも考えると，後者の見解が妥当であろう。なお，競
業避止義務の根拠として，労働者が現実に認識することを要しない（認識で
きるように周知していれば足りる）就業規則でも足りるかが問題となりうるが，
裁判例ではこれを肯定するものがある（大阪地決平21・10・23労判1000号50頁
〔モリクロ事件〕）。

　もっとも，秘密保持義務の場合と同様に，契約上の根拠がなくとも，競業
行為の態様が社会通念上自由競争の範囲を超える悪質な場合は，不法行為が
成立しうる。最高裁は，退職した従業員らが行った元雇用主に対する競業行
為につき，元雇用主の営業秘密に係る情報を用いたり，その信用をおとしめ
たりするなどの不当な方法で営業活動を行ったとはいえず，また，退職直後
に元雇用主の営業が弱体化した状況を殊更利用したともいい難いことからす
れば，同人らが競業行為を元雇用主に告げなかったからといって，その競業
行為が社会通念上自由競争の範囲を逸脱したものとはいえず，不法行為は成
立しないとしている（最判平22・3・25民集64巻2号562頁〔サクセスほか（三佳テ
ック）事件〕）。

　他方，競業を制限する契約上の根拠規定がある場合でも，退職後の労働者
の職業選択の自由を考慮して，それが合理性をもつときにのみその効力を認
めうる（就業規則の場合は主に規定の合理性の問題となるが，個別的覚書等でも公序違
反該当性の問題となる）。その判断の際には，使用者の事業内容，競業を禁ずる
必要性（秘密の漏洩や顧客の争奪の防止など）とその程度，労働者の職務・地位，
競業が禁止される期間・地域，競業禁止の対象とされる顧客，代償措置の有
無および内容，競業避止義務違反に対する措置の厳しさなどが考慮されてい
る。

　(ウ)　労働者の義務違反と損害賠償

　(a)　損害賠償の制限　　労働者がその義務に違反した場合，雇用契約上
の債務不履行が成立する。債務不履行への対処としては様々なものがあるが，
雇用契約については，使用者は就業規則等の契約上の根拠があれば，企業秩
序違反と評価される規則違反行為に対して懲戒処分（懲戒解雇も含まれる）を
行うことができる。また，債務不履行を理由とする契約解除を行うまでもな
く，使用者は労働者に対する解雇権を行使できる（その他，降格などの人事権の

44　〔山川〕

第8節　雇　用　　　　　　　　　　　　　　　　　　　　　　§*623*　III

行使による対応も考えられる）。

　したがって，使用者が労働者に対して債務不履行を理由に損害賠償を請求することは実際上多くはないが，そのような場合に民法上の債務不履行における原則をそのまま適用すると，労働者が軽易なミスにより巨額の損害賠償責任を負うなど過酷な事態が生じうる。そこで，使用者の事業活動によるリスクはそれにより利益を得ている使用者が負うべきである等の発想（危険責任・報償責任の原則）にかんがみ，労働者が責任を負うための帰責事由の要件を厳格化したり，損害額に一定の制約を加えたりするなどして，損害賠償責任を制限する必要が生じる（名古屋地判昭62・7・27労民集38巻3＝4号395頁〔大隈鐵工所事件〕は，使用者は労働者に重過失がある場合にのみ損害賠償を請求しうるとしたうえ，損害額の2割5分のみを認容した。また，最判昭51・7・8民集30巻7号689頁〔株式会社茨石事件〕は，使用者が第三者に損害賠償を支払った場合の求償（715条3項）に関する事案で，使用者の求償権の行使は賠償額の2割5分に制限された）。

　(b)　賠償額予定・違約金の禁止（労基16条）　　また，使用者は，労働契約の不履行について違約金を定め，または損害賠償額を予定する契約をしてはならない（労基16条）。契約期間の途中で退職する場合の違約金を定めて労働者の足止めをはかる弊害がみられたことや，労働者に酷な賠償額が定められるおそれがあることを背景とした規定である。

　労働基準法16条の適用に関しては，使用者が労働者の留学や研修につき費用を支出する場合，その後の労働者の転職により出費が無駄になるのを防ぐため，労働者に費用を貸し付け，留学などの終了後も一定期間勤務を続ければ返還を免除するが，期間内に退職した場合には返還を義務づける約定を賠償額の予定と評価できるかが問題となる。

　この点については，貸付金の返還債務と労働基準法16条の対象とする損害賠償債務は形式的には別物であるが，貸付金の返還債務という形で実質的に労働者に損害賠償債務を負わせたといいうる場合には，同条違反が成立すると考えられる。ここで，留学や研修が，実質的に使用者が労働者に業務の一環として行わせる研修に当たるのであれば，本来労働者が費用を負担する必要はないので，その後に退職した場合の費用返還債務は，実質的に損害賠償債務といいうる。この点は，職務との関連性，転職の際の一般的通用性，研修の実施・内容についての使用者の関与の程度などを勘案して決せられる

〔山川〕　45

§623 III

第3編　第2章　契約

であろう（同条違反を否定した例として，東京地判平9・5・26判時1611号147頁〔長谷工コーポレーション事件〕，東京地判平14・4・16労判827号40頁〔野村證券事件〕があり，肯定した例としては，東京地判平10・9・25判時1664号145頁〔新日本証券事件〕などがある）。

(c)　身元保証　　労働者の身元保証については，第9巻（→第9巻前注（§§446〜465の10））で取り上げる。

(2)　使用者の義務

(ア)　主たる義務——賃金支払義務

(a)　報酬支払義務（労働者の報酬請求権）　　雇用契約上の使用者の基本的義務は，労働者の労務供給に対する報酬を支払う義務，すなわち，賃金支払義務である。労働者としては，雇用契約上の賃金請求権を有することになるが，その発生要件や内容等については，後に詳述する（→§624 I，§624の2 II〜IV）。

(b)　労務受領義務（就労請求権）の有無　　使用者は，賃金支払義務に加えて，労働者を労働させる義務ないし労働の受領義務を負うかという問題がある（この問題は，裁判所が使用者に対して労働者を就労させることや就労妨害の禁止を命じるか否かを問うものであり，労務受領を拒否した使用者が民法536条2項により賃金支払義務を負うかという問題とは別問題である）。この点については，裁判例，学説上見解が分かれており，労働は労働者の人格の実現行為であることや，民法上一般に債権者に受領義務があるとされていることを根拠とする肯定説もあるが，労働契約は人的な要素が強く，労働の実現は使用者の受容に依存する（指揮命令による業務内容の特定も必要となる）ことを理由とする原則否定説が多数だと思われる（東京高決昭33・8・2労民集9巻5号831頁〔読売新聞社事件〕など。裁判例・学説の状況については，新屋敷恵美子「就労請求権」土田＝山川編・前掲書40頁）。ただし，この見解を採用しても，調理人のように，技能を保持する点などで労働することに特別の意味がある場合には，就労請求権が認められうると解されている（名古屋地判昭45・9・7労判110号42頁〔レストラン・スイス事件〕）。

(イ)　付随義務

(a)　配慮義務　　雇用契約は，労務供給という生身の人間の活動を目的とするものであり，しかも，使用者が指揮命令権という強力な権限をもって

46　〔山川〕

第 8 節 雇 用 §*623* **III**

いることなどから，使用者は，信義則上，その権限を行使するにあたり労働者の利益を配慮することを要請され，それが雇用契約上の付随義務となる場合がある。こうした使用者の配慮義務の内容も，個別具体的に考えてゆくべきものであるが，配慮義務の代表的なものとして認められてきているのは，労働災害を理由とする損害賠償等に関して問題となる，いわゆる安全配慮義務である。その他，使用者は，労働者による年次有給休暇の時季指定に対して，指定された時季に年休がとれるように代替要員の確保に努力するなどの配慮を要請され（最判昭 62・7・10 民集 41 巻 5 号 1229 頁〔弘前電報電話局事件〕など），また，整理解雇に関して，解雇以外の手段により雇用調整の目的を達成するように努力することを要請されるが（→§627 **IV** 3），これらは，使用者の権利行使の効力に影響を与えるものではあっても，契約上の「義務」（債務）とまではいえないものも多い。

労働災害に関する損害賠償請求については，不法行為（709 条）を根拠とすることが伝統的な法的構成であったが，不法行為構成では労働者側に故意・過失の立証が要求され，また，平成 29 年改正前の民法では，債務不履行の場合（10 年）に比べて損害賠償請求権の消滅時効期間が原則 3 年と短かいという問題があった（改正後の民法では，このような時効期間の差は解消されている）。こうした背景のもとで，判例上，使用者は，労働契約上の安全配慮義務違反が認められる場合には，債務不履行として損害賠償責任を負うとされた（最判昭 50・2・25 民集 29 巻 2 号 143 頁〔陸上自衛隊八戸車両整備工場事件〕）。労働契約法 5 条は，この判例法理を明文化し，「使用者は，労働契約に伴い，労働者がその生命，身体等の安全を確保しつつ労働することができるよう，必要な配慮をするものとする」という規定を設けた。

なお，労働災害については，使用者の無過失責任を定めた労働基準法上の災害補償制度，および労働者災害補償保険法による業務災害の保険給付制度があり，これらと安全配慮義務等による損害賠償の制度は，すべて重なり合うものではないが，労働災害による損失の補償を図るという点では共通の機能があるので，二重補償にならないように調整がなされている（労基 84 条，労災保険法 64 条等）。

安全配慮義務の内容は多岐にわたり，労働関係における物的な面での管理における安全配慮と，人的な面，すなわち人員配置や指揮命令の面での管理

〔山川〕 47

§623 III　　　　　　　　　　　　　　　第3編　第2章　契　約

における安全配慮に分けられる。まず，物的な面での安全配慮とは，事故防止のための施設を整備することが代表的なものである。次に，人的な面での安全配慮としては，危険な仕事等については必要な資格をもった者を配置すること，安全衛生のための教育を行うこと，従業員の安全や健康に配慮した作業管理を行うことなどが挙げられる。最後の作業管理との関連では，最高裁判例は，過労によりうつ病となった従業員が自殺したケースにおいて，使用者は，従業員が長時間労働により心身の健康を損なうことがないように注意する義務を負うとしており，恒常的に著しい長時間労働を行っていた従業員に対して会社が業務量を適切に調整しなかったことから，不法行為に基づく損害賠償責任を認めている（最判平12・3・24民集54巻3号1155頁〔電通事件〕）。

　以上の他，安全配慮義務に関する規律の詳細については，第8巻で取り上げる（→第8巻§415）。

　(b)　不法行為法上の注意義務（人格的利益の尊重等）　雇用契約上の付随義務というまでには（すなわち，その違反が契約上の債務不履行と評価されるまでには）規範内容が熟してはいないが，使用者は，労働者の人格的利益に対する配慮を要請される場合があり，配慮を欠く場合には不法行為の成立が認められることがある。その意味で，労働者の人格的利益に対する配慮は，事案に応じて，使用者の不法行為法上の注意義務をなすことがある。

　そうした人格的利益の代表的なものが，労働者のプライバシーや個人情報である。プライバシーの侵害を労働契約上の付随義務違反と考える裁判例もあるが（京都地判平9・4・17判タ951号214頁〔京都セクハラ事件〕参照），これまでのところ，不法行為にもとづく損害賠償請求による対処が一般的である。雇用関係におけるプライバシーに対する侵害行為の類型としては，まず，①労務遂行にかかわりのない私生活への干渉があり，たとえば，思想調査のため監視や尾行を行うこと（最判平7・9・5判タ891号77頁〔関西電力事件〕），私的な事項に関して申告を強制すること（最判昭63・2・5労判512号12頁〔東京電力塩山営業所事件〕は，特定政党の構成員でないことを述べる書面の提出を求めたことが，社会的な許容限度を超えるものではないとした），私生活にかかわる情報を第三者に開示すること（女性従業員の異性関係について噂を流すことによるセクシュアル・ハラスメント〔福岡地判平4・4・16判タ783号60頁〔福岡セクハラ事件〕〕，HIV感染者

48　　〔山川〕

であることを第三者に告知すること〔東京地判平7・3・30判タ876号122頁〔HIV感染者事件〕〕）などが挙げられる。また，②労働関係におけるプライバシー侵害行為のもう一つの類型は，労務遂行過程における使用者の権利行使に伴うものであり，たとえば，私物の調査や身体検査は，業務上の必要性がある場合であっても，労働者の私生活の侵害にならないように，相当な方法がとられなければならない（労働者に無断で行ったB型肝炎の検査が違法とされた例として，東京地判平15・6・20労判854号5頁〔B金融公庫事件〕がある。また，職場のネットワークにおける電子メールの私的利用について，一定範囲でプライバシーとして保護されることを認めつつ，社会通念上相当な範囲でモニタリングが許されるとした事例がある〔東京地判平13・12・3労判826号76頁〔F社Z事業部事件〕〕）。

さらに，職場におけるハラスメントも，人格的利益の侵害として不法行為を構成しうる（諸種のハラスメントに関する法規律の概況については，山川隆一「職場のハラスメント──その現状と法的規律」ひろば70巻9号〔2017〕4頁参照）。いわゆるセクシュアル・ハラスメントについては，「働きやすい職場環境のなかで働く利益」を不法行為法上保護される利益として認めた裁判例がある（前掲福岡地判平4・4・16〔福岡セクハラ事件〕）。また，いわゆるパワー・ハラスメントも，人格的利益の侵害として違法となりうる。ここでは，業務上の指導との関係が微妙な問題となるが，問題とされた言動が業務上の指導等として社会通念上許容される範囲を超えているか，相手方の人格の尊厳を否定するようなものであったか等を考慮する裁判例が多く見受けられる（東京地判平24・3・9労判1050号68頁〔ザ・ウィンザー・ホテルズインターナショナル事件（一審）〕など）。なお，これらハラスメントについては，民法715条1項等により使用者責任が問題となる場合も少なくない。

IV　雇用契約の終了

1　終了事由の概観

以下では雇用契約の終了事由を概観するが，終了事由を定めた民法上の規定については個々の規定の箇所で改めて解説を加える。

まず，労働契約に期間の定めがある場合は，その期間の満了により契約は終了する。ただし，期間満了後も労働者が引き続き就労し，使用者がこれを

§623 IV   第3編 第2章 契約

知りつつ異議を述べない場合には，同一条件でさらに雇用したものと推定される（黙示の更新。→§629）。また，使用者が契約期間満了にあたり契約更新の拒絶（雇止め）を行った場合，労働契約法19条所定の要件のもとで，同一条件による有期労働契約が締結されたものとみなされることがある（無期契約への転換については労契18条参照）。

次に，雇用契約に期間の定めがある場合，当事者はその期間中は契約を解除できないのが原則である。ただし，やむを得ない事由があるときには，当事者はただちに契約の解除をなしうるが，その事由が当事者の一方の過失により生じたときは，相手方に対して解除により生じた損害につき賠償責任を負う（→§628。また，労契17条1項参照）。

他方，期間の定めのない雇用契約は，当事者双方とも，一定期間前に申し入れることによりいつでも解約（使用者による解約は解雇といい，労働者による解約は辞職という）することができる（→§627。やむを得ない事由がある場合は628条によりただちに解約できる）。解雇については，合理的理由等を欠く解雇を権利濫用として無効とする解雇権濫用法理（労働契約法16条に明文化されている）ほか，法令や判例により様々な制約が課されている。解雇も辞職も，解約権という形成権の行使であり，相手方の承諾を待たずに，予告期間が満了すれば労働契約の終了という効果が生ずるが，錯誤（95条）による取消しの主張や，詐欺・強迫による取消し（96条）の主張をすることは可能である（問題となるのは，辞職や以下の労働者からの合意解約の申入れであることが多い）。また，労働者に対して執拗に辞職（または以下の合意解約に応ずること）を勧奨することは不法行為を構成しうる（最判昭55・7・10判タ434号172頁〔下関商業高校事件〕）。

以上の他の雇用契約の終了事由として合意解約があり，契約当事者の合意があれば，雇用契約は，予告期間の経過を待つまでもなく有効に終了する（一方の意思表示に錯誤などの瑕疵があれば，同様にその効力を争いうる）。

また，日本の企業の多くは，期間の定めのない雇用形態を中心に，一定の年齢に到達した場合に労働契約を終了させる「定年制」を定めている。定年制には，定年年齢到達を理由として労働者を解雇する定年解雇制と，定年年齢に到達した場合に労働契約が終了するものとする定年退職制とがある（後者は，解雇の意思表示を必要としない自動退職の制度である）。定年制のもとでも，定年前の辞職や解雇は妨げられないので，定年制は契約期間の定めとは異な

50　〔山川〕

第8節　雇　用　　　　　　　　　　　　　　　　　　　　　　　　§*623* Ⅳ

るが，日本では，定年年齢に達するまでは特に必要がない限り解雇をしない
ことが多く，実際上定年制は雇用保障の機能を営んできている。

　高年齢者等の雇用の安定等に関する法律8条は，定年制を設ける場合は原
則として60歳以上を定年年齢とすることを義務づけているが，現在，老齢
厚生年金（報酬比例部分）の支給開始年齢が段階的に65歳に引き上げられる
途上にあり，同法は，年金支給開始年齢までの就労継続を促進するため，事
業主は，65歳までの定年の引上げ，継続雇用制度の導入，定年制の廃止の
いずれかの措置（高齢者雇用確保措置）を講じなければならないと定めている
（同法9条1項。支給開始年齢引上げの完成までの間は経過措置がある）。

　以上の他の雇用契約の終了事由としては，労働者や自然人である使用者の
死亡，法人である使用者の法人格の消滅，傷病休職期間の満了（就業規則等に
おいて，業務外の傷病により休職となった場合，休職期間満了時点で復職できない場合に
は自動退職となり，あるいは解雇されるものとする旨が定められていることがある），特
定の目的のための労働契約における目的達成（仕事完了）などがある。また，
合併や事業譲渡，会社分割等により雇用契約が他の使用者に承継される場合，
雇用契約自体が消滅するわけではないが，承継される労働者と従前の使用者
との雇用契約関係は終了することになる。

2　合意解約の法規制

　雇用契約の当事者の合意があれば，雇用契約は，予告期間の経過を待つま
でもなく有効に終了する（一方の意思表示に錯誤などの瑕疵があれば，同様にその効
力を争いうる）。労働者の一方的意思表示による辞職の場合，その意思表示が
使用者に到達した後には，予告期間経過前でも撤回できないと解されている
が，これに対し，労働者から使用者への合意解約申入れの意思表示は，使用
者がそれを承諾する意思表示を行うまでは撤回できる（最終決裁権をもつ人事
部長が退職願を受領した時点で承諾の意思表示があったとみうるとされた例として，最判
昭62・9・18労判504号6頁〔大隈鐵工所事件〕）。

　こうした合意解約の申入れの撤回に関し，平成29年改正後の民法525条
1項は，契約の成立につき，承諾の期間を定めないでした申込みは，申込者
が承諾の通知を受けるのに相当な期間を経過するまでは，撤回することがで
きない（ただし，申込者が撤回をする権利を留保したときはこの限りではない）と定め
ている。従来，こうした承諾期間を定めないでした申込みの撤回制限は，隔

〔山川〕　51

§*624* I 第3編 第2章 契 約

地者に対する申込みに対してのみ定めがあったが（平29改正前524条），平成29年改正民法は，これを一般化する一方で，対話者に関する申込みについては，対話が継続している間はいつでも撤回できるものとしている（525条2項）。

雇用契約についての労働者からの合意解約の申込みに関しては，上記でみたとおり，裁判例は，使用者が承諾の意思表示をするまでは，労働者において撤回できるとの立場に立って判断を行ってきた。債権法改正の審議会における検討の過程では，こうした労働者からの合意解約の申込みの撤回に関する取扱いが，上記のような撤回制限を導入した場合に影響を受けるのではないかが議論されたが，新たに契約を締結しようとする合意とそれまでに継続してきた雇用関係を終了させる合意とを同列に論ずることはできないこと，また，労働者からする労働契約の申込みは一時的な衝動からなされる場合があることなどからみて，平成29年改正民法525条1項のもとでも，従来の裁判例の取扱いは，労働契約の合意解約についての特殊性に基づくものとして維持されるものと考えられる（一問一答217-218頁）。

〔山川隆一〕

（報酬の支払時期）

第624条①　労働者は，その約した労働を終わった後でなければ，報酬を請求することができない。

②　期間によって定めた報酬は，その期間を経過した後に，請求することができる。

I　本条の趣旨

1　報酬の支払時期と請求権の発生要件

本条は，雇用契約における報酬につき，1項において，労働者はその約した労働を終わった後でなければ請求することができないとして，報酬を請求できる時期を定める一方で，2項において，期間によって定めた報酬については，その期間を経過した後に請求することができるとしたものである。明

第8節 雇 用　　　　　　　　　　　　　　　　　　　　　§*624* I

治民法の起草者によれば，雇用契約は双務契約であり，そうであるとすると同時履行の抗弁（533条）が妥当し，労務供給者側は，報酬の提供がなければ労務の提供を拒むことができることになりそうであるが，そうした帰結は当事者の通常の意思に反するとともに，慣行上は労務の提供が先履行であるのが通常であることから，同時履行の規定の適用を排除する趣旨で本条が定められたとされている（法典調査会民法議事34巻25丁〔穂積陳重〕。なお，期間をもって報酬を定めた場合，前期の報酬が支払われていない場合は，支払があるまでは労働者は当期の労務供給を拒絶できるとの理解が有力である〔鳩山・下545頁など〕）。

　ここで，同時履行に関する533条の適用を排除するということは，売買契約と同様に，労働義務の履行請求権と報酬請求権とが契約締結と同時に既に発生しているということを前提としているといえそうであり，そうすると，本条は，雇用契約における報酬の支払時期（のみ）を定めたものとの理解が可能となりそうであるが，起草者の説明では，そもそも報酬請求権が発生するのがいつであるかについての理解は必ずしも明示されていないようである。

　この点に関し，判例は，雇用契約における報酬請求権（履行請求が可能な具体的請求権）は，労働義務の履行により発生する立場をとっており（最判昭63・3・15民集42巻3号170頁〔宝運輸事件〕），報酬請求権は雇用契約と同時に発生するという立場は採用していない。また，学説の多数も判例と同様の見解を採用している（新版注民(16)35頁〔幾代通〕など）。この点に関し，大審院の判例には，労務がまだ終了していない期間の報酬債権も差押えの対象となるが，これに関する転付命令は，その効力発生時に労務が終了している部分に限られるとするものがある（大判昭9・4・26民集13巻622頁）。この判例については，①雇用契約における報酬の基本債権（抽象的請求権であり，履行請求はできないが，差押えの対象にはなりうる）は雇用契約の成立と同時に発生するが，②現実に履行請求が可能な具体的報酬請求権（いわゆる支分権）は，労務の終了によって発生するという見解によるものであると理解することができると思われる。本条に関し，以上のような制定後の判例の展開も考慮すれば，本条は，雇用契約における報酬の支払時期とともに発生要件をも示したとの理解，すなわち，具体的な報酬請求権は労働義務の履行により発生し，そうであるがゆえに，労働が終わった後でなければ報酬は請求できないとの理解をすることも可能だと思われる。

〔山川〕　53

§*624* Ⅱ   第3編 第2章 契 約

2 報酬請求権の発生要件規定新設の提案

　平成29年民法改正に至る過程においては，雇用契約に関し，労働義務を
履行しなければ賃金請求権は具体的には発生しない旨の，いわゆるノーワー
ク・ノーペイの原則を明らかにした規定を置くことが検討の対象となった。
ここでは，報酬請求権の発生要件を明示する規定の創設が問題となったが，
中間論点整理の時点では，報酬請求権の発生要件は本条から読み取れるとの
指摘（上記1はそうした理解によるものである）があることや，合意によりノー
ワーク・ノーペイの原則とは異なる運用がなされる場合があること（この点
については，規定が新設されたとしてもその性格を任意規定と解することで対応は可能で
あったが）などを理由に，さらに検討してはどうかとされ（中間論点整理161
頁），その後，この点の法制化は，中間試案には盛り込まれず，最終的に改
正法案にも含まれないこととなった。

Ⅱ　賃金支払に関する労働基準法等の規制

　賃金の支払に関しては，労働者保護の見地から，特別法である労働基準法
がいくつかの規制を行っており，ここでは概略のみ紹介する。すなわち，同
法24条1項は，まず，労働協約や法令に別段の定めがある場合を除き，賃
金は通貨で支払わなければならないとし，いわゆる現物給付を禁止している。
同項は次に，賃金は，いわゆる中間搾取を防止するため，労働者に直接支払
わなければならないとしている。さらに，同項は，事業場の過半数の労働者
を組織する労働組合，それがなければ過半数代表者との労使協定がある場合
を除いて，賃金は全額を支払わなければならないと定め，賃金を確実に労働
者に渡すことにより生活不安を防止し，また，未払賃金が残ることにより，
労働者の退職が妨げられるなどのおそれがないようにしている。

　賃金の支払に関する労働基準法上のその他の規制としては，賃金は毎月1
回以上，一定の日を定めて支払わなければならないという規定（労基24条2
項）や，出来高払の最低保障の規定（労基27条）がある。

　また，使用者は，労働者を休業させた場合，それが使用者の責めに帰すべ
き事由によるときには，休業期間中，平均賃金（労基12条）の6割以上の休
業手当を支払わなければならない（労基26条）。労働者の経済生活の保障を

54　〔山川〕

第8節 雇 用 　　　　　　　　　　　　　　　　§*624* Ⅲ

図るための規定である。こうした趣旨から，判例は，労働基準法26条にい
う使用者の「責に帰すべき事由」は，民法536条2項により賃金全額の請求
が認められる要件としての債権者の「責めに帰すべき事由」よりも広く，使
用者側の領域で発生したいわゆる経営障害（不況のため工場の操業を一時停止さ
せ，従業員を一時帰休させる場合など）を含むと解している（最判昭62・7・17民集
41巻5号1283頁〔ノース・ウエスト航空事件〕）。

　以上の他，労働法においては，最低賃金法による最低賃金額の保障のため
の規制などが存在する。

Ⅲ　本条の解釈

1　労働終了後の報酬請求

　本条1項は，労働者はその約した労働を終わった後でなければ報酬を請求
することができないと定めている。同項が雇用契約における報酬請求権の発
生要件を定めたものであるという理解によれば，また，労働義務の履行によ
って報酬請求権が発生するという判例（→Ⅰ1）によれば，同項における報
酬請求権の発生要件は労働者が雇用契約で定めた労働を終わったことである。
　そこで，「労働を終わったこと」の意義が問題となるが，この点について
は，起草者の見解では，本条2項が適用される場合につき，「雇傭がある時
期の間継続しその間定期に報酬を払うべきものとする場合」が想定されてい
た（梅685頁）。このことからすると，本条1項が適用されるのは，「雇傭が
ある時期の間継続」するとはいえない場合，換言すれば，雇用の機会自体が
一定の短い期間で終了することが予定されている場合ということになりそう
である。具体的には，一定期間のみ存続する特定の目的のために労務供給が
必要であり，そのために雇用契約を締結したような場合（たとえば，オリンピ
ック開会期間中に必要となる業務の遂行を目的に雇用契約を締結した場合）などが挙げ
られると思われる。現代の社会においては，そのような一定期間のみ存在す
る特定目的のための雇用は必ずしも多く見受けられるものではないので，1
項が文字どおりに適用される事例はさして多くはないものと予想される。
　なお，本条1項は，上記のとおり，雇用における報酬請求権につき同時履
行の抗弁を認めることは当事者の通常の意思や慣行に反するという理由によ

〔山川〕　55

§624 III

第3編 第2章 契 約

るものであるから，当事者による別段の定めが存在する場合にはそれによる
ことが許される任意規定であると考えられる。また，上述のように，労働基
準法24条2項は，同法上の賃金につき毎月1回定期日払の原則を定めてお
り，同項は強行規定であるので（労基13条），本条1項が適用される場合で
も，労働基準法が適用される労働者については同法上の規制が優先されるこ
とになる。

2 期間を定めた報酬の場合

　本条2項は，期間によって定めた報酬については，その期間を経過した後
に請求することができると定めている。起草者の見解によれば，同項は，雇
用が一定期間継続し，その間定期に報酬を支払うべきものとする場合は，当
事者は各期の報酬をもってその期の労務に対応するものであるから，各期の
労務を終わったのち直ちにその期の報酬を請求すべきものとしたとされてい
る（梅685頁）。そうすると同項は，期間に対応した報酬を定めた場合には，
労働が終わったとはいえないときでも，所定の期間の経過後にその期間に対
応する報酬を請求できる旨を定めたものということができる。

　そして，ここでは，当該期間における労働義務が履行されたことが前提と
されているのであって，労働義務が履行されなくとも所定の期間が経過すれ
ば報酬を請求できるわけではないと考えられる（大判明38・5・10民録11輯693
頁，新版注民(16)58頁〔幾代通〕）。このように解することは，雇用における報酬
請求権が労働義務の履行によってはじめて発生するという前述の理解とも整
合的である。そうすると，本条2項のもとで賃金を請求するためには，別段
の合意がない限り，雇用契約上一定の期間に対応した報酬が定められている
こと，当該期間が経過したこと，および，当該期間につき労働義務が履行さ
れたことが要件となろう。

　もっとも，本条2項は，1項と同様に任意規定であって，報酬の額を期間
に対応するものとして定めたとしても，報酬の支払の時期はその期間と独立
に定めることも，法令に反しない限り可能である。たとえば，年単位で報酬
額を定める年俸制のもとで，報酬の支払は毎月行うと定めるような場合であ
る（梅686頁。むしろ，労働基準法24条2項のもとでは，毎月1回の支払が義務づけら
れている）。また，上記のように，本条2項は原則として，所定の期間が経過
し，これに対応する労働義務が履行されたことを前提とすると考えられるが，

56　〔山川〕

第8節　雇　用　　　　　　　　　　　　　　　　　　§624の2

同項は任意規定であるため，雇用契約上，期間経過前に報酬を請求しうると
定めることも可能である（たとえば，月給制のもとで，各月の末日以降ではなく，月
の途中にその月の賃金支払日を設定することなどである）。

　なお，以上のことから示されるように，雇用契約の報酬において期間が問
題となる場合，報酬額を決定する時間的単位（報酬額決定単位）となる期間と，
報酬の支払の時間的単位（支払単位）となる期間の2つを観念できる。たと
えば，年俸制がとられる場合，報酬額の決定単位は1年であるが，労働基準
法24条2項により，その支払単位については毎月とすることが要請される。
また，報酬額の決定単位を1時間とする場合（いわゆる時給制）でも，その支
払単位を1月とし，各月における就労時間に対応する時給の合計額を月ごと
に支払うことも可能である。

〔山川隆一〕

　（履行の割合に応じた報酬）
　第624条の2　労働者は，次に掲げる場合には，既にした履行の割合に
　　応じて報酬を請求することができる。
　　一　使用者の責めに帰することができない事由によって労働に従事
　　　することができなくなったとき。
　　二　雇用が履行の中途で終了したとき。
　　〔改正〕　本条＝平29法44新設

細　目　次

I　本条の趣旨 ……………………………58
II　使用者に帰責事由がない労働不能の場
　合 ………………………………………58
　1　報酬請求権の内容 …………………58
　2　要件としての位置づけ ……………59
III　雇用が履行の途中で終了した場合………60
　1　報酬請求権の内容 …………………60
　2　要件としての位置づけ ……………60
　3　本条に関する合意の効力──賞与の
　　支給日在籍要件等 …………………60
IV　使用者に帰責事由がある労働不能の場
　合 ………………………………………62

　1　民法536条2項による賃金請求権の
　　発生 …………………………………62
　　(1)　従来の解釈 ……………………62
　　(2)　民法536条2項の要件との関係……63
　2　平成29年民法改正後の取扱い ……65
　3　民法536条2項により発生する賃金
　　請求権の内容 ………………………66
　　(1)　時間外手当，一時金，昇給分の賃
　　　金等 ………………………………66
　　(2)　労働基準法による休業手当 ……68
　　(3)　解雇無効の場合の賃金請求権と中
　　　間収入の控除の制約 ……………68

〔山川〕　　57

I 本条の趣旨

雇用契約における報酬請求権は，労働者が労働義務を履行したことにより発生するものであるが（→§624 I），①予定されていた労働義務の履行の途中で雇用が終了した場合でも，既に履行済みの部分については報酬請求権が発生するのが通常と考えられる。また，②使用者の責めに帰することができない事由によって，労働義務が一定時点以降履行不能となった場合も，それまでの労働義務の履行に対する報酬請求権は当然に認められる（一方で，それ以後の報酬請求権は原則として発生しない）と考えられる。本条は，以上のような報酬請求権についての取扱いを，他の類型の役務提供契約の規定（634条・648条）と平仄を合わせる形で明文化したものである。

具体的には，本条は，①使用者に帰責できない事由によって労働に従事できなくなった場合（1号），および，②雇用が履行の途中で終了した場合（2号）について，労働者は，既にした労働の割合に応じて報酬を請求することができるという効果を定めている。

II 使用者に帰責事由がない労働不能の場合

1 報酬請求権の内容

雇用契約においては，労働義務の履行によってはじめて報酬請求権が発生するとすれば，労働者が履行の途中で労働に従事できなくなった場合，すなわち履行不能となった場合には，当該履行不能が使用者の責めに帰すべき事由によるものといえるとき（IVでみるとおり，民法536条2項により賃金請求権が発生する）を除き，それ以降は報酬請求権は発生しないこととなる。

このことは，労働義務の履行によってはじめて報酬請求権が発生するという命題を承認する以上は当然のことともいえるが，履行不能となる前の労働義務の履行によって発生する報酬請求権の内容は必ずしも一義的に明らかではない。そこで，本条1号は，使用者に帰責できない事由によって労働義務が履行不能となった場合における報酬請求権につき，その内容が，既にした労働の割合に応じたものであることを明らかにする点で意味があると考えられる。

第8節 雇 用　　　　　　　　　　　　　　　　　　　　　　　　§*624の2*　**II**

「既にした労働の割合に応じた」報酬請求権の具体的内容は報酬の定め方により異なりうるが，期間をもって報酬額を定めた場合に，当該期間の途中で労働義務が履行不能となった場合には，既に履行済みの期間の全期間に対する割合（いわゆる日割り）の報酬額が請求できることになろう（本条2号についても同様である）。他方，日々の出来高を算定基礎としてそれに一定率を乗じて報酬が算定されるような場合は，労働義務が履行不能となった日までの出来高を基礎に報酬を算定することになる（月ごとの出来高を基礎とするような場合は，労働義務が履行不能となった日までの出来高に，履行済みの期間の全期間に対する割合を乗じたものを算定基礎とするのが契約の合理的解釈といえる場合が多いと思われる）。

2　要件としての位置づけ

本条1号は，労働義務の履行不能が使用者に帰責できない事由によって生じたことを，履行の割合に応じた報酬請求権の発生要件としているようにもみえる。しかし，履行不能となった時点以前については，労働義務の履行により報酬請求権が発生する一方，それ以後については，労働義務が履行不能となっている以上，原則として報酬請求権は発生しない（IVでみるように，民法536条2項により，履行不能が使用者の帰責事由により生じたという要件がみたされた場合に，はじめて報酬請求権が発生する）。換言すれば，労働義務の履行不能が使用者の帰責事由により生じたのか否かが不明な場合は，履行不能となった時点以降は報酬請求権は発生しない。

そうすると，要件事実論の観点からは，労働義務の履行が一定時点まであったという事実が立証された場合には，契約上それ以降の労働義務の履行が想定されていたとしても，既往の労働については報酬請求権が発生する一方で（上記のように，本条はその報酬請求権の内容が既往の労働の割合に応じたものであることを明らかにしたものである），その時点以降の履行不能や，それが使用者に帰責できない事由によって生じたことは，そのような報酬請求権の発生には原則として関わりがないように思われる。たとえば，月給制の雇用契約の場合，月の途中でそれ以降の労働義務が履行不能となった事案では，その時点までの労働義務の履行が立証されている以上，当該履行不能の事実や，それが使用者の帰責事由によって生じたことが立証されなくとも，月給額のうち労働義務が履行不能となった時点までの就労日数に対応した額の報酬請求

〔山川〕　59

§624の2　III　　　　　　　　　　　　第3編　第2章　契約

権が発生することになる。このように，「使用者の責めに帰することができ
ない事由によって労働に従事することができなくなったこと」は，それまで
の労働に対応する報酬請求権の発生要件になるものではないと考えられる
（潮見・改正法249頁，伊藤滋夫編著・新民法（債権関係）の要件事実II〔2017〕552頁
〔今出川幸寛〕参照）。

III　雇用が履行の途中で終了した場合

1　報酬請求権の内容

　次に，本条2号については，雇用が「履行の途中で終了する」とはどのよ
うな場合をいうかが問題となる。期間の定めがある雇用契約については，契
約期間途中で契約が終了した場合がこれに該当することには問題がないであ
ろうが，期間の定めがない契約についてはどう考えるのかという問題が残る。
上述したように，本条の趣旨が，報酬請求権の内容を明らかにすることにあ
ることを考えると，ここでの「履行の途中で終了する」とは，一連の労務全
体に対して報酬を定めた場合には，労務の全部を履行する前に解雇・退職等
によって契約が終了した場合をさすことになろうし，期間ごとに報酬を定め
た場合には，当該報酬の定めが予定する期間の途中で雇用が終了した場合も
含むと考えられる（中間試案補足説明506頁）。本条は，後者の場合についても
割合的な報酬請求権が発生することを明らかにしたものと解される。

2　要件としての位置づけ

　そして，ここでも，本条1号につき上述したのと同様の理由により，要件
事実論の観点からは，雇用が履行の途中で終了したことは報酬請求権の発生
要件には含まれず，その時点までの労働義務の履行が立証されれば，原則と
して，割合的な報酬請求権は発生すると思われる。たとえば，期間の定めの
ない月給制の雇用契約の場合，月の途中で契約が有効に終了したときには，
それまでの期間についての労働義務の履行が立証されれば，それ以降の労働
義務の履行が立証されない限り，原則として，月給額のうち就労日数に対応
した割合的な報酬請求権が発生すると考えることになろう。

3　本条に関する合意の効力 ── 賞与の支給日在籍要件等

　以上のように，本条は，雇用契約において，本来予定されている労働の履

60　〔山川〕

第8節　雇　用　　　　　　　　　　　　　　**§624の2　III**

行の途中の時点まで労働がなされた場合に，既往の労働の割合に応じた報酬請求権が発生するという原則的な取扱いを明文化したものと考えられるが，契約における報酬請求権の発生や内容については，労働法上の制限がなされる場合を除き基本的には当事者の合意に委ねられることにかんがみると，報酬請求権につき，履行の途中で雇用が終了した場合の取扱い（特約）が定められている場合には，原則として，その定めに従って差し支えないといえるように思われる（その意味で本条は任意規定と解しうる）。もちろん，そうした定めは公序や労働法令に違反するものであってはならず，また，就業規則の場合は，労働者の同意が認められないときには合理性の要件（労契7条・10条）をみたす必要がある。

　たとえば，賞与について，就業規則にいわゆる支給日在籍要件が定められ，賞与の算定期間中は勤務していたとしても，支給日時点までに労働者が退職した場合には賞与は支払わないと定められていた場合には，賞与請求権に関する定めが予定する期間（支払日までの期間）の途中で契約が終了した場合の賞与請求権についての定めが存在するといえるので，賞与が将来の勤務への意欲向上策としての意味もあることを考えると，原則として，本条によって支給日在籍要件の効力が否定されることにはならないと思われる（最判昭57・10・7判タ485号63頁〔大和銀行事件〕。労働者が任意に退職した場合以外をどう考えるかは検討の余地があるが，東京地判平29・6・29労判1164号36頁〔JR東日本事件〕は，定年退職につき同様の取扱いを肯定した）。ここでは，労働基準法24条1項の賃金全額払の原則との関係も問題となるが，同原則は基本的に賃金請求権が発生した場合の支払につき規律したものであり，支給日在籍要件は一時金の発生に関わるものであるから，同原則違反にはならないものと思われる。

　これに対して，一般の月給制の場合に，月の途中で退職したときにはそれまで履行済みの部分の賃金も発生させないものとする旨の定めは，賞与の場合のように意欲向上策としての位置づけは難しく，労働基準法24条1項の賃金全額払の原則それ自体は適用されないとしても，原則として合理性を欠き，または公序に違反すると思われる。

〔山川〕　61

§624の2　IV

IV　使用者に帰責事由がある労働不能の場合

1　民法536条2項による賃金請求権の発生

(1)　従来の解釈

　従来の判例は一般に，労働者による労働義務の履行がなされていない場合であっても，使用者が労務の受領を拒絶し，そのことにつき帰責事由が認められる場合は，いわゆる危険負担法理を定める民法536条2項により，労働者は賃金請求をなしうるものと解している（大判大4・7・31民録21輯1356頁〔エスエム合資会社事件〕など）。すなわち，労働者（債務者）の労働義務が，使用者（債権者）の帰責事由により履行不能となった場合には，労働者はなお賃金債権（反対給付を受ける権利）をもつことになる。

　このように民法536条2項により賃金請求が認められる事案は，解雇が解雇権濫用等により無効とされる場合が典型であるが（ユニオン・ショップ協定にもとづく解雇が無効とされた場合に賃金請求を認めた例として，最判昭59・3・29労判427号17頁〔清心会山本病院事件〕），それには限られず，使用者が行う争議行為としてのロックアウト（作業場閉鎖）が正当性をもたない場合や，使用者が賃金を払わない休職や自宅待機，あるいは出勤停止等の措置をとり，それらが適法に行われるための要件を欠く場合においても，同項により賃金請求が認められている。

　平成29年改正前の民法536条2項の文言上は，債務者は反対給付を受ける権利を「失わない」とされていたが，労働契約においては，売買契約などと異なり，契約の締結により賃金請求権（支分権としての具体的報酬請求権）が発生するわけではないので，既に発生している賃金請求権が失われないと考えることは困難であるが，労働義務の履行に代わって，民法536条2項により賃金請求権が発生すると解することになろう（山川隆一・雇用関係法〔4版，2008〕121頁参照。改正後の文言との関係については，→2）。

　なお，536条2項は任意規定であるとの理解が多数であり，たとえば，使用者が，労働者に対する懲戒処分を決定するまでの間に同人に自宅待機させ，その間労務の受領を拒否した事案においては，労働基準法26条の休業手当と同水準の賃金を支払う旨の就業規則上の規定が有効と解されている（大阪地判平28・12・15労働判例ジャーナル61号22頁〔要旨〕〔ほけんの窓口グループ事件〕）。

第8節　雇　用　　　　　　　　　　　　　　　　§*624の2*　IV

536条2項は雇用契約にのみ適用されるわけではないので，一般的には任意
規定であると解せざるを得ないであろうが，雇用契約に適用される場面では，
労働者が賃金を支払われない結果となることから，公序違反となるか，ある
いは，就業規則上の規定であれば合理性（労契7条・10条）を欠くものと評価
される場合が多いであろう。また，労働基準法26条の休業手当（同法12条の
平均賃金の6割以上）の水準を下回る定めであれば，公序違反として無効とな
ると考えられる。

　(2)　民法536条2項の要件との関係

　民法536条2項の定める要件は，①双務契約の存在，②債務者の債務の履
行不能，および③当該履行不能が債権者の帰責事由によるものであることで
あるが（同項に基づく賃金請求の要件事実については，山川隆一・労働紛争処理法
〔2012〕226頁以下参照），労働契約は双務契約であるから，①の要件が充足さ
れることには問題がない。次に，②の履行不能の要件がみたされるのは，労
働者の債務である労働義務については，使用者が受領を拒絶した場合には，
履行の余地がなくなるため，履行不能と評価されることになる。もっとも，
使用者が受領を拒絶した時点においては，その後の労働義務の履行がすべて
履行不能となるとは限らないが，その後の時間の経過により，労働義務を履
行する機会は失われていくので，労働義務は，時間の経過とともに時々刻々
履行不能となっていくものと評価できる（東京地決昭63・1・19判時1267号148
頁〔書泉事件〕，山川隆一〔判批〕ジュリ944号〔1989〕141頁参照）。

　さらに，③当該履行不能が債権者の帰責事由によるものであることについ
ては，「責めに帰すべき事由」という要件の意義が問題になる。一般的には，
「責めに帰すべき事由」とは，故意過失または信義則上それらと同視すべき
事由と解されているが（我妻・上111頁など），労働事件においては，故意過失
または信義則上それらと同視すべき事由の該当性の存否が争われることはあ
まりなく，解雇事件であれば解雇の効力が争われるのが通常であり，その他
の使用者による労務受領の拒絶が問題となった事件では，受領拒絶を正当化
する理由の存否が争われるのが通常である。

　この点については，債権者の帰責事由は，いわゆる規範的要件ないし評価
的要件であるところ，債務者である労働者が債務の本旨に従った履行の提供
をした場合には，債権者である使用者が労務の受領を拒絶するのは例外的な

〔山川〕　63

§624の2 Ⅳ 第3編 第2章 契約

事態であることから，債務の本旨に従った履行の提供（を基礎づける具体的事実）が，債権者の帰責事由という要件についての評価根拠事実となって，その立証があれば原則としてこの帰責事由が認められるものと評価され，この評価を覆すためには，債権者の帰責事由という要件の評価障害事実として，使用者の労務の受領拒絶を正当化する事由（を基礎づける具体的事実）が認められることが必要になると解することができる（東京地判平12・9・25労判796号49頁〔エスエイロジテム事件〕）。使用者による労務受領の拒絶が問題となる事件において，受領拒絶を正当化する理由の存否が争われるのは，こうした理論的背景をもつものと思われる。

このように考えると，本来であれば使用者の帰責事由の存否が不明な場合には労働者による賃金請求を棄却すべきところ，債務の本旨に従った履行の提供がなされているのであれば，使用者による労務の受領拒絶を正当化する事由が存否不明の場合は，請求が認容されることになる。こうした法的処理については，使用者による労務の受領拒絶の結果として，その履行不能による危険が使用者に移転したとみることもできよう（新版注民(10)Ⅰ 530-531頁〔奥田昌道＝潮見佳男〕参照。平成29年の改正により新設された413条の2第2項は，受領遅滞後の履行不能により危険が移転することを定めている）。

また，解雇の無効が争われる場合は，労働者側は，解雇後に改めて労働義務についての（口頭の）履行の提供をすることなく，賃金請求をすることが通常であり，解雇が無効とされる事案であれば，裁判所は一般に，解雇後の履行の提供を問題とせずに，解雇された時点からの賃金の支払を命じている。こうした取扱いは，使用者は，労働者を解雇することによって，労働者との契約関係の存在を否認し，将来にわたり労務の受領を拒絶する意思を明確にしたものといえるので，労働者側としては，改めて履行の提供をしなくとも，履行の提供があったものと同視し，原則として使用者の帰責事由が存在すると評価できることによるものであろう（賃貸借契約の解除に関する事案であるが，最大判昭32・6・5民集11巻6号915頁参照）。

なお，民法536条2項は，債権者の責めに帰すべき事由に「よる」履行不能を要件としているので，使用者の帰責事由は，労働者の労働義務の履行不能との間に因果関係があることが必要である。労働義務の履行不能と使用者の帰責事由が立証されれば，この因果関係は推認されるのが通常であろうが，

64 〔山川〕

第8節　雇　用　　　　　　　　　　　　　　　　　　§*624の2*　**Ⅳ**

労働者側に労働義務を履行する意思や能力がないことの立証により，この推認が覆されることがありうる。

　以上の点に関しては，就労の意思と能力そのものを要件事実と解するとみられる裁判例があるが（東京地判平9・8・26労民集48巻4号349頁〔ペンション経営研究所事件〕など），以上のように帰責事由と履行不能の因果関係の問題と解すれば足りると思われる（山川隆一〔判批〕ジュリ1138号〔1998〕131頁）。そうすると，就労の意思の喪失が使用者の帰責事由による場合においても，賃金請求が認められる余地があることになる（東京高判平23・2・23判時2129号121頁〔東芝事件〕，ただし，労災事件等において，就労の意思の喪失が使用者の安全配慮義務違反によるような場合，損害賠償請求権や労災保険給付請求権との関係についてはなお検討を要する）。

2　平成29年民法改正後の取扱い

　前述のとおり，雇用の節の改正案においては，使用者の責めに帰すべき事由により労働義務が履行できなくなった場合の報酬請求権の発生を定める規定の新設が見送られたため，その場合の報酬請求権の規律は，民法改正後も一般原則に委ねられることになった。

　こうした場合の報酬請求権は，1の(1)および(2)でみてきたとおり，民法536条2項により根拠づけられてきたが，審議会では，いわゆる危険負担につき，債権者が反対給付を免れる方策としては契約の解除に一元化することが議論され（中間試案補足説明143-145頁），最終的に改正法案は，一元化案は採用しないこととする一方で，民法536条1項につき，当事者双方の責めに帰すことができない事由によって債務の履行ができなくなったときには，債権者は反対給付の履行を拒むことができるものとするという，反対給付の履行拒絶権構成に改めることとした。

　他方，履行不能につき債権者に帰責事由がある場合に関する民法536条2項については，審議会での検討により，改正中間試案において，債務者が「反対給付を受ける権利を失わない」との文言を，反対給付請求権が発生する場合も含まれることを示す趣旨で，「反対給付の請求をすることができる」に変更することとしていたが（中間試案補足説明146-147頁），改正法案では，上記のとおり同条1項が履行拒絶権構成に改められたこととの関係で，「反対給付の履行を拒むことができない」との文言に変更された。このことによ

§624の2 IV 　　　　　　　　　　　　　第3編　第2章　契　約

り，労働契約上の労働義務の履行不能について使用者に帰責事由がある場合の賃金請求権を同項により基礎づけてきた従来の解釈が変更されるかが問題になりうるが，審議会では，この点に関する取扱いは変更されないことが確認されている（部会第95回議事録12-13頁〔金洪周関係官発言〕，一問一答229頁，潮見・改正法249頁など参照）。

　従来の「反対給付を受ける権利を失わない」との文言は，反対給付を受ける権利が既に発生していることを前提とするように読めるため，賃金請求権が労働義務の履行により発生するとする判例や学説の多数の理解には必ずしも適合しないきらいがあったにもかかわらず，上記のような解釈が採用されてきたのであるが，労働契約の履行不能のような場合に，「反対給付の履行を拒むことができない」との文言は，反対給付の請求権が発生するとの命題を含むものと解釈できるので，従来の文言よりも後退することはないといえよう。

3　民法536条2項により発生する賃金請求権の内容

(1)　時間外手当，一時金，昇給分の賃金等

　雇用契約においては，労働者が労働すべき時間（所定労働時間）が契約内容となっているのが通常である。そして，労働者が労務の受領を拒絶された場合であって，民法536条2項により賃金請求権が発生するときには，所定労働時間に対応する賃金（所定内賃金）がその内容をなすことは特段問題がない。これに対して，所定労働時間に対応しない賃金，特に時間外労働により発生する所定外割増賃金については，民法536条2項により賃金請求権が発生する場合，現実の労働がなされていないため，これを請求することができるかが問題となる（なお，労働基準法37条に基づく割増賃金については，現実の時間外労働がなされなければ請求権は発生しないと考えられるため，問題となるのは，労働契約に基づく所定外割増賃金である）。

　この点については，時間外労働に対する所定外割増賃金は時間外労働がなされた場合に発生するなどの理由を挙げて否定に解する裁判例がある（東京高判平23・2・23判時2129号121頁〔東芝事件。ただし，過労によるうつ病に罹患して休職していた労働者の解雇に関する事案であり，時間外労働をさせることは安全配慮義務に違反するため困難であったことも理由に挙げられている〕。同旨，渡辺弘・労働関係訴訟〔2010〕20頁）。しかしながら，所定内賃金についても，原則は労働がなさ

66　〔山川〕

第8節　雇　用　　　　　　　　　　　　　　　　　　　§*624の2*　IV

れてはじめて発生するものであるから，所定外割増賃金は時間外労働がなされた場合に発生するという理由だけでは，ただちに民法536条2項による請求の可能性を否定することはできないように思われる。むしろ，使用者の責めに帰すべき事由による労務受領の拒絶により，それがなければなされるはずであった時間外労働が履行不能となったと認定できるのであれば，民法536条2項による所定外割増賃金の請求は可能となると思われる。もっとも，実際には，問題となっている労務受領の拒絶がなされなければ一定の時間外労働が命じられたはずであるという事実が認められるか否かは，事案の内容によって異なりうるものであり，時間外労働の内容も含め，そうした事実を認めるのが難しい事案も少なくないであろう。

　次に，一時金ないし賞与については，現実の労働の有無の問題というよりも，使用者の裁量による査定が介在することが多いことから，民法536条2項が適用される場合でも，現実には査定がないにもかかわらず，一定の査定（平均査定率など）を前提とした賃金請求権の発生を認めうるかが問題となる。この点については，裁判例では，事案の相違もあるためか様々な取扱いがなされており，平均査定率による支払を命じたもの（最判昭53・7・18裁判集民124号441頁〔富士輸送機工業事件。平均査定配分額の限度で査定を受けたものとして取り扱われるべきであるとする〕），最低査定額による支払を命じたもの（大阪地判昭49・3・6判時745号97頁〔吉田鉄工所事件〕）などがある。

　民法536条2項が適用されることの効果は，現実に労働がなされたと同様に扱うことが可能となるにとどまり，現実に査定がなされたと同様に扱うことまでは難しいと思われる。もっとも，当該労働者が労働していたならばなされたであろう査定結果を推認することができる場合には（少なくともある水準以上の査定がなされたであろうといった推認も可能であろう），それによる一時金等に相当する額については，不法行為に基づく損害賠償として請求することができると思われる（東京高判平10・12・10労判761号118頁〔直源会相模原南病院事件〕）。また，就業規則等において，原則として一定の基準による一時金が支給され，使用者の査定によりそれを増減できる旨が規定されているような場合には，民法536条により当該基準による一時金を請求することが可能な場合もあると考えられる（最低査定額による支払を命じた前掲大阪地判昭49・3・6〔吉田鉄工所事件〕は，最低の査定率による一時金は全従業員に保証されていたとする）。

〔山川〕　67

§624の2 IV
第3編　第2章　契約

昇給についても，使用者の査定が介在することが多いため，一時金等と同様の問題が生じうる。たとえば，解雇された労働者がその無効を主張して民法536条2項により賃金請求をする場合，解雇時点から口頭弁論終結時点までに他の労働者に対しては昇給が実施されたときには，請求しうる賃金には昇給分も含まれるかが問題となるのである。この点については，一時金等と同様に考えられ，民法536条2項による賃金請求については，現実に査定がなされたのと同様に昇給分を請求することは困難であるが（不法行為に基づく損害賠償請求は可能である），昇給すること（一定基準を前提に査定により増減がなされる場合も含む）が契約内容となっている場合には，賃金請求の対象とすることは可能だと思われる。

(2) 労働基準法による休業手当

労働基準法が適用される事案においては，使用者の責めに帰すべき理由により労働者が休業した場合，使用者は，休業期間中，平均賃金（労基12条）の100分の60以上の休業手当を支払わなければならない（労基26条）。休業中の労働者の最低生活の保障のために設けられた制度である（民法536条2項による賃金請求権とは請求権競合の関係に立つと思われる）。

労働基準法26条による休業手当請求権が発生するのは，使用者が労働者に休業させたことが使用者の「責に帰すべき事由」による場合であるが，民法536条2項は債権者の「責めに帰すべき事由」という要件を設けており，「責（め）に帰すべき事由」という文言は同一であるので，両者はいかなる関係にあるのかが問題になる。この点については，判例は，上記の労働基準法26条の趣旨からみて，同条の帰責事由は民法536条2項の帰責事由より広く，民法上は使用者の帰責事由とはいえない経営上の障害をも含むと解している（最判昭62・7・17民集41巻5号1283頁〔ノース・ウエスト航空事件〕）。ここで，労働基準法26条にいう帰責事由が認められる経営上の障害とは，使用者に故意・過失がなく，防止が困難なものであっても，使用者側の領域において生じたものといいうる経営上の事情をいい，たとえば，機械の故障や検査，原料不足などが挙げられる（ただし，地震や台風のような不可抗力は含まれないと解されている）。

(3) 解雇無効の場合の賃金請求権と中間収入の控除の制約

無効な解雇により労働者が就労しなかった期間につき，民法536条2項に

第8節 雇 用　　　　　　　　　　　　　　　　　　　§*624の2*　Ⅳ

もとづき支払うべき賃金から，その期間に労働者が別の使用者から得ていた中間収入の額を控除できるかという問題がある。民法536条2項後段は，債権者（労働契約の場合は使用者）の帰責事由による履行不能の場合に，債務者（労働者）が反対給付（賃金の支払）を受けうるときでも，債務者がみずからの債務を免れたことにより利益を得た場合はこれを債権者に償還する必要があると規定しているので，ここでは，①中間収入は「償還」の対象になるか，②使用者は「償還」の方法として，賃金からの「控除」をなしうるか，③「控除」をなしうるとしてもその限界はどの程度かが問題となる。

　この点につき最高裁は，①中間収入が副業的なものでない限り，不就労との因果関係がある利益として償還の対象となり，②使用者は償還すべき額を控除できる（相殺しても労働基準法24条1項の全額払原則に反しないという意味をもつ）が，③解雇期間中の平均賃金の6割までの部分からは控除をなし得ないと述べている（最判昭37・7・20民集16巻8号1656頁〔米軍山田部隊事件〕，最判昭62・4・2判タ644号94頁〔あけぼのタクシー事件〕）。平均賃金の6割までは控除できないという③の判断は，上記のとおり，労働基準法26条が平均賃金の6割の休業手当の支払を保障していることとの整合性を考えたものと思われる（同条による休業手当請求権は民法536条2項による賃金請求権と競合するものであり，かつ休業手当については中間収入の控除は規定の文言上も予定されていない）。

　なお，一時金を含めて，解雇期間中の平均賃金の6割を超える部分からは，中間収入の額を控除することができるが，これらの賃金の計算の基礎となった期間は，中間収入の計算の基礎となった期間と時間的に対応していなければならない（前掲最判昭62・4・2〔あけぼのタクシー事件〕）。なお，一時金については，その計算の基礎になった期間より相当後に支払時期が到来することがあるが，一時金からの中間収入の控除を考える場合，中間収入の計算の基礎となった期間に対応する期間を基礎とする一時金から控除をなすべきものと考えられる（これに対し，最判平18・3・28判タ1227号150頁〔いずみ福祉会事件〕では，一時金の支払時期に対応する支払時期の中間収入を控除しているが，疑問がある〔荒木尚志・労働法〔3版，2016〕312頁参照〕）。

〔山川隆一〕

§625 I

第3編　第2章　契　約

（使用者の権利の譲渡の制限等）
第625条① 　使用者は，労働者の承諾を得なければ，その権利を第三者に譲り渡すことができない。
② 　労働者は，使用者の承諾を得なければ，自己に代わって第三者を労働に従事させることができない。
③ 　労働者が前項の規定に違反して第三者を労働に従事させたときは，使用者は，契約の解除をすることができる。

I　本条の趣旨

　本条は，雇用契約における使用者の権利は労働者の同意を得なければ第三者に譲渡できないとともに，労働者も使用者の同意を得なければその権利を第三者に譲渡できないものとして，雇用契約上の権利義務の一身専属性を示したものである。雇用契約は，身体と人格を備えた人間の労務供給を目的とする契約であるから，労務供給の主体が誰であるかはその相手方にとって重要な意味を持つため，労働者が第三者をして本人の代わりに労務を供給させることは通常は想定されていないといえる（労働者の地位の一身専属性）。また，労務供給の内容が使用者の指揮命令により決定される場合が多い雇用契約の場合は，誰が労務供給の相手方であるかについても労働者にとって重要な意味を持つといえる（使用者の地位の一身専属性）。加えて，労務供給のみならず賃金等の労働条件も考えると，その実際上の実現は誰が使用者であるかにより実際上変わってくるといえる。

　もっとも，現代の企業組織においては使用者と労働者の関係は人的なものではなくなっていることが通常であるとして，以上のうち，使用者の地位の一身専属性については変容しているという理解が第二次世界大戦後有力となり，具体的には，事業譲渡の場合には，本条1項の文言にかかわらず，労働者の同意を経ることなく雇用関係が譲渡企業から譲受企業に移転するとの解釈が唱えられた（我妻・中II 568頁，新版注民(16)65頁〔幾代通〕など）。しかしながら，使用者が自然人ではない場合，使用者個人の人格に着目して労働者が雇用契約を締結するという意味での人的関係は薄れるとしても，上述した指揮命令による労務供給の内容の決定や労働条件の実現という点では，誰が雇

70　〔山川〕

第8節　雇　用　　　　　　　　　　　　　　　　　　§*625*　II

用契約上の使用者であるかはなお重要であり，現代の企業組織を前提として
も，原則としては，労務供給の相手方の任意の変更は想定されていないと考
えられる。後述するように，裁判例も一般に，事業譲渡による雇用関係の承
継について，労働者の同意を不要とはしていない。

II　使用者の権利を譲渡する場合

1　要件と効果

(1)　使用者の「権利」とは

上記のような本条の趣旨，特に，使用者の指揮命令による労務供給の内容
の具体化という観点からすると，本条が労働者の同意なくして第三者に譲渡
することを原則として禁止する使用者の「権利」には，雇用契約上の労働義
務の履行請求権が含まれることには問題がないと思われる。また，労働義務
の履行請求権の他に，報酬を支払う義務等も含めて使用者としての契約上の
地位を第三者に譲渡する場合も本条1項が適用されると考えられる。事業譲
渡の際に譲渡企業がその従業員の雇用契約関係を譲受企業に承継させる場合
は，このように契約上の地位が譲渡されていることが通常であろう。出向の
場合は，後述するように，出向元から労働義務の履行請求権を含む雇用契約
上の地位の一部が出向先に対して譲渡されると考えられるが，労働義務の履
行請求権が譲渡されている以上，同項が適用されるとみて差し支えないと思
われる。

他方，雇用契約とは独立に生じた使用者の労働者に対する権利（たとえば
貸金の返還請求権）については，上記の本条1項の趣旨に反しない限り，債権
譲渡が可能であるという民法上の原則が適用され，労働者の同意を得る必要
はないことが原則となろう。

(2)　「譲渡」とは

本条1項が適用されるのは，使用者がその労働者に対する権利を「譲渡」
する場合である。これに対し，使用者が当該権利を保持し続け，単にその行
使について第三者に委任する場合は，同項は適用されないとの理解が有力で
ある（新版注民(16)62頁〔幾代通〕）。もっとも，委任の場合であっても，受任
者が使用者と同様に広範な指揮命令を行うことはありえ，そのような事案で

〔山川〕　71

§*625* **II**　　　　　　　　　　　　　　　　　　第3編　第2章　契　約

は，上記のように，同項の趣旨を指揮命令の主体の変更による労働者の不測の不利益の回避に求めるとすれば，同項を類推適用してもよいように思われる。これに対して，建設会社の従業員が建設現場で施主の指図を受ける場合のように，労働者が使用者の顧客の指図を受ける場合であっても，それが顧客による指揮命令と評価できるのでない限り（そのような場合は労働者派遣の問題となる），あくまで指揮命令は使用者が行うのであるから，同項の適用はないと考えられる。

　なお，労働者派遣事業の適正な運営の確保及び派遣労働者の保護等に関する法律（労働者派遣法）に基づく労働者派遣関係においては，派遣元に雇用される労働者が派遣先の指揮命令を受けることがもともと想定されているが，このような関係についての本条1項の適用の有無については後述する。

　(3)　違反の効果

　本条1項に違反して使用者がその権利を第三者に譲渡した場合には，当該譲渡は無効となり，当該権利はなお本来の使用者に帰属することになる。その結果，譲渡に同意しない労働者については，従前どおり本来の使用者への労務供給を継続すれば足りることになり，本条2項におけるように労働者の雇用契約の即時解除権を定める必要は存在しない（梅689頁）。

2　出向・転籍の場合

　(1)　出向の意義

　本条1項については，いわゆる出向についても適用があるかが問題となる。出向は，労働者が元来雇用された使用者（出向元）のもとでの人事異動の一環として，別の使用者（出向先）との雇用関係のもと労務を供給することをいい，そのなかでも，出向元との雇用契約が終了する類型（転籍出向ないし移籍出向）と，出向元との雇用契約が出向中も存続し続ける類型（在籍出向）とがある。単に「出向」という場合は在籍出向を指す場合が多い。

　出向の法的性質については種々の議論があるが，在籍出向については，出向労働者は出向元と出向先の双方との間で労働契約関係に立つという理解が多数である（いわゆる二重の労働契約関係）。ここでは，二重の労働契約関係といっても，完全な労働契約が2つ併存するわけではなく，出向元と出向先とが出向協定を締結し，それにもとづき，出向元と出向労働者との労働契約関係の一部が出向先に移転するという理解がとられている。出向元使用者の労

第8節　雇　用　　　　　　　　　　　　　　　　　　　　　§*625*　II

働者に対する労働契約上の権利が全部移転するものではないとはいえ，出向
労働者が出向先の指揮命令権に従って労務を供給することには問題がないの
で，上述した本条1項の趣旨からしても，出向の有効な実施のためには同項
が適用されるという見解が一般である。

　他方，転籍の法的性質については，事案の内容に応じて，元来の雇用主で
ある使用者（転籍元）が労働者に対する雇用契約上の地位を全部別の使用者
（転籍先）に全部譲渡する場合と，労働者が転籍元との雇用契約を合意解約し
て，転籍先と新たに雇用契約を締結する場合とがありうる。前者の場合には，
雇用契約上の地位の譲渡として本条1項により労働者の同意が必要となる。
他方，後者の場合は，本条1項の適用はないが，転籍先と新たに雇用契約を
締結することになるので，結局，契約成立についての労働者の承諾が必要と
なり，実際上は前者の場合と変わらない結果となる。

　(2)　承諾の意義──就業規則等の根拠規定で足りるか

　以上のように，出向や転籍の実施には労働者の同意が必要になるとしても，
そこでいう労働者の同意とはどのようなものかが問題となる。上述のように，
労働法上，労働者の個別的な合意に代えて，就業規則や労働協約上の規定が，
一定要件のもとで労働者に対して私法上の拘束力を持つ場合があるからであ
る（労契10条，労組16条・17条）。

　この点については出向と転籍で異なる取扱いがなされている。まず，出向
については，様々な見解があるものの，最高裁は，出向命令を発することが
できる旨が定められた就業規則上の規定に加えて，出向の定義，出向期間，
出向中の賃金その他の処遇を定め，労働者の利益に配慮した出向協定が使用
者と労働組合との間で結ばれていた事案において，使用者は労働者の個別的
な同意を得ることなく出向命令を発しうるとしている（最判平15・4・18判タ
1127号93頁〔新日本製鐵事件〕）。換言すれば，就業規則や労働協約上の規定も，
一定要件のもとで本条1項の同意に当たりうることになる。

　これに対し，転籍については，就業規則や労働協約上の根拠規定では足り
ず，個別の労働者が転籍に同意する旨のそのつどの同意（個別的同意）が必要
であると解されている（東京地判平7・12・25判タ909号163頁〔三和機材事件〕。
ただし，千葉地判昭56・5・25判時1015号131頁〔日立精機事件〕では，実際上社内の
配転と同視できる運用がなされている事案で個別的同意を不要とした）。これは，転籍

〔山川〕　73

§625 II　　　　　　　　　　　　　　　　　　　　第3編　第2章　契　約

においては対象労働者の転籍元との雇用契約関係が終了するという重大な効果（具体的には，たとえば，転籍先が倒産した場合などにおいて，労働者が当然に転籍元との雇用契約関係を主張して復帰を求めることはできない）を伴うことを反映したものといえる。

　なお，以上のような労働法の議論においては，出向や転籍を労働者の同意なくして命令することができるかが問題となっていることが多い。本条1項によれば，上述したとおり，労働者の同意を得ずになされた出向や転籍は無効となるが，就業規則や労働協約上の規定が労働者の同意として扱われたとしても，雇用契約関係（出向の場合はその一部たる労働義務の履行請求権）が出向先や転籍先に移転した結果，出向先や転籍先が労働者に対して労働義務の履行請求をなしうることは格別，出向元や転籍元が労働者に対して出向や転籍自体を命令しうる（すなわち，その違反に対して懲戒処分等を行いうる）という効果は必ずしも導けない。ただし，出向について個別同意が不要となることに照らして，人事異動としての出向命令を根拠づける就業規則等の拘束力が認められるということは考えられよう。

3　事業譲渡・会社分割の場合

　現代の産業社会においては，様々な形での企業組織の再編がなされるようになっており，そのなかで，企業組織再編と雇用契約関係の承継が問題となることも少なくない。この問題を検討する場合には，企業再編の手法により異なる取扱いがなされるので，以下では，事業譲渡と合併を分けて検討する（合併の場合は，合併される事業主は消滅するが，その労働者の雇用契約関係は合併先に包括的に承継されるので，本条の適用は問題とならない）。

(1)　事　業　譲　渡

　企業組織再編における雇用契約の承継の有無が労働者にどのような影響をもたらすかは，事案によって変わってくる。一方では，労働者が労務を供給している事業を使用者が全部譲渡するような場合には，労働者としては譲渡先に雇用契約関係が承継された方が雇用の安定が実現されるが，承継されずに事業が存在しない使用者のもとにとどまったときには雇用不安が生じることになる。他方で，使用者が採算のとれない事業部門のみを譲渡するような場合には，労働者がそれとともに雇用契約関係が承継されると，承継先で雇用不安が生じることになる。

74　〔山川〕

第8節 雇　用　　　　　　　　　　　　　　　　§*625* Ⅱ

　前者の全部譲渡のような場合には，譲渡企業と譲受企業との合意により雇
用契約関係が譲受企業に承継される労働者を選択ないし排除できるかが問題
となるが，裁判例および学説の多数は，事業譲渡は譲渡企業と譲受企業の取
引契約によるものであるから，どのような範囲で従業員を承継させるかにつ
いても，原則としては企業間の契約で決定できるという立場をとっている
（東京高判平17・7・13労判899号19頁〔東京日新学園事件〕など）。ただし，裁判例
や学説上，事業譲渡を利用して従業員が不当な目的のために承継から排除さ
れることには制約が課されており，たとえば，事業譲渡契約において一部の
従業員を承継しない合意がなされた場合，その合意が実際には労働組合員を
排除する趣旨のものであったと認定されたとき（すなわち，原則として当該事業
に所属する従業員を集団として承継し，労働組合員は例外的に排除する旨の合意が認定で
きるとき）には，そのような排除の合意は無効になり，組合員も他の従業員
とともに譲渡先に承継されることになる（東京高判平17・5・31労判898号16頁
〔勝英自動車学校事件〕）。また，譲渡企業と譲受企業が実質的に同一である場合
は，法人格否認の法理が適用される場合と同様に，労働者と譲受企業との間
に雇用契約関係が存在したものとされ，承継からの排除は解雇として扱われ
る。

　また，本条1項との関係では，学説上，一体的な組織としての事業が譲渡
される場合には，そこで雇用されて就労している労働者の雇用契約関係も，
当該労働者の同意を得るまでもなく譲渡先に承継されるとの見解が有力とな
った（我妻・中Ⅱ568頁，新版注民(16)65頁〔幾代〕など）。しかし，Ⅰでみたよう
に，組織として一体性をもつ事業が譲渡される場合でも，前述した使用者が
交代することによる労務の供給内容の変化や賃金面等での不安定性はなお存
在するといえるので，同項は適用されると解すべきである。裁判例も労働者
の同意を要件とする態度はなお維持している（東京地判平9・1・31労判712号
17頁〔本位田建築事務所事件〕など）。

　(2)　会 社 分 割

　会社分割とは，合併とほぼ同様の手続によって会社が事業に関連する権利
義務を他社に承継させる制度であり（新設分割と吸収分割がある），分割契約
（計画書）の定めに従い権利義務等の承継が決定されるのが原則である（部分
的包括承継と呼ばれる）。ただし，会社分割に伴う労働契約の承継等に関する法

〔山川〕　75

律（労働契約承継法）により，承継される事業に主として従事する労働者は，分割契約等により承継から排除されて分割会社に残留するものとされた場合，一定期間内に異議を申し出ることにより，承継の効果を発生させることができる（同法4条）。

逆に，そうした労働者が分割契約等により分割先会社に承継されるものとされた場合は，当該労働者は分割契約等のとおりに分割先会社に承継される（労働契約承継法3条）。ここでは，上述した，会社分割手続による承継が契約による特定承継ではなく部分的包括承継であることなどを理由に，本条1項は適用されないとの理解が一般である。その反面，分割会社は，分割にあたり，分割会社の労働者（承継される事業に従事する者およびそれ以外で分割先に承継されることとされた者）と労働契約の承継に関して協議をする義務があり（平成12年商法改正附則5条1項），この協議義務に分割会社が違反した場合，分割先への承継という効果が発生しないことがある（最判平22・7・12民集64巻5号1333頁〔日本アイ・ビー・エム事件〕参照）。

他方で，承継される事業に主として従事する労働者以外の労働者は，分割契約等により承継の対象とされた場合には，異議を申し出ることにより承継の効果を免れることができる（労働契約承継法5条）。

4 労働者派遣の場合

労働者派遣については，労働者派遣法により，「自己の雇用する労働者を，当該雇用関係のもとに，かつ，他人の指揮命令を受けて，当該他人のために労働に従事させることをいい，当該他人に対し当該労働者を当該他人に雇用させることを約してするものを含まないものとする」と定義されている（同法2条1号）。この定義のもとでは，派遣労働者は，派遣元事業主との間に雇用関係（雇用契約関係）がある一方で，派遣先の指揮命令を受けて労働に従事することになる（ただし，「当該他人に対し当該労働者を当該他人に雇用させることを約してするもの」に該当する場合には，上述した出向に該当し，労働者派遣から除外される）。

ここでは，派遣労働者は派遣先の指揮命令を受けて労働に従事することから，本条1項の適用があるかが問題となりうる。労働者派遣関係において派遣先が指揮命令を行いうる根拠については議論があり，派遣元から派遣先に指揮命令権が譲渡されるという見解や，指揮命令権が委任されるという見解

第8節　雇用　　　　　　　　　　　　　　　　　§*625*　**III**

などがある（山川隆一「労働者派遣関係の法的構造」野川忍ほか編著・変貌する雇用・就労モデルと労働法の課題〔2015〕379頁参照）。指揮命令権（さらにはそれに伴い労働義務の履行請求権）が譲渡されるという見解をとる場合には，本条1項の適用を肯定することが導かれやすくなるが，派遣労働関係においても，派遣労働者はあくまで雇用主としての派遣元事業主に対して労働義務を負うと解すべきであり，派遣先の指揮命令権は，派遣労働契約により，派遣労働者が派遣元に対して負う労働義務の内容を派遣先が指揮命令により決定すると合意したことによるものであると考えられるので（山川・前掲論文参照），使用者の権利が譲渡される場合には当たらず，本条1項の適用はないと考えられる。もっとも，通常の雇用契約により採用された労働者を新たに派遣労働者として派遣先において就労させる場合には，労働者派遣法32条2項により当該労働者の同意が要求されるので，いずれにせよ本人の同意は求められることになる。

III　第三者に労務を供給させる場合

1　使用者の承諾の必要性

本条2項は，労働者が第三者をして本人の代わりに労働させる場合に使用者の同意を要求したものであり，3項は，労働者がこれに違反した場合には使用者は雇用契約を即時解除できるものとしている。はじめに述べたとおり，雇用における労働者の労務供給の一身専属性を示した規定である。

本条2項の同意が必要となるための要件は，労働者が自己に代わって第三者に労働をさせる場合であることであり，事実上第三者をして労働に従事させることのみならず，労務供給の一身専属性という観点からみて，代理人として第三者を労働に従事させる場合も含むと考えられる。また，履行補助者を使用しての労務の供給も，同様の理由から本人の同意が必要になると解されている（新版注民(16)67頁〔幾代通〕）。他方で，労働者が使用者に対して雇用契約に基づいて獲得した賃金請求権等を第三者に譲渡することは，それを禁止する特段の合意がない限り有効と考えられるが，労働基準法24条1項により，賃金については直接労働者に支払うべきものとされているので，労働者と第三者の間で譲渡が有効とされる場合であっても，使用者は賃金を当

〔山川〕　77

§626

第3編　第2章　契　約

該労働者本人に直接支払わなければならないとされている（最判昭43・3・12民集22巻3号562頁〔電電公社小倉電話局事件〕）。

2　違反の場合の即時解除権

本条2項に反して労働者が第三者をして労働に従事させた場合，使用者は雇用契約を即時解除できる。雇用契約は，期間の定めがある場合は原則として期間の途中で解除することはできず（→§628），また，期間の定めがない場合も，解約には一定の予告期間が必要であるが（→§627），本条3項は，労働者の本条2項違反に対して使用者側に無催告解除という対応手段を認めたものである。

もっとも，労働基準法20条は解雇につき30日前の予告またはそれに代わる解雇予告手当の支払を要求しており，同条は本条3項に優先して適用される。労働基準法20条は，労働者の責めに帰すべき事由による解雇については解雇予告の規定を適用除外としているが，適用除外が認められるかどうかは同条の趣旨に照らして独自に判断すべきものである。

なお，本条の趣旨からみて，労働者が第三者をして労働に従事させた場合は，原則として債務の本旨に従った労務の履行とはいえず，使用者が明示・黙示に同意を与えていたときや，事後的に追認を与えたときを除けば，当該労働者は賃金を請求できないと考えられる。

〔山川隆一〕

（期間の定めのある雇用の解除）

第626条①　雇用の期間が5年を超え，又はその終期が不確定であるときは，当事者の一方は，5年を経過した後，いつでも契約の解除をすることができる。

②　前項の規定により契約の解除をしようとする者は，それが使用者であるときは3箇月前，労働者であるときは2週間前に，その予告をしなければならない。

　　〔改正〕　本条＝平29法44改正

第8節 雇 用　　　　　　　　　　　　　　　　　　　§*626* I

> （期間の定めのある雇用の解除）
> **第626条**① 雇用の期間が5年を超え，又は雇用が当事者の一方若しく
> は第三者の終身の間継続すべきときは，当事者の一方は，5年を経過
> した後，いつでも契約の解除をすることができる。ただし，この期間
> は，商工業の見習を目的とする雇用については，10年とする。
> ② 前項の規定により契約の解除をしようとするときは，3箇月前にそ
> の予告をしなければならない。

I 本条の趣旨

1 有期雇用契約の拘束力の制限

　本条は，期間の定めのある雇用契約（有期雇用契約）について，期間が5年
を超えるとき，または，終期が不確定であるときには，当事者の一方に，5
年が経過した時点で契約の解除権を与えたものである。

　有期雇用契約は，一般に2つの特色をもつ。第1は拘束性であり，期間の
途中においては，使用者は原則として労働者を解雇することができず，労働
者も原則として辞職することができない。第2の特色は不安定性であり，期
間の定めのある雇用契約は，本来，その期間の満了により，解雇や辞職など
の契約解消の意思表示を待つまでもなく当然に終了することになる。本条は，
以上のうち第1の拘束性について，当事者に対する不当な拘束を防止するた
めに，一定期間経過後には解約を認める対応を行ったものである（なお，民
法では，628条により，やむを得ない事由が認められる場合には例外として期間途中の契
約の解除が可能である旨定めており，労働契約法〔労契法〕17条1項は，やむを得ない
事由がない限り使用者は期間途中の解雇ができないことを強行規定として定めている）。

　以上のような拘束防止の内容につき，起草者の一人である梅謙次郎博士は，
長期間の雇用契約は労働者の自由を束縛し品位を傷つけるとしており，また，
雇用が長期にわたると労務の価格も変動し労務者の状況も変わるため，長期
間の拘束は一般経済上不利益を生ずるとしている（梅690-691頁）。後者の経
済上の不利益の点は，基本的に使用者側の不利益を想定したものと思われる。

　現在では，本条の規律に加え，労働基準法（労基法）が，労働者に対する
拘束防止の観点から，契約期間自体につき，原則として3年，一定の専門職

〔山川〕　79

§*626* I 第3編 第2章 契 約

労働者および 60 歳以上の高年齢者につき 5 年という上限を設定している
（労基 14 条。ただし当分の間労働者は 1 年経過すれば辞職できる〔労基附則 137 条〕）。
この労基法の規制との関係では，本条はそもそも不要なのではないかが問題
となりうるが，労基法は「事業」（厚生労働省の通達により，一定の場所で相関連
する組織のもとに業として継続的に行われる作業の一体と定義されている。昭和 22・9・
13 発基 17 号）に適用されるため，個人が介護労働者を雇用するなど「事業」
に該当しない場合には適用されず，また，同居の親族のみを使用する事業や
家事使用人への適用は除外されている（労基 116 条 2 項）。その他，労基法 14
条は，一定の事業の完了に必要な期間を定めた場合には同条の規制は適用し
ないものと定めている。それゆえ，本条の適用される場面は，多くはないも
ののなお存在する。

　なお，有期雇用契約の第 2 の特色である不安定性については，期間の定め
のない雇用契約（無期雇用契約）の解約がいつでも自由になされうるのであれ
ば，むしろ期間の定めのある契約の方がその期間中については安定している
といえる。しかし，日本では，使用者の解雇は，後述する解雇権濫用法理
（労契 16 条）により制約されているので，期間の定めのない雇用契約の方が
労働者にとっては安定性をもつ状態となっているため，期間の定めのある雇
用契約の場合は，労働者にとって，契約期間の満了後の不安定性が特色とな
るのである。

　この不安定性の問題については，後述するように（一Ⅲ），判例は，雇用契
約が実質的にみて期間の定めのない契約と同視される場合，あるいは契約更
新につき労働者が合理的に期待しうる場合には解雇権濫用法理を類推してき
ており，現在ではそれが労契法 19 条に明文化されている。また，このよう
な場合でなくとも，同法 18 条は，同一の使用者のもとで期間の定めのある
契約が 1 回以上更新され，契約期間が通算して 5 年を超える場合には，労働
者に期間の定めのない契約への転換権を与えている。これらは，労働法が雇
用安定のために特別法としての規律を加えたものといえる。

2　改正の趣旨

　平成 29 年改正前の民法 626 条は，雇用の期間が 5 年（商工業の見習を目的と
する雇用については 10 年）を超え，または当事者の一方もしくは第三者の終身
の間継続すべきときは，当事者の一方は，5 年を経過した後は，いつでも契

80　〔山川〕

第8節　雇　用　　　　　　　　　　　　　　　　§*626*　II

約の解除をすることができるものとし（1項），この解除にあたっては3か月前に予告をしなければならないとしていた（2項）。

　しかし，改正後の本条は，①商工業の見習を目的とする雇用について，現代においては10年という特例を認める実際上の必要性がないことから，この特例を廃止して期間を5年に統一し，また，②雇用が当事者の一方または第三者の終身の間継続すべきときという要件については，終身にわたり拘束力をもつ雇用を前提とするような定めは相当でないことから，「終期が不確定であるとき」に改めた。さらに，③解除の予告期間については，民法627条の改正と平仄を合わせて，使用者の解除については3か月，労働者の解除については2週間に改めた。

II　本条の解釈

1　本条の要件と効果

　本条による契約解除権が発生するための要件は，①雇用契約に5年を超える期間の定めがあること，または期間の終期が不確定であること，および，②現実に5年が経過したことであり，また，解除権の行使にあたっては，③使用者は3か月前に，労働者は2週間前に予告をすることが要件となる（以上のうち，「予告」の意義については，627条の「解約申入れ」と同義だと思われる）。そして，以上の要件をみたす解除がなされた場合には，契約は将来に向かって終了することになる（630条）。なお，使用者による解除については，別途解雇権濫用法理（労契16条）が適用されることがありえよう。

2　「雇用の期間」の意義

　雇用契約における期間の定めは，一般には，Iでみたように，拘束性と不安定性という2つの効果をあわせもつことになるが，合意によりいずれか一方の効果のみをもつ「期間」が設定されることも生じうる。そのような定めの場合には，当該効果に即して法の適用を考えるべきである。

　そうした観点からすると，本条は雇用契約当事者に対する過度の拘束を防ぐことを趣旨とするものであるので，本条にいう「雇用の期間」とは，当事者が契約に拘束される期間，すなわち解約が原則として許されない期間を指すものとなる。もっとも，たとえば契約期間を6年と定めた契約は，こうし

〔山川〕　81

§626 II 　　　　　　　　　　　　　　　第3編　第2章　契　約

た意味での拘束力のある期間を定めたものに該当すると契約を解釈するのが通常であろう。本条により解約権が発生する要件としての5年を超える期間の経過についても，こうした意味での期間の拘束力が発生してから5年が経過した場合をいうものとみるべきであろう。

　また，契約当初から期間を定めた場合のみならず，当初は期間の定めのない契約を結び，その後期間の定めのある契約に切り替えた場合も，その時点から本条が適用されると解される。さらに，期間の定めのない契約を前提としつつ，そのうち一定期間についてのみ解約が許されないものとする旨の定めを置いた場合も，その定めが妥当する期間については本条が適用されると解すべきであろう（以上のような場合，労基法が適用されるときには，当該期間の定めが同法14条違反ないし公序違反とならないかについても検討する必要がある）。

3　「終期が不確定であるとき」の意義

　雇用契約について「終期が不確定であるとき」とは，雇用の存続期間に関して，いわゆる不確定期限が付されている場合，すなわち，将来発生することは確実であるが，それがいつ発生するかが確定していない事象が発生するまで雇用契約を存続させる旨が定められている場合をいうものと考えられる。このような場合，期限が結果的に短期間のうちに到来することもありうるが，結果的に長期化することもありうるのはもちろんであり，契約当事者はいつまで契約に拘束されるかを明確に認識できないため，過度の拘束を防ぐという本条の趣旨が妥当するといえる。

4　本条の強行性

　本条による契約解除権の付与の趣旨が不当な拘束の防止にあることから，平成29年改正前の議論では，本条は一般に強行規定と解されている。こうした理解によれば，予告期間についても，合意により短縮することはできるが，延長することはできないということになろう（新版注民(16)81頁〔三宅正男〕）。もっとも，前述のように，不当な拘束の防止という趣旨の具体的内容につき，労働者側と使用者側とで差異があり，使用者側については経済上の不利益が主として想定されていることからすると，労働者による解除についてのみ強行性を与えるという解釈も成り立つように思われる。

　また，そもそも契約期間の趣旨として，一方当事者のみについて解約を制限するという定めを置くことも，不可能ではないと思われる。たとえば，い

82　〔山川〕

第8節 雇用 §*626* Ⅲ

わゆる身分保障期間の趣旨として，使用者は当該期間中に労働者を解雇しないが，労働者は解約することを妨げられない旨の定めを置くことは可能であろう（使用者につき本条が適用されることになる）。また，労働者は一定期間辞職できないが，使用者は労働者を解雇することを妨げられないという定めについても，労働者につき本条（労基法が適用される場合は同法14条）が適用され，使用者の解雇権は労契法16条により制約されることになろう。

5　労契法17条1項との関係

　労契法17条1項は，期間の定めのある労働契約につき，使用者はやむを得ない事由がない限り契約期間の途中で労働者を解雇することができないと定めており，同項と民法626条の適用関係が問題となる。この点については，特別法としての労契法17条1項を優先的に適用するという見解もありうるが，同項は，民法628条の定める期間途中の雇用契約の解約に関する規律（の反対解釈）を，解雇に関して明文化するとともに，やむを得ない事由がない限り解雇をすることができないという規律が強行規定であることを明らかにした規定であると解されていること（菅野和夫・労働法〔11版補正版，2017〕333頁など）からすると，雇用が5年を超えた時点において，民法628条の特則である本条により解約がなされる場面では，労契法17条1項による解雇制限は働かないと解することも可能であるように思われる（ただし，1で述べたように，労契法16条の定める解雇権濫用法理が適用されることはありえよう）。

Ⅲ　労働法による有期雇用契約の規律——概略

1　立法政策論——有期雇用契約の締結事由の制限

　有期雇用契約は前述のように不安定性をその特色の一つとしており，こうした不安定性は，特に労働者に対して，生活の安定を脅かすおそれや，長期的なキャリアの形成やスキルアップを阻害するおそれ（この点は使用者や経済全体にとってもデメリットとなりうる）があるため，産業化の進んだ諸国では，労働政策として，有期雇用の利用に一定の制約を加えることが多い。

　こうした政策的な制約をめぐる議論のうち最も根本的なのは，そもそも雇用契約につき期間の定めを設けるにあたっては合理的理由を要件とすべきか（換言すれば，そうした合理的理由がない限り無期雇用を使用者に強制すべきか）という

〔山川〕　83

§626 III

第3編 第2章 契 約

問題であり，フランスのようにそうした政策を採用している国もあるが，日本では，以下でみる労契法の平成24年改正に際して，この点が議論とはなったものの，結論として有期雇用につき契約締結事由を制限する制約は採用されないこととなった（この点が検討された労働政策審議会労働条件分科会での議論の経緯については，荒木尚志ほか・詳説労働契約法〔2版，2014〕68頁参照）。

2 労基法14条の期間制限

労基法は，労働者の長期拘束を防止するため，契約期間の上限を原則として3年としている（労基14条1項。ただし，当分の間，労働者は，1年が経過した日以後は退職することができる〔労基附則137条〕）。もっとも，一定の専門的知識や経験を有する労働者（平成15年厚労省告示356号参照）や60歳以上の高齢者については，1年より長期の契約を認める必要があるとして，契約期間の上限は5年とされている（労基14条1項1号2号）。

3 労契法18条の無期転換

労働者にとっての有期雇用の不安定性を克服するためには，期間の定めのない労働契約に転換する機会を与えることが政策的に望ましい。そこで，平成24年の労契法改正法は，同一の使用者との間で有期労働契約が少なくとも1回更新され，かつ通算の契約期間が5年を超える（一定の例外がある）労働者は，現在の契約期間が満了する日までの間に，満了の翌日から労務が提供される期間の定めのない労働契約の締結の申込みをしたときは，使用者は当該申込みを承諾したものとみなすものとした（労契18条1項）。これにより成立する労働契約の労働条件（契約期間を除く）は，別段の定めのない限り，現在の有期労働契約のそれと同一と規定されている。この規定は，労働者の意思表示により無期労働契約を成立させる権利（無期転換権）を与えたものといえる。

4 労契法19条の雇止め制限

前述のとおり（→I 1），一般的な契約理論からすれば，期間を定めた雇用契約は期間の満了により当然に終了し，解約の意思表示も必要でないため，解雇権濫用法理が適用されることもないはずであるが，契約が反復更新されるなどして雇用継続に期待をもつに至った労働者を保護する観点から，判例は，使用者による有期雇用契約の更新拒絶に関し，①有期労働契約が反復更新され，実質的には期間の定めのない契約と同視されるに至っている場合，

84 〔山川〕

および，②それまでには至らなくとも，労働者が契約の更新につき期待することが合理的であると認められる場合には，解雇権濫用法理を類推適用して，合理的な理由や社会通念上の相当性がない雇止めは許されないものとしてきた（①につき，最判昭49・7・22民集28巻5号927頁〔東芝柳町工場事件〕，②につき，最判昭61・12・4判タ629号117頁〔日立メディコ事件〕）。

平成24年の労契法改正法は，この判例法理を制定法に盛り込み，上記①または②の事情が認められる有期労働契約については，労働者が，期間満了までの間にその契約の更新の申込みをした場合，または期間満了後遅滞なく有期労働契約の締結の申込みをした場合には，使用者がその申込みを拒絶することが客観的に合理的な理由を欠き，社会通念上相当であると認められないときは，使用者は従前の契約と同一の労働条件で当該申込みを承諾したものとみなすこととした（労契19条）。

5　労契法20条の不合理な労働条件格差の禁止

有期雇用という形態で働いている労働者は，労働条件が，期間の定めのない雇用形態で働いている「正社員」と異なることが少なくない。期間の定めのない雇用の場合，労働者は，雇止めへの不安などから使用者と労働条件の向上等につき交渉することは一般に困難であり，こうした交渉力格差により，労働条件の格差も不合理となるおそれがある。

そこで，平成24年の労契法の改正により，有期労働契約を締結している労働者の契約の内容である労働条件が，期間の定めがあることにより同一の使用者と期間の定めのない労働契約を締結している労働者の労働条件と相違する場合，その労働条件の相違は，①労働者の業務の内容および業務に伴う責任の程度（「職務の内容」），②職務の内容および配置の変更の範囲，③その他の事情を考慮して，不合理と認められるものであってはならないものとされた（労契20条）。

最近では，有期契約労働者のみならず，短時間労働者（パートタイマー）や派遣労働者も視野に入れて，いわゆる非正規労働者と「正社員」との不当な賃金格差を是正するため，「同一労働同一賃金」の立法化が図られ，2018年（平成30年）6月には，「働き方改革を推進するための関係法律の整備に関する法律」が成立した。同法により，労契法20条は「短時間労働者の雇用管理の改善等に関する法律」（パートタイム労働法）8条に統合され，同法の名称

〔山川〕　85

§627 第3編　第2章　契　約

も，「短時間労働者及び有期雇用労働者の雇用管理の改善等に関する法律」
に改められた（その他，職務内容および人材活用のしくみが同一である場合の待遇の差
別を禁止するパートタイム労働法9条の規律が有期労働契約にも適用されることとなった。
以上の改正法は，企業規模に応じて，2020年4月1日または2021年4月1日から施行さ
れる）。

〔山川隆一〕

　　（期間の定めのない雇用の解約の申入れ）
第627条①　当事者が雇用の期間を定めなかったときは，各当事者は，
　いつでも解約の申入れをすることができる。この場合において，雇
　用は，解約の申入れの日から2週間を経過することによって終了す
　る。
②　期間によって報酬を定めた場合には，使用者からの解約の申入れ
　は，次期以後についてすることができる。ただし，その解約の申入
　れは，当期の前半にしなければならない。
③　6箇月以上の期間によって報酬を定めた場合には，前項の解約の申
　入れは，3箇月前にしなければならない。
　　　　〔改正〕　②＝平29法44改正

┌─────────────────────────────────
│　　（期間の定めのない雇用の解約の申入れ）
│　第627条①　（略）
│　②　期間によって報酬を定めた場合には，解約の申入れは，次期以後に
│　　ついてすることができる。ただし，その解約の申入れは，当期の前半
│　　にしなければならない。
│　③　（略）
└─────────────────────────────────

細　目　次

I　本条の趣旨………………………………87
　1　期間の定めのない場合の解約権 ………87
　2　改正の趣旨 ……………………………88
II　本条の解釈………………………………89
　1　本条における要件と効果 ……………89

　2　解約申入れと解約予告 ………………90
　3　期間によって報酬を定めた場合とは …91
　4　本条の強行性 …………………………92
III　労基法20条による特別規制 …………93
IV　解雇権濫用法理………………………93

86　〔山川〕

第8節 雇 用 §*627* Ⅰ

1 意 義 ……………………………93
2 判例法理の展開 ………………94
3 解雇権濫用の要件と主張立証責任 ……95
4 解雇権濫用の効果 ……………97

(1) 解雇無効法理………………………97
(2) 賃金請求権（536条2項）………98
(3) 損害賠償請求・金銭解決の可否……98

Ⅰ　本条の趣旨

1　期間の定めのない場合の解約権

　本条は，期間の定めのない雇用契約の解約（使用者が行う場合は解雇となり，労働者が行う場合は辞職となる）に関し，当事者はいつでも解約を申し入れることができ，雇用契約は解約申入れの日から2週間の経過により終了することを原則としたうえで（1項），使用者による解約については，期間によって報酬を定めた場合には当期の前半に解約申入れをすることにより次期以降の解約が可能であり（2項），6か月以上の期間により報酬を定めた場合には3か月前の解約申入れにより次期以降について解約が可能である（3項）とするものである。

　こうした規律は，期間の定めのない雇用契約については，いつまでも当事者双方が拘束されることは望ましくないという観点から，理由を問わずに契約を解消しうることとしつつ，突然の契約終了による相手方の不測の損害を小さくし，契約関係の終了に円滑に対応するために，一定の解約申入れ期間を要求したものと考えられる。

　以上につき，明治民法の起草者によれば，本条は，期間を定めない雇用契約の当事者は永久に契約関係が存続することは望まないのが通常であることから，当事者に解約の自由を与えるものとし，突然解約をなす場合には相手方が不利益を被ることから2週間の予告期間を定めたとの説明がなされている（梅693頁）。この説明においては，解約申入れの理由には特に制限は加えられておらず，その後の代表的な民法学説も，本条は，不当に当事者を拘束するのを防止するため，特別の原因がなくとも解約を認めたものであると説明していた（鳩山・下549頁など）。ここでは，労働者による解約である辞職と使用者による解約である解雇は区別されておらず，民法典のもとでは，解雇はその原因を問わず，2週間前に告知すれば自由になしうるものとされていたと考えられる（明治民法制定時の議論につき，土田道夫編・債権法改正と労働法

〔山川〕　87

§*627* I   第3編 第2章 契 約

〔2012〕79頁〔根本到〕参照）。

　こうした本条による解約権は，解約について特段の理由が要求されていないことから，期間の定めのない雇用契約が締結されたという要件がみたされれば当然に発生するものといえる。すなわち，本条にもとづく解約権の発生を立証するためには，雇用契約締結の事実を立証すれば足り，それ以外に解約権の発生原因事実を立証する必要はない。これに対し，期間の定めのある雇用契約において，期間途中で契約を解約する権利については，やむを得ない事由（628条参照）の存在を立証してはじめて発生が認められることになる（就業規則等において，使用者が解雇をなしうる事由が限定されている場合があるが，このように認定できる場合は，期間の定めのない雇用契約であっても，解雇権は，所定の解雇事由の存在が立証された場合にはじめて発生すると考えられる）。

　なお，本条は，明治期に制定された民法に盛り込まれていた規定であり，労働者の保護という発想は特に含まれていないが，第二次世界大戦後の判例法の発展により，本条に基づく使用者の解雇権には，労働法上の規制がなされた他，解雇権濫用法理（現在では労働契約法16条に明文化されている）により大きな制約が加えられるに至った（この点はⅢおよびⅣで述べる）。

2　改正の趣旨

　平成29年改正前の本条は，解約申入れの時期につき，労働者からの解約であるか使用者からの解約であるかを問わず，原則として2週間前（1項），期間によって報酬を定めた場合には当期の前半（2項），6か月以上の期間により報酬を定めた場合には3か月前（3項）と定めていた。しかし，平成29年の改正で，労働者については，解約申入れの時期は2週間前に統一され，旧2項・3項は使用者からの解約のみに関する定めに改められた。本条における解約申入れ期間の改正は，法制審議会民法（債権関係）部会の中間論点整理の時点では掲げられていなかったが，その後に検討の対象となり，中間試案の段階では，本条2項・3項を削除することが提案されていた。しかし，その後，この提案の理由が，以下のとおり労働者の辞職の自由を保護する点にあることからすれば，使用者からの解除の予告期間を短期化する必要はないと考えられること（もっとも，Ⅲでみるように，使用者の解雇については，労働基準法〔労基法〕20条が優先的に適用されるとの見解が多数である）から，要綱仮案段階で，現在のような形に改められた。

88　〔山川〕

第8節　雇　用　　　　　　　　　　　　　　　　　　　　　§*627*　II

　以上の改正は，改正前の同条2項・3項によると，労働者の辞職に過度の制約をもたらすことを理由とするものである。たとえば，年俸制の雇用契約に3項が適用されると解すると（この点については後述のように見解が分かれている。→II 3），労働者が辞職するには3か月前の予告が必要になるためである。他方，使用者側の解約（解雇）に関する規律は従来どおりであるが，解雇に関しては，労基法20条1項による規律（30日以上の解雇予告等）が優先的に適用されるという見解が多数であり（→III），これを前提とすると，同条2項・3項を従来のまま存置しても，実際上は影響は大きくないといえる。

　もっとも，この改正は，民法において，上述した辞職の自由への制約の回避という，労働者側にのみ妥当する理由によって，労働者と使用者とで異なる規律を設けるものであることから，理念的には，伝統的な民法における対等な当事者間の契約という想定から離れる面をもつともいえる（山川隆一「民法と労働法」日本労働法学会編・労働法の基礎理論（講座労働法の再生第1巻）〔2017〕61頁参照）。

II　本条の解釈

1　本条における要件と効果

　本条による雇用契約の解約の要件は，本条1項によれば，雇用契約が期間の定めのないものであること（期間の定めのある場合については，→§628 I），および契約の一方当事者が解約の意思表示をしたことである。ただし，使用者による解約については，期間により報酬を定めた場合，本条2項により，解約申入れは期間の前半にしなければならないという要件が加わり，6か月以上の期間により報酬を定めた場合には，本条3項により，解約申入れは3か月前にしなければならないという要件が加わる。

　以上については，解約の申入れから雇用の終了までの最短期間が2週間に満たない場合（4週間未満の期間により報酬を定めた場合）には，使用者からの解約について本条2項を適用すると解約申入れ期間が2週間未満となり，解約申入れ期間が一律に2週間である労働者からの解約の場合と均衡を失する事態が生じうる（IIIでみるように，労基法20条が本条に優先して適用されると解するならば，同法が適用されない場合に限られるが）。そこで，この場合には本条1項を

〔山川〕　89

§627 II 第3編 第2章 契 約

適用すべきであるとの見解があるが（一問一答334頁），4週間未満の期間により報酬を定めた場合でも，解約申入れから報酬に関する期間の満了までの日数が常に2週間を下回るものではないことから（報酬を3週間単位で定め，解約申入れを3週間の期間の開始後1週間までに行ったような場合），解約申入れから当該期間の満了までの日数が2週間を下回る場合に限り，契約は解約申入れから2週間の経過により終了すると解する立場もありえよう。

　次に，本条による雇用契約解約の効果は，1項により原則として解約の意思表示の2週間経過後に（期間により報酬を定めた場合には，2項および3項により，使用者による解約の効力は次の期から発生する）契約が終了するということである（契約終了の効果は将来に向かってのみ生じる〔630条〕）。

　なお，要件事実の観点からは，期間の定めについては，それが存在することを当該事実を有利に援用する当事者が主張立証する責任を負うと解されるので（山川隆一・労働紛争処理法〔2012〕220-222頁），上記のうち，雇用契約に期間の定めがないことは厳密には要件とはいえず（解雇の効力が争われる場合には，労働者側が，契約期間の定めがあるため解雇が期間途中のものであることを主張立証するのに対し，使用者側が「やむを得ない事由」〔628条，労契17条1項〕を主張立証することになる），他方で，解約の効果発生までの期間の経過は，解約の効果発生の要件として位置づけられる（報酬に関する期間の定めの内容により，解約の効果発生までの期間の内容に差が生じうる）。

2　解約申入れと解約予告

　本条は，解約の意思表示につき「予告」という文言を用いておらず，たとえば1項が適用される場合，解約申入れの意思表示において，2週間後に契約が終了する旨を告げていなくとも，意思表示が到達してから客観的に2週間が経過すれば，契約が終了することとされている。次にみるように，労基法20条の解雇予告制度のもとでは，予告解雇と即時解雇が区別されており，予告をせずになした解雇の効力が問題となるが，民法においては，制定当時から，本条にいう解約申入れ期間を「予告」期間としてとらえている（たとえば，法典調査会において穂積陳重委員は，解約申入れ期間のことを「予告期間」と述べている〔法典調査会民法議事34巻60丁〕）。そこで，以下では，一定期間経過後に契約を終了させる旨が明示されていない場合も，「予告」として取り扱っている。

90　〔山川〕

第8節 雇 用　　　　　　　　　　　　　　　　　　　　　　　§*627* **II**

　なお，労基法 20 条 1 項は，使用者による解雇（契約に期間の定めがある場合とない場合を問わない）につき，少なくとも 30 日前の予告（あるいはそれに代わる解雇予告手当の支払）を要求しているが，そこでの解雇の「予告」（解雇予告）については，契約の終了が一定期間後であることを示して行うものであると理解されている。そのため，同項の解釈において，こうした意味での「予告」を伴わない同項違反としての「即時解雇」の私法上の効力いかんが議論されており，最高裁は，労基法上の予告義務に違反した解雇の効力については，使用者が即時解雇に固執するものでない限り，30 日の期間が経過した時点または解雇予告手当が支払われた時点において解雇の効力が発生すると解している（最判昭 35・3・11 民集 14 巻 3 号 403 頁〔細谷服装事件〕）。

　こうした解釈は，労基法上の解雇「予告」についても，契約の終了が一定期間後であることを示して行わなくとも，結果的には予告を行ったのと基本的に同様の結果となることを示しており（使用者が即時解雇に固執する場合は別であるが，いかなる場合にこれに該当するかは必ずしも明らかではない），そうすると，労基法上の解雇「予告」も，実質上，上記のような本条の解釈としての「予告」と異ならないことになろう。

3　期間によって報酬を定めた場合とは

　本条 2 項・3 項は，「期間によって報酬を定めた場合」につき，使用者による解雇に関して 1 項とは別の予告期間を設定しているが，ここでいう「期間によって報酬を定めた場合」とは何かが問題となりうる。改正前においては，賃金に関して年俸制が採用されている労働者について，本条 3 項によって辞職につき 3 か月前の予告が必要となるかにつき議論がなされていた（土田道夫編・債権法改正と労働法〔2012〕86 頁〔根本到〕参照）。

　しかし，平成 29 年の改正により，労働者の辞職については，予告期間は 2 週間で統一された。また，解雇についても，Ⅲでみるように，本条と労基法 20 条の適用関係につき，労基法 20 条の適用が優先されると解すれば，この問題を検討する実益はほとんどなくなり，労基法が適用されない雇用契約における解雇の場合に限られることになる。

　労働契約における報酬（賃金）においては，金額の決定単位としての期間と支払の単位としての期間が区別されている。たとえば，年俸制の場合，金額の決定単位としての期間は 1 年であるが，労基法 24 条 1 項により賃金を

〔山川〕　91

§627 Ⅱ
第3編 第2章 契 約

毎月支払うことが要請されているため（ここでは，一時金など特別の賃金を除いた通常の賃金を想定している），支払の単位としての期間は1か月となることが通常である（他方，日給月給制の場合は，金額の決定単位としての期間は1日であるが，支払の単位としての期間は1か月である）。改正前の民法の起草者は，支払の単位としての期間を念頭に置いた議論を行っており（梅694頁），また，支払の単位に対応する賃金が支払われれば解約に伴う不利益を一定限度避けられる点からも，支払の単位としての期間に着目すべきように思われる。

4 本条の強行性

本条の定める解約申入れ期間が強行規定か任意規定かについては，改正前から若干の議論がみられた。ここでは，特に1項の2週間という短期間の申入れ期間をめぐり，就業規則などによって労働者の辞職に際してより長い期間を要求しうるかが問題になることが多い（紛争形態としては，労働者の退職金請求に対して，使用者が，就業規則所定の本条より長い期間を主張し，あるいは使用者の許可がなされるまでという不確定期限ないし条件を主張して，退職金の支払を拒む事案が目立つ）。この問題についての裁判例は必ずしも多くはないが，労働者の辞職に関しては強行規定と解するものが多い（東京地判昭47・11・17判時706号99頁〔日本軽金属事件。使用者の許可があるまで勤務継続が要求されていた事案〕，東京地判昭51・10・29判時841号102頁〔高野メリヤス事件。役職者につき6か月前の予告が要求されていた事件〕など。他方で，退職を会社の承認にかからしめることが，それに合理的理由がある限り認められるとされた事例〔浦和地熊谷支決昭37・4・23労民集13巻2号505頁。大室木工所事件〕もある）。学説でも，本条の趣旨である拘束の防止，特に労働者にとっては人身拘束の防止の要請を根拠として，強行規定と解する説が有力である（水町勇一郎・労働法〔7版，2018〕193頁など）。以上のような解釈は本条の改正によっても特段修正を迫られることはないと思われる。

他方で，使用者による解雇については，予告期間を合意により短縮しうるかが問題となりうるが，次にみるように，労基法の適用される使用者については，同法20条1項による30日前の予告が優先的に適用されると解され，かつ，同条は強行規定であるので（労基13条参照），同法により解雇予告が要求される場合，予告期間を合意により短縮することはできないことになる。労基法が適用されない場合については，古い大審院判決には，解約申入れ期間の短縮を認めたものがあるが（大判大7・12・14民録24輯2322頁），学説上は，

92 〔山川〕

第8節 雇 用　　　　　　　　　　　　　　　　　　　§*627*　III・IV

労働者の生活の安定の見地から強行規定と解する説が有力である（我妻・上590頁など）。

III　労基法 20 条による特別規制

　労基法 20 条 1 項は，同法が適用される使用者が行う解雇につき，原則として，少なくとも 30 日前に予告を行うか，あるいは 30 日分の平均賃金（労基 12 条）の手当（解雇予告手当）を労働者に支払うことを求めている。これは，本条 1 項所定の 2 週間よりも長期の予告期間を設けるか，またはその期間の就労に対応する手当の支払を義務づけることによって，突然の解雇による生活困窮等を緩和しようとしたものである（厚生労働省労働基準局編・労働基準法上〔平成 22 年版，2011〕286 頁）。

　ところが，期間によって報酬を定めた場合で，当該期間が 60 日を超えるときには，本条 2 項および 3 項が適用されるとすると，30 日よりも長期の予告が必要となるため，そのような事案では労基法 20 条と本条のどちらを優先的に適用するかが問題となる。この点については従来から見解が分かれており，労基法の定めが最低基準であることを重視して本条の適用を優先する見解もあるが（有泉亨・労働基準法〔1963〕158 頁など），下級審裁判例および学説の多数は労基法 20 条の適用を優先している（東京高判昭 42・1・24 労民集 18 巻 1 号 1 頁〔日本青年会議所事件〕，大阪高判昭 33・9・10 労民集 9 巻 5 号 816 頁〔平安学園事件〕。学説としては，我妻・上 591 頁，菅野和夫・労働法〔11 版補正版，2017〕734 頁など）。民法にない解雇予告手当の支払義務の存在等も考慮すると，単純に労基法と民法のいずれかが最低基準かを決することは難しく，取扱いの明確性という点からも，解雇については，労基法が適用除外となる場合（労基 116 条 2 項）を除き，本条 2 項・3 項に優先して労基法 20 条が適用され，30 日の予告または解雇予告手当の支払をもって足りると解すべきであろう。

IV　解雇権濫用法理

1　意　義

　上述のように，本条 1 項は，期間の定めのない雇用契約について，双方当

〔山川〕　93

§627 IV 第3編 第2章 契約

事者とも，一定の期間前に解約申入れをすれば解約をなしうると定めており，そこでは，労働者による辞職についても，使用者による解雇についても，解約の理由について特に制約は加えられていない。そうした意味で，民法典は，いわば解雇自由の原則を採用したものといえるが，判例は，2でみるとおり，権利濫用の規定を用いて，使用者の解雇権の行使については大幅な制約を加えてきた（解雇権濫用法理）。そして，平成15年の労基法改正において，「解雇は，客観的に合理的な理由を欠き，社会通念上相当であると認められない場合は，その権利を濫用したものとして，無効とする」として，同法理を明文化した規定が設けられ（労基旧18条の2），その後，労働契約関係を規律する一般法規たる労働契約法が制定された際に，この規定は同法に移行された（労契16条）。

なお，こうした解雇権濫用の判断枠組みとは別に，使用者が就業規則等により解雇事由を列挙しており，それらが限定列挙と解される場合には，列挙された解雇事由が認められない解雇は無効となる。就業規則における解雇事由の列挙の性格については，限定列挙説と例示列挙説がみられるが，この点は，個々の就業規則の解釈の問題であり，使用者が就業規則で解雇事由を限定したと解釈できるかどうかにより決せられるものと考えられる（松本哲泓「整理解雇」林豊＝山川隆一編・労働関係訴訟法 I（新・裁判実務大系16巻）〔2001〕150頁参照）。「その他前各号に準ずる事由のある場合」などといった解雇事由が定められている場合を含め，解雇が想定される事態を包括的に示した条項などは，限定列挙とみられるであろう。

2 判例法理の展開

本条に対する解雇権濫用法理による制約については，第二次世界大戦前の判例においては目立った展開はなかったように見受けられる。しかし，戦後になり，諸種の労働法令が整備されるようになると，解雇権に対する一般的制約が問題とされるようになる。特に，昭和20年代中頃から，いわゆるドッジラインのもとでの企業整備による解雇や朝鮮戦争後の不況による解雇が増大するにつれて，解雇の効力を争う仮処分事件が増加する。こうした過程で，使用者は解雇を自由になしうるのか否かが問題とされるに至った。

昭和20年代の段階では，(a)本条1項の文言どおり，解雇をなすには特別の理由は必要でないとする裁判例（大津地判昭28・3・14労民集4巻1号50頁

94 〔山川〕

第8節 雇 用　　　　　　　　　　　　　　　　　　　　　　　　§*627* IV

〔大津キャンプ事件〕，大阪地判昭26・5・26労民集2巻4号410頁〔大阪陶業事件〕など），（b）解雇には正当な理由を要すると解する裁判例（東京地決昭25・5・8労民集1巻2号230頁〔東京生命事件〕など），（c）民法1条3項の権利濫用の禁止に依拠して解雇権を制約する裁判例（東京地決昭26・8・8労働基準判例集327頁〔中外製薬事件〕）が併存する状況であり，学説においてもそれぞれの立場から議論がなされた（学説史の研究として，米津孝司「解雇権論」籾井常喜編・戦後労働法学説史〔1996〕がある）。

　しかし，その後，裁判例では次第に権利濫用説をとるものが有力となり，昭和30年代の半ば頃には，解雇に対して比較的厳格に権利濫用法理を適用する裁判例が多くなった。そして，こうした下級審裁判例の集積を受けて最高裁は，昭和50年の日本食塩製造事件において，「使用者の解雇権の行使も，それが客観的に合理的な理由を欠き社会通念上相当として是認することができない場合には，権利の濫用として無効になる」と判示し（最判昭50・4・25民集29巻4号456頁。いわゆるユニオン・ショップ協定に基づき労働組合を除名された者に対する解雇につき，除名が無効である場合には，解雇は客観的合理的理由を欠くものとされた），また，昭和52年の高知放送事件においても，「普通解雇事由がある場合においても，使用者は常に解雇しうるものではなく，当該具体的な事情のもとにおいて，解雇に処することが著しく不合理であり，社会通念上相当なものとして是認することができないときには，当該解雇の意思表示は，解雇権の濫用として無効になる」と判示した（最判昭52・1・31労判268号17頁。ラジオ局のアナウンサーが寝坊して短期間に2度の放送事故を起こした事案で，解雇は社会通念上相当なものとして是認することができないとされた）。これら最高裁判例により，いわゆる解雇権濫用法理が判例法として確立するに至ったといえる。

3　解雇権濫用の要件と主張立証責任

　労働契約法16条の採用した解雇権濫用という判断枠組みのもとでは，解雇が「客観的に合理的な理由を欠き，社会通念上相当であると認められない」という要件がみたされた場合には，権利濫用による解雇の無効という効果が発生することになる。

　ここで，権利濫用が成立するのは，解雇が，①客観的に合理的な理由を欠く場合，および，②（客観的に合理的理由があったとしても）社会通念上相当であると認められない場合をいうものと整理されることが多い。従来の裁判例

〔山川〕　95

§627 IV　　　　　　　　　　　　　　　第3編　第2章　契　約

では，①と②の区別が不明瞭なものがみられるが，労働契約法の制定後は，①と②を区別する理解がほぼ一般的なものとなっている。

　以上の判断枠組みにつき要件事実論の観点から検討すると，権利濫用に該当することはいわゆる規範的要件であるので，労働者側において，「客観的に合理的な理由を欠き，社会通念上相当であると認められない」という規範的要件についての評価根拠事実を主張立証する責任を負い，使用者側がそれに対する評価障害事実を主張立証するのが原則となる（詳細は，山川隆一・労働紛争処理法〔2012〕209頁以下参照）。もっとも，通常の権利濫用であれば，権利濫用が成立するのは例外的な場合であるから，それを基礎づける具体的事実としても，相当詳細な事実ないし例外的な状況を主張立証しなければならないことになりそうである。しかし，解雇権濫用法理については，実際上，権利濫用の成立範囲はかなり広く認められており，必ずしも例外的な事態とはいえなくなっている（越山安久〔判解〕最判解昭50年〔1979〕160頁参照）。

　そうすると，解雇権濫用の評価根拠事実として，労働者に詳細な事実の主張立証責任を負わせるのは適切でないと考えられるが，権利濫用という枠組みである以上，まったく評価根拠事実の主張立証を不要とすることも困難であるので，労働者が主張立証すべき評価根拠事実の内容は，当該労働者の平素の勤務状況が通常のものであったことで足りると解すべきだと思われる。これに対して，解雇が「合理的理由」によるものであることを根拠づける具体的な事実については，解雇権濫用の評価障害事実として，使用者側が主張立証責任を負うべきものと考えられる。ここで解雇の合理的理由をなす具体的事実は，労働者の平素の勤務状況が通常のものであったという上記評価根拠事実とは両立しうるものであるから，評価障害事実として使用者が主張立証責任を負うと解することは妨げられない。

　他方で，一般的には解雇の合理的理由となる事実が認められるとしても，前例との比較などにかんがみると，解雇をもって臨むのは著しく不相当であるといいうる場合（当該解雇が「社会通念上相当であると認められない」場合）については，こうした要件は，解雇の合理的理由が認められる場合を前提としているので，それを基礎づける事実は，解雇権濫用の別個の評価根拠事実として，労働者側が主張立証責任を負う（使用者側はこれに対する評価障害事実の主張立証責任を負う）と解すべきであろう。

第8節　雇　用　　　　　　　　　　　　　　　　　　　　　　　**§627 IV**

以上のような判断枠組みのもとで，解雇の合理的理由の具体的内容がいかなるものであるかについては，一般的な整理によれば，①労働者の労務提供の不能，②労務遂行能力や適格性の欠如，③規律違反・命令違反，④経営上の理由による整理解雇の必要性，⑤ユニオン・ショップ協定に基づく労働組合からの解雇の要求などが挙げられている（菅野和夫・労働法〔11版補正版，2017〕738頁以下参照）。

これらの詳細についてここで詳述することはできないが，④の整理解雇については，裁判例上，一定の判断枠組みが示されている。それは，整理解雇の効力については，①人員削減の必要性，②使用者の解雇回避努力，③人選の合理性，④解雇に至る手続の相当性という4つの要素を総合的に考慮して判断するというものである。

従来は，これら4つの要素を「要件」と解する裁判例が有力であったが（東京高判昭54・10・29労民集30巻5号1002頁〔東洋酸素事件〕など），最近の裁判例においては，これら4つは，整理解雇の効力の判断も結局は解雇が権利濫用に当たるかという判断の一環であることから，こうした判断にあたって考慮される「要素」と解するものが多くなっている（東京高判平18・12・26労判931号30頁〔CSFBセキュリティーズ・ジャパン・リミテッド事件〕，東京地判平15・8・27判タ1139号121頁〔ゼネラル・セミコンダクター・ジャパン事件〕など）。このように考える場合，①から③は解雇が客観的合理的理由を欠くとの評価を阻害する事実（あるいは，就業規則所定の整理解雇に関する解雇事由に該当する事実）として使用者側が主張立証責任を負い，④については，解雇が社会通念上相当性を欠くとの評価を根拠づける事実として労働者側が主張立証責任を負うものと解することになろう（山川・前掲書215頁）。

4　解雇権濫用の効果

(1)　解雇無効法理

解雇が権利濫用となる場合を含め，違法な解雇は私法上も無効となるのが原則であり，裁判所は，本案訴訟においては原告労働者が労働契約上の権利を有する地位が存在していることを確認する判決を下し（民法536条2項に基づいて解雇期間中の賃金の支払を命ずることも多い），保全手続では，労働契約上の地位を仮に定める仮処分命令等を下すことになる（最近の仮処分事件では，保全の必要性は厳格に判断される傾向があり，地位保全は認められずに賃金仮払のみが認めら

〔山川〕　97

§*627* Ⅳ

第3編　第2章　契　約

れることも少なくない。山川・前掲書181頁参照)。その他，近年では，解雇紛争について，労働審判の申立てがなされることが多くなっている。

　こうした解雇無効の主張については，特段出訴期間の制限は存在しない(下記の賃金請求を合わせて行う場合に，賃金請求権につき労基法115条により消滅時効が成立する場合があることはいうまでもない)。ただし，解雇が無効な場合でも，労働者がその解雇を承認すると，合意解約の成立が認められたり，解雇の効力を争う訴権を放棄したものと認められたりすることがありうる(解雇後長期間を経て訴えを提起した場合には，権利失効の原則により訴えを却下されることもありうる)。

(2)　賃金請求権 (536条2項)

　解雇が無効であるとして訴訟で争う場合には，上記の地位確認訴訟とともに，解雇期間中に支払われるべきであった賃金の支払を請求することが通常である。本来，賃金請求権は労働義務の履行により発生するものであるが(624条)，使用者が労働者を解雇したとして主張して労務の受領を拒絶しているが，その解雇が無効である場合には，民法536条2項により賃金請求権が発生すると考えられる(請求しうる賃金の範囲も含め，詳細については，→§624の2Ⅳ3)。

　解雇の無効を主張しての地位確認の訴えと民法536条2項に基づく賃金請求は，通常は併合されて訴えが提起されるが，独立して訴えが提起されることもありうる。たとえば，無効な解雇がなされた後，一定期間はそれを争って就労を求めていた労働者が，その後復職の意思を失った場合には，地位確認請求は行わずに，解雇されてから復職の意思を失うまでの時期の賃金を請求することがある(東京地判平11・7・7労判766号25頁〔エイ・ケイ・アンドカンパニー事件〕など)。

(3)　損害賠償請求・金銭解決の可否

　以上のように，労働者側が解雇の効力や適法性を争う場合は，解雇が無効であることを主張することが多いが，解雇が不法行為(709条)の要件をみたすとして損害賠償を請求する事例が増加している。この場合，解雇が不法行為の要件をみたすかどうかは，解雇が解雇権濫用に当たるかどうかとは別個に検討されるべきものである。まず，権利侵害または法律上保護された利益の侵害という要件については，損害賠償責任を認めた裁判例には，解雇権

濫用に当たる解雇であることを示すのみで，別に特段の検討を加えずにこの要件の該当性を認めるものも少なくないが，解雇権濫用と不法行為を区別し，不法行為に該当するというためには解雇が著しく社会相当性を欠くことを要するとするものがみられる（東京地判平23・11・25労判1045号39頁〔三枝商事事件〕など）。

また，損害の発生という要件についても，理論上検討すべき点が残されている。ここで問題となる損害のうち，まず，精神的損害（慰謝料）については，解雇が解雇権濫用に当たれば直ちに発生するとは限らず，労働者に精神的な打撃を与えるような態様での解雇がなされたかが考慮され，また，地位確認請求や賃金の支払請求も併合提起される場合には，地位確認判決や賃金等の支払を命ずる判決により精神的損害の回復が図られたといえないかといった点も考慮される（東京地判平13・2・27労判809号74頁〔テーダブルジェー事件。賃金支払を命ずる判決により原則として精神的損害も塡補されるとする〕）。

次に財産的損害については，解雇が無効とされる場合，そもそも賃金相当額の損害が発生するといえるかという問題もある。すなわち，解雇が無効とされて民法536条2項により賃金請求権が発生することから，労働者は賃金相当額の損害を被ったとはいえないのではないかという見解がありうるからである。このような見解をとる裁判例もあるが（東京地判平4・9・28労判617号31頁〔吉村など事件〕，大阪地判平12・6・30労判793号49頁〔わいわいランド事件〕，前掲東京地判平13・2・27〔テーダブルジェー事件〕など），最近の裁判例は，賃金相当額の損害賠償請求を認めるものが多い。

賃金相当額の損害発生を認めるにあたり理論的な根拠づけを行った裁判例としては，違法な解雇により労働者が就労の意思を失った場合は，就労の意思を失ったことから民法536条2項の帰責事由が認められなくなり，賃金請求権も失うため，上記のような意味で賃金相当額の損害が存在しないとはいえないとの説明を行うものや（前掲東京地判平23・11・25〔三枝商事事件〕），労働者が解雇により労働契約の継続を断念させられたことにより，賃金請求権を喪失させられたとするものがある（東京地判平11・3・12労判760号23頁〔東京セクハラ（M商事）事件〕）。他方で，不法行為に基づく損害賠償請求における損害の認定についても，賃金請求権の場合と同様に，解雇された労働者が就労の能力と意思を有していることを要件とする裁判例もある（東京地判平26・

§*627* Ⅳ   第3編　第2章　契　約

11・12 労判 1115 号 72 頁〔東京エムケイ事件〕）。いずれにせよ，この問題について
は理論的な検討は必ずしも十分ではなく，裁判例もなお不安定な面がある。
　また，賃金相当額の損害の発生を認めるとしても，その内容については，
解雇後どのくらいまでの期間につき損害の発生を認めるかという問題がある。
裁判例をみると，解雇後 6 か月の期間の賃金相当額の損害を認めたものや
（東京地判平 19・2・28 労判 948 号 90 頁〔フリービット事件〕，前掲東京地判平 11・3・
12〔東京セクハラ（M 商事）事件〕，東京高判平 20・6・26 労判 978 号 93 頁〔インフォ
ーマテック事件〕），解雇後 3 か月の期間の賃金相当額の損害を認めるにとどま
るもの（名古屋高判平 17・2・23 労判 909 号 67 頁〔O 法律事務所事件〕，東京地判平
22・9・8 労判 1025 号 64 頁〔日鯨商事事件〕，前掲東京地判平 23・11・25〔三枝商事事
件〕）などがみられる。事案の違いもあろうが，なぜ当該期間としたのかに
ついて詳細な説明を行う裁判例は少ない状況である。
　なお，以上とも関連して，違法（無効）な解雇については，地位確認だけ
でなく金銭補償という紛争解決手段を認めるべきではないかが，現在，解雇
の金銭解決をめぐる立法政策論として議論の対象となっている（厚生労働省
「『透明かつ公正な労働紛争解決システム等の在り方に関する検討会』報告書」〔2017〕参
照）。これを肯定する見解は，判決等により解雇の無効の主張が認められて
も，実際上労働者が職場に復帰することが困難となる事例が少なくないとみ
られることや，原職復帰を求めずに金銭解決を求める労働者のニーズをふま
えた救済手段が必要であることなどを根拠とするが，他方で，これに消極的
な見解は，現実には金銭解決が適切な事案は和解で対処されてきており，最
近では労働審判手続が実際上金銭解決のための手段として機能していること
や，金銭解決の基準を設けることが容易でないことなどを主張している。
「解雇の金銭解決」として議論されている問題であるが，これを紛争解決手
続の側面からとらえるか，実体法上の請求権の側面からとらえるかといった
観点も含め，様々な政策的要素を総合的に考慮して解決することが要請され
ると考えられる。

〔山川隆一〕

100　〔山川〕

第8節　雇　用　　　　　　　　　　　　　　　　　§*628*　I

（やむを得ない事由による雇用の解除）

第628条　当事者が雇用の期間を定めた場合であっても，やむを得な
い事由があるときは，各当事者は，直ちに契約の解除をすることが
できる。この場合において，その事由が当事者の一方の過失によっ
て生じたものであるときは，相手方に対して損害賠償の責任を負う。

I　本条の趣旨

1　即時解除権の付与

本条は，雇用契約に関し，やむを得ない事由がある場合について，期間を
定めた雇用契約（有期雇用契約）においては本来は原則として許されない契約
の解除を即時になすことを認め，また，期間の定めのない契約（無期雇用契
約）においては，本来求められる予告期間（627条参照）を置かずに契約の解
除を即時になすことを認めるとともに，合わせて，解除による損害が生じる
場合の補償の要件についても定めたものである。雇用契約において期間を定
めた場合には，その定めの効果として，所定の期間中は契約を存続させるこ
とが義務づけられるが，そうした義務を貫徹させるのが酷な場合には，期間
途中であっても直ちに解除を認めることが適切であり，また，期間の定めの
ない雇用契約の解約につき，予告期間を置くことを求めることが酷な場合に
も，予告期間を置かずに解除を認めることが適切である。起草者は，そのよ
うな場合に即時解除を認めることにより，労働者の自由を重んじるとともに
その品位を保たせ，他方で使用者についても有益な労務の利用を可能にする
と述べている（梅696頁）。

以上のような本条の即時解除権は，本条の要件をみたすことによりはじめ
て認められる権利であり，期間の定めのない雇用契約において，契約を締結
すれば当然に認められる民法627条に基づく予告による解約権とは異なる。
すなわち，民法627条の解約権は，雇用契約の締結が認められれば当然に発
生し，合理的な理由を欠くこと等は，解雇権濫用としてその効力発生を阻害
する事由となるが（それゆえ，労働者側がその評価根拠事実を主張立証する必要があ
るが，実際には使用者側の評価障害事実の主張立証が重要となる。→§627 IV 3），本条
の解約権の行使が認められるためには，やむを得ない事由の存在を主張立証

〔山川〕　　101

§628 I

第3編　第2章　契　約

する必要がある。

本条については，有期雇用契約についてのみ適用されるという理解もあり
うるが，そうすると，期間の定めのない契約の場合，やむを得ない事由があ
るときでも，有期雇用契約では可能とされる即時解除ができないこととなり，
均衡を失すると思われるので，無期雇用契約の場合には，やむを得ない事由
があるときには，予告期間を置くことなく即時解除が認められると考えられ
る（大判大 11・5・29 民集 1 巻 259 頁）。起草者も，本条が雇用の期間を定めたか
否かを問わない旨述べている（梅 696 頁）。

なお，平成 19 年（2007 年）に制定された労働契約法 17 条 1 項は，期間の
定めのある労働契約において，使用者は，やむを得ない事由がない限り期間
途中で労働者を解雇できない旨定めている。期間途中の解雇はやむを得ない
事由がない限りなし得ないことは本条の解釈からも明らかであるが，労働契
約法 17 条 1 項は解雇についてその旨を正面から規定したものであり，また，
解釈上，労働契約法 17 条 1 項は，使用者と労働者の個別合意や就業規則等
の規定により，やむを得ない事由がなくとも期間途中で解雇をなしうる旨を
定めたとしても無効となり，やむを得ない事由が要件となるという意味での
強行規定であると解されている。

2　民法 541 条の解除との関係

民法 541 条の定める債務不履行を理由とする契約解除と本条による即時解
除の関係については戦前から議論がみられた。すなわち，雇用契約について
は債務不履行による民法 541 条の適用を排除する見解，逆に，債務不履行に
よる解除が可能な場合は本条の適用を排除する見解，さらには，両者はそれ
ぞれの要件がみたされる限り競合的に適用が可能であるとの見解などがみら
れたのである。判例は必ずしも明確ではなかったが（前掲大判大 11・5・29 は，
労働者によるストライキの事案で本条を適用したが，債務不履行解除との関係は明示して
いない），戦後においては，最後の競合を認める説が多数となっている（我
妻・中 II 589 頁など）。本条と 541 条とでは要件の他に手続（後者では原則として
催告が必要となる）も異なるので，いずれかの適用排除の意図がうかがわれな
い以上，両条の競合（解除をする者は要件がみたされている限りいずれも選択できる）
を認めるのが妥当であろう。

102　〔山川〕

第8節　雇用　　　　　　　　　　　　　　　　　　　　　§*628*　II

II　「やむを得ない事由」の意義

1　一　般　論

本条にいう「やむを得ない事由」とは一般的にいかなるものを指すかについては，戦前の判例で，「当事者が雇用契約を締結した目的を達するにつき重大なる支障を惹起する事項」をいう旨を述べたものがある（大判大11・5・29民集1巻259頁）。また，学説では，「雇用契約を継続せしむることが，一般の見解上著しく不当又は不公平なりと認むべき事実」をいうとの見解がある（鳩山・下553頁）。いずれの見解においても，「やむを得ない事由」は相当限定的に解すべきことが示されていると思われる。

使用者側の事由と労働者側の事由のいずれにも妥当する一般論は以上のように抽象的にならざるを得ないが，本条の趣旨からすると，有期契約の場合，所定の期間中でも雇用契約を解消せざるを得ないような重大な事由，または，無期契約の場合は，予告期間を置かずに雇用契約を解消せざるを得ないような重大な事由と解すべきであろう（従来議論されてこなかった点であるが，このように考えると，有期雇用契約の期間途中解除の場合と無期雇用契約における予告期間を置かない解除の場合とで，「やむを得ない事由」という要件の内容が異なり，より重大な効果を生じさせる前者の要件の方が厳しくなるという見解も考えられよう）。換言すれば，有期契約の場合は，休業手当（労基26条）を支払いつつ期間満了を待つ余裕もないかどうか，無期契約の場合は，解雇前に予告期間を置く余裕もないかどうかを考慮することになろう。

2　使用者による解除の「やむを得ない事由」

上記のとおり，本条による解除を認めうる「やむを得ない事由」とは，所定の期間中でも雇用契約を解消せざるを得ないような重大な事由，また，期間の定めにかかわらず即時解除を認めうる重大な事由をいうと解すべきであるが，より具体的には，使用者による解除の「やむを得ない事由」のうち，まず，労働者側に生じた事由によるものとしては，労働者の重大な義務違反または背信行為が挙げられる（津地判平22・11・5労判1016号5頁〔アウトソーシング事件〕など）。その他，起草者は，労働者が病気にかかって一定期間労務の提供をなし得ない場合を挙げるが（梅696頁），現在では，休職制度がある場合はそれによる対応が可能な場合が少なくないであろうし，指示された労

〔山川〕　103

§628 Ⅱ 第3編 第2章 契 約

務以外の労務供給の可能性を検討すべき場合もあろう（→§623 Ⅲ 2 (1)(ア)(b)）。

他方，使用者側に生じた事由によるものとしては，事業の廃止ないし長期間の中止（有泉亨・労働基準法〔1963〕169頁），経営環境の急激な変化による事業運営の困難（労働契約法17条につき，荒木尚志ほか・詳説労働契約法〔2版，2014〕171頁）などが挙げられている。なお，無期労働契約を締結している正社員の整理解雇の効力については，解雇権濫用法理（労契16条）の適用にあたり，判例上，①人員削減の必要性，②解雇回避努力，③人選の合理性，④手続の相当性という4つの要件ないし要素を内容とする判断枠組み（いわゆる4要件）が形成されているが，期間途中解雇は原則として認められないことを前提として，人員整理のための期間途中解雇に関する「やむを得ない事由」は，いわゆる4要件の判断枠組みよりも厳格であると解されている（宇都宮地栃木支決平21・4・28労判982号5頁〔プレミアライン事件〕）。

なお，解雇予告またはそれに代わる予告手当の支払について定める労働基準法20条1項のただし書は，天災事変その他やむを得ない事由のために事業の継続が不可能となった場合または労働者の責めに帰すべき事由に基づいて解雇する場合は，解雇予告等は不要となる旨定めており，この規定により，天災事変その他やむを得ない事由のために事業の継続が不可能となった場合以外の使用者側に生じた事由については，本条の適用は排除されるとの見解もある（我妻・中Ⅱ 592頁）。しかしながら，本条は，解除の予告を不要とする効果の他に，有期契約の場合に，本来は許されない期間途中での解除を可能とする効果も合わせもつものであり，労働基準法上の上記規定の要件をみたさない場合に，同法の規定とは異なる効果をもつ本条の適用が直ちに排除されると解することは困難だと思われる（以上によれば，本条により即時解除をなしうる場合でも，労働基準法により解雇予告が要求されるときがあることになる）。

3 労働者による解除の「やむを得ない事由」

労働者が本条により雇用契約を即時解除する場合も，労働者自らに生じた事由による場合と使用者側に生じた事由による場合とがありうる。労働者に生じた事由による場合として，起草者は，労働者の父母が病気になり看護の必要がある場合を挙げているが，現在では介護休業により対応できるので，当然に本条により即時解除が認められるとは限らないと思われる。その他，労働者の生命や身体等に対して差し迫った危険が発生した場合（新版注民(16)

第8節　雇　用　　　　　　　　　　　　　　　　§628　Ⅲ

111頁〔三宅正男〕）や，事業の廃止ないし長期間の中止の場合などが挙げられよう。

Ⅲ　損 害 賠 償

1　趣　　旨

本条の後段は，本条による無催告解除をなしうるやむを得ない事由が認められる場合でも，当該事由が当事者の一方の過失によって生じたものであるときは，相手方に対して損害賠償の責任を負う旨を定めている。解除の可否については，解除をした当事者に雇用契約による拘束を免れるべき事由（やむを得ない事由）があったか否かにより判断する一方，その事由の発生につき当事者の一方に過失がある場合には，解除による損害を負担させるのが妥当と考えられるからである。

損害賠償を請求しうるのは，過失が認められる者の相手方当事者である。たとえば，労働者の生命や身体等に対して差し迫った危険が発生し，それを理由に労働者が契約を解除した場合，当該危険の発生につき使用者に過失があるときには，労働者は，契約を解除するとともに，使用者に対し解除による損害の賠償を請求しうる。また，解除をした側の当事者に限られず，解除された側も，解除をした相手方に過失が認められる場合には同人に対し損害賠償を請求しうる場合がある。たとえば，使用者が労働者による労務提供の不能を理由に解除をなしうる場合，労務提供の不能が使用者の過失により発生したときには，労働者から使用者に対して損害賠償を請求しうる（梅697頁は，労働者の病気により使用者が解除をする場合，その病気の原因が，使用者が労働者に不良な食物を与えたことによるものであったという事例を挙げる）。

なお，他方，労働者側に過失がある場合については，そもそも使用者は労働者に損害賠償を請求できないとの見解がある一方で（我妻・中Ⅱ592頁），期間の定めのある雇用契約については請求を認める見解（有泉・前掲書170頁），代わりの労働者を採用するために増加した費用等につき損害賠償責任を認める見解（新版注民(16)112頁〔三宅正男〕）などがある。こうした労働者の損害賠償責任を制約する根拠としては，「今日の経済事情」が挙げられているが（我妻・中Ⅱ592頁），雇用契約における労働者の立場を考慮するとしても，現

〔山川〕　105

§*629*   第3編　第2章　契　約

在では，即時解除の場合に限らず，労働者に対する損害賠償責任の追及は信
義則等に照らして一般に限定されているのであって（→§623 Ⅲ 2 (1)(ウ)），そう
した一般的法理による対応が適切であろう。

2　損害賠償の範囲

　本条による損害賠償の範囲については，あまり議論がなされていないが，
基本的には，本条による即時解除が可能となったことによる損害が賠償の対
象となるとみるべきであろう。具体的には，まず，①使用者が労働者に対し
て本条に基づき解除（解雇）を行った場合については，使用者に過失がある
ときには，労働者は，解除がなされなければ得られた賃金相当額（具体的に
は，有期契約の場合は期間満了までの賃金額，無期契約の場合は予告期間経過までの得べ
かりし賃金額から，それぞれ必要があれば中間収入の控除〔→§624 の 2 Ⅳ 3 (3)〕を行っ
た額の賠償を請求できるとする見解がある〔新版注民(16)112 頁〔三宅〕〕。使用者に
過失がある事案では，そもそも使用者の解除につきやむを得ない事由がある
とはいえないことが多いであろうが，やむを得ない事由が認められるのであ
れば，原則として以上のように考えてよかろう。また，②労働者が本条によ
り解除を行った場合で使用者に過失があるときも，同様に考えてよいであろ
う（京都地判平 23・7・4 労旬 1752 号 83 頁〔マガジンプランニング事件〕は期間満了ま
での賃金相当額を認容した）。その他，③使用者側または労働者側が本条により
契約解除を行った場合で，労働者に過失があるときは，1 で述べたとおり，
使用者側からの損害賠償請求の可能性は否定しがたく，その内容としては，
代わりの労働者を採用するために増加した費用等が考えられるが（新版注民
(16)112 頁〔三宅〕。ただし，契約解除に係る労働者について賃金の支払が不要となって
いること等も考慮されることになろう），信義則等に照らして制約がなされるべき
ものと考えられる。

〔山川隆一〕

（雇用の更新の推定等）

　第 629 条①　雇用の期間が満了した後労働者が引き続きその労働に従
　　　事する場合において，使用者がこれを知りながら異議を述べないと
　　　きは，従前の雇用と同一の条件で更に雇用をしたものと推定する。

第8節　雇　用　　　　　　　　　　　　　　　　　　　§*629*　I

　　この場合において，各当事者は，第627条の規定により解約の申入
　れをすることができる。
②　従前の雇用について当事者が担保を供していたときは，その担保
　は，期間の満了によって消滅する。ただし，身元保証金については，
　この限りでない。

I　本条の趣旨

　期間の定めのある雇用契約（有期雇用契約）は原則として期間の満了により
終了するが，期間満了後においても労働者が引き続いて労働に従事して，し
かも使用者がこれを知りながら異議を述べない場合には，当事者は黙示的に
雇用契約を更新したとみられることが多いので，本条は，こうした雇用契約
の更新につき当事者の意思を推定する旨を定め，また，更新に係る契約の内
容や担保の取扱いについても明確化を図ったものである。起草者は，こうし
た本条の趣旨を賃貸借契約の黙示の更新に係る民法619条になぞらえて，労
務についての黙示の再賃貸借と表現している（梅698頁）。

　なお，本条による更新を避けるため，更新を望まない使用者は，有期雇用
契約の期間の満了にあたり，期間満了後は更新をしない旨の通知をすること
が少なくない。この使用者による更新拒絶の通知は雇止めと呼ばれ，それ自
体は期間満了による契約終了の事実を告げる観念の通知であり，解雇のよう
に，それにより契約を終了させる効果をもつ法律行為ではない。しかし，有
期雇用契約が反復更新されてきた実績があり，今後も更新が期待される場合
などは，雇止めにつき解雇権濫用法理を類推適用し，雇止めに合理的な理由
がない場合には契約が更新されたものと同様の効果を認める判例法理が形成
された（最判昭49・7・22民集28巻5号927頁〔東芝柳町工場事件〕など）。この判
例法理は，平成24年（2012年）の労働契約法改正により，同法19条として
成文化されている。

　本条に関しては，平成29年民法改正に至る検討過程において，①後述す
るように見解の対立がある「同一の条件」での更新の効果につき明確化する
こと，また，②本条2項について削除することが論点として掲げられたこと
がある（中間論点整理162頁）。しかし，①については，労働政策の問題であり，

〔山川〕　107

当時有期労働契約につき検討が行われていたところから，労働政策審議会の検討に委ねられるべきではないかとの意見があり，②については，2項をめぐる実態が明らかでないことから慎重に検討すべしとする意見がみられた。こうした議論の経過を経て，最終的には，本条には改正は加えられないこととなった。

II 更新の要件

本条1項により有期雇用契約の更新が推定されるための要件は，①雇用契約の期間満了後においても労働者が引き続いて労働に従事していること，および，②使用者がこれを知りながら異議を述べないことである。主張立証責任の観点からは，①のみで更新の推定という効果は発生し，②については，異議を述べなかったという不存在の事実の立証は困難であることから，使用者側において異議を述べたことを主張立証すべきであろう。

また，本条は，契約で定めた雇用期間が満了した後に労働者が引き続き労働に従事していることを想定しているとみられるが，労働基準法14条1項により契約期間の上限が設けられており，同項に違反して定められた雇用期間については，法定の上限期間に短縮されるとの解釈が多数である（札幌高判昭56・7・16労民集32巻3＝4号502頁〔旭川大学事件〕など）ことから，同項違反の契約のもとで，労働者が上限期間を超えて労働に従事していた場合に，本条による更新を認める裁判例が少なくない（前掲札幌高判昭56・7・16〔旭川大学事件〕など）。

III 更新の効果

本条により更新されたものと推定される雇用契約は，従前と「同一の条件」のものである。賃金や労働時間については特に問題はないが，期間の定めについては，従前と同一の期間を定めたものと推定するのか，あるいは，更新後，各当事者は期間の定めのない雇用契約に関する627条の規定により解約をなしうるとされていることから，期間の定めについては「同一の条件」に含まれず，無期契約として更新がなされると解するのかという論点が

第 8 節　雇　用　　　　　　　　　　　　　　　　§*630*　I

ある。

　この点については，裁判例・学説とも定まっていないが，学説の多数は，
627 条の規定により解約をなしうるとされていることに着目して，期間の定
めのない契約として更新されるとの見解をとっており（荒木尚志・労働法〔3 版,
2016〕454 頁，水町勇一郎・労働法〔7 版, 2018〕338 頁），同様の見解をとる裁判例
もある（神戸地判昭 34・7・2 労民集 10 巻 4 号 741 頁〔東亜バルブ事件〕，東京地決平
11・11・29 労判 780 号 67 頁〔角川文化振興財団事件〕など）。他方で，期間の定め
のない契約として更新されるとすると，解雇権濫用法理（労契 16 条）による
雇用保障が及ぶこととなり，有期雇用契約の実態にそぐわないとして，期間
の定めについても「同一の条件」に含まれるとの見解もある（菅野和夫・労働
法〔11 版補正版, 2017〕326 頁）。また，裁判例でも同旨の見解をとるものが現
れている（東京地判平 15・12・19 労判 873 号 73 頁〔タイカン事件〕）。

　後者の見解の懸念する解雇権濫用法理の適用については，同法理の内容は
柔軟であるから，本条による更新がなされた場合には，もともと無期契約で
あった場合とは異なる程度の雇用保障を行うことも可能であるといえる（東
京地判平 15・11・10 労判 870 号 72 頁〔自警会東京警察病院事件〕はそのような判断を示
している）。また，本条は当事者の意思の推定規定であるから，期間を定めた
ままで契約更新が合意されたと認定される事例がありうることはもちろんで
あり（山川隆一・雇用関係法〔4 版, 2008〕254 頁），むしろそうした事例は少なく
ないであろう（東京地判平 28・11・25 労経速 2306 号 22 頁〔ソクハイ事件〕でもその
ような認定がなされた）。

〔山川隆一〕

（雇用の解除の効力）
　第 630 条　第 620 条の規定は，雇用について準用する。

I　本条の趣旨

　本条は，賃貸借契約の解除は将来に向かってのみその効力を生ずること等
を定めた民法 620 条を雇用について準用したもので，雇用契約の解除が遡及

§*630* II　　　　　　　　　　　　　　　　　　　　　　第3編　第2章　契　約

効をもたないことを定めたものである（理論的には，遡及効をもたない解除は解約
と性格づけられることになろうが，以下では，基本的に条文の文言に従うこととしてい
る）。

　民法 620 条が賃貸借契約の解除の遡及効を否定したのは，物の継続的な使
用収益を目的とする賃貸借において契約解除の遡及効を認める場合，賃貸人
に借賃を返還させ，賃借人には使用収益の結果として得た果実を返還させる
ものとすると法律関係の処理が煩雑になること，また，賃借人が物の使用収
益による果実を得ていない場合に果実の返還を求めない一方で，賃貸人には
借賃の返還を求めるのは不公平であり，だからといって賃借人が物の使用収
益をしたこと自体の利益を算定してそれを返還させることも煩瑣であること
によるものとされているが（梅 677-679 頁），雇用の場合も，使用者が労働者
の提供する労働力を継続的に利用する点において，物の使用収益を目的とす
る賃貸借と共通するものであるため（梅謙次郎博士はこの点につき，雇用を労務の
賃貸借と捉える形で説明している〔梅 699 頁〕），賃貸借と同様に契約解除の遡及効
を否定したものといえる。

　なお，雇用契約の解除に遡及効を認めない場合でも，解除後の当事者間に
は，退職後の競業避止義務など多様な問題が生じうるが，この問題について
は，雇用契約上の権利義務との関連で，民法 623 条の注釈（→§623 III 2 (1)(イ)
(b)）において検討している。

II　損　害　賠　償

　本条の準用する民法 620 条は，平成 29 年改正前は，前段で賃貸借契約の
解除の非遡及を定めるとともに，後段において，当事者の一方に過失があっ
たときは，その者に対する損害賠償の請求を妨げないと定めていた。同条の
趣旨に関しては，まず，①解除前の原因により既に発生していた損害賠償請
求権が解除により影響を受けないことについては，解除の遡及効を否定する
以上当然のことといえるので，異論はないと思われる。それを超えて，②解
除そのものにより生じた損害の賠償も認められるかについては議論があるが，
民法 620 条に関しては，解除の原因を作出した当事者に過失があった場合，
解除をした当事者は，解除により生じた損害の賠償を請求することを妨げら

110　　〔山川〕

第8節　雇　用　　　　　　　　　　　　　　　　　　　　　　§*631*

れないことを定めたものとみる見解が有力になっていた（注民(15)249頁〔広中俊雄〕）。

　本条については，この問題をどのように考えるかはあまり議論がなされてこなかったが，民法620条に関する上記有力説と同様の見解が有力であったとみられる（新版注民(16)113頁〔三宅正男〕）。平成29年の改正により，民法620条後段においては，「当事者の一方に過失があったときは」という要件が削除されたが，これは，民法415条の改正に伴い，損害賠償については民法の債務不履行の一般原則によることを明らかにするためであったと考えられる（潮見・改正法304頁）。平成29年改正前の本条については，過失により解除原因を作出した当事者には，それによる損害を負担させるのが衡平の観念に合致すると思われるので，雇用契約においても，民法620条のもとでの上記有力説と同様に解するのが妥当であったと思われるが，上記の改正の趣旨をふまえれば，解除をした当事者は，解除の原因を作出した当事者に帰責事由がなかった場合を除き，解除により生じた損害の賠償を請求することを妨げられないと解するのが妥当であろう。

　そうすると，使用者の賃金不払により労働者が雇用契約を解除した場合，労働者は，過去の未払分の賃金を請求できる他に，当該賃金不払につき使用者に帰責事由がない場合を除き，未払賃金の遅延利息（上記①の場合に当たる）および雇用契約の解除により失った賃金相当額を請求することができると解される（新版注民(16)113頁〔三宅〕。これは上記②の場合に当たる）。この場合の損害額は，期間の定めのある契約の場合は当該期間満了までに得られたはずの賃金相当額となる（→§628 III 2）。期間の定めのない契約については，損害の認定をどのように行うかが難しい問題となるが，使用者が違法な解雇を行ったことが不法行為に当たるとして労働者が損害賠償を請求した場合（→§627 IV 4(3)）と基本的に同様に考えることになると思われる。

〔山川隆一〕

　　　　　（使用者についての破産手続の開始による解約の申入れ）
　　第631条　使用者が破産手続開始の決定を受けた場合には，雇用に期
　　　間の定めがあるときであっても，労働者又は破産管財人は，第627

〔山川〕　111

§631　I　　　　　　　　　　　　　　　　　　第3編　第2章　契　約

条の規定により解約の申入れをすることができる。この場合におい
て，各当事者は，相手方に対し，解約によって生じた損害の賠償を
請求することができない。

〔改正〕　本条＝平16法76改正

I　本条の趣旨

　期間を定めた雇用契約は，本来はやむを得ない事由がない限り解除をなし
得ないはずであるが（628条参照），本条は，使用者が破産手続開始決定を受
けた場合には，労働者または破産管財人は，民法627条の定めるところによ
り解約申入れをなしうると定めて，期間の定めの拘束力を受けずに解約をな
すことを認めたものである（期間の定めのない雇用契約の場合，労働者は本条のよう
な規定を待たずに627条により解約をなしうる）。なお，破産管財人は，契約解除
の他に，破産した使用者の債務を履行して労働者の債務の履行を求めること
もできる（破53条1項）。

　なお，賃貸借契約に関しては，かつて本条と同趣旨の規定があったが（旧
621条），借家人や借地人が破産により生活の基盤を失いかねないとして，立
法政策論として疑問が提起されてきており，平成16年（2004年）の破産法改
正の際に同規定は削除された。他方，雇用契約に関しては，破産法改正の際
に本条は削除されずに存続している。本条は，使用者の破産により労働者側
に解約権を認めるものであるから，旧民法621条と同様の立法論的批判は妥
当しないと考えられる。また，使用者が破産した場合には，労働者に対する
賃金支払義務の履行が危うくなるので，破産手続開始決定がなされて以降も
契約期間満了まで労働者を拘束することは適切でないため，本条を存続させ
たことには合理的理由があるといえよう。

　次に，破産管財人からの解除については，破産管財人は労働者の労務を必
要としなくなる場合が多いためであるとされている（新版注民(16)113頁〔三宅
正男〕）。期間の定めのない雇用契約については，破産管財人が労働者を解雇
した場合，解雇権濫用法理（労契16条）の適用が問題になりうるが，破産と
いう清算型倒産手続においては，企業の存続は想定されていないので，原則
として解雇は合理的な理由を備えたものとなる（大阪地判平11・11・17労判786

112　〔山川〕

第8節　雇用　　　　　　　　　　　　　　　　　　　　　　　　§*631*　II

号56頁〔浅井運送事件〕は，使用者が破産した場合に整理解雇の法理は適用されないとする〔ただし，破産会社の取締役に対して，説明義務違反による損害賠償請求がなされた事案〕）。期間の定めのある雇用契約を本条により解約する場合も，それが解雇権濫用になるかという問題は生じうるが，この場合も同様に，原則として解雇権濫用は成立しないものと考えられる。

　なお，民法630条とは異なり，本条による解約に関しては，各当事者は，解約により生じた損害の賠償を請求することはできないと定められている。賃貸借に関して同旨を定めていた平成16年の破産法改正前の民法621条のもとでは，賃借人の破産管財人が解約をした場合に賃貸人から損害賠償を請求できないことにつき，立法論として批判があった（注民(16)252頁〔広中俊雄〕参照）。本条についても同様の議論は生じうるが，使用者が破産した場合，上記のとおり，使用者の破産管財人が雇用契約を解除することは原則として権利濫用にもならないと解され，破産につき使用者に過失があったとしても同様であると考えられるので，契約期間中の雇用継続による労働者の利益を法的に保護することは原則として難しいといえる。そうすると，損害賠償を請求できることとしたとしても，破産した使用者の破産管財人が雇用契約を解除した場合に，労働者側が，破産についての使用者の過失を理由として損害賠償を請求することも，難しいことが多いと思われる。

II　使用者の倒産と賃金債権の保護

　本条ないしその他の規定等により雇用契約が終了する場合は，それ以前に発生していた賃金債権が破産手続においてどのような地位を与えられるかが問題となる。この点に関しては，破産手続開始前3か月間の賃金債権，および退職前の3か月間の賃金額（手続開始前3か月間の賃金額の方が多い場合はそれによる）に相当する額の退職金債権は財団債権となる（破149条）。また，それ以外の優先破産債権（民法308条により優先権の与えられるもの）については，配当前の弁済許可制度が存在する（破101条）。他方，破産手続開始決定後の労働にもとづく賃金債権は財団債権となり，随時弁済が受けられる（破148条1項）。

　これに対して，再建型の会社更生手続においては，手続開始決定前6か月

〔山川〕　113

§631 II 　　　　　　　　　　　　　　第3編　第2章　契　約

以内（会更130条1項。退職金および社内預金については同条2項・5項参照），および手続開始後に生じた賃金（会更127条2号）は共益債権となり，随時弁済を受けうる（会更132条）。それ以外の賃金債権は更生債権となるが，一定の優先的取扱いを受けうる（会更168条1項2号）。同じ再建型倒産手続である民事再生法においては，民法308条により優先権の認められる賃金債権等は，再生手続外で随時弁済を受けることができる（民再122条）。

　その他，労働法分野では，賃金の支払の確保等に関する法律7条により，使用者が倒産した場合（事実上の倒産の場合も含みうる），一定範囲で政府による未払賃金の立替払がなされうる。

〔山川隆一〕

第9節　請　負　　　　　　　　　　　　　　　　　　　　　§632

第9節　請　　負

（請負）

第632条　請負は，当事者の一方がある仕事を完成することを約し，相手方がその仕事の結果に対してその報酬を支払うことを約することによって，その効力を生ずる。

〔対照〕　フ民 1787，ド民 631・632，アメリカ第2次契約法リステイトメント 348

細　目　次

I　本条の趣旨 ………………………116
1　請負の意義 ……………………116
  (1)　請負債務の性質 ……………116
  (2)　請負の具体例 ………………117
  (3)　製作物供給契約 ……………118
2　請負契約の成立……………………118
  (1)　請負契約の成立と書面 ……118
  (2)　公共工事請負契約の成立 …119
  (3)　各種の標準約款を用いた請負契約の成立 …………………119
3　関連法の規律………………………121
  (1)　商法等 ………………………121
  (2)　住宅の品質確保の促進等に関する法律 ……………………121
  (3)　建築基準法・都市計画法 …121
  (4)　建設業法 ……………………122
II　請負人の義務 ……………………122
1　仕事の完成義務 ………………122
  (1)　仕事の完成 …………………122
  (2)　下請負人による仕事の完成 …126
  (3)　建設請負のその他の関与者 …127
2　着手義務……………………………128
3　説明義務……………………………129
4　完成した仕事の目的物の引渡義務……129
  (1)　仕事引渡義務の性質 ………129

  (2)　仕事引渡義務の意義 ………129
5　仕事目的物の所有権の帰属…………130
  (1)　完成建物の所有権の帰属 …130
  (2)　未完成建物の所有権の帰属 …133
  (3)　下請負契約と出来形部分の所有権の帰属 …………………134
  (4)　第三者（他の請負人）の追加工事によって完成した建物の所有権の帰属 …………………136
III　注文者の義務 ……………………137
1　報酬（請負代金）の支払義務……137
  (1)　報酬額 ………………………137
  (2)　報酬請求権の発生時期 ……139
  (3)　報酬支払債務の弁済期と仕事の完成の意義 …………………141
  (4)　関連法・標準約款等による規律 …145
2　協力義務（受領義務を含む）……145
  (1)　請負における協力義務の特性 …145
  (2)　判例の状況 …………………147
  (3)　学説の展開 …………………150
  (4)　各種の標準約款における協力義務 …………………………151
  (5)　協力義務の法的性格 ………152
3　検査義務・検収義務………………153
IV　請負人の不履行責任・契約不適合責任

〔笠井〕　115

§*632* I   第3編　第2章　契　約

　　…………………………………154
1　仕事完成義務の不履行責任（契約不
　適合以外の本旨不履行に基づく責任）…154
　(1)　損害賠償 …………………………154
　(2)　解　除 ……………………………154
2　仕事の目的物の種類・品質に関する
　契約不適合責任 ……………………157
　(1)　契約不適合責任の概要 …………157

　(2)　契約不適合部分の修補 …………167
　(3)　報酬減額 …………………………170
　(4)　損害賠償 …………………………173
　(5)　契約解除 …………………………178
V　注文者の不履行責任 …………………180
1　報酬支払義務の不履行責任…………180
2　協力義務の不履行責任………………180

I　本条の趣旨

1　請負の意義

(1)　請負債務の性質

　請負とは，当事者の一方がある仕事を完成することを約し，相手方がその仕事の結果に対してその報酬（請負代金）を支払うことを約することによって，その効力を生ずる契約であり（632条），諾成・有償・不要式の双務契約である。雇用・委任・寄託とともに，役務提供型契約の一類型として理解される。一般に継続的契約ではないと解されているが（我妻・中II 661頁，広中262頁），特に継続的な請負を合意することはありうる。

　請負人の債務は，役務の提供によって一定の結果を作出すること，すなわち「仕事を完成すること」を目的とする。「仕事を完成すること」とは，建物の建築や船舶の建造のような有形物を作出することである場合が多いが，運送や音楽の演奏のような無形の結果（情報も含む）を作出することも含まれる。いずれにおいても，契約によって引き受けられたのは，請負人による役務の提供そのものではなく，役務提供の成果としての一定の結果の作出であり，この点にこの契約類型の核心があり，他の役務提供型契約との区別の基準ともなる（他の役務提供型契約との異同については，→役務提供契約総論III 3，§643 I）。

　一般的にはこの判断基準は明瞭であるようにみえるが，実際にはかなり相対的なものである。というのは，役務提供によって生じる事象のいずれかの段階をもって「作出するべき結果」（完成するべき仕事）とすることは可能だからである。例えば，一般に準委任であるとされている外科手術の契約でさえ，「医療水準に即した手術の完了」を完成するべき仕事として，請負契約

116　〔笠井〕

第9節　請　負　　　　　　　　　　　　　　　　§*632*　I

とすることはありうる。そして，何らかの事象を完成するべき仕事としてい
たかどうかは当事者意思の解釈にかかってくる。そのような観点からみたと
きに，請負契約か否かが争われる場合も少なくない。

(2)　**請負の具体例**

(ア)　**請負とされてきた多様な契約例**　　請負契約として性質決定された具
体例をみておくと，まず，有体物の作出として，不動産に関しては，建物の
建築・土木（以下，あわせて建設という）および建物修理の例がきわめて多数に
のぼり，これらは代表的な請負契約である（もっとも，学説の中には，建築請負
は純粋な民法上の請負とは異なり，雇用や委任の色彩を含んだ継続的債権関係とするもの
もあった。内山11頁）。そのほかの工事契約（宅地造成〔東京地判平6・9・8判時
1540号54頁〕，溶鉱炉の築造〔名古屋地判昭53・12・26判タ388号112頁〕，ゴルフ場
の芝張り〔東京地判昭52・7・11判時879号101頁〕，さく井〔大阪高判昭58・10・27判
タ524号231頁〕，ガソリン貯蔵タンク設置〔浦和地判昭60・2・18判タ554号255頁〕
など）も請負とみられる。

　動産の作出に関しては，造船（最判昭58・1・20判タ496号94頁），銅像製作
（福島地判昭39・7・2下民集15巻7号1709頁），高校卒業アルバムの製作（神戸地
判昭59・2・20判タ527号149頁），記録映画の製作（東京地判昭53・5・29判時925
号81頁），動産の修理（東京地判昭54・1・25判タ391号94頁），クリーニング
（名古屋地判昭60・10・7判タ611号80頁）などがある。

　無形の結果の作出として，運送（東京地判平25・9・26判時2212号97頁），調
査・技術開発（東京地判平19・5・22判時1992号89頁），各種情報の提供（東京地
判昭63・6・29金判824号37頁〔株式情報〕）などがありうる。プロ野球選手と球
団との契約も請負と解されることがある（雇用とする見解もある）。さらに，コ
ンピューター・ソフトウェアの開発（東京地判平14・4・22判タ1127号161頁，
東京地判平16・12・22判タ1194号171頁）や出版（東京地判昭32・2・11下民集8巻
2号252頁），設計・監理（大阪地判昭56・1・29判タ452号143頁）のように，有
形・無形の双方の性質をもつと解しうるものもある。

　このように，請負として理解されてきた契約にはきわめて広範なものが含
まれ，それらは，完成するべき仕事の有形・無形，引渡しの要否，新たな物
の作出か既存の物を基にした仕事かなどの観点からみても多様な性質をもつ。
他方，民法の請負規定の対象は，有体物の作出・引渡しを目的としたものが

〔笠井〕　117

§*632* Ⅰ   第3編　第2章　契　約

中心となっている。

　(イ)　請負規定の適用範囲に関する問題性　　そもそも民法の請負に関する
規定（特に担保責任規定）が無形の請負に適用されるかという点自体は，平成
29年改正前民法下において学説上問題として意識され，議論されたが，適
用を肯定するのが通説的な見解であった（議論の沿革等を含め，丸山絵美子「民
法634条における『仕事の目的物』と無形仕事・役務型仕事」ゲルハルド・リース教授退
官・ドイツ法の継受と現代日本法〔2009〕505頁）。

　他方，平成29年民法改正の審議に先立つ民法（債権法）改正検討委員会
では，請負を成果物の引渡しを観念することができる場合に限定することが
提案された（詳解Ⅴ45頁）。また，その後の審議過程においても，請負とされ
てきた契約にはきわめて多様なものが含まれることが指摘され（例えば，仕事
の成果が有体物であるか否か，成果物の引渡しを観念することができるかなどにおける多
様性がみられる。部会資料46・43頁），その分類とともに，それらに対する請負
規定の適用に一定の限定を設けることも検討されたが，成案とはならなかっ
た。

(3)　製作物供給契約

　請負契約の特殊な類型として製作物供給契約がある。これは，製作者が，
もっぱら，または主として自己の材料を用いて，相手方の注文する物を製作
し，その完成物を引き渡すことを内容とする契約である（請負人が自己の仕事
場で製作する場合に限る見解もある）。ここには売買契約と請負契約の要素が混在
しているが，民法には，このような契約に関する明文の規定が欠けており，
この契約類型をどのように理解すべきか，特に，混合契約としての製作物供
給契約を認めるべきか，それとも売買契約か請負契約かのいずれかに分類し
て理解すべきかなどの点が，大きな理論的課題となってきた。

　製作物供給契約に関しては，『新版注釈民法(16)』116頁以下〔広中俊雄〕
に譲る。

2　請負契約の成立

(1)　請負契約の成立と書面

　すでに述べたように，請負は，諾成・不要式の契約であるが，建設請負な
どでは契約内容に関する紛争が少なくないうえ，その紛争額も高額にのぼる
ため，建設業法は，建設工事の請負契約につき，工事内容，請負代金の額，

118　〔笠井〕

第9節 請 負　　　　　　　　　　　　　　　　§*632* I

工事着手・完成の時期，前金払・出来形部分に対する支払の時期・方法，契約内容の変更，不可抗力による損害の負担等の事項を書面に記載し，署名または記名押印をして相互に交付しなければならないものとしている（建設19条1項）。また，それらの事項に該当するものを変更するときにも，その変更内容を書面に記載し，署名または記名押印をして相互に交付しなければならないものとする（同条2項）。ただ，これは一種の訓示規定であり，請負をめぐる前近代的関係の改善と後日の紛争を防止する趣旨のものであって，建設工事の請負契約を要式契約とするものではないと解されている（我妻・中Ⅱ603頁，広中264頁。同旨を述べる裁判例として，最判昭39・9・8裁判集民75号177頁，新潟地高田支判昭28・11・14下民集4巻11号1687頁，金沢地判昭62・6・26判時1253号120頁。ただ，工事の規模や請負人が一定規模以上の株式会社である場合には，実際には契約書なく契約を結ぶことは通常ありえないとして，書面のない契約の成立を認めなかった先例もみられる。東京地判昭61・4・25判タ625号191頁）。また，下請代金支払遅延等防止法も，書面による契約の締結を求めているが（同法3条），これに反する契約も私法上の効力が否定されるわけではない。

(2)　公共工事請負契約の成立

公共工事の請負も民法上の請負契約として行われるが，契約の成立過程について一定の特色を持つ。すなわち，公共工事の契約は，会計法および地方自治法上，原則として入札（一般競争入札，指名競争入札など）によって行われる（例外として，随意契約など）。

また，入札による契約はいつ成立するのかについて，かつては争いがあった。入札の公告を契約締結の申込みとしこれに対する入札を承諾として，入札手続の完了と同時に契約が成立すると解する立場や，入札の公告を申込みの誘因とし入札を申込みとして，落札決定によって契約が成立するとする余地があった。この点について，昭和36年会計法改正において，入札を契約締結の申込みと明記し（同法29条の3），さらに，契約書の作成によって契約が「確定」するとした（同法29条の8第2項）。この確定とは，契約の成立・効力発生と解されており，公共工事では請負契約は厳格な要式契約とされている。

(3)　各種の標準約款を用いた請負契約の成立

請負契約は多様な仕事の完成を目的とするものであるが，民法は，請負契

〔笠井〕　119

§632 Ⅰ   第3編 第2章 契約

約について632条以下の7か条を設けているにとどまる。完成するべき仕事の内容が多様であり，また完成・引渡しに至る履行過程も複雑であるのに比して，民法の規定はきわめて簡素なものとなっている。他方で，請負契約としての建設請負契約や運送契約等については，各種の標準約款が整備され，これらを用いた請負契約の締結が一般的となっている。例えば次のような標準約款がある。

　まず，各種の建設工事請負契約約款が利用されている。建設業法が，中央建設業審議会を設置し，これが建設工事の標準請負契約約款等を作成し，その実施を当事者に勧告することができるものとしている（建設34条）。すなわち，公共工事用として「建設工事標準請負契約約款」（後に，「公共工事標準請負契約約款」と改称。以下「公共約款」と略す）を，また民間工事用として民間建設工事標準請負契約約款（甲），（乙）および下請工事用として建設工事標準下請契約約款が公にされている。特に，公共約款は今日広く用いられている。

　民間工事に関しては，1951年に日本建築学会等の4団体による「四会連合協定工事請負契約約款」が公表され，以後広く使用されてきた。これについてはその後数次の改正が行われ，その間には参加団体も増え，1997年には「民間（旧四会）連合協定工事請負契約約款」（以下「協定約款」と略す）と名称が変更された。今日では年間15万件を超える建築工事に利用されている。

　また，近時は民間工事の注文者が消費者としての立場に立つことも考慮され，消費者としての注文者保護の観点に基づいた請負契約約款の整備が進められている。例えば，日本弁護士連合会による「住宅建築工事請負契約約款」がある。

　造船契約についても，日本海運集会所「造船契約書」が公表されている（小町谷操三「造船契約の研究」民商67巻6号〔1973〕903頁）。

　さらに，運送についても，各種の運送約款，例えば，標準貨物自動車運送約款，標準引越運送約款，標準宅配便運送約款などが策定されている。

　なお，コンピューター・ソフトウェアの開発委託契約については，経済産業省「情報システム・モデル取引・契約書」（追補版，2011）が広く利用されており，また，これをもとにした，電子情報技術産業協会（JEITA）「ソフト

120　〔笠井〕

第9節　請　負　　　　　　　　　　　　　　　　§632　I

ウェア開発基本契約書」も用いられている。

3　関連法の規律

建築，土木などの請負契約については，種々の法令が置かれている。一般
論としては，これらに反する契約も直ちに効力が否定されるべきものではな
く，問題となる規定の趣旨，その違反が及ぼす影響等を考慮して個別に判断
されるべきである。関連する法令として，例えば，次のようなものがある。

(1)　商　法　等

商法は，運送の請負，特に，陸上運送契約・海上運送契約・航空運送契約
のそれぞれの貨物運送・旅客運送について規定を設けており（商569条〜594
条・737条〜770条），また，鉄道事業法，鉄道営業法，道路運送法，海上運送
法等の特別法も，各種の運送の請負について規定を置いている。運送をめぐ
る当事者の法律関係はこれらの特別法の規定やすでに指摘した各種の標準約
款によって規律されるため（→2(3)），民法の請負規定が直接適用される場合
は限られている。

(2)　住宅の品質確保の促進等に関する法律

住宅の品質確保の促進等に関する法律は，住宅の品質確保の促進，住宅購
入者等の利益の保護および住宅に係る紛争の迅速かつ適正な解決を目的とす
るが，特に住宅の新築工事の請負契約における請負人の「瑕疵担保責任」に
ついて，一定の期間制限に関する規定を置いている（→§637 II 4）。

(3)　建築基準法・都市計画法

建築基準法は，建築工事の請負契約につき同法に基づく確認を得なければ
ならないものとする（同法6条）。これに反して工事をした場合には，施工の
停止その他の措置がなされ（同法9条），罰則の適用も受ける（同法99条1項2
号・98条）。

他方，建築基準法に反する契約の効力についてはやや議論がある。判例に
は，請負契約が建築基準法違反の建物の建築を内容とするものであることを
もって，直ちにその契約が無効となるものではないが，建物が建築基準法に
反しかつ居住者等の安全性にかかわる危険なものである場合はその建築は反
社会性が強くその請負契約は公序良俗に反するものとして無効となる場合が
ありうるとするものがある（最判平23・12・16判タ1363号47頁。東京高判昭53・
10・12高民集31巻3号509頁も参照）。他方，建築基準法に反する工事の請負契

〔笠井〕　　121

§632 II   第3編 第2章 契 約

約を社会通念上原始的に不能な工事を内容とするものであるとしてその効力
を否定した先例もみられる（東京地判昭60・9・17判タ616号88頁，東京地判昭
56・12・22判タ470号142頁）。

　学説には，建築基準法に反する請負契約も原則として有効であるとするも
のが多い（例えば，栗田哲男〔判批〕判タ635号〔1987〕37頁，滝井14頁〔ただし，
建築基準法9条の施工の停止命令が出た時点で履行不能となるとする〕）。

　同様の問題は，都市計画法に反した請負契約についても生じうる。例えば，
都市計画法上建物の新築が原則的に許されない市街化調整区域における住宅
の建築請負契約については無効とした先例がみられる（前掲東京地判昭60・9・
17）。

　なお，建築基準法に違反した状態が仕事の瑕疵（平成29年改正前民法下にお
ける）に当たると評価された例は少なくない（→IV 2(1)(ウ)）。

(4)　建 設 業 法

　建設業法に違反する請負契約の効力が問題となることはあるが，同法は取
締法規であり，契約の効力に影響はないものと解されている（書面については，
→2(1)）。同旨を述べる先例も多い。例えば，建設業法所定の許可を受けてい
ない建設業者がした契約について私法上の効力が否定されないとした先例
（東京高判昭51・5・27金判510号33頁），見積期間を要求する建設業法20条3
項に反する契約についても，それが無効となるものではないとした先例（前
掲新潟地高田支判昭28・11・14）などがある。

II　請負人の義務

1　仕事の完成義務

(1)　仕事の完成

(ア)　仕事の完成の意義　　仕事の完成（632条）は請負人の債務の核心で
あり，他の役務提供型契約に対する特色でもある。仕事の完成が，報酬支払
と対価関係に立つ。請負人がいかなる仕事を完成するべきかは，個別の請負
契約の解釈によって具体化される。なお，各種の標準約款においては，工事
が完成したときは，発注者に対し通知しなければならない，あるいは検査を
求めなければならないものとしており（公共約款31条，協定約款23条〔工事の完

122　〔笠井〕

成ないし完了と検査を区別しているとも理解される]），検査に合格した場合にはじめて仕事が完成したと理解する余地もある。

　また，仕事の完成期日についても，契約または仕事の内容において完成するべき期日が決められているのが通常である。期日までに仕事の完成・引渡しがない場合には請負人の不履行責任が生じうる。

　(イ)　仕事の完成の役割　　仕事の完成の判断は，請負におけるいくつかの法律関係において重要な役割を果たしている。例えば，①報酬支払債務の弁済期との関係（請負人からの報酬請求の請求原因事実としての完成），②契約不適合責任規定（562条以下・559条）の適用（準用）との関係，③仕事完成債務の履行不能の場合における割合的報酬の規律（634条1号）との関係，④契約解除の場合における割合的報酬の規律（同条2号）との関係，⑤任意解除権（641条）の行使期間との関係，⑥注文者についての破産手続開始による請負人の解除権行使（642条1項）との関係などである。

　これらは多くの要素が複合する関係であるが，そのような関係において，契約に適合した仕事の完成の概念を基礎としつつも，さらに①〜⑥のような種々の場面において，契約適合性とは別の観点から評価される「仕事の完成」が論じられてきた。そして，それぞれの関係における「完成」がそもそも同じ概念として理解されるべきかという点自体，以下のように検討の余地がある。

　(a)　報酬請求との関連における「仕事の完成」の意義　　まず，仕事の完成は報酬支払に対して先履行の関係にあり，注文者は仕事の未完成（つまり，弁済期の未到来。報酬請求権自体は契約時に発生する。→Ⅲ1(2)）を理由に報酬支払を拒むことができるから（これに対し，契約不適合はそれ自体が報酬請求に対する抗弁となるものではなく，注文者は，契約不適合箇所の修補〔562条・559条〕を請求しその完了まで支払を拒むか，修補に代わる損害賠償〔415条〕を請求してそれと報酬支払との同時履行の抗弁を提出するか，相殺，さらに報酬減額〔563条・559条〕を主張することになる。平成29年改正前民法下の判例として，大判大8・10・1民録25輯1276頁〔瑕疵があるというのみで工事代金の支払を拒むことはできないとした〕，大阪地判昭49・6・6判時779号91頁〔同旨〕），仕事の完成とはどのような状態をいうかは，報酬請求との関係においてもっとも重要な問題となる。

　平成29年改正前民法においては，予定工程の終了をもって報酬請求にお

§*632* **II**   第3編　第2章　契　約

ける先履行としての仕事の完成とする考え方が判例・多数説であった。そして，この考え方が改正後民法における報酬支払請求との関係における完成の考え方についてもあてはまるかが問題となる。この点については，注文者の報酬支払義務の項で詳論する（→Ⅲ1(3)）。

　なお，売買契約における代金請求との対比において，請負の仕事の完成を報酬請求の請求原因事実とすることについては，やや議論がある。一般的には，報酬債権が請負契約成立時に発生するとする立場を前提にしたうえで，報酬請求の請求原因事実として請負契約成立を主張すると，先履行義務としての仕事の完成が現れてしまうので，原告（請負人）は，被告（注文者）から仕事完成時が履行期とされている旨の抗弁の提出を待って仕事を完成した旨の再抗弁を提出するのではなく，仕事の完成を請求原因にせり上げて主張すべきことになる（倉田卓次監修・要件事実の証明責任　契約法下巻〔1998〕694頁，横浜弁護士会編・建築請負・建築瑕疵の法律実務〔2004〕12頁参照）。

　(b)　**契約不適合責任規定の適用範囲との関連における「仕事の完成」の意義**　平成29年改正前民法下においては，仕事の完成の概念は，債務不履行責任に関する一般規定との関係において瑕疵担保責任規定の適用範囲を画する基準としても機能してきた。すなわち，債務不履行の一般規定の適用に服するべき未完成は，いつの時点（いかなる進捗段階）から瑕疵担保責任によって担保されるべき瑕疵となるかという判断において，仕事の目的物の不具合を仕事の完成の前後によって，未完成と瑕疵に区別し，両規定の適用範囲を時間的に二分する考え方（これも一種の時的区分説である）が判例・実務の一致して採用するところであり，改正前民法下における学説の多数の見解でもあった。そして，ここにいう「仕事の完成」とはやはり予定工程の終了をいうものとされて，報酬請求における「仕事の完成」と連結されていた。

　問題は，平成29年改正後民法下においても，予定工程の終了としての完成によって契約不適合責任規定（562条以下・559条）の適用範囲（準用範囲）を画することが適切か，そして，この基準によって報酬請求をなしうる時期と連結させることが適切かである。ここでは，両者の点を肯定する予定工程終了説が確立された実務であることを考慮しつつ，改正後も判断基準の連続性が確保される利益をどこまで重視するべきかという点も重要な考慮要素となる。この点については，請負人の契約不適合責任の項で詳述する（→Ⅳ2）。

124　〔笠井〕

第9節　請　負　　　　　　　　　　　　　　　　§*632*　**Ⅱ**

　(c)　仕事目的物の滅失・損傷に関するリスク負担との関連における「仕事の完成」の意義　　請負債務の履行過程における種々のリスクが，仕事の目的物の滅失・損傷をもたらした場合に，そこから生じる不利益の負担をどのように規律するかは，大きな問題となってきた。リスクの現実化により，請負債務の履行が不能になる場合もあるが，仕事の目的物が滅失・損傷してもなお請負人は再履行が可能である場合がむしろ多い。この両者の場合のリスクの負担をどのように規律するかが問題となる。他方，履行過程を時間的にみれば，仕事着手後・完成前の段階と完成後・引渡し前の段階とでは，リスクの状況も大きく異なるのであり，この両者の場合のリスク負担をどのように規律するかも問題となる。

　平成 29 年改正後民法は，これらの場合のうち特に注文者の責めに帰することができない事由によって仕事完成が不能になった場合（および仕事完成前に請負の解除がなされた場合）について，割合的報酬を肯定する 634 条を新設した。ここにおける完成の意義については 634 条の注釈において詳論する（→§634 Ⅱ 1 (2)・Ⅲ 2・Ⅵ）。

　(d)　任意解除権の行使期間との関連における「仕事の完成」の意義　　請負人が仕事を完成しない間は，注文者はいつでも損害を賠償して契約を解除することができるが（641 条），ここにいう完成とはどのような状態を指すかについては，これまで十分な議論がみられない。任意解除権を排除して仕事の目的物を保護する必要性が十分に高まった状態をいうものと解されるため，そのような評価を根拠付ける要素が備わった段階ということもできよう。この点については，641 条の注釈において言及する（→§641 Ⅱ 2）。

　(e)　注文者破産手続開始による請負人の解除権行使との関連における「仕事の完成」の意義　　注文者が破産手続開始の決定を受けた場合には，請負人は契約の解除をすることができるが，これは，請負人が仕事を完成しない間に限られる（642 条 1 項）。ここにいう完成とはいかなる状態を指すかについては，必ずしも明らかではない。

　(ウ)　完成するべき仕事の変更・修正　　契約締結後に完成するべき仕事の内容が変更・修正される場合もある。今日でも，例えば建設請負では，注文者からの設計図書が工事現場の状況に応じて変更をみることも少なくない（例えば，名古屋高判昭 49・11・27 下民集 25 巻 9〜12 号 966 頁〔設計図どおりに施工さ

〔笠井〕　125

§*632* Ⅱ   第3編　第2章　契　約

れることはまれであり工事現場の状況に応じて工事内容を変更することは避けられないと
して，仔細の相違については瑕疵ではないとした〕)。建設工事契約は工事内容によ
っては，建設業者の知識，経験，技量などに期待し，工事内容自体をある程
度建設業者の判断に委ねるという判断も働くこともある（特に土木工事にその
例が多い)。

　各種の標準約款も，履行の過程における工事内容の変更を規定しており，
契約締結後に発注者が工事内容を追加または変更することを認め，同時に，
これに対する受注者からの工期延長，損害補償の請求権を認めている（公共
約款21条〜23条，協定約款28条)。また，契約で前提とした条件と現場の条件
とが一致しないことが明らかとなった場合（例えば，地盤，地下水等に関して設
計図書とは異なる条件が判明した場合）における工事内容の変更もある（「条件変
更」という。公共約款18条，協定約款16条。→Ⅲ 1 (1)(イ)(b)(ii))。この場合には，受
注者は発注者または監理者に通知しなければならず，それを受けて，両当事
者は，工事内容，請負代金の変更の協議を行わなければならない。条件の不
一致が判明したにもかかわらず当初の仕事を継続することは発注者の不利益
となるからである。

　⑵　**下請負人による仕事の完成**

　⑺　**下請負人の地位**　　請負人が，自己の請け負った仕事の完成債務の全
部または一部を他の者に請け負わせる下請負（下請）は，請負契約の履行の
過程でしばしば行われる。建設請負やコンピューター・ソフトウェアの開発
請負における下請負が典型的である。下請負契約により，元請負側は，すべ
ての履行過程にわたる履行能力を維持する必要がなくなり，下請側としても，
受注量が安定することや独自の営業活動を行わなくてもすむことなどのメリ
ットがあるため，今日広く利用されている。特に今日の建設工事は下請負人
の関与なしには行うことができない。

　⑷　**一括下請負の禁止**　　ただ，請負人本人が仕事をしなければ意味がな
い場合（例えば，講演，音楽の演奏，絵画の作成など）に下請負が許されないのは
当然である。また，建設業法は，注文者の書面による承諾がない限り請負人
が請け負った仕事を一括して下請負人に請け負わせる一括下請負を禁止する
（建設22条1項2項)。建設請負契約は，注文者が特定の請負人の技量，実績，
資力等を評価・信頼して締結するものであるから，一括下請負は，注文者の

126　〔笠井〕

第9節　請　負　　　　　　　　　　　　　　　§*632*　**II**

信頼に反することであり，また，請負人がいわゆる丸投げにより利益を得ることの不当性や工事の質の低下も懸念されるからである。各種の標準約款上も同旨の規律がおかれている（公共約款6条，協定約款5条参照）。ただ，私法上の一般論としても効力を否定するべきかについては争いがあり，一括下請負禁止条項に反した下請負契約も無効ではないとする先例もみられる（大判明45・3・16民録18輯255頁，東京高判昭51・5・27金判510号33頁）。

　なお，注文者は，請負人に対して，建設工事の施工につき著しく不適当と認められる下請負人があるときは，その変更を請求することができる（建設23条1項本文）。ただし，あらかじめ注文者の書面による承諾を得て選定した下請負人についてはこの限りでない（同項ただし書）。

　(ウ)　下請負人の保護　　請負人のなかにはしばしば零細な事業者が含まれ（建築工事の請負人が典型的），そのような事業者は大手の建設業者の下請負人となることが多い。ところが，建築工事の途中で元請負人が倒産したような場合には，そのような零細な下請負人が代金の受領について困難に陥る危険がある。そこで，下請負代金の支払確保を目的として，下請代金支払遅延等防止法がおかれている。

　また，建設業法も，下請負代金の支払について期間の制限を設け，元請負人は，請負代金の出来形部分に対する支払または工事完成後における支払を受けたときは，当該支払の対象となった建設工事を施工した下請負人に対して，当該元請負人が支払を受けた金額の出来形に対する割合および当該下請負人が施工した出来形部分に相応する下請負代金を，当該支払を受けた日から1月以内で，かつ，できる限り短い期間内に支払わなければならないものとする（建設24条の3。建設24条の5も参照）。さらに，同法は，元請負人が支払を遅延した場合における国土交通大臣または都道府県知事から元請負人に対する勧告をも規定する（建設41条2項）。

　なお，建設工事の下請負契約に使用される標準約款である建設工事標準下請負契約約款も，下請負人保護の配慮を盛り込んでいる。

　(3)　建設請負のその他の関与者

　請負契約の履行過程においては多くの関与者が存在するが，特に，建設請負においては，工事現場に注文者や請負人が常駐するわけではなく，それぞれの履行を補助・代行する者が関与することがある。すなわち，工事監理者

〔笠井〕　127

§632 II   第3編　第2章　契　約

は，発注者のために，これに代わって工事が契約どおり行われるよう監督し，設計図書に反するなど不適切な工事が行われている場合には請負人に対しそれを改めさせる役割を担う。建築基準法は，一定規模以上の建設工事には資格を有する者が監理をしなければならないとしている（同法5条の6）。また，現場代理人（建設19条の2）は，請負人に代わり現場を管理し，工事の運営，取締り等を行うものとされている（公共約款10条2項，協定約款10条3項）。

2　着　手　義　務

　請負人は着手時期（着手期日。契約上着手するべき時期）に仕事に着手する義務を負う。請負人がこの着手時期に仕事を開始しない場合には，注文者は相当の期間を定めた催告のうえ，着手義務の不履行を理由に（約定の完成期日を待たずに）契約の解除を行うことができる（541条）。ただ，この場合における相当の期間の判断においては，完成期日までに完成することができる時点を基準とするべきであり，着手時期に実際に仕事に着手しなくても完成期日までに仕事の完成が可能な場合には，解除権を発生させるべきではない（我妻・中Ⅱ614頁）。

　これに対し，着手が遅れた場合にも請負人の仕事完成義務の成否のみを問題とするべきであり，約定の完成期日を徒過してはじめて履行遅滞となり，解除が問題となるとする見解もある（三宅・下884頁）。着手義務違反による契約の解除を認めることは，仕事完成義務とは別に仕事自体をなす義務を認めることになり妥当ではないという。ただ，完成期日到来前であっても，請負人が着手しない状態が続き期日までに完成する見込みがない場合には，期日の到来を待たずに解除を認めるべきであるとするから（三宅・下885頁），結局，両説とも完成期日までに完成しうるかが解除の可否の決め手となるのであり，この限りにおいては違いはないことになる。

　判例には，すでに約定の竣工期限到来以前に完成することができないことが明らかとなったときには，注文者は，期限到来を待たずに，平成29年改正前543条に基づいて直ちに契約の解除をすることができるとしたものがある（大判大15・11・25民集5巻763頁。改正後542条1項5号の適用場面）。

　なお，各種の標準約款は，受注者が正当な理由なく着手期日を過ぎても工事に着手しないときは発注者は契約を解除することができるものとしており（公共約款47条1項，協定約款31条2項a号），少なくとも明文上は完成期日まで

128　〔笠井〕

第9節　請　負　　　　　　　　　　　　　　　　§*632*　II

の完成の見通しを要件としていない。

3　説 明 義 務

　請負人は一種の専門家であることが多く，その立場に基づいて一定の説明
義務を負う場合があり，また，注文者から，請負人の説明義務違反に基づく
責任の追及がなされる場合もある。

　請負人の説明義務については，特に，公法・取締法規（特に，建築基準法）
の規制に関する説明義務違反が肯定された先例がみられる（最判平 18・6・12
判タ 1218 号 215 頁〔建築基準法に関する説明義務違反〕，東京高判平 14・4・24 判時
1796 号 91 頁〔都市計画法上の制限に関する説明義務違反〕，大阪高判平 19・9・27 金判
1283 号 42 頁〔前掲最判平 18・6・12 の差戻控訴審判決〕）。他方，設計を内容とする
契約を請負契約とした場合には（準委任と解される場合も多い），設計内容に関
する説明義務の肯否が問題となる。設計者は完成するべき建築物に関する説
明の義務を負うと契約解釈されるべき場合が多いであろう（先例はみられない
が，建築士法 18 条 2 項・24 条の 7 も参照。さらに，加藤靖「説明義務」齋藤繁道編著・
建築訴訟〔2017〕314 頁以下も参照）。

4　完成した仕事の目的物の引渡義務

(1)　仕事引渡義務の性質

　請負人は，完成させた目的物を注文者に引き渡さなければならない。632
条は，仕事を完成する義務のみを規定し，他方，633 条は目的物の引渡しと
報酬支払の同時履行関係を規定するため，この引渡義務の位置付けが問題と
なる。この点について，引渡義務は，仕事完成義務の一部であるとする見解
もありうるが，仕事完成義務そのものではなく，それから派生する義務と考
えるべきである。つまり，632 条は，（引渡しを要しない請負をも含めた）請負一
般に関する規定として仕事完成義務が先履行義務であることを規定したもの
であり，633 条は，特に引渡しが必要となる請負について，先履行である完
成義務を尽くした後の引渡しが報酬の支払と同時履行の関係に立つことを規
定したものと理解される。

(2)　仕事引渡義務の意義

　引渡しとして行うべき行為については，多少の先例がある。例えば，修補
を必要とする箇所が残っていても，鍵の交付を受けるなどして占有ないし支
配が移転すれば引渡しがあったとみてよい（大阪高判昭 61・12・9 判タ 640 号

〔笠井〕　　129

§*632* II   第3編　第2章　契　約

176頁）。建築基準法上の検査済証が発行されていないことも引渡しの妨げと
はならないとした判断（東京地判昭49・2・7判時749号78頁）もみられる。

　また，各種の標準約款では，仕事全体が完成していなくても，可分な一部
の工事の完了が認められる場合に，その部分の引渡しが行われることがある
（「部分引渡し」という。公共約款38条，協定約款25条）。これにより，当該部分に
相当する請負代金の支払請求が認められる。

　なお，引渡義務に対応する受領義務が争われることもある（協力義務の項で
述べる。→III 2）。

5　仕事目的物の所有権の帰属

　請負人が材料を用いて仕事を製作することを内容とする役務を提供し，完
成した仕事を注文者に引き渡すプロセスの中で，仕事の目的物の所有権がい
つ注文者の所有に属することになるのかは，特に建物の建築請負契約におい
て争点となる（建物以外の土地の工作物の場合には独立した所有権の客体となるわけで
はないから，所有権の帰属はほとんど問題にならない。他方，造船契約においては，後述
の若干の先例がある。→(1)(ア)）。

　そして，この問題は，主として完成した建物について，その担保的価値の
把握を動機として議論されてきた。ただ，着手後に現れる物の帰属一般につ
いても，動産としての材料の集合体から始まり，1個の不動産として成立し
たが未完成である目的物，契約に照らして完成したと評価されうる目的物に
至る各段階で問題となりうる。

(1)　完成建物の所有権の帰属

　完成した建物の所有権帰属が問題となるのは，例えば，完成後・報酬の支
払完了前に注文者が倒産し，あるいは行方不明になった場合に，請負人やそ
の債権者にとっては債権回収の手段ないし1つの担保として建築された建物
を差押え可能な財産としたいという期待があるからである。逆に，注文者や
その債権者が同様の期待をもつ場合もある（したがって，紛争当事者としてこれ
らの双方の債権者が登場するケースも少なくない）。ところが，この問題について
は民法には直接の手がかりとなる規定はおかれておらず，解決は判例・学説
の発展に委ねられてきた。ここでは，添付の原則による解決と当事者意思に
よる規律の両面を念頭に置く必要がある。

　(ア)　判例の展開　　この問題について，判例は，材料の提供者に着目して

130　〔笠井〕

第9節　請　負　　　　　　　　　　　　　　　　　　　　　　　§*632*　II

判断するものが一般的であった。すなわち，建築請負で請負人が材料の全部
または主要部分を提供した場合について，判例は，目的物の所有権は請負人
に帰属し，引渡しによってはじめて注文者に移転するものとしていた（請負
人が材料を提供するのが一般的であるから材料提供者を基準とする考え方は，請負人帰属
説と呼ばれる。例えば，大判明 37・6・22 民録 10 輯 861 頁，大判大 3・12・26 民録 20 輯
1208 頁，大判大 4・5・24 民録 21 輯 803 頁，最判昭 40・5・25 裁判集民 79 号 175 頁な
ど）。当然，注文者が材料の全部または主要部分を提供すれば，目的物の所
有権は竣工と同時に当然に注文者に帰属し，所有権を有しない請負人が建物
の保存登記をし，さらに第三者のために抵当権の設定を行っても，その者は
抵当権を取得できないことになる（大判昭 7・5・9 民集 11 巻 824 頁，大判昭 10・
11・6 新聞 3913 号 10 頁）。請負契約の特殊性から加工の法理に関する 246 条 1
項ただし書は適用されないものと解されてきた。

　なお，材料提供に類似した判断要素として代金支払に着目した先例もある。
例えば，全工事代金の半額以上を棟上げのときまでに支払い，工事の進捗に
応じて残代金の支払をしてきた場合につき，注文者帰属を原則とした先例も
みられる（最判昭 44・9・12 判時 572 号 25 頁〔代金支払に着目して当事者意思を解釈
したものかは明らかではない〕）。

　ただ，判例はこのような考え方を原則としつつも，当事者意思に着目して，
次第に注文者への原始的帰属を肯定する余地を広げてきた。すなわち，いず
れの当事者が材料を提供する場合であっても，建物完成前に注文者の所有に
帰せしめる旨の特約があるときは，引渡し前に原始的に注文者に所有権を帰
属させることは可能であるとする（大判大 5・12・13 民録 22 輯 2417 頁）。また，
注文者が建造された船舶の進水前に代金全額を支払っていたというケースに
おいても，当事者間においてその建造の進捗に従いその程度において所有権
が注文者に当然帰属する旨の特約を有効とした（大判大 5・5・6 民録 22 輯 909
頁。なお，造船の標準契約における所有権移転の規定について，小町谷操三「造船契約の
研究」民商 67 巻 6 号〔1973〕913 頁）。

　この特約の判断において代金支払を重視する先例がみられる。例えば，注
文者が建物完成前に請負代金を全額支払った場合には建物完成と同時にその
所有権が注文者に帰属する旨の特約があるものと推認した判断（大判昭 18・
7・20 民集 22 巻 660 頁），請負人が材料全部を提供して建築した建物ではあっ

〔笠井〕　131

§*632* II 第3編 第2章 契約

ても，注文者が請負代金の支払のために手形を交付し，その際請負人が注文者の代理人として受領していた建築確認通知書を注文者に交付した場合には，同様の特約があるものとした判断（最判昭46・3・5判時628号48頁）などがある。

このように請負代金の支払を，当事者意思の解釈において重視すると，慣行として代金の一部が前払され着手から完成・検査に至る過程で分割して支払われるのが一般的である以上，完成建物の所有権が問題となる段階では注文者帰属の特約が肯定される場合が多いであろう。また，この段階では，すでに代金の相当部分が支払われ担保の必要性が小さくなっているから，担保として請負人の所有権を肯定する必要性も小さくなっているという事情をみることもできる（佐久間毅ほか・事例から民法を考える〔2014〕289頁〔曽野裕夫〕）。

(イ) 学説の展開　これに対し，かつての学説は，より広い観点から請負人帰属説を説き，判例の原則を支持するのが一般的であった（学説の詳細については，坂本武憲「請負契約における所有権の帰属」民法講座(5)439頁以下）。すなわち，同説のほうが物権法理に矛盾しない，請負人が材料を提供した場合に完成した物の所有権を注文者が当然に取得するとする根拠がない，請負人の報酬請求権を確保し不動産の工事および保存の先取特権の欠陥を補うことができる（担保目的の所有権を認めることが可能となる）などと主張していた（例えば，我妻・中II 616頁，三宅・下916頁など）。今日でも請負人帰属説を支持する見解は有力に主張されている（例えば，米倉明「完成建物の所有権帰属 —— 請負人帰属説でなぜいけないか —— 」同・担保法の研究〔1997〕229頁，内田278頁，川井291頁，平田厚・建築請負契約の法理〔2013〕98頁）。その根拠として，請負人が自己の材料に自ら労力を加えたのであるから，その成果物たる建物の所有権がまず請負人に帰属する（その後，注文者に移転する）のは物権変動論の原則である，請負人帰属は自己が提供した材料を用いて建物を築造した請負人の意思に合致する，請負人の報酬債権の担保にも資するなどという主張がなされてきた。

しかし，今日では，注文者が材料を提供した場合はもとより，たとえ請負人が材料の全部または主要部分を提供した場合であっても完成した仕事の所有権は原始的に注文者に帰属するとする注文者帰属説が多数説となっている（例えば，広中267頁，来栖467頁，星野269頁，内山14頁，坂本・前掲論文470頁，石田(穣)328頁，鈴木659頁，後藤182頁，平野566頁，中田512頁など）。その根拠と

132　〔笠井〕

第9節　請　負　　　　　　　　　　　　　　　§632　II

して，まず意思的要素については，請負人が自己に所有権を帰属させるのは
工事代金回収のためであり所有の意思はない，本来建物の建設請負人は注文
者にその所有権を取得させる目的と意思を有している，注文者帰属のほうが
むしろ物権変動の意思主義（176条）と整合する（請負契約においてのみ引渡しに
よって物権変動が生じるとすることはむしろ一貫性を欠く），下請負人が材料や労力
を提供する場合には材料提供者を基準とすることになじまないなどと指摘す
る。さらに，完成と同時に建物が請負人に帰属すると解すると一時的にせよ
請負人がその敷地を不法に占拠することになること，請負人の報酬請求権の
確保のためには，留置権，先取特権（もっとも，建物完成前に不動産工事の先取特
権の登記〔注文者との共同申請〕を要することから〔338条〕あまり活用されていない），
同時履行の抗弁権などがあること（もっとも，それらの手段はいずれも注文者の破
産などのときには無力である），請負人に敷地利用権がない以上，担保的な所有
権を認めてもあまり請負人保護にはならないことも考慮するべきであるとす
る（もっとも，388条の法意を援用して「法定賃借権」を肯定する見解もある。米倉・前
掲書248頁。また，出来形部分の所有権の請負人帰属は，請負代金債権確保のための技巧
的手段にすぎないとする指摘〔最判平5・10・19民集47巻8号5061頁における可部恒雄
裁判官の補足意見〕もある）。

　ただ，注文者が代金を支払う前に目的物の所有権を取得するという点に全
く抵抗感がないわけではない。しかし，今日の各種の請負では，前払金や中
間払金の支払が一般的であるから，これはそれほど大きな問題ではないよう
に思われる。さらに，建築実務においても，建物完成後いったん請負人名義
に登記してから注文者に移転登記するということはあまり行われていないこ
とに注意するべきであろう（来栖468頁）。

　なお，注文者帰属説に立つ見解も，建築過程のいかなる段階で建物所有権
が注文者に原始的に帰属するのかについては，いくつかのバリエーションが
あり，建物が完成した時（星野269頁，鈴木659頁など），不動産としての独立
性が生じた時とする見解もある。

(2)　未完成建物の所有権の帰属

　仕事の遂行過程における未完成部分である出来形（建前）についても所有
権の帰属の問題が生じうる。完成建物における所有権帰属の問題と完成途上
の建物における所有権の帰属時期の問題は，かならずしも直結するものでは

〔笠井〕　133

§*632* Ⅱ   第3編　第2章　契　約

ないが（滝井135頁），裁判例は，このような場合についても，完成建物にお
けるのと同様の考え方で，所有権の帰属を判断してきた。次のような議論が
みられた。

　㋐　まず，出来形が1個の不動産としての建物となる前の段階，つまり材
料の集合体の段階において，出来形部分が土地に付合（242条）するかであ
るが，これは否定するのが一般的であった（最終的には土地から独立した建物と
なることが当事者間において予定されている）。判例にも，この理解を前提とした
ものがある（最判昭54・1・25民集33巻1号26頁）。ただ，土台部分は通常は土
地に付合し，86条1項の「定着物」ないし242条本文の「付合した物」と
なっていったんは土地所有権の対象となるため，その上に組み立てられる材
料の帰属がここで問題となるのである（川井291頁）。

　そのうえで，完成建物について材料提供者を基準として所有権帰属を判断
するのであれば，完成以前の段階においても材料提供者がだれであるかが重
視されよう。これに対し，建物完成前においては材料は建築工事に供される
ことにより土地に付合し，完成と同時に独立した所有権の対象となるとする
見解もみられる（滝井135頁）。

　㋑　次に，未完成ではあるが出来形が建物として独立した不動産となった
段階（新版注民(2)618頁以下〔田中整爾〕参照）では，その所有権帰属が改めて
問題となるが，学説上は，やはり付合を否定するのが一般的である。その場
合には，完成建物の帰属の判断と同様に主要な材料提供者を基準とするので
あれば，請負人が材料を提供する通常の場合には請負人の帰属となる。これ
に対し，注文者帰属説では，未完成部分も原始的に注文者に帰属するとする
のが理論的であり，未完成ではあっても独立した不動産となった時点で注文
者に帰属すると解するか，建物完成時に（引渡しがなされなくても）注文者に帰
属すると解することになる。

　なお，建設請負契約の解除にともなう出来形部分の帰属について，約款は，
発注者が出来形部分を引き取り，発注者・請負人・監理者の協議によって清
算するものとしている（協定約款33条）。

(3)　**下請負契約と出来形部分の所有権の帰属**

　下請負契約が結ばれた場合にも，仕事の目的物の所有権帰属は，未完成部
分・完成建物のそれぞれについて検討を要することになるが，これまでは特

134　〔笠井〕

第9節 請　負　　　　　　　　　　　　　　　　　　§*632*　II

に，出来形部分の所有権の帰属が議論されてきた。主として問題となったの
は，元請負契約には中途解除の際の出来形部分が注文者に帰属する旨の約定
があるものの，下請負契約にはこれに関する約定がない場合において，元請
負契約が中途解除されたが材料を提供した一括下請負人は代金を受領してい
ないというようなケースである。

　判例は，上記の材料提供者を基準とする考え方が下請負関係にも妥当する
としており（前掲最判昭54・1・25），古くは，下請負人が自ら材料を供給して
建築した建物は，元請負人に引き渡されない以上，下請負人の所有に属する
としたものがあった（大判大4・10・22民録21輯1746頁）。これによれば，下請
負人にとっては請負代金の回収が確かとなるが，他方で，注文者は，元請負
人に請負の報酬を支払った場合でさえ出来形部分の所有権を取得できないこ
ととなり，二重払を余儀なくされる危険が生じる（元請負人が請け負った仕事を
さらに下請負に出すか否かは注文者には容易に知りえないことが多い）。逆に，（注文
者・元請負人間の合意が下請負人にも及んで）注文者に所有権が帰属するとすれば，
元請負人の支払能力によっては，下請負人が請負代金の回収について不安定
な状態に置かれることになる。

　両者の調整は困難な問題となるが，これまでの下級審の裁判例は，完成建
物に関する従来の判例理論を前提としつつも，下請負人の所有権の主張は信
義則違反，権利濫用であるとしたり（例えば，東京高判昭58・7・28判タ512号
129頁，東京地判昭61・5・27判時1239号71頁），下請負は元請負の履行補助者・
履行代行者にすぎないとして（仙台高決昭59・9・4判タ542号220頁），または
注文者・元請負・下請負三者間に暗黙の合意があるなどとして（東京高判昭
59・10・30判時1139号42頁），注文者の保護を図るものが多かった（裁判例の状
況について詳しくは，坂本武憲〔判批〕法協112巻4号〔1995〕560頁）。

　この点について，上記のようなケースにおける注文者と元請負人との間の
所有権帰属に関する取決めは，それが下請負契約とは別個のものであること
を重視すれば，債権関係の相対性から考えて下請負人の地位に影響すること
はないはずである。しかし，判例は，注文者と元請負人との間に注文者帰属
とする特約がある場合には，下請負人は，注文者との関係では，元請負人の
いわば履行補助者的立場に立つものにすぎず，元請負人と異なる権利関係を
主張しうる立場にないものとして，注文者と下請負人との間で格別の合意が

〔笠井〕　135

§632 II 第3編 第2章 契 約

ない限りは，その出来形部分の所有権は注文者に帰属するとした（前掲最判平 5・10・19）。学説にも，建設請負契約は注文者に新築建物の所有権を取得させる契約であって，下請負人は元請負人の履行補助者ないし履行代行者にすぎないとして，端的に注文者が原始的に完成建物の所有権を取得すると解するもの（下請負人の留置権も否定する）が多い（鎌田薫〔判批〕判タ 522 号〔1984〕101 頁，武川幸嗣「請負契約における所有権の帰属」鎌田薫ほか編著・民事法 III —— 債権各論〔2 版，2010〕170 頁など。他方，下請負人に所有権帰属を認めることによりそれが注文者に対する下請負人の交渉材料となるという見方もある。内田 280 頁）。このように解すると，下請負人はあらかじめ代金を確保する手段（担保の取得または工事中断等）をとらなければならないことになるが，もともと下請負人の代金回収の可能性は，元請負人の資力に依存するものであることを考えれば，下請負人に不当な帰結となるわけではない（前掲最判平 5・10・19 における可部恒雄裁判官の補足意見を参照）。

　(4)　**第三者（他の請負人）の追加工事によって完成した建物の所有権の帰属**

　未完成のまま契約が解除され出来形部分の所有権が請負人に帰属する場合において，注文者が他の請負人と別の請負契約を結び，その請負人が出来形をもとに追加工事を行って建物を完成させたときは，やはりその完成建物の所有権帰属が問題となる。ここでは，2 つの請負契約が存在し，当事者意思による判断は困難である。

　判例には，この問題を加工の論理によって決したものがある（前掲最判昭 54・1・25）。この判例は，材料に対して施される工作が特段の価値を有し，完成した建物の価格が原材料のそれよりも相当程度増加する場合には（付合ではなく）加工の規定（246 条 2 項）に基づいて所有権の帰属を判断するべきであるとする。

　他方，学説にも，添付の規定の適用によって解決するべきものとするものがある（佐久間ほか・前掲書 293 頁〔曽野〕は，付合の規定によるべきであるとする。瀬川信久〔判批〕判評 249 号（判時 938 号）〔1979〕13 頁・17 頁は，加工の規定の類推適用を主張する）。

第9節　請　負　　　　　　　　　　　　　　§*632* **III**

III　注文者の義務

1　報酬（請負代金）の支払義務

(1)　報　酬　額

(ア)　報酬額の定め方　　報酬（請負代金）の額は当事者間の交渉によって決まるが，多くの場合には，仕事の完成に要する役務，材料等の費用に一定の利潤を加えて算出される額が，一定の基準としての意味を持つ。ただ，その定め方には，特に建設請負においていくつかのものがある（滝井31頁）。

まず，契約時に報酬額が確定している請負があり（定額請負），これが一般的な報酬額の定め方である。通常は，仕事に必要な材料・労力その他についての見込額に一定の利潤を加えて算出した総額を基準とする。工事内容の変更等の特別の事情がないかぎり，（実際に仕事完成に要した費用が上の見込額を上回っても）契約後に報酬額が変更されることを予定していない。ただ，定額請負においても，事情変更に当たるような事態が生じたものとして争いとなるケースは少なくない。学説は，当初の報酬額が著しく公平に反する場合には，信義則上相当程度の報酬の増額が認められるべきであるとしており（我妻・中II 644頁），同旨の裁判例もみられ，各種の標準約款に規定もおかれている（一(イ)(b)）。

契約時に報酬額を確定することができない事情がある場合（例えば，災害復旧工事のように正確な見積額を算出することが時間的制約によって困難な場合）に，契約時に概算を定めておき，後に実際に仕事完成に要した費用をもとに清算する形態もある（概算請負）。これには，工事内容の一部が不確定な場合も含まれる。最高額と最低額を定めておく概算請負もあり，その場合にはその範囲内において清算が行われる。

単位面積または単位体積当たりの工事単価を決めたうえで，予定施工数量に基づいて報酬額を積算して契約しておき，工事終了後に，実際の施工数量をもとに報酬額を確定し清算する形態もある（単価請負）。

以上に対し，金額の定めがない請負もある。この場合にも請負契約は成立しているものとみることができるが，報酬額は，契約後の当事者間の協議，または，協議が調わないときは，当該工事の内容に照応する合理的な金額（東京高判昭56・1・29判タ437号113頁）や客観的に相当と認められる額（東京地

〔笠井〕　137

§632 III　　　　　　　　　　　　　　　　　　第3編　第2章　契　約

判昭48・7・16判時726号63頁）が報酬となる。

　なお，費用については，報酬に含まれるものとして取り決める場合もあれば，報酬とは別に合意する場合もあるため，634条にいう報酬に費用を含む場合がありうる（中田515頁）。

　(イ)　報酬額の変更　　定額請負においても，次のように，当初合意されていた請負代金額が変更される場合がある。

　(a)　裁判例の規律　　報酬額の変更原因としては，大別して，工事内容の変更と前提としていた経済情勢の変化がある。

　前者による報酬額の変更について肯定する先例がある（大判大11・11・6新聞2078号18頁）。また，後者による報酬額の変更として事情変更に基づく報酬額の変更が争われた裁判例もあり，例えば，一般論として事情変更の原則の適用により報酬額の相当な範囲での増減を請求する権利を肯定するものがある（横浜地判昭50・2・7判時792号73頁，東京高判昭56・1・29判タ437号112頁。ただ，これらも報酬減額請求権を形成権とすることは否定する）。

　(b)　各種の標準約款の規律　　特に建設工事の各種の標準約款においては，次のような場合に事後的な報酬額の変更が規定されている。

　(i)　スライド条項　　契約締結後に物価や人件費の著しい変動があった場合に，工事代金額を変動後の状況に合わせて変更することを当事者間においてあらかじめ約するスライド条項が置かれることが多い（公共約款25条，協定約款29条1項f号）。スライド条項の法的性質については必ずしも明確となっていないが，形成権ではなく通常の請求権であるとした先例がみられる（前掲横浜地判昭50・2・7〔約款による代金変更請求権〕）。

　(ii)　条件変更　　請負債務の履行環境・条件が当初予定したところよりも著しく異なり，約定どおりに履行するには予想以上の費用を要することが契約後に判明した場合にも，請負人は当初の請負代金額による履行をしなければならないのが原則である（東京高判昭59・3・29判時1115号99頁）。しかし，これは請負人にとって著しく不利となる場合があり（来栖466頁），また請負契約に投機的な要素を持ち込むこととなる（中村絹次郎・建設工事請負契約要論〔1971〕96頁）。そこで標準約款は，このような場合に工事代金の増額等を請求することができる旨を規定する（公共約款18条5項，協定約款16条4項）。特に定額請負において意義をもつ。

138　〔笠井〕

第9節 請 負 §*632* **III**

(2) 報酬請求権の発生時期

請負人の報酬請求権の発生時期については，明文規定がなく，例えば，契約の成立時か，それとも仕事の完成時かをめぐり議論がある。この問題は，従来主として報酬請求権の譲渡の可否あるいは報酬請求権の差押え・転付命令の可否に関して意義を持つとされてきたが，さらに注文者の責めに帰すべき履行不能（536条2項），割合的報酬（634条）との関連において解決が求められる。

判例は，報酬請求権が請負契約成立と同時に発生する（完成によって弁済期が到来する）という理解を前提として，工事完成前の工事代金債権の差押え・転付命令を有効としてきた（大判明44・2・21民録17輯62頁，大判昭5・10・28民集9巻1055頁，仙台高決昭56・1・14判タ431号103頁など。なお，仕事の引渡し前に送達された建設工事代金の差押通知を有効とした先例として，東京地判昭41・10・28判タ200号153頁）。また，合意解除後の割合的報酬との関連で，報酬請求権の発生時期について同旨の判断をした先例（大判昭16・12・20法学11巻719頁），報酬請求権の発生と譲渡性を前提とした先例もみられた（最判昭42・10・27民集21巻8号2161頁）。

学説の多数も，報酬請求権は請負契約成立と同時に発生するものとしてきた（我妻・中Ⅱ647頁，鈴木654頁，広中274頁，川井299頁，三宅・下918頁など。学説の状況につき，白石大「債権の発生時期に関する一考察(2)」早法88巻2号〔2013〕193頁，倉田卓次監修・要件事実の証明責任 債権総論〔1986〕348頁）。そのうえで，多数説は，完成前の請負代金債権の差押え・転付命令を肯定する（差押えは認めるが転付命令は否定するものもみられた。我妻・中Ⅱ647頁）。これに対し，仕事完成によってはじめて報酬請求権が発生するという少数説もある（来栖479頁，加藤392頁）。また，抽象的な報酬請求権は契約の成立時に発生するが仕事完成前は具体的な報酬請求権は成立しないとする見解も主張されている（星野270頁，詳解Ⅴ56頁。なお，賃料債権や賃金債権に関して論じられてきた「抽象的債権」「具体的債権」の区別との関連については，例えば，白石・前掲論文176頁以下・193頁以下参照。賃料債権におけるこの両概念の意義について，森田宏樹・債権法改正を深める〔2013〕118頁以下参照）。ただ，請負におけるその区別の基準・必要性は必ずしも明らかではない。なお，平成29年の民法改正の審議過程においても，報酬請求権は契約に適合した仕事完成によってはじめて発生するとい

〔笠井〕 139

§632 III

第3編 第2章 契 約

う見解が示された（例えば，部会資料72A・2頁）。

　この問題については，以下の諸点（同時履行の抗弁権，相殺，報酬減額請求権）に関する民法の規定構造が，契約に適合した仕事完成に至る前に給付保持力等を備えた具体的な報酬請求権がすでに発生していることを前提とするものであることに注目する必要がある（下記の裁判例においても指摘されてきたところである）。すなわち，仕事の目的物の契約不適合に基づく損害賠償（特に，修補に代えてする損害賠償）と報酬支払は同時履行とされており（改正前民法においては634条2項に基づき，改正後民法においては533条〔追加された括弧書を参照〕に基づく），これは仕事の目的物が契約に適合した（瑕疵のない）完成に達していなくても報酬請求をなしうることを前提とするものである（この点は判例において繰り返し指摘されてきた。例えば，東京高判昭36・12・20高民集14巻10号730頁，東京高判昭47・5・29判時668号49頁，東京高判昭51・6・29金判513号40頁，東京地判昭57・4・28判時1057号94頁，大阪高判昭61・12・9判タ640号176頁，東京地判平22・10・26判時2114号77頁）。また，この同時履行関係に関する判例（最判平9・2・14民集51巻2号337頁）およびその後の相殺に関する判例（最判平9・7・15民集51巻6号2581頁）も，仕事の目的物が契約不適合であっても（つまり仕事が契約に適合した完成に至らなくても），契約不適合に基づく損害賠償請求権と同時履行関係に立ち，かつそれと相殺するに足りる具体的な報酬請求権がすでに発生しているという理解に立っている。さらに，改正後民法において仕事の契約不適合に対して注文者に与えられた報酬減額請求権（563条・559条）の規律は，仕事の目的物が契約に適合した完成に達する以前にすでに減額請求の対象としての約定額の具体的な報酬請求権が発生していることを基礎にしてはじめて成り立つものである。

　このような諸点をみると，上記の少数説は困難であり，改正後民法下においても，諾成契約の原則に立ち従来の判例・多数説の立場が維持されるべきものと思われる。請負においては，いわゆるノーワーク・ノーペイの原則は妥当しない。

　なお，従来の判例・多数説の立場は，現実の建築・建設・運送・コンピューター・ソフトウェア開発等の実務において，着手前における相当額の前払金（633条。→§633 II 1 (1)）の支払義務が合意されるのが通常であるということ（すでに発生している具体的な報酬支払債務の弁済期に関する特約と解される）から

140　〔笠井〕

第9節　請　負　　　　　　　　　　　　　§632 III

うかがわれる契約当事者の法意識にも沿うものである。またこれを前提とした規定が標準約款において設けられていることにも注目するべきであろう（公共約款43条〔前払金等の不払に対する工事中止〕）。

(3)　報酬支払債務の弁済期と仕事の完成の意義

上記のように解すると，次に，報酬支払債務の弁済期を到来させる「仕事の完成」とはどのような状態をいうのかが問題となる。この点が不明確であると，未完成を理由とした報酬の支払拒絶を誘発しやすくなるため，その判断基準の明確化が特に重要となる（ただ，以下の議論も請負人が有体物を作出する形態の請負契約を主たる前提としたものであって，より多様な形態の請負契約に視野を広げた議論は今後さらに必要となろう）。

㋐　予定工程終了説

(a)　判例・学説の展開　　平成29年改正前民法下では，一方で，請負契約においては「瑕疵〔改正前民法における〕のない仕事の完成」がその債務内容であると理解しつつ（したがって，瑕疵があればそれも一種の不完全履行状態であるとみる。起草者も，同様の理解を示していた。梅707頁），他方，これとは別に，上記の報酬支払債務の弁済期としての「仕事の完成」の判断を「予定された最終工程（予定工程）を終えたか」によって行うのが，多くの裁判例（前掲東京高判昭36・12・20，前掲東京高判昭47・5・29，大阪地判昭49・6・6判時779号91頁，横浜地判昭50・5・23判タ327号236頁，前掲東京高判昭51・6・29，前掲東京地判昭57・4・28，山形地新庄支判昭60・2・28判時1169号133頁，前掲大阪高判昭61・12・9，東京地判平3・6・14判タ775号178頁，前掲東京地判平22・10・26など）の立場であった（予定工程終了を「一応の完成」と呼ぶことがある）。裁判例に現れた先例は，ほとんどが建設請負の事例であったが，近時はコンピューター・ソフトウェアの開発請負の事例でも同様の基準で完成を判断した先例が現れている（例えば，東京地判平14・4・22判タ1127号161頁）。

そして，これは学説の多数（栗田379頁，新版注民(16)146頁〔内山尚三〕，後藤17頁，定塚434頁，園尾隆司〔判批〕判タ677号〔1988〕112頁など）の立場でもある。ここでは，請負人の債務の履行について，完成前は役務提供が予定されたとおりかが問われ，完成後は完成した仕事の物的性質が吟味されるというように2つの評価の観点を切り替える仕組みがとられている。

裁判例・多数説が上のような考え方をとっているのは，①建設請負の場合

〔笠井〕　141

§*632* **III**　　　　　　　　　　　　　　　　　　　第3編　第2章　契　約

には，契約時には目的物が存在しないため債権者からみて仕事の目的物につ
き契約不適合と評価する箇所がより多く生じうること，また，そもそも契約
時の設計図書に従って細部にわたって完全な履行をすることがしばしば困難
であり，それを要求すると，注文者が細部にわたる瑕疵を主張して報酬支払
を拒む場合に，その主張の当否が決するまで（場合によっては長期間）請負人
は報酬を得られないということになり，それは請負人にとって過大な負担と
考えられる場合が多いこと（多くの建設請負業者〔特に零細な事業者〕は，直前の工
事の代金を次の工事の施工に投入して事業を営んでいる），また，②細部における履
行の完全性を求めると，それを実現するまでに不履行責任（特に遅延賠償の責
任。これについては，各種の建設請負工事契約約款に賠償額の予定条項がおかれている。
例えば，協定約款30条）が発生するリスクや任意解除（641条）のリスクが残る
という事情があること，さらに，③民法自体が，瑕疵（契約不適合な箇所）が
あっても報酬支払債務の弁済期が到来することを前提とする規定構造（─1
⑵）を有していることによるものであった（予定工程終了説を説いた裁判例のほと
んどは，請負人からの報酬請求に対し，注文者が未完成を理由に報酬支払を拒んだケース
に関するものであった。笠井110頁以下）。

　ところが，平成29年改正後民法では建物その他の土地の工作物に関する
解除制限規定（平29改正前635条ただし書）が削除され，注文者から契約不適
合を理由とする解除（564条・559条）がなされうることとなったから，これ
により予定工程終了説の利点は大きく削がれたかにみえる。

　しかし，予定工程終了による報酬請求権の行使を認めることにより，注文
者が解除を主張するときも，少なくとも契約不適合の程度が解除権の発生を
もたらさないような場合には，なお報酬請求が可能であり，また，解除が認
められても可分性と利益性の要件を満たす履行部分については，なお報酬請
求が可能である（割合的報酬に関する634条2号の規定が適用されるという解釈に立
つ）。このようにみると，民法改正後においても，請負人の報酬請求の可否
を予定工程終了によって画することは，依然として説得力・妥当性を持つと
思われる。報酬請求に関する以上のような考え方は，実務的にも維持されて
いくであろう。

　（b）**裁判例による定式化**　　そこで，上に挙げた裁判例の論理を確認し
ておくと，例えば，前掲東京高裁昭和36年12月20日判決は，まず，瑕疵

142　〔笠井〕

第9節　請　負　　　　　　　　　　　　　　　　　　　　　　　§*632*　III

と未完成との関係につき次のように言う。「〔平成29年改正前民法〕第634条第
2項において，請負人が仕事の目的物のかしにつきその担保責任を果たすま
では注文者は報酬の支払につき同時履行の抗弁権を有するものとして，仕事
の目的物にかしがあつても一応報酬が請求できることを前提としているとこ
ろからみれば，民法は，同じく仕事の結果が不完全な場合のうち，仕事の目
的物にかしがある場合と，仕事が完成しない場合とを区別し，たとえ仕事の
目的物にかしがあつても，それが隠れたものであると顕われたものであると
を問わず，そのために仕事が完成しないものとはしない趣旨であると解すべ
きである」。したがって「請負人は，仕事が完成して目的物を引渡し又は引
渡を要しない仕事の場合において仕事が終了したときは，別段の特約がない
限り，直ちに報酬の支払を請求することができ，仕事の目的物にかしがある
と否とを問」うものではない。そして，完成概念に関しては「工事が途中で
廃せられ予定された最後の工程を終えない場合は工事の未完成に当るもので
それ自体は仕事の目的物のかしには該当せず，工事が予定された最後の工程
まで一応終了し，ただそれが不完全なため補修を加えなければ完全なものと
はならないという場合には仕事は完成したが仕事の目的物にかしがあるとき
に該当するものと解すべきである」と定式化した。

　このような論理は上に挙げた数多くの裁判例が繰り返し述べるところであ
り，予定工程終了説は，今日実務上は完全に定着している。ただ，このよう
な意味における完成の概念は，なおいくつかの問題も残している。例えば，
請負は，仕事の完成という「結果」の実現を債務内容とするものであるのに
対し，予定工程の終了という「役務提供行為」自体に着目して履行の完了を
判断することには未整理な面がある。特に，契約不適合責任を一種の不完全
履行責任ととらえる，従来からの一般的理解との整合性が問題となる。また，
予定工程の終了は比較的形式的な判断基準にみえるが，これもあくまで役務
提供行為のレベルにおいて予定された履行行為の完了に一定の法的価値を認
めるものであり，他方で，請負契約のような一定の結果を実現することを債
務内容とする契約において，報酬請求を可能にする判断要素として仕事の完
成の評価要素をどのように具体化するかはなお問題であろう。

　(イ)　より実質的な完成の評価　　　そこで，報酬請求においては，仕事の完
成は，より実質的に評価し，報酬請求を認めるに足りるレベルまで履行水準

§*632* Ⅲ   第3編 第2章 契 約

が高まっているかを評価するという方法もあり，そのような判断を行った裁判例もある。

　例えば，建築された建物が社会通念上の建物として完成されているかどうか，建築基準法上，主要構造部分が約定どおり施工されているかどうかも含めて完成の有無を判断するべきであるとした例もある（東京地判昭 48・7・27 判時 731 号 47 頁）。同様に，請負契約における仕事の完成とは，請負工事が予定された最終の工程まで一応終了し，かつ，請負工事の重要な部分が社会通念上，約旨に適って施工されていることが必要であると解すべきであり，重要な部分であるかどうかは建築工事の場合，建築物の構造上の面からとその用途の面から判断すべきであるとした先例（前掲横浜地判昭 50・5・23），また，目的物の引渡しを受けても，瑕疵がきわめて重大であって本来の効用を有せず，注文者が目的物を受領しても何らの利益を得ない場合には，仕事が完成していない場合に準じ，注文者は請負代金の支払を拒みうるものとした先例（大阪高判昭 59・12・14 判タ 549 号 187 頁）もみられる。

　さらに，コンピューター・ソフトウェアの開発請負ではこのような判断方法によったものがいくつか現れている（例えば，東京地判平 26・12・24 判時 2266 号 70 頁，東京地判平 26・10・30 判時 2257 号 70 頁など）。

　他方，一部の学説も，仕事の完成とは工事の全工程のうち重要な部分（基礎部分，軀体部分）が瑕疵なく施工されており，かつ他の部分について一応最後の工程まで終了していることをいうとするものがある（山本重三＝五十嵐健之「建築請負契約における瑕疵担保責任」中川善之助＝兼子一監修・不動産法大系Ⅴ〔改訂版，1975〕203 頁）。さらに，工事そのものがいかに杜撰であっても全部の工程さえ終了すれば完成とみてよいかは問題であり，社会通念からみて，契約内容に照らして各工程を終えたとみることができる場合にのみ完成とする見解もある（滝井 138 頁）。

　そのような立場に立つと，さらに進んで，規範的要件としての仕事の完成につき請負人によって主張立証されるべき評価根拠事実としては，形式的に予定の工程を終えたことのほかに，実質的に建物の軀体部が完成していること，社会通念上建物の完成とみることができることなどの要素を考慮するべきことになる。

144　〔笠井〕

第 9 節　請　負　　　　　　　　　　　　　　　　　§*632*　III

(4)　関連法・標準約款等による規律

なお，上記の規律にもかかわらず，実際には，報酬支払については，前払・中間払などの段階的な支払の特約がなされているのがむしろ通常である。建設業法も，それを前提としてその支払の時期および方法に関する規定を書面において定めておくことを求めている（建設19条1項4号）。また，各種の標準約款もこれに関する定めを置いている（公共約款34条，協定約款26条）。

2　協力義務（受領義務を含む）

(1)　請負における協力義務の特性

(ア)　注文者の協力行為をめぐる紛争　　請負においては，履行行為の着手・履行継続・仕事完成・引渡しのそれぞれに際して注文者側からの一定の協力行為を必要とすることが多い（例えば，建設請負契約における，工事用地の確保，整備，提供，設計図書の準備〔設計・施工が分離している場合〕，公法上の許認可の適時の取得，注文者が調達義務を負った資材の提供，工事着手に必要となる請負人との協議，施工内容にわたる指図，注文者が行うべき前提工事，コンピューター・ソフトウェアの開発請負契約における，運用目的・運用環境に関する内部的な情報の提供など）。そのような場合において，その協力行為が行われないときは，契約目的の実現に種々の障害が生じうる。

例えば，無益に帰した役務提供の費用（建設設備や施工準備の費用を含む），工事再開に備えての費用（未完成建物や建設設備等の維持に要する費用等），契約上予定した施工期間に履行できなかったことによって生じた滅失・損傷，工事再開後の増加費用，注文者の協力行為の不提供がなければ得ることができたであろう利益などをめぐる紛争が生じうる（浅生重機「建設請負契約における注文者の協力遅滞」判タ219号〔1968〕47頁）。建設請負契約では，注文者の協力行為が得られないために工事に着手できない場合や途中で工事が停止する場合には，その間の施工能力を遊ばせることになり（労働力を蓄積することはできない），結局，工事完成が遅れることになれば次の工事の履行に遅滞することにもなりかねず，長期化した施工期間に生じた滅失・損傷，工事再開後の増加費用，注文者の協力行為の不提供がなければ得ることができたであろう利益などの損失も生じるからである。さらに，情報処理システムの構築においても，その前提となる注文者側の情報提供がなされない場合には，請負人側に同様の損害が生じうる（平成29年民法改正の審議過程では，情報処理システムの

§632 III

第3編　第2章　契　約

開発請負契約における注文者からの情報提供の必要性が指摘された。部会第16回議事録48頁〔奈須野太関係官〕）。

このように，債権者の協力行為がなされない場合に，請負人にその契約から離脱しリスクを回避する機会を与える要請は，他の取引類型における受領遅滞の場合よりも一般に大きいものといわなければならない。また，注文者の協力義務によりコスト分担の実現を可能にするという見方もありうる（内田281頁）。

このような協力義務について，従来の議論においては，債権者の協力義務一般の根拠をどこに求めるべきか，また，協力義務の有無・内容は債務内容ごとにどのように異なるかに重点がおかれてきた（奥田昌道・債権総論〔増補版，1992〕218頁。ドイツ法との比較研究として，生田敏康「債権者の協力義務——ドイツ請負契約における注文者の義務を中心に——」早稲田法学会誌44巻〔1994〕1頁）。

他方，建設請負契約の履行過程における種々の協力義務は，債務者の履行の着手から，履行継続，仕事完成，引渡しに至るまで，それぞれの段階で問題となりうるものであり，その場面ごとに義務の内容・程度を異にしうるものである。この点に着目するならば，履行過程の中で，必要とされるべき協力行為の内容の相違と協力行為の不提供に対する救済のあり方をふまえた整理が必要となる。

紛争における争点としても，協力義務違反は，注文者の帰責事由の問題，請負人の免責事由の問題，因果関係の問題等として現れる。特に，注文者の協力義務違反を注文者の責めに帰すべき事由と評価して，それに起因する履行不能を改正前民法536条2項の問題とした先例が注目される（最判昭52・2・22民集31巻1号79頁）。

　（イ）　仕事の進捗段階の相違に即した対応の必要性　　そして，このような観点も，契約の履行段階の相違に即した債権者の協力行為の内容によって濃淡を認めるべきである。すなわち，①履行の着手の前提となる協力義務，②履行継続に必要となる協力義務，そして③完成した仕事の引渡しに必要となる協力（受領）義務（履行の完了に必要な協力行為）の相違によってである。例えば，①，②の協力行為の不提供の場合にはペンディングな状態が継続することの不利益は大きく，履行能力の遊休を防ぐとともに，不履行に基づく損害賠償や解除を認める必要性が大きいであろう。また，②の段階では出来高

146　〔笠井〕

第9節 請 負 §*632* Ⅲ

に対応する報酬を確保する必要も生じる。これに対し，③については，買主の受領遅滞の議論と同じ基盤で考えることができる。このような相違により，協力行為の内容に応じその不提供に対する救済が区別されるべきことになろう。

　つまり，各履行段階の協力義務の相違に応じて，その協力の不提供に対する法的効果としての救済のあり方も異なるのではないか。ここでは，いかなる場合にいかなる範囲の協力義務が認められるべきか，また，各段階の協力行為の不提供に対してその相違に応じていかなる効果が与えられるべきかを見直すべきことになる。

(2) 判例の状況

　(ア) 従来の裁判例　　これまでの裁判例は限れられてはいるが，上のような段階に従って区別すれば以下のようなものがみられる。

　(a) ①の段階の協力義務に関する先例　　履行の着手の前提となる協力義務をめぐる紛争は，すでにいくつかの先例がみられる。例えば，注文者方における焼鈍炉の建設につき，炉の基礎部分の工事は注文者において構築すること，工事人夫の宿舎を注文者が提供することなどを含む，建設請負契約が締結され，請負人は下請負人の手配を行ったが，注文者は不明確な態度のまま工事の着手延期をたびたび求めたため，請負人は工事着手の指図を求めたものの，注文者は請負人に対し何ら着手の指図を行わなかったというケースにおいて，注文者は，請負人たる原告に対し相当と認められる期間内に当該工事に着手することを指図して同人に請負人として負担する義務を履行させ契約の目的を達成することに協力する義務を負うとし，この義務の懈怠は，信義則に反し注文者の側における債務不履行として契約解除の原因となるとした判断（名古屋地判昭53・12・26判タ388号112頁），注文者の工事用敷地の不提供について，軌道，駅構内社屋の鉄道設備の建設工事の請負契約において，注文者たる鉄道会社が工事材料の一部を提供するとともに社屋の敷地借入れを行う義務を負っていたにもかかわらず，この義務を果たさなかったため，請負人はこれを催告するとともに期間を定めて契約解除の意思表示をしたというケースにおいて，注文者がこの義務を果たさなければ，請負人は契約を解除しうるとした判断（東京控判昭9・7・20法律新聞新報376号12頁），また，鉄道施設の工事請負契約につき，その着手時までに注文者が所轄官庁から工

〔笠井〕　147

§*632*　**III**　　　　　　　　　　　　　　　第3編　第2章　契　約

事着手認可を得ることができなかったというケースにおいて，注文者が右の義務を履行しなければ，請負人からの解除が認められるとした判断（大判昭10・7・29民集14巻1430頁）がある。さらに，工事費用調達に関する協力行為に関して，請負代金を後払としていたが，注文者が土地を担保にして請負人の資金調達に協力する約定に反して担保を提供しなかったため，請負人の期間内工事完成が不能に帰したというケースにおいて，後払の約定はその効力を失い，請負人の期間内の履行不能が確定すると同時に請負代金債務の履行期が到来するものとした先例もある（東京高判昭49・7・18高民集27巻3号247頁）。注文者が協力行為を行わないことを，改正前民法130条の条件成就により不利益を受ける者が故意に条件の成就を妨げた場合にも比すべきであるという構成の中で処理したものである。

　(b)　②の段階の協力義務に関する先例　　履行継続に必要となる注文者の協力行為をめぐる先例として，例えば，下請負人の請け負った工事が注文者（元請負人に対する注文者）側の先行工事の不実行により完成できなかったというケースにおいて，この履行不能は注文者の責めに帰すべき事由によるものであるとし，請負人は自己の残債務を免れるが，平成29年改正前536条2項により注文者に請負代金全額の請求ができるものとした判断（前掲最判昭52・2・22），また，自動旋盤機に対する動力電気工事の施工を内容とする請負契約が結ばれ，請負人は，注文者が自動旋盤機を据え付ければこれに対する残工事が完成しうる段階まで工程を終え，注文者に右据付けを申し入れたが，注文者が予定されたすべての据付けを行わず誠意ある態度を示すことなく日時を徒過したため請負人は残工事を施工できなかったというケースで，報酬後払の請負契約においては，仕事が完成しない以上注文者は報酬支払義務の履行を拒絶できるが，仕事未完成が主として注文者の責めに帰すべき事由によるものであり，それに基因して，契約上の信頼関係が崩壊し，請負人において契約関係の清算を望み，注文者もまた請負人による仕事の続行に期待をかけず，あたかも両者間において請負契約の合意解除があったと同視しうるような事態に立ち至った場合には，仕事の出来高が約束手形金額に達している限り注文者はその支払を免れない（平29改正前536条2項）ものと判示した先例（東京高判昭58・7・19下民集34巻5～8号574頁）がみられる。ただ，得べかりし利益や遅延損害についてはこの構成ではカバーされず，また不能

148　〔笠井〕

第9節　請　負　　　　　　　　　　　　　　　　　　　　　§*632*　III

とならない場合にも救済が及ばない。

　なお，近時は，コンピューター・システムの開発委託の遅れにつき請負人から損害賠償の請求がなされたケースにおいて，依頼者（ユーザー）の適時の意思決定等のシステム開発への協力義務が尽くされなかった点は肯定したもののそれを理由とする債務不履行責任は認めなかった先例（東京地判平16・3・10判タ1211号129頁）も現れている。

　(c)　③の段階の協力義務に関する先例　　完成した仕事の引渡しに必要となる協力（受領）義務をめぐる先例として，例えば，請負人がゴルフ場のクラブハウスの設備の備付けを請け負い，その設備を完成して注文者に再三引取りを求めたが，注文者がこれに応じなかったため解除の意思表示をしたというケースで，債務者の債務不履行と債権者の受領遅滞とは，その性質が異なるのであるから，一般に後者に前者と全く同一の効果を認めることは民法の予想していないことであって受領遅滞に対し債務者のとりうる措置としては，供託・自助売却等の規定を設けているとして，受領遅滞を理由とする解除を否定した判例（最判昭40・12・3民集19巻9号2090頁）がある。

　(イ)　裁判例の傾向　　裁判例が少ないため，これだけの例からその一般的傾向を導くことは難しいが，注文者の協力義務としては，①，②の段階のものがかなりの割合を占めるであろうことがうかがえる。すなわち，請負の場合には，典型的な引取りの遅滞のケースとともに，履行過程の前期における協力義務違反のケースの特質に即した処理が必要となる場合が少なくないものと思われる。そして，リスク分配の視点からは，これらの場合の協力義務が重要な意味を持つことになる。

　そのうえで，先に述べた履行段階に応じた協力義務の相違（一(1)(イ)）を考慮すれば，判例における段階ごとの救済の相違も正当化されるように思われる。例えば，①の段階では，協力義務違反が信義則に基づく注文者の債務の不履行に当たるとされた例がみられるが，これは解除を認める必要性が大きいという事情によるものと思われる。すなわち，請負では労働力を遊ばせること自体が直ちに損害となり，この状態からの離脱の要請が大きくなる。これに対し，②の段階では，民法536条2項の問題として報酬請求権を認める例がみられる。進行してきた契約の履行行為は維持しつつ請負人に（全額の，あるいは出来高に応じた）代金請求を認める必要がある。さらに③の段階の場

〔笠井〕　149

§*632* III 　　　　　　　　　　　　　　　　　　第3編　第2章　契　約

合には，受領遅滞の構成の中での従来の引取りの遅滞における一般論があて
はまるであろう。

(3)　学説の展開

学説は，一方で，注文者の受領義務ないし引取義務（③の段階）を取り上
げてその肯否を論じてきた。建設請負の場合には，信義則上の受領義務を肯
定すべきであるとする見解がみられた（新版注民(16)145頁〔内山〕，新版注民
(10) I 533頁〔奥田昌道＝潮見佳男〕，来栖474頁，荒井八太郎・建設請負契約論〔1967〕
593頁，岩崎脩・建設工事請負契約の研究〔改訂増補，1993〕474頁）。しかし，さら
に進んで注文者の協力義務を肯定し，その不履行責任が認められれば，注文
者側に協力の遅滞があった場合には，着手の段階で契約から離脱して債務を
免れる可能性が生じ，さらに，損害賠償請求が可能となり，場合によっては
現実的な協力行為の実現を求める可能性が生じるとして，請負人の履行の着
手，または履行行為の継続にかかわる注文者の協力義務の肯否（①，②の段
階）を問題とする以下のような若干の見解もすでにみられた。また，特に受
領義務の肯否，受領の意義・位置付け，意思的な要素の要否等について議論
がみられた（平成29年民法改正の過程でもこれらの論点について議論されたが，成案
には至らなかった。部会資料17-2・9頁，部会第16回議事録44頁以下，部会第56回議
事録12頁以下の議論を参照）。

すなわち，受領義務の問題を協力義務の問題とあわせてみていくと，まず，
受領義務については，学説は債務関係一般についてこのような義務を問題と
してきたが，この義務を肯定し受領遅滞を債務不履行とみる見解も有力であ
る（学説の状況については，新版注民(10) I 470頁以下〔奥田＝潮見〕参照）。しかし，
これらは，履行段階の相違に着目した議論にまでは発展せず，請負の分野に
ついてみれば，③の段階の協力を取り上げつつこれを否定する見解がみられ
たにとどまる（鳩山・下599頁，末弘706頁）。

次に，①，②の段階の協力義務についてみると，この点に言及する学説自
体かぎられてはいたが，それらの学説は協力義務を否定するものが多かった。
他方，協力義務を肯定する見解も一部にはみられた（浅生・前掲論文47頁，荒
井・前掲書593頁）。例えば，やや古い時代の見解ではあるが，明確に工事の
着手・進捗（①，②の段階）にとって注文者の協力が必要となる場合を意識し，
特に，「官公庁，大企業の発注する建設工事におけるごとく注文者側に監理

第9節　請　負　　　　　　　　　　　　　§*632*　III

にあたる技術陣が完備しており，仕事の施工中，終始関与している形態」の
場合には，「工事用地，資材の支給，機械の貸与，図面，仕様書の変更等」
において常に注文者の協力を必要とするから，このような場合には，信義則
に基づいて注文者の協力行為の不提供を債務不履行と解するべきであるとす
るものがあった（荒井・前掲書593頁）。

　また，注文者の協力遅滞によって生じる請負人の損害を分類し，それぞれ
に応じた法律構成を与えようとする見解もある（浅生・前掲論文47頁以下）。す
なわち，すでに投下した労働力に対する対価，仕事製作能力を他に振り向け
れば得られたであろう利益，仕事の対価が適時に支払われることの利益であ
る。そして，第1の利益は，危険負担の法理の中で処理し，第2，第3の利
益は，注文者の債務不履行責任の判断において調整するべきであるとする。
この見解に注目すると，第1の利益は，主として②，③の段階で問題となり
やすく，第2，第3の利益は，主として①，②の段階で問題となるのではな
いか。そして，これらの利益の相違はむしろ協力行為の内容に即したものと
みることができるのではなかろうか。この問題に対しては，契約の履行段階
に応じて協力行為の内容と意義が異なることに着目した分類が試みられるべ
きではないかと思われる。

　そして，ここで注目しておくべきは，協力義務を肯定する学説が従来念頭
に置いていたのはまさに請負債務の履行の着手そのものにかかわる協力義務
または履行行為の継続にかかわる協力義務であった点である。他方で，完成
した仕事の引渡し段階でのリスクについては，その負担方法と法律構成につ
いては別途の検討が必要となる。

　なお，仕事の目的物が契約不適合である場合には，受領義務も生じないも
のと考えられる（滝井114頁）。

(4)　各種の標準約款における協力義務

　他方，各種の標準約款は次のような協力義務を定め，①，②の段階の協力
行為の不提供に対して，発注者の損害負担，受注者からの工期の延長請求を
規定している。

　例えば，民間（旧四会）連合協定工事請負契約約款は，施工一般の損害に
ついて，原則として請負人の負担としつつも，発注者の都合により，工事の
「着手」が遅れた場合，または，工事の「繰延べ」や「中止」が生じた場合，

〔笠井〕　　151

§*632* III
第3編 第2章 契約

支給材料・貸与品の提供の遅れにより工事の「手待」または「中止」が生じた場合について，発注者が目的物等について生じた損失を負担し，受注者は工事期の延長を求めることができるものとしている（協定約款20条2項）。

　また，発注者の一定の協力行為を欠くために，工事の「継続」が困難となった場合に，受注者には工事の中止権，解除権，損害賠償請求権が与えられる（協定約款32条）。その協力行為とは，工事用地（敷地および設計図書において注文者が提供するものと定められた施工上必要な土地）の提供（協定約款2条），工事内容・工期・請負代金額の変更に関する協議（協定約款16条4項）が中心をなす。

　他方，これらの規定にもかかわらず，得べかりし利益の負担については，定めをおくに至っていない。

(5)　協力義務の法的性格

　注文者の協力義務が問題となったケースでは，①の段階の請負人の履行の着手にとって必要となる協力行為が提供されなかったものが中心となっている。そして，この場合に請負人が債務の履行に着手することができないことを，従来の受領遅滞の議論の中で処理することは，すでに指摘した状況により適切とはいえない（→(1)(イ)）。特に①，②の段階の協力義務は③の段階のそれよりも具体的な協力行為の提供義務としての実態を有している。これは建設請負の着手時における注文者側の行為についてみたとおりである。その協力行為が得られない場合に当事者の支配の及ばない要素によって生じる請負人のリスクや損害は，売買型の契約の場合よりもはるかに大きい。

　そして，①，②の段階の協力行為は，仕事の完成そのものにとって欠くことのできない行為であり，これについては，建設請負契約自体から導かれる注文者の債務の一部と位置付けられるのではなかろうか。今日，建設請負契約は多様化しており，注文者の一定の行為を前提として請負人が仕事完成に向けた給付行為を行うものも多く，また，請負人と注文者が仕事完成に必要な行為の一部を協働するものもありうる。あえてそのような内容の建設請負契約を締結した当事者は，注文者もまた報酬支払債務に加えて一定の協力義務（債務）を負うことを合意しているものとみることの妥当性もうかがうことができる。

　判例が，①の段階の協力義務を肯定しその違反を債務不履行として契約解

152　〔笠井〕

第9節　請　負　　　　　　　　　　　　　　　§632　Ⅲ

除を肯定するものがみられることも，上のような理解に立ってとらえること
ができる。また協力義務を肯定する学説も，①，②の段階のような協力義務
を念頭に置いているものと思われる。さらに，わが国の各種の建設工事請負
契約約款にも注文者の協力義務が現れているが，これらも①，②の段階に当
たる協力義務に関わるものであり，また建設請負契約における典型的な合意
内容の例示としての意味を見出すことができる。

　以上のようにして，わが国の従来の協力義務に関する判例・学説の展開も，
冒頭に示した協力義務の区別に立って見直すならば，従来の受領遅滞論が前
提とした受領行為とは異なる協力行為を義務付ける場合がありえよう。特に，
①，②の段階の場合については，単なる受領義務論とは異なって，注文者の
主たる給付義務としての協力義務を肯定することができよう。

3　検査義務・検収義務

　検査は，請負債務の履行の結果としての仕事の目的物が契約どおりに行わ
れたかを確認する行為である。民法上はこれに関する規定はおかれていない
が，特に，建設請負の実務では，各種の標準約款に規定がおかれ（公共約款
31条，協定約款23条・23条の2・23条の3），その結果は工事進捗に関する重要
な指標となる。

　一般に，建設請負では設計図書を重要な目安として，中間検査と完成検査
がなされる。検査を求められた注文者は，速やかにこれに応じなければなら
ない。

　まず，中間検査は，完成後には外部からは判断できない工程について行わ
れ，それに合格することは次の工程に進む条件となり，出来高払の要件とも
なる。また，完成検査は，工事の完成を確認する作業であり，設計図書に照
らして契約の趣旨に従って工事が行われたかを評価するものである（理論的
には，契約不適合の判定時の後に検査時が設けられるべきである）。標準約款では，こ
れによって完成が認められると注文者は受領義務・報酬支払義務を履行する
べきこととなる（公共約款31条4項・32条2項，協定約款26条1項）。もっとも，
検査に合格することが民法上の契約適合性の評価を直接左右するものではな
い。

　検収は，特にコンピューター・ソフトウェアの開発請負において行われる
が，その法的意味は多義的であり，必ずしも明確となっていない（部会第56

〔笠井〕　153

§*632* IV 　　　　　　　　　　　　　　　　　　　　第3編　第2章　契　約

回議事録 29 頁〔佐成実委員〕）。

IV　請負人の不履行責任・契約不適合責任

1　仕事完成義務の不履行責任（契約不適合以外の本旨不履行に基づく責任）

　請負人は，正当な理由なく完成期日に仕事の完成・引渡しをしない場合には，本旨不履行に基づく責任に関する一般規定（415条・541条以下）に基づいて責任を負う。この場合の損害賠償については，債務不履行の一般規定に服するが，契約解除については，特に建設請負において特色がみられる。

(1)　損害賠償

　請負人に仕事完成債務の不履行が生じた場合における損害賠償の発生およびその範囲は，415条および416条によって決せられる。一般に，完成・引渡しの期日に利用することができないことの損害は通常損害とされるが，完成した目的物の転売利益については特別損害となる。しかし，その証明は容易でないことが多いため，標準約款には損害賠償額の予定条項が置かれている（公共約款45条，協定約款30条）。

(2)　解　除

　(ア)　注文者の解除権の発生　　仕事完成・引渡しに関する債務の不履行については，双務契約の解除に関する一般的規範（540条以下）が適用される。請負人が約定された完成の期日までに仕事を完成しない場合において相当の期間を定めて催告しても履行がないときは，注文者は，契約を解除することができる（541条）。請負人が工期内に完成することができないことが明らかであれば，注文者は，完成するべき期日を待たずに契約を解除することができる（542条1項5号。このような場合について，大判大 15・11・25 民集5巻 763 頁は，平成 29 年改正前 543 条に基づいて解除を認めた）。仕事完成前に履行不能となった場合には，催告なく解除することができる。

　各種の標準約款では，工期内または工期経過後相当の期間内に工事を完成する見込みがないと認められるとき，正当な理由なく着工期日が過ぎても着工しないときは，契約を解除することができるものとしている（公共約款47条1項，協定約款31条2項a号）。

　(イ)　注文者による解除と信頼関係破壊　　仕事完成前における注文者から

第9節　請　負　　　　　　　　　　　　　　　　　　　　§*632*　IV

の契約解除について信頼関係破壊の法理を適用し解除の可否を論じた裁判例がこの20年ほどの間に多数現れている。例えば，信頼関係破壊を肯定して債務不履行解除（平29改正前541条）を認めたもの（名古屋地判平18・9・15判タ1243号145頁，東京地判平26・12・24判時2260号57頁）があり，また，信頼関係破壊に基づく債務不履行解除を否定しつつ，任意解除（641条）を認めた裁判例（例えば，東京高判平11・6・16判タ1029号219頁，東京高判平18・12・26判タ1285号165頁など）も現れていた。

　信頼関係破壊の肯定例として，請負人が調査不足により法令上の制限に関する事実を誤認して注文者の意向に沿わない設計をし，見積書，工程表等を速やかに提出せず（請負人の付随的債務の違反），注文者に無断で設計変更を行ったなどの点に着目したもの（前掲名古屋地判平18・9・15），工事の物的要素として基礎部分の施工の不具合の程度，および人的要素として注文者からの基礎部分の解体の催告に対する請負人の拒絶を挙げるもの（前掲東京地判平26・12・24）がある。

　他方，否定例として，打合せの要求に請負人が応じないことが信頼関係破壊の評価要素であるとしつつも直ちにそれが付随的債務の不履行となって解除原因となるわけではないとしたもの（前掲東京高判平11・6・16），一般建設業の許可がなかったことを無催告解除を肯定するほどのものではないとしたもの（前掲東京高判平18・12・26）などがある。

　そして，請負の解除における信頼関係の破壊が争われた裁判例は，それを無催告解除の根拠としてとらえている。ただ，その評価要素は裁判例において十分に整理された段階にはないようにみえる。

　もともと信頼関係破壊の法理は，主として賃貸借契約のような継続的契約において発展してきたものであるが，この法理が請負契約にも妥当するかについては，その根拠と範囲を見極めておく必要がある。請負契約は，継続的契約ではないと解されてはいるが（通説。我妻・中Ⅱ661頁，新版注民(16)115頁〔広中〕。他方，請負契約，特に建設請負契約に継続的契約としての性質を認めるべきであるという見解もみられる。内山11頁），一種の「受注生産型」の契約であり，その履行においては仕事完成に向けた，通常一定期間を要する役務や材料の提供がなされる。そして，完成・引渡しに至る工程の進め方自体は原則として請負人の技量と裁量によるため，この役務提供の期間内においては当事者間

〔笠井〕　　155

§*632* IV   第3編　第2章　契　約

の信頼関係の維持が契約の前提となる。また，建設請負契約においては，完
成物の不具合は容易に発見できないことも少なくないため，役務提供の結果
そのものについても当事者相互の信頼関係に依存するところが大きくなる。
そのうえ，請負契約においてはその履行に着手する前から通常注文者と請負
人との相互の意思疎通と協力行為が必要となることが多く，このような関係
においては，両当事者の信頼関係は賃貸借契約におけるよりも重要性がいっ
そう高いものとなる。なお，請負における信頼関係の上のような特質から，
その破壊がしばしば付随的債務の不履行によって生じていることにも注目さ
れる（例えば，前掲名古屋地判平18・9・15は，3つの付随的債務の違反をもって信頼関
係破壊と評価している。前掲東京高判平11・6・16も参照）。

　(ウ)　解除の効果

　(a)　解除の範囲　　請負人の仕事完成義務の不履行責任としての解除
（541条・542条）の範囲については，一定の要件の下で未履行部分に限定する
法理が，判例・学説によって形成されてきた。この展開については，この法
理を前提としつつも，完成擬制に基づいて注文者が受ける利益に応じた割合
的報酬を規定する634条2号の注釈において詳論する（→§634 III）。

　(b)　損害賠償　　請負契約が解除された場合の損害賠償については，双
務契約の解除の効果としての損害賠償に関する規律（545条4項）が妥当する。
ただ，請負の特質を反映した次のような議論があり，特に賠償されるべき損
害の範囲については，先例もみられる。

　請負人の仕事完成義務の不履行における解除は，完成擬制の及ばない部分
に限定されるが，損害賠償もその部分の解除に伴うものに限定されることと
なる。このような場合について，平成29年改正前民法下では，注文者が
（第三者に託した）残工事の施工に要した費用については，請負代金中未施工
部分の報酬に相当する報酬（解除によって支払を免れた分）を超えるときに限り
その超過金額の賠償を請求することができるにすぎないとした先例がある
（最判昭60・5・17判タ569号48頁）。このような場合において，資材費・人件費
等が上昇しつつあるときは，損害賠償額の算定に困難が生じるが，解除後の
相当な時期に行うべき第三者による代替的な工事に要する費用を算定の基礎
とするべきであろう（滝井107頁。実際の解除時ではなく，注文者が解除して第三者
と新たに契約しえた時の工事価格を算定の基礎とするものとして，仙台高判昭55・8・18

156　〔笠井〕

第9節　請　負　　　　　　　　　　　　　　　　　§632　IV

下民集31巻5〜8号472頁参照）。

　また，遅延損害金についても，請負人が遅滞に陥りかつ残債務の履行を期待することができなくなった場合には，注文者もその請負人の未履行につき適時に第三者と契約して代替的な履行を得るべきであり（損害の増大を避けるために必要な対応をとるべきであり），その措置をとることなく時を過ごした場合には，実際の遅延期間の全部を賠償額算定の基礎とするべきではない（同旨の見解として，前掲仙台高判昭55・8・18，滝井108頁。その法律構成としては，過失相殺，因果関係不存在，損害軽減義務の違反などの可能性がある）。これらの算定基準は改正後民法においても妥当するであろう。

2　仕事の目的物の種類・品質に関する契約不適合責任

(1)　契約不適合責任の概要

(ア)　売買の契約不適合責任規定の準用　　請負における仕事の目的物の種類・品質に関する契約不適合とは，一般的に言えば，仕事の目的物が契約において求められている種類・品質を満たさない状態をいう（その評価要素については，一(ウ)(a)）。これもまた一種の本旨不履行にほかならないが，債務不履行責任の一般規定とともに，特に契約不適合に基づく責任につき別途売買の規定が請負に包括準用されている。

　すなわち，仕事の目的物の種類・品質に関する契約不適合に関しては，平成29年改正前民法の請負人の瑕疵担保責任に関する諸規定（634条〜640条）につき，請負に特有の，担保責任の制限（636条）と注文者の担保責任追及の期間制限（637条）に関する規定のみが維持され，その余の規定は削除された。そのうえで，売買目的物の契約不適合に関する規定（562条以下）が請負にも包括的に準用されることとなった（559条）。つまり，注文者は請負人に対し，契約に適合しない部分に対する修補（562条・559条），契約不適合に即した報酬減額（563条・559条）を請求することができ，また，注文者は請負人に対し，損害賠償の請求（415条・564条・559条），契約の解除（541条・542条・564条・559条）をすることができるものとしている（そしてこれらの，責任をまとめて「担保責任」の語をあてている〔636条・637条の見出し。なお，565条・566条・568条・572条の見出しも参照〕。「担保の責任」〔572条〕の表現も参照）。そして，請負人が担保責任を負わない旨の特約をしても，請負人は，知りながら告げなかった事実については責任を免れることはできない（572条・559条）。

〔笠井〕　157

§*632* IV   第3編　第2章　契　約

請負人が知らなかったことにつき重大な過失がある場合についても，同様と解される。

　改正後民法は，仕事の目的物の契約不適合に基づく請負人の責任を（売買の場合と同様に）債務不履行責任の一種として性格付けているものと理解されるが，請負の分野においては，もともと改正前民法下の通説も同様の立場をとってきたため（新版釈民(16)136頁〔内山尚三〕参照），少なくともこの立場からみれば法的性質論においては特に変更が生じたわけではない。改正後民法では，このような性質論を前提としつつ，上記のような，売買と請負の間における契約不適合責任規定の一元化がはかられた。

　改正前民法の請負の瑕疵担保責任規定は，例えば，ドイツ民法・フランス民法などのそれと比較すると条文数も規定内容もきわめて限られたものであったが，上記のような契約不適合責任の適用規定の一元化によっていっそう簡素なものとなった。これは，比較法的にも特異な立法例である。

　請負固有の担保責任規定を削除することについて，審議段階では次のように説明されていた（部会資料88-2・8頁）。すなわち，他の有償契約に準用される売買の担保責任がある一方で，請負において改正前634条の規定を維持するためには，請負の担保責任が売買その他の契約における担保責任とどのような相違があるのかを明らかにしなければならないが，これは困難であるとして，請負における担保責任についても売買の規定を準用することとし，その具体的な内容については，「請負の性質を踏まえた個別の解釈論」に委ねるというのであった。

　しかし，そもそも判例・学説による改正前民法下の634条の解釈においてそのような相違はすでに現れていたのではないか（その相違が，636条と637条にとどまるわけではなかった）とも思われる。仮に改正前634条を維持しようとした場合にそれ以上の相違の明確化が改めて必要であったのか（一元化の要請はそれほど強いものであったのか）は疑問である。そのうえ，改正後民法のように適用規定の一元化をはかっても，目的物の種類・品質の契約不適合について，請負には売買とは異なる種々の独特の事情がなお存在することを否定することはできず，改正後民法下においては，それを準用規定の解釈にどのように反映させていくかという新しい困難な問題を避けることはできない（種々の読替えも必要となる）。そのなかで，改正前634条以下の規定について請

第9節　請　負　　　　　　　　　　　　　　　　　　　　　　§*632*　IV

負の特質に即して整備されていた判例・学説の法理が準用規定の解釈を通してなお存続するのか，あるいは法改正とともに消滅するのかを見極めなければならない。主として以下のような論点が問題となる。

（イ）　契約不適合責任に関する準用規定の適用範囲　　契約不適合責任に関する準用規定の適用範囲については，従来の判例・通説の立場があり，これに対して要綱仮案（案）の審議の中で問題提起がなされたが（部会第96回議事録51頁以下〔山本敬三幹事〕），ほとんど実質的な議論に至らなかった。改正後民法における解釈論については今後の議論の対象となる。この問題を明らかにするうえでのひとつの核心は，請負人からの報酬請求に対して注文者からの契約不適合責任の追及が適切に機能する対応関係を実現することができるかにある。

（a）　予定工程終了説　　平成29年改正前民法下においては，瑕疵担保責任規定の適用範囲を「予定工程の終了」によって画するのが，裁判例の立場であり（東京高判昭36・12・20高民集14巻10号730頁，東京高判昭47・5・29判時668号49頁，大阪地判昭49・6・6判時779号91頁，横浜地判昭50・5・23判タ327号236頁，東京高判昭51・6・29金判513号40頁，東京地判昭57・4・28判時1057号94頁，大阪高判昭61・12・9判タ640号176頁，東京地判平3・6・14判タ775号178頁，東京地判平22・10・26判時2114号77頁など），多数説の見解でもあった（一種の時的区分説。我妻・中Ⅱ633頁，栗田379頁，後藤17頁，定塚430頁，園尾隆司〔判批〕判タ677号〔1988〕112頁など。学説の状況については，さらに平田厚・建築請負契約の法理〔2013〕100頁以下）。

この考え方は，「瑕疵のない仕事の完成」とは別の，予定工程終了を意味するもう1つの「完成」概念（それは，瑕疵の有無から切り離されている）を設け，それに，①請負人の報酬請求の前提としての仕事の完成（→Ⅲ1⑵）と②瑕疵担保責任規定の適用範囲の画定基準としての仕事の完成という，性質の異なる2つの位置付けを与えていたことに注目しなければならない。それにより，予定工程を終えた請負人に対し，一方で報酬請求を認めつつ（もはや「未完成」ではない），他方で，注文者には，以後の不具合についてはそれを完成した仕事の「瑕疵」として瑕疵担保責任の追及を認めるものであった。

このように，仕事が瑕疵のない完成に準ずるレベルの履行水準に達した場合には，それを評価して，請負人からの報酬請求を認め，かつ，以後の不具

〔笠井〕　　159

§*632* IV 　　　　　　　　　　　　　　　第3編　第2章　契　約

合については契約違反の一般規範とは異なる規律を適用するという時間的に区分した発想には，比較法的にも類似する考え方を見出すことができる。例えば，アメリカ法における実質的履行（substantial performance）の法理はその適例である。この法理によれば，請負人は，実質的履行に達したことにより，完全な履行（perfect tender）に達していなくても，解除の可能性から解放され（解除制限が働き），かつ報酬請求が可能となる（詳しくは，笠井122頁以後参照。また，ドイツ民法〔640条〕における「引取り」〔Abnahme〕が果たす機能にも注目するべきである。下村正明「履行認容の概念と効果に関する覚書」阪法145=146号〔1988〕477頁，青野博之「仕事の目的物が契約の内容に適合しない場合における注文者の権利」駒澤法曹14号〔2018〕47頁参照）。

　裁判例・多数説が，上の①の報酬請求についてこのような考え方をとってきたのは，特に建設請負に特有の政策的判断と民法の請負規定の構造によるものであったこと，および，この考え方が，建物その他土地の工作物に関する解除制限（平29改正前635条ただし書）が削除された改正後民法の下でも妥当であることはすでに述べた（→Ⅲ1⑵⑶）。

　しかし，改正前民法下においては，これにとどまらずに，上の①の報酬請求の可否と②の担保責任の適用範囲との連結が行われていた。これは，改正前民法下において瑕疵担保責任が，報酬請求に対する損害賠償との同時履行の抗弁権（平29改正前634条2項後段）の存否，さらには相殺の可否として問題となることが多く，報酬請求の可否と担保責任規定の適用の可否が予定工程の終了によって連結されることに，一定の合理性と必要性が認められていたからである（報酬請求権の行使を可能にする時的基準としての完成には，より実質化した時間的基準を採用した裁判例・学説もみられたが〔→Ⅲ1⑶(イ)〕，他方で，担保責任規定の適用範囲に関する基準としての予定工程終了ないし一応の完成については，そのような議論の展開はほとんどみられない）。

　そうすると，問題は，改正後民法においても，予定工程終了の基準を契約不適合責任の追及可能性（報酬支払との同時履行・相殺，さらに減額）の問題にも連結させることが適切かということになる。まず，理論的には，（上の必要性に加えて）予定工程終了によって契約不適合責任規定の適用を認めることの根拠をどこに見出すかがカギとなる（この点について，改正前民法下においては，必ずしも十分に積極的な根拠付けが与えられていたわけではない）。それは，おそらく

第9節　請　負　　　　　　　　　　　　　　　　　　　　§*632*　IV

予定工程終了によって契約不適合の評価の対象がはじめて出現するという点
に求めることができよう。

　また，注文者が，引渡し前に（検査等により），仕事目的物につき契約不適
合を発見した場合には，引渡しを待たずに，請負人に対する契約不適合責任
の追及（それ自体に客体承認としての意義を認めることもできよう）を可能にする必
要があるように思われる。さらに，改正後民法においては注文者に報酬減額
請求権（563条・559条）が与えられたため，請負人からの報酬請求が可能に
なるのと同時に注文者による報酬減額請求を可能とすることが望ましいとい
う判断もあり得よう。

　なお，上記の①と②を連結させた予定工程終了説が今日の確立された実務
であり，改正後民法においてもそれが維持され連続性が確保される利益が大
きいことも重要な考慮要素となる。

　このような考慮によって，平成29年改正後民法においても，予定工程終
了は契約不適合責任規定の適用（準用）範囲の画定基準として妥当するもの
と思われる（予定工程終了による契約不適合責任の追及を肯定する場合には，562条の
「引渡し」は，請負における準用においては「予定工程終了」と読み替えることになる）。

　(b)　引渡基準説，受領基準説　　他方，平成29年改正前民法下におけ
る，引渡基準説，受領基準説などは，引渡しに仕事完成の承認や履行認容の
要素が加わることに意義を見出すものである。例えば，引渡しに履行認容が
備わることにより請負人の責任が瑕疵担保責任規範に収束すると解する見解
（下村正明〔判批〕法時58巻10号〔1986〕119頁），仕事の完成を承認して引渡し
を受けた時からとする見解（潮見佳男・契約規範の構造と展開〔1991〕246頁），受
領の時からとする見解（大村敦志・基本民法Ⅱ債権各論〔2版，2005〕136頁）など
である。仕事の目的物の引渡し時をもって契約不適合責任の規定が準用され
ると解することは，改正後民法の条文（562条・567条・636条など）の文言と
も整合的である。

　ただ，改正後民法下においても，引渡しがなされる場合には報酬の支払も
行われるのが通常であるから（633条），引渡し後には，もはや報酬請求を受
けた注文者が契約不適合責任との同時履行の抗弁（533条）を出すという場
面，相殺するという場面，さらに報酬減額を請求する場面は残っていないの
が通常である。この説は，注文者がこれらの対抗手段を行使する機会を，請

〔笠井〕　161

負人が引渡しと報酬支払の同時履行（633条）のメリットを自ら放棄したというきわめて例外的な場合に限定してしまうことになり、報酬請求に対する防御としての契約不適合責任の追及の意味を大きく減殺することになる。

また、この立場では、注文者は、完成後・引渡しを受けるまでの間に（検査等により）目的物が契約不適合であることに気がついても、（完成を否認することができないときは）いったんその目的物を引き取らなければ、報酬請求に対して請負人の契約不適合責任を持ち出して抗弁とすることができないという困難な状態となる（引渡しとの同時履行〔633条〕が考えられるが、報酬の減額や損害賠償との相殺に進むことはできない）。

なお、仕事が未完成であったにもかかわらず引渡しがなされることもありうることは従前より指摘されてきたが（改正前民法下における指摘として、滝井138頁、定塚432頁以下）、このような場合の処理にも問題を残すことになる。

(c) 仕事完成の前後を問わない契約不適合責任規範の適用の可能性
さらに、平成29年改正後民法においては、完成の前後を問わず準用される契約不適合責任規定の適用を認めるとする解釈（これを示唆する指摘として、部会第96回議事録51頁以下〔山本敬三幹事〕）もあり得よう。

しかし、注文者が契約不適合責任の追及として修補請求や報酬減額請求を行うか否かの判断については、請負人がなすべき役務提供を最後まで終えたこと、あるいは現れている仕事の目的物を少なくとも仕事の客体としては受け入れることが前提となるであろう。そのような前提が備わるのは、おそらく予定工程を完了した時点以後あるいは引渡し後であろう。また、そもそも完成の前に注文者に契約不適合責任を追及する利益を与える必要性についても必ずしもはっきりしない。さらに、目的物の契約不適合の判定時をどのように設定するかを含め、多くの論点を解決しなければならないであろう。

(ウ) 請負契約における契約不適合の意義

(a) 契約不適合の意義とその評価要素　　契約不適合の状態の評価は、個々の請負契約ごとに、仕事の目的物が種類・品質に関して契約によって求められているところと相違するか、引渡しを要しない場合には仕事終了時において仕事の目的物が種類・品質に関して契約によって求められているところと相違するかが重要な要素となって行われることになるであろう。ただ、この評価が平成29年改正前民法下における仕事の目的物の「瑕疵」の評価

とどの程度異なるかは，必ずしも明らかではない。すなわち，契約不適合という評価的な要件を設けたことにより，その評価が契約そのものが求めるところとの偏差にどこまで傾くべきかがなお問題となるからである。ここでは，（契約不適合という名称にもかかわらず）契約意思の観点に過度に依拠した還元主義的な評価をするべきではなく，（契約解釈を超える）社会的な取引通念・法令や当事者の履行態様に及ぼす影響等も考慮のうえで，契約不適合の評価を行うべきものと思われる。そのような評価態度をとるならば，おそらくは，改正前民法下における瑕疵の評価とそれほど大きな相違は生じないものと思われる。

　民法の一部を改正する法律の施行に伴う関係法律の整備等に関する法律（平成29年法律45号）によって，建設業法19条1項12号，住宅の品質確保の促進等に関する法律2条5項，特定住宅瑕疵担保責任の履行の確保等に関する法律2条2項等の関係する規定において「瑕疵」が「種類又は品質に関して契約の内容に適合しない場合におけるその不適合」等に改められたが，これも実質的な要件の修正が行われたものとみるべきではない。

　そして，改正前民法下における仕事の目的物の瑕疵の評価要素は，その相当部分において契約不適合の評価に応用しうるであろう。そこでは次のような観点も注視されるべきである。

　すなわち，契約不適合の評価は，多様な要素が作用するが，そこには請負の特質もうかがうことができる。例えば，請負契約における仕事の目的物の契約不適合は，主に，役務，材料，作業環境の状態が原因となって仕事の作製過程で生じる。請負人がこれらの要素を完全にコントロールすることに困難が伴う場合も多い（例えば，建設工事請負契約にとっての屋外の自然条件）。このことにより，請負契約においては，契約不適合をもたらす原因がリスクとしての性質をあわせ持ち，不適合の存否の判断が一種のリスクの分配の機能を果たす場合が生じることになる。

　他方，契約不適合の評価に請負人の過失が取り込まれることもあろう。改正前民法下では，上記の諸要素をどこまでコントロールすれば瑕疵がないと評価されうるのかが争われたケースがあり，そこには瑕疵そのものの程度とともに請負人の過失，特に一定の行為義務違反と結び付いた過失の評価が入り込んでくることがあった（例えば，造成地の瑕疵の有無に関する判断において，請

§*632* **IV**　　　　　　　　　　　　　　　第3編　第2章　契　約

負人の地盤改良方法を決定した地質調査の不十分さを吟味した例として，東京地判平6・9・8判時1540号54頁）。

　（b）　裁判例における「瑕疵」の評価要素　　上記のような観点を考慮しつつ，契約不適合はどのような要素によって評価されるべきかを検討するうえで，平成29年改正前民法下における「瑕疵」の評価要素をやや詳しく眺めると以下のような状況がみられた。

　まず，裁判例における瑕疵の一般的な定義はほぼ共通しており，例えば，「完成された仕事が契約で定められた内容どおりでなく，使用価値若しくは交換価値を減少させる欠点があるか，あるいは，当事者があらかじめ定めた性質を欠くなど不完全な点を有すること」（前掲東京地判平6・9・8）とするものや，「仕事の結果が請負人の保証した性質を有せず，通常もしくは，当事者が契約によって期待していた一定の性状を完全には備えないこと」（東京地判昭44・3・8判時564号56頁，前掲東京地判平3・6・14）をいうとするものがみられた。

　より具体的には，①契約内容・約定との不一致がまず重視される。例えば，注文者が震災直後において耐震性を高めるために当初の設計を変更してより太い鉄骨を使用することを求め，請負人も承諾し，鉄骨の太さが契約の重要な内容になっていたとして，そのような約定と実際の工事内容との乖離を瑕疵と評価したものがある（最判平15・10・10判タ1138号74頁）。上の一般的な瑕疵概念を前提としつつも，瑕疵の存否に関する判断が評価的判断である以上，建設請負における約定違反の事実が，軽微なものも含めてすべて瑕疵と評価されるのではなく，約定の内容が契約上一定の重要性を持つ場合に，それとの乖離が評価根拠事実として瑕疵評価を導くことを述べたものと理解される。車庫建築（前掲東京地判平3・6・14）や宅地造成（前掲東京地判平6・9・8）など，同様の判断例は多い。同じく，著しく美観を損ねるものや使用価値を損ねるものを瑕疵とした判断（札幌地小樽支判平12・2・8判タ1089号180頁）もある。

　また，②設計・確認図書は，あるべき性質を決定するうえで重要な意味をもつ（前掲東京地判昭44・3・8）。ただ，机上において作成された設計図どおりに施工されることはそれほど一般的ではなく，工事現場の状況に応じて工事内容を変更することは避けられないとして，仔細の相違については瑕疵では

164　〔笠井〕

第9節　請　負　　　　　　　　　　　　　　　　　　§*632*　IV

ないとした先例もある（名古屋高判昭49・11・27下民集25巻9〜12号966頁）。

③各種の行政法規の基準（大阪高判平元・2・17判タ705号185頁，神戸地判平
12・1・26判タ1045号181頁）に合致しているか否かが基準とされた例もみら
れる。特に工事が建築基準法に合致しているか否かが重要な基準とされるこ
とがある。特段の事情のない限り，建築基準法所定の最低基準の工事は，発
注者も期待し請負人も保証したとする判断がある（例えば，東京地判昭47・2・
29判タ286号261頁）。建築基準法施行令についても同様である（神戸地判平
23・1・18判タ1367号152頁）。また，宅地造成工事につき宅地造成等規制法の
規定やこれに基づく施行令・施行規則を瑕疵の判断基準としたものもある
（広島地判昭42・8・22判時506号52頁）。その他に，遮音設備の要否につき騒音
規制法規との関連を問題にした例もみられる（東京地判昭51・9・29下民集27巻
9〜12号617頁）。

④工事代金額も，合理的意思解釈の重要な拠り所とされることが多い。つ
まり，発注者が何を期待し，請負人がどこまで保証したかを判断するうえで，
工事代金額は一つの指針となる。代金と工事原価との差が大きいことを瑕疵
判断の一つの材料とした判断がある（東京高判昭48・9・21判時724号35頁）。

⑤工事目的物の用途に着目し，工事目的物が客観的にみて発注者が企図し
た用途に使用することができないとか，それが著しく困難であるといったこ
とが判明すれば，仮に設計図書に掲げられた工事内容と異なるということが
明らかとならなくても瑕疵があるとした先例（東京高判昭52・9・20判タ366号
239頁〔自動車の通行が困難な傾斜を付けた道路〕，前掲東京地判平3・6・14〔地下車庫
の不具合〕，東京地判平20・3・12判タ1295号242頁〔倉庫としての基本的性能〕），工
事が宅地造成等規制法という行政法規の基準に合致するものであっても，そ
の工事がなお当事者の当該請負契約締結の企図した使用目的に適合しない場
合には，その工事は瑕疵を帯びると判断した例（前掲東京地判平6・9・8）もみ
られる。ただ，注文者の意図が請負人において認識され得たことを必要とす
るべきであろう。

さらに，⑥社会通念に拠った判断もみられる（名古屋地判昭54・6・22判タ
397号102頁）。

合理的意思解釈の名の下にこれらの多様な要素を意思の中に取り込むので
あれば，結局，請負の場合には，瑕疵の評価根拠事実は，当事者意思が重要

〔笠井〕　165

§*632* Ⅳ   第3編　第2章　契　約

な意義を持つことになり（売買における瑕疵判断よりもこの傾向が強い），それとの乖離がすなわち瑕疵ということになる（設計図書や工事代金額も含め，上記の要素は契約によって求められるあるべき性質や請負人によって引き受けられるべきリスクの範囲を判断する材料として位置付けることができる）。ただ，これはしばしば無理な解釈とみられる場合もある。特に，各種の行政法規については，それぞれ別個の行政目的を有するものであるから，請負契約における瑕疵の判断には，より客観的な評価要素もとり込まれてきたものと理解するべきであろう。

　　(c)　学説・実務における「瑕疵」の評価要素　　他方，学説は，売買における瑕疵概念に比べ，請負における瑕疵概念を必ずしも十分議論してこなかったが（売買における瑕疵との区別をあまり意識せずに議論することも多かった），一般に，瑕疵とは「完成された仕事が契約で定めた内容通りでなく，──使用価値もしくは交換価値を減少させる欠点があるか，または当事者が予め定めた性質を欠くなど──不完全な点を有すること」（我妻・中Ⅱ631頁）とする見解（主観的要素と客観的要素を含む）が，ほぼ共通のものとなってきた。瑕疵をこのようにとらえれば，性質に関する合意ないし性質保証に反する状態も瑕疵の中に取り込まれることになる。

　さらに，近時は，このような瑕疵概念に関する実際の判断基準として，特に建築請負における実務の観点を考慮して，より多様な要素を取り込んだ，具体的かつ精密な基準が主張されるようになってきた。例えば，契約書・見積書の記載内容，設計図書，法令，日本建築学会等の権威ある団体の技術基準，住宅金融公庫（現在は廃止）の基準，工事代金額，社会通念などが判断要素として指摘されてきた（齋藤隆編著・建築関係訴訟の実務〔3訂版，2011〕182頁以下〔高橋譲〕，横浜弁護士会編・建築請負・建築瑕疵の法律実務〔2004〕181頁以下）。これらの要素も瑕疵の評価根拠事実として位置付けられるべきであろう。

　　(d)　保証された性質の欠如と「瑕疵」　　なお，裁判例では，保証された性質の欠如も一種の瑕疵として瑕疵判断の中に解消されている。裁判例には，請負契約における瑕疵とは，「仕事の結果が請負人の保証した性質を有せず通常もしくは，当事者が契約によって期待していた一定の性状を完全には備えないこと」（前掲東京地判昭44・3・8）をいうものとして，保証された性質の欠如も瑕疵概念の中に取り込んでいるものがみられた。

　まず，明示の性質保証があったとみられる場合は少ないが，例えば，敷地

166　〔笠井〕

第9節 請負 §*632* Ⅳ

面積や前面道路との関係で，注文者の期待するような車庫を建築することには相当な無理があったのに，請負人が専門家としてそうした事情を十分知悉しながら，出入庫可能な車庫の施工を保証し，結局出入庫不能な車庫を完成した場合は，工事に瑕疵があるとしたものがある（前掲東京地判平3・6・14）。

また，黙示の保証の認定を通して，上記のような各種の行政法規違反を瑕疵に取り込んだ例がある。特に，建築基準法所定の最低基準の工事は，発注者も期待し請負人も保証したとする判断（前掲東京地判昭47・2・29）がある。また，保証すべき範囲に関して，建物の左官工事で同一壁面の凹凸が多く，陸屋根の排水も十分でなく亀裂が生じている等全般的に工事が粗雑であった場合には，たとい工事代金が格安であったとしても請負契約をした以上，請負人としては社会通念上予定された性状は最低限これを保証するべきであり，工事の瑕疵に当たるとした例（大阪地判昭44・9・24判時587号69頁）もある。

　(e)　以上のような，平成29年改正前民法下における，多元的な「瑕疵」の評価は，改正後民法における契約不適合の評価に受け継がれるべきものと思われる。

(2)　契約不適合部分の修補

(ア)　修補請求権の意義

　(a)　契約不適合に対しては，注文者は，まず履行の追完を請求することが可能である（562条1項・559条）。一般的には履行の追完には種々の態様がありうるが，請負債務の履行の追完請求としては修補請求がなされるのが普通である。平成29年改正前民法において瑕疵修補請求権を規定していた634条1項は，売主の担保責任としての追完請求権を規定する562条の準用によって不要とされて削除された（平29改正前634条1項ただし書について，瑕疵が重大である場合にはいかに過分の費用を要しても修補義務があると解する余地があり，これも不合理とされた。一問一答340頁も参照）。

562条1項は「引き渡された目的物」としているが，同条は仕事の目的物が引渡しを要しない場合にも準用され，「終了した仕事に係る仕事の目的物」と解される（一問一答337頁）。

本来請負人は契約に適合した仕事の完成義務を負っているのであり，契約不適合の状態はこの義務が尽くされていない状態であるから，請負人の修補義務は仕事完成義務の一部が残存するものということができる（ただ，履行請

〔笠井〕　167

§632 IV　　　　　　　　　　　　　　　　　　　第3編　第2章　契　約

求権と瑕疵修補請求権との関係は，重要な論点となっている。すなわち，修補請求権も履行請求権の一態様とみるか，債務不履行に対する救済手段として損害賠償と同列にとらえるかである。この点について，森田宏樹・契約責任の帰責構造〔2002〕244頁，森田修「履行請求権か remedy approach か——債権法改正作業の文脈化のために」ジュリ1329号〔2007〕83頁，潮見佳男・債務不履行の救済法理〔2010〕301頁参照。今後は各契約類型の特性をとらえた議論にも発展するであろう）。注文者は契約に適合した仕事の完成を内容とする履行請求権の行使として修補（つまり仕事完成）を求めることができるはずであると考えれば，その限りでここに準用された修補請求権規定は単なる確認規定とみることもできるが，同時に，この規定および後続の規定（636条・637条）により修補請求権に一定の制限が課せられることになり，この点が実際上の意義となる。

　なお，修補の方法は注文者が指定することができるが，請負人は，注文者に不相当な負担を課するものでないときは，注文者が請求した方法と異なる方法による修補をすることができる（562条1項ただし書・559条）。請負の仕事が専門的性格を持つ場合等には，修補の方法をめぐり争いが生じる余地がある。

　（b）　ただ，平成29年改正前民法下の訴訟に現れた状況をみる限りでは，仕事の目的物の瑕疵があった場合に注文者が修補請求権（平29改正前634条1項）を行使したケースはまれであり（東京地八王子支判昭38・4・18判タ147号114頁，東京地判昭45・10・30判時620号58頁，東京地判昭55・11・26判時999号78頁），また，それらも請負人からの報酬請求に対する抗弁として瑕疵修補との同時履行を主張したケースが中心であった。これは，請求する修補の内容を特定することに困難が伴う場合や，仕事の目的物が瑕疵を帯びる場合には請負人の技量や履行態度に対する信頼が失われている場合が多いためではないかと指摘される（定塚434頁）。すなわち，請負人への瑕疵担保請求としては，瑕疵修補請求権はあまり利用されてこなかった（もっとも，注文者が信頼に足る工事監理人を選任することができた場合はなお瑕疵修補を請求することはあろう）。実際には，瑕疵担保請求のほとんどのケースにおいて直ちに損害賠償の請求がなされてきた（一(4)(ウ)(a)）。

　（c）　なお，契約不適合につき注文者に帰責事由があるときは，修補請求を行うことができない（562条2項・559条）。解除の規律と平仄を合わせる趣

168　〔笠井〕

第 9 節　請　負　　　　　　　　　　　　　　　　　§*632*　IV

旨である（報酬減額請求〔563条3項〕についても同様）。ただ，修補請求権と履行請求権との関係の理解によっては，なぜ修補請求が注文者の帰責事由によって排除されるのかは，さらに理論的な説明を要するであろう。

　契約不適合が注文者の提供した材料や指図による場合（636条）も注文者の帰責事由によると評価されうるであろうが，この場合にはより具体的な原因を列挙する636条の適用によって修補請求の可否が定まると解するべきであろう（一問一答344頁。563条との関係についても同様）。

　(イ)　修補請求権の限界とその評価要素

　　(a)　修補請求は，それによって仕事の目的物を契約に適合したものにすることを求めるものであるが，例えば，修補の履行が物理的に不能である場合や，契約不適合がそれほど重要ではないにもかかわらずそれを修補しようとすると過分の費用を要する場合にまで修補請求を認めることは妥当ではないとも考えられる。では，修補請求権にはどのような限界が設けられるべきであろうか。この点について，平成29年改正後民法においては，履行請求権の限界に関する一般規定（412条の2）に基づき，当該修補が，契約その他の債務の発生原因および取引上の社会通念に照らして不能であると評価することができる場合には，履行不能の規律に服して，もはやその修補請求は退けられるべきものと判断される。

　改正前634条1項ただし書は，①仕事の目的物の瑕疵が重要でないこと，②修補に過分の費用を要することを修補請求に対する抗弁事由としていた。この2要素は，改正後民法下においては，当該修補が，契約その他の債務の発生原因および取引上の社会通念に照らして不能であることの重要な評価根拠事実と性格付けることができるであろう。その場合に，修補に要する費用が過分であるか否かは，修補に要する費用と修補によって得られる利益との比較によって判断されるべきであろう（改正前634条1項の解釈）。瑕疵の重要性と過分の費用に関する改正前民法下における先例は僅かであるが，瑕疵修補によって得られる利益とそれに要する費用・損失との比較によって，瑕疵修補請求権を否定したものもみられた（最判昭58・1・20判タ496号94頁，札幌高判昭51・8・23判タ349号232頁も参照）。

　なお，改正前634条1項の下では，瑕疵が重要である場合には修補に過分の費用を要する場合であっても請負人は修補義務を免れないものと解される

〔笠井〕　　169

§*632*　**IV**　　　　　　　　　　　　　　　第3編　第2章　契　約

余地があったが（後藤69頁は，このような解釈に対する疑問を述べる），改正後民法では，この点も，履行請求権の限界の問題として調整されることになる。

　（b）注文者が仕事の目的物の契約不適合箇所の修補を請求する場合には（562条・559条），その請求は相当の期間を定めて行うべきであると解される（平成29年改正前634条1項が明文で要求していた要件）。そして，その期間が経過するまでは修補に代わる損害賠償を請求することはできないものと解される（改正前民法下でも，注文者は瑕疵修補請求権と損害賠償請求権の2つの権利を有するので，いったん一方を選択した以上はこれに拘束されるべきであると解されていた。新版注民(16)144頁〔内山〕）。

　解除権（564条・559条）の行使，特に，契約不適合について修補を請求したにもかかわらず請負人が修補に応じない場合に注文者は催告解除（564条・541条・559条）が可能か。改正前民法下においては争いがあり，通説は，改正前民法の建物等についての解除制限（635条ただし書）を考慮して，修補義務の不履行による解除も認めないものと解していた（我妻・中Ⅱ635頁）。改正後民法においては，この解除制限は取り払われたため，催告解除が認められるという解釈が成り立ちうる。修補義務は仕事完成義務の一部が残存するものであるととらえれば（→(ア)(a)），修補義務の不履行も双務契約の解除の一般的な規律に委ねるのが妥当であろう。

　(ウ)　報酬支払との関係　　修補義務の履行と報酬支払とは同時履行の関係（533条）に立つか。平成29年改正前634条2項の下においてはやや議論があり，修補義務は仕事完成義務の一部とみることができるから，同時履行関係にはなく，瑕疵修補が先履行（632条）であることを根拠に支払を拒むことができるとするのが理論的であるが（法典調査会民法議事〔近代立法資料4〕547頁，広中270頁），一般には同時履行関係を認めてきた（例えば，東京高判昭51・6・29金判513号40頁，東京高判昭47・5・22下民集23巻5〜8号260頁など，我妻・中Ⅱ636頁，新版注民(16)146頁〔内山〕）。改正後民法においては前者の考え方によるべきであろう。

　(3)　**報　酬　減　額**

　(ア)　報酬減額請求権の意義

　（a）平成29年改正前規定においては注文者の報酬減額請求権に関する規定は存在しなかったが（後述のように，損害賠償において考慮されていた。→(4)

170　〔笠井〕

第9節　請　負　　　　　　　　　　　　　　　§*632*　IV

㋑），その必要性は，しばしば指摘されていた（来栖469頁，新版注民(16)137頁
〔内山〕など）。

　改正後民法においては売主の契約不適合責任に関して置かれた買主の代金
減額請求権に関する規定（563条）を準用する可能性が生じ（準用に際して，同
条の「引き渡された目的物が種類，品質又は数量に関して契約の内容に適合しないもので
あるとき」は，「請負人が種類又は品質に関して契約の内容に適合しない仕事の目的物を
注文者に引き渡したとき（その引渡しを要しない場合にあっては，仕事が終了した時に仕
事の目的物が種類又は品質に関して契約の内容に適合しないとき）」と読み替える），ま
た注文者の報酬減額請求権を前提とした規定（636条・637条）も置かれた。

　報酬減額請求権は，一種の形成権であると理解され，契約の一部解除と類
似の機能を営むため，解除と平仄を合わせた規定が置かれている（部会資料
75A・15頁）。すなわち，上記の，契約不適合箇所の修補について，注文者が
相当の期間を定めて修補の催告をし，その期間内に修補がなされなかったと
きは，注文者は，その不適合の程度に応じて報酬の減額を請求することがで
きるとして（563条1項・599条），催告解除（541条本文）にならった要件構成
が採用されている。

　報酬減額請求については，帰責事由は要件となっていない。したがって，
代金減額分以外の損害の賠償に限って，請負人には，免責（415条1項ただし
書）の余地があることになる（もっとも，一般に専門家であることの多い請負人は仕
事の目的物を排他的に管理しているから，契約不適合について免責が認められる場合は例
外的であろう）。

　なお，563条1項は，562条1項本文に規定する場合を示し，「引き渡され
た目的物」を規律対象としているが，563条1項は仕事の目的物が引渡しを
要しない場合にも準用され，「終了した仕事に係る仕事の目的物」と解され
る（一問一答337頁）。

　（b）　他方，563条1項の規定にかかわらず，修補が不能であるとき，請
負人が修補を拒絶する意思を明確に表示したとき，修補の完了に一定の時期
的条件があるにもかかわらず修補がその時期までになされないとき，その他
催告をしても修補がなされる見込みがないことが明らかであるときには，注
文者は，上の催告をすることなく，直ちに報酬の減額を請求することができ
る（563条2項1号～4号・559条）。無催告解除（542条）と同様の要件構成であ

〔笠井〕　　171

§632 IV 第3編 第2章 契 約

る。ただ，契約不適合が注文者の責めに帰すべき事由によるものであるとき
は，このかぎりではない（563条3項・559条）。543条と同趣旨の規律である。
ただ，契約不適合が注文者の提供した材料や指図による場合には，直截に
636条の適用によって減額請求の可否が定まるべきであろう（修補請求の場合
と同様。→(2)(ア)(c)）。

(c) 損害賠償の請求が認められない場合（仕事の目的物の契約不適合につ
き請負人が損害賠償責任を免責されるのはきわめてまれであるが）にも，注文者の
救済として減額請求がなお意味を持つ場合がある。他方，損害賠償の請求
が認められる場合であっても，報酬減額を請求してなおカバーされない損
害が残るときに，さらに損害賠償を請求することができるかは，問題となり
うるが，肯定するべきであろう（両者を選択的とする見解として，森田修「契約総
則上の制度としての代金減額」東京大学法科大学院ローレビュー3巻〔2008〕263頁も参
照）。

(d) また，平成29年改正前634条2項が，瑕疵修補に代わる損害賠償
義務が本来の仕事完成義務とは同一性を有しないにもかかわらず，同条にお
いて請負代金債務に対して同時履行の関係に立つとしていたのは，この損害
賠償額を裁判所が判断したときには請負人がすでに受領した報酬を費消して
しまっているというリスクがあるから，注文者をしてこれを回避せしめると
ともに，両債権を「相殺シテ代ヲ減ズルコト」を可能にしようという趣旨に
よるものであった（法典調査会民法議事〔近代立法資料4〕547頁。判例においてもこ
の両債権の相殺を認めるものとして，最判昭51・3・4民集30巻2号48頁〔傍論〕，最判
昭53・9・21判タ371号68頁参照）。

他方，改正後民法のもとでは，注文者は直截に報酬減額を請求することが
できることとなったから，それにより，上記のような相殺の機能の重要性は
相対的に低下し，将来は利用されなくなることも予想される。

(イ) 報酬減額の方法 やや問題となるのは，不適合の程度に応じた報酬
減額分の算定をどのように行うかという点であるが，契約に適合した完成を
実現するための修補に要するであろう額を減じるべき額とする方法，あるい
は，完成するべき仕事に対する未履行分の割合を報酬額に乗じた額を減じる
べき額とする方法などがありうる（横浜弁護士会編・前掲書92頁以下）。算定方
法によっては，すでに述べたように，上記の2債権の相殺による処理との差

172 〔笠井〕

第9節　請　負　　　　　　　　　　　　　　　　　　　§*632*　IV

異が現れることがありうる。

　また，代金減額の算定基準時についても今後明らかにされる必要がある。契約時とする見解（一問一答279頁）と引渡し時とする見解（潮見・改正法262頁，山野目章夫・新しい債権法を読みとく〔2017〕191頁など）が主張されている（ただし，売買における議論）。

(4)　損　害　賠　償

　(ｱ)　契約不適合に基づく損害賠償請求権の意義　　注文者は，仕事目的物の契約不適合につき，不履行責任の一般規範に基づき損害賠償を請求することができる（415条・564条・559条）。請負契約の債務は，契約に適合した仕事の完成を目的とするものであり，仕事の目的物に契約に適合しないところがある場合には，それもまたひとつの本旨不履行にほかならないからである（仕事完成義務の一部が履行されていない状態）。その意味において，564条は一種の確認的な規定と理解される。したがって，この場合の損害賠償責任は，免責（415条1項ただし書）の余地のあるものと解される。

　(ｲ)　範囲と算定　　この損害賠償責任によって賠償されるべき損害は，履行利益に及び，その範囲は416条によって決定される。平成29年改正前民法下において問題となった建替費用相当額の賠償請求の可否についても，もっぱら同条の規律によって決せられる。改正前635条は削除され，同条ただし書の趣旨との関係はもはや問題とならない（改正前規定のもとにおける最判平14・9・24判タ1106号85頁参照）。

　なお，改正前民法下における修補に代わる損害賠償額の算定は，契約不適合があることによる目的物の市場価格の低下分を考慮する方法と，不適合箇所の修補に要するであろう費用による方法とがありえた。実際に第三者による修補がなされた場合には，それに要した費用の全額ではなく，修補に必要で合理的な方法によりその範囲内で行われた費用に限られるとされた（注文者が第三者に修補をさせた場合に，それが修補の目的を超えたものであるときは，超過部分については損害賠償の対象とならないものとした先例として，東京地判昭43・9・6判時557号246頁）。そのうえで，修補に要した期間目的物を利用できなかったことによる損害，さらに目的物の契約不適合によって生じた債権者の財産に対する損害も賠償の対象となる。契約不適合を評価する材料として専門家による調査を行うことがあるが，その費用も契約不適合責任を追及するうえで

§632 Ⅳ   第3編 第2章 契約

必要な範囲でこれに含まれるものとされていた（改正前民法下における瑕疵に基
づく損害の評価費用に関する先例として，例えば，大阪高判昭58・10・27判タ524号
231頁）。損害賠償額の算定の時期は修補請求の時であってその後の価格変動
は含まない（最判昭36・7・7民集15巻7号1800頁）。

　このような請負における損害賠償の特性が改正後民法下においてどのよう
受け継がれるべきかは，今後の判例・学説の展開に委ねられる。

　(ウ)　修補請求との関係

　　(a)　平成29年改正前民法下において，瑕疵に基づく損害賠償としても
っとも多い事例は，修補に代わる損害賠償に関わるものであった。すなわち，
改正前民法は，注文者は仕事の目的物に関する瑕疵の修補に代えまたはその
修補と共に損害賠償請求することができるものと規定して2つの手段を認めて
いた（平29改正前634条2項）。そのうえで，修補が可能である場合にも，
注文者は，修補を請求しないで直ちに修補に代わる損害賠償の請求を行うこ
とができるものと解するのが判例（最判昭52・2・28金判520号19頁，最判昭
54・3・20判タ394号60頁。ただし，これらは，重大な手抜き工事や途中で残工事を解
除するなど，注文者からみて請負人自身による修補を期待することができない事例であっ
たことは注意を要する。請負人が修補請求があればそれに応じることが見込まれる場合に
も直ちに修補に代わる損害賠償を請求することができるかは必ずしも明らかではなかっ
た）・通説であった（批判として，例えば，平野裕之「瑕疵担保責任における解除及び
修補に代わる損害賠償請求」内池慶四郎追悼・私権の創設とその展開〔2013〕466頁）。
そしてすでに述べたように，仕事目的物の瑕疵をめぐる対立が法的紛争にま
で発展した段階では，注文者が修補請求（平29改正前634条1項）を行ったケ
ースはまれであった（一(2)(ア)(b)）。十分に信頼のおける工事監理者を選任する
ことができる場合などを例外として，修補請求は現実的な選択肢になりにく
いという事情があった。

　ただ，学説には，修補が容易であり，修補によって損害がまったく残らな
くなるような場合には，まず修補を請求することが信義則にかなうとする見
解もあった（我妻・中Ⅱ638頁）。また，判例には，造船請負契約において，
比較的軽微な瑕疵があるが，その修補に著しく過分の費用を要する場合には
修補に代えて損害賠償請求をすることが許されないとしたものもあった（前
掲最判昭58・1・20）。

174　〔笠井〕

(b)　平成29年改正後民法においては，請負固有の担保責任規定が削除されたため，注文者が契約不適合箇所の修補に代えて直ちに損害賠償の請求を行うことができるかは，債務不履行責任の一般原則に立ち返り判断されることになる。ここにおいて，そのような損害賠償の可否については，415条2項の「債務の履行に代わる損害賠償」の問題として判断されるべきであるとする理解がみられる（改正の審議の過程においてもそのように解する指摘があった。部会第99回議事録1頁以下〔岡正晶委員〕）。すなわち，仕事の目的物が契約不適合であることを理由に同条同項3号の解除権の発生が認められるかによって判断されるものと解される。このように解すると，少なくとも文言上はこの規定に基づいて修補に代わる損害賠償の請求が認められるのは，改正前民法に比べ限定的となる。

これに対し，立案担当者は，修補に代わる損害賠償請求の可否は415条1項の枠内で処理される問題と解している（一問一答341頁）。したがって，この損害賠償の可否の判断においては解除権の発生等（415条2項3号参照）を考慮する必要はなく，かつ，軽微な不適合が存するにとどまる場合にも損害賠償請求は可能であるという。これは，415条2項の規律する塡補賠償の理解にかかわる問題であり（不完全とはいえ履行がなされた場合における契約不適合箇所の修補に代わる損害賠償を一種の塡補賠償とみるか否か），なお今後の議論を要する。

(エ)　報酬支払との関係

(a)　同時履行関係　　契約不適合に基づく損害賠償と報酬支払とは同時履行の関係に立つ（533条）。すでに述べたように（一(3)(ア)(d)），平成29年改正前民法においては，この場合の同時履行関係（平29改正前634条2項後段）の立法趣旨は，それに続く相殺によって実質的な代金減額を実現しようとするところにあった（法典調査会民法議事〔近代立法資料4〕547頁，森田宏樹〔判批〕平9重判解79頁）。すなわち，ここにおける同時履行関係は，そのような目的のための特殊な性格のものであった（八木一洋〔判解〕最判解平9年(上)〔2000〕179頁）。

しかし，そのような同時履行関係とそれに続く相殺のはたしていた役割は，改正後民法においては報酬減額請求（563条・559条）によって担われることになり，今後はその重要性も低下することになるであろう（もっとも数額の算

§*632* Ⅳ 　　　　　　　　　　　　　　　　第3編　第2章　契　約

定によっては救済内容に差が生じることもありうる）。

　ところで，仕事引渡しの時点でどれほどの報酬残代金が存するかは契約内容によって区々でありうるし（特に建設請負の場合には，報酬が工事の進捗状況に応じて五月雨式に分割して支払われるのが通常である），不適合に基づく損害賠償の額もまた不適合状態によって左右され，両請求権の額の大小やその差は様々である。そこで，改正前民法下においては，上記のような性格の同時履行関係は両債権のその全額において成立するのか，それとも対当額の部分に限られるのかが問題となった。

　判例は，原則として同時履行の関係を両債務の全額において認めていた（最判平9・2・14民集51巻2号337頁）。上記のような改正前634条2項後段に基づく同時履行関係の特殊性からみて，対当額においてのみ同時履行関係を認めると差額分について遅滞責任が生じてしまうことは妥当ではないからである（同時に，注文者が請負代金の支払を引き延ばす口実として，工事目的物の些細な瑕疵を持ち出す例もあり，そのような場合には上の均衡をはかる必要も失われるため，上記最判平9・2・14は，信義則による調整の余地も残していた）。この考え方自体は，改正後民法下でも妥当するであろう。

　(b)　相殺の可否　　すでに述べたように，上記の同時履行はその後の相殺を予定したものであったが（→(3)(ｱ)(d)），同時履行関係に立つと解される両債権の相殺の可否はそれ自体問題となる。一般に，抗弁権の付着した債権を自働債権として相殺することは，相手方が抗弁権を行使する機会を失うことになるから許されないとするのが判例であり（大判昭13・3・1民集17巻318頁），また，学説もそのように解してきたからである。

　①ところが，請負の分野で判例は，注文者が請負人に対する損害賠償請求権を自働債権とし，報酬債権を受働債権として相殺を主張したケースにおいて，両債権は相互の現実の履行をさせなければならない特別の利益があるものとは認められず，むしろ，相殺による調整が当事者双方の便宜と公平にかない，法律関係を簡明にするものとして，両債権は対当額で相殺が認められるものとした（前掲最判昭51・3・4〔傍論〕，前掲最判昭53・9・21）。この判例は，上記の特殊な同時履行関係とそれに続く相殺に限定した判断であり，前掲大審院昭和13年3月1日判決と抵触するものではない（森田(修)・前掲論文252頁）。実際に報酬債権を受働債権とした相殺はしばしば活用されてきた（仙台

高判平 4・12・8 判時 1468 号 97 頁，福岡高判平 9・11・28 判タ 985 号 197 頁，東京高判平 16・6・3 金判 1195 号 22 頁，大阪地判平 16・9・29 判タ 1191 号 277 頁，名古屋高金沢支判平 27・5・13 判時 2266 号 61 頁）。そのうえで判例は，注文者により相殺が行われたケースにおいて，注文者は相殺後の報酬残債務について相殺の意思表示をした日の翌日から履行遅滞による責任を負うものとしていた（最判平 9・7・15 民集 51 巻 6 号 2581 頁）。同時履行の関係にあった効果を遡及的に否定するべきではないという考慮による判断である。

この考え方自体は，平成 29 年民法改正後も妥当するであろうが，改正後民法下では，報酬減額請求権（563 条・559 条）が規定されたことによって，このような判例法理の意義も限られたものとなるであろう。

②では，上とは逆に，修補に代わる損害賠償義務を負う請負人は，自己の請負代金債権を自働債権とし，注文者の損害賠償請求権を受働債権として相殺することも認められるか。この点についても判例は，本訴および反訴が係属中に，反訴原告（請負人）が報酬請求債権を自働債権とし，注文者の損害賠償請求債権を受働債権として相殺の抗弁を主張することは許されるものとした（最判平 18・4・14 民集 60 巻 4 号 1497 頁。これ以前にも肯定的見解に立つ裁判例がみられた。例えば，前掲東京高判平 16・6・3）。そのうえで，請負人は，相殺の意思表示をした日の翌日から履行遅滞に陥るものとした（損害賠償額が請負残代金よりも大きいケースにおいて）。

請負人からの相殺の可否に関しては，学説には否定説も強かった。改正前民法下の修補に代わる損害賠償義務と報酬支払義務の同時履行は，後者が前者を上回る部分について履行遅滞を防ぐという注文者の利益を考慮したものであるという制度理解に立つものである（平野 583 頁，松井和彦〔判批〕金判 1036 号〔1998〕51 頁，松本克美「請負人の瑕疵担保責任に基づく注文者の損害賠償請求権と相殺」山田卓生古稀・損害賠償法の軌跡と展望〔2008〕489 頁。ただし，起草者の立場は必ずしも明確ではなかったことにつき，松本・前掲論文 494 頁参照）。ただ，原則論としてはこれでよいとしても，請負人の負う修補に代わる損害賠償額のほうが報酬残額を上回る場合には，相殺しても注文者が残額について遅滞に陥るおそれはないから，請負人からの相殺を認める余地が生じよう（阿保賢祐〔判批〕銀法 648 号〔2005〕33 頁は，両債権の多寡が判決以前には見通しにくいとしてこのような区別に反対する）。

〔笠井〕　177

§*632* Ⅳ　　　　　　　　　　　　　　　　　　　第3編　第2章　契約

(5)　契約解除

(ア)　契約不適合と解除　　仕事の目的物の契約不適合を理由とする解除については，不履行に基づく双務契約の解除に関する一般規定の規律に委ねることが適切とされて（564条・541条・542条・559条），不要となる平成29年改正前635条本文は削除された。注文者からの催告解除もありうるかは，すでに述べたように今後の議論に委ねられるが，肯定してよいであろう（→(2)(イ)(b)）。これを肯定する場合に，その要件については，双務契約一般における解除の法理が妥当するが，なお，割合的報酬の可否等の請負特有の問題もある（→(ウ)）。

　他方，土地工作物の瑕疵における解除を制限する改正前635条ただし書の規定も，その妥当性が否定されて削除された。すなわち，改正前民法下の判例には，建築請負の目的物に重大な瑕疵があって建て替えざるを得ないというケースにおいて，注文者が建替費用相当額の損害賠償（解除された場合の負担に匹敵する）を請求することができるとしたものがあり（前掲最判平14・9・24），改正前635条ただし書の合理性は揺らいでいたが，これも，土地の工作物に重大な瑕疵があるもののなお何らかの価値があるという場合にまで及ぶ判断かは，必ずしも明らかではなかった。このような状況のもとで，改正後民法は，改正前635条ただし書の規定も削除することとした。仕事の目的物である建物その他の土地の工作物に瑕疵があり契約目的を達成することができないが，なお土地の工作物として何らかの価値が残っているという場合であっても，そのような目的物を注文者が抱え込まなければならないことは不当であるとする立法判断によるものである（部会資料72A・6頁）。

(イ)　双務契約の解除一般の規律の適用　　契約不適合に基づく解除の要件については，双務契約の解除一般の規律に委ねられることになる。従来，解除制限規定（平29改正前635条ただし書）のもとで，請負の特質を反映した解除のあり方が必ずしも十分に明らかとなっていなかったため，今後その解明が必要となる（→(ウ)も）。

　例えば，契約不適合解除の場合にも，契約および取引上の社会通念に照らした軽微性の制限（564条・541条・559条）はかかってくるため，契約不適合の軽微性がどのような要素によって評価されるかは重要な意味を持ち（逆に，軽微性が否定されれば，契約目的不達成とまではいえない場合でも催告解除することができ

第9節　請　負　　　　　　　　　　　　　　§*632*　IV

る），その要素の具体化が解除権行使の安定性にとって必要となる。解除権
行使の権利濫用が争われる余地も残されている。

　(ウ)　契約不適合に基づく解除における割合的報酬の可否　　平成29年改
正後民法634条2号は，請負が仕事の完成前に解除されたときは，既履行部
分の可分性と利益性をみたす部分を完成したものとみなして，請負人からの，
注文者の受ける利益の割合に応じた報酬請求を認めた。では，同号にいう解
除には契約不適合解除も含まれ割合的報酬が認められるであろうか。改正前
民法下では，541条に基づく解除および641条に基づく解除において一部解
除・割合的報酬を認める判例法理が存在し（最判昭56・2・17判タ438号91頁，
大判昭7・4・30民集11巻780頁），それが改正後民法634条2号において明文
化されたが（ただし，一部解除論による規律ではなく，「仕事の完成とみなす」という
新たな根拠付けによる），改正前635条本文の適用例には一部解除・割合的報酬
の肯定例はみられなかった。改正により同条ただし書の解除制限が取り払わ
れたため，仕事未完成における割合的報酬の問題と契約不適合解除との接合
の可否の問題があらためて生じてくる。

　　この点については，634条2号の注釈において詳論することとして（→§
634 Ⅲ 3(3)），ここでは問題のみを指摘しておくと，契約不適合解除も634条
2号の仕事完成前の解除に含まれるとすれば（契約不適合が軽微でない場合であ
っても目的物がなお注文者に利益となることは少なくない），解除制限（平29改正前
635条ただし書）を削除した意味がほぼ失われるのに対し，含まれないとすれ
ば，仕事完成義務の不履行解除がなされた場合（634条2号に基づいて可分性と
利益性を備える既履行部分を完成したものとみなして保存しつつ割合的報酬を肯定する）
と，契約不適合解除（解除一般の規律による原状回復〔545条1項〕を求める）とに
おいて一貫性を欠くことになる。

　(エ)　標準約款における発注者・受注者の中止権・解除権　　標準約款には，
発注者・受注者それぞれの中止権・解除権について規定しているものがある
（公共約款20条〔発注者の中止権〕・47条〔発注者の解除権〕・48条〔発注者の任意解除
権〕・49条〔受注者の解除権〕，協定約款31条〔発注者の中止権・解除権〕・32条〔受注
者の中止権・解除権〕）。ここにいう中止権・解除権としては，解除するかどう
かを判断するためにいったん工事を中止する任意の中止権，民法の任意解除
権（641条）に対応する解除権，および，民法の不履行解除（541条・542条）

〔笠井〕　　179

§632 V・§633 I 第3編 第2章 契 約

に対応する解除権のそれぞれが規定されている。

V 注文者の不履行責任

1 報酬支払義務の不履行責任

注文者の債務不履行に基づく責任については，請負の節には規定がなく不履行責任の一般的な規律に委ねられている。注文者の報酬の不払に基づいて，請負人からの解除・損害賠償請求がなされうる。

2 協力義務の不履行責任

裁判例においては，鉄道施設の工事請負契約につきその着手時までに注文者が所轄官庁から工事着手認可を得ることができなかったというケース（大判昭 10・7・29 民集 14 巻 1430 頁），建築確認を取る義務を履行しないケース（東京地判昭 47・7・17 判時 688 号 76 頁），焼鈍炉の工事につきその延期を求めて着手の指図を出さないケース（名古屋地判昭 53・12・26 判タ 388 号 112 頁）などにおいて，いずれも請負人からの解除を認めたものがある。

また，注文者の受領義務については，注文者の協力義務の項で説明した。

〔笠井 修〕

（報酬の支払時期）

第 633 条 報酬は，仕事の目的物の引渡しと同時に，支払わなければならない。ただし，物の引渡しを要しないときは，第 624 条第 1 項の規定を準用する。

〔対照〕 ド民 641・646

I 本条の趣旨

1 報酬支払との関係における完成と引渡し

請負においては，報酬は仕事の目的物の引渡しと同時に支払わなければならない（633 条本文）。本条本文は，仕事の目的物の引渡しを要する請負においては，報酬支払と仕事目的物の引渡しが同時履行の関係に立つことを規定

180 〔笠井〕

第9節　請　負　　　　　　　　　　　　　　　　　　　　　§*633*　I

したものである。仕事の完成自体は報酬支払に対しては先履行の関係に立つから，約定期日に仕事が完成しない場合には，注文者が報酬の提供をしないときでも請負人の遅滞責任は発生する（大判大13・6・6民集3巻265頁，大判大13・6・12新聞2288号19頁）。ただ，未完成部分がきわめて僅少である場合には，注文者は信義則上代金支払期日の未到来を主張することができないとした先例もある（最判昭38・2・12裁判集民64号425頁。結論としては，注文者の残代金の支払拒否が当該事実関係においては信義則に反しないとした原判決を是認した。東京地判昭34・9・23判時203号19頁も参照）。他方，引渡しを要しない仕事については，仕事が完成した後に報酬請求することができる（633条ただし書・624条1項）。

2　引渡しの意義

本条にいう引渡しとは，一般に仕事の目的物の占有を請負人から注文者に移転することを指す。引渡しは，報酬の支払時期を決するのみならず，請負契約の終了時点を確定するものである。

ただ，請負における引渡しについては，売買におけるそれと同様に解してよいかを含め，必ずしも十分な議論が行われていない。学説の中には，請負における引渡しとは，原則として注文者が目的物を点検し，仕事の完成を明示的または黙示的に了承して，占有を受けることをいうと解するものがある（我妻・中II 627頁）。この点については，請負人による仕事の目的物の提供から始まり，注文者による検査を経て，契約の目的物としての承認・受領に至る，両当事者の一連の行為と認識することが，多くの請負類型において適切であるように思われる。

他方，受領には注文者の意思的要素が介入すると解されるから，注文者の対応によっては容易に引渡しが完了しない事態も考えられる。そのような状況においては，請負人にとって大きな負担が生じることもありうる。各種の標準約款が，注文者による目的物の検査・引渡しに関して詳細な規定をおいて対応していることが注目される（公共工事標準請負契約約款31条，民間（旧四会）連合協定工事請負契約約款23条〜26条）。

なお，建設工事においては，請負人から注文者に「引渡証」が交付されることが多いが，これは引渡しの証拠としての意味は有するが，引渡しそのものではない。

〔笠井〕　　181

II 報酬の支払時期

1 本条の規律

報酬について民法上は一括払が原則であり，完成した仕事の目的物の引渡しと同時履行の関係に立つ（633条本文）。もっとも，報酬の支払時期については各種の請負契約において特約がなされるのが一般的であり，例えば，建築，建設，造船，コンピューター・ソフトウェア開発などでは，着手前（前払金も報酬の一部と解されている）から完成・引渡し後にかけて仕事の進捗度合いに応じて数回にわたり分割して支払われるのが通常である。

他方，仕事の目的物の引渡しを要しない請負の場合には，請負人は仕事完成後にはじめて報酬を請求することができる（633条ただし書・624条1項）。

(1) 前 払 金

前払金（前渡金ともいう）の特約がある場合については，特定の日が支払時期とされる。建設工事，特に公共工事においては，前払金の支払が制度化されている（公共工事標準請負契約約款34条（A）（B））。これは，公共工事においては大規模なものが多く建設工事着手に際して多額の資金を要するため，受注者に前払金請求権を認めて工事の円滑な推進を図るためであると理解されている（建設業法研究会編著・公共工事標準請負契約約款の解説〔改訂4版，2012〕289頁）。そして，前払金の支払のこのような目的を考慮して，支払われた前払金は，当該工事の遂行のために必要な資材費・労務費等にのみ充てられるべきであり，その他の使途への転用は禁止される（公共工事標準請負契約約款36条）。前払金が支払われたにもかかわらず請負人の債務不履行により契約が解除されかつ工事既済部分の評価額が前払金額に相当する割合に達しない場合には，請負人が負うべき工事既済部分の評価額を超える前払金の返還債務（不当利得と解される）については，公共工事の前払金保証事業に関する法律（昭和27年法律184号）の定める，前払金保証事業会社が保証することができる（同法13条）。

なお，民間工事における前払金については，標準約款は，約定の前払金が支払われなければ工事を中止することができる旨を規定する（民間（旧四会）連合協定工事請負契約約款32条1項a号）。

合意解除において建設工事の請負人の債務についての保証人が前払金の返

第9節　請　負　　　　　　　　　　　　　　　　　　　§*633*　II

還債務についてまで責任を負うかが争われたケースにおいて，保証の効力が前払金の返還債務にまで及ぶとした判断がみられる（最判昭47・3・23民集26巻2号274頁）。

なお，建設工事の請負契約において請負代金の全部または一部の前金払をする定めがなされたときは，注文者は，建設業者に対して前金払をする前に，保証人を立てることを請求することができる（建設21条）。

(2)　中　間　払　金

多くの建築・建設請負においては，工事の進捗度合いに応じて，中間払金として，報酬を分割して支払う約定がなされる。例えば，着工時，上棟時，軀体完成時，竣工時，引渡し時などがその目安とされるため，そこでは仕事の部分的築造と分割された報酬としての中間払金の支払とが同時履行の関係にあるとされる。やや注意を要するのはここでいう同時履行とは，いずれかの段階の中間払金が支払われない場合には請負人がそれ以降の債務の履行（支払われない中間払金に対応する部分の履行ではない）を拒否することができ，それ以降の部分につき不履行責任が生じないということである。例えば，判例には，中間払金の支払につき約定がある場合において，請負人は最終的に工事の目的物の引渡しを拒絶すればよいから，注文者が中間払金を支払わないことを理由に工事を中止することはできないという注文者の主張を退け，中間払金の不払を理由とする請負人の工事中止を正当であるとした古い先例がみられる（大判明44・1・25民録17輯5頁）。

逆に，中間払金の約定は原則として工事の進捗に合わせて支払うことを定めたものと解するべきであるから，工事が大幅に遅れた場合には，注文者の側も工事遅滞を理由に中間払金の支払を拒否することができるものとした先例もみられる（仙台高判昭55・8・18下民集31巻5〜8号472頁）。

2　報酬前払と履行不能・工事中断等

報酬の前払や中間払を受けた後に仕事の完成が不能となった場合には，既履行分の可分性と利益性の要件の下で，請負人は，請求することができる割合的報酬（634条1号）に当たる額を基準として，既払分がそれを超える場合にはその超えた部分を不当利得として返還し，既払分がそれに満たない場合にはその満たない分を報酬請求することができることになる。

公共工事の前払金保証事業に関する法律は，国などの発注する公共工事に

〔笠井〕　　183

§633 III, §634　　　　　　　　　　　第3編　第2章　契　約

ついて，前払金を支払った注文者が請負業者の倒産などによる工事の途中放棄の場合に損失を回避するための保証事業を規定している。

　すでに述べたように，前払金の支払や中間払の特約がある場合には，その支払があるまで請負人はその後に予定された工事の続行を拒否することができるが，逆に，契約締結後に請負人の経済状態が悪化してその債務の履行を期待することができなくなったときは，請負人がその債務を履行しまたは債務についての担保を提供するまで，注文者は報酬前払を拒絶することができると解される（新版注民(16)134頁〔広中俊雄〕は，これを不安の抗弁権とするが，すでに述べたように，少なくとも前払の特約については，前払分の支払と工事の履行は同時履行関係にあると解するべきである）。

III　注文者の受領遅滞

　建設工事において注文者が受領遅滞にあるときは，請負人は期日に完成・引渡しをすることができない場合にも遅滞の責めを負わないと解されるが，さらに，工事目的物を保管する際の注意義務（400条）が軽減され，完成物に関する危険が注文者に移転するとともに，それを売却して代金を供託する可能性も生じる（494条）。さらに，受領遅滞によってむだになった人件費や資材等の保管費用などの増加費用を注文者に請求する可能性が生じる（485条ただし書）。

　　　　　　　　　　　　　　　　　　　　　　　　　　　　〔笠井　修〕

　（注文者が受ける利益の割合に応じた報酬）
　第634条　次に掲げる場合において，請負人が既にした仕事の結果のうち可分な部分の給付によって注文者が利益を受けるときは，その部分を仕事の完成とみなす。この場合において，請負人は，注文者が受ける利益の割合に応じて報酬を請求することができる。
　　一　注文者の責めに帰することができない事由によって仕事を完成することができなくなったとき。
　　二　請負が仕事の完成前に解除されたとき。

184　〔笠井〕

第 9 節　請　負　　　　　　　　　　　　　　　　　§*634*　I

〔改正〕　本条＝平 29 法 44 全部改正

細　目　次

I　本条の趣旨 ………………………………185
II　注文者の責めに帰することができない
　事由によって仕事を完成することができ
　なくなった場合の割合的報酬（本条 1
　号）…………………………………………186
　1　仕事完成がいずれの当事者の責めに
　　も帰することができない事由によって
　　履行不能となった場合の報酬 …………187
　　(1)　平成 29 年改正前民法下の判例・
　　　学説による処理 ………………………187
　　(2)　本条 1 号による割合的報酬の規律
　　　……………………………………………190
　2　仕事完成が請負人の責めに帰すべき
　　事由によって履行不能となった場合の
　　報酬 ………………………………………190
　3　得られた利益と割合的報酬………………191
　　(1)　本条 1 号の効果 ……………………191
　　(2)　割合的報酬の算定 …………………191
III　仕事の完成前に請負が解除された場合
　の割合的報酬（本条 2 号）………………192
　1　仕事完成前の解除と割合的報酬の概
　　要 …………………………………………192
　　(1)　従前の判例規範と本条 2 号 ………192
　　(2)　部分的な完成擬制の効果 …………193
　2　請負の解除における割合的報酬請求
　　の問題性 …………………………………194
　　(1)　理論的整理の必要性 ………………194
　　(2)　部分的完成と割合的報酬 …………194
　　(3)　解除の範囲と割合的報酬 …………195
　3　解除原因と割合的報酬…………………196
　　(1)　債務不履行解除における割合的報
　　　酬 ………………………………………196
　　(2)　任意解除における割合的報酬 ……197
　　(3)　契約不適合解除における割合的報
　　　酬 ………………………………………198

　　(4)　合意解除における割合的報酬 ……199
　　(5)　事実上の仕事放棄と割合的報酬 …200
　4　完成擬制の範囲を画する要件…………200
　　(1)　可分性 ………………………………201
　　(2)　利益性（注文者の利益）…………201
　5　「部分的完成」と割合的報酬額の算定
　　……………………………………………202
　6　他の法律構成による対応………………203
IV　注文者の責めに帰すべき事由による履
　行不能と本条の規律との対比・関連 ……204
　1　注文者の責めに帰すべき事由による
　　履行不能と報酬請求……………………204
　　(1)　判　例 ………………………………204
　　(2)　学　説 ………………………………206
　2　注文者の責めに帰すべき事由による
　　履行不能と解除…………………………207
V　仕事完成前に目的物の滅失・損傷が生
　じたが履行不能とならなかった場合の規
　律 ……………………………………………208
　1　仕事完成前における目的物の滅失・
　　損傷の負担………………………………208
　　(1)　いわゆる「請負の危険負担」と仕
　　　事完成債務 ……………………………208
　　(2)　危険負担の問題としての処理 ……208
　　(3)　請負債務の履行の問題としての処
　　　理 ………………………………………209
　2　各種の標準約款によるリスク分配……209
　　(1)　いわゆる「請負の危険負担」と各
　　　種の約款による規律 …………………209
　　(2)　約款による危険分配の必要性 ……210
　　(3)　各種の標準約款による規律 ………210
VI　仕事完成後・引渡し前における滅失・
　損傷の負担 …………………………………212
　1　完成の「集中」効と履行不能…………212
　2　完成の前後による区別に対する批判…213

I　本条の趣旨

　請負は請負人による仕事の完成に対して注文者が報酬を支払うことを目的
とするものであるから，契約に適合した仕事が完成しない場合には請負人は

〔笠井〕　　185

§*634* II

第3編　第2章　契　約

報酬を請求することができないのを原則とする。

　ただ，請負人の給付は通常一定期間にわたって段階的に行われるものであり，その給付としての役務の提供行為は，仕事の完成に向けた段階的な行為の積み重ねであるとともに，完成途上の仕事の目的物も注文者にとって一定の利益となることが多いため，完成前においてもそれらと報酬との対価性が意識される。そこで，種々の原因により仕事完成に至らなかった場合においても，その原因や完成への途上にある目的物の評価によっては，約定の報酬の一定割合につきその請求を認めるべきであると考えられる場合がある。

　本条は，注文者の責めに帰することができない事由によって仕事を完成することができなくなったとき（1号），および請負が仕事の完成前に解除されたとき（2号）において，既履行部分の可分性と利益性を要件として，請負人に割合的報酬の請求権を与えるものである（もっとも，注文者の責めに帰すべき事由によって仕事完成が不能となった場合，仕事完成前に目的物の滅失・損傷が生じたが履行不能とならなかった場合などにおいても，同様の問題は生じる。これらは本条の直接の規律対象ではないが，本条の注釈において説明する。→Ⅳ～Ⅵ）。

　完成することができなくなった場合としては，物の引渡しを要する請負において完成・引渡しに至る前に仕事の目的物に滅失・損傷が生じたが再履行が不可能であるという場合（例えば，建物の補修工事中に対象建物が焼失した場合）が多いが，それに限られるものではなく，引渡しを要しない請負において仕事完成が不能となった場合も含まれる。

　なお，本条の規律する可分性と利益性を要件とする割合的報酬の考え方は，民法（債権法）改正検討委員会試案においては，役務提供契約一般に妥当する規範として提案されていたものである（基本方針【3.2.8.08】【3.2.8.09】）。平成29年改正後民法では，割合的報酬に関する規定が，本条のほか，雇用（624条の2），委任（648条3項・648条の2第2項），および寄託（665条・648条3項）に設けられた（本条の委任への準用につき，→§648の2Ⅱ）。

Ⅱ　注文者の責めに帰することができない事由によって仕事を完成することができなくなった場合の割合的報酬（本条1号）

　本条1号の，注文者の責めに帰することができない事由によって仕事を完

186　〔笠井〕

第9節　請　負　　　　　　　　　　　　　　　　　　　§*634*　**II**

成することができなくなった場合としては，①仕事完成がいずれの当事者の責めにも帰することができない事由によって履行不能となった場合と，②請負人の責めに帰すべき事由によって履行不能となった場合とがありうる（部会資料 81-3・17 頁）。本条 1 号は，これらの場合において，既履行分に可分性と利益性が認められるときは，その部分を仕事の完成とみなして，請負人に注文者が受ける利益に相応した報酬請求を認めるものである。

　すなわち，本条 1 号は，注文者に帰責事由がない限り，請負人の帰責事由の有無を問わず，もっぱら既履行部分の可分性と注文者の利益の有無に着目して，請負人からの割合的報酬の請求の肯否を決するものである。

　なお，本条 1 号の「注文者の責めに帰することができない事由によって」という文言は，主張立証責任の分配を考慮したものではない（中間試案補足説明 476 頁，部会第 96 回議事録 50 頁〔山本敬三幹事〕，一問一答 339 頁）。本条 1 号に基づいて割合的報酬の請求をする場合に，請負人は，請求原因事実として注文者に帰責事由がないことの評価根拠事実についてまで主張立証をする必要はない（請負人が 634 条 1 号に基づいて割合的報酬の支払を請求する場合に，注文者が自らに帰責事由があるという評価根拠事実を主張立証して割合的報酬の支払を免れるわけではないことはいうまでもない）。なお，注文者に帰責事由がある場合については，536 条 2 項の解釈・適用に委ねられる（→IV 1）。

1　仕事完成がいずれの当事者の責めにも帰することができない事由によって履行不能となった場合の報酬

(1)　平成 29 年改正前民法下の判例・学説による処理

(ア)　**判例**　　平成 29 年改正前民法下の判例は，仕事完成前に目的物の滅失・損傷が生じた場合について，これを危険負担の問題であるとして，それが引渡し前に生じた場合には，（注文者が受領遅滞にあるときを除いて）請負人が危険を負担するものとしてきた（ただ，請負契約，特に建設請負契約の危険負担が問題となるケースでは，注文が指名入札によって行われることが多いために，建設業者は後の工事で指名されないことを恐れて，リスク負担の問題を法律問題として争うことを好まず，むしろ和解による解決をはかることも多かった。伊藤博「建築請負事件と和解」後藤勇＝藤田耕三編・訴訟上の和解の理論と実務〔1987〕227 頁）。例えば，以下のような先例がある（不能と評価することについて疑問と思われる事例もある）。

　請負の目的物たる建物がその竣工前に天災によって破損したというケース

〔笠井〕　　187

§*634* Ⅱ   第3編　第2章　契　約

において，建築物につき生じた損害は当時の所有者たる請負人の負担に帰す
べきことは「危険ノ負担ニ関スル法則上誠ニ明白」であり，特別の事情のな
い限り注文者に対し負担を求めることはできないとした古い先例（大判明
35・12・18民録8輯11巻100頁），請負人が材料を提供して注文者の土地上に築
造した建物の所有権の帰属が問題となったケースにおいて，建物を引き渡す
まではこれに関する危険は請負人の負担に属し，引渡しによってはじめて注
文者の負担に帰すべき関係にあるとした先例（大判大3・12・26民録20輯1208
頁），さらに，ゴルフ場の芝の張付工事請負契約に基づく工事完成後に，一
部の芝が請負人・注文者いずれの責めにも帰すべからざる事由により枯死し
たためその危険負担が問題になったケースにおいて，請負業者が土地に植え
付けた芝の所有権は仮引渡しの時点で注文者に移転させる趣旨であったとし
たうえで，仮引渡しまではこれに関する危険は請負人が負担し，仮引渡しよ
り以後は注文者がその危険を負担するものとした先例（東京地判昭52・7・11
判時879号101頁）などがみられた。

　改正前民法下の判例は，このように，引渡し（前掲東京地判昭52・7・11では，
仮引渡し）までの危険は請負人の負担であるとしているが（その際に，所有権の
所在と危険負担を結び付けるものもあった），他方，慣習や信義則を根拠として，
請負人の仕事の出来高に応じた割合的な報酬請求権を肯定する裁判例もみら
れた（例えば，札幌地判昭51・2・26判タ342号309頁。結論的には，本条1号と近接
する）。

　(ｲ)　学説　　他方，平成29年改正前民法下の学説をみると，すべてが並
列的な関係に立つわけではないが，およそ次のようであった。

　　(a)　危険負担の問題とする見解　　従来の通説的見解は，判例と同様に，
完成前に目的物の滅失・損傷があった場合についてもこれを危険負担の問題
であるとして，引渡し前に履行不能を生じた場合には，注文者が受領遅滞に
あるときを除いて，536条1項を適用し，請負人が危険を負担するべきであ
ると説いてきた（我妻・中Ⅱ624頁，鈴木651頁，広中268頁）。請負代金は消滅
し，かつ，請負人が支出した費用の償還請求もできないとしていた。しかし，
これは請負契約に基づく債務の特質を十分に考慮に入れたものではなく，通
説の論者自らが苛酷と認めざるを得ないものであった（我妻・中Ⅱ624頁，鈴
木652頁，広中269頁）。そこで，既施工部分の給付を受けることが注文者にと

第9節　請　負　　　　　　　　　　　　　　　　　　　　　§*634*　**II**

って利益となる場合には，請負人はその出来高に応じた報酬（一種の割合的報酬）の請求権があると解することにより請負人の負担を緩和するという考え方もみられた（後藤26頁も参照）。これは，本条1号の規律と共通する発想である。

　他方で，平成29年改正前536条2項にいう責めに帰すべき事由に注文者側の多様な領域的要素を取り込む見解（危険領域説。能見善久〔判批〕法協95巻9号〔1978〕1594頁，笠井101頁以下）もみられ，この見解によれば，本条1号に当たる場面の一部を改正前536条2項の適用において領域的判断により処理する余地もあった。すなわち，改正前536条2項における責めに帰すべき事由には，改正前415条の場合と同じ意味における注文者の責めに帰すべき事由のみならず，不能の原因がたんに注文者の「危険領域」にある事由も含まれうるという。そして，前者の事由による場合には報酬請求権全額が，後者の事由による場合には出来高に相応した割合的報酬請求権が，請負人に認められるべきであるとしていた（危険の原因の所在を基準とした危険分配）。

　(b)　仕事完成義務の問題とする見解──632条，633条適用説　　請負契約では，仕事の完成が先履行となるから，仕事完成前に目的物が滅失・損傷した場合には，完成した目的物が存在しない以上報酬請求権自体が発生しないものとして，危険負担の問題を構成する前提が欠ける（問題となるのは出来高に応じた報酬請求権の有無にとどまる）という主張があった（来栖479頁，星野270頁，山本671頁。なお，平成29年改正民法の審議過程においても，報酬請求権の発生時期に関する同様の見解がみられた。例えば，部会資料72A・2頁。これに対し，従来の判例・多数説の立場については，→§632 III 1 (2)）。結果的に請負人の損失負担となる。

　(c)　建設請負の法社会学的考察からの指摘　　以上の見解に対し，民法規範の操作による解決そのものに対する懐疑も古くから存在した。特に，法社会学的考察をふまえた研究はこの側面を強調してきた（川島＝渡辺57頁以下・140頁以下）。論理的には仕事完成までのすべての損害は請負人によって負担されるべきことになるとしながらも，建設請負工事，特に土木工事における多くの予想しえない要素，生じうべき危険をすべて請負人が負担すべきものとすると建設請負契約がきわめて不公正・不合理なものとなってしまうと指摘する。そして，わが国の建設請負契約は近代私法の体系における請負

〔笠井〕　　189

§634 II
第3編 第2章 契 約

とは異なるものであるから（注文者と請負人とは対等ではなく，その関係は権力・服従の関係であるという。しばしば「片務性」と表現された），それを既存の法律構成をもって処理することはできないとする。

確かに，このような，建設業者と注文者の力関係の格差は注目するべき点ではあった。しかし，今日においては，建設業者はかつてと比較して著しい発展を遂げ，注文者に対して相対的にその立場を強化してきたのであり，また，注文者が消費者としての立場に立つ場合も重視する必要があるのであって，上のような認識は今日では歴史的意義を有するにとどまる。

(2) 本条1号による割合的報酬の規律

これに対し，平成29年改正後民法においては，本条1号により新しい発想を導入した。すなわち，仕事完成がいずれの当事者の責めにも帰することができない事由によって履行不能となった場合において，既履行部分のうち，可分な部分の給付によって注文者が利益を受けるときは，「その部分を仕事の完成とみな」し，これを根拠として，請負人は，注文者が受ける利益の割合に応じて報酬を請求することができることとなった。これにより，「注文者の責めに帰することができない事由によって仕事を完成することができなくなったとき」の一場合として，請負人は割合的報酬の請求をすることができることとなった。

この規律は，完成前に請負が解除された場合における割合的報酬請求の考え方（→Ⅲ）を，仕事完成の擬制によって一般化し，注文者の責めに帰することのできない事情による完成前の不能の場合に推し及ぼしたものである。

そのうえで，仕事完成がいずれの当事者の責めにも帰することができない事由によって履行不能となった場合において，既履行部分の可分性と注文者にとっての利益性の評価をどのように行うかは，今後具体化されなければならない。仕事完成前に契約が解除された場合における割合的報酬（634条2号）の要件としての可分性と利益性については，すでに改正前民法下においてこれらの要件を検討した判断の集積があるが（この2要件の意義については，便宜的に634条2号の注釈において詳述する。→Ⅲ 4），完成が不能となったにもかかわらず既履行部分がなおこの2要件（特に，注文者にとっての利益性）をみたす場合は限られるように思われる。

2 仕事完成が請負人の責めに帰すべき事由によって履行不能となった場

190 〔笠井〕

第9節　請　負　　　　　　　　　　　　　　　　　　§*634*　II

合の報酬

　これは，請負人に不履行責任が発生するべき場合である。仕事完成が請負人の責めに帰すべき事由によって履行不能となったが解除に至らない場合の報酬額については，従来ほとんど議論がみられなかった（なお，鎌田薫「請負」山田卓生ほか・分析と展開　民法II〔5版，2005〕258頁参照）。平29年民法改正の審議過程では，この場合も本条1号に含めるとするのが立案担当者の説明であった（部会資料81-3・17頁）。

　既履行部分が，可分であって注文者の利益となるものである場合には，注文者がそれを対価なく取得する理由はないから，たとえ請負人に帰責事由があって履行不能が生じた場合であっても，それに対応する割合的報酬の支払義務を課すことには合理性が認められる。他方，本条1号による完成擬制が認められない部分については，（報酬請求権の存否をも含め）履行不能に基づく不履行の法理一般の規律に委ねられる。

　なお，請負人の責めに帰すべき事由は，下請負人等の責めによる場合をも含むものと解される。

3　得られた利益と割合的報酬

(1)　本条1号の効果

　本条1号により，完成が不能となった時までに行われた仕事で可分性と利益性の2要件をみたす部分は，当該請負契約に基づいて履行され完成したものとみなされるから，注文者はそれについての権利を取得し，請負人は，その状態のままで建物等の完成擬制の及ぶ目的物を注文者に引き渡し，注文者は，その完成度を考慮して引渡しを受けた目的物から受ける利益に応じた相当な割合的報酬を請負人に支払い，すでに支払われた前払金があれば，相互に清算する義務を負うことになる。

(2)　割合的報酬の算定

　本条1号に含まれる上記1・2の場合における割合的報酬の額はどのような要素をどのように処理することにより算定されるべきか。

　従来の割合的報酬の額の算定においては，主として，請負人がすでに行った工事に実際に要した費用を積算しそれに利潤を加算する方法，工事の出来高割合を評価しそれを工事代金に乗じる方法，あるいは工事代金全額から未施工部分を完成させるのに要する費用を控除する方法がとられることが多か

〔笠井〕　　191

§*634* Ⅲ 第3編 第2章 契 約

った。本条1号に基づく割合的報酬の請求においては，第2の方法によりつつ，上記の2要件をみたす部分によって出来高割合を評価する可能性，および，第3の方法によりつつ，上記の2要件をみたさない部分を未施工部分として評価する可能性があるであろう（次の，本条2号の場合の割合的報酬の算定方法も参照。→Ⅲ5）。

Ⅲ　仕事の完成前に請負が解除された場合の割合的報酬（本条2号）

1　仕事完成前の解除と割合的報酬の概要

(1)　従前の判例規範と本条2号

　本条2号は，請負が仕事の完成前に解除された場合において，既履行部分のうち可分な部分の給付によって注文者が利益を受けるときは，その部分を仕事の完成とみなし，請負人は，注文者が受ける利益の割合に応じて報酬を請求することができるものとする（請負が解除されても仕事完成は不能とはならないから，本条1号とは別に本条2号の規定が設けられている）。

　可分性と利益性の2要件のもとで，それをみたす部分については契約を解除することができず，その他の残余部分のみを解除（一部解除）することができるとして割合的報酬の請求を認める考え方は，判例において一定の契約につき古くから展開されてきたものであるが，請負においては，641条の解除に関する大審院昭和7年4月30日判決（民集11巻780頁）において採用され，さらにいくつかの裁判例および平成29年改正前541条の解除に関する最高裁昭和56年2月17日判決（判タ438号91頁）にも受け継がれた（受け継ぐにあたり，前掲大判昭7・4・30が，2棟の建物の建築という，もともと分割しうる仕事の請負のケースにおける641条解除に関するものであることは，障害とは意識されなかったようにみえる）。これにより，割合的報酬を肯定する考え方が，継続的契約ではなくまた常に数量的に分割することができるわけではないケースにも拡大された。また，このような考え方は一般に学説の支持を得ていた（来栖485頁）。

　本条2号は，この考え方を前提としつつも，一部解除論を根拠とするのではなく，既履行部分のうち可分であり，かつ，注文者の利益が認められる部分については，「仕事の完成とみなす」という新しい根拠付けによって一般

192　〔笠井〕

第9節　請　負　　　　　　　　　　　　　　　§634　III

化をはかることにより，その部分について注文者が受ける利益の割合に応じ
た報酬請求権を認めるものである（一問一答338頁）。なお，請負の解除の遡
及効に関するかつての議論は，この限りで意義を失った。

(2)　部分的な完成擬制の効果

これにより，仕事が未完成段階で請負が解除されても，その時までに行わ
れた仕事で可分性と利益性の2要件をみたす部分は，当該請負契約に基づい
て履行され完成したものとみなされるから，注文者はそれについての権利を
取得し，請負人は，解除時の状態のままで建物等の完成途上の目的物を注文
者に引き渡し，注文者は，上記2要件をみたす部分から受ける利益を考慮し
て引渡しを受けた目的物に対する相当な割合的報酬を請負人に支払い，すで
に支払われた前払金があれば，相互に清算する義務を負うことになる（平成
29年改正前民法下の一部解除に関する裁判例として，東京地判昭45・11・4判時621号
49頁参照）。

この点について，建設請負などの場合において，施工の現場に搬入されて
いた材料についても注文者が引取義務を負うかは問題となりうる。原則的に
は，それが本条の2要件をみたす既履行部分と同視することができる場合は
別にして，そうでない限り請負人が撤去するべきであろう。ただ，標準約款
は，検査済みであれば工事材料および設備の機器を注文者が引き受けるもの
としている（民間（旧四会）連合協定工事請負契約約款33条1項）。

平成29年改正前民法下の裁判例によれば，請負人の既履行部分の引渡義
務と注文者のそれに対応する割合的報酬の支払義務は，本来の契約の履行期
の定めにかかわらず，直ちに履行期が到来し（札幌高判昭52・3・30下民集28巻
1〜4号342頁。これに対し，東京地判昭43・10・1判時558号71頁は，請求時とする），
両者の義務は同時履行の関係に立つ。

注文者による引取り後に契約不適合な箇所があることが判明した場合には，
それに基づく契約不適合責任（562条以下・559条）が生じうる。

なお，2要件をみたさないため解除された部分について報酬支払義務を含
む契約上の債務が残らないことは言うまでもない（545条4項に基づく損害賠償
責任が生じる余地はある）。

〔笠井〕　　193

§634 III　　　　　　　　　　　　　　　　　　　第3編　第2章　契　約

2　請負の解除における割合的報酬請求の問題性

(1)　理論的整理の必要性

　平成29年改正前民法下においては，上のような解除にともなう割合的報酬の請求について，理論的整理を要する2つの問題が存在した。1つは，完成概念とのかかわりにおいて，そもそも請負人が契約上予定した仕事の全体を完成していないにもかかわらず施工の途中ですでに何らかの報酬請求権を行使することができるのかであり，もう1つは，注文者による解除の範囲とのかかわりにおいて，その範囲がどこまで及ぶかである。前者の問題について，仕事の全体が完成しなければ請負人はまったく報酬請求をすることができない（弁済期が到来しない）とすれば，後者の問題である解除の範囲をどのように解そうとも，はじめから請負人の報酬請求の可能性はなく，出来形の帰趨（あるいはその引取義務，さらには不当利得）の問題が残るにすぎない。

　平成29年改正前民法下においては，前者の問題について，請負人が工事を途中で放棄したことによる遅延賠償が請求されたケースにおいて，仕事が全体としては未完成であっても既施工部分に相当する請負代金請求が可能となることを前提とした判決（最判昭60・5・17判タ569号48頁）がみられ，これが判例の立場であったと思われる（報酬請求権の発生時期については，→§632 III 1 (2)）。他方，この立場に立ったとしても，後者の問題として，注文者が契約を解除しその効力が既施工部分にも及ぶ場合には，請負人は既施工部分に応じた報酬を請求することができないとされる可能性があった。

(2)　部分的完成と割合的報酬

　上のような問題状況において，まず，仕事の全体を完成するという請負債務と割合的報酬の関係については，理論的整理が必要となる。すなわち，請負契約において，仕事の全体が完成していないにもかかわらず，たとえ既履行部分とはいえ部分的に対応した，出来高に応じた割合的報酬を請求することができるという結論を，仕事を「全体として」完成するという請負人の債務の本質とどのように調和させるかという問題である（かつては，請負の性質と可分性要件が矛盾するという批判もみられた。栗田哲男〔判批〕ジュリ760号〔1982〕133頁）。また，部分的完成を承認するということが完成概念そのものを無意味にする危険もある。

　この点について，本条の可分性と利益性という2要件を満たす一定の部分

第9節　請　負　　　§*634*　III

について「仕事の完成とみなす」という考え方は，632条の求める仕事の完成に関して，「全体の」完成をもって報酬請求の要件とする原則に対し，例外的な「部分的な」完成という概念を正面から肯定したものである（平成29年改正前641条解除に関する前掲大判昭7・4・30は，請負契約の仕事の完成とは「必スシモ全部工事完成ニ限ラス」としていた）。

　すなわち，すでに述べたように，請負人の債務の内容は全体的な仕事の完成であるが，請負人の給付は段階的に行われる。その役務の提供行為が仕事の完成に向けた段階的な行為の一定期間にわたる積み重ねであるとともに，完成途上の仕事の目的物も注文者にとって一定の利益となることが多いため，完成前にも報酬との対価性が意識される。これが部分的完成と割合的報酬の容認の契機となってきた（他方で，請負契約の段階的な給付を考慮し，この限度では継続的契約関係と同様の解釈を取り入れることが許されるべきであるとする裁判例もみられた。東京地判昭48・7・27判時731号47頁）。

(3)　解除の範囲と割合的報酬

　次に，上記の後者の問題について，平成29年改正前民法下においては，なぜ解除の範囲が一部に制限されるのかについてその理論構成が必ずしも明確となってはいなかったように思われる。これに対し，本条2号においては，部分的な完成擬制の構成をとることにより割合的報酬の理論的根拠がより明確となったということができる。

　もっとも，このような処理の狙い自体は，改正前民法下において指摘されてきたところが同様に妥当する。すなわち，仕事が途中まで進行すると一定の出来形が現れ，これは請負人が提供した役務（さらに多くの場合に材料も）によって形成されたものであるが，解除による原状回復の過程において請負人がこれを価値を損なわずに回収することは困難であり，また，原状回復として出来形を除却させることも（それが一定の価値を持つ段階に至れば）社会経済的に不合理である（例えば，トンネル工事の途中解除）。他方，注文者が途中の工事結果をそれ対応する報酬の支払なくして取得することができるとすると，注文者はそれをもとにした追加工事を別の請負人に発注することにより，解除後に出来形分の利益を収める可能性がある（川島＝渡辺91頁以下）。ここにおいて請負契約の解除を未施工部分に制限し割合的報酬の請求を認める必要性が生じてくる（紛争としては，請負人からの既施工分に関する報酬請求の可否とし

〔笠井〕　195

§*634* III   第3編 第2章 契 約

てのみならず，同債権に対する請負人の債権者からの差押え等の効力の問題として現れる
こともあった。また，解除制限以外の法律構成の可能性も指摘されてきた。→6）。可分
性と利益性はこのような観点から導かれた要件である。

3 解除原因と割合的報酬

本条2号に含まれるべき解除の原因については，明文の制限はない。次の
ような各種の解除について，本条2号に基づく割合的報酬請求の可否が問題
となる。

(1) 債務不履行解除における割合的報酬

(ア) まず，債務不履行解除は，本条2号の中心的事例となる。平成29年
改正前民法下においては，例えば，請負人の債務不履行によって請負契約が
解除された場合（平29改正前541条）の原状回復の範囲について，建設請負の
「工事全体が未完成の間に注文者が請負人の債務不履行を理由に右契約を解
除する場合において，工事内容が可分であり，しかも当事者が既施工部分の
給付に関し利益を有するときは，特段の事情のない限り，……ただ未施工部
分について契約の一部解除をすることができるにすぎない」とした前掲最高
裁昭和56年2月17日判決（同判決は，民法641条に基づく解除に関する前掲大判昭
7・4・30を引用する）によって判例の立場が明確となった（なお，同判決以前にも
裁判例において同趣旨を述べるものはみられた。例えば，札幌高判昭54・4・26判タ384
号134頁）。

そして，この一般論はその後も裁判例によって受け継がれ，2要件をみた
すとして未施工部分に対する一部解除に制限して割合的報酬を認めた裁判例
（例えば，大阪地判昭59・11・30判タ546号151頁，東京地判平26・12・24判時2260号
57頁）と，逆に，この要件（特に，利益性）を否定して全部解除を肯定した裁
判例（例えば，大阪地判平17・10・25消費者法ニュース66号131頁，名古屋地判平
19・3・30 LEX/DB28131293，名古屋地判平18・9・15判タ1243号145頁，東京地判平
25・11・22 LEX/DB25516155）の双方が現れていた。そしてこれは，請負人の帰
責性の有無にかかわりなくそのように扱われてきた。他方，解除の意思表示
の解釈によって一部解除を導くもの（前掲東京地判昭45・11・4〔提供された給付
の利益に着目した意思解釈〕）もみられた（しかし，注文者が全部解除の意思表示をし
ている場合には価値ある出来形も除却するほかない。最判昭52・12・23判時879号73
頁）。

196　〔笠井〕

第9節　請　負　　　　　　　　　　　　　　§*634*　III

　（イ）　このようにして，平成29年改正前民法下では，全体の仕事が未完成
であっても債務不履行に基づく一部解除のみが肯定された場合には，請負人
は，解除時の状態のままで建物等の工作物を注文者に引き渡し，注文者は，
解除時の完成度等を斟酌して相当な割合的報酬を支払う（すでに支払われた前
払金等があれば清算する）義務を負うこととされた（前掲東京地判昭45・11・4）。
解除時の状態のままで引き渡すのは，可分性と利益性を欠く部分のみを分離
することができない場合の処理である。すでに述べたように，この場合に請
負人の出来形の引渡義務と注文者の出来形に応じた報酬支払義務は，本来の
履行期の定めのいかんにかかわらず，解除がなされると直ちに履行期が到来
し（前掲札幌高判昭52・3・30），両債務は同時履行の関係に立つとしていた。
そして，学説も，このような考え方を一般に支持してきた（我妻・中II 650頁，
来栖485頁，山本703頁）。改正後民法においても，このような関係は妥当する
であろう。
　なお，各種の標準約款も，契約が解除された場合には出来形部分に応じた
清算を規定している（公共工事標準請負契約約款50条，民間（旧四会）連合協定工事
請負契約約款33条）。

(2)　任意解除における割合的報酬

　641条に基づいて注文者が任意解除をした場合についても，前掲大審院昭
和7年4月30日判決以後，割合的報酬を認めた先例は多い。すなわち，可
分性と利益性の要件を採用しつつ，一部解除のみを認めたもの（東京高判昭
30・3・8判タ49号62頁，東京高判昭52・6・7判時861号66頁，東京高判昭59・11・
28判時1138号85頁，東京地判平4・11・30判タ825号170頁など），および，全部
解除を認めつつ注文者からの損害賠償による調整をはかったもの（東京高判
昭43・1・30下民集19巻1＝2号17頁，広島地判昭44・7・11判時576号75頁，東京高
判昭60・5・28判時1158号200頁，名古屋高判昭63・9・29金判811号15頁など）が
あった。可分性と利益性の要件の評価についても，裁判例・学説とも債務不
履行解除と同様に理解してきた。
　平成29年改正後民法においても，任意解除の場合に本条2号を適用すべ
きものと解され，これにより，改正前と同様の結論を導きうることとなる。
ただ，任意解除の場合には，請負人は損害賠償を請求することができるから，
その賠償を得ている場合には，この割合的報酬の額が大きく削減されること

〔笠井〕　197

§634 Ⅲ

第3編　第2章　契約

はありうるであろう。あるいは，逆に先に割合的報酬を得ている場合には，損害は少額にとどまるかほとんどない場合が多いであろう（→§641 Ⅲ 2 (3)）。また，割合的報酬の可否にかかわる 2 要件のうちの利益性の評価についても，任意解除の場合には損害賠償によって請負人の保護がはかられており，解除の範囲そのものが請負人の利害を左右することは小さいから，出来形の社会経済的価値に重点を置くものとなろう。なお，解除意思の解釈についても，両要件は解釈指針として働くであろう。

(3)　契約不適合解除における割合的報酬

平成 29 年改正前民法 635 条本文に基づく瑕疵担保解除において割合的報酬が肯定された先例はみあたらず，学説も，これを議論することはほとんどなかったが，平成 29 年民法改正により同条ただし書の解除制限が削除されたため，改正後民法においては，契約不適合解除（564 条・541 条・542 条・559条）において割合的報酬が認められるかが，本条 2 号の解釈問題として改めて議論となりうる。すなわち，仕事未完成における割合的報酬の問題と契約不適合解除との接合の可否の問題，つまり，契約不適合解除も本条 2 号の仕事完成前の解除に含まれるかの問題が生じてくる（一部解除・割合的報酬の規範〔→Ⅲ 1 (1)〕は，判例規範であるから 634 条 2 号の適用の可否を論じるまでもなく請負の解除に広く妥当すると考える余地もあるが，なお上の問題は残ることになる）。

この点については，すでに触れたように（→§632 Ⅳ 2 (5)(ウ)），一種のジレンマが残された。すなわち，契約不適合解除も本条 2 号の仕事完成前の解除に含まれるとすれば（その前提として，同号の「完成」の前にも契約不適合責任規定の適用を肯定する必要がある。例えば，この「完成」を「契約に適合した完成」と読む），本条 2 号の要件（可分性・利益性）を満たす範囲で，請負人は仕事の目的物を注文者に引き渡して相当な割合的報酬を請求し，注文者はその支払とともに目的物を引き取る義務を負うこととなり（特に，不適合部分を分離することが困難な場合には，契約不適合部分も含めて既施工分の全体を引き取ることになろう），それは，解除制限（平 29 改正前 635 条ただし書）を排除した意味を大きく削ぐことになるという問題が生じよう。

これに対し，含まれないとすれば，（例えば，工事中断などにより）不履行解除がなされた場合には，本条 2 号に基づいて完成に到達していない仕事の目的物についてその（可分性と利益性を備える）既履行部分を完成したものとみな

198　〔笠井〕

第9節 請 負 §*634* III

して保存しつつ（追加工事によって本来の完成を実現する余地を残しつつ），割合的
報酬を肯定しながら，他方で，売買から準用される担保責任規定の適用場面
（→§632 IV 2 ⑴⑷）で行われた契約不適合解除では逆に全部解除による原状回
復（例えば，建物除却）を求めることは，（それぞれの要件の相違を勘案しても）い
かにもバランスを欠くであろう（しかも，その場合には，すでにみた予定工程終了
説に立つと，契約不適合なところがあってもすでに全額の報酬請求権について弁済期が到
来しているはずである）。そうすると，請負規定においては，解除について矛盾
するポリシーが併存しているようにみえる（目的物に軽微でない契約不適合があ
る場合には，注文者の利益を認めることも困難であるという見方もあるが〔一問一答339
頁〕，例えば，改正前民法下の請負の解除における注文者の利益の評価をみれば〔→4⑵〕，
そのように言うことができないことは明らかである）。

この問題は，今後の議論に委ねられるが，前者の見解に立って，契約不適
合に基づく解除も本条2号の仕事完成前の解除に含めるのが理論的であろう。
そうすると改正前民法においては解除制限（平29改正前635条ただし書）のも
とで損害賠償によって調整していたのを，改正後民法においては，割合的報
酬の問題として調整することになる。後者の調整を制御するのは特に利益性
の要件であり，この利益性を認める程度に応じて改正前・改正後民法は結果
的に近似した処理に至ることとなろう。

⑷ 合意解除における割合的報酬

請負が当事者によって合意解除された場合にも，割合的報酬の考え方が妥
当するかは，まずは，当該合意解除の意思解釈によって判断されるべきこと
となる。

例えば，工事の中途で請負契約が合意解除された場合であっても，注文者
がすでになされた仕事を基礎としその上に継続してさらに自ら施工し，もし
くは他人をして施工せしめて，当初の仕事を完成したようなときは，反対の
意思表示をしないかぎり，注文者は請負人の仕事の成果を取得利用すること
によって利益を得るものというべきであるから，請負人の施工した出来高に
応じて相当の報酬を支払うべきものと解するのが当事者の趣旨に適合すると
して，特段の約定がなくても，工事出来高に応じて代金の支払義務があると
した先例（東京高判昭46・2・25判時624号42頁。大判昭16・12・20法学11巻719
頁，東京地判昭51・4・9判時833号93頁も同旨）がみられる。

〔笠井〕 199

§634 III 第3編 第2章 契約

(5) 事実上の仕事放棄と割合的報酬

なお，請負契約が解除されないにもかかわらず，請負人が仕事作製に向けた役務提供を事実上中止・放棄することも少なくない。これには，請負人に経営上の困難が生じた場合や，注文者の協力が得られない場合など種々の原因によるものがあり，なかには請負が解除に至らない場合もある。これらの場合に，請負人に割合的報酬を認めるべきか。

平成29年民法改正前においては，請負人が経営上の困難により工事を途中で放棄しながら完成割合に応じた報酬を請求したのに対し，注文者が残工事の完成に要した費用全額を請求したケースにおいて，（特別の理由を示すことなく）契約関係が終了したとして，請負人に既施工部分に相当する報酬請求を認めつつ，注文者には損害賠償請求を認めた先例があり（前掲最判昭60・5・17），出来高に応じた請負代金の請求を認めた裁判例もみられた（例えば，大阪地判昭41・1・19判タ189号175頁，岡山地判昭46・1・18下民集22巻1＝2号1頁，札幌地判昭51・2・26判タ342号309頁など）。

改正後民法下においては，本条2号の類推適用によって同様の結論を導きうるであろう。

この点については，学説の議論は少ないが，注文者に利益が残る場合には，契約が解除された場合と同様の考慮から出来高に応じた割合的報酬を肯定する見解もあった（後藤39頁）。

他方で，そのような場合にも，状況によっては，注文者からの解除の意思表示があったものと認定することができる場合もある（例えば，東京高判昭50・9・25判タ335号222頁）。また，裁判例には，両当事者の行動に着目して（黙示的な）合意解除があったと認定したものもある（例えば，東京高判昭58・7・19下民集34巻5〜8号574頁）。これらは，上記の(4)の枠内で位置付けることができる。

4 完成擬制の範囲を画する要件

では，本条にいう「可分」「利益」という要件は，何を要求するものか。また，両者の間にどのような関係が認められるかが，さらに実際的な問題となる。この点については，平成29年改正前民法下における判例規範においても明確な判断基準が共有されているとはいいがたかったが，改正後はそれを本条の解釈問題として具体化することが求められることとなった。本条は

200 〔笠井〕

第9節　請　負　　　　　　　　　　　　　　　　　　　§*634*　III

一部解除論を根拠とするものではないが，改正前民法下の判例における2要件の判断は，改正後民法下においても妥当するであろう。

(1)　可　分　性

　まず可分性についてみると，請負人の履行が途中まで進んだ段階で契約解除がなされたケースにおいて全部解除を認めた近時の裁判例は，この2要件の吟味を行っていないかにみえるものを除くと，いずれも既施工部分に関する注文者の利益を否定したものであり（例えば，前掲大阪地判平17・10・25，前掲名古屋地判平18・9・15，前掲名古屋地判平19・3・30），可分性が否定されたものはほとんど見当たらない。また，可分性の評価要素が示された例も少ない。

　そして，従来は，既履行部分が可分であるということは，数量的に分割される給付を目的とした場合には当然のこととされたが，それにとどまらずに，より広くとらえられてきた。例えば，前掲最高裁昭和56年2月17日判決は，既施工部分の工事全体に対する割合とその金銭的評価を示して可分であるとするが，これは施工一般にあてはまる段階的な工程の進行状況を述べるにすぎず，そうであれば，建設工事は常に可分であるということになる（内山156頁，栗田・前掲判批ジュリ760号133頁）。また，途中まで進行した工事について追加工事をして仕事を完成することができる状態を可分と評価したものもある（前掲大阪地判昭59・11・30）。そのうえ，このような意味における可分性においては，利益性との区別がしばしば曖昧となり，また，それが否定される場合には，むしろ利益性の要件の問題として割合的報酬に否定的判断がなされてきたのである。あるいは，給付が可分であるとは，特定の請負人のみが有するような特殊な技能を要する工事のほかは，既施工部分が利益となることの前提であったとみることもできるように思われる。他方，可分性を取り上げずに利益性のみを要件として割合的報酬の可否を判断する裁判例もみられたのである（前掲東京地判昭45・11・4）。

(2)　利益性（注文者の利益）

　これに対し，注文者の利益の要件については（当事者双方の利益を要件とする裁判例もあった。例えば，東京高判昭59・11・28判時1138号85頁），それが請負契約の割合的報酬を肯定するかどうかを振り分ける役目をほぼ一手に担ってきた状況をみることができる。先に挙げた割合的報酬が否定された裁判例はいずれもこの利益性の要件が否定されたものである（→**3**(1)(ｱ)）。この要件に大

〔笠井〕　　201

§*634* Ⅲ   第3編 第2章 契 約

きな負担が課せられてきたのであり，その評価要素が解除の範囲を画するに
つき重要な意味を持つことになる。これまでの裁判例における利益の評価要
素をみると，利益性の肯定例では，例えば，注文者が既施工部分を引き取っ
て実際に追加工事を行って仕事を完成させたこと（前掲最判昭56・2・17），追
加工事によって仕事を完成することができる状態にあること（前掲札幌高判昭
54・4・26），既施工部分だけでも一定の用途に応えることができ実際に注文
者がその範囲でそれを利用していたこと（前掲大阪地判昭59・11・30）などを
挙げることができる。他方，利益性の否定例では，例えば，既施工部分が僅
かであること（前掲名古屋地判平18・9・15，前掲名古屋地判平19・3・30），既施工
部分に不具合があること（前掲大阪地判平17・10・25，前掲名古屋地判平19・3・
30）が指摘される。いずれについても，さきに述べた請負における割合的報
酬の根拠（一2(3)）から評価要素としての必然性をほぼ説明することができ
るように思われる。

　そして，ここにいう注文者の利益とは，追加工事による完成をしなくても，
部分的な既履行部分のみですでに（本来契約によって予定されていた目的のすべて
ではないにせよ）一部の用途に応えうること（例えば，数棟の建物の建築請負契約に
おける契約に適合した状態での1棟の完成。641条解除に関する前掲大判昭7・4・30）の
みを指すものではなく（そのような場合に利益が認められるのは当然である。また，
解除の意思解釈〔既施工部分を履行として認容して〕によっても導きやすい場合である），
部分的な施工部分のみでは契約目的の一部であっても達成することができな
いが，そこに追加工事を行うことによって完成することができること（例え
ば，1棟の建物の一部の工程の終了）をも含むのであり，給付がこのいずれであ
るかは本質的な区別ではない。他方，当初の請負人以外施工できないような
特殊な工事の場合には，既施工部分の利益性が否定されることもあろう。

5　「部分的完成」と割合的報酬額の算定

　この場合の割合的報酬額の算定について，平成29年改正前民法において
は，施工者が契約の解除までの間にした工事に実際に要した工事費用を積算
しそれに利潤を加算する方法（前掲札幌地判昭51・2・26），あるいは，工事の
出来高割合を評価しそれを工事代金に乗じる方法（前掲最判昭56・2・17）が用
いられることが多かった（栗田哲男〔判批〕判タ598号〔1986〕63頁）。改正後民
法においては，第2の方法によりつつ，出来高割合を注文者が受ける利益の

202　〔笠井〕

第9節　請　負　　　　　　　　　　　　　　　　　§634　III

割合によって評価する算定方法が利用されるであろう。

　なお，請負人が支出する費用の額をも見込んで報酬額を取り決めていると解される場合には，上記の完成とみなされる部分に対応する報酬の請求が認められれば，請負人にとって不利益はない。これに対し，種々の費用を報酬とは別に清算する旨の取決めがなされていて，費用が報酬に含まれていないと解される場合には，完成とみなされる部分に要した費用（未払であるが請負人が第三者に支払債務を負っている分も含む）を注文者に別途請求することを認めるべきである（この費用償還の問題は平成29年改正の審議の過程で当初明文が盛り込まれていたが，要綱仮案の原案の段階で削除された。部会資料83-2・46頁。なお，部会資料81-3・17頁は，費用は415条，641条などに基づき損害賠償として請求する考え方を示す）。

6　他の法律構成による対応

　なお，平成29年改正前民法下においては，他の法律構成によって割合的報酬を実現する可能性も主張されていた。例えば，建設請負では，解除を告知と解することにより出来高に応じた報酬の請求を認める見解もあった（内山5頁。641条の解除について同様の見解として，新版注民(16)167頁〔打田畯一＝生熊長幸〕）。

　他方，完成しない以上報酬請求することはできないとしつつ，既施工分の報酬請求とほぼ同一の効果を，契約の全体につき遡及的な解除を認めて，その原状回復の方法として価格償還を請求しうるものとすることにより実現する見解や（三宅・下930頁以下），同様に，全部解除を認めたうえで損害賠償や不当利得として実現する見解もみられた（平野裕之「請負契約における債務の一部不履行と契約解除」慶應法学25号〔2013〕170頁は，付合の償金請求の法理による解決を主張する）。ただ，報酬請求との法的性質の相違によって請求額にかなりの相違が生じる場合もありうるほか，例えば，前掲最高裁昭和56年2月17日判決に現れたように，請負人の請求権に対する差押えの効力は，その請求権の法的性質（報酬請求権か，不当利得返還請求権かなど）によって左右される可能性があり（栗田・前掲判批ジュリ760号132頁），これらの法律構成と本条2号との関係については，今後の議論に委ねられる。

〔笠井〕　203

IV　注文者の責めに帰すべき事由による履行不能と本条の規律との対比・関連

1　注文者の責めに帰すべき事由による履行不能と報酬請求

注文者の責めに帰すべき事由によって仕事完成債務が履行不能（通常は目的物の滅失・損傷）となった場合の報酬請求の規律については，本条の起草過程において明文の規定をおくことが検討されたが，結局，平成29年改正後536条2項の規律に委ねることとなった（部会資料81-3・18頁）。このような規律は古くからの判例規範であるが，改正後民法下においても妥当するであろう。

なお，報酬請求権が仕事完成によってはじめて発生すると解する立場（→§632Ⅲ1(2)）においては，536条2項をもって報酬請求権の発生根拠とする（部会第94回議事録32頁〔金洪周関係官〕。さらに，部会第95回議事録12頁以下，部会第96回議事録17頁以下の議論を参照。中田167頁参照。雇用における状況につき，→§624の2Ⅳ1)。

(1)　判　　例

(ア)　536条2項の適用例　　注文者の責めに帰すべき事由によって履行不能が生じた場合については，民法上直接の明文規定がない。判例のなかには，仕事完成前の履行不能について，平成29年改正前536条2項を適用することにより，注文者の負担を認めようとするものがみられた。すなわち，仕事の目的物の滅失・損傷に対し，同項を適用して，請負人に報酬の全額の請求権を認めるものがあった（もっとも，請負人に債務免除による利益があればそれを注文者に償還しなければならないことは当然である。平29改正前536条2項後段）。これらの場合の注文者の関与の態様や程度には，履行不能の直接的原因となったものから関連の薄いものまで，次のようにかなりの幅がある。

例えば，最高裁昭和52年2月22日判決（民集31巻1号79頁）が適例である（より古い時代の同旨の先例としては，大判大元・12・20民録18輯1066頁，大判昭6・10・21法学1巻上378頁などもある）。これは，Aの自宅の冷暖房設備の工事を請け負ったBが，同工事をさらにCに請け負わせたところ，工事が途中まで進んだ段階でCが地下室に付属設備を据え付ける残工事をしようとしたが，Aがその前提となる防水工事を行わないため，残工事の履行ができ

第9節 請 負　　　　　　　　　　　　　　　　　§*634* Ⅳ

なかったというケースにおいて,「請負契約において, 仕事が完成しない間
に, 注文者〔B〕の責に帰すべき事由によりその完成が不能となった場合に
は, 請負人〔C〕は, 自己の残債務を免れるが, 民法536条2項によって,
注文者に請負代金全額を請求することができ」る, と判示したものである
(下記のように, 注文者の協力義務違反とする構成もあり得た)。

　また, 台所改修工事の請負において, 注文者の家族の過失により発生した
建物の火災によって工事の完成が不可能となったというケースにおいて, 注
文者の家族の過失による火災を「被告Y〔注文者〕みずからの行為によった
場合と同視して」536条2項の責めに帰すべき事由に当たるとし, 請負人は
少なくとも本件火災までに施工した工事につきその出来高に相当する反対給
付を受ける権利を失わないとした裁判例(東京地判昭58・1・27判時1089号68
頁)も同様の判断とみることができる。

　注文者の責めに帰すべき事由による履行不能に536条2項を適用する上記
最高裁昭和52年2月22日判決の考え方は, その後多くの裁判例において定
着した(例えば, 札幌高判昭54・4・26判タ384号134頁, 前掲東京地判昭58・1・27,
東京地判昭58・6・8判タ516号135頁, 東京高判昭59・7・25判時1126号36頁, 京都
地判平28・5・27判時2328号85頁など)。

　そこで, 平成29年の法改正における本条の審議過程においては, これを
本条の中に明文をもって取り込むことが検討されたが, 最終的には改正後
536条2項の解釈に委ねることとされた(部会資料81-3・18頁)。請負人は,
自己の債務を免れたことによって利益を得たときは, それを注文者に償還し
なければならないこととなる(同項後段)。

　なお, ここにいう注文者の責めにすべき事由の中には, しばしば注文者が
準備等の先行行為(協力行為)を行わない場合が含まれることが注目される
(例えば, 前掲最判昭52・2・22, 前掲札幌高判昭54・4・26)。すなわち, このよう
な場合は注文者の協力義務の違反ともとらえることができ, これに基づく解
決もあり得よう(前掲最判昭52・2・22が不能と評価したことに対する批判として,
三宅・下922頁参照)。また, 請負人は改正前130条により仕事が完成したも
のとみなして請負代金を請求しうるとするものもみられる(東京地判昭46・
5・1判タ266号239頁)。これらの法律構成の関係が今後問題となるであろう。

　(イ)　信義則による調整の可能性　　他方で, 平成29年改正前民法下にお

〔笠井〕　205

§634 IV 第3編 第2章 契約

いては，注文者の責めに帰すべき事由による履行不能の事例において，632
条の仕事完成義務の解釈問題として争われた事例もあり，そのなかには，い
わゆる出来高に応じた報酬請求のみを，信義則を根拠に肯定した裁判例もみ
られるのである。

例えば，店舗の施設工事の請負契約において，主として注文者側の原因に
よって工事が約旨どおりに進行できなくなったため請負人が工事を停止しそ
の完成度合いに相応する報酬を請求したというケースにおいて，残工事が継
続されなくなったのは注文者側の態度によるものであることに照らし，請負
人が未完成ながらその施工したところに見合うだけの報酬をも請求しえない
とすることは，信義則上相当でないとした先例（岡山地判昭46・1・18下民集22
巻1＝2号1頁），また，注文者が請負人に対し，さく井工事，水中モーターの
取付け等を注文し，請負人はさく井工事をしたが湧水は飲料に適しないこと
が判明したため，注文者に工事の方針変更を求めたが，注文者はこれに応じ
ず履行不能を理由に契約の解除をし，請負人が報酬を請求したというケース
で，工事が完了しないのは被告（注文者）の不合理な態度に起因し，また，
この工事は被告にとってもはや無意味であるから，原告がその請負にかか
る工事を完成しなくても，現に施行した工事に相応する報酬請求権を認め，
かつそれで足りるとするのが信義則にかない衡平であると判示した先例（札
幌地判昭51・2・26判タ342号309頁）がみられた（同旨の判断として，福岡高判昭
55・6・24判タ426号128頁も参照）。

(2) 学 説

(ア) 536条2項適用説　　注文者の責めに帰すべき事由によって仕事完成
が不能となった状態を，平成29年改正前536条2項の問題としてとらえ，
同条に基づいて請負人に全額の報酬請求を認める見解があった（我妻・中II
623頁，新版注民(16)128頁〔広中俊雄〕）。なお，この見解（注文者の対価危険）に
は，前掲最高裁昭和52年2月22日判決の研究において主張されたものがあ
り，それらは，改正前536条2項の責めに帰すべき事由のとらえ方にも着目
するものであった（同条にいう責めに帰すべき事由の概念を，改正前415条にいう責
めに帰すべき事由の概念よりも広くとらえる主張）。

(イ) 危険領域説　　他方，学説には，改正前536条2項の適用を認めつつ
も，危険の発生源に着目した「危険領域の確定」を軸とした分配を採用し，

206 〔笠井〕

第 9 節　請　負　　　　　　　　　　　　　　　　　　　§*634*　IV

不能の原因が注文者・請負人のいずれの危険領域に含まれるものかを基準と
して危険の負担を判断する主張がある（危険領域説。笠井 101 頁，川井 292 頁，近
江 251 頁，平野 575 頁，平田厚・建築請負契約の法理〔2013〕182 頁。なお，注文者の提
供した材料の瑕疵や指図に起因する危険については，これを同条同項の責めに帰すべき事
由に含め，請負人に報酬請求を認める見解が以前からみられた。我妻・中 II 623 頁）。

　すなわち，536 条 2 項を請負契約に適用する場合には，同条における責め
に帰すべき事由には，改正前 415 条の場合と同じ意味における注文者の責め
に帰すべき事由から，たんに注文者の「危険領域」ないし「支配領域」にあ
る事由（例えば，注文者が提供した材料の瑕疵，注文者の肖像画を描いている途中での
注文者の死亡）までが含まれうるとし，そのうえで，改正前 415 条の場合と同
じ意味における注文者の責めに帰すべき事由がある場合には反対給付たる報
酬全額の請求権が，また，たんに注文者の危険領域から履行不能が生じた場
合には出来高に相応した報酬の請求権が，請負人に認められるべきことにな
るという（「危険の原因」の所在を基準とした危険分配。詳しくは，能見善久〔判批〕
法協 95 巻 9 号〔1978〕1594 頁，笠井 101 頁以下。平成 29 年民法改正の過程では，この
考え方に基づく明文規定を設けることも提案されたが〔中間試案第 40・1(1)イ〕，成案と
はならなかった）。このように，536 条 2 項は本来抽象度の高い規定であり（同
条は，ドイツ民法旧 324 条〔現行 326 条 2 項〕に由来する。法典調査会民法議事〔近代立
法資料 3〕775 頁），それぞれの契約類型によって適切な内容を明らかにするべ
きであるとする。

2　注文者の責めに帰すべき事由による履行不能と解除

　平成 29 年改正後民法下では，注文者の責めに帰すべき事由による履行不
能が生じた場合において，それが注文者の債務不履行となるときは，請負人
は債務不履行を根拠として解除して損害賠償（545 条 4 項）を請求するという
選択肢と，536 条 2 項に基づいて報酬を請求するという選択肢を持つことに
なる（注文者は解除することはできない。543 条）。請負人が解除権の行使を選択
した場合には，もはや 536 条 2 項に基づいて報酬請求をすることはできない
ことは当然である（部会第 81 回議事録 39 頁・44 頁参照）。

　また，注文者が，この場合になお任意解除（641 条）をなしうるかは問題
であるが，肯定するべきである（部会第 81 回議事録 45 頁参照）。

〔笠井〕　　207

V 仕事完成前に目的物の滅失・損傷が生じたが履行不能とならなかった場合の規律

1 仕事完成前における目的物の滅失・損傷の負担

(1) いわゆる「請負の危険負担」と仕事完成債務

すでに指摘したように，請負契約においては，目的物が滅失・損傷してもなお再履行が可能であるのが一般的であり（例えば，天災によって施工中の工事が滅失・損傷したが再工事が可能な場合），その場合には，滅失・損傷が直ちに請負債務の履行不能をもたらすわけではないから，請負人はその完成義務を免れないことになる（給付危険を負い続ける）。

そのため，すでに行った仕事に加えて，再履行のために必要となった増加費用（追加費用）の負担のかたちで危険の問題が生じてくる。これは，厳密には危険負担の問題ではないが，従来「請負の危険負担」の問題と呼ばれてきた。このような，再履行が可能である場合の増加費用の負担については，民法上の規定はなく，実際に判例に現れたケースも見当たらないが，請負契約のように，その給付義務の履行に多くの不確定要素の影響を受ける契約類型においては，実際にしばしば重大な利害をもたらす（仕事完成が遅れれば，請負人に不履行責任の発生の余地もある）。すなわち，この場合には，仕事の完成はなお可能であるから，請負人が増加費用を負担するのが原則であるが，学説上は次のような調整も主張されてきた。

(2) 危険負担の問題としての処理

滅失・損傷がいずれの当事者の責めにも帰することができない場合について，学説は，増加費用を請負人の負担とするが，他方で多様な不確定要素から生じる負担が請負人にとって重くなりすぎることが指摘されてきた。そこで，このような負担につき特約をすることが望ましいこと，また，特約がなくても，請負人に著しく重い負担を強いることが信義則に反する場合には，事情変更の原則により，相当の報酬増額を請求するかまたは仕事のやり直しをする債務を免れることができるとして，その負担を緩和しようとする見解もみられた（我妻・中Ⅱ 622頁。さらに，建設請負契約における危険負担として，仕事の完成に予想外の費用・労力が必要になったときいずれの当事者がそれを負担するかという，より広い問題を含めて扱うべきであるとする見解がある。内山 172頁，後藤 41頁以

第9節 請 負　　　　　　　　　　　　　　§*634*　V

下）。

　また，注文者の提供した材料の瑕疵や指図によって，仕事の目的物の滅
失・損傷が生じた場合には，これを注文者の帰責事由によるものとみること
ができ，そうすると一般原則により注文者は損害賠償の義務を負うから，結
局，報酬増額を請求することができるのと大差ない結果となる（我妻・中Ⅱ
622頁）。

　さらに，すでに述べた領域的発想（→Ⅳ1(2)(イ)）を用いて，再履行が可能
である場合にも536条2項の法意を推し及ぼし，危険原因がいずれの当事者
の領域にあったかに従った負担の分配をはかることが主張されている（笠井
103頁，加藤402頁，近江251頁，平野572頁）。

(3) 請負債務の履行の問題としての処理

　他方で，請負債務の解釈ないし定義そのものによって，負担の分配の基準
を見出そうとする意見もみられる。つまり，請負契約では，通常は履行不能
ということはまれなので，仕事の完成を目的とするという請負契約の定義に
基づいて考察するべきであるとしつつ，例えば，結果的に負担を両者で折半
するという主張もあった（加藤一郎・民法教室債権編〔1958〕120頁）。

　さらに，一般条項に依拠し，請負契約において仕事の完成に影響を与える
種々の不確定要素を，事情変更の法理の適用のもとで解決することも検討さ
れている（我妻・中Ⅱ622頁）。また，再交渉を義務付ける余地もあるものと
思われる。

2 各種の標準約款によるリスク分配

(1) いわゆる「請負の危険負担」と各種の約款による規律

　上記の場合に，民法典の危険負担規定は，請負契約における危険分配（特
にいわゆる「請負の危険負担」）について，ほとんど有効に機能していないため，
各種の建設工事請負契約約款はこれを補う定めをおいている。約款による危
険分配が試みてきたのは，このような場合に関し，まさに生じうる種々の危
険を分類し分配する作業であったとみることができる。

　すなわち，各種の建設工事請負契約約款は，このような増加費用の危険の
負担について，民法の原則を修正し，原則として注文者負担主義をとってい
る（公共工事標準請負契約約款29条，民間（旧四会）連合協定工事請負契約約款21条）。
約款では，請負人は仕事の完成義務を負っているからその履行過程における

〔笠井〕　209

予定外の出捐は当然請負人が負うべきであるという考え方は大きく修正され，一定の範囲で注文者負担とされるとともに，所有権の帰属の問題とも切り離されたかたちで処理されている。やや詳しく眺めると，次のような状況があった。

(2) **約款による危険分配の必要性**

建設工事請負契約の場合には，再履行が求められる場合の請負人の増加費用の負担は，すでに費やした材料・労力や出来形部分等の負担のみならず，再履行のために出捐に及び，しばしばきわめて大きなものとなる。そして，請負契約締結時に履行過程の種々の不確定要素を計算に入れることは困難であるから，請負契約自体が投機性を帯びることになる。このような請負人の危険負担は，わが国における土建請負契約の非合理性の集中的表現と評されることがあった（来栖 481 頁）。

ところが，かつては注文者が，法的責任としてではなく事実上あるいは慣習上，この増加費用を負担することもありえた（川島＝渡辺 57 頁以下・140 頁以下）。特に，官公庁工事の請負では，官公庁と請負人との間に前近代的な主従に類する関係が存在したので，契約締結時には，ある程度曖昧に請負代金を決定しておき，工事の進行結果によって費用の増大が生じたときは，業者の嘆願に対し発注官庁が恩情によってその予期せぬ増加費用を負担してきた（それを正当化するために，設計変更による工事代金の増額というフィクションが用いられたり，追加工事という名目によって処理することが行われた）。このような清算方式が，民間の建設工事においても同様にして慣行となり，注文者の増加費用の負担が広く行われることがあった。

他方で，建設業界は古くから危険負担の問題を，主として官公庁との契約においてとりあげ，建設工事の事業者の負担が過重であるとしてその改善を目指してきた。すなわち，建設業法 19 条 6 号が，両当事者の責めに帰すべからざる事由（天災その他不可抗力）による損害の負担等について定めを設けるべきことを規定するのを受けて，各種の建設工事請負契約約款は，増加費用に関する危険の負担について規定を設け，多くは，次のように民法の原則を修正し発注者主義をとってきた。

(3) **各種の標準約款による規律**

今日，建設工事に用いられる主な約款には，中央建設審議会によるもの，

第9節　請　負　　　　　　　　　　　　　　　　　　　§*634*　V

民間団体によるものがあり，それぞれが増加費用の分配につき規定をおいている。その中から次の2例をみてみよう。

　(ア)　公共工事標準請負契約約款は，「工事用地等の確保ができない等の」場合，または「暴風，豪雨，洪水，高潮，地震，地すべり，落盤，火災，騒乱，暴動その他の自然的又は人為的な事象（以下「天災等」という。）であって受注者の責めに帰すことができないものにより工事目的物等に損害を生じ」たため，受注者が工事を施工できないと認められるときは，発注者は，「工事の全部又は一部の施工を一時中止させなければならない。」とし（同約款20条1項），その場合において，発注者は，必要に応じて，工期・請負代金額を変更しまたは，「工事の続行に備え工事現場を維持し若しくは労働者，建設機械器具等を保持するための費用その他の工事の施工の一時中止に伴う増加費用」もしくは「受注者に損害を及ぼしたときは必要な費用」を負担しなければならないとする（同条3項）。

　ここでは，発注者に帰責事由がある場合とともに種々のリスク要因が生じた場合の両者をとらえた規律となっており，後者についても，発注者の負担となっている。

　(イ)　民間工事にしばしば用いられ利用度も高い民間（旧四会）連合協定工事請負契約約款は，建設請負工事において発生しうる「天災その他自然的または人為的な事象であって，発注者と受注者のいずれの当事者の責にも帰すことができない事由」によって生じた損害のうち，①工事の出来形部分，工事仮設物，工事現場に搬入した工事材料，建設設備の機器（有償支給材料を含む）または施工用機器について生じた損害であって，②発注者・受注者が協議して重大なものと認め，かつ，③受注者が善良な管理者の注意を払ったにもかかわらず生じたものについて，発注者が負担するべきものとしている（同約款21条1項・2項）。

　このように，種々の危険がもたらす損害のうち，その相当部分を発注者が負担することになっており，危険に基づく損害の現れかたに応じた分配が図られている（さらに，同約款29条も参照）。

　(ウ)　これらをみると，各種の建設工事請負契約約款では，発注者がきわめて広い範囲の危険を負担するものとされている。また，危険やその現実化たる損害に応じて負担が分配されていることに注目しなければならない。請負

〔笠井〕　211

§*634* Ⅵ   第3編　第2章　契　約

人は仕事の完成義務を負っているから危険は当然請負人が負うべきであるという原則は大きく修正され，むしろ，当事者間の危険領域を考慮してそれを具体化する努力が行われてきたものとみることができる。また，特に注目するべきは，上の危険分配は，所有権の帰属の問題とは切り離したかたちで処理されていることである。

Ⅵ　仕事完成後・引渡し前における滅失・損傷の負担

　仕事完成後・引渡し前に滅失・損傷が生じた場合には，その負担はどのように考えられるか（これは，引渡しを要しない請負，特に無形の請負については問題とならない）。この点については，そもそも完成の前後において何らかの区別することは合理的かについても，議論が生じている。

　他方，ここにおいても「完成」とはどのような状態をいうのかについて，必ずしも明確となっていない。

1　完成の「集中」効と履行不能

　目的物の滅失・損傷によってもはや再履行が不可能な場合（例えば，唯一無二の歴史的建造物につき移築工事の請負契約がなされ，その工事の完成後・引渡し前にその建造物が焼失した場合）もありうるが，一般的には，完成した目的物が滅失・損傷しても再履行は可能である。そのような場合にも次のような議論が行われてきた。

　まず，仕事が完成したものの，その後，引渡し前に仕事の結果が滅失・損傷した場合にも，その引渡しがなされていない以上請負人の債務は完全には履行されていないから，請負人の仕事完成義務は残り（いったん仕事が完成した以上仕事完成義務は消滅し，再度仕事の完成を求めることはできないとすることも考えられるが，それは，仕事完成義務と引渡義務を分離してとらえるものであり妥当ではない。→§632 Ⅱ4），報酬の増額も損失の塡補も認められないのが原則である。しかし，この結果は，請負人にとって過大な負担となる場合もあるため，信義則による請負人の負担緩和（例えば，相当な報酬増額，損失補償，契約解除）が一部で提案されていた（我妻・中Ⅱ625頁）。

　また，より根本的には，請負は仕事の完成を主な目的とし，引渡しは従たるものにすぎないから，請負人が仕事を完成したときには，請負人の債務は

212　〔笠井〕

第9節　請　負　　　　　　　　　　　　　　　　　　　　　　§635

その完成されたものを引き渡すことに「集中」し，引渡し前に滅失・損傷した場合には，それがだれの責めに帰すべきものであるかを問わず，もはや履行不能とみるべきであるとする見解は長く有力であった（我妻・中Ⅱ625頁。このような集中に関する分析として，森田修・契約責任の法学的構造〔2006〕498頁以下）。これにより，請負人は給付危険から解放されることになる。その場合には物理的には再履行は可能であっても，仕事完成債務の履行不能が生じた場合と同一の処理が行われることになる。すなわち，売買における目的物の滅失・損傷の場合と同様の関係が生じてくる（請負債務と種類債務の履行過程における類似性とも整合する）。

　これに対し，平成29年改正民法567条は，特定物について，給付危険・対価危険とも引渡しによって移転するものとした。そこで，同条を請負に準用すると（559条），引渡し前の滅失・損傷の場合には，注文者は報酬の支払を拒絶することができることになろう（536条1項。なお，注文者に責めに帰すべき事由がある場合には，請負人は同条2項に基づき報酬請求をすることができる）。しかし，給付危険については，上記の仕事完成により「集中」が生じると解すると，それと引渡しとの関係についていずれによって給付危険が移転するのか困難な問題が生じることになる（そもそも567条は役務提供型契約には準用されないと解する余地もある）。今後の議論に委ねられる。

2　完成の前後による区別に対する批判

　以上に対し，そもそも滅失・損傷の危険を仕事完成の前後によって区別すること自体に対する批判も現れており（内田282頁），この区別は，仕事完成後には滅失・損傷によって履行不能となる場合が多いことによるものであって，仕事完成の前後によって理論的な違いはないという。ただ，仕事完成後に滅失・損傷によって履行不能となる場合が多いかは疑問である。請負債務の構造上，完成はなお不能の判定基準としての意味を持つと考えるべきであろう（中田506頁）。

〔笠井　修〕

第635条　削除

　〔改正〕　本条＝平29法44削除

〔笠井〕　213

§636　I　　　　　　　　　　　　　第3編　第2章　契　約

（請負人の担保責任の制限）
第636条　請負人が種類又は品質に関して契約の内容に適合しない仕
事の目的物を注文者に引き渡したとき（その引渡しを要しない場合
にあっては，仕事が終了した時に仕事の目的物が種類又は品質に関
して契約の内容に適合しないとき）は，注文者は，注文者の供した
材料の性質又は注文者の与えた指図によって生じた不適合を理由と
して，履行の追完の請求，報酬の減額の請求，損害賠償の請求及び
契約の解除をすることができない。ただし，請負人がその材料又は
指図が不適当であることを知りながら告げなかったときは，この限
りでない。

〔対照〕　ド民645
〔改正〕　本条＝平29法44全部改正

（請負人の担保責任）
第634条①　仕事の目的物に瑕疵があるときは，注文者は，請負人に対
し，相当の期間を定めて，その瑕疵の修補を請求することができる。
ただし，瑕疵が重要でない場合において，その修補に過分の費用を要
するときは，この限りでない。
②　注文者は，瑕疵の修補に代えて，又はその修補とともに，損害賠償
の請求をすることができる。この場合においては，第533条の規定を
準用する。
第635条　仕事の目的物に瑕疵があり，そのために契約をした目的を達
することができないときは，注文者は，契約の解除をすることができ
る。ただし，建物その他の土地の工作物については，この限りでない。
（請負人の担保責任に関する規定の不適用）
第636条　前2条の規定は，仕事の目的物の瑕疵が注文者の供した材料
の性質又は注文者の与えた指図によって生じたときは，適用しない。
ただし，請負人がその材料又は指図が不適当であることを知りながら
告げなかったときは，この限りでない。

I　本条の趣旨

　請負人が種類または品質に関して契約の内容に適合しない仕事の目的物を
注文者に引き渡した場合（その引渡しを要しない場合にあっては，仕事が終了した時

214　〔笠井〕

第9節　請　負　　　　　　　　　　　　　　　　§636　II

に仕事の目的物が種類または品質に関して契約の内容に適合しない場合）であっても，この契約不適合が，注文者が提供した材料の性質または注文者が与えた指図によって生じたものであるときは，請負人は契約不適合責任（562条〜564条・559条）を負わない（636条本文）。ただし，請負人が，その材料または指図が不適当であることを知りながら告げなかったときは，請負人は責任を免れない（同条ただし書）。

　平成29年改正前636条は，仕事の目的物の瑕疵が注文者の供した材料の性質に起因する場合またはそれが注文者の与えた指図に起因する場合には，請負人の瑕疵担保責任規定（平29改正前634条・635条）の適用がないものとしていた。本条は，改正後民法における請負人の契約不適合責任規定の整備を受けて，規定の文言を改めたものである。

　なお，契約不適合をもたらすような，注文者が提供した材料の性質または注文者が与えた指図は，注文者の責めに帰すべき事由と評価されて，履行不能の危険負担（536条2項）をも左右する場合があろう（→§634 IV）。

II　請負人の契約不適合責任の制限

1　要　件

　本条では，請負人の契約不適合責任（担保責任）が制限される場合として，仕事の目的物の契約不適合が，注文者の供した材料の性質に起因する場合またはそれが注文者の与えた指図に起因する場合が規定されている。平成29年改正前民法下において，目的物の瑕疵が注文者の供した材料の性質に起因するとして瑕疵担保責任の制限が争われた事例は見当たらず，瑕疵が注文者の与えた指図に起因すると主張された少数の裁判例があるにとどまる（例えば，大阪地判昭63・12・23判タ700号207頁）。

　注文者の指図があったとみるべきかについては，しばしば判断が不明確となる場合があり，この点について争われた先例もみられる。例えば，単に注文者の希望をいれて目的物を製作したということをもって本条にいう注文者の指図があったということはできないとした古い先例（大判昭10・5・31判決全集1輯20号22頁），同様に，注文者が請負人に相当強い希望を表明したというだけでは注文者の指図があったものとは認められないとした先例（東京

〔笠井〕　　215

地判平 3・6・14 判タ 775 号 178 頁），注文者の委託した設計者と請負人の協議によって仕事の内容を決定した場合にも注文者の指図には当たらないとした先例（京都地判平 4・12・4 判タ 809 号 167 頁）などがある。

2　契約不適合責任の制限

本条の要件がみたされる場合には，仕事の目的物に契約不適合なところがあっても，請負人は契約不適合責任を免れる。

若干の問題として，契約不適合が注文者の提供した材料の性質や指図による場合には，注文者の責めに帰すべき契約不適合として，修補請求・報酬減額請求が排除されうるであろうが（562 条 2 項・563 条 3 項・559 条），その場合には，同時に本条の適用によって処理される可能性もある（部会第 95 回議事録 49 頁〔道垣内弘人幹事〕）。直截に本条の適用によるべきであろう。

また，本条による契約不適合責任の制限と過失相殺（418 条）による割合的な解決との関係も問題とはなりうる。平成 29 年改正前民法下においては，瑕疵担保責任としての損害賠償について，過失相殺規定の適用ないし準用を認めた裁判例が多数みられた（例えば，東京高判昭 52・11・30 判時 879 号 83 頁，前掲京都地判平 4・12・4，東京高判平 18・12・26 判タ 1285 号 165 頁）。改正後民法下においても，損害賠償についてはこのような解決が妥当であろう。

さらに，注文者の提供した材料や指図が請負人の履行不能をもたらした場合には，注文者の責めに帰すべき事由（536 条 2 項）として請負人の報酬請求の可否の問題ともなる。

Ⅲ　請負人の契約不適合責任の制限が排除される場合

1　請負人の不告知

仕事の目的物の契約不適合が，注文者の供した材料の性質に起因する場合またはそれが注文者の与えた指図に起因する場合であっても，請負人がその材料の性質・指図が不適当であることを知りながら注文者に告知しなかったときは，請負人は契約不適合責任を免れない（636 条ただし書）。

この規律に関して，このような場合に請負人に一定の告知義務があるものと理解することは可能であり，その義務は契約解釈から導くこともできるであろうが，ここではその義務の不履行責任が問われているのではなく，あく

第9節 請 負 　　　　　　　　　　　　　　　　　　　　　§637

まで不告知によって契約不適合責任の制限が排除される旨を本条が根拠付けているものと理解される。その政策的基礎には，仕事完成に向けた諸条件に関しては，通常請負人がその専門家であり注文者は必ずしも正確な知識を有しないことも少なくないから，注文者が提供した材料の性質・指図が不適切であると判断した場合には，請負人はむしろそれを注文者に告げることによってより注文者の利益にかなう目的物の完成を実現することが望ましいという判断があるものと理解することができる。請負人にどこまでの告知義務を課すべきかは個別事例における規範的判断による（例えば，発注者が指図した工場の建材の適否に関する告知義務の存否につき，名古屋高判昭49・11・27下民集25巻9〜12号966頁）。

なお，各種の標準約款は，本条と同趣旨の規定を設けている（公共工事標準請負契約約款57条10項，民間（旧四会）連合協定工事請負契約約款17条6項本文）。

2　請負人が過失によって知らなかった場合

注文者の提供した材料の性質または注文者が与えた指図が不適切であることを，請負人が過失によって知らなかった場合には，本条の責任制限は働かないものと解するべきか。請負人の重過失の場合には，本条の責任制限を排除する余地はあろう（滝井177頁）。

〔笠井　修〕

　　　（目的物の種類又は品質に関する担保責任の期間の制限）

第637条①　前条本文に規定する場合において，注文者がその不適合を知った時から1年以内にその旨を請負人に通知しないときは，注文者は，その不適合を理由として，履行の追完の請求，報酬の減額の請求，損害賠償の請求及び契約の解除をすることができない。

②　前項の規定は，仕事の目的物を注文者に引き渡した時（その引渡しを要しない場合にあっては，仕事が終了した時）において，請負人が同項の不適合を知り，又は重大な過失によって知らなかったときは，適用しない。

　　　〔対照〕　ド民634a
　　　〔改正〕　本条＝平29法44全部改正

〔笠井〕　217

§637 I・II 第3編 第2章 契約

> **（請負人の担保責任の存続期間）**
> **第637条①** 前3条の規定による瑕疵の修補又は損害賠償の請求及び契約の解除は，仕事の目的物を引き渡した時から1年以内にしなければならない。
> **②** 仕事の目的物の引渡しを要しない場合には，前項の期間は，仕事が終了した時から起算する。

I 本条の趣旨

請負人が種類または品質に関して契約の内容に適合しない仕事の目的物を注文者に引き渡した場合（その引渡しを要しない場合においては，仕事が終了した時に仕事の目的物が種類または品質に関して契約の内容に適合しない場合）であっても，注文者がその不適合を知った時から1年以内にその旨を請負人に通知しないときは，注文者は契約不適合責任を追及する権利を失う（637条1項）。

ただし，仕事の目的物を注文者に引き渡した時（その引渡しを要しない場合にあっては，仕事が終了した時）に，請負人がその不適合を知り，または重大な過失によって知らなかったときは，このような期間制限は働かない（同条2項）。

これは，売買における引き渡された目的物の種類・品質に関する契約不適合を理由とする売主の責任における期間制限（566条）と同様の趣旨による規律である。

II 担保責任（契約不適合責任）の期間制限

1 種類または品質に関する担保責任（契約不適合責任）の期間制限の起算点

(ア) 請負人の担保責任（契約不適合責任）の起算点 請負人の担保責任に関する期間の起算点は，平成29年改正前637条においては，「仕事の目的物を引き渡した時」とされていた。これは，目的物の引渡し後または仕事の終了後においては請負人は履行が終了したという期待を持つのが通常でありこれを保護することが望ましいという判断，および，引渡しまたは仕

218 〔笠井〕

第9節 請 負　　　　　　　　　　　　　　　　　　§*637* Ⅱ

事の終了から長期間が経過すると，一般には瑕疵の有無の判定が困難となるため，そこに至った段階での紛争を回避するべきであるという考慮によるものであった（この考慮は改正前566条3項と同じ趣旨ではあるが起算点を異にしていた）。

本条はこれを改め，起算点を「注文者がその不適合を知った時」とした。これは，上記の点を考慮しつつ，請負と売買において起算点の規律をそろえるという方針をとったものである。すなわち，従前のように請負の場合に引渡し時または仕事終了時を起算点とすると，注文者が契約不適合を知らないまま制限期間が経過してしまい，注文者が救済の機会を逸してしまう場合がありうるから，これを避けるために，本条の起算点のほうを改め，566条と同様に，仕事の目的物が契約に適合しないことを注文者が知った時としたものである（部会資料75A・37頁）。

なお，本条の規律は，消滅時効の一般原則の適用を排除するものではない。したがって，制限期間内の通知によって保存された注文者の権利の存続期間は，債権に関する消滅時効の一般原則によることになる（部会資料75A・38頁）。すなわち，注文者は，契約不適合を知った時から1年以内にそれを請負人に通知しないと契約不適合責任の追及ができないこととなるが，通知をしたときであっても，消滅時効の一般原則に従い契約不適合責任の追及権は，注文者が権利を行使することができることを知った時から5年，または権利を行使することができる時から10年で消滅時効にかかることとなる（166条1項）。

(ｲ) 知るべき内容　　本条において「知った時」とは，注文者がどのような事実を認識した時点を指すのかについては，今後の解釈に委ねられる。この点については，売買の担保責任に関する規定の解釈が参考になる。判例は，平成29年改正前564条にいう「知った時」の意義について，買主が売主に対し担保責任を追及しうる程度に確実な事実関係を認識したことを要すると解するのが相当であるとしていた（最判平13・2・22判タ1058号103頁）。このような判断は，本条の「知った時」の解釈にも基本的に妥当するものと考えられる。

2　種類または品質に関する契約不適合を知った時から1年以内の通知

(ｱ) 契約不適合の通知　　平成29年改正前637条1項は，制限期間内に

§637 II   第3編 第2章 契 約

注文者が瑕疵の修補または損害賠償の請求および契約の解除をしなければならないものとしていたが，例えば損害賠償について，請負人の担保責任を問う意思を明確に告げ，請求する損害額の根拠まで示すことを要するか，あるいは，請負人に対し目的物が契約の趣旨に適合しない旨を通知しさえすれば足りるかについては，必ずしも明らかではなかった。

本条1項は，権利を保存するために注文者が制限期間内にすべき行為についても，売買におけるのと同様に，契約不適合の事実を通知すれば足りることとしている。請負人は，目的物の契約不適合を知れば，適宜の対策を講ずることができ，履行が終了したとの請負人の信頼を保護し，長期間の経過により契約不適合の判定が困難となることを回避するという本条の趣旨を達成することはできると考えられるからである（部会資料75A・37頁）。

どのような情報を通知する必要があるかについては，今後の解釈によって決せられる。この点については，商法526条2項の「通知」に関する解釈が参考となるので一瞥しておくと，判例は，同項の「通知」は，売主に善後策を講ずる機会を与えるためのものであり，瑕疵・数量不足があったこと（平29改正前商526条2項）だけを通知したのでは不十分であるが，瑕疵・数量不足の種類とその大体の範囲を通知すればよく，その細目は通知する必要がないとしている（大判大11・4・1民集1巻155頁）。仮に詳細な通知を要求すれば，迅速な通知の妨げとなり，また，買主に過大な負担を課すことになるからである。なお，下級審において，合板の売買に関し，不良製品の正確な枚数を明示していなくても同項の通知として欠けるところはないと判断した先例（東京地判昭56・8・19判時1035号123頁）や，ゴルフネットの売買に関し，買主が売主に対し品質に多少問題があるようである旨の話をしたことが，同項の通知としては不十分であると判断した先例（東京地判昭54・9・25判時959号119頁）も参考となる。

　(イ)　1年間　　制限期間内において注文者がすべき行為を裁判外の権利行使でなく，それよりも簡易な通知で足りるとするのであれば，注文者が専門的知識を有しない場合であっても比較的短期間のうちに権利を保存することができると考えられることから，本条の制限期間は，改正前637条1項と同じく1年とされている。

220　〔笠井〕

第9節　請　負　　　　　　　　　　　　　　　§637　II

3　期間経過と相殺

本条の規定する期間が経過した後に，契約不適合責任としての損害賠償請求権をなお自働債権として，請負人の報酬請求権と相殺することができるかについては問題となる。除斥期間についても同様に解することができるか。平成29年改正前民法下の判例には，508条の類推適用によりこれを肯定したものがみられた（最判昭51・3・4民集30巻2号48頁）。

4　住宅の品質確保の促進等に関する法律等による規律

(1)　請負人の「瑕疵担保責任」の期間制限

(ア)　規律の要点　　住宅の品質確保の促進等に関する法律（以下「住宅品確法」という）には，住宅の新築工事の請負契約における請負人の「瑕疵担保責任」について一定の期間制限に関する規定が設けられている。規律の要点は次の3点である。

すなわち，①住宅品確法は，住宅新築工事の請負契約について，特にその「構造耐力上主要な部分又は雨水の浸入を防止する部分として政令で定めるもの……の瑕疵（構造耐力又は雨水の浸入に影響のないものを除く……）」に限定して，請負人は，新築住宅を注文者に引き渡した時から10年間，民法上の「担保の責任」（415条・541条・542条・562条・563条・559条）を負うものとした（住宅品確法94条1項）。担保責任の内容自体は，民法の規律を修正するものではない。

また，②これに反する特約で注文者に不利なものは無効である（住宅品確法94条2項）。片面的強行規定である。

さらに，③瑕疵担保責任の存続期間の伸長の可能性を認めている（住宅品確法97条）。

(イ)　規律の要件等　　民法637条は，「仕事の目的物」と規定するが，住宅品確法においては，「住宅」のみを対象としている。これは，請負の仕事の目的物のうち特に住宅が生活の基盤等の意味において重要だからである。また，「新築する建設工事の請負契約」（住宅品確法94条1項）として，増改築などは除外されている。

「瑕疵」については，平成29年民法改正にともない「種類又は品質に関して契約の内容に適合しない状態」と定義された（住宅品確法2条5項）。ただ，住宅品確法の趣旨からみて，「構造耐力又は雨水の浸入に影響のない」瑕疵

〔笠井〕　221

§637 **II**　　　　　　　　　　　　　　　　　第3編　第2章　契　約

は，規律の対象ではない（住宅品確法94条1項）。例えば，屋根や外壁の色が当初の約束と異なっていても，それはここにいう瑕疵ではない。

また，「引き渡した時から10年」とされているのは，住宅が人の生活に不可欠であり，引渡し後短期間では瑕疵が現れにくく，今日の技術水準からみても住宅供給者に酷とならず，さらに諸外国の状況とも乖離しないことなどが理由となっている。

なお，住宅品確法は，この瑕疵担保責任については民法637条の適用があるものとし，その場合に，637条1項の「前条本文に規定する」場合とは，請負人が「構造耐力上主要な部分又は雨水の浸入を防止する部分として政令で定めるもの……の瑕疵（構造耐力又は雨水の浸入に影響のないものを除く……）」（住宅品確法94条1項）に規定する瑕疵がある目的物を注文者に引き渡した場合をいうものとし，さらに，637条1項・2項における「不適合」とは「瑕疵」（住宅品確法94条1項）であるとして，それぞれの意味を明らかにしている（同条3項）。

上記の規律は，一時使用のため建設されたことが明らかな住宅については，適用されない（住宅品確法96条）。

(2)　請負人の「瑕疵担保責任」の期間伸長等

請負契約の契約不適合責任については，本条において上記のように規律されているが，現在の建築技術の水準からみて，新築住宅については，かなり長い期間設定も新築住宅の供給者・取得者双方の利益にかなう意味がある。すでに新築住宅の構造耐力上主要な部分等の瑕疵については瑕疵担保責任の存続期間が10年間とされているため（住宅品確法94条1項），供給者間の競争促進の観点からは，さらに長い期間設定を可能にする要請も存在する。

そこで，住宅品確法は，住宅の新築工事の請負契約における瑕疵担保責任の存続期間は20年を限度として伸長できるものとした（住宅品確法97条）。20年まで瑕疵担保責任を伸長できる部分については限定はなく，新築住宅のどの部分でもよい。

(3)　特定住宅瑕疵担保責任の履行の確保等に関する法律

なお，上記のように，住宅品確法によって一定の瑕疵について引渡しから10年間瑕疵担保責任を追及することができるといっても，引渡しから10年

222　〔笠井〕

第9節　請　負　　　　　　　§*637*　Ⅲ　§*638-640*

後にその請負人が十分な資力をもって存続しているとは限らない。そこで，この問題を立法的に解決するため，特定住宅瑕疵担保責任の履行の確保等に関する法律が2007年（平成19年）5月に成立した。この法律は，建設業者等に対し，住宅建設瑕疵担保保証金の供託または住宅建設瑕疵担保責任保険契約の締結を義務付けるとともに，住宅瑕疵担保責任保険法人を指定して，住宅瑕疵担保責任保険契約に係る新築住宅に関する紛争の処理体制の整備をはかることなどを規定するものである。

Ⅲ　担保責任の期間制限の排除

　請負人が，引渡し時または仕事の終了時に，仕事の目的物の種類または品質の不適合に関して悪意または重過失であったときは，期間制限は働かない（637条2項）。注文者は，本条の通知をしなかったとしても，あるいは，通知をしたものの本条の規定する期間内ではなかったとしても，なお請負人の担保責任を追及することができる。このような請負人は，履行が完了したという期待をもったとしても，それを短期の期間制限によって保護する必要がないからである。

　なお，注文者のもつ，請負人の担保責任の追及としての，履行の追完請求，報酬の減額請求，損害賠償の請求および契約の解除の権利は，それぞれの性質に従って消滅時効等の制限に関する規定の適用をうけ，それによって消滅する余地はある。

〔笠井　修〕

第638条から第640条まで　削除

〔改正〕　本条＝平29法44削除

§*641* Ⅰ   第3編 第2章 契 約

第638条① 建物その他の土地の工作物の請負人は，その工作物又は地
盤の瑕疵について，引渡しの後5年間その担保の責任を負う。ただし，
この期間は，石造，土造，れんが造，コンクリート造，金属造その他
これらに類する構造の工作物については，10年とする。
② 工作物が前項の瑕疵によって滅失し，又は損傷したときは，注文者
は，その滅失又は損傷の時から1年以内に，第634条の規定による権
利を行使しなければならない。
　（担保責任の存続期間の伸長）
第639条 第637条及び前条第1項の期間は，第167条の規定による消
滅時効の期間内に限り，契約で伸長することができる。
　（担保責任を負わない旨の特約）
第640条 請負人は，第634条又は第635条の規定による担保の責任を
負わない旨の特約をしたときであっても，知りながら告げなかった事
実については，その責任を免れることができない。

　（注文者による契約の解除）
第641条 請負人が仕事を完成しない間は，注文者は，いつでも損害
を賠償して契約の解除をすることができる。

〔対照〕 フ民1794，ド民648

Ⅰ 本条の趣旨

1 請負契約に特有の解除

　本条は，請負人が仕事を完成する前は，注文者は，いつでも，損害を賠償
して契約を任意に解除することができる旨を規定するものである。
　請負契約を締結したにもかかわらず，後に注文者が仕事の完成を望まなく
なり，契約を解除する動機が生じることがある。これには，完成するべき仕
事自体が不要となった場合のほか，完成するべき仕事自体は必要としている
が請負人との信頼関係が損なわれ当該請負人による完成を望まなくなった場
合，支払うべき報酬額との兼ね合いで完成を望まなくなった場合，さらに，
注文者側の資金的な都合（経営上の事情）によって工事を中止したい場合など
多様な状況がありうる。これらのような場合であっても，いったん有効に契

224 〔笠井〕

第9節　請　負　　　　　　　　　　　　　　　　§*641*　I

約を締結している以上，請負人の不履行等の理由がない限り，容易に契約を
解除することはできないのが原則である。

　しかし，本条は，注文者に任意の解除権を付与する。本条のように，契約
そのものの履行状態や当事者の態様とまったくかかわりなく一方当事者によ
る解除権を認める規律は，双務契約の解除の一般的な法理からみるときわめ
て例外的なものである（委任にも同旨の規定がみられるが，当事者双方に解除権が認
められる〔651条1項〕。また，寄託にも同様の規定があるが，当事者双方に解除権が認
められ，かつ，それぞれにおいて要件に差異が設けられている〔657条の2〕。なお，使用
貸借の解除〔598条2項3項〕も参照）。

　このような本条の規律を正当化する根拠としては，まず，①請負契約は，
本来注文者の利益のために仕事を完成することを目的とするものであるから，
契約成立後に上記のような注文者側の事情の変更により，注文者がもはや仕
事の完成を望まなくなったにもかかわらず強いて仕事を継続させることは，
注文者にとって無意味であり社会経済的にも合理性を欠くことであるという
判断，および，②注文者からの損害賠償により請負人に必ずしも不利益とは
ならないという判断を挙げることができる（我妻・中Ⅱ640頁，来栖484頁，星
野277頁。ドイツ民法の状況について，坂口甲「ドイツにおける注文者の任意解除権の理
論的展開(1)(2・完)」民商135巻1号133頁，2号348頁〔2006〕も参照）。

　しかし，契約締結後に一方当事者の側で契約解除の動機が生じるのは，契
約一般においてありうることであり，特に請負においてこのような規定をお
いて任意解除を可能にすることには従来批判もみられた。すなわち，注文者
が一方的に解除することができるのに対して，損害賠償の提供は解除権行使
の要件とは解されないため（→Ⅱ3），その支払の確実性に不安が伴い，請負
人にとって著しく不利であり，また，その額も請負人の保護に十分ではない
という批判（津曲蔵之丞「建設請負契約と解除」法学18巻3号〔1954〕302頁），ま
た，建設請負契約においては，この任意解除権によって注文者が工事の進行
につき一方的な主導権を持つことになり，それはいわゆる請負の前近代的な
性格の一因となるとする批判（川島＝渡辺97頁）などもあった。そこで，本
条の任意解除は注文者の側にやむを得ない事由があって，信義則上解除が妥
当である場合のみに限定されるべきであるとする見解が古くからみられた
（津曲・前掲論文305頁）。

〔笠井〕　225

§*641* Ⅱ   第3編　第2章　契　約

　さらに，今日では注文者が自己の資金的な都合によって工事を中止するために本条の解除権を利用することもあり，その場合には，請負人は，目的物に対して担保権を行使する必要が生じてくる。また，注文者から解除の意思表示があっても技術的に直ちに工事の中止ができない場合もある。このような状況をも考慮すると，本条の解除権行使には信義則上の制限が課せられてもよいように思われる（類似の指摘として，滝井繁男・逐条解説工事請負契約約款〔5訂新版，1998〕265頁）。

　なお，本条と同趣旨の規定は，各種の標準約款にみられる（公共工事標準請負契約約款48条，民間（旧四会）連合協定工事請負契約約款31条1項）。

　2　本条の「解除」の法的性格

　本条の規定する解除の法的性格については，一般の解除と異ならないものと解するのが通説的見解であるが，解約告知と解する見解もみられた（新版注民(16)167頁〔打田畯一＝生熊長幸〕）。

　本条の解除の法的性格については，『新版注釈民法(16)』165頁以下〔打田＝生熊〕参照。

Ⅱ　注文者による解除権行使の要件

　1　任　意　解　除

　本条によって契約を解除するためには，注文者の一方的な解除の意思表示で足りる。

　起草過程では，本条に何らかの条件（例えば，やむを得ない事由）を付すべきかについて，若干の異論が存在した。例えば，一方的な解除権の行使が請負人の信用を害することを懸念する意見もあったが，社会経済的観点からの反論によって無条件解除という結論となった（新版注民(16)171頁〔打田畯一＝生熊長幸〕）。しかし，すでに述べたように，やむを得ない事由を要するという見解や信義則上の制約を課す見解も現れていた（→Ⅰ1）。

　判例は，解除の理由を付すことも要しないとしている（古くからこれを認める。大判大7・2・20民録24輯349頁）。ただ，注文者の利益のために解除する旨を明示するべきであるとした裁判例もある（神戸地判昭59・2・20判タ527号149頁）。

226　〔笠井〕

第9節 請　負　　　　　　　　　　　　§*641*　Ⅱ

　学説においても，注文者からの一方的な意思表示で足りると解するのが通
説であるが（我妻・中Ⅱ650頁，鈴木655頁），本条に基づく任意解除であるこ
とは明示する必要があるとする見解もみられる（栗田166頁，滝井85頁）。

　また，注文者が解除の理由を述べた場合において，その理由が注文者の誤
解に基づくものであり，請負人にとっては承服しがたいものであっても，そ
のことによって解除権行使の効果が否定されることはない（前掲神戸地判昭
59・2・20。注文者の解除が請負人の履行能力に関する杞憂に基づくものであっても権利
の濫用にはならないとする）。

2　解除権行使の時期

　本条に基づく解除は，「請負人が仕事を完成しない間」であれば，いつで
も行うことができる。仕事の着手の前後を問わない。請負人が仕事を完成す
れば，たとえ引渡しがなされる前であってももはや本条の解除をすることは
できない（我妻・中Ⅱ650頁ほか通説）。引渡義務は仕事完成義務から派生する
義務であり（→§632　Ⅱ　4），完成に至った後は請負人は任意解除のリスクから
解放されるべきだからである。

　ただ，本条にいう「完成」がどのような状態を指すかは必ずしも明らかで
はない。例えば，それが契約に適合した完成をいうのか，予定工程終了をい
うのか，相当部分が出来上がり完成にきわめて近い状態となったことで足り
るのかである。請負人が契約において予定した役務提供行為を完了した段階
では，すでに述べた本条の正当化理由を考慮して，もはや任意解除によって
請負人に負担を課すことは制限されるべきであると思われる（予定工程が終了
したとは認められないことを理由に本条の解除を肯定した裁判例として，東京地判平
21・10・30判時2075号48頁）。

3　解除権行使と損害賠償

　本条は，注文者はいつでも，損害を賠償して契約解除を行うことができる
ものとしているが，判例は，解除を行うために損害賠償金を提供することま
では要しないものとしており（大判明37・10・1民録10輯1201頁），また，通説
もそのように解してきた（我妻・中Ⅱ650頁，広中275頁，新版注民(16)173頁〔打
田＝生熊〕）。手付解除における倍返し（557条1項）や買戻しの解除における代
金・契約費用の返還（579条1項）がいずれも現実の提供や返還を要件として
いることと対比すると，注文者の任意解除はきわめて容易なものとなってい

〔笠井〕　　227

§*641* Ⅲ   第3編　第2章　契　約

る。これについては，請負の任意解除においては解除時にまだ損害賠償額が
具体的に確定していないのが通常だからであると説明されるのが一般的であ
る（新版注民(16)173頁〔打田＝生熊〕）。しかし，概算額において実際に損害賠
償の提供がなされることを要件とするべきであるという見解もみられる（石
田(穣)341頁）。

4　製作物供給契約における本条の適用

　製作物供給契約における本条の任意解除の可否については，『新版注釈民
法(16)』173頁以下〔打田＝生熊〕参照。

Ⅲ　注文者による解除権行使の効果

1　契約解除の範囲

　平成29年改正前民法下においては，本条に基づいて注文者が任意解除を
した場合についても，大審院昭和7年4月30日判決（民集11巻780頁）（なお，
工事の未施工部分の541条解除の判決でも，本条の解除に関するこの判決が引用されるこ
とがある）以後，これを引用しつつ一部解除に制限した先例は多い。すなわ
ち，可分性・利益性の2要件（→§634Ⅲ4）を採用しつつ，一部解除のみを
認めたもの（東京高判昭30・3・8判タ49号62頁，東京高判昭52・6・7判時861号66
頁，東京高判昭59・11・28判時1138号85頁，東京地判平4・11・30判タ825号170頁
など），および，全部解除を認めつつ本条の損害賠償による調整をはかった
もの（東京高判昭43・1・30下民集19巻1＝2号17頁，広島地判昭44・7・11判時576
号75頁，東京高判昭60・5・28判時1158号200頁，名古屋高判昭63・9・29金判811号
15頁など）があった。可分性・利益性の2要件の評価についても，裁判例・
学説とも債務不履行解除におけるのと同様にとらえてきた。
　改正後民法において，634条2号の解除は本条の解除を含むものと解する
と（→§634Ⅲ3(2)），一部解除論によることなく，「仕事の完成とみなす」と
いうより一般的な根拠によって，上記の法理の結果を導くことが可能となる。
これにより，任意解除がなされた場合もまた，解除時までに行われた仕事で
同号の2要件をみたす部分は完成したものとみなされ，その部分は当該請負
契約に基づいて履行されたものとなる。そうすると，注文者がそれについて
の権利を取得するから，請負人は，解除時の状態のままで建物等の完成途上

228　〔笠井〕

第9節　請　負　　　　　　　　　　　　　　　　　　　　§641　III

の目的物を注文者に引き渡し，注文者は，解除時の完成度を考慮して引渡し
を受けた工作物に対する相当な報酬を請負人に支払い，すでに支払われた前
払金があれば，相互に清算する義務を負うことになる。

　なお，各種の標準約款における解除の規定においては，注文者による出来
形部分の引取りとそれに相応する請負代金の支払が定められている（公共工
事標準請負契約約款50条1項〔検査に合格した出来形部分に限る〕，民間（旧四会）連合
協定工事請負契約約款33条1項）。

2　注文者の損害賠償

(1)　注文者の損害賠償義務の発生と賠償額の算定

　本条に基づく解除は，注文者の側からの損害賠償が義務付けられる（解除
時に損害賠償の提供を要しないと解するのが判例・通説であることはすでに述べた）。損
害賠償義務は履行利益に及び，解除と同時に発生し，弁済期が到来するもの
と解される（栗田173頁）。

　この損害賠償額の算定には，やや問題がある。この点に関する裁判例には，
一方で，本条の損害賠償額をすでに支出した費用と工事全体の得べかりし利
益との合算額とするもの（例えば，東京地判昭47・5・23判時681号50頁，東京地
判昭58・3・18金判683号40頁，前掲東京高判昭60・5・28，東京地判平16・3・10判
タ1211号129頁など。なお，栗田608頁参照）があり，通説もこれに賛成し，請
負人がすでに支出した費用（その仕事のために購入した資材や雇用した労働者に支払
われた賃金などを含む）および工事を予定どおりに完成した場合に得られたで
あろう利益が含まれるとしていた（我妻・中II651頁，新版注民(16)177頁〔打
田畯一＝生熊長幸〕，滝井100頁）。これに対し，すでに支出した工事費用と工事
完成部分（出来形）に限定した得べかりし利益との合算額とする裁判例（例え
ば，前掲東京高判昭43・1・30，前掲名古屋高判昭63・9・29，神戸地判平2・10・25判
タ755号182頁など）もみられる（請負契約としての脚本契約が映画製作者から本条に
基づき任意解除されたケースとして，東京地判平12・11・14判タ1069号190頁）。この
損害賠償額の算定は，次に示す536条2項との関係に事実上の影響を及ぼす
（→(2)）。

　なお，契約が解除されたことにより，請負人が仕事完成義務から解放され，
それに相応した費用の支出を免れた場合や労働力を他の仕事に振り向けて別
途利益を得た場合には，これらを控除する必要がある（中田517頁）。さらに

〔笠井〕　229

§641 Ⅲ
第3編 第2章 契 約

請負人の得べかりし利益（原則的には工事代金から工事原価を控除したもの）の算定については，困難な状況もありうる（栗田哲男〔判批〕判タ598号〔1986〕74頁）。

⑵ 536条2項の規律との関係

本条による注文者の任意解除に伴う損害賠償請求と注文者の責めに帰すべき事由による履行不能における報酬請求（536条2項の解釈に委ねられるが，報酬全額と解される）とは，その関係が問題となる。また，実際上この両者は事案としては区別が判然としない場合も少なくない。そのため，請負人が536条2項を主張して報酬請求を行うのに対して，注文者が任意解除権を行使する場合に，やや困難な問題が生じうる。

問題は，上のような場合に本条の任意解除権の行使を認めてよいかであり，これを認めると（部会第81回議事録45頁〔金洪周関係官〕），請負においては536条2項の適用を事実上排除する結果となるおそれがある。すなわち，本条の損害賠償額が，約定の報酬額よりも低くなれば，請負人が536条2項を持ち出して約定の報酬額を請求する場合に，注文者は，本条の任意解除を行って，報酬額よりも低額の損害賠償を支払うことを選ぶであろう。本条の損害賠償額いかんが注文者のこのような選択の誘因となることが考えられる。

⑶ 634条2号の規律との関係

本条の任意解除も634条2号の解除に含まれるものと解すると（→§634Ⅲ3⑵），本条に基づく任意解除がなされた場合の効果については，少なくとも報酬請求に関しては，634条2号の問題となった（本条の解除を遡及効を持つものと解するべきかという従前の議論は，意味を失った）。

そうすると，同条に基づく割合的報酬と本条の損害賠償は，法的性質は異にするものの実際上は近似した意味を持つことになる。すなわち，請負人は，634条2号に基づく割合的な報酬請求権と本条に基づく（完成擬制が及ばない部分の解除に伴う）損害賠償請求権の両者の権利を得ることになる。本条による解除の場合には，請負人は損害賠償（得べかりし利益を含む。→⑴）の請求をすることができるから，その賠償を得ている場合には，634条2号の割合的報酬の額が大きく削減されることはありうるであろう（あるいは，逆に先に割合的報酬を得ている場合には，損害はほとんどない場合が多いであろう）。

230　〔笠井〕

第 9 節　請　負 §*641*　IV

IV　本条に基づく解除と他の事由による解除との関係

　注文者が請負人に債務不履行があったとして，解除の意思表示をしたが，債務不履行が認められなかった場合に，その意思表示につき本条の任意解除をしたものとして有効であると認めることができるか。すなわち，その解除の意思表示を注文者の都合による解除権の行使に流用することができるか。

　判例は，古くからこれを否定してきた（大判明 44・1・25 民録 17 輯 5 頁，大阪高判昭 55・8・8 判タ 429 号 122 頁）。学説も，解除原因がないものと信じて履行を継続している請負人の利益を考慮すれば，本条による解除としての有効性を認めるべきではないとしている（我妻・中 II 651 頁，星野 278 頁，滝井 85 頁，広中 275 頁）。

　注文者にとっても，債務不履行に基づく解除をする場合にはあわせて損害賠償の請求もなしうると考えて解除したにもかかわらず，本条による解除であるとすれば，逆に自らが請負人に対して損害賠償をしなければならないことになるから，注文者の意思解釈からも否定説によるべきことになろう。しかし，注文者の，債務不履行に基づく解除の意思表示は理由はどうであれ請負人による仕事の完成を希望せず契約を解消したいという意思を含んでいるとみることができる場合もありうる。そのような場合には債務不履行が認められなくても本条による解除としての効力を認めるべきであるとする裁判例も多い（例えば，名古屋高判昭 63・9・29 金判 811 号 15 頁，福岡地判昭 36・8・31 下民集 12 巻 8 号 2166 頁，広島地判昭 44・7・11 判時 576 号 75 頁，東京地判昭 47・5・23 判時 681 号 50 頁，京都地判昭 58・10・6 判時 1108 号 119 頁，東京地判平 4・11・30 判タ 825 号 170 頁。いずれも解除に至る経緯を詳しく認定している）。

　他方，注文者によってなされた債務不履行に基づく解除に対して，請負人が，債務不履行を否定しつつも，注文者の解除の意思表示は本条による解除がなされたものとして援用して，反訴請求として，注文者に対し損害賠償を求めるというケースもあることは注目される。このようなケースで，注文者がこれを争わなかった場合に，本条の解除への流用を認めた先例もみられる（前掲東京地判昭 47・5・23）。また，請負人が一般建設業の許可の更新申請を怠っていたこと等を信義則違反として注文者が解除をしたケースで，その解除を本条の解除として請負人からの損害賠償請求を認めた先例も現れている

〔笠井〕　231

§642   第3編 第2章 契 約

（東京高判平 18・12・26 判タ 1285 号 165 頁）。さらに，電算システムの開発請負契
約において，納入未了がいずれの当事者の責めに帰すべき事由によるものと
もいえないケースにおいて，注文者の解除は，債務不履行に基づく解除とは
認められないが，本条の解除として有効であるとした先例もある（前掲東京
地判平 16・3・10）。

　なお，委任に関する 651 条も本条と類似の規定であるが，解除権の流用の
可否については，本条とは異なる観点からの，判例・学説上の議論がある
（→§651 Ⅱ 4 (1)）。

〔笠井　修〕

　　　（注文者についての破産手続の開始による解除）
第 642 条① 　注文者が破産手続開始の決定を受けたときは，請負人又
　　は破産管財人は，契約の解除をすることができる。ただし，請負人
　　による契約の解除については，仕事を完成した後は，この限りでな
　　い。
②　前項に規定する場合において，請負人は，既にした仕事の報酬及
　　びその中に含まれていない費用について，破産財団の配当に加入す
　　ることができる。
③　第 1 項の場合には，契約の解除によって生じた損害の賠償は，破
　　産管財人が契約の解除をした場合における請負人に限り，請求する
　　ことができる。この場合において，請負人は，その損害賠償につい
　　て，破産財団の配当に加入する。

　　〔改正〕 ①＝平 16 法 76・平 29 法 44 改正　②＝平 29 法 44 新設　③＝平 16 法
　　　　　 76 全部改正，平 29 法 44 改正移動（②→③）

　　　（注文者についての破産手続の開始による解除）
　第 642 条① 　注文者が破産手続開始の決定を受けたときは，請負人又は
　　　破産管財人は，契約の解除をすることができる。この場合において，
　　　請負人は，既にした仕事の報酬及びその中に含まれていない費用につ
　　　いて，破産財団の配当に加入することができる。
　　　（第 2 項は新設）

232　〔笠井〕

第9節　請　負　　　　　　　　　　　　　　　　　　　　§*642*　I

> ②　前項の場合には，契約の解除によって生じた損害の賠償は，破産管
> 財人が契約の解除をした場合における請負人に限り，請求することが
> できる。この場合において，請負人は，その損害賠償について，破産
> 財団の配当に加入する。（改正後の③）

I　本条の趣旨

1　本条による解除の趣旨

　請負人は，仕事完成の先履行義務を負っており（632条），仕事を完成しな
ければ報酬請求することができない（→§632 Ⅲ 1 (3)）。しかし，仕事完成前に，
注文者が破産手続開始の決定を受けて経済的に破綻に瀕し報酬支払が危殆化
した場合であっても，なお請負人は役務提供を継続し仕事を完成しなければ
報酬請求することができないとすれば，それは，請負人に報酬債権の回収に
ついてきわめて大きなリスクを負わせることを意味する。そこで，本条1項
は，注文者が破産手続開始の決定を受けたときは，破産管財人のみならず請
負人も，契約の解除をすることができるものとして，この両者に契約からの
離脱の手段を与えた（642条1項本文。なお，雇用における631条も参照）。

　本条の解除の法的性質については，『新版注釈民法(16)』194頁〔打田畯
一＝生熊長幸〕参照。

　上記の趣旨を破産法上の扱いとして述べれば，請負は，仕事の完成に対し
て報酬請求を認める契約であるから，注文者が破産し，破産管財人が履行を
請求した場合には，請負人の報酬請求権は財団債権となるものの（破148条1
項7号），報酬請求権は全額が支払われない場合もあることから（破152条1項
本文），本条は，破産法53条の特則として，請負人にも解除権を付与したも
のということになる。

2　請負人による解除の期間制限

　ただ，このような趣旨からみると，すでに仕事が完成し引渡義務の履行の
みが未了となった段階では，もはや請負人に解除権を与える必要はなくなる。
そこで，平成29年改正において，本条はこの解除権を請負人が仕事を完成
するまでの間に限って認めることとしたものである（642条1項ただし書）。平
成29年の民法改正過程においては，請負契約における仕事完成後・引渡し

〔笠井〕　　233

未了の場合と売買契約における双方の債務の履行が未了の場合との状況の類似性が指摘されていた。すなわち，売買契約が双方未履行の段階において買主が破産手続開始の決定を受けた場合には，破産法53条1項を適用すれば買主の破産管財人にのみ解除権が認められ，売主には解除権が認められない。このこととの均衡から考えても，仕事の完成後にまで請負人に解除権を認める必要はないとする指摘がみられた（部会資料72A・8頁）。

このような考え方は，すでに改正前民法下の裁判例において明確に現れていたものである（例えば，東京地判平12・2・24金判1092号22頁，東京地判平24・3・1判タ1394号366頁）。

3　請負人の報酬と費用

また，本条2項は，この場合に，請負人はすでにした仕事の報酬およびその中に含まれていない費用について，破産財団の配当に加入することができるものとする。解除における割合的報酬を規定した634条2号と同様の趣旨の規律である。また，費用についても規定しているのは，特に請負の事情を考慮したものである（雇用における631条には費用に関する規定はみられない）。

4　請負人からの損害賠償請求

さらに，注文者が破産手続開始の決定を受けた場合において本条1項の解除がなされたときには，請負人が損害賠償を請求することができるかも問題となる。本条3項は，契約の解除によって生じた損害の賠償は，破産管財人が契約の解除をした場合における請負人に限り請求することができるものとしたうえで，請負人は，その損害賠償について，破産財団の配当に加入するものとした。

II　注文者が破産手続開始の決定を受けた場合

1　破産法53条との関係

本条は，注文者の破産管財人のみならず請負人にも解除権を認めている。これに対し，破産法53条は，双務契約について破産者およびその相手方が破産手続開始の時において共にまだその履行を完了していないときに，破産管財人に，解除権または履行請求権を与え，履行請求を選択した場合の相手方の請求権は財団債権として扱われる旨を規定している。これは，もともと

第9節　請　負　　　　　　　　　　　　　　　　　　§*642*　II

双務契約における双方の債務は対価的な意味を持ち，たがいに担保しあうものであるから，同様の趣旨において，破産法53条も未履行双務契約において一方が破産した場合に，当事者間の公平を図りかつ破産手続の迅速な終結を促すことを意図したものであると説明されていた（菊井維大・破産法概要〔増補改訂，1955〕34頁，中田淳一・破産法・和議法〔1959〕101頁など）。

　そこで，注文者の破産の場合に，本条と破産法53条のいずれが適用されるべきかが問題となった。かつての通説は，注文者が破産手続開始の決定を受けた場合における破産管財人の解除権については，（平成16年改正前の）本条が破産法53条の特則であり，本条のみが適用され，注文者の破産管財人はもとより請負人も契約を解除することができるものと解してきた（山木戸克己・破産法〔1974〕125頁，谷口安平・倒産処理法〔2版，1982〕178頁など）。また，判例も，通説の考え方を前提とする判断を示していた（最判昭53・6・23金判555号46頁）。

　これに対し，破産法53条の規定のみが適用されるべきであるとする有力説があった（伊藤眞・破産法〔全訂3版補訂版，2001〕244頁）。さらに折衷説として，個人請負人は本条を適用し，法人請負人には破産法53条を適用するとする考え方（松下淳一「契約関係の処理」倒産実体法（別冊NBL69号）〔2002〕59頁），あるいは，請負人による解除には本条を適用し，破産管財人による解除には破産法53条を適用するという考え方（新版注民(16)192頁〔打田畯一＝生熊長幸〕）などが主張されていた。

　しかし，平成16年改正においては，（賃借人の破産に関する同改正前621条とは異なり）同改正前642条には合理性があるものとしてこれを維持し（同条1項），ただ，破産管財人の解除によって生じる請負人の損害賠償請求権が破産債権となるとする改正を行った（同条3項〔平29改正前2項〕。賃借人の破産とは異なり，注文者の破産の場合には請負人に契約から離脱する機会を与えておく必要があるという立法判断）。これによって，注文者の破産において請負人にも履行を継続するか契約を解除するかの選択権が維持されたことになる（同条1項前段）。そして，契約が解除された場合には，請負人は，すでにした仕事の報酬およびその中に含まれていない費用について，破産債権者の地位を得て破産管財人に請求することができる（同条2項〔平29改正前1項後段〕）。

〔笠井〕　235

§642 Ⅱ   第3編　第2章　契　約

2　請負契約の解除にともなう損害賠償請求

　請負契約の解除にともなう損害賠償請求については，破産管財人から解除
した場合に限って，請負人の損害賠償請求権が破産債権として認められてい
る（642条3項前段）。請負人は自己の側に解除原因がないにもかかわらず，本
条に基づいて契約を解除されるのであるから，それによって生じた損害の賠
償請求が認められるべきであるという趣旨である。この損害賠償の範囲につ
いては，履行利益と解される（竹下守夫編集代表・大コンメンタール破産法〔2007〕
222頁〔松下淳一〕）。

3　注文者の破産管財人による請負契約の履行の選択

　ただ，請負人が解除権を行使せずに，注文者の破産管財人が請負契約の履
行を選択した場合に，破産手続開始前の出来高は財団債権となるか破産債権
として扱われるかはやや困難な問題となる（破産手続開始後に請負人が行った仕
事の対価としての報酬については財団債権となる）。請負人の仕事が不可分だとし
て財団債権とする見解（宮脇幸彦＝竹下守夫編・破産・和議法の基礎（実用編）〔新版，
1982〕135頁〔福永有利〕，石川明ほか編・破産・和議の実務と理論（判タ臨時増刊830
号）〔1994〕234頁〔室田則之〕），破産管財人に履行選択，解除権を付与し，破
産管財人が履行選択した以上，公平の観点から破産手続開始前の出来高部分
も財団債権（破148条1項7号）とする見解（伊藤眞・破産法・民事再生法〔3版，
2014〕376頁・350頁）が多数であるが，出来高は可分であるとして破産債権と
する見解（小林信明「請負契約」竹下守夫＝藤田耕三編集代表・破産法大系Ⅱ〔2015〕
360頁）もみられる。建築会社の再生事件，会社更生事件の実務では破産債
権説による例が多いという指摘もある（全国倒産処理弁護士ネットワーク編・通常
再生の実務Q&A 120問〔2010〕134頁〔中川利彦〕）。

　この場合に，破産管財人からの履行請求に応じて，請負人が仕事を完成し
た場合に，建物所有権の帰属は，すでに632条の注釈において詳説したとこ
ろによって決せられる（→§632 Ⅱ 5(1)）。その所有権が注文者に帰属するとき
は，破産管財人が目的物の管理処分権を行使するが，請負人は，不動産工事
の先取特権（325条2号・327条）または商事留置権（商521条本文）を別除権と
して行使することができる（破2条9項・65条1項）。ただし，不動産を対象と
する商事留置権の成立を認めるべきかについては，なお議論がある（松岡久
和「不動産留置権に関する立法論」NBL730号〔2002〕90頁）。

　　236　〔笠井〕

第 9 節　請　負　　　　　　　　　　　　　　　　**§*642*　III**

　なお，破産財団中に請負人の仕事の結果としての出来形が存在し，それが
請負人の所有に属するときは，請負人は取戻権（破 62 条）を行使することが
できるが，破産財団に属するときは，取戻権の行使は認められない（前掲最
判昭 53・6・23，竹下編集代表・前掲書 218 頁〔松下〕）。

III　請負人が破産手続開始の決定を受けた場合

1　破産法 53 条との関係

　請負人が破産手続開始の決定を受けた場合については，民法には規定が存
しない。判例には，請負契約の目的である完成するべき仕事が破産者以外の
者において完成することのできない性質のものであって，破産管財人におい
て破産者の債務の履行を選択することができないものであるという場合でな
い限り，旧破産法 59 条（現行 53 条）が適用されるとしたものがある（最判昭
62・11・26 民集 41 巻 8 号 1585 頁）。

　本判決以前の学説の状況については，『新版注釈民法(16)』196 頁以下〔打
田畯一 = 生熊長幸〕参照。

2　出来高に応じた請求

　また，請負人が破産し，破産管財人が請負契約を解除した場合に，注文者
に対し解除前の出来高に応じた請求をすることができるかも問題となる。平
成 29 年の民法改正により，請負契約が仕事完成前に解除された場合に請負
人に割合的報酬の請求権を認める 634 条 2 号がおかれたため，破産管財人は，
既履行部分のうち可分性と利益性を満たす部分に相応する割合的報酬を請求
することができるものと解される。

　そのうえでなお，注文者からの損害賠償請求権との相殺の可否の問題も生
じうる。破産管財人による出来高に応じた報酬請求において，注文者が損害
賠償請求権を自働債権として相殺を主張することは許されないとした先例
（東京地判平 24・3・23 判タ 1386 号 372 頁）もみられる。

3　解除による前払金返還請求権の帰属

　なお，建設工事請負契約の解除による前払金返還請求権は財団債権か否か
についても問題となる。判例は，出来高分控除後の内金の返還請求権を財団
債権として認めている（前掲最判昭 62・11・26）。学説にも，破産法 53 条によ

〔笠井〕　　237

§*642* Ⅲ   第3編　第2章　契　約

り破産管財人に解除権が与えられたこととの公平を理由に判例に賛成する見
解がみられる（伊藤眞・破産法・民事再生法〔3版, 2014〕380頁）。他方, 請負契約
解除によって注文者と破産財団の双方が原状回復義務を負わず, 同時履行の
関係にもないことなどを根拠として, 否定説に立つ見解もある（松下淳一〔判
批〕ジュリ901号〔1988〕106頁など）。

〔笠井　修〕

第10節　委　任

第10節　委　任

（委任）
第643条　委任は，当事者の一方が法律行為をすることを相手方に委
託し，相手方がこれを承諾することによって，その効力を生ずる。
　　〔対照〕　フ民 1984-1990，ド民 662

I　委任契約の位置づけ

1　事務処理契約の受け皿

(1)　本条は，委任の目的が法律行為であること，ならびに委任の成立が当
事者の合意によるものであることを明言する。

(2)　他の契約類型，たとえば売買や贈与といった所有権移転型契約，消費
貸借をはじめとする貸借型契約と比較するとき，委任の契約観は，固定的内
容を見出しえないという点で特異である。このことは，「役務提供契約とし
て用意される 4 つの類型のうち，委任を特徴づけるメルクマルをいかに設定
するか」という問題に帰着するとともに，その適用領域の拡大をもたらすと
いう事態を招いている。

(3)　ローマ法上，委任 mandatum は，法律行為および事実行為を含む高
級労務の提供を目的とする契約として，（現在の雇用と請負を包括する）賃約
locatio conductio と区別され（原田慶吉・ローマ法〔改訂，1955〕189-196 頁・198-
200 頁），中世普通法を経て，諸国の近代民法典上，事務処理契約としての側
面を認められていく。この場合における「事務」が，法律行為に限定される
か，それとも事実行為をも含むものであるかについては，代理との関連性を
も踏まえて解釈される。たとえば，フランス民法 1984 条の文言自体は，「委
任者のために，同人の名で，ある事がらを行う faire quelque chose pour le
mandant et en son nom」となっているが，委任の本質は代理であるとの理

〔一木〕　　239

§643 Ⅰ 第3編 第2章 契約

解に基づき，これを法律行為に限定する解釈が一般的である（比較法について
は，新版注民(16)213-216頁〔中川高男〕も参照）。また，「共通参照枠草案Draft
Common Frame of Reference（DCFR）」に お い て，委 任 契 約 mandate
contract（同第Ⅳ編D部）は，役務提供契約contract for service（同第Ⅳ編C部）
から独立するかたちで区別され，契約その他の法律行為により法的効果を生
じさせるためのものと位置づけられている。

(4) こうした事務処理契約としての委任を，とりわけ雇用や請負と明確に
区別する立法としては，前述するとおり事務上の法律行為と事実行為の区別
に依拠するか，または後記のように報酬の有無と関連づける方法のいずれか
がありえる。この問題に直面した民法の起草者が前者を選択し，本条に結実
したことは明白である（沿革につき，新版注民(16)212頁以下〔中川〕，一木孝之「委
任の無償性——その史的系譜(3)」早稲田大学大学院法研論集91号〔1999〕45頁以下）。
しかしながら，そのようにして与えられた委任の「原則」は，他の契約類型
との境界を画するための後付けの性質を有するにすぎず，実際かつ適当な法
適用領域を設定する際には，「例外」による修正を余儀なくされる。一例と
して，ドイツでは，委任が無償のそれに限定されながら（ド民662条），事務
処理を目的とする雇用および請負，すなわち有償事務処理契約に委任規定の
大半が準用されること（ド民675条）が挙げられるが，日本の民法もまた，法
律行為でない事務の委託を目的とする準委任を承認する656条を置いた。こ
のような付加条文の存在は，前記のような後天的性格を弱め，さらに，報酬
特約に関する648条と相まって，要するに委任とは，無償または有償で，法
律行為または事実行為を処理する契約を意味することになる。典型契約をめ
ぐり，事務処理当事者間に指揮命令（または支配従属）の関係がある場合を雇
用に，事務の目標が仕事の完成にある場合を請負に，物の保管を目的とする
場合を寄託に位置づけるとすれば（委任と他の事務処理契約の区別については，来
栖505頁以下），委任には，以上を除いた残余の事務処理契約すべてに妥当す
るという普遍性が生じる余地がある（我妻・中Ⅱ667頁）。

2 利他的事務処理関係の一般モデル

(1) 民法・商法・特別法上の準用および参照

委任規定中，受任者の義務・責任および権利に関するものは，他の契約類
型や事務処理関係につき準用されることが少なくない。

240 〔一木〕

第10節　委　任　　　　　　　　　　　　　　　　　　§*643*　I

(ア)　(a)　寄託においては，665条に基づき，受任者の受取物引渡義務（646条），自己消費金銭への利息支払責任（647条），受任者の報酬（648条），費用前払請求権（649条），費用償還請求権（650条1項）および債務代弁済請求権（弁済期到来前の代担保提供含む。同条2項）に関する諸規定が準用される。これに対し，受任者の善管注意義務（644条）は無償受寄者の注意義務（659条）との，報告義務（645条）は受寄者の通知義務（660条）との対照において妥当しない。また，受任者の成果完成型報酬に関する648条の2の準用を欠く点は，委任と寄託にとって，報酬の意味が異なることを示唆している。

(b)　受任者の義務および権利に関する諸規定（644条〜650条）は，業務決定・執行組合員について準用される（671条）。寄託のような除外はなく，「業務執行組合員≒受任者」との印象を与える。

(c)　事務管理においては，701条によって受任者の義務に関する645条から647条が，702条2項を通じて同人の代弁済等請求権を定める650条2項が準用される。学説上，無償委任と事務管理の本質的類似性が強調されるが（四宮和夫「委任と事務管理」谷口知平還暦・不当利得・事務管理の研究(2)〔1971〕299頁），参照される条文数自体は必ずしも多くない。

(d)　受任者の義務および権利に関する規定は，相続財産の管理等にも妥当する。すなわち，限定承認者または相続放棄者による管理の場合には，645条，646条と650条1項・2項が（926条2項・940条2項），財産分離請求後の相続人による管理および相続人の債権者の請求による財産分離の場合には，645条から647条と650条1項・2項が（944条2項・950条2項），遺言執行者の権利義務に関しては，645条から647条と650条が準用される（1012条3項）。

(イ)　商法にあっては，問屋と委託者の関係につき委任および代理に関する規定の準用が指示されている（商552条2項）。同様に，会社法も，株式会社と役員・会計監査人（会社330条），指名委員会等設置会社と執行役（会社402条3項），清算持分会社と清算人（会社651条1項）の各関係が，委任規定に従う旨を明記する。さらに，持分会社と業務執行社員の関係には，委任に関する646条から650条が，文言の読み替えを伴いつつ準用される（会社593条4項。なお，644条および645条は，会社593条1項および2項に類似の内容が規定されているために準用されない）。

〔一木〕　　241

§*643* I   第3編 第2章 契約

(ウ) 特別法として，一般社団法人及び一般財団法人に関する法律は，一般社団法人と役員・会計監査人（一般法人64条），一般財団法人と評議員・理事・監事・会計監査人（一般法人172条）および清算人会設置法人と清算人（一般法人209条5項）の諸関係が，委任規定に従うものとする。同様に，委任規定は，区分所有建物管理者の権利義務を規律する（区分所有法28条）。

(2) **非典型契約のひな型**

(ア) 以上のような明文規定による準用指示がある場合以外にも，委任は，各種事務処理関係を検討する際の基本となりうる。一例として，仲立人（商543条以下）および代理商（商27条以下，会社16条以下）の権利および義務を検討する際にも，委任の規定が参照される。

(イ) また，委任は，弁護士，司法書士や宅地建物取引業者などが事務処理者となる，いわゆる専門家契約の法的基礎を構築する。関連して，医師・医療機関と患者の間の診療契約の法的性質が問題となる。この点については，生きた人間に対してなされる特別な行為である診療を委任上の事務に当てはめるのは困難である一方，病気の治癒という請負上の結果まで目的とするものではない（稲本ほか350頁以下〔伊藤進〕），あるいは，契約の具体的内容に関する当事者の合意がごくあいまいであるが，健康の回復・増進に関して最善の利益をもたらすための，症状等に応じた医学知識・技術の駆使が，患者の医師に向ける合理的な期待である（伊藤進編著・契約法〔1984〕229頁〔新美育文〕）といった理由から，診療契約を準委任に近い無名契約と解する見解がある。これに対して，医師患者関係の法規範の要素として，患者の医療的利益の保護，医療的決定におけるプロセス的利益の保護，専門家の義務および第三者や社会一般の利益の保護を挙げ，無名契約説がこれらすべてを説明するうえで最も適切であることを認めつつも，議論の進展の観点から，大半のサービス提供契約と同じく，診療契約を準委任契約と一応性質決定しながら，医療の特殊性を適正に定式化した権利義務関係を具体的に論ずるのが建設的であるとの見解が出されており（米村滋人・医事法講義〔2016〕26頁以下），実務上も，「診療契約≒準委任」構成が有力である。歯列矯正や美容整形など，一定の成果を前提とする医療行為については，請負契約との親和が問題となりうるが，審美や満足に関する主観的側面が濃厚な施術が，客観的性状を重視する同契約の規律になじむかは疑わしく，648条の2が挿入されたことに

第10節　委　任　　　　　　　　　　　　　　　　　　§643　I

より「成果完成」要素が評価されることになった委任を，考察の枠組みとして維持することは可能であろう（ただし，ここでもたらされる委任と請負の「接近」は，あくまで報酬支払に関するものであり，請負人の結果債務と，受任者の手段債務の対比は，依然として意味を持つことから，審美関連医療契約の法的位置づけの問題は，なお議論の余地がある）。診療契約を準委任と把握するとして，委任規定のすべてを適用しうるかという点については，典型契約としての位置づけを明確にしながら，場合によっては特別法である医師法を通じて必要な修正を加えるのが妥当であるとの主張が説得的に展開されている（前田達明ほか・医事法〔2000〕216頁以下〔前田達明〕）。

　(ウ)　以上のほか，各種業務委託が，（準）委任契約と性質決定されている（具体的な事例として，→§656 II 1(1)）。

　(エ)　ところで，非典型契約をはじめとする事務処理関係の基礎を委任に求めることの「利点」として，委任諸規定の適用により，債権法および契約法の諸原則とは異なる処理が可能となることが挙げられる。とりわけ，受任者の受取物引渡義務を明確に定める646条，同人の費用償還請求権に関する650条1項，委任者の無過失損害賠償責任を規定するものと理解される同条3項，そしてなかんずく，委任当事者の債務不履行を基礎としない任意の，すなわち理由のいかんを問わない解除を認める651条に認められる法体系上の特異性が注目される。もっとも，法的効果のみを希求する委任構成が，破綻することもまれではない。たとえば，大学在学契約上の学納金返還請求や，分譲マンションにおける駐車場専用使用権分譲代金返還請求に際して用いられた，「受任者」の「委任者」に対する受取物引渡義務構成は，いずれの事案でも委任契約が問題とならないと判示した最高裁判所判決によって退けられた（前者につき最判平18・11・27民集60巻9号3437頁，最判平18・11・27民集60巻9号3597頁および最判平18・11・27民集60巻9号3732頁。後者に関して最判平10・10・22民集52巻7号1555頁，最判平10・10・30判タ991号125頁）。

　(オ)　なお，委任は当事者の死亡によって終了する（653条）が，死後の事務処理を委任の目的とすることが問題となりうる（最判平4・9・22金法1358号55頁，東京高判平21・12・21判タ1328号134頁，高松高判平22・8・30判時2106号52頁など）。こうした委任者「不在」の状況での事務処理は，同人の死亡のほか，意思能力および行為能力減退や消滅に際しても問題となりうる（この点に関し

〔一木〕　243

て，裁判所の積極的関与を前提とする任意後見契約法の枠組みも参照）。

II　委任契約の性質

1　諾 成 契 約

委任は，「法律行為をすること」に関する当事者の一方（委任者）の委託と他方（受任者）の承諾に基づき発効する。こうした諾成契約性をめぐる問題は，委任が有償と無償のいずれであるかにより異なる。

(1)　有償委任の成否

(ア)　有償委任にあっては，反対給付としての報酬の存在が契約の成立を推知させるが，委任事務処理が専門家によるものである場合において，合意それ自体の存否が問われることがある（例として，不動産売買仲介契約をめぐる大阪高判昭 46・3・31 金法 614 号 30 頁〔否定〕，仙台高判昭 48・1・24 高民集 26 巻 1 号 42 頁〔肯定〕，仙台高判昭 51・3・8 判タ 339 号 298 頁〔肯定〕，司法書士に対する登記申請手続嘱託委任契約に関する東京地判昭 52・6・28 判時 873 号 62 頁〔否定〕）。関連して，銀行業務をめぐり，支払金融機関が手形振出人より，手形不渡り時の取引停止処分回避のための保証金を受け取ったことで，当事者間に委任契約が成立したとの判断がある（東京地判昭 36・7・31 判時 273 号 18 頁）。また，最高裁昭和 54 年 5 月 29 日判決（判時 933 号 128 頁）は，「銀行における業務の通常の過程において，手形の買戻しをした者が不渡届消印手続を依頼するために，当該銀行に備え付けられた所定の用紙に所要事項を記載して担当の係員に提出したときは，右係員においてその受領を拒絶したとか，右依頼に基づき委任契約が成立するためには銀行側の特別の意思表示を必要とすることが明確にされているとか，の特段の事情のない限り，銀行側において依頼を承諾したものとして，不渡届消印手続に関する委任契約が成立したものと認めるのが相当」と判示している（差戻控訴審である東京高判昭 55・10・23 判タ 430 号 148 頁は，同判断にならい，事案における委任の成立を肯定した）。

(イ)　有償委任の成否にとって重要なのは，事務処理合意が委任のそれと性質決定されることである（肯定例として，大判昭 14・4・12 民集 18 巻 397 頁〔学校経営者と校長間の契約〕，東京地判昭 56・10・29 判タ 466 号 128 頁〔ゴルフ場建設資金供与契約〕，大阪高判平元・2・22 判タ 701 号 187 頁〔商品供給契約〕，大阪地決平 7・6・19

第10節　委　任　　　　　　　　　　　　　　　　　　　　§*643*　II

労判 682 号 72 頁〔証券会社と外務員間の契約〕，東京地判平 26・5・29 判時 2236 号 113 頁〔サブリース契約〕，否定例として，東京地判平 7・8・28 判時 1566 号 67 頁〔美容院業務委託契約〕，東京地判平 8・7・26 労判 699 号 22 頁〔病院開設者と病院長間の契約〕など）。

(2)　**無償委任の成否**

(ア)　無償委任に関しては，合意の成立それ自体が争われる。この点は，専門家による無料の法律相談等に関しても問題となりうる（司法書士による相続放棄手続無償受任が否定された東京地判平 25・7・1 判タ 1416 号 211 頁）が，純粋な市民間で交わされた，好意による事務処理合意から，当事者に法的意味での権利義務を生じさせる無償委任という契約の成立を認めうるかは難問である。かつて，事実上の好意と無償委任の境界が争われたものとして，いわゆる隣人訴訟と呼ばれる津地裁昭和 58 年 2 月 25 日判決（判タ 495 号 64 頁）がある。同事案にあっては，ため池で水死した児童の見守りをめぐり，「応答は従前から近隣者として，また同一幼稚園へ通い遊び友達である子供の親として交際を重ねていた関係上，時間的にも短時間であることが予測されるところでもあり，現に子供らが遊びを共にしていることを配慮し，近隣のよしみ近隣者としての好意から出たものとみるのが相当」であり，死亡した児童に対する監護一切に関する委託と承諾という趣旨での契約関係成立に向けられた効果意思ではないとの理由から，準委任の存在が否定された（なお，同判決後の事件の推移，世間の反応や法務省の見解に関して，星野英一編・隣人訴訟と法の役割〔1984〕）。

(イ)　契約としての無償委任が成立するとは，当事者間の法的権利および義務の発生を意味する。なかんずく，無償受任者といえども，必要な注意を尽くしながら，債務および義務を履行することが要求されることになる。しかしながらその一方で，日常において縷々交わされる「無料で活動する」約束のすべてが，法律行為としての契約と認められるわけではない。そのため，日常生活上の「事実的好意」と区別される法的生活上の「好意契約＝無償委任」の成否を検討する必要がある。この問題については，当事者間に明らかな契約締結合意を見出しえない場合においても，事案の客観的評価による推定上の法的拘束意思が確認されれば，事務管理等の法定債権関係領域での処理にとどまるのではなく，無償委任の成立を肯定しうるとの見方がある（一

〔一木〕　245

木孝之「無償委任の法的性質(1)(2)(3・完)」早法76巻2号113頁〔2000〕，76巻4号19頁，77巻1号51頁〔2001〕）。もっとも，そうした法的拘束意思の存否を判定する際の基準をどこに置くかなど，なお検討すべき点も少なくない。

2 片務契約／双務契約

(1) 委任に向けられた当事者の意思表示とは，「法律行為をすること」についての委託と承諾であり，したがって，発生する債務は，第一次的には受任者による法律行為のみであって，その限りでは，委任は片務契約である。しかしながら，当事者間で報酬に関する特約が存する場合（648条）には，委任者の報酬支払債務が生じる結果，委任は双務契約となる。

(2) 委任契約の「中核」は，受任者の法律行為債務であり，これを履行する過程で，同人は，善管注意義務（644条）を尽くし，委任事務処理の状況，ならびに委任終了の経過および結果に関する報告（645条），委任事務処理にあたって受け取った金銭その他の物の引渡し（646条），ならびに私用消費金銭に関する利息支払（647条）の各義務を課される。さらに，代理権付与委任において，同じく代理権を有するものとして選任された復受任者は，委任者に対する権限の範囲内で，受任者と同様の義務を負う（644条の2）。

(3) 報酬特約が欠如している場合にも，「受任者のみが一切の負担を強いられ，委任者は一方的な受益者である」と理解することは正当でない。受任者に対する債務を負担しない委任者といえども，受任者の請求に応じて費用を前払し（649条），同人が支出した必要な費用および利息を償還し，同人が負担した必要な債務を代弁済し，または相当の担保を提供し，さらには同人が過失なくして被った損害を賠償しなければならない（650条）。すなわち，報酬の特約の存否とは別に，委任者はしかるべき責任を負うのである。

3 無償契約／有償契約

(1) 委任は，報酬の特約がなければ，無償契約である（648条1項）。当事者間の特約によって委任が有償契約となる場合において，報酬は，履行に関連づけられ（648条2項3項），または成果に対して（648条の2）支払われる。

(2) 一方で，無償委任においても，前述するとおり，委任者が受任者に対して，費用その他に関する金銭的支給を負担することがあるから（649条・650条），無償を「事務処理に関する一切の金銭的給付の欠如」と理解すべきではない。他方で，有償委任において委任者が負担する報酬支払債務と金銭

第10節　委　任　　　　　　　　　　　　　　　　　　　　　§644

的給付責任の関係が問題となりうる。報酬の支払は，費用の前払・償還，債務代弁済および損害の賠償を包含するものであるか，それとも，報酬の支払とは別個に，費用償還その他が行われうるかが検討される必要がある。

4　継続的契約

(1)　委任は，一回的な給付を目的とすることもあるが，一定の期間を前提とする場合が少なくない。そのため，民法も，委任の継続的契約としての側面を前提とする規定を置いている。具体的には，賃貸借に関する620条を準用し，委任の解除の将来効を定める652条（したがって，条文上の文言とは異なり，委任の解消は，より厳密には，〔解約〕告知である）がある。委任の終了（653条・655条参照）後の急迫な事情を受け，委任者らが委任事務を処理することができる状態になるまで，受任者らが必要な処分をなすべき旨を定める654条も，委任事務の継続性を前提としている。

(2)　ところで，継続的契約を検討するに際し，当事者間の特別な信頼関係が強調されることがある。このことはとりわけ，契約解除の可否をめぐって指摘され，「信頼関係破壊の法理」として援用されうる。委任が各当事者，すなわち委任者と受任者によっていつでも解除されうる（651条）のも，両者に存する特別な人的信頼関係がもはや存しない状況で，契約関係の維持が困難であることを理由に説明されている。

〔一木孝之〕

（受任者の注意義務）

第644条　受任者は，委任の本旨に従い，善良な管理者の注意をもって，委任事務を処理する義務を負う。

〔対照〕　フ民1992，ド民276，ス債398・321e，DCFR IV. D-3: 103

細　目　次

Ⅰ　受任者の事務処理義務の位置づけ ……248
　1　委任の無償性／有償性と本条の意味…248
　2　事務処理義務の内容・程度…………250
　3　委任上の善管注意義務と忠実義務の
　　関係………………………………………252

　4　受任者の善管注意義務違反と不法行
　　為上の過失………………………………254
Ⅱ　善管注意義務の内容………………………255
　1　委任の本旨に従った履行その1──
　　専門的・職業的な善管注意義務…………255

〔一木〕　247

§644 I 　　　　　　　　　　　　　　　　　　　　　第3編　第2章　契　約

(1) 弁護士 …………………255		(7) 医療従事者 …………………260
(2) 司法書士 …………………257		(8) その他 …………………263
(3) 公認会計士 …………………258		2 委任の本旨に従った履行その2──
(4) 税理士 …………………258		ボランティアと善管注意義務…………264
(5) 弁理士 …………………259		
(6) 不動産仲介業者（宅地建物取引業		

I　受任者の事務処理義務の位置づけ

1　委任の無償性／有償性と本条の意味

（1）　本条は，受任者の注意義務として，委任の本旨に従い，善良な管理者の注意によって委任事務を処理することを求める。本条起草者は，報酬の有無に応じて受任者の責任の軽重を変えないことが，契約の効力を堅固にし，取引の安全を保護するためには当然と考えていた（広中俊雄編著・第九回帝國議會の民法審議〔1986〕237頁〔富井政章〕）。本条の沿革については，新版注民(16) 223頁以下〔中川高男〕を参照。

（2）　受任者の注意義務と無償性／有償性のかかわりにつき，比較法として，たとえばドイツにあっては，一般的に，債務者が原則として故意または過失につき責任を負うこと，過失とは取引上必要とされる注意を怠る意味であることが規定されており（ド民276条），これを受けて，無償に限定される委任でも，受任者には高度の注意義務が課されることになる。スイス債務法398条は，受任者の注意義務が，雇用関係における労働者のそれと同じであるとし，したがって，個々の委任関係に基づき，職業リスク，仕事上要求される教養程度や専門知識，委任者が知り，または知ることができる受任者の能力や性格に照らして決定されることになる（ス債321e条参照）。なお，共通参照枠草案（DCFR）によれば，受任者が，「本人が当該状況の下で正当に期待しうる注意と技能」を用いて債務を履行すべきものとされる（Ⅳ. D.-3: 103条）。これに対して，フランスでは，受任者が故意のみならず過失に関しても責任を負うが，無償受任者の過失責任が有償受任者のそれより緩和される（フ民1992条）。

（3）　民法は，債務履行上の当事者の注意義務をめぐって，債務が特定物の引渡しである場合に「契約その他の債権の発生原因及び取引上の社会通念に照らして定まる善良な管理者の注意」を要求する400条をいわば通則としつ

248　〔一木〕

第10節　委　任　　　　　　　　　　　　　　　　　§*644*　I

つ，典型契約にあっては，委任についての 644 条と，無報酬（無償）寄託に関する 659 条を置くのみである。このとき，受任者の善管注意義務は，事務処理契約としての性質を同じくする無償寄託上の受託者が払うべき「自己の財産に対するのと同一の注意」との対比において，その内容が問題とされてきた。有償委任の場合と無償委任の場合とで注意義務の程度に差が設けられていない点については，すでに本条立法当時から疑念が寄せられている（たとえば，第 9 回帝国議会衆議院民法中修正案委員会〔明治 29 年 3 月 13 日〕における谷澤龍蔵発言，広中編著・前掲書 145 頁）。その後も，受任者に厳格な注意が要求されるのは，有償委任の場合に限られ，これに対して，無償委任にあっては，たとえば，当事者には効果意思が欠如している（我妻・中 II 659-660 頁），あるいは，無償にもかかわらず好意給付者に厳格な責任が発生する契約の成立を認めるのは適当でない（星野英一編・隣人訴訟と法の役割〔1984〕20 頁〔森島昭夫発言〕，29 頁・52 頁〔星野英一発言〕）などを理由に，受任者が負うべきは「自己の事務を処理すると同程度の注意」であるとの見解が示された。また，無償受任者の善管注意義務を原則として承認しながら，注意義務を自身の事務におけると同一の程度のそれにまで軽減する特約が黙示でなされうることを認めるだけでなく，責任の「要件」は有償受任者と共通であっても，責任の「量」は異なり，受任者の過失によって生じた損害につき，委任者の「損害賠償額減縮の意思」が信義則から当然に導出されるという主張もある（広中俊雄「有償契約と無償契約との差異は債務者の注意義務についても存在するか」同・契約法の理論と解釈〔1992〕288 頁以下）。さらに近時は，無償受任者の専門家該当性の有無を重視し，非専門家による無償または低廉な報酬での事務処理に際しては，注意義務が軽減された委任，またはこれに類する無名契約が成立するものと解する見解が登場している（中田 526 頁）。こうした無償受任者の注意義務軽減論は，民法（債権関係）改正に関する提案でも唱えられたことがある（民法改正研究会編・民法改正 国民・法曹・学界有志案（法時増刊）〔2009〕第 470 条 2 項。ただし無償契約における債務者一般の注意義務として規定される）。しかしながら，平成 29 年改正に際して，無償受任者の注意義務が，有償受任者のそれに比して軽減されることはなかった。

　（4）　好意に基づく無償の事務処理約束が委任契約として承認されることの意義は，当事者における権利および義務が，法的拘束力を伴うかたちで発生

〔一木〕　　249

§644 Ⅰ   第3編　第2章　契　約

する点にある。このとき，受任者がなした費用や負担した債務が，委任者に
よって償還され，代弁済されるためには，「委任事務を処理するのに必要と
認められる」ものでなくてはならず（650条1項・2項），また，受任者が委任
者に賠償を請求しうる損害は，受任者が過失なく受けたものであるが（同条
3項），その前提として，無償の受任者といえども，自己の事務に関する程度
の軽々な判断に甘んじるのではなく，委任者の利益において，しかるべき注
意を尽くすことが当然に要求されている（萩原基裕「無償契約債務者の責任法理
（4・完）」大東法学25巻2号〔2016〕25頁，とりわけ91頁から94頁および106頁は，
契約当事者の利益状況から無償契約債務者の責任〔の軽減〕を考察するに際し，無償受任
者の責任軽減は，委任契約の特性にそぐわないとし，同人の注意義務の基準は本条に求め
られ，義務違反時の帰責判断は，有償受任者の場合と同様であるという）。したがって，
本条の文言に反する解釈により，無償受任者の注意義務が善良な管理者のそ
れであることを否定する必要はないであろう。

2　事務処理義務の内容・程度

（1）　本条が定める受任者の委任事務処理義務にとって重要なのは，「委任
の本旨」に従うこと，ならびに「善良な管理者の注意」を尽くすことである。

（2）　委任の本旨に従うとは，「委任契約の目的とその事務の性質に応じて
最も合理的に処理すること」（我妻・中Ⅱ670頁）であり，「委任契約によって
定められたところに従い，事務の性質に応じ，信義則によって」判断するこ
とである（星野283頁）。ここにいう委任の目的とは，（主として）法律行為
（643条）により委任者に権利および義務を発生させることであり，具体的内
容に関する当事者の合意に基づき，受任者が処理する事務の範囲が確定され
る（加藤422頁，我妻・中Ⅱ671頁）。また，「委任の本旨」概念に，「委任事務
の範囲を柔軟にする機能」，ならびに「受任者のなしうる行為の外延を画す
る機能」を見出すならば（中田524頁），委任者の指図に対する受任者の遵守
が問題となる。学説上，委任者の指図が同人の利益に反すると判断する受任
者は，委任者に報告して指図の変更を求め，時間的余裕がない場合に臨機の
処理を執る義務を負うものとされ（我妻・中Ⅱ671頁），さらに，受任者の積
極的な指図違反の余地が検討されている（潮見260頁，山本715頁）。

（3）　（ア）　受任者が委任事務処理上要求される善管注意義務は，事務処理の
「完成」（成功）にではなく，事務処理の「適正」に向けられる。このことか

250　〔一木〕

第10節　委　任　　　　　　　　　　　　　　　　　　§*644*　I

ら，仕事の完成につき結果債務を負う請負人との対比において，受任者に課されるのは手段債務であると説明される。そして，事務処理をめぐる受任者の債務不履行の存否は，同人の善管注意義務履行の有無という観点から判断される。

　(イ)　善管注意義務に関しては，前記のような無償／有償の区別をめぐる議論に加え，具体的内容および範囲の決定が重要である。この点について，第1に，「委任の本旨」との関係を接合的に捉えて，善管注意義務は，「委任の本旨に従った履行」との相関においてはじめて実質を獲得するとの見解がある（大村敦志「現代における委任契約──『契約と制度』をめぐる断章──」中田裕康＝道垣内弘人編・金融取引と民法法理〔2000〕101頁以下は，受任者の善管注意義務の「白地性」を指摘したうえで，当事者間の高度な信頼関係を中核とする委任にあって，委任者の受任者に対する信頼の程度が低いと認められる場合には軽減されうるという）。それによれば，受任者が尽くすべき注意の内容・程度・範囲は，個別具体的な委任の本旨を基礎として決定されることになる。

　(ウ)　第2に，善管注意義務の「特定」に際して，履行する受任者の属性が考慮される。すなわち，同義務は，「目的たる事務処理のために要求される教育程度や専門的知識および委任者の知りまたは知るべかりし受任者の能力や性質」によって具体的に決定されるのである（広中279頁。「契約締結時に，所定の事務を処理する上で受任者が有すると想定されていた知識・能力の程度」に基準を求める山本712頁も参照）。とりわけ，受任者が職業的事務処理者（専門家）である場合には，「同様な職業・地位にある者に対して一般に期待される水準」の善管注意義務が課される（内田291頁）。したがって，後述する専門的・職業的な善管注意義務（一Ⅱ1）にとっては，業種，業務内容や個別事務処理に期待される能力等が重要である。

　(エ)　債権総則中に置かれた400条と，委任をめぐる本条は，ともに善管注意義務について定めるという共通性を有するため，両者の関係が問われうる。このとき，債権の目的が特定物の引渡しである場合に妥当する前者と，広く委任事務処理に関する規定である後者を，通常の「総則─各則」として捉え，適用上の優劣を論じることは困難といえる。もっとも，400条が善管注意義務を決定する要因として明記する「契約その他の債権の発生原因及び取引上の社会通念」が，本条にいう「委任の本旨」と解釈上の関連性を有するのか，

〔一木〕　251

§644 I 第3編 第2章 契 約

たとえば，後者の内容を検討する際に，前者が指標の役割を果たしうるかという点については，当事者の合意，とりわけ委任者の意思によらない注意義務水準設定の可能性を含め，検討の余地がある。

（4） このように，それ自体は抽象度の高い受任者の注意義務の内容を具体化する試みのひとつとして，民法（債権関係）改正においては，受任者の指図遵守義務を定める条文を置くことの是非を検討する必要性が示唆された（「第49 委任 1 受任者の義務に関する規定 (1)受任者の指図遵守義務」，詳細は中間論点整理補足説明371頁以下）が，例外的逸脱可能性をめぐって議論がなされ（部会第17回議事録9頁以下，部会第24回議事録10頁以下，部会第57回議事録4頁），条文化は見送られている（なお，委任者の指図に対する受任者の姿勢をめぐり，たとえばド民665条は，状況からして，委任者が事情を知るならば是認するものと推定しうる場合において，受任者が委任者の指図から逸脱する権利を有すること，受任者は，逸脱に先立ち委任者にこれを指摘し，猶予と危険が結びついていないのであれば，同人の決定を待たなければならないことを定める）。しかしながら，受任者の指図遵守義務を検討することは，一方で，とりわけ委任者の意思および利益とのかかわりで「委任の本旨」を考察し，他方で，受任者の拘束と同人の裁量範囲制約の可否を整理するうえで，今後も重要な意義を有する（大塚智見「委任者の指図と受任者の権限(1)(2)(3・完)」法協134巻10号1851頁，134巻11号2115頁，134巻12号2367頁〔2017〕）。

3 委任上の善管注意義務と忠実義務の関係

（1） 事務処理者は，善管注意義務のほかに，いわゆる忠実義務を課されうるか，その際に，両者の関係はいかなるものであるかが問題となりうる。この点に関して，会社法上は，取締役の善管注意義務（会社330条による民644条準用）と忠実義務（会社355条）が併記されている。また，2006年（平成18年）に改正された信託法においても，29条で，受託者が信託の本旨に従い善管注意義務を負う旨が定められる一方，受託者の「受益者のため忠実に信託事務の処理その他の行為」を行う義務を明記する30条が創設された。このことを受けて，契約関係と信認関係の相違を前提に，忠実義務と善管注意義務を併存するものと位置づける立場があり（樋口範雄・フィデュシャリー［信認］の時代〔1999〕178頁以下・245頁以下によれば，忠実義務違反は，善管注意義務違反よりも立証が容易であるという），さらに近時は，積極的行為規範（「他者の最善の利

252 〔一木〕

第10節　委　任　　　　　　　　　　　　　　　　§*644*　I

益のために行為する」こと）と，消極的禁止規範（「自己または第三者の利益を図って
はならない」こと）を区別したうえで，前者につき，客観的評価基準としての
善管注意義務とは別に，主観的評価基準たる忠実義務が存在することを説く
見解が現れた（田岡絵理子「受託者の忠実義務の本質的内容と信託事務遂行義務・善管
注意義務との概念的関係についての一試論」道垣内弘人編著・信託の理念と活用（トラス
ト未来フォーラム研究叢書76）〔2015〕103頁以下）。

　(2)　委任法上の問題としては，受任者の忠実義務の存否が，本条の定める
善管注意義務との関係，ならびに信託法上の受託者の忠実義務との対比で論
じられている。前者の問題に関して，最高裁昭和45年6月24日大法廷判決
（民集24巻6号625頁）は，取締役の義務との関連において，忠実義務に関す
る規定が「644条に定める善管義務を敷衍し，かつ一層明確にしたにとどま
るのであつて，……通常の委任関係に伴う善管義務とは別個の，高度な義務
を規定したものとは解することができない」と判示した。

　(3)　後者の問題をめぐり，学説上，受託者の忠実義務の内容は，「信託財
産の利益と受託者個人の利益とが衝突するような地位に身を置いてはならな
い」（第1原則），「信託事務の処理に際して自ら利益を得てはならない」（第2
原則），ならびに「信託事務の処理に際して第三者の利益を図ってはならな
い」（第3原則）ものと理解される（四宮和夫・信託法〔新版，1989〕231頁。なお，
受託者の善管注意義務として，信託財産の安全を図るべきことが挙げられている〔同248
頁〕）。これを受けて，信認関係に基づく他人の財産管理制度を根本に据え，
前述のような忠実義務が，善管注意義務の内容として，すべての受任者に認
められるべきであるとする見解（道垣内弘人・信託法理と私法体系〔1996〕154
頁・170-171頁）や，本条所定の「委任の本旨に従い」とは，「受任者は，委
任者の信頼に応えて，誠心誠意，忠実に，委任者のために委任事務を処理す
べきであって，委任の目的に反する行動をしてはならない」との意味を含む
広範なものと捉え，善管注意義務への忠実義務の包摂を説く見解（潮見259-
260頁）がある。同じく，受任者についても，信託類似の義務（「忠実義務」の
限定性を理由に「信認義務」が用いられている）を，本条の善管注意義務に含めう
るとしたうえで，その実質的な根拠を，委任の持つ事務処理性，信頼関係性
および独立裁量性に求め，委任者の受任者に対する信頼の程度が低く，善管
注意義務が軽減される場合には，忠実義務は含まれないとする主張がなされ

〔一木〕　253

§644 I   第 3 編　第 2 章　契　約

ている（大村・前掲論文 102 頁以下）。これに対して，裁量性に富む非典型的な
債務に関して，「委任者の信頼に対応する受任者の忠実義務」を構想し，受
任者の専門的な知識や経験を，善管注意義務（→2⑵⑷）の指標ではなく忠
実義務の判断に用いるという一種の峻別論がある（加藤 416-420 頁）。

　　(4)　以上の問題をめぐり，民法（債権関係）の改正に関する中間的な論点
整理の段階では，委任における受任者の忠実義務明記の是非を検討すること
が提案された（「第 49　委任　1　受任者の義務に関する規定　(2) 受任者の忠実義務」，
中間論点整理補足説明 373 頁以下も参照）が，規定創設には至らなかった（反対な
どの意見につき，部会第 17 回議事録 13 頁以下，部会第 24 回議事録 13 頁以下，部会第
57 回議事録 3 頁以下参照）。そのため，善管注意義務と忠実義務の間に連続・包
括的関係を見出すことができるか，それとも，両者を別個・併存の義務と位
置づけるかという問題は，信託法や会社法と異なり，善管注意義務に関する
本条のみ備える民法にとって依然として意義を持ちうる。

4　受任者の善管注意義務違反と不法行為上の過失

　　委任上の債務不履行責任の前提となる「委任の本旨」や「善管注意義務」
の具体的内容に関して，債権者である委任者に主張・立証責任が課される。
そうすると，事務処理上の不法行為責任が問題となる場合において，「被害
者＝本人」が，「加害者＝事務処理者」の故意または過失を証明しなければ
ならないこととの連続性が生じる。すなわち，とりわけ医療過誤訴訟に代表
されるとおり，専門家の責任が追及される事案にあっては，債務不履行と不
法行為の両者が，選択的または重畳的に追及される場合が少なくないが，そ
の際に，不法行為に関する「加害者＝専門家」の過失の有無を判断するにあ
たり，同人の注意義務の存否および内容を基礎づけるものとして，「受任者
＝専門家」が（準）委任契約上負う善管注意義務が実質的に援用されている
（岡山地判平 22・1・22 判タ 1376 号 170 頁〔弁護士〕，岐阜地判昭 56・11・20 判時 1043
号 119 頁，千葉地判平 9・10・27 判時 1658 号 136 頁，東京地判平 25・5・30 判タ 1417 号
357 頁〔司法書士〕，大阪高判平 26・6・19 判タ 1409 号 255 頁〔行政書士〕など）。

第10節　委　任 §*644* II

II　善管注意義務の内容

1　委任の本旨に従った履行その1 ── 専門的・職業的な善管注意義務

専門的・職業的受任者が負う善管注意義務の範囲，ひいては，債務履行の存否は，依頼者と締結した契約内容，ならびに受任者が備える（ものと期待される）職能との関係において多様であり，かつ職業領域ごとに特有なものとなりえる（川井健＝塩崎勤編・新・裁判実務大系8専門家責任訴訟法〔2004〕，川井健編・専門家の責任〔1993〕）。

(1)　弁　護　士

(ア)　専門知識および経験に基づく事務処理を業務として行う弁護士には，高い水準の善管注意義務が課される。そのため，弁護士は，事実調査に際して，依頼者からの情報を適切に引き出して同人の意図を的確に理解し，かつ，平均的な弁護士の技能水準に照らして，あらゆる方面から法的に吟味する義務を負う（大阪地判平13・1・26判時1751号116頁）。したがって，弁護士の善管注意義務違反の有無に関する具体的判断は，事務委任に至る経緯，委任事務の内容，その際に弁護士が有していた情報，依頼者の意向といった事情のもとで，当該弁護士が関連法令および実務に通じた標準的な弁護士に期待される注意を怠ったか否かという観点から判断される（東京地判平14・1・28判タ1107号233頁）。また，弁護士は，紛争処理時に自ら適正に判断することができない場合には，他の専門家に相談するなどして，依頼者に対し，適切な判断に必要な情報を提供しなければならない（東京地判平17・6・24判タ1194号167頁）。

(イ)　訴訟代理人たる弁護士は，委任の趣旨に従って，善良な管理者の注意を尽くし，依頼者の権利および正当な利益を擁護するために必要な訴訟活動に従事すべき義務を負う。そのために，弁護士は，依頼者をはじめとする事件関係者との面談・事情聴取などを通じて事実関係を調査した結果に基づき，口頭弁論に出頭して有効かつ適切な主張・立証活動を行い，依頼者の裁判を受ける機会や期待を確保しなければならない（東京地判昭54・5・30判タ394号93頁，東京地判平4・4・28判タ811号156頁）。

(ウ)　第一審訴訟委任を受けた弁護士は，敗訴後，適法な控訴が期間徒過によって不能とならないよう，十分に調査の上，控訴期間進行の起算日である

〔一木〕　255

§644 II　　　　　　　　　　　　　　　　　第3編　第2章　契約

第一審判決送達日を確認する注意義務を負う（東京地判昭49・12・19下民集25巻9〜12号1065頁，横浜地判昭60・1・23判タ552号187頁，東京地判平21・1・23判タ1301号226頁）。同様に，上告事件を受任した弁護士は，善管注意義務の一環として，上告期間内に上告を提起するとともに，提出期間内に上告理由書を提出して，期間徒過を理由とする上告却下による敗訴判決確定という依頼者の不利益を防止し，上告理由書を提出しない場合には，棄却について依頼者に事前に説明し，その理解・了解を得る義務を負う（千葉地判平9・2・24判タ960号192頁）。

　㈍　弁護士による訴訟遂行以外の活動として，資産管理・運用（大阪地判平20・5・14判タ1287号185頁），法律問題に関する説明，助言や指導がある（福岡高宮崎支判平22・12・22判タ1351号192頁など）。たとえば，債務整理関連事務処理を受任した弁護士が，委任契約に基づく善管注意義務の一環として，時効待ち方針を採るのであれば，同人は，時効待ち方針に伴う不利益やリスクを説明するとともに，回収した過払金をもって債務を弁済するという選択肢があることも説明すべき義務を負う（最判平25・4・16民集67巻4号1049頁）。

　㈎　依頼者の意思と弁護士の事務処理との関係では，弁護士は，依頼者からの請求の有無にかかわらず，時宜に応じて事件の進行や事務処理の状況を報告して依頼者に理解させ，以後の事件処理方針について十分に打ち合わせることで，同人の意向が遺漏なく反映されるよう努めなければならない（大阪地判平11・2・15判時1688号148頁）。また，事件処理に関する複数の方針がありえる場合には，弁護士は，依頼者の意向の聴取，関係書類の検討を通じて，選択の見通しと利害得失を踏まえ，方針決定する義務を負う（東京地判昭49・3・25判時753号36頁，東京地判平12・12・26判タ1069号286頁）。さらに，訴訟追行を委任された弁護士は，訴訟経過を踏まえ，依頼者の要求の範囲，内容等を変更することが依頼者の利益の保護・実現に資する場合には，善管注意義務として，依頼者に対して助言して検討を求め，その意向を確認すべきである（東京地判平27・3・25判時2274号37頁）。

　㈏　その一方で，弁護士は，事務の性質上，受任事務の処理に際して専門的な法律知識と経験に基づき，具体的な状況に応じて適宜判断するという意味において，相当の範囲で裁量を与えられる。そうすると，弁護士が裁量的

第 10 節　委　任　　　　　　　　　　　　　　　　　§*644* Ⅱ

判断によって誠実に事務を処理する場合には，依頼者の指示に反し，または
裁量権の範囲を逸脱していない限り，債務不履行責任を問われることがない
ことになる（大阪地判昭 58・9・26 判タ 533 号 185 頁，東京地判平 16・4・27 判タ 1187
号 241 頁，東京地判平 22・1・27 判タ 1328 号 126 頁）。依頼者の意思と弁護士の判
断が衝突する可能性がある場面として，裁判上の和解の締結があり，弁護士
は，和解を求めるか，和解内容としていかなる条項を含めるか，相手方の要
望をどの程度受け入れるか，和解の打ち切りを求めるか等に関して裁量を有
する一方で，当該事件の性質や紛争の内容，実態などを踏まえて，依頼者の
利益を擁護する方策を検討する義務を負う（東京地判平 8・4・15 判時 1583 号 75
頁，千葉地判平 8・6・17 判時 1620 号 111 頁）。

(2)　司　法　書　士

(ア)　登記申請手続等を受任する司法書士は，特段の事情がない限り，合理
的な手続に必要な期間内に事務を処理すべき義務を負う（義務違反が肯定され
た事案として仙台高判昭 62・4・27 判タ 655 号 165 頁，東京地判平 2・11・20 判タ 763 号
238 頁。否定された事案として東京高判平 3・10・23 金法 1321 号 20 頁）。

(イ)　登記手続受任に際し，司法書士には，契約内容との関連で，各種調
査・確認義務が生じる（東京地判平元・9・25 判タ 730 号 133 頁，東京地判平 3・3・
25 判タ 767 号 159 頁）。実体的権利変動に合致する有効な登記実現のために，
登記原因たる法律行為等についての調査義務を負う司法書士が，提出書類の
偽造を看過した場合には，善管注意義務違反に基づき損害賠償責任を負う
（東京地判平 9・9・9 金法 1518 号 45 頁，東京地判平 13・5・10 判タ 1141 号 198 頁，東京
地判平 25・5・30 判タ 1417 号 357 頁）。

(ウ)　さらに，登記申請書類の真否を含む本人確認が契約内容となっている
場合（横浜地判平 25・12・25 判時 2219 号 89 頁），または依頼の経緯や業務を遂行
する過程で知りえた情報と専門的知見に照らして，当事者の本人性や登記意
思を疑うべき相当の理由が存する場合（福岡高判平 22・10・29 判時 2111 号 41 頁
など）には，司法書士は，善良な管理者の注意をもって十分に調査しなけれ
ばならない。

(エ)　司法書士は，依頼者に対して適宜説明義務を負う（大阪高判平 9・12・
12 判タ 980 号 185 頁など）。当該義務履行の有無は，依頼者の意思や判断に従っ
て諸手続が処理されたかにより判断される（高松高判昭 59・4・11 判タ 532 号

〔一木〕　257

§*644* Ⅱ

第3編　第2章　契　約

173頁，仙台高判平12・12・26判時1755号98頁など）。具体的には，司法書士が引き受けた所有権移転登記申請手続の目的不動産につき，受任以前に第三者名義の所有権移転登記が経由されていた場合において，司法書士がこのことを依頼者に告げて善後措置の助言をするなどの介入的行動をとらなくとも，注意義務違反とはならないとする裁判例がある（東京高判昭50・9・8判タ335号216頁）。

(オ)　司法書士は，登記手続受任に際して交付された書類の処理・保管義務を負う。そのため，「司法書士としては，登記権利者との関係では，登記義務者から交付を受けた登記手続に必要な書類は，登記権利者のためにも保管すべき義務を負担しているのであるから，登記義務者からその書類の返還を求められても，それを拒むべき義務」がある（最判昭53・7・10民集32巻5号868頁）。

(3)　公認会計士

会計監査を行う公認会計士は，不正・誤謬がありうることを前提として計算書類の適正性・適法性を確認し，全体として重要な虚偽の表示がないことについて合理的な保証を得られたと判断しなければならない。そのために，公認会計士は，監査契約上の注意義務として，預金通帳の原本を実査すべきである（東京地判平15・4・14判時1826号97頁）。しかしながら，捜査機関のような強制的捜索，差押権限を持たず，違法・不当な行為の発見は副次的な機能にとどまる公認会計士が適切な監査を行うためには，会社から十分な資料の提供を受ける必要があり，重要書類の隠蔽や社内不正事実の秘匿がある場合には，依頼者は，公認会計士の善管注意義務違反を追及することができない（東京地判平19・5・23判時1985号79頁）。

(4)　税　理　士

(ア)　税務の専門家である税理士は，依頼者からの事情聴取，適正な調査により，必要な事実関係を把握し，法令の許容する範囲内で依頼者の利益を図らなければならない（東京地判平9・9・2判タ986号245頁，東京地判平9・10・24判タ984号198頁）。書類作成および税務申告の受任者である税理士は，依頼者から提出された資料に疑義がある場合には，依頼者に照会するなどして，正確な損益計算をすべき義務を負う（東京地判平5・12・15判時1511号89頁，東京地判平22・12・8判タ1377号123頁，東京地判平24・1・30判タ1404号207頁）。さ

258　〔一木〕

第10節　委　任　　　　　　　　　　　　　　　　　§*644* II

らに，税理士は，依頼者の指示および自身の裁量に基づき事務を処理すべき
であり，依頼者の指示が適切でないことが判明する場合には，不適切な点を
指摘するなどして変更しなければならない（東京高判平10・11・9判タ1034号
166頁など）。税務申告を受任する税理士が，以上を怠り，過小または過大申
告を行うことは，注意義務違反を意味する（東京高判平7・6・19判タ904号140
頁など）。

　(イ)　税務相談契約に基づき，適正な教示や税務指導につき債務を負う税理
士が，誤った指示や助言をすることや，適切な説明を怠ることは，善管注意
義務違反に当たる（大阪高判平10・3・13判時1654号54頁など）。ただし，遺産
分割調停をめぐって弁護士が選任されている場合には，相続税申告を受任し
た税理士は，遺産分割の内容や配偶者税額軽減枠に関する説明義務を負わな
い（神戸地判平10・12・9判時1685号77頁，東京地判平15・9・8判タ1147号223頁）。

(5)　弁　理　士

　実用新案登録手続，ならびに納付期限到来時の登録料継続支払を委任され
た弁理士は，期限前納付手続により，権利消滅を防止する義務を負う（大阪
高判平10・7・31判タ998頁193頁など）。しかしながら，実用新案登録および特
許出願を代行する弁理士は，依頼者が作成・提出した出願当初の明細書の記
載を前提に，法定手続に従って受任事務を進めるほかなく，明細書の不備を
理由に出願が拒絶された場合に，弁理士が補正を試みた結果として請求不成
立審決を受けたとしても，注意義務違反とはならない（知財高判平24・5・16
判タ1406号216頁）。

(6)　不動産仲介業者（宅地建物取引業者など）

　(ア)　不動産仲介業者は，不動産売買委託の趣旨にのっとり，善良な管理者
の注意をもって売主および買主の契約目的達成につき配慮する義務を負う。
そのために，不動産仲介業者は，登記簿や執行記録などを通じて目的不動産
をめぐる権利関係や諸事情を確認し（名古屋高判昭36・3・31高民集14巻3号213
頁，大阪高判昭61・11・18判タ642号204頁など），委任状や印鑑証明等に照らし
て売主または買主の代理人またはあっせん者を自称する者の資格や権限を十
分に調査すべきである（東京高判昭32・7・3高民集10巻5号268頁）。代理権の
存否や範囲に疑義が生じる場合において，不動産仲介業者は，本人への直接
照会等によって解明するとともに，依頼者に調査結果を報告して不測の損害

§*644* **II**   第 3 編　第 2 章　契　約

を防止すべき注意義務を負う（東京高判昭 40・4・14 判タ 176 号 181 頁，大阪高判
昭 60・6・28 判タ 565 号 110 頁，東京高判平元・2・6 金判 823 号 20 頁など）。不動産仲
介業者が買主から受領した手付金は，売買契約が有効に成立したことが確認
されたのちに，自称売主代理人に交付されなければならない（東京高判昭 31・
9・28 東高民時報 7 巻 10 号 228 頁など）。このほか，不動産仲介業者は，不動産
が他人物として売買される場合には，通常よりも高度の注意義務を負う（東
京高判昭 28・1・30 高民集 6 巻 1 号 38 頁など）。その一方で，免許制ながら特別な
資格や能力を要しない不動産仲介業者に対して，目的不動産の隠れた瑕疵な
どに関する高度の専門的知識や鑑定能力を要求することはできないなど，調
査義務には一定の限界が存在する（大阪地判昭 43・6・3 判タ 226 号 172 頁，名古
屋地判昭 46・4・20 判タ 264 号 224 頁，東京地判昭 61・7・30 判タ 641 号 146 頁，東京地
判平 20・6・4 判タ 1298 号 174 頁）。

　(イ)　不動産仲介業者は，健全な不動産取引につき，専門家として助言・指
導すべき注意義務を負う。重要な事項に関して，不動産仲介業者が故意に事
実を告げず，または不実を告げるなどして，依頼者を誤導することは許され
ない（東京高判昭 53・12・11 判時 921 号 94 頁，大阪高判昭 58・7・19 判タ 512 号 137
頁，東京高判平 12・10・26 判時 1739 号 53 頁など）。なお，業務において密接な関
係にある売主からの委託を受け，一体となって売買契約締結手続ほか一切の
事務を行い，買主からの信頼を得た不動産仲介業者は，信義則上，売主と同
様の義務を負う（東京高判平 18・8・30 金判 1251 号 13 頁）。

　(7)　**医療従事者**
　(ア)　医師は，患者の病状に十分注意し，治療方法の内容および程度につき
診療当時の医学知識に基づいて，効果と副作用などすべての事情を考慮しな
ければならない（最判昭 44・2・6 民集 23 巻 2 号 195 頁）。医師が患者に対して施
した予防および治療方法の是非は，診療当時の臨床医学実践上の医学水準へ
の適合の有無で判断される（未熟児網膜症をめぐる最判昭 54・11・13 判タ 403 号 78
頁，最判昭 57・3・30 判タ 468 号 76 頁，最判昭 57・7・20 判タ 478 号 65 頁，最判昭
61・5・30 判タ 606 号 37 頁，最判昭 63・1・19 判タ 661 号 141 頁，最判昭 63・3・31 判
タ 686 号 144 頁，最判平 4・6・8 判タ 812 号 177 頁）。

　(イ)　治療の適否と医療水準および医師らの注意義務をめぐっては，新規治
療について，当該医療機関の性格，所在地域の医療環境等の特性等の諸般の

260　〔一木〕

第10節　委　任　　　　　　　　　　　　　　　　　　　　　　§*644*　II

事情を考慮すべきであり，すべての医療機関に対して診療契約に基づき要求される医療水準を一般的に解するのは相当でないとされる。そして，医療機関は，類似の特性を有する他の機関において相当程度普及し，これに関する知見を有することが期待されうるために，自身にとっての医療水準に達していると認められる新規治療につき，履行補助者である医師らに知見を獲得させ，実施のための技術・設備を有していない場合には，他の医療機関に患者を転院させるなど適切な措置をとる義務を負う（最判平7・6・9民集49巻6号1499頁）。

　(ウ)　医師の注意義務の基準（規範）となる医療水準と，平均的医師が現に行っている医療慣行は，必ずしも一致しない。換言すれば，医療慣行に従った医療行為をする医師が，医療水準に適う注意義務を尽くしたと直ちにいうことはできない。具体的に，麻酔剤使用時の血圧測定をめぐる一般開業医の「常識」と能書上の記載が異なる場合において，医師が能書上の注意事項に従わなかったことにつき特段の合理的理由がない限り，同人の過失（注意義務違反）が推定される（最判平8・1・23民集50巻1号1頁）。医師は，使用する薬剤の副作用に関する医療上の知見について，「最新の添付文書を確認し，必要に応じて文献を参照するなど，……置かれた状況の下で可能な限りの最新情報を収集する義務」を負う（最判平14・11・8判タ1111号135頁）。

　(エ)　具体的事案として，梅毒感染に関する問診（最判昭36・2・16民集15巻2号244頁），ブドウ球菌伝染防止のための診療用具消毒（最判昭39・7・28民集18巻6号1241頁），狂犬病予防接種（最判昭39・11・24民集18巻9号1927頁），インフルエンザ予防接種可否の判断（最判昭51・9・30民集30巻8号816頁），未熟児網膜症の検査・治療（最判昭60・3・26民集39巻2号124頁），未熟児の核黄疸予防・治療（最判平7・5・30判タ897号64頁），外傷治療時の重篤な細菌感染症予防（最判平13・6・8判タ1073号145頁），軽度の意識障害が疑われる患者に対する高度医療機器による精密検査と入院加療等が可能な医療機関への転送（最判平15・11・11民集57巻10号1466頁），胸腔ドレーンの逆流が生じた時点における再挿管等の気道確保のための適切な処置（最判平15・11・14判タ1141号143頁），薬物アレルギー体質の患者に対する薬剤投与時における経過観察，ならびに発症後の救急処置に関する看護師（婦）への指示・連絡（最判平16・9・7判タ1169号158頁），高度アシドーシス進行時の腸管壊死の診断

〔一木〕　　261

§644　Ⅱ　　　　　　　　　　　　　　　　　第3編　第2章　契　約

と開腹手術（最判平18・4・18判タ1210号67頁）などにつき，実施を怠った医師の注意義務違反が認められている。

　(オ)　医師は，診療契約に基づいて通常は，患者に対して，「疾患の診断（病名と病状），実施予定の手術の内容，手術に付随する危険性，他に選択可能な治療方法があれば，その内容と利害得失，予後などについて説明すべき義務」を負う（最判平13・11・27民集55巻6号1154頁）。この場合の説明は，患者が療法（術式）の可否を熟慮・決断するために行われるものであり，医療水準として確立した療法（術式）が複数存在する場合には，患者の熟慮・決断に基づく選択が可能となるよう，医師は，それぞれの違いや利害得失を分かりやすく説明しなければならない（最判平17・9・8判タ1192号249頁，最判平18・10・27判タ1225号220頁）。未確立の療法については，医師が直ちに説明すべきものではないが，「少なくとも，当該療法（術式）が少なからぬ医療機関において実施されており，相当数の実施例があり，これを実施した医師の間で積極的な評価もされているものについては，患者が当該療法（術式）の適応である可能性があり，かつ，患者が当該療法（術式）の自己への適応の有無，実施可能性について強い関心を有していることを医師が知った場合などにおいては，たとえ医師自身が当該療法（術式）について消極的な評価をしており，自らはそれを実施する意思を有していないときであっても，なお，患者に対して，医師の知っている範囲で，当該療法（術式）の内容，適応可能性やそれを受けた場合の利害得失，当該療法（術式）を実施している医療機関の名称や所在などを説明すべき義務」が発生する（前掲最判平13・11・27）。輸血拒否に対する明確な意思を有する患者に対し，医師は，輸血以外に救命手段がない場合の輸血実施について説明し，手術の諾否を患者の意思決定に委ねなければならない（最判平12・2・29民集54巻2号582頁）。

　(カ)　これに対して，緊急手術時において，現症状とその原因，手術による改善の程度，手術をしない場合の具体的予後など，当時の医療水準でも確知できず，過度に詳細で説明に相当の時間を要する事項は，説明義務の内容と解することができない（最判昭56・6・19判タ447号78頁）。

　(キ)　医師の説明義務に関連して，患者に対する病名告知の要否が問われる。この問題について，診断当時，がんとは異なる病名を告げるのが一般的であったことを理由に医師の説明義務違反を否定する判例も存在したが（最判平

262　〔一木〕

第10節　委　任　　　　　　　　　　　　　　　　　　　　　§*644*　II

7・4・25 民集 49 巻 4 号 1163 頁），その後，末期的疾患のため余命が限られた患者本人に対して告知すべきでないと判断した医師には，「診療契約に付随する義務として，少なくとも，患者の家族等のうち連絡が容易な者に対しては接触し，同人又は同人を介して更に接触できた家族等に対する告知の適否を検討し，告知が適当であると判断できたときには，その診断結果等を説明すべき義務」があるとされた（最判平 14・9・24 判タ 1106 号 87 頁）。

（ク）　看護師らの責任をめぐっては，入院患者の身体抑制が許容されるのは，患者の受傷を防止するためにやむを得ないと認められる事情がある場合のみとの前提に立ち，せん妄状態にある高齢の患者の療養看護に当たっていた看護師らが，転倒・転落による重大な障害の危険を避けるため緊急やむを得ずに行った抑制具・ひもの使用が，診療契約上の義務違反に当たらないと判断されている（最判平 22・1・26 民集 64 巻 1 号 219 頁）。

（8）　そ　の　他

（ア）　金融商品勧誘に際し，銀行や証券会社の説明義務違反の有無が問題となりうる（東京高判平 7・10・25 判時 1579 号 86 頁〔変額保険・否定〕，京都地判平 8・11・28 判タ 935 号 154 頁〔ワラント取引・肯定〕など）。取立委任を受けた銀行は，手形の白地補充を促し，または自身で補充する義務を負わない（大阪高判昭 54・4・27 判時 947 号 115 頁）。

（イ）　旅行業者は，旅行者の安全を図るため，旅行目的地，旅行日程，旅行サービス提供機関の選択等に関し，事前に十分な調査・検討に基づき合理的に判断するとともに，遭遇する危険排除のための合理的な措置を講じなければならない。旅行会社が顧客に対し，宿泊施設の種類の変更について通知・説明を怠ることは，旅行契約に基づく債務の本旨に従った履行とはいえない（神戸地判平 5・1・22 判タ 839 号 236 頁）。

しかしながら，旅行業者が負担するのは，旅行サービスの簡便な利用のために，旅客と提供機関の間で代理・媒介・取次を行うことであって，旅行サービスの提供そのものを直接保証するものではなく（京都地判平 11・6・10 判タ 1006 号 298 頁），取次等自体に過失がない限り，第三者（運輸・宿泊機関等）の過失その他の事情により発生した事故や旅程の変更については責任を負わない（静岡地判昭 55・5・21 判タ 419 号 122 頁，浦和地判昭 57・12・15 判タ 494 号 112 頁，東京地判昭 63・12・27 判タ 730 号 190 頁，東京地判平元・6・20 判タ 730 号 171 頁，東

〔一木〕　263

§644 II　　　　　　　　　　　　　　　第3編　第2章　契　約

京高判平5・3・30判タ863号216頁，東京地判平7・10・27判タ915号148頁，大阪地判平9・9・11交民30巻5号1384頁）。旅行業者は，顧客の旅行のために必要な諸手続を行うが，同人が適法に外国へ入国・滞在できるよう，その逮捕歴，前科の有無を確認するなどの義務を負わない（大阪高判昭63・6・16判タ675号170頁，東京高判平2・9・11判タ746号164頁）。

　なお，類似の事案として，植民地移住をあっせんする者につき，募集要領書記載の入植条件を実現させる義務が否定されている（東京高判昭57・7・12判タ490号76頁）。

　㋑　以上のほか，①輸入通関委任契約（東京地判昭41・5・30判タ194号152頁，福岡地判昭55・2・26判タ431号152頁，東京地判昭59・12・24判時1166号99頁，東京地判平5・6・30判タ858号182頁）や旅客運送契約（東京地判昭41・5・31下民集17巻5＝6号435頁）に付随する荷物保管，調査や資料作成，②児童の預かり・養育を引き受ける家庭福祉員（東京地判昭47・12・27判時706号35頁）や保育園（京都地判昭50・8・5判タ332号307頁，東京地八王子支判平10・12・7判自188号73頁，神戸地判平12・3・9判時1729号52頁）による適切な安全措置，③警備業務委託契約に基づく警備装置の設置・保守・点検（名古屋地判平2・3・1判時1366号102頁，東京地判平7・11・27判タ918号160頁，東京地判平8・1・25判タ918号150頁），④獣医師による治療・手術（東京地判平3・11・28判タ787号211頁，大阪地判平9・1・13判タ942号148頁，東京地判平16・5・10判タ1156号110頁），⑤成年後見人による被後見人財産の管理処分（東京地判平11・1・25判タ1042号220頁），ならびに後見監督人による後見人事務の監督（大阪地堺支判平25・3・14金判1417号22頁），⑥フランチャイザーのフランチャイジーに対する仕入れに関する説明（東京地判平23・12・16判タ1384号196頁，東京地判平25・11・12判タ1417号215頁）などをめぐり，本条に基づく善管注意義務違反の有無が問題となっている。

2　委任の本旨に従った履行その2──ボランティアと善管注意義務

　病院での歩行介護から帰宅する障害者の転倒・負傷事故をめぐり，歩行介護を引き受けるボランティアは，本条所定の善管注意義務を負い，無償の奉仕活動ゆえに責任が軽減されるわけではないが，素人であるボランティアに対して，医療専門家と同様の介護を期待することはできず，「障害者の身を案ずる身内の人間が行う程度の誠実さをもって通常人であれば尽くすべき注

264　〔一木〕

第10節　委　任　　　　　　　　　　　　　　　　　　　　§644の2　I

意義務」が要求されるとの判断がありうる（東京地判平 10・7・28 判時 1665 号 84 頁。このとき，ボランティアセンターを設置・運営し，ボランティアを「派遣」した社会福祉協議会と障害者の間の介護者派遣契約〔準委任契約〕の成立は否定されている）。なお，鉄道駅における車いす利用者の介助をめぐり，鉄道会社の顧客に対して負う安全配慮義務が，一般の乗客がボランティアとして自発的に行為する場合のそれとは異なるとする裁判例がある（東京地判平 15・2・5 判タ 1140 号 155 頁）。

〔一木孝之〕

（復受任者の選任等）

第 644 条の 2①　受任者は，委任者の許諾を得たとき，又はやむを得ない事由があるときでなければ，復受任者を選任することができない。

②　代理権を付与する委任において，受任者が代理権を有する復受任者を選任したときは，復受任者は，委任者に対して，その権限の範囲内において，受任者と同一の権利を有し，義務を負う。

〔対照〕　フ民 1994，ド民 664，ス債 398・399，オ民 1010，DCFR Ⅳ. D.-3: 302
〔改正〕　本条＝平 29 法 44 新設

I　本条追加の経緯——「復委任」規定の整備

（1）　本条は，受任者が自ら委任事務を処理すべきこと（以下「自己執行義務」という）を前提としつつ，例外的な復受任者選任可能性を認めるとともに（1 項），代理権を伴う委任において選任された復受任者の委任者に対する権利および義務が，受任者のそれと同一であることを明記する（2 項）。

（2）　民法（債権関係）改正に伴い新設された本条は，任意代理人による復代理人選任について定める 104 条と体裁を同じくし，復代理人の権限等に関する 106 条 2 項に類似する内容を持つ。平成 29 年改正前民法においては，「代理＝委任」につき財産取得編 235 条および 236 条を有した旧民法とは異なり，民法総則に置かれた代理と契約各則たる委任が制度上峻別され，代理をめぐる 104 条，ならびに 106 条の前身である旧 107 条に相当する委任規定

〔一木〕　　265

§644の2 II　　　　　　　　　　　　　　　　　　　　第3編　第2章　契　約

は存在しなかった。その結果，関連条文の不在は，復委任の可否自体をあい
まいなものとし，さらに復委任がなされた場合における問題の解決に際して，
法律上の直接的根拠を見出すことの困難を招いた。そこで，実務は，委任当
事者の関係が多くの場合に代理の内部関係と重複する点に着目し，後記のと
おり，復委任をめぐる紛争の処理にあたり，代理に関する104条や旧107条
を類推適用してきた。このことを受けて，さらに直截な解決を図るべく，復
委任規定の創設に関する検討が進められ，中間試案を経て，本条に結実した。

II　受任者の自己執行義務と復受任者の選任（本条1項）

1　受任者の自己執行義務

　平成29年改正以前も，委任事務を処理する受任者は，善管注意義務（644
条）の一環として，委任者との人的信頼関係に根ざした自己執行義務を負う
ものと解されてきた（自身服務の原則ともいう，新版注民(16)226頁〔中川高男〕）。
本条1項の挿入は，従前の議論に法的根拠を与えるものである。もっとも，
作為義務としての自己執行は条文上明記されず，むしろ，例外的な場合を除
く復委任の禁止のかたちで定められている（対照的に，ス債398条3項は，例外
的状況を除いて受任者自ら処理すべきものとする）。なお，諸外国立法には，自己
執行義務を，復委任ではなく，第三者への（地位の）譲渡とのかかわりで規
定するものがある（ド民664条，ス債398条3項）。このことに関連して，委任
を含む契約当事者の地位の移転については，539条の2が創設された（委任
における地位の（非）譲渡性に関する従前の議論については，新版注民(16)227頁〔中
川〕を参照）。しかしながら，委任当事者間に特別な人的信頼関係が存在し，
とりわけ委任者が受任者に厚い信任を置いているとすれば，自己執行義務を
負う受任者が，第三者との間で自由にその地位を譲渡しうるとは解されえな
い（委任者の地位の譲渡も同様であろう）。同条によれば，第三者に譲渡された契
約者の地位は，契約相手方の承諾により移転することになるが，譲受人であ
る第三者に対して，徒前の当事者（受任者または委任者）である譲渡人に向け
られたと同等以上の信頼が寄せられない限り，譲渡への承諾は与えられない
であろう。

266　〔一木〕

第10節　委　任　　　　　　　　　　　　　§644の2　II

2　復受任者の選任

(1)　自己執行義務を負う受任者による復委任が認められるためには，委任者の許諾が得られるか，やむを得ない事由がなくてはならない。換言すれば，復委任には，委任者の（明示または黙示の）許容意思に基づく場合と，そのような合意を欠くにもかかわらずなされる場合があることになる。

(2)　委任者の許諾と復委任をめぐっては，恩給金受領委任に関連する第三者受領復受任特約が，付随する恩給証書譲渡約束によれば恩給証書の返還が困難となること（大判昭10・4・13法学4巻1456頁），あるいは，恩給権の譲渡や担保供与を禁止する法律の精神に反すること（大判昭16・8・26民集20巻1108頁）を理由に無効とされている（もっとも，大判昭13・3・10民集17巻392頁は，恩給証書受領委任における復委任を前提に，復受任者の委任者遺族に対する恩給証書返還を命じている）。

(3)　合意なき復委任に関しては，「やむを得ない事由」という文言からして復委任の可能性は限定的である。これに対して，旧民法財産取得編235条は，復委任を，明示で禁止されていないか，または事件の性質上もっぱら代理人（＝受任者）に対してのみ委任されたものとみなすことができない場合に「限ル」としており，事務処理の全部または一部の代行を比較的広く認めていた。また，民法（債権関係）の改正に関する中間試案に際しては，「やむを得ない事由」では狭すぎるとして，「復受任者を選任することが契約の趣旨に照らして相当であると認められるとき」と規定する方向性が示唆されていた（中間試案（概要付き）175頁。その場合には，104条も同様に改正すべきであるとされた）。さらに，立法ではないが，ヨーロッパ共通参照枠草案（DCFR）は，自己執行が契約上求められる場合を除き，受任者が，委任者の同意なしに，委任上の債務の全部または一部について復委任をすることができるものとしている（ただし，復受任者は，十分な能力を備えていなければならない。IV. D.-3: 302条）。結局，復委任の可能性は，受任者に対する自己執行義務の要求の強度に応じて変動するものであり，そのことが「やむを得ない事由」該当性の判断に影響を与えることになる。その際には，委任者の受任者に対する信頼の内容および程度，受任者自身の身辺状況（疾病その他の理由による自己執行の困難）や，復受任者（候補者）の資質や能力とのかかわりにおける委任事務処理の成否可能性，そこから生じる委任者の利益等が総合的に判断されることに

〔一木〕　267

なろう。さらに，委任が「個人的な信用」に由来する場合と，「事業として事務処理がおこなわれる場合」を区別し，後者にあっては他人の利用を原則として認めるという方向性もありうる（山本726頁）。

（4）委任事務の処理に複数の者がかかわる状況としては，復委任以外にも，複数の受任者が登場する場合，および受任者が履行補助者を用いる場合がある。前者に関しては，委任固有の規定が存在せず（諸外国には立法例がある。フ民1995条，ス債403条，オ民1011条），連帯債務（436条以下）または債務引受け（470条以下）の枠内での処理が検討されうる。後者については，従来，受任者が履行補助者を用いること自体は否定されておらず（我妻・中Ⅱ676頁，新版注民(16)227頁〔中川〕），民法（債権関係）の改正に関する中間的な論点整理の段階でも，復委任上の受任者の責任を，債務者が履行補助者を使用する場合のそれと同様に扱うことの検討が提案されたが（中間論点整理補足説明375頁），明文化されるには至らず，引き続き解釈による問題解決に委ねられることになった。なお，同等の資格を有する事務処理者間の事務委託は履行補助ではなく，履行代行，すなわち復委任であるとする裁判例がある（名古屋地判昭61・5・8判タ623号162頁〔司法書士間の登記申請手続再委託〕）。

Ⅲ　復委任における当事者関係（本条2項）

1　代理権を付与する委任における復受任者の選任

（1）本条2項は，復受任者と委任者の関係を規律するにあたり，「代理権を付与する委任において，受任者が代理権を有する復受任者を選任」することを前提とする。これは，代理に関する106条2項との連続性を示すものであるが，このような限定は，代理権を付与しない委任において，代理権を有しない復委任者と委任者の関係をどのように考えるべきかという問題を発生させる。なぜならば，委任と代理の間に密接な関係が認められるとしても，委任によらない代理（雇用関係において発生する代理）や，代理を目的とせず，あるいはこれを必然的に伴わない委任が存在するからである（柳勝司・委任による代理〔2012〕65頁以下・95頁以下・127頁以下）。すなわち，本来の代理行為を「顕名のもとでなされる代理人の相手方に対する意思表示により相手方と本人の間の法律効果を発生させること」と理解するならば，代理を目的とし

第 10 節 委 任 　　　　　　　　　　　　　　　　　　　　§644の2　III

ない委任には，法律行為でない事務の委託を目的とする準委任（656条）が
あり，代理を必然的に伴わない委任として，問屋（仲立営業）が挙げられる。
このような場合にも復委任自体は認められる（本条1項に，これを排除する意図
があるとは解されない）として，復受任者の委任者に対する立場をどのように
理解すべきかが問われる。判例（最判昭31・10・12民集10巻10号1260頁）は，
問屋と委託者の法律関係の本質は委任であること，同関係につき「委任及ヒ
代理ニ関スル規定ヲ準用ス」と定める商法552条の趣旨は，委任規定の（直
接）適用と代理規定の準用であることを判示し，復代理人と本人の関係に関
する平成29年改正前107条2項は，単なる委任であって代理権を伴わない
問屋の再委託の場合には準用されないとした。このように，問屋における再
受託者と委託者が直接的な関係に立たないことの理由は，代理権の欠如に求
められているため，本条の創設により106条2項（平29改正前107条2項）を
委任の場合に読み換える必要はなくなったとしても，代理権の存在を前提と
する本条を用いて，問屋上の再委託（復委任）の規律を図ることは依然とし
て困難である。要するに，平成29年改正によって挿入された復委任ルール
とは，代理が存在する場合に限定されたものであって，広く復委任一般の規
律とはいえないものである。

　(2)　平成29年改正以前の学説では，信頼関係を基礎とする委任において，
復委任が，委任者による許諾またはやむを得ない事由がある場合にはじめて
認められることを重視し，代理権付与の有無を問うことなく，委任者と復受
任者の間の直接関係を肯定する見解もあるが（水本332-333頁），復代理人で
ない復受任者の行為の効果が委任者に直接帰属しないこと，委任者と復受任
者の間の直接的な法律関係の承認は，事態の複雑化を招くこと（もっとも，代
理権を付与する委任における復委任にあっても，同様の点は問題となりうる。→3⑵）な
どを理由に，代理権なき復委任における委任者と復受任者間の直接関係を否
定するものが多い（石田(穣)349-350頁，加藤423頁，来栖526頁）。「代理権を付
与する委任」という本条の文言が，こうした従来の議論状況を反映するもの
であるならば，代理権を伴わない委任の場合には，委任者と復受任者の間の
直接的な法律関係を認めることは困難であろう。したがって，復委任によっ
て発生するふたつの委任契約の法的効果，すなわち，事務処理をめぐる委任
者の請求権（および諸義務），ならびに復受任者の諸義務（および請求権）を結

§644の2 III

第3編 第2章 契 約

節する受任者の役割が重要なものとなる。

2 復受任者と委任者の関係

(1) 代理権を付与する委任において選任された，代理権を有する復受任者は，委任者との関係では，その権限の範囲内で，受任者と同一の法的地位（権利および義務）を有する。すなわち，委任者と復受任者の間には直接的な法律関係が発生し，復受任者は委任者に対して，善管注意義務（644条）以下の諸義務（645条〜647条）を負うとともに，費用その他不利益の塡補（649条・650条），有償委任の場合における報酬の支払（648条・648条の2）を請求することができる。換言すれば，委任者の復受任者に対する直接請求が，代理に関する106条2項（平29改正前107条2項）の準用によらずして認められるに至った（旧財取236条およびフ民1994条2項も参照）。

(2) 受任者の地位の譲渡と異なり，復委任における受任者は，当然に事務処理関係から離脱するわけではなく，依然として委任者に対する債務および義務を負う（訴訟代理に関する大判明44・4・28民録17輯243頁。なお，大判大10・12・6民録27輯2121頁も参照）。このとき，委任者に対する受任者の義務と復受任者の義務の関係の位置づけが問題となる。判例は，代理の事例ながら，代理人は，復代理人が受け取った金銭その他の物に関して本人に返還する義務を負わず，本人は復代理人に対してのみ引渡しを請求することができるとする（大判昭10・8・10新聞3882号13頁）。

(3) 委任者に対しては事務処理を承諾する受任者は，復受任者との関係では，自ら事務処理を委託する立場にある。そうすると，復受任者は，（代理権が付与される委任にあっては少なくとも）本条2項に基づく委任者に対する事務処理義務と，復委任に由来する受任者に対する事務処理義務を負うものと解する余地があるが，両義務の関係をどのように調整すべきか。この問題については，平成29年改正前107条2項の適用をめぐり，復代理から本人と復代理人の間に契約なき直接の権利義務関係が生じるとしても，本人と復代理人がそれぞれ代理人と締結した委任契約に基づく権利義務に消長を来すべき理由はなく，「復代理人が委任事務を処理するに当たり金銭等を受領したときは，復代理人は，特別の事情がないかぎり，本人に対して受領物を引渡す義務を負うほか，代理人に対してもこれを引渡す義務を負い，もし復代理人において代理人にこれを引渡したときは，代理人に対する受領物引渡義務は

第10節 委　任　　　　　　　　　　　　　　　　　　§644の2　III

消滅し，それとともに，本人に対する受領物引渡義務もまた消滅する」との判例がある（最判昭51・4・9民集30巻3号208頁）。これによれば，復受任者は，委任者および受任者に対して，個別具体的には同一の義務を負うことがあり，受任者に対する履行をもって，委任者に対する義務の消滅を主張しうることになる。そうすると，復受任者は，委任者と受任者の双方に対して費用償還や報酬に関する請求権を有するとしても，一方からの支払を受ける場合には，重ねて他方に請求することはできないと解するべきである。関連して，復受任者の委任者に対して請求しうる報酬は，受任者の委任者に対する請求額よりも低額であるとする裁判例がある（横浜地判昭42・10・27下民集18巻9＝10号1048頁）。

(4)　なお，訴訟委任において，復受任者（復代理人）は委任者の代理人となるのであるから，受任者（訴訟代理人）の資格消滅により，直ちにその代理資格を失うものではない（大判大14・12・14民集4巻590頁）。また，複数の委任者が訴訟委任に際して復代理人選任特別授権をしていた場合において，復受任者（弁護士）が授権に基づきなした上告取下げは，復受任者と直接面会せず，取下げにつき了解を求められなかった委任者との関係でも無効とはならない（最判昭41・2・17裁判集民82号405頁）。

3　受任者と委任者の関係

(1)　旧民法財産取得編235条や諸外国立法（フ民1994条1項，ド民664条1項2文，ス債399条およびオ民1010条）の重点は，許諾がある復委任（または第三者への委任の譲渡）における受任者の復受任者選任等に対する責任（への限定）や，不法な復委任（または委任の譲渡）の結果への直接責任にある。このこととの対比で，新たに創設された本条の特徴としては，復委任の際の受任者と委任者の関係についての規律が存在しない点が挙げられる。さらに，従前の議論にあっては，受任者が委任者に対して復受任者の選任等に関する義務を負うことを肯定するために，代理人の復代理人選任および監督責任を定める平成29年改正前105条が類推適用されていたが（前掲大判昭10・8・10。なお，東京高判昭62・10・28判時1260号15頁は，振込送金に関連して，同条2項類推により，受任者が復受任者の不適任または不誠実を知りながら委任者に対する通知や復受任者の解任を怠ったことの証明がない限り，受任者は委任者に対して損害賠償責任を負わないとする），平成29年改正に際して削除されたため，条文上の根拠が失われること

〔一木〕　　271

§645 Ⅰ
第3編　第2章　契　約

になった。したがって，代理権を付与する委任において復受任者を立てた受任者の責任が選任および監督に限定されるとの解釈が（代理との関係でも）困難となり，同人が引き続き委任者に対して事務処理義務を負うと論じる余地が生じる。

(2)　復受任をめぐる委任者の受任者に対する責任追及とは，受任者による復委任そのものが妥当でないとするもの，あるいは，受任者の選任した復受任者の事務処理が適切でないというもののいずれかであると考えられる。このとき，前者に関しては，本条1項所定の委任者の許諾の有無，ならびに「やむを得ない事由」の存否の観点から判断されたうえで，復委任そのものが無効となるとともに，その間の受任者による事務処理の停滞が債務不履行（415条）を構成することがありうる。後者にあっては，委任者は，事務処理上の不首尾の責任につき，受任者による不適切な事務処理者の選任や監督上の不手際が，同人に課された善管注意義務（644条）違反に当たるとして，その責任を追及する余地があり，さらに，前記のとおり，復委任によって必ずしも事務処理関係から離脱するわけではない受任者に対して，本来の事務処理債務の履行，ひいては復受任者による不十分な事務処理の補完を求める可能性がある。

〔一木孝之〕

（受任者による報告）
第645条　受任者は，委任者の請求があるときは，いつでも委任事務の処理の状況を報告し，委任が終了した後は，遅滞なくその経過及び結果を報告しなければならない。

〔対照〕　フ民 1993，ド民 666，ス債 400，オ民 1012，DCFR Ⅳ. D.-3: 401～Ⅳ. D-3: 403

Ⅰ　受任者の報告義務の態様

1　委任契約における報告義務と説明義務

(1)　本条が定める受任者の報告義務は，債務の本旨に従い，善良な管理

272　〔一木〕

第10節　委　任　　　　　　　　　　　　　　　　　　　§645　I

者の注意をもって事務を処理する（644条）同人が負う具体的義務の一種である。ここにいう「報告」をめぐって，本条は当初，旧民法財産取得編240条を受け，委任終了後の遅滞なき「計算」を定めるものとして起草されていたが，審議の結果，金銭勘定のみならず，事務の現状や顛末にまで及ぶ「報告」に改められた経緯がある（法典調査会民法議事〔近代立法資料4〕615頁以下。もっとも，勘定と報告のいずれに実質があるかという点については起草者間にも理解の相違があり，実際の計算を規定するのは646条であるとの見識があったが〔同617頁〔富井政章〕〕，最終的には多数意見を受けて，現行の形式が提案・採用された〔同659頁〔富井〕参照〕）。このことに関連して，たとえば，フランス民法1993条は，受任者の委任者に対する義務として，「事務の計算をなす」ことを挙げており（ス債400条，オ民1012条も同様），また，ドイツ民法666条は，受任者が委任者に対して，「必要な通知」を出し，要求に応じて事務の状況に関する「案内」を与え，委任遂行後に「事業報告」をなす義務を規定している（なお，DCFRは，履行の進捗に関する情報提供，委任事務の完了や委任契約上の債務の履行方法，消費・受領した金銭や負担した債務についての通知，委任目的のために締結した契約の相手方の氏名および住所に関する通知を明記する〔IV. D.-3: 401条〜IV. D-3: 403条〕）。

　（2）　本条の目的は，委任存続中および終了後に，状況や経緯・結果について報告を課すことにより，受任者の適正な事務処理を促進することにある。換言すれば，本条が定める報告とは，受任者が委任の本旨に従って選択する事務処理方針とその効果に関するものであって，委任者の意思決定とは直接的には結びつかないともいえる（報告の必要性が，委任者の要求や委任の終了後に係らしめられていることは，そのあらわれであろう）。そうすると，委任契約の締結時，または委任事務遂行中に，事情を正しく認識した委任者が適切な指示・指図をなしうるように，受任者が助言や説得をなすべきこと（ド民666条所定の「必要な通知」に相当するものと解しうる）は，本条とは別に根拠づけられねばならない。このことを受け，とりわけ実務上は，信義則（1条2項）や善管注意義務に基づく受任者の説明義務が導出されている（→§644 II）。なお，平成29年改正に際し，中間的な論点整理の段階では，委任者の指図を求める必要がある場合における受任者の説明義務明記の検討可能性が示唆されたが（中間論点整理補足説明377頁），実現に至らなかった。

〔一木〕　273

§645 II　　　　　　　　　　　　　　　第3編　第2章　契　約

2　委任者の請求に基づく状況報告義務

受任者は，委任者の請求を受け，目下の状況および遂行中の事務処理に関して報告しなければならない。請求に対する報告の懈怠は，債務不履行であり，損害賠償のみならず，受任者解任（契約解除）の原因となる。また，中間報告が委任の本旨に従うものである場合には，受任者は，委任者の請求を待たずして報告すべきである（我妻・中Ⅱ677頁）。なお，先にみたとおり，このような受任者の状況報告の目的は，自身の事務遂行が，事態に照らして妥当であることを示すことであるが，委任者の請求理由が進展に対する疑念や不満であるならば，報告を受けた同人が，修正のための指示や指図をすることはありうる。

3　委任終了時の顛末報告義務

受任者は，委任終了後に遅滞なく，委任者に対して，経緯および結果に関して報告しなければならない。委任終了後の報告懈怠もまた，受任者の債務不履行となる（我妻・中Ⅱ677頁）。また，委任終了後の報告であることから，委任者の意思決定に資するものではないが，勘定その他をめぐり，受任者の事務処理を不適切と考える委任者が，債務不履行を理由に損害賠償を請求する可能性はある。

Ⅱ　報告義務の内容と効果

1　弁護士業務関連

債務整理を受任した弁護士が，貸金業者との和解契約締結に際し，個々に依頼者の事前の了承を得ず，和解成立による委任終了後も報告を怠ることは，委任事務処理状況の報告義務および顛末報告義務違反である（東京地判平16・7・9判時1878号103頁）。また，事件を辞任する弁護士は，依頼者が委任の本旨に反する不利益を被ることのないよう，事件処理の状況およびその結果につき報告しなければならない（鹿児島地名瀬支判平21・10・30判タ1314号81頁）。

2　診察・治療関連

患者に対する説明・報告義務を負う医師は，自己の診療した患者が死亡した場合において，診療の内容，死亡の原因，死亡に至る経緯について説明を求める患者の遺族に対し，専門知識に基づき，誠実に説明する義務を負う

274　〔一木〕

第 10 節 委 任　　　　　　　　　　　　　　　　　　　　　§*645* **II**

（甲府地判平 16・1・20 判タ 1177 号 218 頁）。また，受任者である医師は，委任者
である患者につき医療事故が発生した場合には，事故の原因に関する調査・
報告義務を負う（未成年者である患者とその法定代理人に対する報告義務につき，京
都地判平 17・7・12 判時 1907 号 112 頁）。もっとも，医師は患者に対して，診療
の結果，治療の方法とその結果について説明・報告する義務（顛末報告義務）
を負う一方で，医師の専門的判断は尊重され，一定の裁量が認められるから，
報告は事案に応じた適切な方法で足り，その際に診療録等を示す必要性につ
いては，「当該診療の内容，医師らが行った説明，当該診療録等の記載内容
の重要性，医師らが当該診療録等を示すことができない事情，患者がてん末
報告のために診療録等を示すよう求める理由や必要性，報告時の患者の症
状」といった具体的事情を考慮して決定される（大阪地判平 20・2・21 判タ 1318
号 173 頁）。なお，同様の報告義務は，獣医師についても妥当する（東京高判平
20・9・26 判タ 1322 号 208 頁）。

3　金融・取引関連

(1)　消費寄託たる預金契約に基づき金融機関が処理すべき事務には，委任
事務ないし準委任事務の性質を帯びるものも多く，その際に金融機関は，預
金者の求めに応じて預金口座の取引経過を開示しなければならない（最判平
21・1・22 民集 63 巻 1 号 228 頁）。しかしながら，こうした取引経過開示義務が，
預金契約解約後も存続するかについては判断が分かれている（肯定例として東
京地判平 22・9・16 金法 1924 号 119 頁。否定例としてその控訴審である東京高判平 23・
8・3 金法 1935 号 118 頁）。

(2)　商法上の問屋（委任規定が準用される〔商 552 条 2 項〕）である商品先物取
引員は，差玉向かいを行っている商品先物取引を受託する前に，委託者に対
し「その取引については差玉向かいを行っていること及び差玉向かいは商品
取引員と委託者との間に利益相反関係が生ずる可能性の高いものであること
を十分に説明」し，委託後は「委託者において，どの程度の頻度で，自らの
委託玉が商品取引員の自己玉と対当する結果となっているのかを確認するこ
とができるように，自己玉を建てる都度，その自己玉に対当する委託玉を建
てた委託者に対し，その委託玉が商品取引員の自己玉と対当する結果となっ
たことを通知する義務」を負う（最判平 21・7・16 民集 63 巻 6 号 1280 頁）。

〔一木〕　275

§*645* **Ⅱ**   第3編 第2章 契 約

4 遺言執行・財産管理関連

(1) 遺言執行者は，遅滞なく相続財産目録を作成して相続人に交付し
(1011条)，相続人の請求に対して，いつでも事務処理状況を報告しなければ
ならない（1012条3項・645条）。そのため，相続財産目録作成・交付と書面に
よる遺言執行状況等報告を求められた遺言執行者が，遺産分割調停において，
調停委員を通じて間接的に，抽象的な内容にとどまる報告をなすことは任務
懈怠に当たる（大阪高決平17・11・9家月58巻7号51頁）。遺言執行者は，遺言
者名義預貯金の払戻しや名義変更など，財産管理方法の重大な変更等をめぐ
り，要求に応じてすみやかに報告しなければならない（東京高決平19・10・23
家月60巻10号61頁）。

(2) 任意後見契約および財産管理委任契約上の受任者（司法書士）は，財
産に変動がなく特段報告すべき事項がなくとも，契約所定の報告書による事
務処理状況報告義務があり，依頼者死亡により契約が終了したとしても，共
同相続人は受任者に対し，報告書の提出を求めることができる（京都地判平
24・1・30判タ1370号183頁）。

5 そ の 他

(1) フランチャイズ・チェーンの加盟店基本契約につき，加盟店が推薦仕
入先から仕入れた商品の代金を運営者が支払い，オープンアカウントに加盟
店の借方として計上されるという発注システムにおいて，加盟店の運営者へ
の委託は準委任の性質を有し，運営者は加盟店に対して，当該委託が通常の
準委任と異なることを理由とする免除が認められない限り，発注システムに
よる仕入代金支払の具体的内容に関する報告義務を免れない（最判平20・7・4
判タ1285号69頁）。

(2) 具体的事務処理に関する報告をめぐっては，このほかにも，マンショ
ン管理者（東京地判平4・5・22判時1448号137頁），PTA役員（名古屋高判平11・
9・30高民集52巻75頁），介護付有料老人ホーム事業主体（横浜地判平26・12・
25判時2271号94頁），墓地管理業務受託者（東京地判平27・2・26判時2270号56
頁）などの義務内容が問題となっている。

〔一木孝之〕

第10節 委 任　　　　　　　　　　　　　　　　　§*646* Ⅰ

（受任者による受取物の引渡し等）

第646条①　受任者は，委任事務を処理するに当たって受け取った金
銭その他の物を委任者に引き渡さなければならない。その収取した
果実についても，同様とする。

②　受任者は，委任者のために自己の名で取得した権利を委任者に移
転しなければならない。

〔対照〕　フ民1993，ド民667，ス債400・401，オ民1009

Ⅰ　受任者の受取物引渡義務の意義

1　受取物引渡しの目的・機能

(1)　本条は，委任者に対する金銭その他の受取物と果実の引渡し（1項），
ならびに権利の移転（2項）を定める。比較法的には，たとえば，フランス
民法1993条，ドイツ民法667条およびオーストリア民法1009条が前者に類
似する定めを置き，スイス債務法400条および401条は，前者に加えて後者
を明文で定める。

(2)　受任者のいわゆる受取物引渡義務は，644条所定の善管注意義務に由
来するとの見方がある（新版注民(16)240頁〔明石三郎〕）。それによれば，受取
物は実質的に委任者に属すること，とりわけ代理を伴わない委任において，
受任者は委任者のための権利をいったんは自己の名義で取得することが，引
渡しおよび権利移転の理由とされている。ここでは特に，受取りが委任者と
第三者のいずれからのものであるかを区別する必要がある。

(ｱ)　受任者が委任者から物品や金銭を受け取るのは，委任事務を処理する
ためである（ド民667条）。委任者による事務処理用金銭の交付は，費用前払
を定める649条に基づきなされうる。受任者は，こうした資材につき一定の
処分が許される反面で，用法上の制限が課されるのであり，委任事務処理後
の残部は「返還」されなければならない。この場合には，事務処理手段や資
金の委任者への当然復帰が要請されている。

(ｲ)　受任者が第三者との関係で，委任事務処理に基づき獲得する（ド民
667条，ス債400条）財物，金銭および果実や，委任者の計算に基づき自身の
名で取得する（ス債401条）権利は，いわば委任者が享受すべき「利益」（オ

〔一木〕　277

§*646* I 第3編 第2章 契 約

民 1009 条)であって，受任者による「移転」が義務づけられる。そこで目指
されているのは，委任事務処理過程で発生した利益の委任者への帰属である
（なお，フ民 1993 条が，本来委任者に属するのでないものも，受け取った以上は受任者の
引渡義務を発生させる旨を明記していることも，受任者に帰せしめないという趣旨と理解
されうる）。こうした側面から，本条は，受任者に生じた経済的不利益等を委
任者に填補せしめる 650 条（→§650 I 1）とともに，事務処理に基づき発生
する利害を委任当事者間で適正に調整・配分する機能を担うことになる。

　(3)　委任者のために受任者が第三者から受け取る財物や金銭とその果実，
ならびに自己の名で取得する権利は，当初より委任者が所有するのか，それ
ともいったんは受任者に帰属し，委任者に委譲されることになるのかという
点が問題となりうる。このことは，もっぱら旧刑法下において，委任者に引
き渡すべき財物や権利を自己のために使用・処分する受任者の行為と，受寄
財物費消罪（または費消横領罪，旧刑法 395 条）該当性というかたちで争われた
（肯定例として大判明 34・6・27 刑録 7 輯 6 巻 81 頁，大判明 38・5・16 刑録 11 輯 497 頁，
大判明 44・6・20 刑録 17 輯 1219 頁，大判大 7・7・10 刑録 24 輯 929 頁，大判大 9・4・
14 刑録 26 輯 317 頁，大判大 12・2・13 刑集 2 巻 60 頁，大判昭 8・9・11 刑集 12 巻 1599
頁など。否定例として大判大 3・4・24 刑録 20 輯 615 頁）。民法上は，代理権を伴う
委任において，受領する物品や取得する権利が当初より委任者に属すること
に疑いはなく，これに対して，受任者が自己の名で第三者と取引する場合
（間接代理）に，受領物品や取得権利の帰属が問われることになるが，後記の
とおり，物品や権利に関しては，はじめに受任者に属し，引渡しや移転によ
って委任者に帰すると解しうる（→II・III）。そうすると，物品購入委任にお
ける目的物をめぐって，財物の受取りに関する 1 項と，所有権の取得につい
ての 2 項の間で連続性が生じる（後述するように，移転に向けた意思表示の要否を
めぐる扱いが異なりうる。→II 1 (2)・III）。この点については，目的物の受任者へ
の占有移転の有無を通じて観念上は区別されることになるが，その境界は必
ずしも明確ではない（こうした混乱の原因は，起草当初予定されていた「債権の移転」
が，審議過程で「権利の移転」に改められたことにある。法典調査会民法議事〔近代立法
資料 4〕619-621 頁）。

2　事務処理関係一般にとっての意義

　本条は，民法などの個別条文を通じて，寄託，組合，事務管理，遺産管理

278　〔一木〕

第 10 節　委　任　　　　　　　　　　　　　　　　　　　§646　II

その他の法律関係に準用される（→§643 I）。とりわけ事務管理においては，利己的事務処理者が獲得した利益の吐出しをめぐり，701 条が本条を準用することで認められる受取物引渡義務を用いることの是非が検討される（新版注民(18)282 頁以下〔三宅正男〕，→第 15 巻§697 VI 3，§701 III）。

II　金銭その他の物の引渡し（本条 1 項）

1　物品の引渡し

(1)　(ア)　貸金債務の返済方法として年金証書と白紙委任状が交付されることは，年金代理受領を目的として債務者と書類所持人の間で成立する委任契約に当たるから，契約解除後，委任者たる貸金債務者は，自身の所有権に基づき，年金証書と白紙委任状の残部の返還を求めることができる（大判大 7・10・30 民録 24 輯 2087 頁）。同様の返還必要性は，恩給金受領を利用する場合の恩給証書にも妥当するが（大判昭 9・9・12 民集 13 巻 1659 頁，大判昭 11・5・27 民集 15 巻 922 頁），解除後の委任者が受任者に対して有する恩給証書返還請求権は，占有回復に向けた物権的権利ではなく，債権的権利であるから，受任者が恩給証書を所持していないことを理由として，恩給証書返還請求を排斥することはできないとする判決がある（大判大 9・10・12 民録 26 輯 1464 頁など）。

(イ)　以上のほか，委託者から受託者へ給付した生地を用いる委託加工契約における受託者の，指定数量作成後の余剰生地返還（または追加作成製品の納入，大阪地判昭 36・6・29 判時 273 号 23 頁），解任された権利能力なき社団会計の，社団の資産である現金，通帳および印鑑の返還（東京地判平 20・5・21 判タ 1292 号 215 頁），解任された代表取締役の，在任中に占有管理していた会計書類等の引渡し（東京地判平 3・11・27 判時 1430 号 122 頁）が，本条に基づき義務づけられる。

(2)　第三者から受任者に占有が移転した財物をめぐり，受任者が第三者から自己の名で買い取った物品は，委任者に移転する意思表示がない限り，受任者の所有に属するとされる（大判大 3・4・24 刑録 20 輯 615 頁）。移転の効果に意思表示の存在を要求する点で，金銭の引渡しと結論を異にする。こうした移転の意思表示は，とりわけ受任者が代理権なくして第三者と取引する場合においては，前もってなされることが可能である（大判大 7・4・29 民録 24 輯

〔一木〕　　279

785頁は，間接代理の効果が，そのような事前の意思表示により，代理人に帰属すると同時に転じて，本人に帰属するとの観点からこのことを説く）。具体的に，代理なき土地買受委任に際して，委任者が購入代金を事前に交付している場合には，委任と同時の移転に向けた意思表示があらかじめなされており，これに対して，受任者が自ら購入資金を支出する場合には，意思表示がないものと推定される（大判大4・10・16民録21輯1705頁）。

2 金銭の引渡し

（1）受任者は，委任事務処理にあたって委任者から受け取った金員が報酬または費用として正当に取得できるものであることを立証しない限り，これを返還すべき義務を負う。委任者から受任者に任された金銭に関しては，たとえば，仲買契約に際し委託者から仲買人に交付された証拠金をめぐって，仲買がなされないまま契約が解除される場合には，仲買人は，解除の意思表示（訴状送達）がなされた時から，金銭引渡しにつき履行遅滞に陥る（大判大3・5・21民録20輯398頁）。仲買が履行途中で解除される場合には，証拠金は，履行部分の計算上委託者が負担すべき損失金の弁償および費用支払に充当され，残額が仲買人より遅滞なく返還されなければならない（大判大3・6・4民録20輯551頁）。手形交換所に対する異議申立手続のための提供金として，金員を支払銀行に預託することは，委任事務費用前払の性質を有し（東京地判昭59・7・20金判720号27頁），同預託金返還債務の履行期は，支払銀行が提供金の返還を受けたときに到来する（最判昭45・6・18民集24巻6号527頁）。商法上の問屋である商品取引員は，商品市場における取引につき，委託者からの預託金，有価証券その他の物を委託者に引き渡すべき義務を負う（最判平19・7・19民集61巻5号2019頁）。

（2）（ア）競売代金受領委任において，受任者が委任者のために第三者から受け取った金銭の所有権は，当然に委任者に帰属するとされる（大判明45・1・25民録18輯31頁は，その根拠として，受任者が私的に費消した金銭に関する利息支払義務を定める647条を挙げ，金銭の所有権が同人に帰属するのであれば，自己目的消費に際して利息を付す必要はないとする）。同様に，債権取立委任に基づき受任者が受領した金銭の所有権も，直接委任者に帰することになり（大判昭8・9・11刑集12巻1599頁），手形割引周旋人が割引者から受領した金銭が即時に依頼者の所有に属することは，同人が受領を拒否して手形の返還を請求したこと

第10節　委　任　　　　　　　　　　　　§*646* II

によって変更されない（大判昭3・8・21評論17巻刑法358頁）。その一方で，受託者が第三者から受領した金銭の所有権をめぐり，委任者所有物品を受任者の名で売却する委託販売において，商品代金はいったん受任者に属し，受任者からの引渡しがあってはじめて委任者の所有に帰するとする下級審裁判例が散見される（大阪高判昭38・11・8民集21巻4号885頁など）。

　(イ)　以上に対して，受任者が引き渡すのは金額であって金銭そのものではなく，その所有権を問題とするのは妥当でないとの学説がある（我妻・中II678頁）。同見解は，金銭自体の帰属問題に言及することなく，受任者から委任者への金銭的価値の移動を説明可能な点では妥当であるが，第三者からの金銭受領を委任当事者間での特定と同視し，当該金銭が受任者の責めに帰すべからざる原因（盗難など）で紛失する場合には，引渡義務が消滅したものとする判例（大判明34・3・5民録7輯3巻13頁）に抵触する。

　(ウ)　第三者から受領した金銭の引渡時期につき，一方で，受任者の受取物引渡義務は，通常は期限の定めのない債務であって，委任者の請求により遅滞に陥るとされ（名古屋高判昭53・5・9判時911号126頁），他方で，財産処分代金により債務を返済した後の残余金返還債務の履行期は，委任事務終了（売却代金取立）時に到来し，消滅時効はその翌日から起算されるという（大判昭3・5・28裁判例2巻民35頁）。

　(3)　収用地の共有者の一部が，自己の名で対価金を受け取ることは，対外的行為に関する委任に基づく事務処理であるから，他の共有者のために受領した部分については引渡義務を負う（大判大3・3・10民録20輯147頁）。さらに，取立委任の目的たる債権が実在しなかった場合においても，受任者が第三債務者と締結した和解に基づき同人から受け取った金銭は，委任事務処理に基づくものであるから，委任者に引き渡さなければならない（大判大7・7・10刑録24輯929頁）。

　(4)　(ア)　このほか，弁護士が業務遂行の結果として第三者から受け取った金銭（東京高判昭46・4・22判タ265号238頁など），大学が自治会からの委任で自治会員から徴収・保管している自治会費（東京地判昭47・9・16判タ288号329頁），交通事故被害者遺族のための示談交渉人が加害者から受領した示談金（東京地判昭49・7・16判時769号65頁），手形割引を受任した銀行が割引料を控除した残額（東京地判昭52・7・19判時881号147頁），建物賃借人が賃貸人

〔一木〕　281

§646 II

第3編 第2章 契約

と締結した管理委託契約に基づき，転借人より共益費名目で徴収した金銭（東京地判昭 63・6・22 判時 1312 号 118 頁），倒産会社の任意整理に際して，債権者委員会から選任された債権者委員長が倒産会社より預かった金員（東京地判平 3・5・28 金判 887 号 25 頁）や債務者から回収した金員（東京地判平 10・8・28 金法 1552 号 43 頁），旅館から委任を受けて旅客と宿泊契約を締結する旅行代理店が収受した宿泊代金等（東京地判平 8・3・13 判タ 935 号 240 頁），労働争議に際して労働者の 1 人（争議団団長）が使用者から受領した解決金（横浜地判平 18・1・26 労判 927 号 44 頁），マンションの前管理人が在任中に区分所有者から徴収した管理費から諸費用・経費を控除した残余金（東京地判平 22・6・21 判タ 1341 号 104 頁），航空運送会社が，空港ターミナルビル運営会社に代行して徴収した旅客取扱施設利用料（東京地判平 24・11・21 判タ 1394 号 203 頁）につき，本条に基づく引渡義務が肯定されている。

(イ) これに対して，保険代理店が保険会社に代理して保険契約者から収受した保険料を保管するために開設した口座内の預金の引渡しに関しては，判断が分かれている（肯定例として，東京地判昭 63・3・29 判タ 685 号 248 頁，東京地判昭 63・7・27 金法 1220 号 34 頁。否定例として，千葉地判平 8・3・26 金法 1456 号 44 頁）。また，マンション分譲業者によるマンション駐車場使用権者の選定と専用使用権分譲契約が，マンション購入者全員からの委任に基づくものとして，受領した駐車場対価をマンション全購入者からなる管理組合に引き渡すべきことを命じた下級審判決（福岡高判平 8・4・25 判タ 928 号 150 頁など）は，専用使用権分譲および対価受領における委任の成立を明確に否定した最高裁判例（最判平 10・10・22 民集 52 巻 7 号 1555 頁など）によって覆された（→§643 I 2(2)(エ)）。さらに，フランチャイザーとフランチャイジー間に，仕入予定商品に関する推薦仕入先との価格交渉代行事務委託は存在しないとして，フランチャイジーによるリベート等金銭の分配請求を否定する裁判例がある（東京地判平 25・11・12 判タ 1417 号 215 頁）。

3 果実の引渡し

受任者は，現実に収取した天然果実および法定果実を引き渡さなければならない。収取すべきであったものは，引渡義務を発生させることはないが，収取の不実施が債務不履行責任を根拠づけうる（我妻・中 II 679 頁）。

282 〔一木〕

第10節　委任　　　　　　　　　　　　　　　　　　　§646　III，§647

III　権利の移転（本条2項）

1　受任者が自己の名で取得した権利の移転

　受任者が委任者のための権利取得を約束する場合には，受任者が自己の名で権利を取得すると同時に，同権利は当然に委任者の所有に帰し，特別の意思表示は不要とする判例がある（大判明38・5・16刑録11輯497頁，大判明44・6・20刑録17輯1219頁）。もっとも，「権利を取得した受任者が，特別の意思表示なく委任者への移転義務を履行すると同時に，委任者へ権利帰属が当然に発生する」という同判決の理由に関しては，「同時」の意味が不明である。同判決の強調は，特別の意思表示を要求しない点にあり，正確には，受任者が自己の名で取得した権利は，いったんは同人に属し，移転によって委任者に帰するというべきであろう（我妻・中II 679頁）。なお，財産管理委任契約に際し，管理人が第三者に管理財産から貸付けを行う場合において，委任者が契約を解除し，貸金債権引渡しの方法として，当該債権の譲渡および譲渡通知を要求することは不法ではない（大判大7・10・21民録24輯2018頁）。

2　取得した権利の対抗要件具備義務

　事務処理に対する報酬特約がある場合には，有償委任の性質上許される限りで，売買に関する規定が準用される（559条）。そのため，受任者は，単に権利を取得するだけでなく，委任者のために対抗要件を具備する義務を負う（560条）。無償委任の場合において，560条類推適用により同様の義務を認めうるかについては，検討を要する。

〔一木孝之〕

　　（受任者の金銭の消費についての責任）

　第647条　受任者は，委任者に引き渡すべき金額又はその利益のために用いるべき金額を自己のために消費したときは，その消費した日以後の利息を支払わなければならない。この場合において，なお損害があるときは，その賠償の責任を負う。

　　　〔対照〕　フ民1996，ド民668，ス債400 II

〔一木〕　　283

§647　I

I　事務処理関連金銭を私用した受任者の責任その1——利息の支払

1　事務処理関連金銭の適正な管理と使用

(1)　本条は，受任者が委任者に対して負う受取物引渡義務（646条）との関連で，金銭に関する特別ルールを定める。本来委任者の利益において受領し，または使用すべき金額を私用に供した受任者に，利息の支払，そして場合によっては損害賠償を義務づける本条は，金銭引渡義務不履行に対する制裁を目的とするものとされる（本条起草者は，旧刑法上の受寄財物費消罪に言及している。法典調査会民法議事〔近代立法資料4〕626頁〔梅謙次郎〕）。つまり，受任者が，委任者の利益に資する金銭を自己都合で費消することは，背任行為として契約違反や不法行為に基づく損害賠償を根拠づけるが，その際には委任者に一定の証明責任が課されることになるのに対し，受任者の善意または悪意，故意や過失の有無にかかわらず，当然に賠償請求を認めるのが本条である（新版注民(16)245頁〔明石三郎〕）。

(2)　本条が定める不誠実な受任者へのサンクションの背景には，事務処理関連金銭の適正な管理と使用に対する要請がある点が看過されてはならない（本条起草者は，いずれ委任者に引き渡すべき金銭につき，受任者には，銀行に預金するなどの保管および利殖義務があるという。法典調査会民法議事〔近代立法資料4〕622頁以下〔富井政章〕）。してみると，本条の制裁的性質は，受任者が事務処理上の善管注意義務を負うこと（644条）を受けたものと評価される。

2　金銭私用時の利息の支払

(1)　受任者は，委任者に渡し，または同人のために使用すべき金銭を消費した日からの利息を支払わなければならない（647条前段）。諸外国には，同規定に類似する条文が存在する（フ民1996条，ド民668条，ス債400条2項）。起算点である「消費した日」の立証責任は，委任者にある。

(2)　受任者が保持する金銭には，事務処理費用として委任者から前払された（649条）資金と，事務処理の結果として第三者から受領した（646条）対価等とがある（旧財取242条は，「元本」と「計算残余ノ金額」を区別する）。前者に関しては，事務処理のためになされる一種の消費寄託に当たると解し，後者についても，引き渡すべきは金銭そのものではなく，金額である（→§646 II 2(2)）との文言を重視するならば，禁止されるべきは受任者による消費それ

284　〔一木〕

第10節　委　任　　　　　　　　　　　　　　　　　　　　　§*647*　II

自体ではなく，受任者の私用である。

(3)　自己都合消費に関しては，履行期が到来した後に金銭の引渡しがない場合には，債務不履行上の一般原則に従って，通常の遅延利息が発生するから，本条の意図を，「とりわけ引渡しに関する合意が存在しない場合において，履行期前といえども，受任者は委任者のための金銭を私用に供するべきではないこと」と理解すべきではないか，との主張をめぐる議論がある（法典調査会民法議事〔近代立法資料4〕622頁以下）。同見解によれば，実際に金銭の引渡しを受けた委任者もまた，その間のあらゆる（一時的な）金銭の管理懈怠や私的流用を理由に利息支払を請求できることになりうるが（石田(穣)352頁。なお，広中281頁は，金銭の引渡しまたは使用以前に，あえて委任者のために預貯金しない場合に，自己のために消費したものとの一応の推定が働くという），金銭引渡しの履行期以前に生じた具体的な私的流用事実に関する証明は，実際上困難である。本条に基づく利息の支払請求がなされるとして，その多くが現実には引渡しを受けられなかった委任者によるものと考えられるから，「自己のために消費」とはむしろ，最終的な引渡不能に至った場合において，金銭の適正管理等を懈怠した受任者の不誠実な対応を理由づける表現としての意味を持つといえよう（我妻・中II 680頁，加藤429頁）。

(4)　利息は，法定利率に従って計算される。平成29年改正後404条によれば，利息が生じた最初の時点（本条にいう「消費した日」）における年3パーセントの法定利率ということになる（404条1項2項）。3年ごとの法定利率変動可能性や，その際に用いる基準割合について定める同条3項から5項は，長期の事務処理が予定され，受任者による金銭の受領・管理・使用と引渡しにおける時間的な隔たりが大きくなる場合に適用の余地がある。

II　事務処理関連金銭を私用した受任者の責任その2——損害の賠償

1　例外的な損害賠償可能性

(1)　受任者が，委任者に引き渡し，またはその利益のために用いるべき金銭を自己のために消費したことを理由に利息を支払う場合において，さらに損害があるときには，賠償責任を負う（647条後段）。同規定は，旧民法財産取得編242条を継承するものであるが，比較法的には，他に類を見ない希少

〔一木〕　　285

§*648*   第3編　第2章　契　約

性が認められる。

　(2)　本条後段をめぐっては，審議過程において，金銭引渡し後に損害が発
生することはともかく，引渡し前の損害を観念することはできないのではな
いかとの疑念が寄せられ，引渡遅滞の場合の損害賠償は債務不履行の一般原
則に従えばよいとする削除提案があったが（法典調査会民法議事〔近代立法資料
4〕623頁以下〔横田国臣〕・626頁〔土方寧〕），起草者は，受任者が委任者から預
かった金銭を放蕩した場合を例に，（法定利率に基づく）利息支払とは別に制
裁としての損害賠償を明記する必要性を説いて反論している（法典調査会民法
議事〔近代立法資料4〕623頁・624頁〔富井〕）。したがって，本条に定める損害賠
償は，金銭債務における遅延損害金につき，原則として法定利率による賠償
を認める419条とは異なる思想を含んでいる。

2　損害の賠償

　(1)　本条にいう損害は，一種の背任行為に由来するものとして説明され，
例として，債務弁済のための金銭を預かった受任者が自己のために消費した
ため，委任者が債権者から訴えを提起されたことで被った訴訟費用などが想
定されている。請求に際して，委任者は，損害発生に関する証明責任を負う
（我妻・中Ⅱ 681頁，加藤428頁）。この点もまた，遅延損害金賠償に際して損害
の証明を不要とし，不可抗力の抗弁を認めない419条2項，3項に相違する
（これに対し，星野286頁は，本条を419条の特則として，一定額の賠償までは損害の証
明を要しないとする）。

　(2)　損害の内容をめぐっては，受任者側の詐欺により成立した取立委任に
おいて，受任者が取り立てた金銭を費消する場合には，委任者は，本条に基
づき利息支払と損害賠償を請求することができるが，取立金銭そのものを
（不法行為上の）損害として請求することはできないとする判例がある（大判明
39・3・16民録12輯383頁）。

〔一木孝之〕

　（受任者の報酬）
　第648条①　受任者は，特約がなければ，委任者に対して報酬を請求
　　することができない。

第10節　委　任　　　　　　　　　　　　　　　　　　　　§*648*　I

② 受任者は，報酬を受けるべき場合には，委任事務を履行した後で
　なければ，これを請求することができない。ただし，期間によって
　報酬を定めたときは，第624条第2項の規定を準用する。
③ 受任者は，次に掲げる場合には，既にした履行の割合に応じて報
　酬を請求することができる。
　一　委任者の責めに帰することができない事由によって委任事務の
　　　履行をすることができなくなったとき。
　二　委任が履行の中途で終了したとき。

〔対照〕　フ民 1986・1999 I，ド民 662（無償）・675，ス債 394 Ⅲ，オ民 1004，
　　　　DCFR Ⅳ. D.-2: 102
〔改正〕　③＝平 29 法 44 全部改正

```
（受任者の報酬）
第 648 条①②　（略）
③　委任が受任者の責めに帰することができない事由によって履行の中
　途で終了したときは，受任者は，既にした履行の割合に応じて報酬を
　請求することができる。
```

I　委任契約と報酬のかかわり（本条1項）

1　「無償委任＝原則／有償委任＝例外」？

(1)　本条1項は，特約と報酬支払の関係を規定するが，「特約がなければ
……報酬を請求することができない」とする文面からは，(a)委任は，無償と
有償のいずれでもありうること，ならびに(b)委任は，通常無償であること
（有償性は，特約がある場合の例外にとどまること）の2点が導出可能であるように
も見える。この点に関して，旧民法財産取得編231条は，現在よりも直截に，
代理（＝委任）を無償と明言していた（同条において明示または黙示の特約による例
外が認められるとともに，委任者が合意謝金の支払義務を負うことを定める旧財取245条
が置かれた点では，本条1項と共通する構造がある）。しかしながら，本条立法過程
において，ある起草委員はすでに，取引が頻繁化する社会で重要性を増しつ
つある委任の多くは有償であると考えており，そのうえで，報酬を当然化す
ると，金額等に関する明示の合意がない場合に問題が煩雑になるため，報酬

〔一木〕　　287

§648 I

第3編　第2章　契　約

を約束しうるにとどめておくほうがよいと説明した（法典調査会民法議事〔近代立法資料4〕628頁以下〔富井政章〕。もっとも，同じく起草委員である梅謙次郎は，委任の本質を「厚意」に求め，委任の本体は無償のそれであり，数の上でも有償委任に勝るとの考えであった〔同651頁以下〕）。このように，本条1項は，実際上は有償委任の存在を踏まえるものであったが，報酬請求権を特約に基づく例外とする体裁に対して，その後の審議過程においても引き続き批判がなされ（広中俊雄編著・第九回帝國議會の民法審議〔1986〕238頁〔山田泰造〕），民法（債権関係）の改正に関する中間試案では，「委任の無償性の原則を定めた」本条1項の削除が提案されている（中間試案（概要付き）177頁）。

　(2)　委任と報酬のかかわりに関する諸外国の立法として，たとえば，フランスでは，反対の合意がない場合には委任が無償である旨が明記され（フ民1986条），ドイツは，委任の内容を受任者による無償の事務処理に限定している（ド民662条）。もっとも，両国にあっても，委任者の約定報酬支払義務が規定され（フ民1999条1項），または事務処理を目的とする雇用や請負への委任規定の（一部）準用が指示され（ド民675条），有償事務処理の可能性が完全に排除されていない。このほか，約定され，またはそれが通例である場合に報酬が支払われうるとするもの（ス債394条3項），報酬が明示で，または当事者の立場によれば黙示で合意された場合に委任は有償であり，さもなければ無償であるというもの（オ民1004条）がある（なお，DCFR Ⅳ. D.-2: 102条は，受任者が事業者である場合の報酬支払について規定する）。

　(3)　委任が無償である場合を同契約の本体とする理解は，ローマ法上，労務賃貸借 locatio conductio operarum との対比において，高級労務の好意性を強調する委任 mandatum 観に由来するものであるが（原田慶吉・ローマ法〔改訂，1955〕198頁，広中俊雄「ローマの委任法とその現代諸法への影響」同・契約とその法的保護〔1992〕269頁），今日まで固執すべき必然性はない。法制史的研究によれば，ローマ法ですら，後期には受任者への報酬が許容されており，ドイツにおける無償委任への限定もまた，事務処理契約である委任を，雇用や請負と区別するための後天的なメルクマルとして採用されたにすぎず，有償事務処理契約への準用が付加されたことにより，実質的意義を失っている（一木孝之「委任の無償性——その史的系譜(1)～(4・完)」早稲田大学大学院法研論集89号29頁，90号51頁，91号29頁〔とりわけ33頁以下〕，92号31頁〔1999〕）。そうで

第10節　委　任　　　　　　　　　　　　　　　　　　　　§648　I

ある以上，本条1項の理解として，無償委任を原則と捉える前記(b)を文言からのみ導出する意義は乏しく，無償委任と有償委任を併置する(a)を起点とするのが適当である（なお，明石三郎「委任と報酬」契約法大系Ⅳ 244頁，とりわけ248頁以下は，委任と報酬のかかわりの段階化を試みる）。その際には，無償または有償の委任のそれぞれについて，契約の成立，当事者の権利義務の内容，ならびに契約の終了（解除）に関する検討がなされる（例として，岡本詔治「無償契約という観念を今日論ずることには，どういう意義があるか」椿寿夫編・講座 現代契約と現代債権の展望5〔1990〕31頁）。委任規定の特色は，無償と有償のいずれの場合にも，法的効果に差異がないことであるが（我妻・中Ⅱ 659頁），無償委任と有償委任の性質上の相違から，それぞれにおける当事者の権利義務関係が異なりうる点を理由に，個別条文を適用し，または排除することの是非が議論されている（→§643 Ⅱ 1，§644 Ⅰ 1，§650 Ⅳ 1 (2)，§651 Ⅱ 2）。他方，有償委任にあっては，特に受任者が職業的専門家である場合の意義が重要である（広中俊雄「有償契約と無償契約」同・契約法の理論と解釈〔1992〕1頁〔とりわけ15頁以下〕）。

2　事務処理における報酬と受任者の利益

　前述するとおり，受任者に約束される報酬の存在が，個別規定適用の可否を検討する際に注目されることがある。しかしながら，こうした「無償委任／有償委任対置論」とは別に，「受任者の利益の有無」に注目する解釈がある。これは，委任事務処理に由来する利益の帰属主体に着目し，「本人＝委任者」のみならず「事務処理者＝受任者」もまた，（例外的であれ）事務処理からの利益を享受する事態（債権取立委任におけるように，受任者が報酬を受け取るのではないが，委任者の自身に対する債務の弁済に，回収金額を充てる場合など）をどのように捉えるか，そのことが委任の法的効果を検討するうえで意味を持つかといった関心に由来するものであり，報酬の有無を基礎とする前記峻別に直結しない。こうした受任者の報酬と利益の区別，ならびに利益評価の観点は，平成29年改正においても，651条2項2号中に置かれた「受任者の利益（専ら報酬を得ることによるものを除く。）」という文言にあらわれている（→§651 Ⅲ）。

3　報酬支払と費用前払および償還，代弁済ならびに損害賠償の関係

　受任者の事務処理に対する報酬についての特約がある場合には，その支払

〔一木〕　　289

§*648* I 　　　　　　　　　　　　　　　　　　第3編　第2章　契　約

は委任者の債務となる（有償委任＝双務契約）が，無償委任においてはそうで
はない（無償委任＝片務契約）。しかしながら，委任が無償の場合であっても，
委任者は受任者に対して，一定の金銭等給付責任を負う。すなわち，費用の
前払（649条），費用の償還（650条1項），債務の代弁済（同条2項）および損害
の賠償（同条3項）がそれである。これらは，利他的事務処理者たる受任者
に生じた経済的不利益等を事前または事後に塡補することを目的として委任
者に課されるものである。また，有償委任にあっても，委任者はこれらの責
任を免れるものではない。このときの委任者は，一方で報酬支払債務，他方
で不利益塡補責任に基づき，2つの金銭給付を課されることになる。そこで，
とりわけ報酬に関する合意内容をもとに，両金銭給付の関係を検討・調整す
る必要がある（→§650 I 3）。

4　報酬請求権の発生要件──特約

(1)　報酬合意の成否

受任者の報酬債権（委任者の報酬支払債務）の前提となり，委任の性質を無
償と有償のいずれかに決定づけるのが，当事者間の特約の存在である。報酬
は明示されるほか，状況に応じて，黙示で合意されたものとみなされる場合
がある。たとえば，弁護士が業務上訴訟委任を引き受けて処理する場合（大
判大7・6・15民録24輯1126頁，東京地判平2・3・2判時1364号60頁，東京地判平
3・4・19判時1403号42頁など）には，報酬に関する明示の特約がなくとも，弁
護士による報酬請求が許容される。仲介業者によるあっせん依頼の場合（大
判昭8・9・29民集12巻2376頁〔材木商〕，東京地判昭32・8・15判時126号18頁〔宅
地建物取引業者〕，大阪高判昭56・1・20判タ444号142頁〔テレフォンサービス業者〕）
や，法律行為以外の特殊な事務処理の場合（東京地判平4・1・31判タ786号215
頁〔ゴルフ場コース設計・管理に関する助言および指導〕）も同様である。

(2)　合意の内容

(ア)　報酬の合意には，金額のほか，支払の方法（履行割合型または成果完成
型），ならびに時期（履行後支払または期間ごとの支払）に関する取決めが含まれ
る（→II・III，§648の2 II）。もっとも，合意された報酬が，委任契約上の謝
金として極めて異例である場合において，特別事情が存しないときは，当該
報酬合意は不成立（大決昭2・11・15新聞2782号10頁，大判昭10・11・16判決全集
2輯24号15頁），または公序良俗違反により無効となり（その際には，裁判所に

290　〔一木〕

第 10 節　委　任　　　　　　　　　　　　　　　　　§*648*　I

より相当と認められる報酬額が算定される。東京地判平 15・3・25 判時 1839 号 102 頁），約定報酬が依頼者の利益を著しく超過するなどの場合には，相当額に低減される可能性がある（福岡高判昭 55・9・17 下民集 31 巻 9〜12 号 904 頁，東京高判平 3・12・4 判タ 786 号 206 頁など）。さらに，職業的受任者は，自身の職種ではなしえない事務を処理したことにつき，約定報酬の支払を請求することができず（東京地判平 5・4・22 判タ 829 号 227 頁〔行政書士による非弁活動〕），あるいは，本来の事務処理から派生する付随的業務のみを行う場合における報酬は，本体業務に基づき請求可能な額よりも低いものとなりうる（大阪高判昭 47・3・24 民集 29 巻 4 号 338 頁）。

　(イ)　当事者間で報酬額の合意がない場合には，たとえば，弁護士の受任事務に際して，訴訟事件の難易，訴訟額および当該事件に費やした労力のみならず，当事者間に存した諸般の状況（依頼目的の成否など）を審査し，その意思を推定して相当報酬額を定めるべきである（前掲大判大 7・6・15，最判昭 37・2・1 民集 16 巻 2 号 157 頁）。訴訟委任における報酬に関して，依頼者による訴訟取下げ時の全額支払合意は，当該取下げが事件の成功その他の解決，またはこれに準ずる諸般の事由に由来する場合を想定したものと解される（大判大 15・1・20 判例拾遺 1 巻民 24 頁）。弁護士が複数件の訴訟委任を受ける場合における報酬額をめぐっては，同一当事者間の 1 個の紛争に関するものであることを理由に，1 件分の報酬のみ請求することができるとするもの（東京地判平 7・3・13 判タ 890 号 140 頁，東京地判平 12・12・26 判タ 1069 号 286 頁），それぞれの事件の争点に応じて訴訟活動が異なる以上，包括的な計算は許されないとするもの（東京高判平 7・11・29 判タ 904 号 134 頁。もっとも，同一当事者間の訴訟に関する資料の共通性などは，報酬の減額事由として斟酌されるという）に分かれる。なお，刑事事件における国選弁護人が報酬を請求する場合には（刑訴 38 条 2 項），裁判所が相当と認める額が支給され（刑事訴訟費用等に関する法律 8 条 2 項），委任規定は適用されない（最判昭 29・8・24 民集 8 巻 8 号 1549 頁）。

　(ウ)　職業的受任者の報酬額の決定や判断に際しては，関連する告示，業法および業界規定（規程）などが参照されうる。一例として，弁護士法旧 33 条は，弁護士会会則に定めるべきものとして，「弁護士の報酬に関する標準」を挙げており，合意なき弁護士報酬の算定上も弁護士会の定める報酬規則が資料として用いられることがあった（訴訟委任に関する東京地判平 7・2・22 判タ

〔一木〕　　291

§648 II

第3編 第2章 契約

905号197頁，東京地判平17・7・8判タ1252号275頁など，遺産分割委任や債務整理といった訴訟外法律事務をめぐる東京地判平4・2・25判時1444号99頁，東京地判平10・6・26判タ1046号182頁，東京地判平18・11・21判タ1246号210頁など）。しかしながら，2003年（平成15年）の同法改正に伴い前記文言が削除され，弁護士報酬の自由化が実現したため，依頼者との合意，とりわけ同人の経済的利益を基礎とする金額決定が優先されることになる（弁護士報酬の提示・説明，ならびに弁護士報酬に関する事項を含む委任契約書の作成については，日本弁護士連合会職務基本規程などを参照）。

II 報酬の支払時期（本条2項）

1 「委任事務履行後の報酬支払」原則

本条2項本文によれば，有償委任において，受任者は，原則として，委任事務の履行後でなければ報酬支払を請求しえない。このことから，受任者の事務処理債務と委任者の報酬支払債務が同時履行の関係に立つと解するならば，受任者は，委任者から報酬の提供があるまで，自身の負担する義務の履行を拒みうると結論する余地がある（大判明36・10・31民録9輯1204頁）。

2 例外的な「期間ごとの報酬支払」合意

以上に対して，本条2項ただし書は，有償委任における報酬支払が期間によって定められた場合に，受任者が同期間経過後に請求可能である旨を，雇用に関する624条2項の準用により定める。

3 報酬支払債権の消滅時効

受任者が職業上事務を処理する場合の報酬に関しては，いわゆる短期消滅時効規定があったが（平29改正前170条〔医師，助産師または薬剤師等〕・同172条〔弁護士，弁護士法人または公証人〕・同173条〔自己の技能を用い，注文を受けて，物を製作しまたは自己の仕事場で他人のために仕事をすることを業とする者等〕・同174条〔自己の労力の提供または芸を業とする者等〕），平成29年改正により削除された。その結果として，同諸規定に基づく報酬消滅時効が問題とされた判例（大判大8・3・5民録25輯401頁）は，今後その先例性を失うことになる。

292 〔一木〕

第10節　委　任　　　　　　　　　　　　　　　　　　§648 III

III　報酬の部分的請求——「履行割合型」の場合（本条3項）

1　既履行部分の報酬請求

前述するとおり，有償委任における報酬支払時は，原則として委任事務履行後であり，その際には，約束された報酬の全額が支払われる。これに対して本条3項は，事務履行未了の場合につき，受任者の部分的報酬請求可能性を認める。すなわち，委任者の責めに帰することができない事由による事務の履行不能，または，履行中途での委任の終了に際し，受任者は，すでにした履行の割合に応じて報酬を請求することができる。このような部分的報酬請求の許容は，成果完成型委任（→§648の2 II），さらには請負（→§634）における部分的請求と構造を同じくするものである。

2　委任者の責めに帰することができない事由による事務履行の不能

(1)　既履行部分の報酬請求が許容される場合として，第1に，委任者の帰責性なき事由により，事務の履行が不能となることが挙げられる（648条3項1号）。平成29年改正前648条3項における「委任が受任者の責めに帰することができない事由によって履行の中途で終了したとき」が分割されたうえで，前半部分が，「事務処理上の本人（注文者・委任者）における帰責性の欠如」という634条および648条の2第2項と共通形式に改められた。旧規定に基づく（部分的）請求の可否を判断するに際しては「中途終了の際の受任者の帰責性の有無」が重要であったが（大判昭12・12・24新聞4237号7頁，東京高判昭55・10・2東高民時報31巻10号203頁など），本規定のもとではもはや問題とならず，受任者は，履行不能における自身と相手方の有責性にかかわらず，既履行部分の報酬を請求することができることになる（ただし，受任者の帰責事由は，未履行部分の報酬請求可否の判断に影響を与える可能性は残る）。この場合における事務履行の不能として，たとえば，不動産売買仲介あっせんを引き受けた宅地建物取引業者が，その資格を（一時的に）喪失すること（神戸地判昭30・2・22下民集6巻2号308頁。なお，東京地判平4・7・23金判932号33頁は，無免許営業に基づく報酬請求権の行使を否定する）などが挙げられる。また，委任者は，事務履行の不能につき帰責性なくして部分的報酬を支払うのであるから，自身の責めに帰すべき事由により受任者による事務履行を不能にする場合には，当然に報酬を支払わなければならない（石田（穣）354頁は，帰責事由がある場合の

〔一木〕　293

委任者の報酬支払が部分的にとどまる点で，本条を536条2項の例外とみており，潮見265頁は，「委任者の責めに帰することができない事由」要件が，報酬の一部請求を認めるうえでは無意味であり，同表記挿入は，「委任者の責めに帰すべき事由」による事務処理不能に際して，報酬の全額請求可能性を規定上排除しないためであると説明する）。その意味において，本条によれば，事務履行が不能になる場合の報酬の支払につき，委任者の責任がいっそう強化されたことになる（対照的に，受任者に生じた損害に関する委任者の無過失賠償責任が問われる際には，受任者の過失の有無や程度が問題となる。→§650 IV）。

　(2)　平成29年改正後，本規定上は「委任事務の履行不能」と「委任の中途終了」が区別されたことから，受任者は，本条3項1号に基づく請求にあたっては，委任の終了，なかんずく事務の不履行（履行不能）を理由とする解除に関する立証を要しない（もっとも，事務の履行不能の場合には通常，当事者は以後の契約存続を望まないものと考えられるから，本条3項1号は，実際には，事務の不履行を理由とする解除の場合にも適用されることが多いであろう）。

3　履行中途での委任の終了

　報酬の部分的請求は，第2に，委任が履行の中途で終了する場合にも認められうる（648条3項2号）。平成29年改正前648条3項では，報酬請求の可否および範囲決定に際し，受任者のみならず委任者の終了上の帰責事由の存否が検討された（近時の例として，東京地判平14・3・29判時1795号119頁は，委任者および受任者の双方に帰責事由がある事案につき，割合的報酬支払を認めている）。しかしながら，前記のとおり，同条改正の際に後半部分が独立し，帰責性にかかわる前半部分とのつながりが断たれたため，中途終了に関する当事者の有責性は問われない（→2）。したがって，受任者は，自身の帰責事由の有無にかかわらず，いかなる委任者に対しても，既履行部分の報酬を請求することができる（当事者の帰責性の有無および程度は，未履行部分の報酬請求の可否および範囲を検討する際に問題となりうる）。また，委任の中途終了事由としては，653条が掲げるもののほか（→§653），とりわけ651条に基づく任意解除が含まれる。この場合において，本条に基づく報酬支払と，同条2項所定の損害賠償の関係が問題となりうる（→§651 III 1 (2)）。

　なお，仲介あっせん契約の途中解除と報酬請求の可否については，→§648の2 II 3。

第10節　委　任

IV　本条の準用

　本条は，有償寄託における受寄者の報酬に関して準用される（665条。なお，大判明36・10・31民録9輯1204頁も参照）。遺言執行者の報酬に関しても同様である（1018条2項）。

〔一木孝之〕

（成果等に対する報酬）

第648条の2①　委任事務の履行により得られる成果に対して報酬を支払うことを約した場合において，その成果が引渡しを要するときは，報酬は，その成果の引渡しと同時に，支払わなければならない。
②　第634条の規定は，委任事務の履行により得られる成果に対して報酬を支払うことを約した場合について準用する。

　〔改正〕　本条＝平29法44新設

I　有償委任における成果完成型報酬支払（本条1項）

1　本条追加の経緯──「受任者の報酬請求権」類型化の議論と整備

　(1)　本条は，1項において，受任者への報酬支払特約ある委任が，成果の引渡しを目的とする場合には，報酬は，当該引渡しと同時に支払われるべき旨を定める。本来の委任は「法律行為をすること」を目的とし，事務処理の成果まで保証するものではない点で，「仕事の完成」が約束される請負とは異なるが，後述するとおり，従前も受任者（とりわけ専門家）への成功報酬支払が特約されることは稀ではなかった。平成29年改正による本条の挿入は，こうした実態の反映といえる。また，本条2項は，請負に関する634条の準用を指示する。すなわち，受任者は，成果の達成に至らない場合において，中途部分から委任者が受ける利益に応じた報酬の請求が可能となる。

　(2)　本条に規定された委任報酬支払における成果完成型は，648条3項が規定する履行割合型と対をなす存在である。このように，報酬支払との関係で委任を類型化することの必要性は，民法（債権関係）改正における初期段

〔一木〕　　295

§648の2　I　　　　　　　　　　　　　　第3編　第2章　契　約

階ですでに指摘されており（中間論点整理補足説明 355 頁。これと同時に，準委任に代わる役務提供型契約の受皿規定が検討されていた時点では，同じく報酬とのかかわりで，委任と同様の議論があった〔同 395-397 頁〕），中間試案においては，648 条 2 項および 3 項に追加するかたちで，成果完成型を明文化するとともに，委任事務の全部または一部未処理の場合の報酬支払を定める旨が提言された（ただし，この時点では，請負規定準用の形式は採られていない。中間試案（概要付き）177-178 頁）。なお，比較法的にみて，有償委任における報酬支払方法を区別する立法は稀有である。

2　成果の引渡しと同時の支払

有償委任における受任者の報酬は，通常，委任事務履行の対価である（履行後の報酬請求を定める 648 条 2 項参照）。このとき，処理の首尾いかんは報酬支払の要否に影響しないはずであり，かつての判例および学説上も，仕事の完成を目的とする請負との相違が強調されていた（京都地判平 5・9・27 判タ 865 号 220 頁，東京地判平 6・11・18 判時 1545 号 69 頁，ならびに明石三郎「委任と報酬」契約法大系Ⅳ 244 頁・252 頁以下）。しかしながら，委任者が，事務処理契約自体は委任としつつも，いわゆる成功報酬の支払を希望することは当然にありうる（我妻・中Ⅱ 686 頁は，「相手を信頼して事務の処理を委託し，費用は弁償するが報酬は成功したときにだけ支払う」ことはなお委任であり，成功時の別途報酬支払約束がある場合にも，事務処理労務自体に対しては，成否にかかわらず一定の報酬を支払うべき場合が多いことを指摘する）。こうした事態を受けて，本条 1 項は，第 1 に，報酬の支払を「委任事務履行により得られる成果」の対価とする合意が可能であること，第 2 に，この場合の成果が引渡しを要する場合には，報酬は，成果引渡しと同時に支払われなければならないことを定める。ここにいう「引渡し」の意味をめぐっては，請負において完成されるべき「仕事」が，制作物供給を内容とする有形労務と，その他の無形労務に区別されたうえで，報酬の支払時期が，前者の場合には目的物引渡し時，後者では（雇用に関する 624 条 1 項準用により）仕事終了後とされることが参照されうる（→§633）。すなわち，受任者への成功報酬支払の前提である「成果」が，有形物給付（第三者からの目的物取得など）と無形労務（第三者との交渉など）のいずれを予定したものであるかに応じて，支払時期が決せられることになる。

296　〔一木〕

第 10 節　委　任　　　　　　　　　　　　　　　　　　**§648の2　I**

3　成果完成型における報酬の合意

(1)　成果完成型委任における成功報酬額は，当事者の合意によって定まる（大判昭7・12・26新聞3518号18頁は，算出に際して「訴訟物価額＝元本」を基礎とするか，利息損害金を加算するかは，契約当時の当事者意思によるという）。訴訟委任における成功報酬に関して，和解成立時に勝訴の場合と同額の報酬支払を合意することは，公序良俗に反しない（大判昭13・6・17新聞4298号14頁）。

(2)　問題となるのは，当事者間で疑義なき取決めを欠く場合である。その際の報酬額は，第1に，当事者の合理的意思の探求により決せられる（東京地判昭43・7・31判タ227号194頁，東京地判昭56・6・15判時1020号72頁，東京地判昭62・6・18判時1285号78頁）。第2に，成功報酬額の決定が，慣習により導かれることがある（大阪地判昭25・3・25下民集1巻3号401頁〔訴訟委任における勝手な和解〕，東京高判昭32・2・6判タ69号72頁，東京高判昭34・6・23下民集10巻6号1324頁など〔不動産仲介依頼後の無断直接取引〕，大阪地判昭52・5・6判タ362号278頁〔共同仲介〕）。

(3)　報酬支払の前提となる成果の存否判断に際して，当事者意思を推認し，成功報酬合意の効果を当初の想定から外れる結果に対しても拡張的に認めることの是非が重要となりうる（東京高判昭28・5・11下民集4巻5号691頁）。このとき，「報酬支払条件としての成果」に向けられた当事者の合意内容の解釈が必須である。たとえば，「訴訟における依頼者勝訴判決確定，または裁判上の，あるいは裁判外の和解もしくは示談の成立」とは，受任者が訴訟を提起し，その後に和解や示談が成立する場合に限定されないとして，訴えなくして和解を達成した受任者への報酬支払を肯定する判例がある（大判昭12・3・24判決全集4輯7号3頁）。

(4)　また，依頼者による無断和解時の成功報酬支払など，いわゆるみなし成功報酬約定の趣旨は，支払の停止条件である成功を依頼者が故意に妨害すること（大阪地判昭41・6・6判タ191号187頁，東京地判昭51・8・30下民集27巻5〜8号560頁），または成功報酬に対する受任者の期待を，委任者が恣意的な解任により喪失させること（東京高判昭42・11・7東高民時報18巻11号173頁など）を防止するためのものと解され，委任者にそうした意図がない場合には，約定の適用が否定され，成功報酬支払は不要とされる。学説上は，みなし報酬規定は一種の不解除特約であって適当ではなく，中途解約の場合には履行

〔一木〕　　297

§648の2 II　　　　　　　　　　　　　　　　　　　第3編　第2章　契　約

割合に応じた報酬支払によっても弁護士の利益に反しないとするもの（来栖545頁），あるいは，同規定に基づく支払に際して，信義則，公序良俗，権利濫用などの観念による適当な調整の必要性を説くもの（明石・前掲論文256頁）がある。なお，みなし成功報酬が違約金等の定めであって，消費者契約法9条1項所定の「平均的な損害」との関係で無効と評価されうるかという問題については，実務上の判断が分かれている（横浜地判平21・7・10判時2074号97頁〔肯定〕，大阪地判平21・12・4判タ1345号196頁〔否定〕）。

　(5)　なお，報酬が委任当事者間で発生することは当然であるが，不動産仲介にあっては，仲介業者が非委託者に対して報酬を請求することの可否が，商法512条や550条2項とのかかわりで問題となりうる（最判昭43・4・2民集22巻4号803頁，最判昭44・6・26民集23巻7号1264頁，最判昭50・12・26民集29巻11号1890頁，岡孝「委任──報酬請求権を中心に」民法講座(5)473頁・484頁）。

4　成果達成の存否

　成果完成型委任において報酬が支払われるためには，所定の成果が達成される必要がある。たとえば，訴訟委任事案に関して，相手方が訴えを取り下げたことは，依頼者と相手方の和解を理由とするものであって，弁護士の努力によるものでないとすれば，成功報酬の請求は認められない（前掲大阪地判昭41・6・6）。不動産仲介契約における報酬請求権が，仲介による売買契約成立に基づきはじめて発生する以上，依頼者が複数の仲介業者に仲介を依頼し，各業者が仲介行為をなしたとしても，特定業者の仲介だけが奏功する場合には，報酬請求権は当該業者にのみ発生し，他の仲介業者は報酬を請求することができない（東京地判昭54・4・23判タ388号160頁）。もっとも，仲介途中の業者が依頼者および他の業者により排除される場合には，それぞれ報酬請求および損害賠償請求が認められる（東京高判昭61・4・24判時1195号89頁）。

II　報酬の部分的請求──「成果完成型」の場合（本条2項）

1　既成果部分の報酬支払

　本条2項は，報酬支払が委任事務履行の成果（引渡し）に対して約束されたが，当該事務履行が成果の完成に至らない場合において，請負に関する634条準用により，受任者からの報酬の一部支払請求可能性を許容する。具

298　〔一木〕

第 10 節　委　任　　　　　　　　　　　　　　　§648の2　II

体的には，委任者の責めに帰することができない事由によって成果を完成することができなくなるか，または，委任が成果の完成前に解除された場合において，すでにした委任事務履行の成果のうち可分な部分の給付から委任者が利益を受けるときは，受任者は，当該委任者の利益の割合に応じた報酬を請求することができる。その内容は，履行割合型委任で認められる報酬の部分的請求（648条3項）と共通する点が少なくない（→§648 III）。

2　委任者の責めに帰すことができない事由による成果完成の不能

(1)　既成果部分に関する報酬支払は，委任者の帰責性なき事由により成果が完成不能となる場合に認められうる。634条および648条3項1号と同じく，「事務処理上の本人（請負人・委任者）は，仕事または成果が完成しないことについての責めを負わない場合であっても，報酬を支払わなければならない」という思想のあらわれであり，帰責性ある委任者は，なおのこと報酬支払債務を免れない。

(2)　平成29年改正前648条3項に関しては，たとえば，仲介あっせん業者による紹介後，委託者が不動産仲介あっせん契約を解除することなく，紹介先と直接取引をする場合における報酬支払の要否が争われ（肯定例として，東京高判昭34・6・23下民集10巻6号1324頁など。否定例として，東京高判昭47・4・26判時667号31頁など），売買履行の完結，すなわち不動産所有権移転登記完了時の報酬支払合意とは停止条件（127条）のことであり，仲介契約の解除は故意による条件成就の妨害（130条）に当たるとの理由から，報酬の全額請求を許容する判例の登場をみた（最判昭45・10・22民集24巻11号599頁など。なお，大阪地判昭46・10・1判時676号57頁は，仲介者の力量不足等に対する依頼者の不安が解除の一因である場合における報酬の減額可能性を認める）。今後，新たに挿入された本条のもとで，成果完成型委任にあっては，委任者の帰責性の有無にかかわらず，既成果部分に対応する報酬支払が認められることに疑いはないが，未成果部分を含む報酬の全額請求を肯定することの可否については，「既成果／未成果」の区分と，条件成就の故意による妨害という上記判例法理の整合性の観点から，再度検討されなければならない（山本722頁は，条件成就構成によれば，報酬の全額認容の可否判断とならざるを得ず，不公平な解決となる可能性を指摘する）。

(3)　その一方で，受任者の責めに帰すべき事務処理上の障害に関して，平

〔一木〕　299

§648の2 II

第3編 第2章 契 約

成29年改正前648条3項のもとでは，みなし成功報酬の支払を否定する裁判例があり（東京地判昭45・2・27下民集21巻3＝4号484頁，大阪地判昭55・8・22判タ449号228頁），最高裁判所もまた，訴訟委任依頼者が受任弁護士に無断で和解，控訴取下げをしたことの原因が，依頼者からの和解依頼を拒絶する弁護士の態度にあった場合には，みなし成功報酬特約の効力が発しない旨を判示した（最判昭48・11・30民集27巻10号1448頁）。しかしながら，新たに規定された本条には，受任者の帰責性に関する言及はなく，648条3項1号に関する解釈（→§648 III 2）に相応して，受任者は，自身の過失の有無にかかわらず，委任者に対し既成果部分に対する報酬を請求することができると解されうる（未成果部分の報酬請求の可否を判断する際に，当事者の有責性の有無および程度が顧慮される可能性がある）。

(4) なお，本条2項が準用する634条が，完成不能と解除を区別する構成を採っていることから，成果の完成が不能となる場合において，受任者は，解除による委任の終了を立証せずして，報酬の請求が可能となる（もっとも，完成不能が判明した後に，当事者は，契約継続を望まないであろうから，実際上は，完成不能を理由とする請求と解除に基づく請求は重複しうる）。

3 成果完成前の委任の解除

(1) 既成果部分の報酬は，成果完成前に委任が解除される場合に請求されうる。ここにいう解除には，成果不能を理由とするものと，651条に基づく任意のそれのいずれも含まれる。平成29年改正前648条3項のもとでは，受任者（仲介業者）の責めによらない不成功を理由に契約が解除される場合において，「既履行＝既成果」に対する報酬請求を認めないことが，不動産取引委託に関する社会の一般観念に適合するとの判断があった（東京高判昭36・8・7民集18巻6号1173頁）が，本条の適用にあたっては，履行割合型に関する648条3項2号の場合と同様に，不成功や解除における当事者の有責性は問われることなく，既成果部分報酬請求は可能と解される。成果の一部達成により，委任者は利益を，受任者は報酬を得るとの処理が目指されているからである。

(2) 本条2項が634条2号を準用する結果として，成果完成前の委任の解消事由は，「解除」に限定されることになる（請負には，解除以外の終了事由に関する規定が存在しない）。そうすると，委任の中途終了を広く認める648条3項

300 〔一木〕

第10節　委　任　　　　　　　　　　　　　　　　§648の2　II

2号の場合とは異なり，653条が列挙する事由，すなわち，(a)委任者または
受任者の死亡，(b)委任者または受任者の破産手続開始決定，ならびに(c)受任
者の後見開始審判により委任が終了する場合において，受任者（側）は，既
成果部分の報酬請求ができないことになる。このように，準用形式によって
解除以外の終了が排除されている点に，履行割合型とは異なる成果完成型の
特徴を見出しうるかについては検討の余地がある。そして，両者の差異を否
定し，解除以外の事由により委任が終了する場合にも，成果報酬の部分的支
払を許容しようとするならば，一方で，634条2号に基づく処理として，
「解除」を「終了」と読み換える（解除以外の終了事由について，本条2項を介して
634条2号を類推適用する）ことが考えられる。他方で，653条所定の終了にあ
っては，成果の完成が不能になると解し，634条1号準用による解決を図る
可能性もありうる。この点に関しては，とりわけ委任者側の事情により成果
の完成が不能になるとは必ずしもいえないから，634条1号ではなく2号の
枠組みを用いて，受任者の報酬請求を肯定するのが適切であろう。

　(3)　平成29年改正前648条3項のもとでは，不動産仲介委託契約が，仲
介途中で適法に解約され，その後依頼者とあっせん先との間で直接取引が成
立する場合における仲介業者による報酬請求の可否について争いがあった。
この問題は，同契約の法的性質が準委任と決定されながら，仲介活動による
不動産売買の成立を報酬請求の可否に係らしめる点において請負的性格が認
められるという特殊性に由来するものである（岡孝「委任——報酬請求権を中心
に」民法講座(5)478頁）。実務上，こうした報酬請求を肯定する下級審裁判例
があったが（広島高岡山支判昭33・12・26高民集11巻10号753頁），その後，最高
裁判所は，不動産仲介あっせん契約が解除された後，不動産売買契約が依頼
者の直接取引により成立した事案に関して，仲介業者のあっせん行為との因
果関係が存しないとする下級審の判断は正当であるとし，報酬金についての
特約がない場合において，仲介業者が報酬を請求しうるという社会の一般取
引観念を認めることはできないとした（最判昭39・7・16民集18巻6号1160頁）。
学説は，不動産仲介業者の仲介と直接取引による契約成立の間の因果関係の
有無に基づき判断しようとするもの（島田禮介「不動産取引業者の報酬請求権をめ
ぐって」木村保男編・現代実務法の課題〔1974〕3頁・83頁以下，岡・前掲論文502頁），
または不動産仲介を請負型の有償委任と位置づけたうえで，中途解約の場合

〔一木〕　　301

§648の2　II　　　第3編　第2章　契約

における当事者間の金銭授受を，641条準用による解除の際のうべかりし利益の賠償と捉えるもの（広中俊雄「委任契約の『解除』」同・契約法の理論と解釈〔1992〕198頁・224頁，新版注民(16)286頁〔明石三郎〕）に分かれた。

(4)　本条追加により，同様の事案においては今後，解除後の報酬請求が一律に否定されることはなく，既成果部分については，報酬の部分的支払（請求）問題として処理される。それに加えて，未成果部分を含む全額の報酬請求が可能であるかをめぐり，従来の判例に従うことの是非に関する判断が重要となる。

4　成果の可分性と委任者の利益に応じた報酬支払

(1)　本条に定める成功報酬の部分的支払は，成果が可分である場合において，委任者の利益に応じて決定される。

(2)　平成29年改正前648条3項のもとでは，成功報酬は，履行の割合に応じた部分的支払が命じられていた。具体的に，不動産仲介依頼後，依頼者が直接取引により売買契約を成立させた場合には，仲介業者の仲介行為と成功の間の因果関係の有無，ならびに寄与の程度に基づき，成功報酬支払の要否や範囲が決定された（福岡高判平4・1・30判時1431号131頁，福岡高判平10・7・21判タ1000号296頁など）。もっとも，仲介業者による仲介行為と依頼者の直接取引の間に因果関係が否定される場合であっても，依頼者に信義則違反などの事情が確認されるときには，労力成果に相応する報酬請求権が発生しうる（東京高判昭50・6・30判タ330号282頁）。このほかにも，訴訟委任に際して用いられた「事件終了まで」という文言から，包括的な目的達成の趣旨を認めることができないとして，第一審のみの委任成立を認め，敗訴を理由に成功報酬の支払を否定する裁判例がある（大阪地堺支判昭38・10・11下民集14巻10号2001頁）。これに対して，第一審のみの訴訟委任において勝訴判決が得られた場合には，控訴により判決が確定しなかったとしても，勝訴判決に従った経済的利益を基準とする報酬請求権発生が肯定される（大阪高判昭48・9・28判時725号52頁，大阪高判昭63・8・10判タ679号185頁）。

(3)　複数の受任者が同一事務を共同で遂行する場合における報酬請求権に関して，買主から依頼を受ける複数の仲介人は，特約等特段の事情がない限り，各自で，売買の媒介に尽力した度合いに応じて，報酬額を按分して請求することができる（最判昭43・4・2民集22巻4号803頁）。さらに，不動産仲介

302　〔一木〕

第10節　委　任　　　　　　　　　　　　　§648の2　III，§649　I

業者が他の業者に共同仲立を委任することは復委任であり，仲立成立直前に
共同仲立委任が解除されるなどして関与できなくなった共同仲立人の報酬請
求権を，復受任者の復委任者に対するそれとして肯定することも可能である
（横浜地判昭42・10・27下民集18巻9＝10号1048頁，広島地判昭49・12・12判タ322
号210頁）。もっともその際には，共同仲立人の報酬は，共同仲立委任者のそ
れよりも低いものとなりうる。

　(4)　委任者の経済的利益を基礎とする算定によれば，報酬が極めて高額に
なることがある（東京地判平11・6・29判タ1081号220頁，東京地判平15・6・16判
タ1175号196頁，東京地判平20・5・30判時2021号75頁，東京地判平24・3・29判タ
1384号180頁）。

III　本条の準用

　本条は，遺言執行者が報酬を受ける場合において，648条2項と並んで準
用される（1018条2項）。これに対して，有償寄託の場合には，648条が準用
されるのに対し，本条の準用は指示されない（665条参照）。これは，各法律
関係において，成果完成型事務処理報酬を許容することの是非と連動してい
るものと考えられる。

〔一木孝之〕

（受任者による費用の前払請求）
第649条　委任事務を処理するについて費用を要するときは，委任者
　は，受任者の請求により，その前払をしなければならない。
　　〔対照〕　ド民669，オ民1014

I　「委任者による費用前払」の意義

1　委任者による費用の事前または事後負担と受任者の選択

　(1)　本条は，委任者が，事務処理に必要な費用を，受任者の請求に応じて
支払うべきことを定める。委任者のために事務を処理する受任者が，そこか

〔一木〕　　303

ら発生する費用を自ら捻出しなければならない立場に置かれるのは適当でなく，最終負担者である委任者に，あらかじめ費用を支出させることが目的とされる（旧財取246条は，代理人による合意なき支出を要求しない一方で，委任者からの必要資金の不提供または遅延が証明できない代理人が，履行遅滞責任を負う旨を定めていた）。諸外国の立法では，本条と同様の規定を備えるもの（ド民669条，オ民1014条），条文を持たないもの（フ民，ス債）に分かれる。

(2)　本条所定の費用前払は，650条が定める費用償還（同条1項）および債務代弁済（同条2項）と対比される。本条立法過程では，「費用」と「立替」の関係をめぐる議論があったほか，本条の内容を当然とする削除提案がなされている（法典調査会民法議事〔近代立法資料4〕629-631頁）。以上を受けて，「受任者の請求」を義務発動に係らしめた本条によれば，委任者が最終的に負担すべき事務処理上の費用につき，前払による資金調達，または立替え後の実費償還のいずれを選ぶかは，受任者に委ねられることになる。

2　保証人の事前求償権と本条の関係

求償上の事前／事後問題は，保証においても論じられている。すなわち，保証上の求償を，保証人と主たる債務者間で現実に生じた利得・損失関係の調整と理解すれば，事後のそれが原則であり，現実に出捐しない保証人を担保的地位から解放する事前求償は例外ということになる（潮見佳男・新債権総論II〔2017〕709-710頁）。そこで，460条は，受託保証人による事前求償権行使を特別な場合に限定している。このとき，保証委託を委任として把握すれば，同事前求償権の行使を，本条に基づく受任者の請求と同視しうるかが問題となる。学説上は，460条所定の事前求償権行使を本条に基づく前払請求と位置づける立場（我妻・中II682頁）と，限定的行使にとどまる保証上の事前求償権の場合には，本条の適用が排除されるとする立場（注民(11)275頁〔中川淳〕）が対立している。

II　費用前払請求権の要件・内容

1　「費用」の意味

判例上，本条所定の費用とは，旅費や通信料といった，受任者が委任事務処理上なす純然たる出費に限定されず，委任事務処理のために必要な金銭を

第 10 節　委　任　　　　　　　　　　　　　　　　　　§*649*　II

含むとされる（大判大 7・2・13 民録 24 輯 254 頁）。具体的な例として，不動産所
有権代行取得業務に際して発生する契約書添付収入印紙代，登記費用等およ
び不動産取得税，その他委託者が負担すべき仲介手数料等の前払が命じられ
ている（東京地判平 5・7・27 判時 1493 号 92 頁）。その一方で，委託者が取引所
の仲買人に交付した証拠金またはその代用証券は，取引の結果として仲買人
が委託者に対して有すべき債権の担保を目的とするものであり，取引に要す
る費用ではないと判断し，受任事務終了時に，仲買人が同事務により取得し
た債権額を控除した残額を返還するよう求めた委託者の主張を退けた判決が
ある（大判大 4・11・30 民録 21 輯 1925 頁）。なお，不渡手形義務者が手形支払銀
行に預託する金銭は，同銀行が手形交換所（銀行協会）に対し異議申立てを
する際の提供金の見返資金であること，また，手形支払銀行が，手形交換所
より返還された同預託金を手形義務者に返還する義務を負い，自身の手形義
務者に対する債権を自働債権，手形義務者の自身に対する預託金返還請求権
を受働債権として相殺しうることについては争いがないが，この場合におけ
る預託金の法的性質に関して裁判例は，委任事務（異議申立て）を処理するに
つき必要な費用の前払に当たるとするもの（東京高判昭 44・6・12 判タ 240 号
239 頁）と，手形債務者の支払能力を証明し，異議申立ての濫用を防止する
目的からして，費用の前払金となしえないと解するもの（東京高判昭 48・1・
22 判タ 302 号 195 頁）に分かれている。なお，費用の必要性については，償還
請求の場合と同様，善管注意義務を尽くす受任者の判断が尊重される（→§
650 II 1）。

2　委任者による前払

　委任者は，受任者の請求がある場合に，前述するような費用を前払しなけ
ればならない。その際の方法は，金銭支払による。委任者は，受任者の請求
に対し，委任事務の未着手や不履行のおそれを理由に前払を拒むことができ
ない（前払に不安をおぼえる委任者の解除を認めるものとして，加藤 426 頁，我妻・中
II 681 頁）。受任者は，委任者からの費用前払があるまで，委任事務に着手せ
ず，または処理を中断したとしても，債務不履行とならない（なお，費用前払
の訴追可能性について，新版注民(16)249-250 頁〔明石三郎〕参照）。さらに，受任者
が前払された金額を事務処理上の費用に充当した後，必要な追加費用が発生
したため，自ら負担する場合には，委任者は，650 条に基づき償還しなけれ

〔一木〕　　305

§*650*　　　　　　　　　　　　　　　　　　　　第3編　第2章　契　約

ばならない。その意味において，同条と本条は排他的関係に立たない。なお，特約による費用前払義務免除は認められる。

3　前払金銭残額の処理

受任者は，委任事務を処理するにあたって受け取った金銭を委任者に引き渡す義務を負う（646条）。したがって，受任者が委任事務処理のために受領した金銭のうち，実際の支出後なお残存する金額については，同人は，委任終了後に委任者に対して返還しなければならない（前掲大判大7・2・13）。また，645条に基づく顛末報告義務を課される受任者は，前払費用につき，支出金額の使途と正当性を主張立証しない限り，受領金銭の返還を拒むことはできない（東京高判昭54・11・8判タ407号89頁）。なお，債務整理事務委任のために受任弁護士に前払された金銭のうち，債権者への支払を除いた残額をめぐり，委任者の債権者が，債務名義（確定判決）に基づき，委任者の受任弁護士に対する同金額返還請求権について差押命令および転付命令を申し立てた事案において，最高裁判所は，委任者の受任者に対する前払費用返還請求権の債権額が確定するのは委任事務終了時であり，同請求権が委任者の債権者によって差し押さえられた場合であっても，受任者は，当該委任事務が終了しない限り，委任事務の遂行を何ら妨げられるものではなく，委任事務の処理のために費用を支出したときは，委任者から交付を受けた前払費用をこれに充当することができる旨を判示し，委任事務終了前の債権額未確定を理由に，民事執行法159条1項所定の額面性および転付命令の対象適格を否定している（最決平18・4・14民集60巻4号1535頁）。

〔一木孝之〕

（受任者による費用等の償還請求等）
第650条①　受任者は，委任事務を処理するのに必要と認められる費用を支出したときは，委任者に対し，その費用及び支出の日以後におけるその利息の償還を請求することができる。

②　受任者は，委任事務を処理するのに必要と認められる債務を負担したときは，委任者に対し，自己に代わってその弁済をすることを請求することができる。この場合において，その債務が弁済期にな

第 10 節　委　任　　　　　　　　　　　　　　§*650*　I

いときは，委任者に対し，相当の担保を供させることができる。

③　受任者は，委任事務を処理するため自己に過失なく損害を受けた
　ときは，委任者に対し，その賠償を請求することができる。

〔対照〕　フ民 1999・2000，ド民 670，ス債 402，オ民 1014・1015，DCFR Ⅳ. D.–
　　　　2: 103

細　目　次

Ⅰ　委任者の受任者に対する費用償還，債
　務代弁済・代担保提供および損害賠償の
　意義………………………………………307
　1　受任者に事務処理上生じた不利益を
　　塡補する責任…………………………307
　2　費用償還・債務代弁済・損害賠償の
　　相関……………………………………308
　3　報酬支払との関係……………………309
　4　「必要と認められる」「自己に過失な
　　く」の意味……………………………309
Ⅱ　受任者の支出した費用の償還（本条 1
　項）………………………………………310
　1　支出上の必要性………………………310
　2　費用の償還……………………………310
　　(1)　委任上の費用償還 …………………310
　　(2)　本条の（類推）適用 ………………311
　3　利息の償還……………………………312

Ⅲ　受任者の負担した債務の弁済と担保の
　提供（本条 2 項）………………………312
　1　負担上の必要性………………………312
　2　債務の弁済……………………………312
　3　当事者間での相殺（505 条）の可否 …313
　　(1)　受任者の意思表示に基づく相殺 …313
　　(2)　委任者の意思表示に基づく相殺 …313
Ⅳ　受任者が受けた損害の賠償（本条 3
　項）………………………………………314
　1　委任者による損害賠償の意味………314
　　(1)　本条の趣旨 …………………………314
　　(2)　無償の受任者／有償の受任者 ……315
　　(3)　委任を原因とする損害／委任の際
　　　の損害——「損害」の範囲 ………315
　　(4)　受任者の無過失／委任者の無過失
　　　………………………………………316
　2　損害の賠償……………………………317

Ⅰ　委任者の受任者に対する費用償還，債務代弁済・代担保提供
　　および損害賠償の意義

1　受任者に事務処理上生じた不利益を塡補する責任

(1)　委任における権利義務関係の中核は，受任者の事務処理債務である。
その際に同人は，委任の本旨に従って善管注意義務を尽くさなければならず
（644 条），報告や受取物の引渡し，私用金銭の利息支払を義務づけられる
（645 条～647 条）。これに対して，委任者は，特約がある場合にのみ報酬支払
債務を負う（648 条）。そのため，有償委任は双務契約，無償委任は片務契約
と位置づけられる。

(2)　しかしながらそれは，委任契約上，委任者がいかなる義務や責任も負

〔一木〕　　307

§650 I 第3編 第2章 契約

わないことを意味するものではない。すなわち，委任者は，受任者の請求に応じて事務処理に要する費用を前払い（649条），本条に基づき，事務処理に必要と認められる費用（とその利息）を償還し，受任者が負担した必要と認められる債務を代弁済し（弁済期前の相当の担保提供を含む），受任者が過失なくして受けた損害を賠償しなければならない（本条は，規定上は受任者の請求権としての体裁をとるが，委任当事者の対等な関係性という観点からは，委任者の義務ないし責任として位置づけられうる）。これら具体的な内容から，基本的な構造として，「事務処理の過程で受任者に生じる不利益等を塡補する委任者の責任」を構想することが可能である。

2 費用償還・債務代弁済・損害賠償の相関

(1) 本条各項所定の費用償還，債務代弁済および損害賠償に関しては，それぞれの要件および効果を整理・検討しなければならないが，その際にも，これら3つの責任が，受任者の不利益塡補という委任者の本質的責任の構成要素であることを意識する必要がある。すなわち，委任者のために善管注意義務を尽くして事務を処理する受任者が，それゆえに経済的不利益等を被ることがないよう，委任者による負担が要請されるのであり，こうした不利益が費用，債務の負担または損害として具現化するとき，委任者の責任も相応のかたちをとると考えられる。こと金銭に関する限り，受任者は，事務処理に必要な資金を，委任者から事前または事後に受け取るか（649条・650条1項），または，第三者から（金銭消費貸借契約を通じて）調達するか（650条2項）選ぶことができ，委任者は，受任者の選択に応じた塡補責任を負う。

(2) 諸外国において，受任者に対する不利益塡補の基軸は，費用償還である（フ民1999条，ド民670条，ス債402条1項，オ民1014条）。これに，債務代弁済（ス債402条1項，オ民1014条。対してド民257条は，債権法上の一般原則として規定する）や損害賠償（フ民2000条，ス債402条2項，オ民1014条・1015条）が加わる（なお，DCFRは，費用償還に関するⅣ.D.-2: 103条のみ備える）。このように，立法上の体裁は分かれるが，たとえば，損害賠償規定を欠くドイツにあっても，「費用」概念の拡張を通じた実質的な救済が試みられるなど，「受任者の不利益がどのような形態となるのであれ，委任者によって塡補されねばならない」という基本思想が通底している（立法史的研究として，一木孝之「受任者の経済的不利益等に対する委任者の塡補責任(2)」国学院法学46巻1号〔2008〕1頁）。

308 〔一木〕

第10節　委　任　　　　　　　　　　　　　　　　　　§*650*　I

3　報酬支払との関係

以上の理解によれば，たとえ無償委任における委任者といえども，受任者が委任事務処理上被った不利益に対する塡補責任を負うのであり，契約から生じる利益の一方的な受益者ではない。また，本条は，委任が無償と有償のいずれであるかを問題としていないため，事務処理の対価としての報酬を約束された受任者が，これとは別に，自身に生じた不利益の塡補を目的として，費用の償還，債務の代弁済および損害の賠償を請求することはありうる。もっとも，有償委任の場合には，同じく金銭給付である報酬と費用償還等との関係，とりわけ前者による後者の包含可能性が検討に値する。具体的には，委任の当事者が報酬を合意する際に，事務処理の対価のみならず，発生しうる費用の償還や損害の賠償をも考慮することがありえるのか，その場合において，予定額を含む報酬を上回る費用や損害が発生するときに，委任者は，追加的に塡補責任を負うかといったことが問題となりうる（立法例としては，オ民406条が，報酬に包含されない費用の償還を認めており，このほかにDCFR Ⅳ. D.-2: 103条が，合意された報酬は費用償還を包含するとの推定が働くこと〔1項〕，報酬支払がないか，報酬と費用を区別する合意が存在する場合に，委任者は費用償還義務を負うこと〔2項〕を定める）。

4　「必要と認められる」「自己に過失なく」の意味

受任者が委任者から償還を受ける費用，ならびに委任者により代弁済される債務は，「必要と認められる」それでなくてはならず，受任者が委任者から賠償される損害もまた，「自身に過失なく」受けたものである。これは，受任者が事務処理のために費用を支出し，債務を引き受けるに際して，さらには事務処理全般に関して，善管注意義務を尽くしていることを当然の前提としている（→§644）。要するに，受任者の善管注意義務が，同人の不利益塡補請求の基礎となっている。したがって，とりわけ無償委任に際し，事務処理に関連する不利益から受任者を保護する必要性があるとしても，あらゆる不利益が対象となるとは限らない。受任者の不注意により生じた費用，債務および損害は，救済の対象とはならない。また，こうした理解に立てば，委任の無償性のみを理由として注意義務の軽減を図る見解には与しえない。

なお，委任における「必要」と事務管理における「有益」の対比については，新版注民(16)272頁〔明石三郎〕参照。

〔一木〕　309

Ⅱ　受任者の支出した費用の償還（本条1項）

1　支出上の必要性

　償還の対象として，旧民法財産取得編245条は，「代理ノ履行ノ為メ支出シタル立替金又ハ正当ノ費用」としていたが，本条では，「必要と認められる費用」となっている。ここにいう必要性とは，事務処理当時の受任者の注意を基準に判断され，結果上の首尾または不首尾に左右されない（石田(穣)355-356頁，加藤426頁，広中283頁，星野289頁，山本729頁，我妻・中Ⅱ682頁）。具体的には，国外での特許権侵害訴訟原告となる依頼者のために活動し，その訴訟代理人である外国法律事務所からの請求を受けて弁護士報酬および費用を立替払した弁理士は，依頼者の意思決定に必要な助言や説明を尽くし，または同人の利益実現に必要な訴訟代理人を選定する注意義務を負っているが，その際に，報酬および経費を最小限に抑えるべきことが優先されるわけではないとの下級審裁判例がある（大阪地判平16・3・11 LEX/DB28090984）。また，医師に対する診療報酬における投薬および検査費用の控除は，同人の費用償還請求たる性質を有し，医師が善管注意義務に反して，診療契約の趣旨に合致しない診療行為を行う場合には，実施された投薬および検査に関する費用償還請求権は発生しないから，当該費用の控除は認められない（東京地判平元・3・14判タ691号51頁）。

2　費用の償還

　実務上，費用償還請求をめぐっては，一方で，（準委任を含む）狭義の委任関係において，償還義務の具体的な内容が争われ，他方で，種々の法律関係にあって，当事者間の金銭授受を，本条の（類推）適用により処理することの可否が問われている。

(1)　委任上の費用償還

　(ア)　受任者が事務処理に際してなした立替払については，償還の対象である費用に該当するかが争われうる（肯定例として大判大7・9・27新聞1487号20頁および東京高判平9・9・24判タ981号142頁）。仲介と費用償還に関しては，木材売却委託において，本条に基づき一切の費用の償還を認める判決（大判昭8・9・29民集12巻2376頁）がある一方で，不動産売却委託をめぐり，仲立営業において生じた費用は，通常生じるものであっても，特約または慣習がな

第10節　委任　　　　　　　　　　　　　　　　　　§*650*　II

い限り，目的たる売買契約の成否にかかわらず，営業者である仲立人（受任者）の負担となるとして，同人からの償還請求を認めない判断が示されている（大阪地判昭44・8・6判タ242号289頁，東京地判昭57・11・19判時1075号131頁）。

　(イ)　なお，受任者の費用償還（または前払）請求権と，委任者の受取物引渡請求権（646条）の関係が問題となりうる。すなわち，一方で，委任者が事務処理上交付した株券の返還を請求したのに対し，立替金の未償還および利息の未払を理由とする受任者の拒絶が認められ（東京控判明45・5・4新聞796号24頁），他方で，委任者が事務処理上交付した金銭は，報酬または費用に当たらない限り返還されるべきであり，受任者は，委任事務全体の計算，または個別の合意その他の理由から取得可能な費用であることを証明しない限り，返還義務を免れないとされる（東京地判平元・12・25判時1361号72頁）。

　(2)　本条の（類推）適用

　(ア)　事務処理に基づく費用償還請求の可否にとって，通常は，当事者間における委任契約の成立が前提となる。たとえば，借地上建物の共同相続人の1人による地代，修繕費および火災保険料の支出につき，他の共同相続人の持分に応じた支払が命じられた際に，建物居住の経緯，地代等に関する合意や遺言などから，立替払に関する委任の存在が認定されている（東京地判平10・6・25判タ1045号201頁）。また，会社から解雇された元従業員が，在職中に支出した金銭の償還を求めた事案（東京地判平8・12・20労経速1623号11頁）では，費目ごとに，雇用契約に付随する委任または準委任上の業務遂行上の必要性または合理的関連性に基づく個別判断がなされている。

　(イ)　このほか，国が相手方となる訴訟にあっても，本条の適用が問題となることがある。具体的には，民間航空機と自衛隊機の衝突事故をめぐり，航空会社と国が相互に損害賠償を請求した事案において，国が支出した航空機乗客遺族補償費用のうち，航空会社が負担すべき部分については，同人に代わって国が行った補償交渉等の事務に由来するものであり，委託に基づくものであれば委任事務処理上の費用（委託がない場合には事務管理上の費用）であるとして，償還が認められている（東京高判平元・5・9判時1308号28頁）。また，博覧会開催に際して，準備・開催運営団体を設立した地方自治体（市）が，終了後に同団体から施設等を買い受け，代金全額を弁済したことの是非が問われた事案で，最高裁判所は，自治体の事業である博覧会開催に関して，自

〔一木〕　　311

§650 III 第3編 第2章 契約

治体と団体の間に準委任的な関係が存したと解しうる可能性があり，団体が「準備及び開催運営のために支出した費用のうち，市が……ゆだねた範囲の事務を処理するために必要なものであって基本財産と入場料収入等だけでは賄いきれないものを補てんすることは，不合理ではなく，市にその法的義務が存するものと解する余地も否定することができない」と判示した（最判平16・7・13民集58巻5号1368頁）。

3 利息の償還

事務処理者が本人のために金銭を支出する場合において，元本の償還に加えて利息の支払を求めるためには，事務処理が委任に基づくことが重要である（事務管理における有益償還請求に関する701条1項は，利息償還に関する定めを置いていない。大判明41・6・15民録14集723頁を参照）。

III 受任者の負担した債務の弁済と担保の提供（本条2項）

1 負担上の必要性

本条2項は，委任者の弁済により受任者が解放される債務につき，旧民法財産取得編245条4号（「代理人カ其管理ニ因リテ負担シタル一身上ノ義務」）が条件としていなかった「必要と認められる」ことを付加している（同時に，同条には規定がなかった債務弁済期到来前の担保提供が明文化された）。必要性の判断（時期・基準など）は，償還の場合（→II 1）と同様である（石田（穣）356頁，加藤427頁，我妻・中II 683頁）。

2 債務の弁済

受任者が負担した債務が，委任事務処理に必要であったと認められる場合には，委任者は，同人に代わって第三債権者に弁済し，または弁済期の到来前であるときは，受任者に相当の担保を提供しなければならない。例として，家屋管理に伴う修理請負契約を締結した受任者の請負業者に対する報酬支払債務や，自己資金なき受任者が事務処理費用のために負った貸金返還債務などがある。なお，委任者の資金不足により十分な弁済がなされず，債務の一部が残る場合において，受任者は，自身の残債務弁済を，本条1項所定の「必要と認められる費用」の支出として，委任者に対して償還を求めることができる。

第 10 節　委　任　　　　　　　　　　　　　　　§*650*　III

3　当事者間での相殺（505条）の可否

本条 2 項に基づく代弁済債務の内容や弁済方法は，実務上，受任者の委任者に対する代弁済債権と，委任者の受任者に対する別債権の相殺の可否とのかかわりにおいて問題となる。

(1)　受任者の意思表示に基づく相殺

(ア)　受任者が，自身の委任者に対する代弁済債権を自働債権として，同人の自身に対する別債権と対当額において相殺する意思表示を有効と認める裁判例がある（福岡高判昭 27・12・24 高民集 5 巻 13 号 690 頁）。その理由として，受任者は，負担した債務の弁済に際し，委任者に対して，本条 2 項に基づき第三債権者に直接弁済すること，または 649 条を根拠に自身に弁済資金を交付することのいずれかを請求可能であり，後者の場合において，受任者が，委任者より交付された資金を実際に弁済に充てるかは任意であって，かつ，「資金の支払を求める債権」の処分も，受任者の自由とされる。これと同様に，受任者は，委任者との関係で代弁済債権と別債権との相殺を選んだうえ，別途用立てた金銭で第三債権者に自ら弁済することは可能であり，各人にとって不利益とならないと説明されている。

(イ)　学説は，受任者の意思表示に基づく相殺を肯定するものが大半を占めるが（石田（穣）356 頁，我妻・中 II 684 頁，新版注民(16)275 頁〔明石三郎〕），受任者による相殺は，同人の免責を超えて委任者の債権を消滅させるものであって強制しうるものではないとの理由から，これを否定する見解もある（三宅・下 992 頁）。

(2)　委任者の意思表示に基づく相殺

(ア)　以上に対して，判例は，受任者から債務の代弁済を求められた委任者が，自身の同人に対する債権と相殺することを認めない（大判大 14・9・8 民集 4 巻 458 頁，最判昭 47・12・22 民集 26 巻 10 号 1991 頁）。その際には，受任者の代弁済債権は，自身に対する金額支払請求権ではないため，委任者の受任者に対する一定の金銭債権と相殺適状にならないと説明される。それによれば，委任者のために事務を処理する受任者が，委任者に対して，負担した金銭債務から解放を求める請求権は，（委任者が受任者に対して有する）通常の金銭債権とは異なるという。また，判例は，費用前払および償還，ならびに債務代弁済に関する諸規定から，委任事務に必要な支出に際して受任者が立替えを

〔一木〕　　313

§*650* IV　　　　　　　　　　　　　　　　　　第3編　第2章　契　約

強要されないことを確認したうえで，委任者の意思表示に基づく相殺の肯定
は，「既存債権を自働債権とし，未だ発生しない将来の費用償還請求権を受
働債権とする相殺」を許すのと同一であり，弁済期到来の観点から肯定され
ないと結論する（前掲最判昭47・12・22には，当事者間の簡易な決済にして資力およ
び信用上の格差発生時の公平保持という相殺制度の目的に加えて，代弁済請求権が「649
条及び650条1項のいわばバイパス」であり，費用前払および償還請求権と目的・機能を
異にするものではないこと，相殺が許されない場合には，委任者は，受任者に対する既存
債権により金銭を取り立てて第三債権者に弁済するか，第三債権者に弁済後，受任者に対
して既存債権を取り立てねばならず，委任者のみならず受任者にとっても格別な利益もな
く煩雑であることなどを理由とする反対意見が付されている）。

　(イ)　学説は，一方で，代弁済請求権と費用前払／償還請求権の違いを説く
判例に賛同を示す見解（加藤427頁），他方で，委任者に対する債務を免れる
受任者や，同人から弁済を受けるつもりの第三債権者に不利益がないこと，
内部関係では代弁済請求権と費用前払請求権が異ならないことなどを理由に，
相殺を肯定する見解（石田(穣)356頁，我妻・中Ⅱ684頁，新版注民(16)275頁〔明
石〕）に分かれる。

Ⅳ　受任者が受けた損害の賠償（本条3項）

1　委任者による損害賠償の意味

(1)　本条の趣旨

　起草者は，「代理人カ其管理ニ因リ又は其管理ヲ為スニ際シ自己ノ過失ニ
非スシテ受ケタル損害」に関する委任者の賠償責任を定める旧民法財産取得
編245条3号を基礎として，「委任事項ヲ処理スルニ当リ自己ニ過失ナクシ
テ損害ヲ受ケタル」受任者の賠償請求権を規定する本条原案を起草した。こ
れに対しては，第1に，費用償還および債務代弁済に加えて損害賠償の明文
化を不要とする削除論が強く主張され，第2に，賠償の範囲に照らして「処
理スルニ当リ」を「処理スル為メ」と改める修正案が出された。その結果，
委任事務処理を原因とする損害の賠償を定める本条3項が誕生したが，その
法的性質をめぐり，以降も学説上の議論が続いた（本条3項の立法史，ならびに
学説展開の詳細については，一木孝之「受任者の経済的不利益等に対する委任者の塡補責

314　〔一木〕

第 10 節　委　任　　　　　　　　　　　　　　　　§*650*　IV

任(1)」国学院法学 45 巻 2 号〔2007〕1 頁〔15 頁以下〕)。

(2)　無償の受任者／有償の受任者

(ｱ)　本条 3 項起草過程における削除論は，有償の受任者に，報酬支払や費用償還に加えて損害賠償まで認めることは過分である（「費用」概念の拡張で対処可能であるとする。法典調査会民法議事〔近代立法資料 4〕639 頁〔重岡薫五郎〕)，または，事務処理上の損害発生の危険は，受任者が負担すべきであるという（法典調査会民法議事〔近代立法資料 4〕632 頁以下〔土方寧，高木豊三〕)。これに対して，起草委員は，費用の前払や償還では塡補されない経済的不利益の存在を指摘するとともに，本来無償の委任において，利益を享受しない受任者による損害の負担が酷であることを挙げ，成文化の必要性を説いた（法典調査会民法議事〔近代立法資料 4〕634 頁以下〔富井政章，梅謙次郎〕)。

(ｲ)　本条 3 項をめぐっては，学説上も，前記状況を踏まえて，適用を無償委任に限定する見解がある（石田（穣）356 頁・357 頁，来栖 527-528 頁）。さらに，こうした適用制限論は，民法（債権関係）改正過程で，立法化には至らなかったものの，「専門的な知識又は技能を要する」委任につき，当該知識または技能を有する受任者の損害賠償請求権を否定する中間試案にもあらわれていた（中間試案（概要付き）176 頁）。

(ｳ)　しかしながら，以上のような批判を受けてもなお，本条 3 項は，無償受任者と有償受任者とで，損害賠償請求の可否における文言上の区別を設けていない。前記の諸外国立法動向（→Ⅰ2(2)）も踏まえ，事務処理上発生した損害に関する受任者の賠償請求権は，有償委任の場合にも当然に是認されよう（広中 284 頁，星野 289-290 頁，三宅・下 995 頁，我妻・中Ⅱ681 頁）。もっとも，委任者が受任者に対して支払う報酬が，損害の塡補の包含をも予定して算出されている可能性がありうる（新版注民(16)277 頁〔明石三郎〕)。その場合には，受任者が委任事務処理につき損害を被る危険の有無や程度を考慮して算定された報酬額を踏まえ，実際に発生した損害が当該範囲内であるかが検討され，予定を超える損害については，別途賠償請求が認められるべきである（詳解Ⅴ118 頁以下）。

(3)　委任を原因とする損害／委任の際の損害──「損害」の範囲

(ｱ)　本条 3 項をめぐっては，立法過程で，「委任事項ヲ処理スルニ当リ」とする原案上の表現と，受任者の無過失要件が合わさることで，天災等の偶

〔一木〕　　315

§*650* IV 第3編 第2章 契 約

然損害等の賠償まで認められることになり，広範に過ぎるのではないかとの疑念が寄せられた（法典調査会民法議事〔近代立法資料4〕632-637頁〔土方，重岡，横田国臣〕）。これに対して，起草委員は，損害を直接的なそれに限定する意図はなく，不可抗力により損害を被った受任者の救済も必要であると説明したが，最終的には，「委任事項ノ処理ガ直接ノ原因デアルカナイカ」を指標に直接損害と間接損害を区別すべく，「委任事務ヲ処理スル為メ」と改める修正を提案した（法典調査会民法議事〔近代立法資料4〕632頁以下）。

（イ）以上を立法者意思とするならば，受任者は，「委任を原因として被った損害＝直接損害」の賠償を請求することはできるが，「委任の際に（偶然）被った損害＝間接損害」に関しては救済を与えられないことになる。このうち，前者については，委任事項において特有の危険や，一般生活上の水準を超える危険傾向に着目し，当事者間のリスク負担の問題として処理することが可能である。これに対して，後者をめぐっては，偶然損害（事務処理に出張中の受任者が直面した落雷事故による損害など）を賠償の対象から除外する見解（石田（穣）357頁）や，委任事務を引き受けなかったなら生じなかったであろうと考えられるすべての損害（委任事務処理のために必要な旅行に際して受任者が遭遇した怪我や盗難など）を救済の範囲に含める見解（我妻・中Ⅱ685頁）がある。

(4) **受任者の無過失／委任者の無過失**

（ア）受任者が委任事務処理上生じた損害の賠償を受けるためには，自身に過失がなかったことを要する（無過失の立証が受任者に課されるのは当然である）。ここにおいてもまた，費用償還や債務代弁済の場合と同様に，受任者の善管注意義務履行（644条）が，損害賠償の要否を決定するうえでの前提となる。これに対して，損害の発生につき過失ある受任者が自身で甘受しなければならないとしても，委任者も過失がある場合には，両者の過失を斟酌・相殺し，調整を図る学説がある（石田（穣）357頁，我妻・中Ⅱ685頁，新版注民(16)276頁〔明石〕）。

（イ）委任者が受任者に対して損害賠償責任を負うのは，受任者に生じる不利益を塡補するためであり，合意された報酬の支払を除いて別段の債務を負わない委任者に，不履行の責めを問うものではない。そこで，本条3項を，特殊な人材または制度により特別な利益を追求する者が公平上負担する「報償責任」（「利己的契約から生じる責任」）を規定するものと位置づける研究（岡松

316 〔一木〕

第10節　委　任　　　　　　　　　　　　　　　　　§*651*

参太郎・無過失損害賠償責任論〔1953〕，とりわけ552頁・596頁以下）を契機として，委任者の損害賠償を無過失責任と理解する通説の定着をみている（石田（穣）357頁，加藤427頁，来栖527頁，広中284頁，星野290頁，三宅・下995頁，山本731頁，我妻・中Ⅱ685頁，新版注民(16)276頁〔明石〕）。

2　損害の賠償

本条起草過程では，3項所定の「損害」を金銭的なそれに限定し，受任者の身体損害を除外すべきかが議論された（法典調査会民法議事〔近代立法資料4〕637-639頁）。これに対して，実務上，本条3項に基づく損害賠償請求に際しては，受任者の財産上の損害（大阪高判平12・7・31判タ1074号216頁〔証券会社による事故株券の買戻し〕），ならびに身体上の損害（盛岡地花巻支判昭52・10・17下民集31巻1〜4号154頁〔補修作業中の作業員の水死〕）のいずれも，委任者による賠償の対象とされている。また，不動産仲介にあっては，仲介業者が依頼者に対して，費用償還請求と選択的または重畳的に，費用相当の損害賠償を請求することがある（否定例として，大阪地判昭44・8・6判タ242号289頁。なお，東京地判昭57・11・19判時1075号131頁は，依頼者が仲介契約解除後に，紹介を受けた相手方と直接取引をするような場合には，仲介業者は，委託目的達成の場合と同様の報酬請求，または「報酬を喪失させられたことによるその相当額の損害賠償」請求が可能であるとする）。

〔一木孝之〕

（委任の解除）

第651条①　委任は，各当事者がいつでもその解除をすることができる。

②　前項の規定により委任の解除をした者は，次に掲げる場合には，相手方の損害を賠償しなければならない。ただし，やむを得ない事由があったときは，この限りでない。

一　相手方に不利な時期に委任を解除したとき。

二　委任者が受任者の利益（専ら報酬を得ることによるものを除く。）をも目的とする委任を解除したとき。

〔対照〕　フ民2003・2004・2007，ド民671，ス債404，オ民1020・1021

〔一木〕　　317

§*651* I 　　　　　　　　　　　　　　　　第3編　第2章　契　約

〔改正〕　②＝平29法44全部改正

> **（委任の解除）**
> **第651条①**　（略）
> ②　当事者の一方が相手方に不利な時期に委任の解除をしたときは，その当事者の一方は，相手方の損害を賠償しなければならない。ただし，やむを得ない事由があったときは，この限りでない。

細　目　次

I　委任解除の位置づけ …………………318
　1　任意解除──「債務不履行を理由とする解除」原則からの逸脱………………318
　2　諸外国の立法例および旧民法の規定…319
II　当事者の任意解除権（本条1項）………320
　1　両当事者が「いつでも」可能な解除…320
　2　1項適用をめぐる議論………………320
　　(1)　学説の問題提起──「委任の無償性／有償性」または「受任者の利益」と委任者による任意解除の可否 …………………………………………320
　　(2)　判例の変遷──「受任者の利益をも目的とする委任」と委任者による任意解除の可否………………323
　　(3)　本条（不）改正の経緯………………326
　3　受任者による解除………………………327

　　(1)　解除の肯定 ………………………327
　　(2)　解除の否定可能性 ………………327
　4　本条1項適用拡張の可能性…………328
　　(1)　当事者の任意解除と債務不履行解除の関係 …………………………328
　　(2)　第三者が介在する場合における解除可能性 ……………………………328
　　(3)　役務提供契約と任意解除 …………328
III　委任解除と損害賠償（本条2項）………329
　1　解除に由来する損害の賠償（本文）…329
　　(1)　不利な時期の解除（1号）…………329
　　(2)　「受任者の利益をも目的とする委任」の解除（2号）……………………331
　2　やむを得ない事由に基づく免責（ただし書）………………………………332

I　委任解除の位置づけ

1　任意解除──「債務不履行を理由とする解除」原則からの逸脱

（1）　本条は，委任の当事者，すなわち委任者および受任者が，契約を「いつでも」解除することができる旨を明言するとともに（1項），解除を原因として相手方に生じた損害の賠償責任と，「やむを得ない事由」がある場合の免責を定める（2項）。平成29年改正による影響は，1項には及ばなかったが，2項は修正されるに至った（なお，委任の「解除」は将来効のみを備えるため〔652条〕，正しくは「（解約）告知」であるが，規定の文言に従い，以下「解除」と表記する）。

（2）　契約解除の一般的原因は，債務不履行である（541条から543条参照）。しかしながら，「契約は守られるべし」を大原則とし，関係を解消するためには相応の理由を要求する契約法の体系にあっても，契約類型に即した特殊

318　〔一木〕

第 10 節　委　任　　　　　　　　　　　　　　　§*651*　I

解除が規定されている（557条〔売買〕，610条〔賃貸借〕，628条〔雇用〕，657条の2
〔寄託〕）。なかんずく本条は，委任がいつでも，すなわち任意に解除可能である旨を明記し，さらに，解除権を契約の両当事者に認める点で特異である（同じく「いつでも」解除を定める598条3項〔借主による使用貸借解除〕および641条〔注文者による請負解除〕は，一方当事者にのみ解除権を与える）。本条をめぐっては，一方で，従来，すべての委任において委任者による解除を認めることの是非についての議論があり，さらに，受任者からの解除可能性が問題となりうる。他方で，任意解除の可能性を広く役務提供契約に「拡張」する試行が散見される。

2　諸外国の立法例および旧民法の規定

（1）　諸外国において，意思表示による委任の解消可能性は，委任者と受任者の双方に開かれている（もっとも，方法や効果をめぐり，当事者ごとに規定するものが少なくない。フ民2003条〔委任者による受任者の解任，ならびに受任者による委任の放棄〕・2004条〔委任者による委任状の撤回〕・2005条・2007条〔受任者による放棄〕，ド民671条〔委任者による撤回，ならびに受任者による告知〕，ス債404条〔両当事者による撤回または告知〕，オ民1020条〔委任者による撤回〕・1021条〔受任者による告知〕）。その際に，委任が無償に限定されるドイツ（ド民662条）にあっては，いわゆる有償事務処理契約について定めるドイツ民法675条が，事務処理者に「告知期間の遵守なしに告知する権限」が与えられる場合に，同法671条が準用される旨を明記している（立法ではないが，DCFRもまた，VI. D. -6: 104条で，無償委任の際の受任者からの解消に言及する）。しかしながら，前記諸法では，それ以外に，報酬の有無等が解除の可否やあり方に影響を及ぼすものとされていない。委任解除により生じる損害の賠償に関しては，両当事者に賠償を義務づけるもの（ス債404条2項，オ民1020条・1021条）のほか，受任者が解除した場合における委任者への賠償に限定するものがある（フ民2007条2項，ド民671条2項）。

（2）　旧民法財産取得編251条は，「代理」の終了原因として，委任者のなす廃罷，ならびに代理人による拋棄を挙げている。そのうえで，委任者の利益のためにのみ委任された代理は，代理人への謝金が約束された場合であっても，委任者は「何時ニテモ随意ニ」廃罷することができること（旧財取252条），代理の廃罷は黙示でも可能であること（旧財取255条），ならびに，代理

〔一木〕　　319

§*651* II 第3編　第2章　契　約

人による代理の拋棄もまた黙示で可能であるとともに，拋棄によって委任者
に損害が生じる場合には，拋棄が正当またはやむを得ない原因によるもので
あるときを除いて，代理人が賠償責任を負うこと（旧財取256条）などが定め
られていた（同条および本条の成立史の詳細につき，岡孝「民法六五一条（委任の解
除）」百年III 440頁以下）。

II　当事者の任意解除権（本条1項）

1　両当事者が「いつでも」可能な解除

委任は，委任者および受任者によって，いつでも解除されうる。このよう
な任意解除が認められる根拠として，委任が当事者間の特別な人的信頼関係
に基づくものであることが強調される（我妻・中II 689頁など。これに対して，丸
山絵美子「契約における信頼要素と契約解消の自由(1)〜(7・完)」専法82号73頁，86
号55頁，89号1頁，91号67頁，92号89頁，95号75頁，96号51頁〔2001〜2006〕は，
委任の任意解除の説明として人的要素を重視する立場を批判的に検証し，他の契約類型と
の比較において，「効率性という契約の拘束力緩和要件」による説明を試みる）。起草者
自身，委任の特質上，委任者と受任者の間の信用が少しでも廃れるならば，
契約の効力が消滅すると考えていた（法典調査会民法議事〔近代立法資料4〕665-
666頁〔富井政章〕）。近時は，人的信頼関係のほかに，委任が委任者の利益を
図る契約であることや，委任契約上の債務において本来の履行を求める意味
が小さい場合がまれでないことが，委任解除の特殊性の理由として挙げられ
ている（中田534頁）。

2　1項適用をめぐる議論

(1)　学説の問題提起——「委任の無償性／有償性」または「受任者の利益」と委任者による任意解除の可否

(ア)　しかしながら，本条1項をめぐっては，すでに審議の当初より，無償
委任と有償委任を区別すべきとの意見があった。すなわち，「厚意」に基づ
く無償委任にあっては，委任者と受任者のいずれからも解除を認めてよいが，
有償委任においては，報酬をめぐる受任者の利己性にかんがみて，委任者と
受任者双方の解除権を制限すべきであるという（法典調査会民法議事〔近代立法
資料4〕666-667頁〔土方寧〕，土方は同時に，旧2項所定の損害賠償についても，とりわ

第10節　委　任　　　　　　　　　　　　　　　　　　　§651　II

け有償委任にあっては、「不利な時期」の有無にかかわらず肯定すべきであるとの見解を示した）。こうした無償委任と有償委任を区別する立場としては、やがて、ローマ法を起源とする大陸法や、英米法に関する比較研究を経て、不動産仲介委託の中途解除や弁護士の解任などを例にとりながら、一方で、本条の趣旨を、無償委任における法的拘束力の不完全さに求め、他方で、後掲判例が採用する「受任者の利益をも目的とする委任」には、すべての有償委任が含まれうるとの理解のもと、その場合には本条の適用はなく、請負型には641条が、雇用型には627条、628条が、不動産関連委任事務処理に受任者の当該不動産利用が結びついているものには賃貸借の解除に関する準則が用いられるとの学説が提唱されるに至り（広中俊雄「委任契約の『解除』同・契約法の理論と解釈〔1992〕198頁）、有償委任の解除を本条1項に基づくそれとは区別された告知期間付き解約に求める見解の登場をみた（岡孝「民法六五一条（委任の解除）」百年Ⅲ 463-464頁。なお、新版注民(16)286頁〔明石三郎〕は、前記類型に修正を加え、医師の治療といった請負と雇用のいずれの型にも属さないものに関しては本条を適用する）。このほか、無償委任と有償委任では、不解除特約の効力をめぐって差異が生じるとの見解もあった（来栖555頁）。

　(イ)　(a)　しかしながら、学説上は、本条の適用を無償委任にとどめて有償委任の場合を除外することに与しない立場が有力である（水本343頁など）。かわって、解除権制限の方向性としては、「委任において受任者が有する利益が、委任者の解除に影響を与える可能性」が重視される（「事務処理の対価たる報酬の有無」と、「利他的事務処理における事務処理者自身の利益の存否」は似て非なる視点である。→§648 I 2）。たとえば、もっぱら受任者の利益を目的とする委任では、委任者が信任関係に基づく正当な利益を有していないことを理由に、同人からの解除を否定する見解などがそれである（末弘774-775頁。これに対して、末川Ⅱ 331-332頁は、委任は本質的に委任者の利益のためになされるものであり、委任者と受任者、または受任者のみが利益を有する場合は、純粋な委任ではなく、一種の混合契約が存するという）。受任者が事務処理から利益を約束される場合に関しては、本条立法過程ですでに、委任者による取消しを否定する立法例の存在が指摘されていた（法典調査会民法議事〔近代立法資料4〕666-667頁〔土方〕）。学説もまた、後述する一連の判例と同様に、本来は委任者のための事務処理を目的とする委任が、同時に受任者の利益を目的とする場合につき、委任者

〔一木〕　321

§*651* Ⅱ 第3編 第2章 契約

からの解除の可否を問題としている（かつては，解除を不可とする見解が多数を占めた〔石田（文）161頁，戒能通孝・債権各論〔改訂，1946〕315頁，横田秀雄・債権各論〔14版，1927〕646-647頁など〕）。その際には，たとえば，受任者の利益をも目的とする委任を委任者が任意に解除することが，「契約の目的」に反すると説明される（山本736頁）。

(b) このような場合における任意解除制限として，第1に，解除権放棄特約の存在に根拠を求める方向性がある（新版注民(16)283頁〔明石〕は，特約が解約権自体の放棄を目的とする場合と，単に解約権を行使しない約束にすぎない場合を区別し〔疑わしい場合は後者とする〕，我妻・中Ⅱ 692-694頁は，こうした特約が有効となる委任を考察するにあたり，雇用的色彩を帯びる委任や，他の契約関係の一部としての事務委託などを類型化している）。すなわち，受任者の利益にもなる委任に際して，当事者が解除権の放棄を，明示または黙示で特約することを原則として有効とするのである（我妻・中Ⅱ 693頁および新版注民(16)284頁〔明石〕は，放棄を一般的に推定すべきであるとし，来栖552頁は，解除の際の損害賠償責任規定を，間接的な不解除特約の一種に数える）。

(c) 第2に，委任の解除を困難ならしめる「受任者の利益」そのものに注目する立場がある。同説は，651条の趣旨と相関関係に立つ「受任者の利益」の本質を解明することで，解除の可否を決しようとする（水本351-352頁）。たとえば，受任者（または委任者）の継続性の利益の内容・強度に応じて類型的な検討を加え，解除を認めたうえでの金銭的損害賠償処理で十分な場合，代替的利益ではなく解除の可否自体が慎重に判断される場合，ならびに原則として解除が排除される場合を区別する見解がある（吉田邦彦・契約各論講義録（契約法Ⅱ）〔2016〕206-208頁）。

(d) 以上いずれも，受任者の利益をも目的とする委任の委任者による任意解除を制限する指向であるが，そうすると，「なんらかの理由により，もはや事務処理の継続を望まない委任者は，にもかかわらず，受任者の利益のみを尊重して，契約存続を甘受しなければならないか」という問題が生じることになる。そのため，受任者の利益をも目的とする委任であっても，個別事案に即して解除の可否が検討されることになる（加藤431頁）。具体的には，解除権放棄特約（の推定）を前提とする場合には，当該委任の目的，解除権放棄の明示・黙示の有無，受任者の利益・損失，他の契約類型の要素の比重

322 〔一木〕

第10節 委 任　　　　　　　　　　　　　　　　　　　　§*651* **II**

などを精査することが必要とされる（水本 351-352 頁，星野 291 頁）。また，解除権放棄を否定する事情の斟酌に際し，「委任契約における，受任者の利益に対する委任者の利益の一定の比重」を検討し，とりわけ，「委任者と受任者の利益が拮抗しあう」場合に解除を認める考えが示された（大塚直〔判批〕法協 99 巻 12 号〔1982〕1909 頁・1917 頁以下）。さらに，委任者からの解除を，「契約の実行に利益を有する者が継続を望まない以上解消が認められてよいという効率性の観点」と，「契約を解消することによって自己の権利・利益に関する処分自由を確保するという観点」から考察し，両者が妥当しない場合の解除を否定する見解がある（丸山・前掲専法 96 号 74-75 頁）。

　(e)　これに対し，受任者の利益のために結ばれた委任であっても，解除権不行使の特約の違反を理由とする損害賠償請求が可能であり，あるいは，解除の際には損害賠償金の提供を義務づければ，受任者が不当に害されることはないとして，委任者による解除を認める見解がある（その限りで，解除権不行使特約の効果は，解除の禁止そのものではなく，違反の際の損害賠償責任発生に向けられる〔石田(穣)360-361 頁〕。なお，受任者の権利保全手段のためではない「普通の委任」に関する来栖 552 頁も参照）。

　(ウ)　なお，本条適用の可否を，委任の類型化を用いて検討するものがある。具体的には，任意解除が許されない委任として，委任者に費用償還義務（→§650 II）がなく，受任者に成功報酬が約束されたもの，任期の定めがあるもの，ならびに，任期の定めがないが，受任者が他の職を捨てて引き受けたものを挙げる見解がある（来栖 554 頁）。また，近時は，643 条に基づき，法律行為をなすことを目的とする（狭義の）委任と，656 条により，法律行為以外の事務（事実行為）が委託される準委任を区別し，前者においては委任者の任意解除が原則として制限されてはならず，後者にあっては本条の適用がなく，解除は雇用または請負の規定に従うことが主張されている（柳勝司「委任者による委任契約の解除」同・委任による代理〔2012〕252 頁）。

　(2)　**判例の変遷**――「受任者の利益をも目的とする委任」と委任者による任意
　　　解除の可否

　(ア)　委任者による解除の可否をめぐる判例の形成は，扶助料受取委任における当事者が一定期間の不解除を特約することを認めつつ，解除の意思表示をする委任者に対して，委任の性質上，受任者は特約を強要することができ

〔一木〕　　323

§651 Ⅱ   第3編　第2章　契約

ないと判示する大審院判決からはじまる（大判明36・1・23民録9輯53頁）。次
いで，委任事務処理につき利害関係を有するのは委任者であって，受任者で
はなく，委任者はいつでも受任者を解任することができるのみならず，受任
者が委任者に解除権を放棄させることによって，同人の意思に反する委任事
務の処理を継続することはできないとしながら，事務処理につき自らも正当
な利害関係を有する受任者が，委任者に解除権を放棄させて事務を処理し，
委任を完了させることは，受任者の利益を保護するために必要であって，同
解除権放棄は有効であり，委任者からの理由なき解除は法律上の効果を生じ
させないとの判断があらわれる（大判大4・5・12民録21輯687頁）。このように
して，受任者の利益をも目的とする委任の委任者による任意解除が，解除権
放棄特約の存在を通じて制限されはじめる。さらに，委任の基礎が対人的信
用関係である点に本条の趣旨を求めたうえで，その適用は，受任者が委任者
の利益のためにのみ事務を処理する場合に限られるとし，事務処理が委任者
のみならず受任者の利益をも目的とするものであるときは，委任者による解
除は同人の利益を著しく害するとの判例が登場するに至る（大判大9・4・24
民録26輯562頁）。同判決により，受任者の利益をも目的とする委任は，解除
権放棄特約の有無にかかわらず，一般的に，委任者によって解除されえない
との方向性が定まったかにみえた。

　(イ)　しかしながら，判例はその一方で，次のような解釈を用いて，委任が
受任者の利益をも目的とする場合であっても，委任者による任意解除の可能
性を認めていく。すなわち，

　(a)　はじめに，受任者が委任者に解除権を放棄させるためには，受任者
が事務処理に利害関係を有するだけでは足りず，当該利害関係が正当なもの
でなければならないとされる。つまり，受任者は，法律上享受することが許
されない利益を獲得する目的で，委任者の（解除に関する）権利を不当に制限
することはできないというのである。このような考え方は，具体的に，通常
の債権取立委任とは区別される，「養料」や恩給債権，さらに勲章年金の取
立委任をめぐる事案にみられる（大判大6・12・12民録23輯2079頁は，恩給金受
領委任自体を脱法行為に当たらないという）。判例は，こうした債権が取立委任者
の一身専属的なものであって，他人の権利の目的となりえないとの前提のも
と，取立受任者が委任者の解除権を放棄させることは，たとえば公序違反に

324　〔一木〕

第 10 節 委 任　　　　　　　　　　　　　　　　　　　　　　　§*651*　Ⅱ

当たり（前掲大判大 4・5・12，前掲大判大 6・12・12 など），あるいは，恩給を受
ける権利の譲渡または担保化を禁止する恩給法の趣旨へ抵触するゆえに（大
判昭 7・3・25 民集 11 巻 464 頁，大判昭 7・3・29 民集 11 巻 513 頁など。なお，勲章年金
に関する大判昭 7・12・20 評論 22 巻民法 197 頁も同旨）無効であるとして，委任者
による解除を肯定した。

　（b）　次いで，委任が当事者双方の対人的信用関係を基礎とする契約であ
ることにかんがみて，受任者の利益をも目的とされた場合であっても，「受
任者が著しく不誠実な行動に出た等やむをえない事由があるとき」は，委任
者は本条にのっとり契約を解除することができると判断された（最判昭 43・
9・20 判タ 227 号 147 頁）。ここにいう「やむをえない事由」とは，相手方の信
頼を裏切る行為，すなわち重大な背信的義務違反（東京高判昭 30・4・22 下民集
6 巻 4 号 773 頁〔管理計算・報告の懈怠〕），そしてその結果たる委任関係継続の著
しい困難（東京高判昭 55・9・24 判タ 431 号 81 頁など）である。事務処理をめぐ
る両当事者の方針の相違，ならびに委任者の方針に対する受任者の不服従に
「やむを得ない事由」を見出す裁判例もある（東京高判平 18・10・24 判タ 1243 号
131 頁）。

　（c）　さらに，委任者のみならず受任者の利益のためにもなされた委任に
おいて，「やむを得ない事由」がない場合であっても，「委任者が委任契約の
解除権自体を放棄したものとは解されない事情があるとき」には，委任者は，
本条に基づき契約を解除することができる旨が判示されるに至った（最判昭
56・1・19 民集 35 巻 1 号 1 頁）。なぜならば，受任者の利益を目的とすることを
理由に，委任者の意思に反して事務処理を継続させることは，同人の利益を
阻害し，委任の本旨に反するからである。同判例によれば，受任者の利益が
損なわれることは，解除の可否において判断されるのではなく，むしろ，委
任者からの賠償を通じて塡補されるべきものである（なお，同判例の差戻審判決
である東京高判昭 60・4・24 判タ 578 号 82 頁は，賃貸建物に関する管理契約に基づき，
管理者〔建築・不動産管理会社〕が，賃貸借契約および管理契約存続中，賃借人差入れの
保証金を自己の事業資金として自由に利用可能であるという事情によっても，依頼者が解
除権を放棄したものと解することはできないとしている）。委任者が解除権を放棄し，
したがって自由な解除が許されない場合とは，たとえば，期間，または受任
者の逸失利益の賠償に関する定めがあるだけでは足りず，特段の事情がない

〔一木〕　325

§*651* II   第3編　第2章　契　約

限り約定期間満了まで契約を継続させる旨の意思を委任者が有していたと認
めるべき客観的・合理的理由がある状況を指す（東京高判昭 63・5・31 判時 1279
号 19 頁など）。

　(ウ)　このほか，本条による解除は，解除権行使が信義則や公平原則に照ら
し許されない場合に（のみ）制限されるとの裁判例がある（東京高判平 22・2・
16 判タ 1336 号 169 頁など）。

　(3)　本条（不）改正の経緯

　以上のとおり，本条 1 項をめぐっては，委任が有償委任または受任者の利
益をも目的とする場合において，委任者からの任意解除を認めることの是非
に関する議論の蓄積があり，平成 29 年改正に際して内容改変の要否が問題
となった。すなわち，立法前段階として，改正に向けられた提案には，有償
委任と無償委任とで解約告知のあり方を区別・再編するもの（民法改正研究会
編・民法改正 国民・法曹・学界有志案（法律時報増刊）〔2009〕216-217 頁〔試案 578 条お
よび 587 条〕），または従来の規定に，委任が委任者のみならず受任者または
第三者の利益を目的とする場合に関する規律を付加するもの（基本方針 375 頁
〔3.2.10.15〕）があった。その後，法制審議会民法（債権関係）部会は，本条
につき，「受任者の利益をも目的としている場合における委任者の任意解除
権」規定の設置の検討可能性を示唆していたが（中間論点整理補足説明 384-386
頁。なお，あわせて，準委任に代わる役務提供契約の受け皿規定についても，任意解除権
の規律が問題とされている〔同 425-427 頁〕），中間試案の段階で，1 項を含む本条
の規律を維持するものとされた（中間試案（概要付き）178-179 頁）。その結果，
本条 1 項の改正は見送られ，「受任者の利益をも目的とする委任は，同人の
不誠実な行動といったやむを得ない事由が存在し，または解除権自体を放棄
したものとは解されない事情がある場合に（のみ），委任者により解除され
る」といった前記諸判例の命題は明文化されず，無償と有償の区別がなされ
ることもなかった。このように体裁が維持された本条 1 項のもとでは，委任
者による任意解除の可否は，引き続き解釈に委ねられたともいえる。しかし
ながら，その際に，新たに創設された本条 2 項 2 号が，「受任者の利益（専
ら報酬を得ることによるものを除く。）をも目的とする委任」も，委任者に
より解除されうること（そして損害賠償の問題として処理されること）を明文で規
定している点は重要である。すなわち，同規定の挿入からは，「受任者の利

326　　〔一木〕

第10節　委　任　　　　　　　　　　　　　　　　　　　§*651* **II**

益をも目的とする委任といえども，委任者による任意解除の対象となりう
る」という含意が看取可能であり，かつての大審院判決および学説における
「解除（原則）不可」の立場を固持するのは，もはや困難といえる。そのこと
を踏まえて，今後の判断の焦点は，もっぱら当事者間の解除権放棄特約の存
否に向けられていくことになろう。

3　受任者による解除

(1)　解除の肯定

本条の適用上，受任者による解除については，無償または有償の別なく，
（不利な時期における損害賠償と引き換えに）肯定する見解は少なくない（岡・前掲
論文466頁）。具体的には，弁護士が辞任する場合（東京地判平27・5・29判時
2273号83頁），ならびに会社取締役や執行役員が辞任する場合（辞任の意思表
示は，代表取締役または取締役に対してなされなければならないとする東京高判昭59・
11・13判時1138号147頁など）が挙げられる。判例は，特別な事情のもとで締
結された土地管理契約が，土地管理の条件をめぐる受任者の真意に合致しな
いなど誤って締結された場合には，同人から解除されうるとしている（最判
昭56・2・5判タ436号121頁）。なお，一個の業務（相続財産である土地の売却と代
金による相続税納付）につき複数の委任者から委託された受任者が契約を解除
する場合において，本条に基づく解除の意思表示が，全当事者間で順次相互
になされたならば，解除は，全員に対するもの（544条1項）として有効であ
る（東京高判平元・10・16判タ713号187頁）。

(2)　解除の否定可能性

委任の任意解除が認められる根拠が，「当事者間の特別な信頼関係の破壊」
に求められる限りでは，委任者を信用することができず，または，委任者か
らの信任を失ったと感じる受任者が，委任を解除することは許されるといえ
る。しかしながら，その反面，本来的利益享受者である委任者の意に反して，
受任者が解除することを承認しうるかが問題となりうる（このことは，民法
（債権関係）改正の審議においても指摘されていた。部会第68回議事録40-41頁〔沖野眞
巳および鹿野菜穂子〕）。その際に，とりわけ特定の専門家たる受任者には，職
業法上の応召義務が課され（医師法19条1項など），一定の場合には，少なく
とも事務処理の開始に対する強制が発動することがある点も考慮の余地があ
る（委任関係成立の強制につき，我妻・中II 669-670頁参照）。もっとも，本条の1

〔一木〕　　327

§651 II 　　　　　　　　　　　　　　　　第3編　第2章　契　約

項および2項の内容を,「当事者による任意解除を認めたうえで, 発生した不利益を損害賠償のかたちで塡補すること」と理解するならば, 受任者による解除もまた, 委任者からのそれと同様に制限し難いものといえる。なお, 受任者からの解除にあって, 信頼関係破壊の原因が主として委任者にない場合には, 当該解除は, 同人に対する不法行為を構成しうる(東京高判平5・5・26判タ848号241頁)。

4　本条1項適用拡張の可能性

(1)　当事者の任意解除と債務不履行解除の関係

委任は, 本条による任意解除のほか, 債務不履行を根拠に解除されうる。その際の効果としては, 通常とは異なり遡及効を持たないものとされる(我妻・中Ⅱ689頁)。委任者が, 受任者の事務処理(委託された取引)は契約の趣旨に反するとの理由で契約を解除する場合においては, 委任の存在を争わない受任者が, 正当な履行について立証責任を負う(大判明38・3・9民録11輯336頁)が, 判例は, さらに進んで, 本条1項による任意解除可能性に依拠して, そうした債務不履行存否のいかんを問わず, 解除の意思表示は有効であるとした(大判大3・6・4民録20輯551頁)。委任が受任者の債務不履行を理由に解除された場合において, 実際には債務不履行が存在しなかったときに, 本条による解除を承認することの是非をめぐっては, 学説上, 原則転用を認める見解が有力であるが(加藤430頁, 水本346頁, 我妻・中Ⅱ689頁, 新版注民(16)280頁・289頁〔明石〕), 委任者が損害を賠償しないで契約を解除できる事案においてのみ肯定するものもある(石田(穣)361頁は, 本条に基づく解除に際して損害賠償金の提供を必要とする限り, 事実上転用の余地はなくなるという)。

(2)　第三者が介在する場合における解除可能性

委任者と受任者のみならず, 第三者が介在する「三面契約」として委任が存する場合, または(三面契約が成立しないとしても)委任者が第三者に対し, 特定の受任者に一定の委任をすべき義務を負担する場合には, 委任者または受任者は, 自らの意思のみで(当該第三者の同意なしに), 委任を解除することができない(大判大6・1・20民録23輯68頁, 石田(穣)360頁, 水本347-348頁, 新版注民(16)285頁〔明石〕)。

(3)　役務提供契約と任意解除

特殊な事務処理をめぐって委任契約の成否が問題となった事案の多くは,

第10節　委　任　　　　　　　　　　　　　　§*651*　Ⅲ

本条に基づく契約の任意解除の可否を争点とするものである。具体的には，頼母子講の帳元会計の解任（大判大 8・1・17 民録 25 輯 9 頁），銀行の電報送金手続の取消し（大判大 11・9・29 民集 1 巻 557 頁），高速自動車国道休憩所内売店営業委託契約の解除（名古屋高判昭 58・11・16 判タ 519 号 152 頁），コマーシャル放映の中止（高松地判平 5・2・16 判時 1490 号 118 頁，高松高判平 5・12・10 判タ 875 号 164 頁），経営再建を目的とする営業委託契約の解除（東京高判平 6・12・21 判時 1593 号 63 頁），大学食堂営業委託契約の解除（東京地判平 7・2・17 判タ 891 号 146 頁）など，いずれも債務不履行によらない解除の自由を得るため，本条の（類推）適用が希求された事案である（以上のほか，§656 Ⅱ 2 (1)(2)の諸事例も参照）。協同組合理事の解任（最判昭 41・1・28 民集 20 巻 1 号 145 頁），ならびに信用金庫代表役員または理事の解任（最判平 16・10・26 民集 58 巻 7 号 1921 頁）に関しては，本条は適用されない。宗教法人による住職または代表役員の解任が本条の問題として扱いうるかについては争いがある（全面的または例外的に肯定するものとして，名古屋地決平 5・1・8 判時 1501 号 124 頁，横浜地決平 5・6・17 判タ 840 号 201 頁。否定するものとして，京都地決昭 61・5・15 判タ 599 号 78 頁，静岡地沼津支判昭 63・2・24 判タ 678 号 190 頁，名古屋地判平 8・1・19 判時 1570 号 87 頁）。

Ⅲ　委任解除と損害賠償（本条 2 項）

1　解除に由来する損害の賠償（本文）

相手方に不利な時期に委任を解除する当事者（1 号），または「受任者の利益を目的とする委任」を解除する委任者（2 号）は，相手方に生じた損害を賠償しなければならない。本条旧 2 項は，前者のみ想定していたが，平成 29 年改正により後者が追加された。

(1)　不利な時期の解除（1 号）

(ア)　損害の賠償を根拠づける「相手方に不利な時期」要件とは，従来の，たとえば，（652 条の準用元であった）平成 29 年改正前 620 条が損害賠償に際して要求していた「当事者の一方に過失があったとき」とは異なるものである。この点について，旧 2 項の起草者は，契約解除一般における損害賠償が債務不履行を前提とするのに対し，不履行の有無を問わず，その結果として通則から外れる委任の解除では，不利な時期の解除が損害を根拠づける旨の特別

〔一木〕　　329

§*651* Ⅲ   第3編　第2章　契　約

規定が必要である旨を説いていた（法典調査会民法議事〔近代立法資料4〕668-669頁〔梅謙次郎〕）。それによれば，同項のもとで，委任を解除する当事者は，相手方の不利な時期であるというだけで，解除そのものに自らの過失がなかったとしても，損害を賠償すべきであったし（我妻・中Ⅱ690頁），今日もなお，受任者の事務処理債務，または有償委任者の報酬支払債務の不履行とはかかわりなく，賠償が実現されなければならない。

　(イ)　委任者にとっての不利な時期とは，自身または第三者による事務処理継続が困難な時期である（石田(穣)359頁，水本344頁，山本737頁，我妻・中Ⅱ690頁）。具体的には，訴訟委任の途中で弁護士が辞任する場合（来栖546頁）などが挙げられる。

　(ウ)　(a)　受任者にとっての不利な時期として，たとえば，有償受任者にとって他の仕事を見出すのが困難な時期が挙げられる。

　(b)　このこととの関連で問題となるのが，委任が中途で終了（解除）された場合における受任者の報酬請求権と損害賠償請求権の関係である（平成29年改正に至る部会審議に際しても，この点が問題とされている。第57回議事録30頁以下および部会第95回議事録42頁以下の議論を参照）。すなわち，履行割合型委任が中途で終了し（648条3項2号），または成果完成型委任が成果の完成前に解除される（648条の2第2項・634条2号）場合には，報酬の部分的支払がなされうる。そうすると，不利な時期の解除における損害賠償と，こうした報酬が重複する可能性がある（このことは，旧2項立法過程においてすでに指摘されていた。法典調査会民法議事〔近代立法資料4〕669頁〔高木豊三〕）。

　(c)　実務上の判断は，本来は得られたであろう報酬額相当の損害を肯定するもの（解任された弁護士の報酬全額請求を定める弁護士会の〔当時の〕報酬等基準規程を，「民法第651条第2項の法意」にかんがみて有効とする東京高判昭38・7・1判タ151号74頁など）と，解除後の報酬請求権喪失は，不利な時期とは無関係に発生しうるとして，賠償の必要性を否定するもの（東京高判平18・6・27労判926号64頁，東京高判平18・10・24判タ1243号131頁など）に分かれる。

　(d)　学説上，有償受任者が解除により取得することができなくなった報酬が，直ちに賠償対象としての損害となるわけではないとされる（来栖553頁）。その理由として，とりわけ平成29年改正後は，本条2項2号において，受任者の利益とは報酬以外のものを想定していること，損害の枠内での報酬

330　〔一木〕

第 10 節　委　任　　　　　　　　　　　　　　　　　　　　　　§*651*　III

把握は，（解除後の報酬請求に関する）648 条 3 項 2 号，648 条の 2 第 2 項等の規律を無意味化すること，ならびに，報酬とは現実になされた事務処理の対価であることが挙げられる（中田 535 頁）。これに対して，従前は，有償委任では原則として解除権不行使が特約されているとの前提に立ち，解除権の行使自体は妨げられないが，特約違反を理由として，「失った報酬から委任の中途終了によりえた利益を控除した残額」が賠償されるとする見解があった（石田（穣）359 頁はさらに，信義則に根拠を求めつつ，解除する当事者による損害賠償金〔概算額〕の提供を義務づける）。

(2)　「受任者の利益をも目的とする委任」の解除（2 号）

(ｱ)　委任者が受任者の利益をも目的とする委任を解除する場合には，受任者に対して損害を賠償しなければならない。ここにいう受任者の利益とは，単に報酬を受けるだけでは十分ではない（一(1)(ｳ)）。本号は，平成 29 年改正に際し，従来の判例法理を規定化したものである。この点について，有償委任解除時の損害賠償は，本条旧 2 項に基づくものではなく，（請負に関する）641 条と同趣旨と捉える見解があったが（大塚直〔判批〕法協 99 巻 12 号〔1982〕1922 頁，岡孝「民法六五一条（委任の解除）」百年 III 460 頁，広中俊雄「委任契約の『解除』」同・契約法の理論と解釈〔1992〕224 頁以下。なお，新版注民(16)286 頁〔明石三郎〕は，受任者が不動産仲介業者である場合の損害の特異性に注目すべきであるという），本号の挿入を通じて立法による解決が図られ，委任に内在的根拠をもつ損害賠償であることが明確となった。その一方で，本号が定める「受任者の利益をも目的とする委任」の解除と，1 号所定の「（受任者にとって）不利な時期」の解除の関係が新たに問題となりうる（部会第 68 回議事録 42 頁〔垣内弘人〕）。

(ｲ)　受任者の利益をも目的とする委任の例として，債務者が債権者への債務弁済を目的として，対外的事務を委託する場合（東京高判昭 31・9・12 東高民時報 7 巻 9 号 194 頁）のほか，土地および建物譲渡をめぐり，譲渡人が譲受人に白紙委任状を交付した場合（東京地判昭 30・8・25 ジュリ 95 号 61 頁）などが挙げられる。これに対して，顧問料支払特約が付され，また，通常は相当期間の契約継続が予定される税理士顧問契約にあって，依頼者から継続的，定期的に支払われる顧問料が，税理士の事務所経営安定に資するとしても，同契約が受任者（税理士）の利益をも目的とする委任と位置づけられるわけではない（最判昭 58・9・20 判タ 513 号 151 頁）。不動産取引仲介契約や販売委託契約

〔一木〕　331

§*652* I 第3編 第2章 契 約

における事務処理そのものは，委任者の利益のためになされるのであり，仲
介または委託手数料の約束をもって受任者の利益とみることはできない（東
京地判昭43・2・27判時533号46頁，大阪地判昭47・9・22判タ288号332頁，大阪地
判昭55・11・28判タ440号133頁など）。

2 やむを得ない事由に基づく免責（ただし書）

相手方に不利な時期に解除する当事者や，受任者の利益をも目的とする委
任を解除する委任者は，やむを得ない事由があったときには，損害賠償責任
を免れる。やむを得ない事由の例として，受任者については，自身の疾病，
委任者の不誠実な行動（不徳の，または不信な行為〔我妻・中II 690頁，新版注民
(16)289頁〔明石〕〕），さらに，訴訟遂行をめぐる依頼者との意向の相違（東京
地判平24・8・9判タ1393号194頁，来栖546頁）がある。委任者にとっては，事
務処理が完全に不要になることが挙げられる（我妻・中II 690頁，新版注民(16)
289頁〔明石〕）。平成29年改正を経て，委任の任意解除が以前に比して承認
されやすくなれば，当事者間の利益／不利益を調整するものとして，損害賠
償の重要性が増すことになり，その限りにおいて，「やむを得ない事由」は，
従来のように解除の可否を決定する要因としてではなく，賠償（免責）の是
非を左右する要因として，慎重に考慮されることになるだろう。

〔一木孝之〕

（委任の解除の効力）
第652条 第620条の規定は，委任について準用する。

〔対照〕 DCFR IV. D.-6: 101・III.-1: 109

I 継続的契約としての委任と解除の将来効

(1) 本条は，賃貸借に関する620条を介して，委任の解除が将来に向かっ
てのみ発効することを明言する。したがって，継続的契約である委任の「解
除」とは，より正確には「解約告知（単に解約または告知ともいう）」である。

(2) 諸外国の法制上，本条および620条のように，解除の将来効を明記す
るものは見当たらない。もっとも，共通参照枠草案（DCFR）IV. D.-6: 101条

332 〔一木〕

第10節 委 任　　　　　　　　　　　　　　　　　§652 II

4項は，通知による委任の解消に関して，債務の一般通則である III.-1: 109
条を準用しており，同条3項によれば，解消は将来に向かってのみ効力を有
する（解消前に履行期が到来した債務の不履行を理由とする損害賠償請求権，または予
定賠償金支払請求権は影響を受けない）。旧民法財産取得編253条もまた，「廃罷」
が将来効のみ有し，それ以前に有効になされた事項を害しえない旨を規定し
ていた。本条の立法過程において，起草委員もまた，諸外国に類例がないの
は，それが当然のことであるためとし，遡及効を前提とする「解除」という
文言を委任でも用いる以上，本条の規定が必要であると説明している（法典
調査会民法議事〔近代立法資料4〕670頁〔富井政章〕）。

　(3) ところで，委任の解除は，債務不履行を理由とするもの（540条以下），
または当事者による任意解除権の行使によるもの（651条）に分かれるが，
いずれの場合においても本条が適用され，解除は将来に向かってのみ効力を
生じるかをめぐり，学説上の争いがある。すなわち，委任が債務不履行を根
拠に解除される場合にも，将来効のみ認める見解（加藤429頁，我妻・中 II 689
頁）に対して，全契約関係の消滅を意味する「解除」と，契約の終期を到来
せしめるにすぎない「解約」の違いに着目し，受任者による履行が全くない
まま，債務不履行を理由に委任が解除される場合の遡及効を認める見解が主
張されている（新版注民(16)290-291頁〔明石三郎〕）。この問題に関して，判例
は，後記のとおり，委任の任意解除の場合のみならず，債務不履行を理由と
する解除の場合にも，本条の適用を認める点で一貫している（→ II 2）。

　なお，委任解除の将来効が第三者に及ぼす効果については，新版注民(16)
292頁〔明石〕を参照。

II　委任解除の効果

1　継続的事務処理を目的とする委任の解除

　(1) 本条が定める委任解除の将来効に一切の例外が設けられていないこと
から，受任者が委任事務の一部を処理したか否かにかかわらず，解除は将来
に向かってのみ発効する。つまり，受任者による既履行部分は有効のままで
あり，残る未履行部分につき解除の効果が生じる。そのため，受任者の顛末
報告義務（→§645），受取物引渡義務（→§646）および私用金銭に関する利息

〔一木〕　333

§652 II   第3編　第2章　契　約

支払義務（→§647）が発生する。仲買人の不履行を理由に仲買契約が解除された場合において，委託者が交付した委託証拠金および損害金は，既履行部分における損失金弁償や費用支払に充当され，その後に残額があれば，遅滞なき返還が命じられることになる（大判大3・6・4民録20輯551頁。なお，その際に，利息の発生は，同金員を受領した日〔545条2項〕からではなく，解除の日からである〔大判大3・5・21民録20輯398頁〕）。

(2)　また，特別の事情が存しない限り，受任者は，解除前の委任事務処理につき，費用償還（650条1項）および約定報酬支払（648条・648条の2）を請求することができ（弁護士による出張旅費日当および謝金の支払請求に関する大判昭6・12・8新聞3351号16頁），解除前に受領した報酬を返還する必要はない（東京地判平23・12・19判タ1372号143頁，東京地判平26・12・24判時2266号70頁）。

(3)　もっとも，事務処理上の既履行部分と未履行部分が密接に結びついている場合には，未履行部分の解除により既履行部分の効力が失われることがありえる（取引所での定期取引における仲買人の買建〔既履行〕と売建〔未履行〕に関する大判大7・6・4民録24輯1089頁，大判昭2・3・4新聞2686号10頁）。

(4)　判例によれば，委任の解除の将来効からして，事務処理完了後の解除はできない（もっとも，大判大7・5・16民録24輯967頁はこの場合において，委任の意思表示が詐欺による場合には，事務完了後といえども96条の規定に基づき取り消すことができるという）。

2　単発的給付を目的とする委任の解除

委任の解除において遡及効が否定される理由が，契約から事務処理に至る一定期間中の事象を原状に復させることの困難に求められるとするならば，短期間の，とりわけ一回的給付を目指す委任の場合に，本条の適用は否定されるか。この問題に関して，一度の債権取立委任，売買の委任，不動産仲介など，委任が一時的契約関係にとどまる場合には，545条の適用を認めて契約解除の一般原則に基づく処理が妥当とする学説（水本346頁，新版注民(16)290頁〔明石三郎〕）もあるが，判例は，本条が「特定の株式の買付けのような継続性をもたない事務の処理を目的とする委任契約を委任者の債務不履行を理由にして解除する場合にも適用される」旨を判示している（最判昭57・3・4判タ470号121頁）。

〔一木孝之〕

第10節　委　任　　　　　　　　　　　　　　　　　　**§*653*** I

（委任の終了事由）
第653条　委任は，次に掲げる事由によって終了する。
　一　委任者又は受任者の死亡
　二　委任者又は受任者が破産手続開始の決定を受けたこと。
　三　受任者が後見開始の審判を受けたこと。

　　　〔対照〕　フ民2003，ド民672・673，ス債405 I，オ民1022-1024，DCFR IV.
　　　　　　　D.-7: 101・IV. D.-7: 102・IV. D.-7: 103
　　　〔改正〕　本条＝平11法149・平16法76改正

I　解除（解約告知）によらない委任の終了

1　当事者の属性消滅・変化と委任の終了

　本条は，委任の任意解除（651条・652条）とは別に，法定条件の成就を原
因とする委任の終了を定める。すなわち，当事者による契約の自発的な解消
と，当事者に生じた事情に基づく契約の自動的な消滅が区別されている。当
事者の意思に依拠しない委任の終了をもたらすものは，第1に，委任者また
は受任者の死亡，第2に委任者または受任者に関する破産手続開始決定，第
3に，受任者に関する後見開始審判である。委任当事者が債務不履行によら
ずして委任をいつでも解除可能であることの根拠が，特別な人的信頼関係の
破壊にあるとすれば（→§651 II 1），本条が定める委任終了の理由は，特別な
人的信頼関係の基礎をなした当事者の属性が消滅または変質した点に求めら
れよう（我妻・中II 695頁は，個人的な信頼関係から，受任者の事業を中心とした信頼
関係への移行が委任終了の是非に影響を及ぼす可能性を指摘する）。もっとも，後述す
るとおり，委任者死亡時の委任の終了については，立法過程における議論が
あり，さらに，実務上も，相続人との関係で，委任の存続が認められる場合
がある（→II 1(1)）。また，委任者の破産手続開始決定によって，直ちに受任
者がその地位を失うかという問題が，とりわけ会社と取締役の関係において
生じている（→III 1）。このように，委任事務の性質に注目し，あるいは反対
の特約の推定などから，本条の規定にもかかわらず，委任の当然終了を否定
する方向性が支持されうる。

〔一木〕　335

§653 I　　　　　　　　　　　　　　　　　　　　　　第3編　第2章　契　約

2　委任の終了をめぐる立法例

　比較法的には，委任の終了事由をめぐり，当事者による能動的な解約と，当事者に発生した属性の変化を包括的に位置づける代表例としてフランスがあり（「受任者の免職，委任の放棄，ならびに委任者または受任者の死亡，成年後見の開始，または破産」〔フ民2003条〕），これに対して，委任の終了を解除とは区別するかたちで規定する諸外国立法が散見される（ド民672条・673条，ス債405条1項，オ民1022条～1024条）。委任の終了に至る事情として，①受任者の死亡は万国共通であり（ド民673条は，「疑わしい場合において」との留保を付しつつ，撤回または告知以外の唯一の終了事由とする），②委任者の死亡が等置される場合が多い（フ民2003条，ス債405条1項，オ民1022条。これに対して，ド民672条は，疑わしい場合において委任者の死亡により委任は終了しない旨を明記する）。さらに，③委任者または受任者の行為能力喪失や成年後見の開始（フ民2003条，ス債405条1項。他方でド民672条は，疑わしい場合における委任者の行為能力喪失が委任を終了させないとする），ならびに④委任者または受任者の破産が加わる（フ民2003条，ス債405条1項，オ民1024条）。⑤当事者が法人である場合における法人の解散を挙げる立法例もある（オ民1023条）。もっとも，スイス債務法405条1項は，特約や事務の性質により，委任が終了しない旨の留保を付する。なお，ヨーロッパ共通参照枠草案（DCFR）は，不履行を理由としない解消通知と区別される委任の終了原因として，本人または別の受任者による目的の達成（IV.D.-7: 101条）および受任者の死亡（IV. D.-7: 103条）を挙げる反面，委任者の死亡による委任の自動終了を認めず，むしろ，特別かつ重大な理由がある場合における当事者の通知による解消（IV. D.-6: 103条〔委任者〕，IV. D.-6: 105条〔受任者〕）に結び付けている（IV. D.-7: 102条）。

3　本条立法の経緯

　(1)　旧民法財産取得編251条は，「代理＝委任」の終了事由として，代理の履行またはその不能，代理に付した期限の到来または条件の成就とは別に，委任者による「廃罷」，代理人による「拋棄」，委任者または代理人の死亡，破産，無資力もしくは禁治産，ならびに委任またはその受諾の原因となった資格の絶止を掲げ，形式面ではフランスを範としつつ，内容においてさらなる拡充を試みていた。

　(2)　しかしながら，本条審議過程では，委任の解除に相当する部分が分離

336　〔一木〕

第 10 節　委　任　　　　　　　　　　　　　　　　　　　　　§*653*　I

されたうえで，条文上の委任終了事由が，委任者または受任者の死亡および
破産，ならびに受任者の禁治産宣告へと整理されていく（その後，平成 11 年改
正により禁治産宣告が後見開始審判に，平成 16 年改正により破産が破産手続開始の決定
に改められるとともに，同年の民法現代語化に伴い，終了事由が各号へと振り分けられた
現行条文の体裁を獲得するに至った）。その際に，起草委員は，諸外国における商
法，ならびに（当時の）ドイツ民法第 1 草案が，委任者の死亡による委任の
不消滅を定める条文を置いている点を指摘し，本条所定の終了事由に委任者
の死亡を数えることに躊躇した旨を告白している。そのうえで，起草委員は，
民法と商法における相違を可能な限り避けるべきであり，終了による不利益
も考えられるが，民法上は当事者間の信用が大切であり，死亡はその基礎を
消滅させると説明する（法典調査会民法議事〔近代立法資料 4〕671 頁〔富井政章〕）。
また，委任者の死亡や受任者の禁治産と異なり，委任者の禁治産を終了事由
としなかった点をめぐっては，禁治産後の委任者に課される法律行為上の制
限の観点から疑義が付され，委任者の禁治産を委任の終了事由とする修正案
が出されたが，起草委員は，この場合における「信用主義」の後退を認めな
がらも，存続に向けた委任者の意思を推定し（法典調査会民法議事〔近代立法資
料 4〕672 頁〔富井〕），または，禁治産によって委任者から失われるのは行為
能力であり，受益上の権利能力ではないと説明しており（法典調査会民法議事
〔近代立法資料 4〕672-673 頁〔梅謙次郎〕），議論の結果，委任者の禁治産は委任
の終了事由に含められないことに決した。

　(3)　さらにその後，平成 29 年改正に際しては，本条 2 号を，(ア)有償委任
における委任者の破産に際し，受任者または破産管財人が委任を解除するこ
とができ，受任者は，履行割合に応じた報酬につき，破産財団の配当に加入
できること，(イ)受任者の破産開始手続開始時に，委任者または有償委任にお
ける破産管財人が委任を解除することができること，(ウ)以上の場合において，
契約解除により生じた損害の賠償請求は，破産管財人による解除の相手方に
おいてのみ認められ，同人は，同賠償につき破産財団に加入することに書き
改める中間試案が出されたが（中間試案（概要付き）179 頁），改正には至らな
かった。

〔一木〕　337

II　委任者または受任者の死亡（本条1号）

1　委任者の死亡

(1)　本条によれば，委任者の死亡をもって委任は終了するはずであるが（肯定例として，東京高判平22・2・16判タ1336号169頁），実際は，本条を任意規定と位置づけて，原則として委任終了とせず（新版注民(16)294頁〔明石三郎〕），相続人との関係で，契約が存続するものとして扱う傾向がある（釧路地判平13・12・18訟月49巻4号1334頁。石田（穣）362頁は，委任の内容の専属性を問題とし，相続人による委任内容の承継が妥当の場合には，委任が終了しないとする）。当事者の明確な合意が存在していない場合について，たとえば，株券記名者が株券に名義書換手続に関する白紙委任状を添付することは，善意の株券取得者に名義書換義務を負担させる意思表示にあたり，その効果は，記名者の死亡により失われることはないとされる（大判明42・4・13民録15輯342頁）。

(2)　(ア)　いわゆる親族間での家産管理委任をめぐる裁判例は，委任者の死亡による委任の終了を肯定するもの（東京高判昭40・9・22判タ184号161頁）と，否定するものに分かれる。後者ではたとえば，留守宅の管理を目的とする委任が長期間継続している場合に，受任者の身分上の地位（委任者の妹とその配偶者）に対する委任者の信任が重視され，当該委任は，委任者の死亡後，同人の相続人からの解約告知，たとえば管理家屋の引渡請求があってはじめて終了するとされる（東京高判昭24・11・9高民集2巻2号274頁。同判決を批判するものとして来栖557頁，我妻・中II 696-697頁）。

(イ)　学説上，委任の不終了を，委任者の任意解除権（651条）制限と結びつける見解がある。それによれば，委任事務処理が受任者にとっての経済的利益をも発生させる場合，雇用的色彩を帯びる委任において，受任者の身分保障が目的とされる場合，ならびに，社会的ないし客観的な独立目的を基礎とする委任の場合には，委任者の死亡をもって委任は終了しないという（我妻・中II 695-696頁，新版注民(16)294頁〔明石〕）。さらに進んで，（651条の適用が排除される場合など）ある一定類型の委任にあっては，不終了特約を一般的に推定するとの見解がある。すなわち，有償委任，一個の包括的契約関係の一部としての委任の場合には，当事者の死亡が当然に終了原因となるものではないという（広中294-295頁）。

第10節　委　任　　　　　　　　　　　　　　　　　　　　　　§*653*　II

(3)　関連して，幼児の養育委託契約をめぐり，委託者死亡時の不終了特約
が，当事者意思の推定を通じて認められている（死亡による契約終了主張に際し
ては，特別事情による特約不成立を証明しなければならないという〔大判昭5・5・15新
聞3127号13頁〕）。また，土地および建物をめぐり，未成年者の親権者が受任
者と締結した委託契約の当事者は未成年者本人であり，「親権者の死亡＝親
権の喪失」により契約は当然に終了しないとする裁判例がある（東京高判昭
36・12・9東高民時報12巻12号234頁は，委任者である未成年者が成年に達し，受任者
を信任できないと判断した場合の，651条に基づく解除可能性を示唆する）。

2　受任者の死亡

講の幹事が，自己の名で取引会員と準消費貸借契約を締結し，それに由来
する債権を取り立てることを委任された場合において，当該幹事の死亡をも
って委任は終了し，同人の相続人は，委任関係に基づく事務処理として，債
権を取り立てることができない（大判大6・12・15民録23輯2119頁など）。その
一方で，親族間の家産管理委任にあっては，委任者死亡の場合と同じく，受
任者の死亡後直ちに委任が終了せず，相続人による管理継続を通じた委任関
係の存続が認められている（東京高判昭32・5・30判タ71号58頁）。

3　死後の事務処理を目的とする委任と特約の存在

(1)　委任を締結するに際し，とりわけ委任者が，自身の死亡時以降の処理
を目的とすることは許されるか。最高裁判所は，当事者間で死後の事務処理
を含めて法律行為に関する委任が成立する場合においては，当然に，「委任
者……の死亡によつても……契約を終了させない旨の合意」が包含されると
している（最判平4・9・22金法1358号55頁）。それによれば，死後の事務処理
を目的とする委任は有効である。もっとも，諾成契約である死後事務委任の
成立を認め，委任者死亡後の受任者による事務処理を有効とする限りにおい
て，相続法上の遺言執行（1004条以下）との調整が問題となりうる。この点
に関して，死亡した委任者の意思を事務処理に反映させるために，死後事務
委任の範囲について，①委託された事務処理の内容が特定されていること，
②内容の実現が死亡した委任者の生前の社会的地位や相続財産に照らして相
当であること，③当該事務処理が委任者の死亡後比較的短期間で終了するも
のであることが要求されうる（黒田美亜紀「死後の事務における故人の意思の尊重
と相続法秩序」明治学院大学法学研究93号〔2012〕82頁）。

〔一木〕　339

§*653* Ⅲ   第3編　第2章　契　約

(2)　死後事務委任の特徴は，契約成立時の当事者である委任者の意思が，
同人死亡後の事務処理当事者と解される委任者の承継人（相続人）と受任者
を拘束しうる点に求められる。そうすると，委任者の生前の意思に合致する
かたちで事務を処理しようとする受任者が，委任者の承継人と対立する事態
が生じることがある。この場合において，第1に，死後事務の処理をめぐり，
受任者は，たとえば家産および祭祀の維持を目的とする委任に基づき，委任
者の存命中のみならず，同人の死亡後も，その預貯金を費消することができ
るが（東京高判平11・12・21判タ1037号175頁），預金の管理について善管注意
義務を負う（高松高判平22・8・30判時2106号52頁）。第2に，委任者の承継人
による死後事務委任の解除の可否に関して，契約内容の不明確や実現困難，
契約履行から生じる不合理などの特段の事情がない限り，承継人の解除に基
づく契約終了を許さない合意の存在を推定する裁判例がある（東京高判平21・
12・21判タ1328号134頁）。

Ⅲ　委任者または受任者の破産手続開始決定（本条2号）

1　委任者の破産手続開始決定

(1)　委任者の破産が委任を終了させることの理由として，受任者との間の
信頼関係の喪失よりもむしろ，破産を原因とする財産管理・処分権の喪失が
挙げられることがある（これに反する特約について，加藤432頁，我妻・中Ⅱ697頁
は否定する）。つまり，同権利はすべて破産管財人に移るため，受任者の委任
事務処理権限の存続は，破産管財人の権利行使の妨げとなるという。

(2)　(ア)　このような理解によれば，会社法330条（商法旧254条3項）を通
じて本条が参照される結果，会社が破産する場合において，取締役がその地
位を喪失することの可否が問題となりうる。財産の管理処分以外の事務に関
しては，取締役との間の委任関係は終了せず，受任者たる取締役の事務処理
継続を認める余地が生じるからである。この点をめぐる学説として，破産時
の前後処理を従前の取締役に継続させる旨を説くものがある（上柳克郎ほか編
集代表・新版注釈会社法(6)〔1987〕55頁〔今井潔〕，吉田健司〔判解〕最判解平16年
(上)〔2007〕385頁）。同説は，破産管財人の権限事項に属さない事務（各種申
立て，異議，抗告など）を行う機関が必要であること，会社の破産に関して，

340　〔一木〕

第 10 節　委　任　　　　　　　　　　　　　　　　　　　　　§*653*　III

受任者である取締役の責任を負うべきことなどを論拠としており（大隅健一郎・会社法の諸問題〔新版，1983〕359 頁以下，上柳ほか編集代表・前掲書 86-87 頁〔浜田道代〕），近時有力に主張されるに至った（これに対して斎藤秀夫ほか編・注解破産法(上)〔3 版，1998〕82-83 頁〔小室直人＝中殿政男〕は，破産後なお会社自身がなしうる行為に関する委任関係の存続を肯定しつつ，会社破産後に必要とされる代表機関を代表取締役とする点については，合理的根拠がないという）。

　(イ)　この問題について，最高裁判所は当初，「取締役は会社の破産により当然取締役の地位を失う」とし，同時破産決定を理由に，すでに委任関係が終了した従前の取締役が，商法旧 417 条（現会社法 478 条）1 項本文により当然に清算人となるものではないとしていた（最判昭 43・3・15 民集 22 巻 3 号 625 頁。なお，大阪高判平 11・9・30 判タ 1031 号 203 頁も参照）。しかしながらその後，最高裁判所は，「有限会社の破産宣告当時に取締役の地位にあった者は，破産宣告によっては取締役の地位を当然には失わず，社員総会の招集等の会社組織に係る行為等については，取締役としての権限を行使し得る」と判示し，財産の管理・処分以外の事務につき，委任の継続を認める考えを示した（前掲最判昭 43・3・15 とは「事案を異にする」とする最判平 16・6・10 民集 58 巻 5 号 1178 頁のほか，最判平 21・4・17 判タ 1297 号 124 頁を参照）。もっとも，会社破産後の取締役が財産管理処分権限を失うとの最高裁判所の見解は，現在に至るも維持されている（最決平 16・10・1 判タ 1168 号 130 頁）。

　(3)　以上のほか，個別事案としてはたとえば，学校法人と理事の関係は，委任ないし委任類似の関係であり，委任者である学校法人の破産宣告により，特段の事情がない限り，学校法人と理事の前記関係も本条に基づき終了する（東京地判昭 48・1・29 行集 24 巻 1＝2 号 11 頁）。債権者が債権回収のために，債務者に代わって手形金債権取立訴訟を提起したのちに債務者が破産する場合には，宣告当時に同手形金債権が存続していたとしても，債務者から債権者への取立委任は本条により消滅する（大阪地判昭 49・3・18 判タ 308 号 267 頁）。地方公務員が破産宣告後に退職する場合には，市町村共済組合との間の共済組合貸付金払込代行もまた終了する（東京高判平 13・5・24 判タ 1089 号 291 頁）。

2　受任者の破産手続開始決定

　会社と役員である代表取締役の関係は，委任に関する規定に従う（会社330 条，商旧 254 条 3 項）から，破産した取締役および代表取締役の退任が認め

〔一木〕　341

§653 IV, §654 I　　　　　　　　第3編　第2章　契　約

られる（この場合における役員登記事項に言及するものとして，名古屋高判昭61・8・20判タ626号202頁）。しかしながら，取締役または代表取締役に関しては，後見人の欠格事由として破産者を挙げる847条に相当する規定がないことを理由に，破産者がその後の株主総会で取締役および代表取締役に再任されることにつき，会社との間に新たな委任関係が発生したものとして，就任を適法とする裁判例がある（名古屋高決昭40・3・24高民集18巻2号184頁）。

IV　受任者の後見開始審判（本条3号）

受任者が精神上の障害により事理弁識能力を欠く常況に至り，後見開始審判を受けるときは，委任者の信頼の基礎となった受任者の事務処理能力が失われることを意味するから，委任が終了することになる（もっとも，加藤432頁，我妻・中II 697頁は，不終了特約について，実務上はともかく，理論上は妨げられないという）。これに対して，委任者の後見開始審判は，委任の終了事由ではない（→I 3(2)。なお，その際の事務処理について，後見制度に関する838条以下，ならびに任意後見契約に関する法律も参照）。

〔一木孝之〕

（委任の終了後の処分）
第654条　委任が終了した場合において，急迫の事情があるときは，受任者又はその相続人若しくは法定代理人は，委任者又はその相続人若しくは法定代理人が委任事務を処理することができるに至るまで，必要な処分をしなければならない。

〔対照〕フ民2010，ド民672・673，ス債405 II，オ民1025

I　委任の終了と当事者保護その1──暫定的処分

1　委任終了に伴う委任者の利益保護

委任が解除（651条）またはその他の理由（653条）により終了するとき，受任者側が即時に事務処理を中止する結果，委任者側にとっての不利な状況

342　〔一木〕

第10節　委　任　　　　　　　　　　　　　　　　　　§*654* I

が出来するという事態がありうる。本条は，そうした場合における委任者側を保護するために，受任者側の「必要な処分」を義務づける（本条が目指すのは，委任者の利益擁護であり，委任者および受任者を保護する655条とは目的を異にする。蓮田哲也「委任契約の終了と善処義務」伊藤進傘寿記念・現代私法規律の構造〔2017〕205頁以下も参照）。この場合の処分は，委任者側に事務処理が引き継がれるまでの暫定的なものであり，応急措置（善処）と位置づけられる。

2　善処義務をめぐる立法例

本条成立過程で参照された諸立法では，受任者の善処が必要な場面の設定が異なる。具体的には，一方で，当事者の死亡や無能力に限定するもの（フ民2010条〔受任者の死亡のみ〕，ド民672条〔委任者の死亡および行為無能力〕・673条〔受任者の死亡〕），他方で，撤回や告知の場合にまで広げ（オ民1025条。なお，1026条は終了の対第三者関係についての規律を含む），さらには委任の終了一般を想定するもの（ス債405条）に分かれる。また，委任者の利益が明言されるか（フ民2010条，ス債405条），延期と危険の結びつきが要求され（ド民672条・673条，オ民1025条），さらに，措置の暫定性に関して諸法は共通している。

3　本条の立法過程

本条に先行する旧民法財産取得編259条によれば，代理（＝委任）の終了（→§653 I 3）の際，代理人またはその相続人は，委任者またはその相続人が「既ニ生シタル利益」を自身で，または新たな代理人を通じて処理することができるようになるまで，処理を継続しなければならず（1項），さらに，受任者による解除（「拋棄」）の場合には，委任者からの解除（「廃罷」）の場合に比して，いっそう重い事務処理継続義務が課されていた（2項）。これを受けて，本条審議過程では，同条2項が削除される一方，「急迫ノ必要アルトキハ」という文言を付加する（のちに「急迫ノ事情アルトキハ」に修正）原案が示された。その際に，起草委員は，上述の比較法的傾向のうち，委任終了原因一般に広げたスイスの規定方式を高く評価した（法典調査会民法議事〔近代立法資料4〕681頁〔富井政章〕）。

4　事務処理の法的性質

委任終了後に「継続」される事務処理については，その法的性質をめぐる議論がある。本条の審議に際しては，原案中「引続キ」事務を処理するとされた点をめぐり，報酬支払の要否との関連で委任存続の是非が問題となり，

〔一木〕　　343

§654 II

第3編 第2章 契約

起草委員も，一方で，急迫の事情下ではなお委任が存続するものとみるもの（したがって，事務に対して報酬が支払われるという。法典調査会民法議事〔近代立法資料4〕682頁〔富井〕）と，他方で，委任はまさに終了し，以降は事務の引継ぎが行われるにすぎない（報酬支払は不要とされる。法典調査会民法議事〔近代立法資料4〕682頁・684頁〔梅謙次郎〕），あるいは，委任が終了したのちに法定の義務が履行される（法典調査会民法議事〔近代立法資料4〕683-684頁〔穂積陳重〕）として事務管理を想定するものに分かれていた。こうした委任存続説と事務管理説の対立は，その後も確認されたが（詳細につき，新版注民(16)298頁〔中川高男〕参照），現在は前者が有力となる一方で（我妻・中II 698頁，広中282頁），後者の主張はみられない（もっとも，顧客との自動振替委任契約に基づき，顧客の死後，銀行口座から所得税の引落しがあったことにつき，委任者死亡後の事務管理として有効とする裁判例がある〔東京地判平10・6・12金判1056号26頁〕）。

II　本条適用の要件

本条が定める受任者側の善処義務は，委任が終了したすべての場面で要求されるわけではなく，「急迫の事情」が存する場合に限られる（大阪高中間判昭37・10・1高民集15巻7号525頁は，営業主の廃業により終任した支配人に関して，残務整理のための一般的な代理権の存在を否定し，本条に基づく「急迫の場合における応急処分」と明確に区別する）。ここにいう急迫の事情とは，委任の終了に伴う事務処理の停滞によって委任者に損害発生の危険を生じさせるおそれがある場合を指す。例として，穀物取引の委託者が仲買人の取引一切を否認したために当該委託が終了した場合において，仲買人が行った建玉が，経済界の急変により委任者の損失を拡大させることが必至の情勢であるにもかかわらず，委任者が同建玉を放置していたという事態（東京地判昭38・4・19下民集14巻4号762頁）や，委任事務に属する委任者の権利が時効により消滅しようとしていること，ならびに，委任終了時に委任者が重病となり，自ら事務を処理しえないこと（新版注民(16)298頁〔中川高男〕）などが挙げられる。

344　〔一木〕

第10節　委　任　　　　　　　　　　　　　　　　　　§*654*　III

III　本条の効果

1　必要な処分

(1)　委任終了後の急迫な事情に応じて暫定的に求められるのは，「必要な処分」である。この処分が，延長された委任の枠内で行われると捉えられる限り，範囲および効果は，従前の契約内容に従う。したがって，受任者側の義務および権限（費用償還請求権および報酬請求権）も，当事者間の合意や委任規定に応じて決定される（我妻・中II 698頁，新版注民(16)299頁〔中川高男〕）。

(2)　善処の具体的な例として，穀物取引委託終了後，委託者が放置する建玉に関して，仲買人が反対売買により両建として手仕舞にすることが認められる（東京地判昭38・4・19下民集14巻4号762頁）。その一方で，後見終了後の後見人の財産管理権（874条）は，本条に規定する緊急処分等に限定されるとしたうえで，被後見人の遺産に含まれる預金債権を現金化して被後見人の相続人に交付することを，一般的な義務および権利，または本条に基づく緊急処分のいずれの観点からも是認しない裁判例がある（東京地判平22・12・28金法1948号119頁）。

(3)　以上に対し，民法の委任規定が妥当する社会福祉法人と理事の関係にあって，任期が終了した理事は，後任者が定まるまで事務処理を継続する義務を負い，ならびに理事としての権限を有するとされる（我妻・中II 698頁）。退任理事による後任理事の選任の可否が，本条の適用との関係で問題となる事案をめぐって，最高裁判所は当初，任期満了による退任理事の行った新理事選任行為を無効とする事例判断を下していた（最判昭61・11・4訟月33巻7号1981頁）が，その後，「仮理事の選任を待つことができないような急迫の事情があり，かつ，退任した理事と当該社会福祉法人との間の信頼関係が維持されていて，退任した理事に後任理事の選任をゆだねても選任の適正が損なわれるおそれがない場合には，……民法654条の趣旨に照らし，退任した理事は，後任理事の選任をすることができる」と判示するに至った（最判平18・7・10判タ1222号140頁）。

2　当事者関係の拡張可能性

本条は，委任の終了が解除（651条）を原因とする場合と，その他の法定条件（653条）が発生する場合のいずれにも適用される（解除の場合を包含する

〔一木〕　345

§655 I

第3編　第2章　契　約

点で655条とは異なる。→§655 II 1)。当事者による委任関係の意図的な解消である前者に対して，後者は，当事者の委任関係からの脱落を意味する。このうち，受任者が死亡し，または破産開始決定もしくは後見開始審判を受ける場合において，委任者のために，同人による委任事務処理が可能になるまで善処する義務は，受任者の相続人または法定代理人の負うところとなる。他方，委任者が死亡し，または破産開始決定を受ける場合において，受任者は，委任者の相続人または法定代理人のために，同人自ら委任事務を処理できるようになるまで，善処を義務づけられる。このように，委任者または受任者が離脱することで委任が終了する際には，応急措置の負担者および受益者の点で，一時的とはいえ，契約上の当事者関係の変容・拡張が必然的にもたらされることになる。

〔一木孝之〕

（委任の終了の対抗要件）

第655条　委任の終了事由は，これを相手方に通知したとき，又は相手方がこれを知っていたときでなければ，これをもってその相手方に対抗することができない。

〔対照〕　フ民2008，ド民674，ス債406
〔改正〕　本条＝平16法147改正

I　委任の終了と当事者保護その2——対抗要件

1　委任終了と対抗要件の具備

　委任の終了事由（653条）を相手方に対抗することについて，特定の場合を除き不可とする本条は，当事者保護に資する規定である。本条は，同時に，委任の終了事由を相手方に対抗しうる場合を，同人の認識可能性に関連づける。すなわち，終了事由が生じた当事者（側）からの通知を受け，またはその他の事情により自ら事情を知った相手方は，もはや不測の損害を被ることはないとの考慮が働くのである。

346　〔一木〕

第10節 委 任　　　　　　　　　　　　　　§655 II

2 委任終了の対抗をめぐる立法例

フランス民法2008条は，委任者の死亡その他の終了事由につき善意の受任者による行為を有効と定める。ドイツでは，委任が撤回以外のかたちで終了する場合には，受任者が終了を知り，または知りうべき時まで，委任は同人のために存続するものと擬制される（ド民674条）。スイス債務法406条によれば，受任者が委任の終了を知る前に処理した事務に基づき，委任者またはその相続人は，委任が依然として存続しているかのように義務を負うという。これら立法は，善意の受任者を保護するものであり，委任者の救済が予定されない点で共通する。また，終了原因として（委任者の）死亡が特に明示され，あるいは撤回（日本法にいう解除）の除外が明言される点が特徴的である。

3 本条立法の経緯

旧民法財産取得編257条は，当事者死亡の場合に，相続人の告知を義務づけていることを除けば，委任終了の原因が委任者と代理人のいずれにあるかを問わず，告知を受けるか，または確実に知ったときを除いて，当事者は互いに対抗不可としており，現在とほぼ同じ内容となっていた。本条審議過程では，旧民法の規定から死亡に関する告知の部分を削除した原案が示され，その際に，受任者のみを保護する外国立法とは異なり，当事者双方を平等に扱わねばならず，受任者死亡を通知しない相続人は，委任者に対抗することができないから，同人に発生した損害を賠償しなければならない一方で，自身の利益になること，たとえば報酬の請求はできないと説明された（法典調査会民法議事〔近代立法資料4〕688-689頁）。なお，2004年（平成16年）の民法現代語化に際し，当初本条に含まれていた「其委任者ニ出テタルト受任者ニ出テタルトヲ問ハス」との文言が削除されており，比較法的に見た際の本条の特殊性が看取しづらくなっている。

II 委任終了の対抗要件

1 相手方に通知すること

委任終了事由が生じた当事者（側）が，当該事由を相手方当事者に対抗する手段のひとつとして，同人に対する通知が挙げられている。通知の内容

〔一木〕　347

§655 III

（委任の終了事由）は，委任者の場合が死亡および破産手続開始決定，受任者の場合が死亡，破産手続開始決定および後見開始審判である（→§653）。通知との関連では，委任の解除もまた，相手方に対する意思表示によってなされることを踏まえ，本条を解除の場合にも適用するかが問題となりうる。この点について，本条起草者は，通知をめぐる重複を肯定していたが（法典調査会民法議事〔近代立法資料4〕689頁〔富井政章〕），本条が解除以外の終了事由に関する通知の必要性を定めたものと理解する見解が有力に主張されている（加藤433頁，潮見268頁，我妻・中Ⅱ699頁，新版注民(16)300頁〔中川高男〕）。

2 相手方が知っていたこと

委任終了の効力を相手方の認識可能性に関連づける以上，委任者または受任者が，通知によらずして相手方に上記事由が生じたことを知っている場合がありうる。換言すれば，通知なくして委任の終了を対抗したい当事者（側）は，相手方当事者の確知事実を証明する責任を負う。

Ⅲ 委任終了事由の対抗／不対抗

1 終了の不対抗

委任終了事由が生じた当事者（側）は，相手方当事者の認識可能性がない限り，委任の終了を対抗しえない。委任者に終了事由が発生する場合には，同人（側）は，その間の受任者による事務処理に関連して費用の償還，債務の代弁済および損害の賠償を行い（650条），合意された報酬の支払を拒むことができず（648条・648条の2），終了を前提とする顛末報告（645条）や受取物引渡し（646条）を求めることができない。受任者の終了事由をめぐって，同人（側）は，善管注意義務（644条）ほか上記諸義務を免れることはできず，不履行による損害を賠償すべきことになる（新版注民(16)301頁〔中川高男〕は，その間の委任事務処理継続にかかわる受任者の責任追及につき，委任者の選択に委ねる）。この場合における受任者の事務処理義務は，654条が定める終了後処分（→§654）に接近する（我妻・中Ⅱ699頁は，654条との対比における本条の意義を，急迫の事情をまたない処理の必要性に求める）。

2 終了の対抗

委任終了事由が生じた当事者（側）が相手方当事者に通知し，または相手

第10節　委　任　§ *656* I

方当事者が当該事由を知っていた場合には，委任終了の効力が発生する。その結果として，終了事由が発生した委任者（側）は，受任者の事務処理にかかわる自身の債務や責任を免れる一方で，同人に対し，終了後の顛末報告や受取物引渡義務の履行を求めることができる。受任者に終了事由が発生した場合において，同人（側）による以後の事務処理は，急迫の事情があるときに限定される（654条）。委任の中途終了は，有償委任における報酬の一部支払原因となりうるから（648条3項2号。なお，648条の2第2項も参照），その限りで，終了の対抗力は重要である（→§648 III 3，§648の2 II 3(2)）。

〔一木孝之〕

（準委任）

第656条　この節の規定は，法律行為でない事務の委託について準用する。

〔対照〕　ス債394

細　目　次

I　本条の趣旨 ……………………………349
　1　起草時の理解……………………………349
　2　役務提供契約の受け皿規定化…………350
II　（裁）判例の展開……………………350
　1　「法律行為でない事務の委託」…………350
　　(1)　準委任肯定例 ………………………350
　　(2)　準委任否定例 ………………………353
　2　裁判例における準委任という法性決定の意義と機能………………………353
　　(1)　委任の或る規定の適用要件としての準委任性の肯定 …………………354

　　(2)　準委任性判断の(1)とは異なる機能 ………………………………………355
　　(3)　具体的契約の合理的解釈の出発点としての準委任性肯定判断 …………356
　　(4)　準委任の否定例 …………………357
III　役務提供契約の受け皿規定化への批判と立法提案 ………………………359
　1　受け皿規定化への批判 ………………359
　2　準委任の対象を限定する立法提案とその帰趨………………………………360
　3　今後の課題………………………………361

I　本条の趣旨

1　起草時の理解

民法は，643条で，委任を当事者の一方が相手方に法律行為を委託し，相手方がこれを承諾する契約と定義し，この委任につき644条から655条の規

〔山本〕　　349

§656 II 　　　　　　　　　　　　　第3編　第2章　契　約

定を定めたうえで，これらの規定を本条により，法律行為でない事務の委託（準委任）に準用している。このような規定方式は，当初，雇用（高級労務を提供する契約も含むとされた）との境界を明確にするために，委任の目的を法律行為の委託に限定することにしたものの，その後，その方針を改め，法律行為以外の事務の委託にも委任の規定を準用することにしたという経緯に由来する。

　このような方針転換の理由は，「ドウモ其後段々考ヘテ見マスト法律行為デナイコトニモ委任ノ規定ガ一般ニ当嵌マラナケレバナラヌ」（法典調査会整理会議事〔近代立法資料14〕306頁〔富井政章〕）というものであったが，こうなると，雇用と委任の境界がふたたび曖昧になるという問題が生ずることになった（→役務提供契約総論III 3 (1)）。

2　役務提供契約の受け皿規定化

　こうした問題に対し，戦後に支配的になった学説は，雇用と準委任とを従属労働性の有無を指標として区別することによって対処しようとした。そして，この見解は，準委任を含む委任を「一定の事務を処理するための統一的な労務を目的とする」ものとし，他人の事務を処理する法律関係の通則ともいうべきものとして捉えることを提唱し（我妻・中II 532頁・539頁以下・666頁以下。なお，この見解が「他人の事務」という場合の「他人」とは，受任者以外の者，すなわち委任者や第三者を広く包含することに注意が必要である〔我妻・中II 657頁〕），その後の学説により広く受容されることになった（新版注民(16)2頁以下〔幾代通〕。→役務提供契約総論III 3 (3)）。

II　（裁）判例の展開

1　「法律行為でない事務の委託」

(1)　準委任肯定例

　こうした学説の展開とも歩調を合わせつつ，裁判実務は，多種多様な契約において「法律行為でない事務の委託」（準委任）がされていると認めて事案の解決に当たっている。その有様は，本条の注釈に先立つ643条から655条の注釈において，一目瞭然であろう。そこで委任に関する裁判例として紹介されているのは，その大多数が，法律行為の委託を目的とする委任ではなく，

350　〔山本〕

第10節　委任　　　　　　　　　　　　　　　　　　　　　　§*656*　II

準委任に関するものなのである（644 条から 655 条までの規定の準委任への適用の
具体的あり方に関しては，それら諸規定の注釈に委ね，本条の注釈においては，主として
裁判例を手掛かりに，どのような契約が準委任と法性決定されているか，また準委任と法
性決定されることはどのような意義や機能を有しているかの点を中心に叙述することとす
る）。

　最上級審判決においては，古くは，①弁護士と依頼人の間の訴訟事務処理
契約（大判大 7・6・15 民録 24 輯 1126 頁），②産業組合と理事の間の法律関係
（大判昭 13・2・8 民集 17 巻 100 頁。ただし「民法ノ委任ニ準スヘキ法律関係」という），
③恩給や年金の代理受領または取立委任契約（債務者が債権者に恩給・年金の取
立てを委託した事例に関する@大判明 36・1・23 民録 9 輯 53 頁，ⓑ大判大 4・5・12 民録
21 輯 687 頁，ⓒ大判昭 7・3・25 民集 11 巻 464 頁や債権者 A が債務者 B に A の第三者 C
に対する債権の取立てを委託した事例に関するⓓ大判大 9・4・24 民録 26 輯 562 頁），④
学校経営者と校長との間の契約（大判昭 14・4・12 民集 18 巻 397 頁）などが，準
委任事例として登場していた。

　戦後になると，⑤弁護士と依頼人の間の債務整理関連事務処理契約（最判
平 25・4・16 民集 67 巻 4 号 1049 頁），⑥司法書士と依頼人との間の登記手続受託
契約（最判昭 53・7・10 民集 32 巻 5 号 868 頁），⑦税理士が顧問先企業の税務代
理・財務書類作成・会計帳簿記帳等を行う旨の税理士顧問契約（最判昭 58・
9・20 判タ 513 号 151 頁），⑧銀行と手形買戻人との間の不渡届消印手続受託契
約（最判昭 54・5・29 判時 933 号 128 頁），⑨約束手形割引委託契約（最判昭 47・
12・22 民集 26 巻 10 号 1991 頁），⑩別荘地開発造成企業と別荘地取得者との間
の別荘地管理契約（最判昭 56・2・5 判タ 436 号 121 頁。ただし，問題の契約を準委任
であるとして，事案の事情に基づき受任者からの任意解除を否定した原審判決の結論を簡
単に是認しただけのもの），⑪保証金利用許諾付賃貸アパート管理契約（管理委託
者が賃貸借の保証金を受託者に事業資金として自由に利用することを許す代わりに，受託
者がアパート賃貸に関する事務を無償で行うほか，保証金の利息を支払うという内容のも
の。最判昭 56・1・19 民集 35 巻 1 号 1 頁），⑫不動産売買仲介契約（最判昭 43・9・
3 裁判集民 92 号 169 頁），⑬資産・負債処理委託契約（最判昭 40・12・17 裁判集民
81 号 561 頁），⑭債務者たる企業が再建を図るため債権者側の代表者に経営一
切を委託する契約（最判昭 43・9・20 判タ 227 号 147 頁），⑮社会福祉法人と理事
との法律関係（最判平 18・7・10 判タ 1222 号 140 頁），⑯コンビニエンス・スト

§656 II　　　　　　　　　　　　　　　　　　　第3編　第2章　契　約

アのフランチャイズ契約（加盟店基本契約）中の支払委託の法律関係（フランチャイジーがフランチャイザーの提供する発注システムによって商品を仕入れる場合，その代金の支払に関する事務をフランチャイジーがフランチャイザーに委託するという内容のもの。最判平20・7・4判タ1285号69頁），⑰証券会社と外務員間の外務員契約（最判昭36・5・25民集15巻5号1322頁）などに関し，準委任であることを前提とした判断が下されている。

　これらにさらに下級審裁判例を加えるならば，ほとんど枚挙に暇がないといってよいほどであり，医療機関と患者またはその家族との間の診療契約（医療機関に645条の顛末報告義務を課す文脈で準委任性に言及するものとして東京高判平16・9・30判時1880号72頁など。なお，診療契約上の債務不履行に基づく損害賠償請求に関する多くの裁判例は，契約各則上の規定の適用が問題となるわけではないためか，単に診療契約といい，その法性決定には立ち入らないのが大勢であるが，例外的に準委任である旨説示するものとして，東京地判昭46・4・14下民集22巻3＝4号372頁，大阪高判昭47・11・29判時697号55頁など），所有者である兄が，教職のため郷里を遠く離れ，その間係争の田畑のほか，宅地建物を実弟に預けておいた法律関係（東京高判昭40・9・22判タ184号161頁），児童の保護者らと社会福祉法人との間の児童保育契約（松江地益田支決昭50・9・6判時805号96頁），新商品の試作供給契約（東京高判昭57・11・29判タ489号62頁），建築工事の設計監理契約ないし監理業務契約（福岡高判昭61・10・1判タ638号183頁，東京地判平4・12・21判タ843号221頁），コマーシャル放送契約（高松地判平5・2・16判時1490号118頁。準委任契約あるいは，準委任契約類似の無名契約とする），振込依頼人と仕向銀行との間の入金依頼契約（東京地判平5・3・5判時1508号132頁），建築に関する設計図作成契約（京都地判平5・9・27判タ865号220頁），大学食堂業務委託契約（東京地判平7・2・17判タ891号146頁），コンサルティング契約（東京高判平9・3・5 LEX/DB25109038，東京地判平22・9・21判タ1349号136頁），生命保険の被保険者と保険会社外務員との間の保険を維持管理する旨の契約（東京地判平9・12・22判時1662号109頁），エレベーター保守管理契約（東京地判平15・5・21判時1840号26頁），進学塾の冬期講習受講契約および年間模試受験契約（東京地判平15・11・10判タ1164号153頁），興信所の調査契約（東京地判平16・2・16判時1870号67頁），化粧品製造販売会社と医学部教授との間の研究委託契約（東京地判平21・12・21判時2074号81頁），僧侶の葬儀永代供養等受託契約（東

352　〔山本〕

第10節　委　任　　　　　　　　　　　　　　　　　　　§656　II

京高判平 21・12・21 判タ 1328 号 134 頁），ゴルフ場におけるレストラン運営契約（福岡高判平 24・4・10 判タ 1383 号 335 頁），ソフトウェア開発契約の対象である新基幹システムを導入するための導入支援契約（東京地判平 25・5・28 判タ 1416 号 234 頁）などが，準委任の性質を有すると判示されている。

　また，当事者の契約関係の一部ないし一側面が準委任であるとされる例として，国が行政財産である庁舎を共済組合に無償で貸し，共済組合が，業者に右庁舎のうち食堂部分を使用して，食堂および喫茶店を経営することを委託する場合の共済組合と業者との間の契約（準委任と食堂部分の無償の使用許諾との結合した特殊の法律関係。大阪地判昭 57・2・17 判タ 474 号 185 頁），高速道路における売店営業の委託契約（商品販売業務委託の準委任と建物賃貸借の混合契約。名古屋高判昭 58・11・16 判タ 519 号 152 頁），ゴルフ場の開発に関する設計許認可業務委託契約（準委任と請負の集合体。東京地判平 6・11・18 判時 1545 号 69 頁），介護付有料老人ホームの入居利用契約（主として賃貸借契約および準委任契約の性質を併せ持つ複合的な一個の無名契約。横浜地判平 26・12・25 判時 2271 号 94 頁），芸能プロダクションと舞台制作会社との間の舞台出演契約（請負と準委任の側面を併有。東京地判平 28・1・25 判タ 1427 号 205 頁）などを挙げることができる。

　以上のように（裁）判例をごく簡単に概観するだけでも，実に多彩な契約が準委任契約であるとされており，準委任が役務提供契約の受け皿として機能している様子を見て取ることができる。

(2)　準委任否定例

　他方，問題の契約が準委任であるとはされなかった事例（最上級審判決に絞る）として，その意味合いを異にするものの（→2(3)(4)），⑱大学在学契約（ⓐ最判平 18・11・27 民集 60 巻 9 号 3437 頁，ⓑ最判平 18・11・27 民集 60 巻 9 号 3597 頁，ⓒ最判平 18・11・27 民集 60 巻 9 号 3732 頁など）と⑲駐車場専用使用権の分譲に関するマンション分譲業者と区分所有者との間の法律関係（ⓐ最判平 10・10・22 民集 52 巻 7 号 1555 頁，ⓑ最判平 10・10・30 判タ 991 号 125 頁）がある。

2　裁判例における準委任という法性決定の意義と機能

　1 で見たように，それぞれの事案で問題となった契約や法律関係の性質を準委任であると判示したり，「委任」・「委任者」・「受任者」・「委任事務」等の表現を使用し，契約の（準）委任性を前提としていると目される判決は数多いが，それら裁判例において準委任という法性決定が有している意義や果

〔山本〕　353

§656 II   第3編　第2章　契　約

たしている機能は，以下に述べるとおり一様ではないように思われる。

(1)　委任のある規定の適用要件としての準委任性の肯定

　大多数の判決は，当該の事案において問題となっている法律規定，すなわち準委任でいえば，644条から655条までの中のある規定の適用の可否を決定するために，契約の準委任性に関する判断（前述のように，判文中で明示的に準委任であると説示する場合もあれば，「委任」・「委任者」・「受任者」・「委任事務」等の表現を使用することを通じて，間接的に準委任性を示す場合もある）を行っていると見ることができる。

　1で挙げたもののうち最上級審判決についてのみ具体的にこれを見ると，644条の適用の前提として②⑤⑥（⑧は委任を不成立とした原審を覆し，差戻審における644条の適用への道を開いたものである）が，650条2項前段と関係する解釈準則（委任者は，受任者の650条2項前段に基づく代弁済請求権を受働債権とし，委任者の受任者に対する金銭債権を自働債権として相殺することはできない）を示す前提として⑨が，654条（の趣旨）の適用の前提として⑮が，それぞれ当該事案で問題となる契約の準委任性に関する判断を行っている。①は，弁護士が業務上訴訟委任を受けて処理した場合に請求できる報酬額の定め方について判示したもので，648条1項に関わる。また，③⑦⑩⑪⑫⑬⑭（これらの多くは，委任者からの任意解除の可否が問題となった事案。ただし，⑩は受任者からの任意解除が問題となり否定した判決，また，⑬⑭は任意解除ではなく「やむをえない事由」による解除を認めた判決という点で，やや異質である）は，平成29年改正前651条の適用および「双方利益委任」に関する任意解除制限準則や「解除権放棄特約」・「解除権放棄事情」に関する準則（これらの準則についての詳細は→§651 II 2）の展開の前提として，やはり当該契約の準委任性を前提にしているものといいうる。双方利益委任については，民法上の（準）委任に位置づけるのではなく，「民法の委任とは異る類型の契約」（川島武宜〔判批〕判民昭和14年度〔1941〕92頁）ないし「委任類似ノ一種ノ不典型契約」（曄道文芸〔判批〕京都法学会雑誌11巻7号〔1915〕1036頁）と捉える立場もありうるところ，これらの諸判決は，そうした立場には立たず，（準）委任に該当することを前提としているということができる。

　法文が「委任」・「委任者」・「受任者」・「委任事務」等の要件を定める場合に事案がその要件を充足する旨を判断するという法適用の手順は，法的三段

第10節 委 任　　　　　　　　　　　　　　　　　§*656* Ⅱ

論法における包摂の一態様といえるもので，特別のものではない（森田修「フランスにおける『契約の法性決定』(1)・(5)」法協131巻12号〔2014〕2420頁以下，132巻11号〔2015〕2010頁は，こうした解釈作業を「広義の『契約の法性決定』」と呼び，ある契約類型についてひとまとまりの契約規範が用意されており，問題の規定もその規範群を形成するものとして適用されるという硬質の思考枠組みを前提とする「狭義の『契約の法性決定』」と対置させる）。また，判文中で明示的に準委任該当性が判示される場合も，それらの諸判決における準委任との法性決定（これらの判断は，各判決の理由中で述べられた法律論であるので，それ自体が当然に「判例」を構成するものでないことは，ひとまず措くとして）が，こうした意味を超えて，当該事案で問題とならなかった規定も含む，委任の全規定が当該契約に適用されるとの判断までをも含むのかは，断定の限りではない。諸判決は，判文中で，当該事件で問題となっていない他の規定の適用につき言及することはしないのが通常だからである。そもそも，個別事案の解決を旨とする判決の役割からいって，そのような判断を求めるとしたら，ないものねだりになるであろう。

(2) 準委任性判断の(1)とは異なる機能

　前記の諸判決の中には，委任のある規定の適用の可否を決定するために，準委任性の判断がされているとはいえないものがある。

　その一つは，⑰である。⑰が証券会社と外務員間の外務員契約を準委任であるとしたのは，644条から655条までの中のある規定の適用を導くためではなく，雇用であることを否定して，労働基準法20条の不適用を導くためであった。もっとも，結論としては，雇用に関する627条による解除を認め，外務員から証券会社に対する株式等売買の委託受理請求を棄却した原審判決に対する上告が斥けられた（雇用の規定を適用した原審判決が維持される結果となった）。

　今一つは，④である。同判決は，原審が，学校経営者と校長との間の契約を雇用に当たるとして，「已ムコトヲ得サル事由」による解除（628条）を認めたのを，上告理由が「一種独立ノ無名契約ナルニ不拘原判決ハ之ヲ直チニ民法上ノ雇傭契約ヲ以テ断シタルハ法則ヲ不当ニ適用シタルモノ」と論難したのを受けて，本件契約を無名契約でも雇用でもなく，準委任に当たると判断し，なおかつ「已ムコトヲ得サル事由」による解除を認めたものである。これは，628条の定める解除が契約類型を超えた射程を有することを前提と

〔山本〕　　355

§656 II
第3編 第2章 契 約

した判断といいうるが，④における準委任との判断は，当該事案において直接には適用が問題となっていない規定をも視野に入れて行われている可能性もあり（628条の適用を基礎づけるためだけなら，雇用といっておいても足りるところである），やや異色ではある。

(3) 具体的契約の合理的解釈の出発点としての準委任性肯定判断

この関連で⑯における準委任の法性決定を含む判断方法も興味深いものがある。同判決は，オープンアカウント方式（開業日から基本契約に基づくフランチャイジーとフランチャイザーとの間の一切の債権債務の清算に至るまでの間の貸借の内容・経過および加盟店の義務に属する負担を逐次記帳して明らかにし，一括して借方，貸方の各科目を差引計算する継続的計算関係をいう）を採用するコンビニエンス・ストアのフランチャイザーがフランチャイジーに代わって支払った商品仕入代金の具体的な支払内容につきフランチャイジーに報告する義務を負うとしたものであるが，結論を導くにあたり，次のように論理を展開した。(a)まず，基本契約の中から，仕入商品の代金支払をフランチャイジーがフランチャイザーに委託するという法律関係を析出し，これを準委任に当たると法性決定し（このことにより，645条の適用というデフォルト値を設定し），(b)本件支払委託には，委任費用の前払義務（649条），利息償還請求権（650条），報酬請求権（商512条）が存しないという，通常の準委任とは異なる特性（「本件特性」）があるとし，(c)フランチャイジーが仕入代金の支払の具体的内容を知りたいと考えるのは当然であり，フランチャイザーが具体的支払内容をフランチャイジーに報告することに大きな困難があるともいえないから，民法の規定する受任者の報告義務が認められない理由はなく，本件基本契約の合理的解釈としては，本件特性があるためにフランチャイザーは本件報告をする義務を負わないものと解されない限り，報告義務を「免れない」とし，(d)本件特性は，通常の準委任よりフランチャイザーに不利益なものであるが，オープンアカウントによる決済に伴う結果であり，フランチャイザーは，この決済方式により，加盟店や売上げの増大を図り，売上利益に応じた対価取得という利益を取得しうるのであるから，本件特性のゆえに報告義務を負わないものと解することはできないと論理をつなぎ，(e)フランチャイザーは，本件基本契約に基づき，フランチャイジーの求めに応じて本件報告をする義務を負うという結論に至ったのである。

356　〔山本〕

第10節　委　任　　　　　　　　　　　　　　　　　§*656*　II

　同様の結論を導くためには，他に，(A)フランチャイズ契約を全体として独自の契約類型ととらえつつ（準委任という法定類型へ依拠することなく），本件基本契約によって形成されている当事者間の権利義務関係の分析（システム提供との関係での対価の透明性の確保の観点や仕入れ先の選択可能性の実質的な確保の観点）から，直截に本件報告義務を認める手法（沖野眞已〔判批〕判タ1298号〔2009〕51頁）や(B)法性決定を前提とせずに，問題となる契約が法定類型の規定（ここでは645条）の前提としている事実に一致するという理由から，当該規定の適用ないし類推適用を認める手法（来栖739頁）もありうるところである。

　しかしながら，本判決はそのいずれの手法にもよらず，契約中の支払委託の法律関係を切り取って準委任と法性決定し，645条の適用を原則的出発点に据え，具体的契約を合理的に解釈してその適用を排除する趣旨が含まれているか否かを問う方法を選択した。そのような意味において，本判決も法定類型への当てはめを法適用の出発点としている。さらに，合理的「解釈」の名の下で，実質的内容規制と近接するとも見うる作業を行っていることが，本判決の特色である（山本豊〔判批〕リマークス40号〔2010〕44頁以下）。

(4)　準委任の否定例

　以上に対し，問題となる契約が準委任であることを否定した判決もある。

　⑱ⓐⓑⓒは，著名な大学学納金返還請求訴訟（大学合格後入学を辞退した受験生が，学納金不返還条項は消費者契約法9条1号・10条および民法90条に基づき無効であると主張して，前納した入学金および授業料等の返還を求めた訴訟）の判決であるが，事案処理の前提として，大学在学契約の法的性質につき，「有償双務契約としての性質を有する私法上の無名契約」であると判示している。ⓑの原審である大阪高裁平成17年4月22日判決（民集60巻9号3698頁）は，在学契約を「学生が大学に対して教育役務の提供という事務を委託するという準委任契約の性質を主たる内容とする契約」と解し，ⓒの原審である大阪高裁平成16年9月10日判決（民集60巻9号3810頁）は，「準委任契約類似の無名契約」と解して，平成29年改正前651条ないしその類推による学生（委任者）からの解除を認める判断をしていた（ⓐの原審である東京高判平17・3・10民集60巻9号3514頁は「私法上の特殊な無名契約」とし，平成29年改正前651条1項の適用・類推適用はできないが，学生が「教育を受ける意思を有しないにもかかわらず，在学契約を強いて存続させることは無意味であり，相当でない」という理由から，学生から

〔山本〕　　357

§656 II　　　　　　　　　　　　　　　　　　第3編　第2章　契約

の解除を認めた）から，これらの最高裁判決は，大学在学契約の準委任性を否
定したものということになる。

　裁判所は，取立委任やコンビニエンス・ストアのフランチャイズ契約の事
案では，無名契約として問題解決をするアプローチにはむしろ慎重であった
が，大学在学契約において無名契約と判断したのは，いかなる理由によるも
のであろうか。そのような判断を基礎づける理由として，前記最高裁判決は，
在学契約が複合的な要素を有するものであることと，大学の目的や大学の公
共性（教育基本法6条1項）等から，教育法規や教育の理念によって規律され
ることが予定されており，取引法の原理にはなじまない側面も有しているこ
とを挙げている。前者の複合的要素というのは，大学が学生に対して，講義，
実習および実験等の教育活動を実施するという方法で，上記の目的にかなっ
た教育役務を提供するとともに，これに必要な教育施設等を利用させる義務
を負い，他方，学生が大学に対して，これらに対する対価を支払う義務を負
うことを中核的な要素としつつも，教育役務の提供等は，各大学の教育理念
や教育方針の下に，その人的物的教育設備を用いて，学生との信頼関係を基
礎として継続的，集団的に行われるものであって，在学契約は，学生が，部
分社会を形成する組織体である大学の構成員としての学生の身分，地位を取
得，保持し，大学の包括的な指導，規律に服するという要素も有しているこ
とを指している。

　ここから分かるように，最高裁は，在学契約の法的性質を準委任と解する
と，651条1項が適用され，受任者（大学）からの任意解除も肯認せざるを
えなくなって不都合だから準委任とは認めないといった類の議論を展開して
いるわけではない（平成29年改正前651条1項に依拠して学生からの解除を認めた2
つの原審判決も，傍論ながら大学からの任意解除は在学契約の特質を理由に否定してい
る）。法定典型契約類型の定めるある規定の適用が否定されることにより，
当該法定類型への当てはめが当然に否定されるか（具体的問題場面に即していえ
ば，受任者からの任意解除は，契約の準委任性にとりどれだけ本質的か，たとえば，受任
者からの任意解除を排除した訴訟代理契約は，準委任でなくなるのか）は，それ自体
より詳細な論証を要する問題であろう。

　これに対し，（準委任）契約がそもそも成立したか否かに関する判断を示し
たのが，⑲ⓐⓑである。マンション分譲業者が，マンションの分譲に伴い，

358　〔山本〕

第 10 節　委　任　　　　　　　　　　　　　　§*656*　Ⅲ

区分所有者の共有となるべきマンション敷地の一部に駐車場を設け，マンシ
ョン購入者のうち駐車場の使用を希望する者に対して右駐車場の専用使用権
を分譲し，その対価を受領した場合において，分譲業者が営利の目的に基づ
き自己の利益のために専用使用権を分譲したものであり，専用使用権の分譲
を受けた区分所有者もこれと同様の認識を有していたなど判示の事情の下に
おいては，分譲業者が区分所有者全員の委任に基づきその受任者として専用
使用権の分譲を行ったと解することはできず，右対価は，専用使用権分譲契
約における合意の内容に従って分譲業者に帰属すべきものとした判決である。
⑱ⓐⓑⓒは，当事者間に役務提供に関する契約が成立していることを前提に，
当該契約が準委任と法性決定できるかどうかを判断したものであるのに対し，
⑲ⓐⓑは，当事者間に役務提供の合意があったとはいえないとした判決であ
り，同じく準委任（性）が否定されたといっても，扱っている問題の次元が
異なることに注意が必要である。

Ⅲ　役務提供契約の受け皿規定化への批判と立法提案

1　受け皿規定化への批判

Ⅱで見たように，準委任という契約カテゴリーは，今日では，雇用・請
負・寄託など他の契約類型に属しない広範な役務提供契約一般の受け皿とし
て機能している実情がある。

しかし，このような現状に対して，そのような契約の中には委任の規定を
適用することが不適切なものが存在すると指摘され，こうした問題意識は，
今次の民法（債権関係）改正の機運に乗って，656 条の守備範囲を制限すべき
である旨の立法提案へと展開していった。準委任を受任者が委任者に代わっ
て対外的な事務（法律行為でないもの）を処理することを委託する場合に限定
すべきであるとの「債権法改正の基本方針」（検討委員会試案）の提案がそれ
である（【3.2.10.02】〔基本方針 370 頁〕）。これは，改正前民法の起草者が依頼者
に代わって病人を見舞ったり，葬儀に出席する契約を準委任の例として挙げ
ていた（法典調査会整理会議事〔近代立法資料 14〕306 頁〔富井政章〕）ことを援用し
て，準委任を改正前民法の起草者が本来予定していた範囲に限定するもので
あると説明された（詳解Ⅴ 91 頁）。これによれば，（裁）判例の一般的傾向と

〔山本〕　　359

§*656* **III**   第3編 第2章 契 約

は異なって，役務（委任者の対外的な事務処理を行う内容のものを除く）を提供する契約は，準委任の外に押し出されることになるが，そうした契約のためには役務提供契約のための一般規定を別途用意して対応すべきこととされた。
（→役務提供契約総論Ⅳ）

2　準委任の対象を限定する立法提案とその帰趨

このように準委任の限定の提案は，役務提供契約のための一般規定創出の提案と連携する形で構想されたものであるが，部会での審議の過程で，後者が断念された後も，前者の提案を実現することが，なおしばらくは追求された。

すなわち，従来は準委任と扱われていたもののうち，委任の規定を全て準用するのが適切と考えられる類型については引き続き656条の規律を維持することとする一方，委任の規定を全面的に準用するのが適当でないと考えられる類型を抽出し，一部の規律の準用を否定すべきである（準用を否定されない残部の規律には，引き続き役務提供契約の受け皿規定としての役割を認める）旨，方針を立て直したうえで，①委任の規定を全面的に準用するのが適当でないと考えられる類型を切り分ける基準，②当該類型において準用が排除されるべき規定，③当該類型の契約の終了に関する規律の論点につき，検討が深められた。

①については，まず，1で述べた限定案（すなわち，準委任を対外的な事務を処理することを委託する場合に限定する案やそれに代わる案〔信頼関係に基づいて裁量をもって事務を処理する場合に限定する案〕）が，本質的な区別基準を提示していないとか，裁判基準としての適性に欠けるといった理由から斥けられた（第57回会議議事録44頁以下）。これを受けて，「受任者の選択に当たって，知識，経験，技能その他の当該受任者の属性が主要な考慮要素になっていると認められる」かを基準とし，この基準に合致しない契約を，委任の規定を全面的に準用するのが適当でないと考えられる類型とする（中間試案第41・6⑴）ことが検討された。これは，受任者の属性に着目し，その人に委任事務を処理してもらえるからこそ当該事務を委託するという関係があるかどうかという基準によって区別することとしたうえで，現代では，準委任契約の締結にあたり，事務を処理するための知識や経験，技能といった専門性に対する信頼が重視されるようになっているという観点から選択された表現であった（中間

360　〔山本〕

第10節　委　任　　　　　　　　　　　　　　　　　　§*656*　III

試案補足説明503頁）。しかし，多種多様な役務提供契約をこの表現で二分し
て規律する構想には，懐疑的な意見が多かった。そこで，「受任者が自らそ
の事務の処理を履行しなければ契約をした目的を達成することができないも
の」（部会資料73B・6頁）かを基準としえないかが，さらに検討されたが，こ
の案も十分な支持は得られなかった。

　②については，①の基準と連動して，委任の規定中，当事者間の信頼関係
を基礎とする規定が準用の範囲から除外されるべきであるとされ，自己執行
義務に関する規律（644条の2第1項参照），任意解除に関する651条，委任の
終了事由に関する653条（委任者が破産手続開始の決定を受けた場合に関する部分を
除く）が，そのような規定として挙げられた。

　また，③については，651条の準用を否定する場合に，別途，契約の終了
に関する規律を設ける必要が生ずるため，雇用や寄託に関する627条1項，
628条，663条を参照し，これらと同様の規律を設けたうえで，契約が無償
である場合に，受任者がいつでも契約を解除することができるものとする考
え方が示された。

　以上のような656条の改正構想は，幅広い役務提供契約の中で，委任の規
定を全面的に準用するのが適当でないものが存在するという点では，共感を
得られたものの，①の論点につき成案が得られる見込みがなく，改正項目と
して取り上げないこととされたので，②③についても，それ以上議論は深め
られることなく，終結することとなった。

3　今後の課題

　このように656条の守備範囲を限定しようとする改正構想が挫折を余儀な
くされたので，準委任は，広範な役務提供契約の受け皿として引き続き機能
し続けることになるものと想定される。もっとも，改正論議の中で指摘され
た問題（準委任とされる契約の中に委任の規定を全て準用するのが適切でないと考えら
れるものが存するとの問題）への対処は，課題として残り，その解決は判例・学
説の今後の展開に委ねられることとなる。改正に向けての提案はそれに対す
る批判や改正が成らなかったという事実とともに，今後の検討にとっての貴
重な一資料となりうるであろう。

〔山本　豊〕

§*657* I   第3編　第2章　契　約

第11節　寄　　託

（寄託）
第657条　寄託は，当事者の一方がある物を保管することを相手方に
委託し，相手方がこれを承諾することによって，その効力を生ずる。

〔対照〕　フ民1915・1918，ド民688，ス債472，オ民957，イ民1766，オランダ
民法7: 400，DCFR IV. C. -5: 101

〔改正〕　本条＝平29法44改正

> （寄託）
> **第657条**　寄託は，当事者の一方が相手方のために保管をすることを約
> してある物を受け取ることによって，その効力を生ずる。

I　序　　論

1　法的性質と契約類型の特徴

寄託は，他人の物を保管する契約である。諾成・不要式の契約であり，保
管に対する対価の支払が約束された双務・有償契約であることも，対価を伴
わない片務・無償契約であることもある。

物を保管することも広い意味では事務処理の一種ととらえることができ，
委任との類似性がある。このため委任の規定の一部が準用されている（665
条）。言い換えれば，寄託は，広い意味での事務処理の中でも特に物の保管
を目的とした契約を独立の契約類型として取り出したものである。比較法的
にも，多くの国でこうした独立の契約類型を認めている。例外として，寄託
契約の各則を設けず，役務提供契約の総論規定で規律するオランダ民法があ
る。これに対して，学者グループにより欧州契約法統一に向けたモデルとし
て公表された共通参照枠草案（Draft Common Frame of Reference〔DCFR〕）のモ
デル準則では，役務提供契約の総論（第IV編C部第2章）を設ける点でオラン

362　〔吉永〕

第11節　寄　託　　　　　　　　　　　　　　　§657　I

ダ民法の構成に範をとりつつ，保管契約の各則（同部第5章）を置いている。

　また，物の所有権を移転せずに占有（直接占有）を移すという点で，貸借型の契約（賃貸借・使用貸借）と類似する。しかし，貸借型の契約においては，直接占有者（賃借人・使用借主）の利益のために占有の移転が行われるのに対して，寄託においては，間接占有者となる寄託者の利益のために占有の移転が行われる点で違いがある。こうした相違は，例えば，寄託者はいつでも返還請求ができる（662条1項）という点に具体的に現れる。

　物の保管は，他の典型契約にも含まれていることがある。例えば，賃貸借・使用貸借においては，借主は，借りた物を適切に保管することが義務付けられる。この場合に，保管に関する部分だけを切り出して寄託であるとみたり，賃貸借・使用貸借と寄託の混合契約であるとみたりするべきではなく，その契約の全体を賃貸借・使用貸借とみればよい。特定物売買における売主が，買主に引き渡すまで目的物を保管する義務を負う場合や，雇用・請負・委任において，労働者・請負人・受任者が物を一時的に預かる場合，あるいは，質権者や留置権者が目的物を占有するような場合も同様である。言い換えれば，寄託の規定が適用されるのは，物の保管それ自体を目的として契約が締結されている場合に限られる。

2　商法上の規定

　商事寄託に関する特則が，商法595条（平30改正前593条）以下に定められている（→§659 I 2）。

　その内容は，大きく分けると3種類であり，①商人が営業の範囲内で無償で寄託を受けた場合の注意義務を加重するもの（商595条〔平30改正前593条〕），②場屋営業者の客の携帯品に対する特別の責任に関するもの（商596条〜598条〔平30改正前594条〜596条〕），③倉庫営業に関する特則（商599条〜617条〔平30改正前597条〜628条〕）である。

　このうち，倉庫営業については，倉庫業法が行政法的な規制を敷いている。同法は，倉庫業を営むためには国土交通大臣の行う登録を受ける必要があるとし（倉庫業法3条），さらに，倉庫業者に対して，倉庫寄託約款を定めて国土交通大臣に届け出ることを要求している（同法8条1項）。ただし，後者の約款の届出については，倉庫業者が，国土交通大臣の公示する標準倉庫寄託約款と同一の約款を定めるときには，行う必要がないものとされている（同

〔吉永〕　　363

§657 II

第3編 第2章 契約

条3項）。このため，標準倉庫寄託約款（倉庫証券を発券する倉庫業者用の甲と非発券倉庫業者用の乙がある。いずれも昭和34年12月14日港倉181号）もまた，実務上適用される準則として重要な意義をもつ。

II 成立要件

1 「保管」を目的とする合意

(1) 保管の意味

寄託は，物の保管を目的とする契約である。その成立のためには，物の保管を契約内容とすることが必要である。ここでいう「保管」とは，目的物を自分の支配内において，その滅失や毀損を防いで原状を維持することをいう。

(ア) 原状の維持を超えて，目的物を改良・修繕することが目的とされている場合には，請負や（準）委任とみるべきであり，寄託とみることはできない。例えば，動物を預かる行為は，餌をやったり，散歩などの必要な運動をさせるといった義務を伴っていたとしても，それが動物の原状を維持するための通常の飼育の範疇にある限りは，物の保管を主たる目的としているとみることができ，寄託とみることができる。しかし，動物の訓練・調教が契約の主たる目的であるならば，それは請負または（準）委任とみるべきであり，動物の保管が付随していたとしても，寄託とみることはできない。

(イ) 目的物の原状の維持が目的とされていても，単に目的物の安全な置き場所を提供するだけにとどまり，保管する労務を提供しないものは，寄託ではなく，保管場所の賃貸借または使用貸借とみるべきである。コインロッカーや銀行の貸金庫を利用する契約が，こうした保管場所の賃貸借の典型例として挙げられる。この場合には，コインロッカーの設置者や貸金庫の提供者は，預けられた目的物が何であるかを知ることはなく，したがって，目的物の種類や性質に応じてその滅失や毀損を防ぐ措置をとっているわけではないし，保管の対価の額も，保管の目的物の多寡ではなく，保管場所の大小に応じて定められるからである。

(2) 返還の合意

一方で，寄託契約において，保管の終了後に受寄者が寄託物を寄託者に返還するべきことは当然である。他方で，本条は，寄託契約成立のための合意

364 〔吉永〕

第11節　寄　託　　　　　　　　　　　　　　　　　　　§*657*　**II**

の内容として，物の「保管」のみを掲げ，「返還」には言及していない。

平成29年民法改正にいたる議論においては，契約成立のためには物の保管だけでなく契約終了時にそれを返還することを約することまで必要だとする提案が，その当初から中間試案（72頁），さらには部会資料73A「民法（債権関係）の改正に関する要綱案のたたき台(7)」（8頁）にいたるまで盛り込まれていた。しかし，伝統的には，返還義務は契約の終了によって生じるという考え方が通説であり（→§662Ⅱ），パブリック・コメントでも同様の意見が寄せられた。このため，部会資料73Aでは，冒頭規定に返還義務も盛り込むという提案に加えて，改正前の規定の文言を変更しないという提案も併記された（10頁）。その後，部会資料81-3・23頁にいたり，「保管することを約するという文言には，保管した物を相手方に返還することを約するという意味が含まれているといえ，これを重ねて表記する必要があるとは必ずしも言えない」として，返還まで合意することは，成立のために必要がないとされた。

2　目的物に関する要件

(1)　不動産を目的物とすることの可否

寄託の目的物は，条文上，「物」とされており，不動産と動産とを区別していない。民法の起草者の一人富井政章が制定時の審議の中でした説明によると，旧民法財産取得編206条1項や諸外国の法制（例外としてオ民957条）では，不動産を預ける行為は委任に当たるとして，寄託の目的物を動産に限っているが，そのような制限を課す必要はなく，不動産の保管に寄託の規定を適用してもなんら問題がないと判断したためであるという（法典調査会民法議事36巻83丁裏）。なお旧民法財産取得編も，222条において，「争論ノ目的タル物ヲ第三者ニ寄託スル」ことを「保管」として定めており，この保管契約においては，不動産も目的物になるとしている。

大審院大正7年3月13日判決（民録24輯481頁）が，不動産について寄託の成立を認めた例として挙げられることがある（新版注民(16)312頁〔明石三郎〕）。確かに同判決は，Aが財産を浪費した上に借財を生じたために，親族等が協議した上で，A所有の土地について売買との名目でBへの所有権移転登記を行ったという事案について，AB間の関係を寄託契約に当たるとしている。しかし，その事案は，債務整理の依頼，すなわち委任と見るべき余

〔吉永〕　　365

§657 II　　　　　　　　　　　　　　　　　　　第3編　第2章　契　約

地があるように思われる（判決文中で引用されている上告理由においても，当時まだ成文法化されていなかった「信託契約」との用語が用いられている）。

寄託というためには，「放置でもなく管理でもない保管」（新版注民(16)312頁〔明石三郎〕）が目的となることが必要であるが，不動産について具体的にどのような行為がそれに当たるか（そしてどのような行為をすると，もはや委任と見るべきものとなるのか）は，必ずしも判然としない。このため，不動産の寄託を観念することに意味はないとする見解もある（松本暉男「寄託契約」契約法大系V 4頁，平野653頁）。

(2)　**動産を目的物とする場合**

動産が目的物の場合について，民法は，代替物か不代替物かなどといった区別を行っていない。ただし，代替物を目的物とする場合に関して，混合寄託（665条の2）と消費寄託（666条）という2つの特殊な類型の寄託を設けている。

(3)　**無体物を目的物とすることの可否**

民法において「物」とは有体物をいう（85条）から，657条の文言上，無体物は寄託の目的物として含まれていない。無体物については，「保管」も「返還」も観念しえないこと，また，実際上も，例えば株式等振替制度によってペーパーレス化された有価証券の「保管」にしろ，著作権その他の知的財産権の管理の委託にしろ，委任と性質決定すれば足りること（森田宏樹「有価証券のペーパーレス化の基礎理論」金融研究25巻法律特集号〔2006〕54頁，詳解V 166頁）からすると，あえて無体物を寄託の目的物に含める必要はないと考えられる。

比較法的にも，無体物が寄託の目的物となることを認めるものはほとんど見られない（DCFRのモデル準則では，IV. C. -5: 101条で，動産または無体物〔ただし金銭や有価証券は除かれる〕が目的物になると定めている）。

3　「合意」による成立（諾成契約性）

民法657条は，寄託者が物の保管を受寄者に「委託し」，受寄者がこれを「承諾する」ことを，成立要件としている。当事者の意思表示の合致だけで成立するのであるから，寄託は，諾成契約として定められている。これは，寄託を要物契約としていた平成29年改正前657条を改正したものである。

学説上は，すでに平成29年改正前から，少なくとも有償の寄託において

は，諾成的寄託ないし寄託の予約を認めるとの見解が通説となっていた。実務上も，例えば倉庫営業では，「寄託の予約」の名称で諾成的寄託契約が認められていた（標準倉庫寄託約款 1 条 1 項を参照）。

無償寄託については，書面によらない贈与の拘束力が弱められていること（550条）を根拠に，なお要物契約とする見解も見られた（末弘厳太郎「無償契約雑考」同・民法雑記帳〔1940〕155 頁，広中 268 頁。来栖 589 頁は英米法と比較する）。しかし，要物性について，沿革以上に実質的な意味がなく，契約自由の原則が支配する今日の民法理論として，これに固執する必要はないとして，特に有償無償を区別せず，諾成的寄託を肯定する見解が有力であった（我妻・中 II 705 頁）。

民法改正を審議した法制審議会・民法（債権関係）部会の議論でも，諾成契約化に異論はなかった（中間試案補足説明 510 頁）。中間試案の補足説明においては，使用貸借を諾成契約化する理由を引用し，「使用貸借が要物契約とされている理由は，無償契約としての恩恵的な性格を有するためであるとか，沿革によるものであるなどと説明されているが，無償契約といっても，親族等の情義的な関係によるものだけではなく，他の取引関係等を背景とする経済合理性のあるものなど様々なものがあるから，目的物引渡し前の使用貸借の合意に法的拘束力を与える必要がないとは言い切れない。」（同 469 頁）という説明が，無償寄託にも当てはまるとしている（同 510 頁）。もっとも，その上で，（使用貸借と同様に）無償寄託においては，無償性に鑑みて，その拘束力が一定の範囲で緩和されている（657 条の 2 第 2 項を参照）。

III 当事者の義務

1 目的物引渡し前の当事者の義務

(1) 引渡し前の受寄者の義務

寄託の成立後，目的物が受寄者に引き渡される前の段階で，受寄者が，目的物の保管・返還を義務付けられることがないことは当然である。従来，契約成立要件に位置付けられていた寄託物の引渡しは，寄託の諾成契約化によって，保管義務の発生原因に位置付けられることになる。

寄託が成立した後，寄託物が引き渡されるまでの間，受寄者は，寄託物を

§*657* **III**

受け取る義務を負う（一定の事由に基づく解除権について民法657条の2第2項3項）。すなわち，寄託者が契約に基づいて寄託物を受寄者に引き渡そうとしたときに受寄者が受取りを拒絶すれば，受寄者は，債務不履行責任を負うこととなる。

(2) 引渡し前の寄託者の義務

寄託物が引き渡される前に，寄託者は，受寄者に寄託物を引き渡す義務を負わない（我妻・中II 706頁，星野297頁，新版注民(16)319頁〔明石三郎〕，鈴木698頁），あるいは少なくとも引渡義務の履行を強制されることはない（広中271頁，石田(穣)368頁）という点に異論はない。寄託は，寄託者の利益のための契約であるから，寄託者にとって寄託の必要がなくなった場合にまで寄託させる必要がないことが理由である（同じ理由から，民法662条1項が，寄託物の返還の時期が定められているときでも，寄託者は，いつでも寄託物の返還を求めることができると定めている。→§662）。平成29年改正後の民法657条の2第1項が，目的物を引き渡す前の寄託者に任意解除権を与えているのも，この趣旨に基づくものである（→§657の2 II 1）。

2 目的物引渡し後の当事者の義務

目的物引渡し後の当事者の義務については，各条の注釈も参照のこと。

(1) 引渡し後の受寄者の義務

目的物が引き渡されると，受寄者は，その物を保管し，返還時期が来れば（あるいは返還時期以前であっても寄託者からの請求〔662条1項〕があれば），寄託者に返還する義務を負う。もっとも，消費寄託（666条）においては，受寄者は，寄託された物を消費することができるので，保管義務を負わない。

受寄者が保管にあたって尽くすべき注意は，有償の受寄者であれば善良な管理者の注意（400条），無償の場合には自己の財産に対するのと同一の注意（659条）である。受寄者は，自ら保管に当たることを原則とし，寄託者の承諾を得たとき，またはやむを得ない事由があるときでなければ，寄託物を第三者に保管させることができない（658条2項）。

さらに，明文の規定はないが，複数の寄託者から寄託された目的物を混合して保管することができる場合が制約されている（665条の2第1項）ことの反対解釈として，これらの目的物を寄託者別に分けて保管する義務を負うと解され，さらにこれは，寄託物を受寄者の所有物から分別して管理する義務

第11節　寄　託　　　　　　　　　　　　　　　　　§657の2

の存在を前提にするものと考えられる（もっとも，信託の受託者の損失てん補責任の判断に際して分別管理義務違反があることを理由として立証責任の転換を定める信託法40条4項のような規定は置かれていない）。

(2)　引渡し後の寄託者の義務

　前述のとおり，寄託者は，目的物引渡し前に，受寄者に寄託物を引き渡す義務を負わない。目的物を引き渡した後も，寄託者は，いつでも目的物の返還を請求することができるのであり（662条1項），返還時期まで目的物を預けておく義務を負わない。

　しかしながら，引き渡した目的物の品質あるいは性質については，一定の担保責任を負う。

　まず，消費寄託においては，寄託物を受寄者が消費できることと関連して，寄託者は，受寄者に引き渡した目的物が契約で定められた種類および品質をもつことについて担保責任を負う（有償寄託については，559条により，562条以下の担保責任の規定が準用される。無償寄託の場合には666条2項が準用する590条1項がさらに準用する551条1項により，契約当時の現状で引き渡すことを約したものと推定される）。

　通常寄託においては，受寄者は，引き渡された目的物を使用することができず，その種類および品質に利害をもたないため，寄託者は，契約不適合における担保責任を負わないが，寄託物の性質または瑕疵によって受寄者に損害を生じさせたときには，これを賠償する責任を負う（661条本文）。

　寄託者はこのほか，報酬の支払ならびに費用の償還および前払等の義務を負う（665条が648条，649条ならびに650条1項および2項を準用する）。

〔吉永一行〕

（寄託物受取り前の寄託者による寄託の解除等）

　第657条の2①　寄託者は，受寄者が寄託物を受け取るまで，契約の解除をすることができる。この場合において，受寄者は，その契約の解除によって損害を受けたときは，寄託者に対し，その賠償を請求することができる。
　②　無報酬の受寄者は，寄託物を受け取るまで，契約の解除をするこ

〔吉永〕　　369

§657の2 I   第3編 第2章 契 約

とができる。ただし，書面による寄託については，この限りでない。

③　受寄者（無報酬で寄託を受けた場合にあっては，書面による寄託
の受寄者に限る。）は，寄託物を受け取るべき時期を経過したにもか
かわらず，寄託者が寄託物を引き渡さない場合において，相当の期
間を定めてその引渡しの催告をし，その期間内に引渡しがないとき
は，契約の解除をすることができる。

〔改正〕　本条＝平29法44新設

I　序

1　本条の概要

　前条の注釈で記述したとおり，平成29年改正により，それまで要物契約
とされていた寄託は，諾成契約に変更された（→§657 II 3）。これによって，
寄託物が受寄者に引き渡される前の段階でも，寄託が成立することが，明文
上も認められるにいたった。

　本条は，この改正に合わせて，寄託の成立後・寄託物引渡し前の段階にお
ける各当事者の解除権を定めるために新設されたものである。解除権は，①
寄託者のもつ解除権（1項前段。以下では平成29年改正前に学説上認められていたも
のも含めて「（寄託物引渡し前の）任意解除権」と呼ぶ）と，②受寄者のもつ解除権
に分けることができ，さらに後者は②-a寄託が書面によらず，かつ無報酬
とされている場合（2項）と，②-b寄託が書面による場合，または寄託が有
償とされている場合（3項）の3つのものがある。

　さらに，本条は，寄託者からの解除が行われた場合について，受寄者の損
害賠償請求権を認めている（1項後段）。

2　平成29年改正前の議論の背景

　各項の注釈に先立ち，平成29年改正前の学説上の議論の背景をなす法状
況をまとめておけば次のとおりとなる。

　前条の注釈で述べたとおり（→§657 II 3），寄託は要物契約とされており，
諾成的寄託（あるいは寄託の予約）は学説上認められているものにすぎなかっ
た。したがって，本条各項が定める寄託物引渡し前の解除権も，明文の規定
は置かれず，学説によって認められてきたものであった。

370　〔吉永〕

第11節　寄　託　　　　　　　　　　　　　　§657の2　II

　改正前の議論では，もっぱら寄託者からする解除を念頭において，①そうした解除の可否（→II 1）と，②解除が行われた場合の受寄者の報酬請求権の帰趨（→III 3 ⑵(イ)），そして③報酬請求権が認められないことを前提とした，報酬相当額の損害賠償請求権の成否（→III 3 ⑵(ウ)）が問題とされた。その際に，明文規定における手がかりとされたのが，寄託物引渡し後（要物契約性を前提にすれば寄託の成立後）に寄託者が任意の返還請求権をもつこと（平 29 改正前 662 条）である。すなわち，寄託者は，寄託物を受寄者に引き渡した後であっても，任意にその返還を請求して，寄託を終了させることができるのであるから，寄託物引渡し前に寄託を解除することもまた任意であると考えられたのである。

　そして，寄託物引渡し前の任意解除権を行使された受寄者の報酬請求権や損害賠償請求権も，寄託物引渡し後の任意返還請求権が行使された後の権利状況とパラレルに論じるべきものと認識されていた。なお，改正前民法 662 条は，改正後民法 662 条 1 項と同じ文言であり，改正後民法の同条 2 項の定める受寄者の損害賠償請求権は明文の規定を欠くものであった（学説上，損害賠償請求権が成立すること自体には異論がなかった）。

II　寄託物引渡し前の当事者の解除権

1　寄託者の任意解除権（1 項前段）

　本条 1 項前段は，寄託者のもつ解除権を定めるものである。それによれば，寄託者は，受寄者への寄託物の引渡しまでの間，任意に寄託を解除することができる。

　寄託者がこのように引渡し前の任意解除権をもつこと（その前提として，寄託者が寄託物を受寄者に引き渡す義務を負わないこと）については，平成 29 年改正前民法の下で諾成的寄託契約を認めていた通説においても，異論がなかった（我妻・中 II 705 頁，新版注民(16)319 頁〔明石三郎〕，星野 297 頁，鈴木 698 頁，加藤 443 頁）。

　その理由については，寄託物引渡し後の寄託者の任意返還請求権（662 条 1 項）と同様に，寄託がもっぱら寄託者の利益のための契約であることから説明される（部会資料 73A・10 頁）。もっともやや観点の違う理由づけとして，

〔吉永〕　　371

§657の2　II

寄託は，目的物の原状を維持したまま保管することを内容とするものであり，物の利用を停止するものであるため，寄託する必要がなくなった場合にも強いて寄託させることは，社会経済上からいっても無用のことだからと説明するものもある（我妻・中II 705頁）。

2　無償受寄者の解除権（2項）

本条2項本文は，受寄者のうち無償の受寄者（「無報酬の受寄者」）のもつ解除権を定めるものである。ただし，無報酬の受寄者であっても，書面による寄託であった場合には，この解除権をもたない（同項ただし書）。

平成29年改正後民法は，無償寄託についても要物性を排除しつつ（→§657 II 3），無償寄託については，その無償性に鑑みて契約の拘束力を緩和することとした。すなわち，無償寄託の受寄者は，寄託物引渡し前には契約を任意に解除できることとした。

ただし，契約が書面で締結される場合には，軽率に無償寄託がされることを防止でき，受寄者の意思を明確化することによって後日の紛争の防止を図ることができることから，受寄者は，この任意解除権をもたないこととされた（部会資料73A・11頁）。このような規定の内容は，贈与の解除に関する550条と同趣旨であると説明されている（中間試案補足説明510頁・469頁）。

3　有償受寄者（無償かつ書面による寄託の受寄者を含む）の解除権（3項）

(1)　本条3項の趣旨

本条3項は，受寄者のうち，本条2項の解除権をもたないもの，すなわち有償寄託の受寄者，または無償かつ書面による寄託の受寄者に適用される（以下では有償寄託の受寄者のみを取り上げて説明する）。

平成29年改正前民法の下で諾成的寄託契約を認める見解の間では，有償寄託については，寄託物の受領前の任意解除権を認めないとする見解が通説であった（もっとも寄託物を引き受けた後でもやむを得ない事情があれば寄託物を返還できるとする663条2項の規定を根拠に，やむを得ない事情があれば解除できるという見解が有力であった。我妻・中II 706頁，新版注民(16)320頁〔明石〕）。

しかし，受寄者が解除権をもたないとすると，寄託者が寄託物を引き渡さず，解除もしない場合に，受寄者が契約の拘束から逃れる方法がないという問題が生じる。というのも，寄託者は寄託物引渡義務を負わないとされており（→§657 III 1 (2)），寄託者が寄託物を引き渡さないことは債務不履行となら

第11節　寄　託　　　　　　　　　　　　　　　　　　　§657の2　II

ないから，受寄者に解除権が生じる余地がないからである。

　この問題を解決するために，寄託者が寄託物を引き渡さない場合には，寄託者に引渡義務があるかどうかにかかわりなく，引渡義務の不履行に基づく催告解除（541条）と同様の要件のもとで，受寄者が契約を解除できることとされた。これを定めるのが，本条3項である。

　(2)　解除の要件

　(ア)　寄託物を受け取るべき時期の経過　　有償寄託の受寄者に契約の解除権が生じるためには，まず，寄託物を受け取るべき時期を経過したにもかかわらず，寄託者が寄託物を引き渡さないことが必要である。「寄託物を受け取るべき時期」について，例えば，寄託者と受寄者の間で，何月何日に寄託者が受寄者のもとに寄託物を搬入するというような合意が交わされていれば，その日が「寄託物を受け取るべき時期」となることは当然である。

　問題となるのは，当事者がこうした明示の定めを置かず，また，契約の解釈によってもこれを明らかにすることができない場合である。この場合の「寄託物を受け取るべき時期」について，法制審議会・民法（債権関係）部会において議論はなく，学説上も特に主張は見当たらない。

　試論ではあるが，この場合には，民法412条3項を類推して，寄託者が受寄者から寄託物を引き渡すよう請求を受けた時に，「寄託物を受け取るべき時期」が到来し，本条を適用する前提がととのうと解するべきであろうか。確かに，前述のとおり，寄託者が引渡義務を負わない以上，債務の履行期に関する民法412条を直接に適用することはできない。しかし，本条3項は，寄託者が引渡しをしない場合に，それが債務不履行に当たる場合と同様の方法で契約の解除権を生じさせようとするものであるから，債務の履行期に関する規定を類推することが適切であると考える。

　(イ)　相当の期間を定めた催告　　有償寄託の受寄者に契約の解除権が生じるためには，寄託物を受け取るべき時期を経過した後に，受寄者が寄託者に対して相当の期間を定めて引渡しを催告し，その期間が徒過することが必要である。これは，債務不履行における催告による解除を定める541条と同じ内容の規定である。

〔吉永〕　373

III 解除後の法律関係

1 受取義務の消滅

寄託物が引き渡される前の時点で寄託が解除されることによって，受寄者は，寄託物を受け取る義務を免れる。

2 費用償還請求権

寄託が解除される前に，受寄者が保管のための費用を支出していた場合，受寄者は，その償還を寄託者に対して請求することができる。寄託者と受寄者の合意により，目的物が引き渡される前であっても契約はすでに効力を生じており，665条の準用する650条1項も当然に適用され，その要件が満たされれば費用償還請求権も発生すると解するべきである。そして，寄託は継続的契約であり，解除の効果は遡及しない（620条参照）と考えるべきであるから，解除によっても費用償還請求権は消滅しない（我妻・中II 706頁。同旨として法制審議会・民法（債権関係）部会第58回会議における松尾博憲関係官の発言〔部会第58回議事録29頁〕）。

3 報酬請求権・損害賠償請求権（1項後段）

(1) 序 論

問題が大きいのが，受寄者の寄託者に対する報酬請求権および損害賠償請求権である。すなわち，受寄者が寄託物を受け取る前に，寄託が解除された場合（なお，寄託者からの解除のみが念頭に置かれていることについて，→I 2）に，受寄者は，契約で予定されていた報酬を受け取ることができるか，あるいは損害賠償を受けることができるかという問題である。そこでの損害の内容としては，報酬相当額（報酬として予定された額から解除によって受寄者が支出を免れた費用を差し引くことで求められる利益額）の賠償を認める見解と，これを認めず，機会損失（他の寄託の申込みを断ったために生じた損害）の賠償にとどまるとする見解との間で対立がある。

(2) 平成29年改正前における議論

(ア) 議論の背景　前述のとおり，平成29年改正前民法においては寄託は要物契約とされており，寄託物引渡し前の法律関係に関する平成29年改正後民法657条の2も置かれていなかった。しかし，諾成的寄託は，学説上認められており，寄託物が引き渡される前に寄託が解除された場合の，受寄

第 11 節　寄　託　　　　　　　　　　　　　§*657の2*　III

者の損害賠償請求権も認められていた。

　その議論については，①寄託者による解除の場合のみが念頭に置かれていること，そして，②寄託物引渡し後の任意返還請求権に関する平成 29 年改正前民法 662 条（平成 29 年改正後民法の同条 1 項に相当）が根拠とされていたことを特徴として指摘できる。

　(イ)　報酬請求権　　寄託物が引き渡される前に寄託が解除された場合に，受寄者は，契約で予定された保管期間（返還時期までの期間）の全期間に対応する報酬を請求することができない。この結論に，異論はほぼない（我妻・中 II 706 頁。引渡し後の任意返還請求権が行使された場合に報酬の全額ではなく割合的報酬請求権のみが生じるとする見解として我妻・中 II 724 頁，広中 301 頁，新版注民(16) 350 頁〔打田畯一 = 中馬義直〕，鈴木 701 頁）。この結論は，民法 665 条が準用する民法 648 条 3 項（平成 29 年改正によって改正されている。→§665 IV 3）によって，寄託の中途終了の場合には，既にした履行の割合に応じて報酬請求権が生じると定められていることとも整合する。寄託物の引渡しを受けていない時点では，通常は，履行はまだ行われておらず，割合的報酬も発生していないと考えられるからである（もっとも保管準備の費用を含む趣旨で報酬が定められている場合に，その準備が行われていた場合には，割合的報酬が生じるものと解するべきである）。

　また，寄託の報酬が，一般的には，現実に保管することの対価として計算されることから説明するものがある（我妻・中 II 706 頁）。実際，倉庫営業においては，1 か月を 10 日ごとに 3 つの期に分け，各期ごとの在庫数・新規入庫数に応じて保管料が定まる 3 期制と呼ばれる業界慣行があり，これによれば荷物の保管が行われなければ保管料は発生しないこととなる。

　なお，寄託者（物の保管に関する債権者）に過失があるときは，寄託者の責めに帰すべき事由による履行不能として危険負担に関する債権者主義（536 条 2 項）を適用して，受寄者による報酬全額の請求を認める（ただし受寄者が債務の履行を免れたことによって得た利益は，寄託者に償還する必要がある）とする見解がある（新版注民(16)319 頁〔明石三郎〕）。もっとも，この見解に対しては，寄託者は目的物を寄託する義務を負わないという前提で，何をもって寄託者の過失というかはっきりしないという批判もある（詳解 V 169 頁注 5）。

　このほか，寄託を解除しないという特約（不解除特約）を締結することによ

〔吉永〕　　375

§657の2　Ⅲ　　　　　　　　　　　　　第3編　第2章　契　約

って，あるいはそもそも保管期間を定めたということ自体によって，保管期間中の報酬を受寄者に対して保証したものとみなす見解もある（前者について来栖606頁〔ただし662条に関するもの〕，後者について石田（穣）368頁）。ただし，いずれの見解も，報酬請求権そのものの成立を認めるのではなく，報酬相当額の損害賠償請求権が成立するとして，これを損害賠償の問題としてとらえようとする。

　(ウ)　損害賠償請求権　　上述のとおり，報酬そのものの請求はできないとしても，得られたはずの報酬相当額を損害としてその賠償を請求することは，これを認める見解が通説と目される（広中271頁，鈴木698頁，新版注民(16)351頁〔打田＝中馬〕。内田307頁は，損害賠償は認められるが，代替取引が容易であれば，賠償額は小さく，あるいは存在しないことも多いだろうとする）。もっとも，こうした損害賠償が認められるのは，一定の期間，寄託を解除しない（あるいは寄託物の返還請求をしない）という特約が結ばれている場合に限られるとする見解もある（来栖606頁）。

　これに対して，このような報酬相当額の全額を損害としてその賠償を請求することを認めず，機会損失についてのみ賠償を認めるとする見解も有力である（新版注民(16)319頁〔明石〕，品川・下314頁。我妻・中Ⅱ706頁はこれを費用償還の問題に位置付ける。星野297頁も機会損失を念頭に置くようだが，それ以外の損害賠償を認めるかのような記述があるうえ，民法662条が適用される場面については報酬相当額の賠償を認めている〔同301頁〕）。すなわち，受寄者が他の者からの寄託の申込みを断ったために生じた損害が賠償の対象になるとするものである。もっとも報酬相当額の賠償を認めない理由について詳しく述べるものはない（我妻・中Ⅱ706頁は，保管期間の全期間に対応する報酬請求権が成立しないことを根拠にしているように目されるが，明確ではない）。

　(3)　平成29年改正における損害賠償に関する規定の新設

　(ア)　法制審議会・民法（債権関係）部会における議論　　平成29年民法改正に向けた法制審議会・民法（債権関係）部会においては，寄託の要物契約性を撤廃するとともに，寄託物引渡し前の寄託者・受寄者それぞれの解除権を定めるという提案が，すでに中間的な論点整理の時点でも行われていた（中間論点整理補足説明407頁）。他方で，改正後の本条1項後段のような，受寄者の寄託者に対する損害賠償請求権については，そこには含まれていなかっ

376　〔吉永〕

第11節　寄　託　　　　　　　　　　　　§657の2　III

た。

　損害賠償請求権に関する規定を設ける契機となったのは，その後の法制審議会・民法（債権関係）部会第58回会議における議論である。寄託物が引き渡されないことを理由に有償受寄者が寄託を解除した場合には，寄託者に引渡義務の債務不履行があることを根拠とした損害賠償請求権が生じると考える余地がある。これを前提にすれば，同じ状況下で寄託者から解除した場合にも，受寄者の損害賠償請求権が生じることを明示するよう検討するべきではないかという発言があった（部会第58回議事録29頁の道垣内弘人幹事発言）。

　これを受けて，中間試案の第43・1(1)イは，「有償の寄託の寄託者は，受寄者が寄託物を受け取るまでは，契約の解除をすることができるものとする」という任意解除権に関する前段に続けて，「この場合において，受寄者に損害が生じたときは，寄託者は，その損害を賠償しなければならないものとする」という後段を加えることを提案している（中間試案72-73頁）。なお，無償寄託の寄託者の任意解除権については，同ウで「無償の寄託の当事者は，受寄者が寄託物を受け取るまでは，契約の解除をすることができるものとする」（中間試案73頁）との表現での規定が提案されており，そこでは受寄者の損害賠償請求権に関する言及はない。その後の部会資料73Aでも，同じ内容の提案がされている（8頁），そこでは受寄者の損害賠償請求権の根拠について，「民法第136条第2項や同法第641条の解釈等との整合性」が挙げられている（11頁）。

　その後，さらに審議が進む中で，事務局からは，寄託物引渡し前の寄託者の任意解除権の規定を「寄託者は，受寄者が寄託物を受け取るまでは，契約の解除をすることができる」と，有償・無償を区別しない文言に整理し，それに続く後段として「この場合において，寄託者は，受寄者に対し，これによって生じた損害を賠償しなければならない」と規定することが提案された（部会資料81-3・23頁）。この提案は，文言上の修正は行われたものの（部会資料84-1・61頁），改正法にその内容が織り込まれている。

　そこでいう損害の内容については，「契約が解除されなければ受寄者が得たと認められる利益から，受寄者が債務を免れることによって得た利益を控除したもの」（部会資料81-3・23頁）と説明されるのみで，必ずしも具体的には明らかではないが，担当官の説明では報酬相当額の賠償が念頭に置かれて

〔吉永〕　　377

§658

いるようである（部会第82回議事録14頁の松尾博憲関係官発言）。しかし，部会の議論の中では，諾成的消費貸借において目的物の引渡しの前に借主が解除した場合の損害賠償（平29改正後587条の2第2項後段）に関する議論との比較に基づいて，保管期間の全期間に対応する報酬相当額を損害ととらえることへの反対意見も呈されている（部会第82回議事録13頁の中田裕康委員発言，同15頁の中井康之委員発言）。

後の議論では，法務省担当官も，損害の内容は契約の内容によっても変わってくるという理解を示すにいたっている（部会第94回議事録49頁）。結局，寄託物引渡し後の任意返還請求権が行使された場合に関する平成29年改正後民法662条2項と同様に（→§662Ⅲ），損害の内容については解釈に委ねられているものと見るべきであろう。

(イ) 改正案成立後の学説の状況　平成29年改正から間もない段階であるので，民法657条の2第1項後段にいう「損害」の内容をどのように理解するのか，詳細に論じる学説は，まだほとんど現れてはいない。

一方で，部会資料を引用して，「契約が解除されなければ受寄者が得たと認められる利益から，受寄者が債務を免れることによって得た利益を控除したもの」と説明するものがある（潮見・改正法326頁。潮見274頁も参照）。

他方で，この文言を一般化することに注意を呼びかけ，報酬相当額の損害が生じたといえるのは，寄託者が保管の有無にかかわらず特に受寄者の報酬を保証した場合に限られ，それ以外の場合には，他からの寄託の申込みを拒絶して場所を空けておいたことによる損失（本注釈で機会損失と呼んできたもの）を損害としてとらえるべきだとする見解もある（中田541頁）。

〔吉永一行〕

（寄託物の使用及び第三者による保管）

第658条①　受寄者は，寄託者の承諾を得なければ，寄託物を使用することができない。

②　受寄者は，寄託者の承諾を得たとき，又はやむを得ない事由があるときでなければ，寄託物を第三者に保管させることができない。

③　再受寄者は，寄託者に対して，その権限の範囲内において，受寄

第11節　寄　託　　　　　　　　　　　　　　　　　§*658*　I・II

者と同一の権利を有し，義務を負う。

〔対照〕　フ民 1930，ド民 691，ス債 474，オ民 965，イ民 1770，DCFR IV. C.
-5: 102(2)・5: 103(2)

〔改正〕　①＝平 29 法 44 改正　②＝平 29 法 44 全部改正　③＝平 29 法 44 新設

> **（寄託物の使用及び第三者による保管）**
> **第 658 条**① 　受寄者は，寄託者の承諾を得なければ，寄託物を使用し，
> 又は第三者にこれを保管させることができない。
> ② 　第 105 条及び第 107 条第 2 項の規定は，受寄者が第三者に寄託物を
> 保管させることができる場合について準用する。
> （第 3 項は新設）

I　立　法　理　由

　寄託は，受寄者が寄託者のために，物をその原状を維持したまま保管することを目的とする契約である。このため，保管の目的を超えて寄託物を使用することは，原則として認められない。また，寄託者は，受寄者を信頼して物の保管を委ねるのであり，その属人的な信頼関係に鑑みれば，寄託物を第三者に保管させることも，原則として認められない。本条は，こうした原則を定めるとともに，その例外を定めるものである。

II　受寄者の使用制限（1 項）

1　原則としての使用禁止（消費寄託との相違）

　本条 1 項は，受寄者が寄託物を使用することは禁止されるという原則を定めるものである。上述のとおり，寄託は，物の原状を維持したまま保管することを目的とする契約であり，しかもそれを寄託者のために行うものである。したがって，保管の目的を超える使用は原則として許されず，それが受寄者の利益のために行われるとなればなおさらである。

　受寄者が寄託物を使用すれば，それは債務不履行を構成する。寄託者は，受寄者に対する損害賠償請求権（415 条）を取得するほか，民法 541 条・542 条の要件に従って，寄託を解除することもできる。

〔吉永〕　　379

§*658* Ⅱ   第3編 第2章 契 約

なお，消費寄託においては，寄託者から受寄者に引き渡された物の処分権
は受寄者に移り，受寄者は，引き渡された物と同種・同等・同量の物を返還
する義務を負うにとどまる。このため，引き渡された物を自己の利益のため
に使用することも認められる。

2 例外としての寄託者の承諾

受寄者による使用の禁止の例外となるのは，寄託者が承諾をする場合であ
る。この場合の承諾は，明示でも黙示でもかまわない。

契約の中であらかじめ，寄託物の使用について寄託者が承諾をしておくこ
ともできる。しかし，その結果，受寄者による寄託物の使用が契約の主たる
目的になるのであれば，そうした契約は，寄託というより使用貸借（593条）
として理解するべき場合もあるだろう。

なお，後述（一Ⅲ3）するように，寄託物を第三者に保管させることにつ
いては，寄託者が承諾をする場合のほか，やむを得ない事由がある場合にも，
受寄者はこれを行うことができる（658条2項）。しかし，寄託物の使用につ
いては，こうした例外は認められていない。保管を超える使用をしなければ
ならないような「やむを得ない事由」は，考えられないからである。

3 寄託物の性質による例外

寄託物の性質によっては，寄託者の承諾がなくても寄託物の使用が認めら
れる場合があるという議論がある。ドイツにおける議論を受けたもので，乗
馬用の馬を預かった受寄者が馬の運動のためにこれを使用する例や，自動車
その他の機械類を預かった受寄者が錆止めのためにそれを使用する例が紹介
されている（新版注民(16)324頁〔明石三郎〕）。

もっともドイツにおいても，こうした義務は保管義務の一つの現れ方と説
明されている（Staudinger/Reuter, 2005, §688, Rn. 6は馬の例についてこのように説明
する）。日本においても，同じように「保管」の一内容として認めるか，保
管のために必要な使用として，寄託者の黙示の承諾を認めることができる場
合がほとんどであろう。

380　〔吉永〕

第 11 節　寄　託　　　　　　　　　　　　　　　　　　　§*658*　III

III　再寄託の制限（自己執行義務）（2 項）

1　原則としての再寄託の禁止

　本条 2 項では，受寄者が寄託物を第三者に保管させること（再寄託。復寄託ともいう）が原則として禁止されること，すなわち，受寄者が自己執行義務を負うことが定められている。こうした原則は，寄託においても，委任と同様に，受寄者に対する個人的な信頼関係が重視されることを根拠としている。

　後述する例外に当たらないにもかかわらず再寄託が行われた場合には，それ自体が受寄者の債務不履行となる。これにより，寄託者は，生じた損害の賠償を求めることができる（415 条）。その際，寄託者は，債務不履行（受寄者が再寄託を行ったこと）と損害の発生の因果関係について立証責任を負う。信託法 40 条 2 項が定めるような立証責任の転換（信託において自己執行義務違反があり，信託財産に損失または変更を生じたときには，受託者は，第三者に委託をしなかったとしても信託財産に損失または変更が生じたことを証明しないと，損失てん補責任を免れない）は，本条に関しては定められていない。

　さらに，寄託者は，債務不履行に基づく解除をすることができる（541条・542条）。寄託者は，もとよりいつでも寄託物の返還を請求することができる（662条 1 項）が，この場合には，受寄者が受けた損害を賠償しなければならない（同条 2 項）。受寄者の債務不履行を理由とした解除の場合には，寄託者は損害賠償義務を負わないという意義がある。

　本条は任意規定であり，寄託契約の中であらかじめ再寄託ができる旨を定めている場合には，それに従う。標準倉庫寄託約款（昭和 34 年 12 月 14 日港倉181 号，改正昭和 56 年 3 月 4 日港倉 11 号）が，やむを得ない事由があるときには再寄託ができる旨を定めている（甲 18 条，乙 15 条）のがその例である。ただし，この規定は，平成 29 年改正前の本条 1 項が，再寄託が認められる場合を，寄託者の承諾があった場合のみとし，改正後の本条 2 項が定めるようなやむを得ない事由があるときの再寄託を認めていなかったために必要とされたものであり，平成 29 年改正後民法の施行後は特約としての意義を失うこととなる。

2　例外①　寄託者の承諾

　受寄者が再寄託をすることが認められる例外の第 1 は，寄託者の承諾を得

〔吉永〕　　381

§*658* IV 　　　　　　　　　　　　　　　第3編　第2章　契　約

たときである。承諾は，明示でも黙示でもよい。

3　例外②　やむを得ない事由

　例外の第2は，やむを得ない事由があるときである。

　前述のとおり，平成29年改正前の本条1項は，これを再寄託が認められる場合として定めていなかった。この文言に従うならば，受寄者が自身で保管できないような事情が生じたときには，受寄者は，寄託者に対して再寄託の承諾を求めるか，受寄物の返還（663条）を行うことが必要となる（新版注民(16)325頁〔明石三郎〕）。

　これに対して，同じく契約当事者の信頼関係を根拠とする委任においては，民法104条の類推適用により，やむを得ない事由があるときには，復委任が認められており（平成29年改正により644条の2に明文化された），寄託においても同様の要件で再寄託を認めるべきとする見解もあった（石田(穣)370頁以下。鳩山・下644頁も参照）。また実務上も，これも前述のとおり，標準倉庫寄託約款は，やむを得ない事由がある場合に再寄託を認める旨の特約を定めていた。平成29年改正においては，これらのことを踏まえて，やむを得ない事由がある場合にも再寄託を認めるとする明文を盛り込むことが提案され（中間試案補足説明512頁），採用されたものである。

Ⅳ　再寄託が行われた場合の権利義務関係（3項）

1　寄託者と再受寄者の関係

(1)　寄託者と再受寄者の間の直接の権利義務関係

　本条3項は，再受寄者（再寄託により寄託物を保管する第三者）が，寄託者に対して，受寄者と同一の権利義務関係に立つことを規定している。ただし，再受寄者が，寄託者に対して，受寄者との間の契約で認められた以上の権利をもつことになるのは不当であるため，「その権限の範囲内において」という制限が付されている。

　再寄託が行われた場合の寄託者と再受寄者の関係について，平成29年改正前の本条2項は，改正前民法107条2項（改正後106条2項）を準用していた。平成29年改正により，同じ趣旨が，準用ではなく，本条3項に直接に規定されることとなった。

382　〔吉永〕

第11節　寄　託　　　　　　　　　　　　　　　　§*658*　IV

　寄託者と再受寄者の間には，本来は，直接の契約関係はないところ，両者の間の直接の関係を認める点に意義がある。これは，主として，①寄託者（特に重要であるのは寄託者が所有者でない場合である）が，寄託物を現実に保管している再受寄者に対して直接に寄託物の返還請求権をもつことを認める必要があること，②受寄者が支払不能になったときの再受寄者の報酬請求権を，再受寄者による保管による利益を得ている寄託者に対して直接に請求できるようにすることで保護する必要があることの2点を考慮したものである（中間試案補足説明513頁）。なお，再受寄者は，「その権限の範囲内において」寄託者に対する権利をもつのであるから，受寄者に対して請求できる報酬額以上の額を寄託者に対して請求することはできない。

　これに対して，倉庫営業の実務では寄託者と再受寄者の直接の関係を前提とした扱いをしていないということを根拠に，直接の関係を認めることに疑問を呈する見解もある（来栖597-599頁）。

（2）　**適法な再寄託に限られるか**

（ア）　問題となるのは，寄託者と再受寄者のこうした直接の関係が生じるのは，適法な再寄託（寄託者の承認を得た再寄託，またはやむを得ない事由があるときの再寄託）の場合に限られるかということである。

　平成29年改正前民法の本条2項は，「受寄者が第三者に寄託物を保管させることができる場合」について，前述のとおり改正前民法107条2項を準用しており，適法な再寄託の場合に限って，寄託者と再受寄者の直接の権利義務関係を生じさせる趣旨が明確であった。これに対して，改正後の本条3項は，適法な再寄託に限って適用されるのか否か，その文言は，改正前に比べて明確ではない。

　法制審議会・民法（債権関係）部会の議論では，改正前の本条2項の内容に変更を加えることは予定されておらず，寄託者と再受寄者の直接の関係も，適法な再寄託に限って生じることを前提としていたことがうかがわれる（中間試案補足説明512頁も参照）。少なくとも，違法な再寄託にも寄託者と再受寄者の直接の権利義務関係を生じさせる積極的な意図のもとに改正が行われたわけではない。改正前の法状況と，そこに変更を加える趣旨ではないという部会での議論を根拠にすると，改正後の本条3項は，適法再寄託にのみ適用されるという見解が支持されるべきだと一応考えられる。

〔吉永〕　　383

§*658* IV
第3編　第2章　契　約

　こうした解釈は，改正後民法の文言上も，次のように説明することができるだろう。すなわち，本条2項は，その要件を満たさない場合には「寄託物を第三者に保管させることができない」と定めている。この場合には，再寄託はできないのだから，3項にいう「再受寄者」もいないことになると解することができる。このため，寄託者と再受寄者の直接の関係も生じないと解釈するのである。

　(イ)　もっとも，本条3項の適用を適法な再寄託に限るという解釈は，今後，さらに検討が必要だと考える。特に問題となるのは，寄託者が寄託物の所有権を有していない場合において，受寄者が寄託者に無断で（かつ，やむを得ない事由もないままに）再寄託したときである。所有権に基づく返還請求権をもたない寄託者に再受寄者に対する直接の返還請求権を認める必要がないか（もっともこれだけの問題であれば，寄託者は，受寄者の行った再寄託を追認し，事後的に適法な再寄託関係を生じさせることが考えられる。吾孫子勝・寄託契約論〔1919〕190-191頁），逆に，再受寄者に，その保管によって利益を受けている寄託者に対する直接の報酬請求権を認める必要がないかという点について，検討する必要があるように思われる。

2　再受寄者の行為と受寄者の債務不履行責任

　再寄託が行われた場合の当事者の関係についてはもう一つ，再受寄者の行為に基づく受寄者の寄託者に対する債務不履行責任が問題となる。

　再寄託を行っても，寄託者と受寄者の間の寄託関係が消滅するわけではなく，受寄者は引き続き寄託者に対して物の保管および返還について責任を負う。そして，例えば物の滅失・毀損が生じたのが，再受寄者の行為によるものであったとしても，受寄者は，そのことを理由に責任を免れるわけではない。履行補助者の行為に基づく債務者の債務不履行責任の原則に従って責任を負う。

　平成29年改正前民法658条2項は，復代理人を選任した任意代理人の責任に関して，選任・監督についての過失に限定する改正前民法105条を準用していた。平成29年改正により，105条の規定は削除され（復代理人を選任した法定代理人の責任に関する改正前民法106条が繰り上げられた），改正前民法658条2項の準用規定も，これに合わせて削除されることになったものである。

384　〔吉永〕

第 11 節　寄　託　　　　　　　　　　　　　　　　　　　§*659*　I

　改正前民法 105 条の規定を削除するにあたって，寄託についてのみ，再寄
託における受寄者の責任の軽減を残すという選択肢も，理論的にはなかった
わけではない。それでも，そうした特則を規定することをしなかったのは，
①寄託者が再寄託を承諾したというだけで，受寄者の責任が軽減されるのは
不当であるという批判がある，②寄託者の承諾がない場合にも，やむを得な
い事由があれば再寄託を認めるのであれば，受寄者の責任を軽減することは
なおさら認めにくい，そして③再寄託も，債務者が第三者に履行を補助して
もらう場面の一つである以上，その一般ルールが適用されるべきであり，こ
れと異なるルールを設ける合理性が認められないという 3 点の判断に基づく
ものである（中間試案補足説明 513 頁）。

〔吉永一行〕

　　　　（無報酬の受寄者の注意義務）
　第 659 条　無報酬の受寄者は，自己の財産に対するのと同一の注意を
　　　もって，寄託物を保管する義務を負う。

　　　　〔対照〕　フ民 1927-1929，ド民 690，イ民 1768 II，DCFR IV. C. -2: 105
　　　　〔改正〕　本条＝平 29 法 44 改正

> 　　（無償受寄者の注意義務）
> 　第 659 条　無報酬で寄託を受けた者は，自己の財産に対するのと同一の
> 　　　注意をもって，寄託物を保管する義務を負う。

I　受寄者の注意義務に関する規定の概要

1　民法上の規定の概要

　本条は，無報酬の受寄者の注意義務を規定するものである。
　受寄者は，寄託物それ自体を返還する義務を負うのであり，特定物の引渡
しをその債務の目的としている。このため，民法 400 条に基づいて，「契約
……及び取引上の社会通念に照らして定まる善良な管理者の注意をもって」
寄託物を保管することが義務付けられるのが原則である。

〔吉永〕　　385

§659 I

第3編　第2章　契　約

これに対して本条は，無報酬の受寄者については，「自己の財産に対するのと同一の注意をもって」寄託物を保管すればよいとし，無償寄託の場合の受寄者の責任を軽減している。

2　商法上の特則

商法595条（平30改正前593条）は，商人がその営業の範囲内において寄託を受けたときは，無償であっても，善管注意義務を負うものとして，本条の適用を排除している。

商法はこのほか，場屋営業者と倉庫営業者の責任について特則を設けている。

まず，場屋営業者については，客から寄託を受けた物品の滅失または損傷について，無過失責任を課している（商596条〔平30改正前594条〕1項）。さらに，場屋営業者は，客が寄託していない物品であっても，場屋の中に携帯した物品について，場屋営業者が注意を怠ったことによって滅失または損傷した場合に，損害賠償責任を負うものとされている（同条2項）。免責が認められるのは，①不可抗力によるものであったことを場屋営業者が証明した場合（同条1項），②貨幣，有価証券その他の高価品について，客がその種類および価額を通知して寄託していなかった場合（商597条〔平30改正前595条〕）のみである。場屋営業者が，客の携帯品について責任を負わない旨を表示したとしても，これらの責任を免れることはできない（商596条〔平30改正前594条〕3項）。この重い責任は，ローマ法のレセプツム（羅receptum）責任を承継したものである。諸外国では，宿泊事業者についてこうした責任を民法中に規定するものが多い（フ民1952条〜1954条，ド民701条〜704条，ス債487条〜490条，オ民970条〜970c条，イ民1783条〜1786条。DCFR IV. C. -5: 110条も参照）。旧民法も，財産取得編221条1項で，宿泊事業者の責任を定めていた。しかし，日本においては，「客ヲ営業トスルモノニノミ適用ノアル規定テアラウ……性質上商法ニ規定スヘキモノテアル」（法典調査会民法議事36巻76丁表〔富井政章による趣旨説明〕）との理由から，民法でなく商法に規定されることとなったものである。

次に，倉庫営業者については，寄託物の保管について，倉庫営業者の側で注意を怠らなかったことを証明しなければ，寄託物の滅失または損傷につき損害賠償責任を免れないとして，立証責任が転換されている（商610条〔平30

386　〔吉永〕

第 11 節　寄　託　　　　　　　　　　　　　　　　　　　　§*659*　**II**

改正前 617 条〕)。なお，標準倉庫寄託約款における商法の規定の修正と，その有効性については，新版注民(16)331 頁〔明石三郎〕を参照。

II　受寄者の負う注意義務

1　有償寄託における受寄者の注意義務 (民法 400 条による善管注意義務)

有償寄託の受寄者は，民法 400 条により，善管注意義務を負う。

善管注意義務とは，一般に，行為者の属する職業や社会的地位に応じて通常期待されている程度の注意義務を指すものとされている。行為者の具体的な注意能力に関係なく定められるという意味で，客観的・抽象的な注意義務とされる。このため，善管注意義務を尽くさなかったという意味の「過失」を「抽象的過失」という。

他方で，客観的・抽象的ということは，契約をした目的や，契約締結に至る経緯などといった契約の趣旨から切り離された判断をするという趣旨ではない。平成 29 年改正前民法 400 条が単に「善良な管理者の注意」と定めていたところ，平成 29 年改正により「契約その他の債権の発生原因及び取引上の社会通念に照らして定まる善良な管理者の注意」と文言を追加したのは，このことを明らかにするためである。

実際，改正前の時期における判例にも，「寄託契約にもとずく〔原文ママ〕受寄者の義務の内容は，第一次的には当該契約における合意によつて決定される事柄であつて，法にいわゆる善管義務は受寄者の一般的な義務として単に補充的な意義を有するにとゞまる」と判示するものがある (最判昭 32・9・10 裁判集民 27 号 687 頁)。事案は，とろろ昆布を「きわめて短期間……冷蔵庫ではなくその貯氷室に貯蔵して保管する旨の約定」で保管していたところ，3 か月後に腐敗を生じたというものである。最高裁は，「〔受寄者〕において本件寄託物につき腐敗防止等の措置をとるべき特段の約束の存在，右契約上の義務の範囲を超えて〔受寄者〕が法にいう善管義務を負うものと認むべき格別の事情等はすべて原審の認定しないところである」というところから，「善管義務として〔受寄者〕が具体的に如何なる義務を負いかつそれに違背したかを明らかにするを得ない」と判示し，受寄者に善管注意義務違反に基づく損害賠償責任を負わせた原判決を破棄している。そこには，善管注意義務

〔吉永〕　　387

§*659* Ⅱ 第3編 第2章 契約

の内容も，契約の趣旨などに照らしてその具体的内容を判断する必要がある旨が現れている。

2 無償寄託における受寄者の注意義務の軽減

⑴ 「自己の財産に対するのと同一の注意」

特定物の引渡しを義務付けられた債務者が，その物の保管について善管注意義務を負うという原則に対して，本条は，無償寄託の受寄者は，「自己の財産に対するのと同一の注意」をもって寄託物を保管する義務を負う旨を定める。

前述のとおり，善管注意義務は，行為者の具体的な注意能力に関係なく定められる客観的・抽象的な注意義務とされる。これに対して「自己の財産に対するのと同一の注意」は，行為者（ここでは受寄者）の具体的な注意能力が基準になるものである。このため，自己の財産に対するのと同一の注意を尽くさなかったという意味の「過失」は，「具体的過失」と呼ばれる。なお「自己のためにするのと同一の注意」（親権者の財産管理に関する 827 条），「固有財産におけるのと同一の注意」（相続人の相続財産管理に関する 918 条 1 項など）も，同じ意味と解されている。

⑵ 注意義務を軽減する趣旨

同じ無償契約でも，使用貸借や無償委任においては，本条のような注意義務の軽減は認められていない。無償寄託において特に例外を設けた理由について，法典調査会における起草委員の説明では，諸外国の例がそうであるという理由に加えて，次のような説明をしている（なお諸外国の立法例については，新版注民(16)328 頁〔明石三郎〕を参照）。

すなわち，寄託者は，報酬を取らずに物を預かろうとする受寄者を信頼するというのであれば，受寄者となろうとしている者が，普段自分の財産を管理するについて，どれだけの注意を用いているかということをみているだろうから，それ以上の注意を受寄者に負わせるというのは酷であるというのである（法典調査会民法議事 36 巻 160 丁裏〔富井政章による趣旨説明〕）。この富井政章による起草委員説明は，無償寄託の受寄者に善管注意義務を課すのは酷であり，一段軽い注意義務にしたというニュアンスが強い（法典調査会民法議事 36 巻 162 丁表にも同じ趣旨の発言がある）。これに対して，同じく起草委員である梅謙次郎の著書では，寄託においては一般に，寄託者は受寄者が注意深い人か

388 〔吉永〕

第 11 節　寄　託　　　　　　　　　　　　　　　§*659*　Ⅱ

どうかを確かめるものだから，自己の財産におけると同一の注意をなせば多くの場合，寄託者の意思に沿うものとみることができ，ただし，寄託が有償の場合には，保管について報酬を受けた受寄者は別段の注意を払うべきであるというニュアンスで説明をしている（梅 768-769 頁）。

　さらに，委任の場合には，通常，委任者の事務は受任者の事務から切り離されて存在し，したがって受任者は自己の事務と無関係に委任者の事務処理を引き受けるのに対し，寄託の場合には，無償のときは，通常，受寄者は寄託者の物を自己の物と一緒に保管しようとするものだから，自己の物と切り離して考えることが適当でないからという理由を推測する見解もある（来栖 592 頁）。

(3)　裁判例に見られる注意義務違反の判断

　「自己の財産に対するのと同一の注意」の定義を踏まえると，無償受寄者が，自身のもつ能力を尽くしているときには，それが客観的にみて，当該状況において通常期待される程度の注意を尽くしたとはいえないものであったとしても，責任を問われることはないということになる。もっとも，裁判例をみてみると，その判断は，必ずしも，受寄者の注意能力がどれだけのものであるかを確定した上で，それに違反していたかを判定するという枠組みでは行われていない。善管注意義務の場合と同様に，契約締結に至る経緯や，それを踏まえた契約の趣旨を前提に，受寄者が尽くすべき注意を尽くしたかという形で判断が行われる。

　下級審裁判例であるが，東京地裁平成 13 年 1 月 25 日判決（金判 1129 号 55 頁）は，金魚・錦鯉の販売等を目的とする株式会社が，顧客から，自宅の建替えおよび引越しの間，その所有する錦鯉を保管してほしいとの委託を受けて，錦鯉を保管していたところ，過密飼育が原因となって錦鯉が大量に斃死したという事案について，受寄者たる会社の責任を否定したものである。そこでは，寄託者が，①高額な保管料による寄託を断るなど，保管に要する費用を安く抑えようとしていたことがうかがえる，②受寄者側から錦鯉の数が多いことを理由に保管に難色を示された際にも引越しを間近に控えているなどとして頼み込んでいる，③過密飼育の危険性について指摘され，受寄者側からも責任を持てないと念押しされているなどしていたという事情を汲んで，受寄者の負う注意義務の程度は，「せいぜい自己の物に対するのと同一の注

〔吉永〕　389

§*660*   第3編　第2章　契　約

意義務で足りる」と判示され，さらに，「過密保管や過密搬送を原因として
預けた錦鯉に異変や事故が生じても，受寄者の責任を問わないことが了解され
ていたものというべきである」と判示されている。ここでも，契約締結に
至る経緯や，それも踏まえた契約の趣旨から，受寄者が何をするべきであっ
たか（通常ではありえないほどの過密飼育を避けるべきであったといえるか）を判断し
ている。

〔吉永一行〕

　　（受寄者の通知義務等）
第660条①　寄託物について権利を主張する第三者が受寄者に対して
　　訴えを提起し，又は差押え，仮差押え若しくは仮処分をしたときは，
　　受寄者は，遅滞なくその事実を寄託者に通知しなければならない。
　　ただし，寄託者が既にこれを知っているときは，この限りでない。
②　第三者が寄託物について権利を主張する場合であっても，受寄者
　　は，寄託者の指図がない限り，寄託者に対しその寄託物を返還しな
　　ければならない。ただし，受寄者が前項の通知をした場合又は同項
　　ただし書の規定によりその通知を要しない場合において，その寄託
　　物をその第三者に引き渡すべき旨を命ずる確定判決（確定判決と同
　　一の効力を有するものを含む。）があったときであって，その第三者
　　にその寄託物を引き渡したときは，この限りでない。
③　受寄者は，前項の規定により寄託者に対して寄託物を返還しなけ
　　ればならない場合には，寄託者にその寄託物を引き渡したことによ
　　って第三者に損害が生じたときであっても，その賠償の責任を負わ
　　ない。
　　　　〔対照〕　ス債479，イ民1773・1777
　　　　〔改正〕　①＝平16法147・平29法44改正　②③＝平29法44新設

390　〔吉永〕

第11節　寄　託　　　　　　　　　　　　　　　　　§*660*　I・II

> （受寄者の通知義務）
> **第660条**　寄託物について権利を主張する第三者が受寄者に対して訴え
> を提起し，又は差押え，仮差押え若しくは仮処分をしたときは，受寄
> 者は，遅滞なくその事実を寄託者に通知しなければならない。（改正
> 後の①）
> （第2項・第3項は新設）

I　概　　要

　本条は，寄託物について第三者が権利を主張した場合の，受寄者と寄託者，
あるいは，受寄者と第三者の関係を規律するものである。本条は大きく分け
ると，2つの事柄について定めを置いている。

　1つは，第三者から訴えの提起などの権利主張があった場合に，受寄者が
寄託者に対して通知する義務を負うことを定めるもので，1項がこれを定め
る（平成29年改正によりただし書が加えられた）。

　もう1つは，第三者から権利主張があった場合に，受寄者は，寄託者とこ
の第三者のいずれに返還するべきかという問題である。平成29年改正で，
この問題についての規律として，本条に，2項および3項が設けられた。2
項は，受寄者が寄託物の返還義務を負うのは，原則として寄託者に対してで
あることと，これに対する例外を定め，3項は，2項の規定に従って受寄者
が寄託者に寄託物を返還した場合の第三者に対する免責を定めている。

II　第三者の権利主張と受寄者の通知義務（1項）

1　趣　　旨

　受寄者に対して所有権その他の権利に基づいて寄託物の返還請求権を主張
する第三者がいるということは，寄託者の権利に大きな影響を与える。仮に
この第三者の権利が判決で確定し，強制履行が行われることになれば，寄託
者は寄託物を失いかねない。そして，通常は，受寄者よりも寄託者の方が，
寄託物に関する権利関係について知り（または知る機会をもち），より容易に証
拠をそろえることができると考えられる。

〔吉永〕　　391

§*660* **II**　　　　　　　　　　　　　　　　第3編　第2章　契　約

　このため，寄託物の権利関係をめぐる争いが起きれば，寄託者に，自らの権利を守るための機会を与えることが適切である。本条1項本文が定める受寄者の通知義務は，寄託者にこうした機会を確保するために要求されるものである。

　本条1項ただし書が，受寄者の通知義務を免除していることも，同じ趣旨から説明できる。すでに寄託者が第三者の提訴等を知るときには，寄託者は自らの権利を守るための措置をとる機会を得ているからである。

　さらに，こうした趣旨からすれば，受寄者は，寄託者に一度通知を行えば，その後の事態の推移について逐一通知をする義務を負わないと解される（最判昭40・10・19民集19巻7号1876頁）。

2　規定の沿革

　本条1項本文は，寄託物について権利を主張する第三者から訴えの提起，差押え，仮差押え，または仮処分を受けた受寄者に，通知義務を負わせる。平成16年法律147号による改正前の民法は，このうち，訴えの提起と差押えのみを規定していたところ，通説・判例（前掲最判昭40・10・19）を取り込み，仮差押えおよび仮処分も明文の規定に加えたものである。

　また，平成29年改正で追加された同項ただし書では，第三者による提訴等を寄託者がすでに知っていた場合には，受寄者は通知義務を負わない旨を定める。この点について判例の立場は明確ではなかったが，一般的には，この場合には通知義務は不要であると解されていたと目される（詳解V 201頁，中間試案補足説明514頁。これに対して新版注民(16)339頁〔明石三郎〕は，この場合には通知は原則として不要としつつも，前掲最判昭40・10・19の原審・原々審判決を挙げて，倉庫業者などの場合は，警告する意味で改めて通知するべきであるとする）。

3　民法615条（賃借人の通知義務）との相違

　本条1項と同趣旨の規定が，賃貸借における賃借人についても置かれている（615条）。本条1項との相違点を挙げれば，次の2点である。

　第1に，賃貸借の場合には，「賃借物が修繕を要」する場合のほか，「賃借物について権利を主張する者があるとき」一般に賃借人に通知義務が生じるものとされている。これに対して，寄託の場合の受寄者の通知義務は，訴えの提起等の裁判所の手続が行われたときに限られている。第2に，賃貸借に関する615条は，明治29年の立法当初から，ただし書において，賃貸人が

392　〔吉永〕

第 11 節 寄 託 　　　　　　　　　　　　　　　　　　**§*660*** **II**

すでに知っていた場合には通知義務が免除されることを定めている（原案に
はなかったが，法典調査会における梅謙次郎による趣旨説明の冒頭で，ただし書の追加が
提案されている〔法典調査会民法議事 33 巻 133 丁裏〕）。これに対して，本条 1 項た
だし書は，前述のとおり，平成 29 年改正によって加えられたものである。

第 1 の，通知義務が生じる場合を，賃貸借においては広く，寄託について
は狭く規定する理由について，起草委員の 1 人である梅謙次郎は，目的物の
占有が誰の利益のためであるかという点に違いがあると指摘する（もっとも，
同じく起草委員の 1 人である富井政章は，討議において，両者の違いは必ずしも深く考え
たものではなく，「賃貸借ノ方ノヤウ二書イタ方カ宜シイカモ知レマセヌ」とも述べてい
る〔法典調査会民法議事 36 巻 172 丁表。なお 36 巻は，170 丁から 179 丁〔国立国会図書
館デジタルコレクションではコマ番号 163 から 172 に当たる〕に続いてもう一度 170 丁か
ら 179 丁〔同 173 から 182〕が現れるという付番のミスがある。このため該当部分は，国
立国会図書館デジタルコレクションのコマ番号を併記する。ここは，コマ番号 165〕）。す
なわち，賃貸借については，これは「有償契約テアル」とし，賃貸人に重い
義務を課す代わりに賃借人にも重い義務を課すという。これに対して，寄託
については，「寄託者ノ利益ト云フモノカ主」になっている（もし受寄者の利
益が主たる目的なら他の契約になるという）ので，受寄者に広い通知義務を負わせ
ることは「気ノ毒テアル」「余リ酷テアル」であるという（同 172 丁裏〔コマ番
号 166〕）。

第 2 の，通知義務が免除される場合については，同じく梅が次のように説
明している。すなわち，賃貸借の場合，権利を主張する第三者は多くの場合，
賃借人のところに主張するのではなく，本人のところに行って主張をするだ
ろうというのである。さらに，主として修繕を念頭に置いてではあるが，賃
貸の場合には，「大家」（賃貸人）は，家を見張るものであり，それによって
知っているのであれば賃借人からわざわざ通知をしなくてもよいともいう。
そして，寄託の場合には，このようなことが当てはまらず，したがって，通
知義務の免責を定める必要がないと説明をしている。

平成 29 年改正によって，通知義務の免除については，賃貸借と寄託にお
いて相違がなくなったものの，通知義務が発生する場面の広狭については依
然として残されている。これについて，法制審議会・民法（債権関係）部会
における議論では，賃貸借と寄託で規定内容が異なっている点についての指

〔吉永〕　　393

§660 III　　　　　　　　　　　　　　　　　　　　　　　第3編　第2章　契　約

摘こそあったものの（部会第58回議事録36頁），議論が発展することはなく，
規定もそのままに置かれたものである。

III　第三者の権利主張と受寄者の返還義務

1　本条2項および3項の趣旨

受寄者は，寄託契約に基づいて，寄託者に対して寄託物を返還する義務を
負う。これは，寄託物が寄託者の所有物でない場合でも変わりはない。また，
寄託物の所有者が寄託者ではなく第三者であるとき，この第三者は，受寄者
に対して所有権に基づく返還請求権をもつ。このことは，受寄者が寄託者に
対して返還義務を負うことによっても影響を受けない。このため受寄者は，
寄託者に対する返還の義務と第三者（寄託物の所有者）に対する返還の義務を
重複して負うことがある。本条2項および3項は，そうした場合に，受寄者
に生じる不都合を回避するための規定である。

本条2項本文は，第三者が寄託物について権利を主張するときでも，受寄
者は，寄託物を寄託者に対して返還するのが原則であると定め，さらに本条
3項が，これに従って寄託者に寄託物を返還した受寄者は，権利を主張する
第三者に損害が生じても，その賠償の責任を負わないと定める。

例外として，受寄者が寄託者に対する返還義務を免れる（すなわち寄託者の
返還請求権が消滅する）のは，①寄託者の指図があったとき（660条2項本文）と，
②1項の定める通知義務を果たした場合（あるいは通知義務が生じない場合）に
おいて，確定判決等に従って第三者に寄託物を引き渡したとき（660条2項た
だし書）である。

①の場合に，指図に従った受寄者が，寄託者との関係で免責されるのは当
然として，②の場合においても，受寄者は，寄託者に対する寄託物の返還が
履行不能となったことについて，債務不履行責任を免れる。

注意が必要であるのは，②の場合においては，単に確定判決等によって引
渡しが強制されたというだけでは，受寄者は返還義務を免れないということ
である。受寄者が免責されるためには，提訴等を受けたときに通知義務を果
たしている（あるいは寄託者がすでに知っているために通知義務が免除されている）こ
とが必要である。このような制限が設けられているのは，受寄者に提起され

394　〔吉永〕

第 11 節　寄　託　　　　　　　　　　　　　　　§*660*　III

た裁判などの手続に，寄託者が参加できるようにするためである。これに対
して，受寄者からの通知等によって，手続に参加する機会が寄託者に与えら
れたのであれば，その後，受寄者と第三者の間で裁判上の和解が成立し，そ
れに基づいて寄託物が第三者に引き渡されたという場合も，受寄者は免責さ
れる（本条 2 項ただし書に，括弧書で「確定判決と同一の効力を有するものを含む」と
加えられているのは，これを明確にする趣旨である）。

2　法典調査会における議論

本条は，平成 29 年改正により 2 項および 3 項が新設されるまでは，1 項
のみからなっていた。しかし，法典調査会における原案ではもともと，2 項
に「前項ノ場合ニ於テ受寄者カ確定判決ニ依リ寄寄物ヲ第三者ニ引渡スヘキ
トキ又ハ差押手続カ完結シタルトキハ受寄者ハ寄託者ニ対シテ返還ノ義務ヲ
免ル」と定めることが提案されていた。しかし，確定判決があればそれに従
わなければならないのは当然であるという理由から，2 項の削除案が提案さ
れた（法典調査会民法議事 36 巻 170 丁裏〔コマ番号 164〕〔田部芳委員発言〕）。さらに，
受寄者が寄託者に対する返還義務を免れるのは，確定判決に従ったか否かで
はなく，受寄者が提訴されたときに寄託者に対する通知義務を果たしていた
かで決まるのだから，提案された 2 項は適切でないという意見も提示された
（同 177 丁裏〔コマ番号 171〕〔田部芳委員発言〕）。結局，2 項削除説が可決され（同
199 丁表），受寄者がどのような場合に返還義務を免れるかについては，後の
解釈に委ねられることとなった。実際のところ，確定判決に基づいて第三者
に寄託物を引き渡した受寄者に，寄託者に対する損害賠償責任を負わせよう
とする見解は現れていない。

3　動産・債権譲渡特例法制定当時の議論

これに対して，第三者に寄託物を引き渡した受寄者が，寄託者に対する損
害賠償責任を免れるためには，それが確定判決に基づくものであることが必
要かという点については，見解の対立があった。この対立が表立って現れた
のは，平成 16 年法律 148 号による動産・債権譲渡特例法改正のときである。
この改正は，それまでの「債権譲渡の対抗要件に関する民法の特例等に関す
る法律」を「動産及び債権の譲渡の対抗要件に関する民法の特例等に関する
法律」との名称に変更し，債権譲渡に加えて動産譲渡についても登記ファイ
ルへの登記による対抗要件具備を認めるものである。

〔吉永〕　　395

§*660* IV 第3編 第2章 契 約

　問題は，受寄者などの占有代理人が占有する動産が譲渡され，これについて動産譲渡登記がされた場合において，その譲受人が占有代理人に対して当該動産の引渡しを請求したときに，これに応じた占有代理人が，本人に対して損害賠償責任を負うかという点について生じた。具体的には，譲受人が真の所有者でありさえすればよいとする説と，譲受人が真の所有者であることが確定判決等で明確になることを要するとする説が対立していた（経緯について詳解V 197頁）。

　結局，動産・債権譲渡特例法は，占有代理人（受寄者）が本人（寄託者）に対して，第三者への引渡しに異議があればそれを述べるように相当の期間を設けて催告をし，その期間内に本人からの異議がなければ，受寄者は，第三者への寄託物の引渡しにより寄託者に損害が生じても賠償責任を負わないとの定めを置くことで，この問題の調整を図っている（同法3条2項）。

IV　受寄者と民法178条の「第三者」

　寄託物の譲渡をめぐっては，古くから，寄託物の所有権が寄託者から第三者へと譲渡されたときに，譲受人は，受寄者に対して譲渡の事実を主張し，寄託物の返還を請求するために，所有権の取得について対抗要件をそなえる必要があるかという問題として論じられている。特に実務上多く争われてきたケースというのは，寄託物が動産である場合において，寄託物の譲渡が寄託者から受寄者へと通知されることもないままに（したがって民法184条の指図による占有移転も成立することのないままに），譲受人が受寄者に対して動産の引渡しを求めるというものである。

　判例は，大審院明治36年3月5日判決（民録9輯234頁）以来，一貫して，受寄者は民法178条の「第三者」には当たらず，したがって，譲受人は，対抗要件をそなえることなくして，受寄者に対して所有権取得の事実を主張し，寄託物の返還を請求できるとし，寄託物の引渡しを命じる判決を出している（大判昭13・7・9民集17巻1409頁，最判昭29・8・31民集8巻8号1567頁）。これに対して学説の有力説は，①賃貸借においては，賃貸目的物の譲受人は，賃借人に対して所有権取得の事実を主張するのに，対抗要件をそなえることが必要とされていること（大判大4・2・2民録21輯61頁，大判大4・4・27民録21輯

396　〔吉永〕

第11節　寄　託　　　　　　　　　　　　　　　　　　　§*661*　I

590頁），②受寄者は，誰が真の所有者かを確実に知ることについて利益をも
ち，これを保護する必要があることなどを根拠に，判例を批判する（学説の
状況は舟橋諄一〔判批〕民百選I初版138頁以下に詳しい）。もっとも，本条の2
項・3項に受寄者の保護を図る規定が置かれたので，民法178条の対抗要件
を通じて受寄者の保護を図ろうとする議論の実益は乏しくなったといえよう。

　念のために付言すれば，こうした寄託物の譲受人が譲り受けた事実を受寄
者に主張するのに対抗要件の具備を必要とするかという問題と，第三者に寄
託物を引き渡した受寄者の寄託者に対する損害賠償責任という本条2項が定
める問題とは，（関連はするが）異なる問題である。後者については，通知義
務を果たした上で確定判決を受け，それに従った受寄者が寄託者に対して免
責されることになる。前者は，その前提として，譲受人が，受寄者に対して，
所有権の取得を根拠として，寄託物の引渡しを命じる判決（受寄者が報酬支払，
費用償還，損害賠償の請求権に基づいて留置権をもつのであれば，引換給付判決となる）
を受けるために必要となる実体上の要件に関わる問題である。

　なお，寄託物の譲渡に際して，寄託者から第三者に寄託者としての契約上
の地位が移転されたとみるときには，民法539条の2の規定により，この契
約上の地位の移転は，受寄者の承諾がなければ効力を生じない。

〔吉永一行〕

　　（寄託者による損害賠償）
　第661条　寄託者は，寄託物の性質又は瑕疵によって生じた損害を受
　　寄者に賠償しなければならない。ただし，寄託者が過失なくその性
　　質若しくは瑕疵を知らなかったとき，又は受寄者がこれを知ってい
　　たときは，この限りでない。

　　　〔対照〕　ド民694，ス債473 II，オ民967

I　趣　　旨

　寄託は，委任と同様に，役務の提供を受ける寄託者の利益のために行われ
る。このため，受寄者が寄託物によって損害を受けることがないようにする

〔吉永〕　　397

§661 II   第3編　第2章　契　約

べきことが原則となる（梅771頁）。その意味で，本条は，委任における委任
者の無過失責任を定める民法650条3項と同じ趣旨に出た規定である。さら
に，寄託物の性質等を知り得る立場にあるのは寄託者であるということも，
寄託物の性質等から損害が発生するリスクを寄託者に負担させる理由として
挙げられる（中間試案補足説明517頁）。

　しかし，650条3項と異なり，本条は，一定の場合に寄託者が免責される
余地を認めている。このため，無過失責任というよりは，損害賠償に関する
立証責任の転換を定めたものと理解される（新版注民(16)340頁〔明石三郎〕）。

II　無過失責任化に向けた主張

　本条は，その趣旨が650条3項と共通するものとされながら，ただし書を
設けることで，650条3項と異なり，寄託者に免責の余地を認めている。こ
のうち，寄託物の性質や瑕疵を受寄者が知っていた場合に，寄託者が免責さ
れることについては異論は見られないが，寄託者が寄託物の性質や瑕疵を過
失なく知らなかったときに免責を認めること（以下では「寄託者無過失による免
責」と呼ぶ）については，批判がある。とりわけ，無償寄託については，そ
の好意契約的性格のゆえに，650条3項を類推適用して，寄託者の責任の無
過失責任化を図ろうとする見解がある（来栖600頁，石田（穣）373頁以下）。

　なお650条3項の立法論として，とりわけ有償の委任においては，報酬の
中に危険の代償が含まれていると考えて，650条3項の適用を排除するとい
う見解がある（来栖527-528頁。650条3項の適用範囲をめぐるこのほかの議論につい
て，→§650 IV）。

　平成29年改正にいたる議論においても，寄託者無過失による免責を，有
償寄託に限るとする提案（中間試案第43・5(2)ア参照）が提示されている。その
理由については，有償寄託においては，①受寄者は寄託物を保管するための
設備を有することが多いこと，②とりわけ寄託物の種類が限定されている場
合には，寄託物の性質等について寄託者より詳しい知識を有する場合も少な
くないこと，③保険により危険を分散することも可能な立場にあることが多
いと考えられることが挙げられている。もっとも，有償・無償という基準だ
けではなく，寄託の内容や受寄者の専門性に着目するのが適当であるという

398　〔吉永〕

第11節　寄　託　　　　　　　　　　　　　　　　　§*661*　**III**

考え方も併記されている（650条3項については，「委任事務が専門的な知識又は技能を要するものである場合において，その専門的な知識又は技能を有する者であればその委任事務の処理に伴ってその損害が生ずるおそれがあることを知り得たとき」に，委任者の無過失責任を適用しないとする提案をしており（中間試案第41・3），それと平仄を合わせることが意識されている。なお，詳解Ⅴ 177頁では，事業者たる受寄者と消費者たる寄託者の間の消費者契約に限るとする提案が示されていた）。

　もっとも，その後の部会の議論でも，結局寄託者の免責の有無を決する基準について意見は帰一せず，合意が形成できないとして改正は見送られることとなった（部会資料81-3・26頁）。

III　損害の範囲

　本条によって賠償されるべき損害については，「寄託物の性質又は瑕疵によって生じた損害」と定められている（なお，中間試案第43・5(1)では，「瑕疵」という用語を避けるために「寄託物の性質又は状態に起因して生じた損害」との用語を用いている）。損害を生じさせる性質や瑕疵として典型的であるのは，揮発性・可燃性があるとか，腐敗しやすい性質があるとか，あるいは病原体に感染しているなどといったものである。

　旧民法財産取得編219条1項は，「其物ノ為メニ受寄者ノ受ケタル損害」との用語をもって定めていた。これに対して，起草委員は，「不明瞭」であり「寄託者ノ責任ハ非常ニ重イコトニナラウト思フ」として，「寄託物ノ性質ヨリ生シタル損害」との表現を採用したと説明をしている（その後，馬が伝染病にかかっていたことも「性質」に含めるのは無理があるとして，「性質又ハ瑕疵」という表現に修正されている）。「其物ノ為メニ」受けた損害というと，例えば，受寄者が寄託物を棚やタンスの上に載せていたところ，地震の際に寄託物が落下して下にある物を壊したというときにも，寄託者に賠償責任が生じることになりかねず，寄託者の責任が重くなりすぎるというのである（法典調査会民法議事36巻233丁裏〔富井政章発言〕。同じ事例は，新版注民(16)340頁〔明石三郎〕にも引用されている）。

〔吉永〕　　399

IV 寄託者・受寄者の寄託物の性質・瑕疵に対する認識の時期

本条ただし書は，寄託物の性質・瑕疵について，寄託者が過失なく知らなかったとき，または，受寄者が知っていたときに，寄託者が免責されると定めている。これについて，寄託者がいつまでに認識していれば（あるいは知らないことにつき過失があるといえる状態になれば），あるいは受寄者がいつまで知らずにいれば，免責が得られないことになるのかということは，ほとんど議論されてきていない。

古い見解には，契約後であっても寄託物の瑕疵を知ったときには，寄託者は受寄者に通知するべきであり，これを怠るときには賠償責任を免れず，また受寄者の認識についても，同様に損害発生までに悪意となれば，本条ただし書が適用されるとするものがある（鳩山・下 654 頁，末弘 802 頁。新版注民(16) 342 頁〔明石三郎〕もこれを支持する）。仮にこの見解を支持し，契約締結後に受寄者が瑕疵に気がついた（その後，瑕疵によって損害が生じた）場合にも，寄託者は本条本文の責任を負わないと解するのであれば，瑕疵に気がついた受寄者が，これに対応するために支払った費用は，必要費（665 条の準用する 649条・650 条 1 項）として寄託者に転嫁されるべきであろう。

〔吉永一行〕

（寄託者による返還請求等）

第 662 条① 当事者が寄託物の返還の時期を定めたときであっても，寄託者は，いつでもその返還を請求することができる。

② 前項に規定する場合において，受寄者は，寄託者がその時期の前に返還を請求したことによって損害を受けたときは，寄託者に対し，その賠償を請求することができる。

〔対照〕 フ民 1944, ド民 695, ス債 475, オ民 962, イ民 1771 I, オランダ民法 7: 408 I, DCFR IV. C. -2: 111・5: 104(1)

〔改正〕 ②＝平 29 法 44 新設

第11節　寄　託　　　　　　　　　　　　　　　§*662*　I・II

> （寄託者による返還請求）
> 第662条　（略，改正後の①）
> 　（第2項は新設）

I　本条1項の趣旨

　寄託物の返還時期について，本条1項は寄託者からの返還請求を，次条は受寄者からの返還（引取請求）を，それぞれ定めている。本条1項は，当事者が寄託物の返還時期を定めていたときであっても，寄託者はその到来を待たずに受寄者に対して返還を請求できる旨を定める（以下，寄託者のもつこの返還請求権を「（寄託物引渡し後の）任意返還請求権」と呼ぶ）。

　貸借型の契約において，目的物の返還時期（契約の期間）が定められている場合には，貸主がその到来前に借主に対して返還を請求することはできない。また，返還時期の定めがない場合であっても，相当期間を定めた催告（消費貸借：591条1項），契約で定められた使用および収益をするのに足りる期間の経過（使用貸借：598条1項），あるいは解約申入れから一定期間の経過（賃貸借：617条1項）が必要である。即時の返還請求が認められるのは，契約の期間も使用および収益の目的も定められていない使用貸借の場合（598条2項）だけである。

　寄託において，返還時期の定めがある場合にすら，寄託者に寄託物の即時の返還請求権が認められるのは，受寄者による寄託物の占有が，もっぱら寄託者の利益のための物の保管として行われていることが理由である。

II　返還義務の性質

1　解除（解約告知）構成

　寄託者からの返還請求および受寄者からの引取請求について，通説は，寄託者・受寄者の双方に解除権（解約告知権）を認めるものと解している。その前提には，寄託における受寄者の返還義務は，寄託が終了することによって発生する義務だとの理解がある（我妻・中II 723頁，新版注民(16)343頁〔打田畯

〔吉永〕　　401

§662 II

第3編 第2章 契約

一＝中馬義直〕）。

解除に類する文言が用いられていないにもかかわらずこうした構成をとる理由については，第1に，消費貸借や使用貸借において，解約告知によって契約関係を終了させ，その結果として目的物の返還を請求できると解釈されていることが挙げられている。平成29年改正では，使用貸借に関する条文が，こうした解釈を反映させる文言に修正されている（593条・597条・598条）。賃貸借も，期間の定めのない賃貸借における賃借物の返還請求は「解約の申入れ」として規定され（617条），平成29年改正では，賃貸借の冒頭規定である601条も，使用貸借と同様の文言へと改正されている（もっとも同じ平成29年改正で，寄託について同趣旨の改正をあえて行わなかったことについては，一3）。

第2に，理論的に見て，受寄者が一方において寄託物の保管義務を負うと同時に，他方においてその寄託物の返還義務がすでに履行期にあるというのでは一種の矛盾であるとして，返還の請求をするためには，まず契約を解除して終了させることが必要だと説明されている（新版注民(16)343頁〔打田＝中馬〕）。

なお，ドイツにおいては，本条1項と同趣旨を定めるドイツ民法695条前段の規定について，伝統的な通説はこうした解除構成をとってこなかった（新版注民(16)350頁〔打田＝中馬〕などで紹介されている）が，近年では，こうした通説に対する疑問が示され，同条を解除権に関する規定と見る見解が有力になっている。その際理由として挙げられているのは，寄託者からの返還請求によっても契約が終了しないとすると，有償寄託において，寄託者からの返還請求を受けながら，寄託物を返還せずにその保管を続ける受寄者は，報酬を受けられることになってしまい，不当であるというものである（Staudinger/Reuter, 2015, §695, Rn. 3）。

2　解除構成に対する批判

これに対して，こうした解除構成に対する批判的見解もある。すなわち，寄託においては，保管義務のみならず返還義務もまた寄託契約の本質的債務であり（詳解Ⅴ163頁・186頁），返還義務は，寄託終了の効果と捉えるべきではないというものである。

こうした批判的な立場によれば，返還義務の履行完了によって寄託契約が終了すると捉えるのが適切だと考えることとなる。この見解は，解除構成は，

第11節 寄 託 §*662* **II**

借主の利益である目的物の利用を目的とする貸借型の契約であれば適合するが，寄託者の利益のために物を保管する寄託契約は，基本において相違があると指摘する。

また，解除構成をとると，寄託者からの返還請求または受寄者からの返還の申出（引取請求）により契約が終了するため，無償受寄者はそれ以降，特定物を引き渡す債務を負う者の注意義務に関する400条が適用され，責任が加重されるという矛盾が生じるという指摘もある（新版注民(16)374頁〔打田＝中馬〕が663条に関連してこれを指摘するが，「民法の解釈上やむをえないのではないかと考えられる」とする。もっとも，契約が終了すると，契約条項も，寄託に関する民法上の規定も一切適用されなくなるという理解自体は疑問である）。

さらに，解除構成に批判的な立場からは，一部返還の場合も無理なく説明でき，返還請求から実際に返還が行われるまでの間の法律関係を契約によって規律する方が明確であり当事者の意思にも沿うといった根拠も挙げられる（中田548頁。部会第82回議事録19頁の内田貴委員発言も参照）。

受寄者が返還義務を履行しない場合にまで寄託者が保管料支払義務を負うことになって不当であるという前述の指摘に対しては，これは受寄者の返還義務の履行遅滞によって生じたものだから，受寄者は同額の損害賠償責任を負うことになり，問題がないとする（詳解Ⅴ 186頁）。

3 返還義務の性質の明文化の試み

上述のような議論も踏まえて，平成29年改正にいたる法制審議会における議論においては，返還義務の性質にも関わる規定の改正が提案されていた。

一方で，中間試案では，寄託の冒頭規定（657条）について，「寄託は，当事者の一方が相手方のためにある物を保管することとともに，保管した物を相手方に返還することを約し，相手方がこれを承諾することによって，その効力を生ずるものとする。」（傍点引用者）との文言が提案されていた（中間試案第43・1(1)ア参照）。保管義務と並び，返還義務もまた，契約の本質的な債務であることを示す文言であるといえる。

もっともその後の審議においては，「契約が終了したときに」相手方に返還することを約するという文言を加えるという別案も提示された（部会資料73A・8-9頁）。この別案は，これを採用するときには，本条の規定を寄託者に任意解除権を与える旨の規定に改めることを予定しており，前述の解除構

〔吉永〕 403

§662 Ⅲ   第3編　第2章　契　約

成との共通性をもつ（ただし，寄託物の返還義務が寄託の基本的な債務の一つであることを前提とする点では，解除構成と異なる側面をもつのではある）。

さらに，第三案として，こうした見解の対立に入り込むことを避けるために，寄託の冒頭規定に，受寄者の返還義務を明記しないままにしておくという選択肢も示された（部会資料73A・10頁）。冒頭規定に受寄者の返還義務を明記することに対しては，さらに別の懸念として，保管のみならず返還に関する合意をしなければ寄託が成立しないこととなり，寄託の範囲が現在よりも狭くなる可能性がでてくるといった指摘がされもした（部会第82回議事録18-19頁〔松尾博憲関係官発言〕）。

法制審議会・民法（債権関係）部会では，必ずしも深い議論が行われたわけではないが，この第三案が採用されることとなった。すなわち，解除構成を明示的にとることはせず，同時に，寄託の冒頭規定に，受寄者の返還義務を明記することも見送られた。その理由については，「保管することを約する」という文言には，「保管した物を相手方に返還することを約する」という意味が含まれているといえ，これを重ねて表記する必要があるとは必ずしもいえないからと説明されている（部会資料81-3・23頁）。

Ⅲ　受寄者の損害賠償請求権（2項）

本条2項は，平成29年改正により追加されたものである。改正に向けた中間試案の概要と補足説明では，寄託者が任意返還請求権を行使した場合に受寄者が損害賠償請求権をもつことに異論はないと指摘する一方，そこにいう「損害」の内容，とりわけ契約に定められた返還時期まで寄託物が預けられていた場合に受寄者が受けるべき報酬相当額の損害の賠償が認められるかについては，「解釈に委ねる」ものとされている（中間試案補足説明521頁）。

平成29年改正以前の学説の状況については，一言でいえば，報酬相当額の賠償を認める見解と，これを認めず機会損失の賠償にとどまるとする見解が対立していたものと評価できる。もっとも，これについては，若干の補足を要する。

受寄者の損害賠償請求権は，前述（→§657の2Ⅲ3(2)）のとおり，諾成的寄託において寄託物引渡し前に寄託者が解除した場合（以下では「寄託物引渡し前

404　　〔吉永〕

第 11 節　寄　託　　　　　　　　　　　　　　　　　　§ *662*　IV

の損害賠償」と呼ぶ）と，本条 2 項が問題とする寄託物引渡し後・返還時期の
到来前に寄託者が返還請求をした場合（以下では「返還時期前の損害賠償」と呼
ぶ）の，いずれでも問題となる。そして，いずれの場合でも，当事者の権利
状態は同じになるということが，ほぼ一致した前提となっている（例外的に，
星野 301 頁は返還時期前の損害賠償について報酬相当額の賠償を認める一方，同 297 頁は
寄託物引渡し前の損害賠償について機会損失の賠償のみを掲げ，報酬相当額の賠償に言及
しない）。

　そうした前提を踏まえつつ，返還時期前の損害賠償について明示的に言及
する見解をみてみると，そのほとんどが，報酬相当額の賠償を認めるとの立
場に立っている（前掲の星野 301 頁のほか，広中 273 頁，石田（穣）374 頁，新版注民
(16)350 頁〔打田畯一＝中馬義直〕，鈴木 701-702 頁。明示的にこれを否定するものとし
ては，品川・下 319 頁，および，不解除特約がある場合にのみ保管料相当額の賠償が認め
られるとする来栖 606 頁がみられるくらいである）。しかし，寄託物引渡し前の損
害賠償についてのみ言及し，そこでの損害を機会費用に限る見解も有力に主
張されている（我妻・中 II 706 頁はこれを費用償還の問題として捉えようとする。新版
注民(16)319 頁〔明石三郎〕も参照）。こうした議論状況をみれば，実質的には，
返還時期前の損害賠償についても，報酬相当額の賠償を認める見解と，機会
損失の賠償にとどめる見解が対立していたとみるのが正当であろう（詳解 V
183 頁注 2 や，前述の中間試案補足説明 521 頁の記述も，こうした学説の対立を前提にし
ている）。

　なお，両説の詳細（特に主張の根拠）については，寄託物引渡し前の損害賠
償に関する議論と同様であるので，それに関する記述（→§ 657 の 2 III 3 (2)）に
譲ることとする。

IV　返還義務

1　返還の相手方

　受寄者は，寄託契約に基づいて返還義務を負うのであり，したがって，寄
託物を返還するべき相手方は，寄託者である。寄託物について所有権その他
の権利を持つ第三者が，その権利に基づいて，受寄者に対して返還請求をす
る場合でも，原則として，受寄者はこの請求に応じて返還をするべきではな

〔吉永〕　405

いことは，民法660条2項および3項が定めるとおりである。

　古い判例であるが，倉庫営業を営む受寄者が，AとBの共有に係る塩を，Aのみと締結した寄託契約に基づいて保管し，のちにBからの請求に応じてBに引き渡したという事案において，この場合受寄者は，契約の相手方であるAに対してその債務を履行したことにはならず，債務不履行の責任を免れないとしたものがある（大判明37・4・21民録10輯507頁）。

　なお，倉庫営業に関する商法の規定であるが，倉荷証券が作成されている場合には，これと引換えでなければ寄託物の返還を請求することができないとされている（商613条〔平30年改正前620条〕）。

2　受寄者の返還義務と同時履行の抗弁権・留置権

　判例は，受寄者の負う返還義務は，寄託者の負う報酬支払義務と同時履行の関係にあるとしている（大判明36・10・31民録9輯1204頁。§665 IV 2 も参照）。古い学説には，報酬は保管の対価であって返還の対価ではないとして反対するものもあるが（末弘797頁），肯定説が通説といってよい（新版注民(16)362頁〔打田畯一＝中馬義直〕，我妻・中II 720頁）。さらに判例は，受寄者は，報酬の支払を受けるまで，寄託物の上に留置権を行使することを認めている（大判昭9・6・27民集13巻1186頁）。

3　返還請求権の消滅時効

　寄託契約に基づく寄託物返還請求権も，契約から発生する債権であり，その消滅時効については，債権の消滅時効に関する民法166条1項の規定に従う。その起算点としての「権利を行使することができる時」について，古い判例は，①返還時期の定めのない寄託契約については，寄託契約成立の時（なお判例当時は，寄託は要物契約である）から消滅時効が進行するとし（大判大9・11・27民録26輯1797頁），②返還時期の定めのある寄託契約については，その時期の到来前には，消滅時効は進行を開始しないとしている（大判昭5・7・2評論19巻民法1016頁）。

　実質的には妥当な結論と考えるが，両判決の理由を対照すると矛盾が感じ取られるのも事実である（新版注民(16)363頁〔打田＝中馬〕がこのことを指摘する）。一方で，返還時期の定めのない寄託において，契約成立の時から消滅時効が進行する理由について，前掲大審院大正9年11月27日判決は，「何時ニテモ之カ返還ノ請求ヲ為シ得ル」ためと説明をしている。しかし，本条

406　〔吉永〕

第11節　寄　託　　　　　　　　　　　　　　　　　　§*663*　I

の定めがあることにより，返還時期の定めがある場合でも，やはり「いつで
も返還請求ができる」ことに変わりはないのである。

他方で，返還時期の定めのある寄託において，その時期が到来するまで，
消滅時効は進行を開始しないとする理由について，前掲大審院昭和5年7月
2日判決は，期限にいたるまで寄託物を保管させることは「寄託契約ニ因リ
取得シタル権利ヲ行使セルモノニ外ナラ」ないからだと説明をしている。し
かし，寄託物の保管をさせることが寄託契約上の権利を行使していることに
当たるというのは，返還時期を定めていない場合にも，やはり同じように当
てはまるものである（そうした矛盾を指摘しつつも，実質的考慮に基づいて判例を支
持するものとして川島武宜・民法総則〔1965〕512-515頁）。

なお，寄託契約に基づく返還請求権が時効により消滅した場合においても，
寄託者が寄託物の所有者であり，その所有権に基づいて寄託物の返還を請求
するときには，受寄者は，その返還を拒むことはできない（大判大11・8・21
民集1巻493頁）。

〔吉永一行〕

（寄託物の返還の時期）

**第663条①　当事者が寄託物の返還の時期を定めなかったときは，受
寄者は，いつでもその返還をすることができる。**

**②　返還の時期の定めがあるときは，受寄者は，やむを得ない事由が
なければ，その期限前に返還をすることができない。**

〔対照〕　ド民696，ス債476，オ民962・963，イ民1771 II，オランダ民法7: 408
II

I　本条の趣旨

寄託者からの返還請求を定める前条に対して，本条は，受寄者からの返還，
すなわち寄託者に対する引取請求について定める。

寄託者が，返還時期の定めがある場合にも，いつでも返還を請求できるの
に対して，受寄者は，返還時期の定めがある場合には，原則として期限前に

〔吉永〕　　407

は寄託物を返還することができず，やむを得ない事由がある場合にのみ返還が許される。こうした違いは，寄託が寄託者の利益のために行われるものであることを反映したものと説明できる。

II 受寄者の引取請求権

1 返還時期の定めのない場合

寄託物の返還時期の定めがない場合，受寄者は，いつでもその返還をすることができる（663条1項）。条文の文言からは，寄託者に引取りのための準備期間を与えるための予告期間などを置くことを要せず，即時の引取りを請求できると解される。

法典調査会における審議においては，当時の商法612条が「相当又ハ約定ノ予告期間ニ従フコトヲ要ス」と定めていることと対比して，受寄者による引取請求について，相当期間の催告を要件とすることを提案する発言があった。しかし，起草委員の富井政章は，突然返されて置き場所に困るという場合は少ないと予想されるので，受寄者は原則として予告期間なく返還することができるものとし，予告期間についての定めを置かなかった寄託者は，いつ返されるかもしれないということを覚悟しなければならないと決める方が便利と考えたと説明している（法典調査会民法議事36巻248丁裏）。実際にも，大型の物，大量の物を寄託するような場合には，契約の中で，返還の時期を定めるか，受寄者からの引取請求に予告期間を置くことを定めるかすることが通常と考えられる。もっとも，寄託者にとって不利な時期に即時の引取りを求めることが信義則に反すると評価される場合のあることは考えられる（新版注民(16)369頁〔打田畯一＝中馬義直〕）。

なお，倉庫営業については，寄託物が入庫されてから6か月が経過しない場合には，やむを得ない事由がない限り，寄託物を返還することができないものと定められている（商612条〔平30改正前619条〕）。

2 返還時期の定めのある場合

返還時期の定めがある場合には，受寄者は，その到来前に寄託物を返還できないのが原則である。しかし，やむを得ない事由があるときには，例外として寄託物を返還することができると定められている。

第11節 寄 託 §*664* I

何が「やむを得ない事由」に当たるかについて，公刊された裁判例はない。「契約の当時予想されなかつた事情を生じ，その結果保管の安全を期しえないか受寄者に危険を生ずるおそれがあるようになること と解すべきである」（我妻・中II 725頁）という基準に沿って，個別に判断するしかないだろう。

3 寄託者が引取りに応じない場合の受寄者の救済

受寄者が本条の要件を満たして寄託者に引取りを請求したにもかかわらず寄託者が寄託物を引き取らない場合には，受寄者は受領遅滞（413条）に陥ることとなる。また債権者の受領拒絶に基づく弁済供託（494条1項1号）の原因が生じることともなる。

さらに，商法は，倉庫営業について，寄託者が寄託物を受領しないときに，倉庫営業者が寄託物を供託し，または相当の期間を定めて催告した上で競売に付すことを認めている（商法615条〔平30改正前624条1項〕が同法524条1項および2項を準用する）。さらに，標準倉庫寄託約款には，供託・競売に加え，一定の要件のもとで，受寄者が寄託物を任意に売却することを認める規定が置かれている（甲31条，乙28条）。

〔吉永一行〕

（寄託物の返還の場所）

第664条 寄託物の返還は，その保管をすべき場所でしなければならない。ただし，受寄者が正当な事由によってその物を保管する場所を変更したときは，その現在の場所で返還をすることができる。

〔対照〕 フ民 1942・1943，ド民 697，ス債 477，イ民 1774

I 保管をすべき場所における返還の義務

1 趣 旨

本条は，保管を終えた寄託物を返還すべき場所について当事者の定めがない場合に，これを補充する規定である。

本条本文は，原則として，「保管をすべき場所」すなわち契約の解釈によって定められる保管場所が，返還場所となることを定めている。このため，

〔吉永〕 409

§664 I　　　　　　　　　　　　　　　　　　　　第3編　第2章　契　約

受寄者が寄託者の元に寄託物を持参する必要はなく，寄託物返還債務は取立債務であると解される。

なおここで定められる返還場所は，保管をすべき場所であって，現に寄託物が保管されている場所ではない。このため，受寄者が保管をすべき場所以外の場所で寄託物を保管しているときには，保管をすべき場所まで寄託物を移動しなければ，債務の本旨に従った弁済の提供をしたことにならないというのが原則である。

この点について，旧民法財産取得編217条本文は，「受寄者カ受寄物ヲ移置シタルモ其現在ノ場所ニ於テ之ヲ返還ス」と定めていた。しかし，現在の場所ではなく，通常は契約で定まる保管場所（なお原案では「保管ノ場所」とされていたが，趣旨を明確にするために整理案において「保管ヲ為スヘキ場所」に修正された）で返還をすることが，公平でもあり，当事者の意思にもかなうと考えられて（法典調査会民法議事36巻251丁表〔富井政章による趣旨説明〕），現在の規定内容となったものである。

2　保管をすべき場所が特定できない場合

保管をすべき場所は，当事者間に明示的な定めがなければ，契約の趣旨を解釈してそれを特定するしかない。しかし，それでも保管をすべき場所が特定できないときについて，特定物の引渡しを目的とする債務の履行場所に関する民法の原則（484条。平成29年改正後は484条1項）に従い，「債権発生ノ当時其物ノ存在シタル場所」（鳩山・下651頁）すなわち「当初に目的物を受取つた場所」（末川 II 344頁）が返還場所となるとする見解がある。しかし，この見解は，平成29年改正前の，寄託が要物契約として定められていた時代のものであることに注意が必要である（平成29年改正により寄託は諾成契約とされたので，債権発生の当時に，寄託物は，いまだ寄託者の元に存在している可能性もある）。

結局，寄託物の性質や受寄者の元にある設備などとともに，受寄者がどこで寄託物を受け取ったかも考慮に入れて契約の趣旨を解釈し，保管をすべき場所を特定するしかないと考えられる。

410　〔吉永〕

第11節 寄 託　　　　　　　§*664* II, §*664の2* I

II　正当な事由に基づく転置の場合の例外

　本条ただし書は，本文に対する例外として，正当な事由によって寄託物を保管する場所を変更したときは，現在の保管場所で返還することができる旨を定める。

　この例外について，起草委員の富井政章は法典調査会の趣旨説明において「其場合ニハ元ノ保管ノ場所ニ持ツテ往クト云フコトモ出来マセヌ」と説明し（法典調査会民法議事36巻251丁裏），また同じく起草委員の1人である梅謙次郎は，その著作の中で「受寄者ノ負担重キニ過キ或ハ実際保管ヲ為スヘキ場所ニ於テ返還ヲ為スコト能ハサルコトアルヘキ」と説明をしている（梅776頁。その具体例として，倉庫の修繕のために寄託物を他の場所に転置する必要があるときを挙げている）。

　本条ただし書が適用されるための「正当な事由」の有無を判断するには，事例ごとに具体的に検討しなければならない。それでも，上述のような起草者の意図に鑑みれば，単に受寄者にとっての保管の便宜のためというのでは足りず，原則として，契約で定められた保管場所での保管・返還ができなくなるような事由が存在していることが必要だといえるだろう。

〔吉永一行〕

　　（損害賠償及び費用の償還の請求権についての期間の制限）
　第664条の2①　寄託物の一部滅失又は損傷によって生じた損害の賠償
　　　及び受寄者が支出した費用の償還は，寄託者が返還を受けた時から1
　　　年以内に請求しなければならない。
　②　前項の損害賠償の請求権については，寄託者が返還を受けた時か
　　　ら1年を経過するまでの間は，時効は，完成しない。
　　　〔改正〕　本条＝平29法44新設

I　趣　　旨

　本条は，寄託者のもつ損害賠償請求権および受寄者のもつ費用償還請求権

〔吉永〕　　411

§664の2 II　　　　　　　　　　　　　　　　　　　　　　　第3編　第2章　契　約

について，特別の期間制限を設けるものであり，平成29年改正で新設された規定である。なお，ここで問題となる寄託者の損害賠償請求権は，寄託物の一部滅失または損傷に基づくもののみである。寄託物の全部滅失に基づく損害賠償請求権は，本条の適用を受けず，一般の原則に従う。これは，全部滅失の場合には，寄託物の返還自体が不能になっているため，「寄託者が返還を受けた時」を起算点とするルールを適用する余地がないこと，および債権債務関係を早期に処理するという要請も高くないという考慮に基づくものである（部会資料73A・20頁。詳解V 192頁も参照）。

　1項は，損害賠償請求権および費用償還請求権について，寄託者が返還を受けた時から1年以内に請求をしなければ権利を失うという内容の期間制限を定める。使用貸借（600条1項〔平29改正前600条〕）と賃貸借（使用貸借の規定を準用する622条〔平29改正前621条〕）について定められているルールを，寄託にも取り入れたものである。

　2項は，損害賠償請求権について，寄託者が返還を受けた時から1年を経過するまでは時効が完成しないという時効の完成猶予を定める。寄託物の一部滅失または損傷による損害賠償請求権の消滅時効は，滅失または損傷が生じた時から進行を開始すると解されるところ，長期にわたる寄託の場合，寄託物が返還される前に消滅時効が完成してしまうおそれがあることから，これに対処したものである。なお，同じ趣旨の規定が，平成29年改正により，使用貸借（600条2項）および賃貸借（622条が使用貸借の規定を準用）にも新設されている。

II　規定新設の経緯

1　寄託者の損害賠償請求権の期間制限

（1）　民法（債権法）改正検討委員会『債権法改正の基本方針』による提案

　本条新設の契機となる提案は，民法（債権法）改正検討委員会が取りまとめた『債権法改正の基本方針』において行われている。そこでは，【3.2.11.10】において，寄託者は，返還された寄託物に損傷または一部滅失があることを知った時から合理的な期間内に，それについて受寄者に通知しなければ，受寄者の責任を追及できなくなる旨の通知義務の規定を置くこと

412　〔吉永〕

第11節　寄　託　　　　　　　　　　　　　　　　　§664の2　II

が提案されている（詳解V 189頁以下）。提案は，民商法上の次のような諸制度との比較を踏まえて行われている。

第1に，使用貸借（平29改正前600条）および賃貸借（平29改正前621条による600条の準用）においては，借主の損害賠償責任について，貸主が返還を受けた時から1年以内の期間制限が設けられている。

第2に，倉庫営業について商法は，倉庫営業者の責任の消滅について特則を設けている。まず，寄託者が留保をせずに寄託物を受け取り，かつ，保管料を支払ったときには，倉庫営業者の責任は消滅するものとされている。ただし，寄託物の毀損または一部滅失が直ちに発見できないものであった場合において，寄託者が，寄託物の引取りから2週間以内にその旨を通知したときには，この限りでない（商616条〔平成30年改正前は，運送人の責任に関する商法588条を同法625条が準用していた〕）。さらに，寄託物の滅失または損傷によって生じた責任については，出庫の日から1年の短期消滅時効が定められている（商617条〔平30改正前626条〕1項）。なお，いずれについても，倉庫営業者が悪意の場合は，こうした期間制限の適用が除外されている。

第3に，契約実務では，約款で受寄者の責任が限定されているのが一般的である。標準倉庫寄託約款では，寄託者が留保なく寄託物を受け取った後は，倉庫営業者は，寄託物の損害について責任を負わないと定められている（甲44条，乙40条）。これは，寄託物が寄託者に引き渡された後，必ず何らかの運送が行われることとなるので，寄託物について生じた損害が，保管中に生じたものであるか否かの立証が極めて困難であることによるものと説明されている（塩田澄夫・倉庫寄託約款の解説〔1961〕251頁）。また標準トランクルームサービス約款34条では，寄託物の引取りから1週間以内にトランクルーム営業者に通知がなければ，寄託物の一部滅失または毀損に基づく責任が消滅する旨を定めている。倉庫営業における寄託者は事業者であることが多いのに対して，トランクルームにおける寄託者には一般消費者もいることが，こうした扱いの違いの根拠であると説明されている。

第4に，目的物の一部滅失や損傷について，一定の合理的な期間内に通知をすることで，それに基づく損害賠償請求権が保存されるという考え方は，売買や請負における担保責任の期間制限（売買について平29改正前563条から566条および570条〔平29改正後562条から566条〕，請負について634条から638条

〔吉永〕　413

§664の2 Ⅱ 第3編 第2章 契約

〔平29改正後636条および637条〕）と共通する。これは，債務の本旨に従った履行を完了したと信じた善意の債務者の正当な信頼を保護する趣旨であると説明されている。さらに，寄託の場合には，寄託者にとって寄託物はもともと自己が寄託したものであり，その状態が受寄者に引き渡された時と返還された時とで同じであるかを確認すればよいのであるから，売買や請負に比して目的物の品質・状態の確認は，より容易であるとも指摘されている。

(2) **法制審議会・民法（債権関係）部会における審議**

(ア) **中間的な論点整理における提案** その後開催された法制審議会・民法（債権関係）部会では，こうした『債権法改正の基本方針』における提案も踏まえて，寄託者の損害賠償請求権の期間制限が議論された。

まず，中間的な論点整理においては，寄託物に損傷や一部滅失があることを寄託者が知った時から一定の合理的な期間内に受寄者に通知しなければ，寄託者は，損害賠償請求権を行使することができなくなるという規律を新たに設けることが提案された（中間論点整理補足説明413-414頁）。この，寄託者が寄託物の損傷や一部滅失を「知った時から」一定期間内に受寄者に「通知する」ことを権利保存の要件とするという構成は，売買や請負における担保責任の期間制限と共通するものである。

(イ) **中間試案における提案** しかし，その後，寄託における寄託物の一部滅失や損傷に基づく損害賠償請求権の消滅時効が，受寄者の保管中に当該滅失・損傷が生じた時から進行を開始するのに対して，売買や請負における担保責任の期間制限は，目的物の引渡しの時から進行するのであり，問題状況が異なるという点に問題意識が生じた。この点ではむしろ，賃貸借に関して定められている借主の用法違反に基づく賃貸人の損害賠償請求権の期間制限との共通性が指摘され，それと同じ内容の規定を設けることが提案された（部会資料47・57頁）。

こうした提案を示された法制審議会・民法（債権関係）部会第58回会議では，特に意見は出されず，この方針が承認された。これを受けた中間試案では，「返還された寄託物に損傷又は一部滅失があった場合の損害の賠償は，寄託者が寄託物の返還を受けた時から1年以内に請求しなければならないものとする。」と提案している（中間試案補足説明520頁）。

寄託物の一部滅失または損傷を理由とする寄託者の損害賠償請求権の期間

第 11 節　寄　託　　　　　　　　　　　　　　　　　**§664の2　II**

制限については，その後，部会における議論の対象となることもなく，このまま改正法へと結実している。

2　受寄者の費用償還請求権の期間制限

(1)　使用貸借・賃貸借に関する規定をめぐる議論の経緯

以上に対して，受寄者の費用償還請求権の期間制限は，部会における議論の最終盤になって盛り込まれたものである。

もともと使用貸借および賃貸借においては，貸主の損害賠償請求権とともに借主の費用償還請求権も，貸主が目的物の返還を受けた時から1年以内に請求しなければならない旨が定められていた（平29改正前600条・621条）。

しかし，民法（債権法）改正検討委員会『債権法改正の基本方針』は，貸主の損害賠償請求権と借主の費用償還請求権は性質が異なるものであるとして，後者については期間制限を廃止し，消滅時効一般のルールに従うこととする旨を提案していた（詳解Ⅳ 321頁）。

この提案は，法制審議会・民法（債権関係）部会でも引き継がれていた（中間試案補足説明465頁・471頁）。しかし，要綱仮案の原案を審議する中で，唐突に平成29年改正前の600条（それを賃貸借について準用する621条）の内容を変更せず，借主の費用償還請求権の期間制限も，そのまま残される旨が提案された（部会資料81-1・13頁・14頁）。その理由について部会資料に説明はなく，部会においても，法務省担当官からの説明も，この点に関する疑義も出されることなく，そのまま要綱仮案に取り込まれ，改正法にいたっている。

(2)　寄託における規定の新設

寄託における受寄者の費用償還請求権の期間制限は，上記のような貸借型の契約における議論と並行する形で，当初は提案に盛り込まれていなかったところ，要綱仮案の原案の審議の中で突然に提案に盛り込まれたものである（部会資料81-1・19頁）。ここでも賃貸借・使用貸借に関するのと同様に，部会資料において理由の説明はなく，部会の議論の中でも言及されることがないままに，改正法へと結実している。

3　寄託者の損害賠償請求権および受寄者の費用償還請求権に関する時効の完成猶予

寄託者の損害賠償請求権について，寄託物の返還後1年間は時効の完成を猶予する旨の規定は，中間試案において新設が提案されている（中間試案補足

〔吉永〕　　415

§664の2 II
第3編 第2章 契約

説明520頁。その後，上述のように，受寄者の費用償還請求権について期間制限が設けられる際に，これについても時効の完成猶予が適用される旨が提案されている）。これは，同趣旨の提案が賃貸借（中間試案補足説明465頁）においてされていることに基づくものである（中間試案補足説明521頁。なお使用貸借にも同じ趣旨の規定を置くものと提案されている〔中間試案補足説明471頁〕）。

4 小 括

以上のとおり，本条は，性質の類似する賃貸借および使用貸借に関する規定を寄託にも置こうとする趣旨で設けられたものである。しかし，それ以上の説明は，部会資料でもほとんどされず，部会における議論の対象にもなってこなかった。

このうち，2項の定める時効の完成猶予は，寄託物の返還が行われる前に，あるいは行われた直後に，損害賠償請求権や費用償還請求権が消滅時効にかかってしまう不都合を回避しようとするもので，その合理性は明らかである。これに対して1項の定める期間制限は，そもそもそのような制限を課す必要性について，必ずしも十分には説明されていない。比較法的にも例を見ない規定であり，その当否は，より慎重に検討されてしかるべきであったといえる。

売買や請負における契約不適合（担保責任）に基づく買主・注文者の請求権の期間制限との性質の相違は，上述1(2)(イ)で見たとおりである。貸借型の契約と共通性をもつというのは，確かにそのとおりであるが，同時に寄託は，事務処理としての性質をもつために委任との共通性があるといわれており（→§657 I。665条の規定もこれを裏付ける），委任において設けられていない期間制限を，寄託について設けることの合理性が問われる。

さらに，仮に貸借型の契約のルールを取り入れるとしても，そもそも貸借型の契約について，損害賠償請求権や費用償還請求権に特に短い期間制限を設けた理由は明確ではない。例えば「損害賠償請求事件や……費用償還請求権の問題は，……あまり遅くまで残すべきでない」（新版注民(15)128頁〔山中康雄〕）とか，「債権債務関係が永く尾を引くことを防止するため」（新版注民(15)334頁〔鈴木禄弥＝生熊長幸〕）といった結論を繰り返すような理由が並ぶだけである。

倉庫営業についていわれている理由，すなわち，寄託物が寄託者へと引き

416 〔吉永〕

第11節　寄　託　　　　　　　　　　　　　　　§664の2　III，§665

渡されてしまうと，保管中に生じた滅失・損傷か，返還後に生じた滅失・損傷かが判別し難くなるという理由についても，これによって本条1項の規定を正当化するには不十分である。第1に，倉庫営業についていわれている理由が，商取引のみならず寄託一般について，立証責任や消滅時効に関するルールに対する例外を設ける必要性を説明できているかは疑問が残る。第2に，本条2項のルールによれば，返還から1年間は損害賠償請求ができるのであり，滅失・損傷が返還の前後いずれの時期に生じたのかが不明であるということから生じる問題の解決にはつながらない。

III　1項の定める除斥期間

本条1項は，寄託物の一部滅失または損傷に基づく寄託者の損害賠償請求権および受寄者の費用償還請求権について，寄託物返還の時から1年以内に請求しなければならないとして，権利行使の除斥期間を定めるものである。

その起算点は，寄託物返還の時であり，契約が終了しても寄託物が返還されるまでは，期間は進行を開始しない。

「請求しなければならない」という規定は，文字どおりに解すれば，裁判上の請求のみならず，裁判外の請求も含む。実際，判例は，本条の元となった賃貸借に関する622条（平29改正前621条）について，裁判外の請求であっても請求権は保全されるとする（大判昭8・2・8民集12巻60頁）。この場合，寄託物返還の時から1年以内に請求を行えば，後は一般の消滅時効（166条）の規定に従うこととなる。

〔吉永一行〕

（委任の規定の準用）

第665条　第646条から第648条まで，第649条並びに第650条第1項及び第2項の規定は，寄託について準用する。

〔対照〕　フ民1917・1934-1936・1947，ド民689・693・698・699，ス債472 II・473 I，オ民967・969，イ民1767・1775・1781，オランダ民法7:406・7:411，DCFR IV. C. -5:104(5)(6)・5:108

〔吉永〕　417

§*665* I・II 　　　　　　　　　　　　　　　第3編　第2章　契　約

〔改正〕　本条＝平29法44改正

（委任の規定の準用）
第665条　第646条から第650条まで（同条第3項を除く。）の規定は，寄託について準用する。

I　趣　　旨

　寄託は，物の保管を目的とする契約であり，物の保管も事務処理の一種と見ることができる。このため，規定の内容について委任と共通する部分があり，委任の規定が準用されている。

　なお，平成29年改正により文言は変更されたが，これは，同じ改正で民法648条と649条の間に648条の2が新設された（そして同条は準用の対象ではない）ことに伴うものであり，実質的な改正ではない。

II　646条（受任者による受取物の引渡し等）の準用

　受寄者は，寄託物の保管にあたって受け取った金銭その他の物，および収取した果実を寄託者に引き渡さなければならない（665条による646条1項の準用）。また，寄託者のために自己の名で権利を取得したときには，その権利を寄託者に移転することが必要である（665条による646条2項の準用）。

　ここでいう「寄託物の保管にあたって受け取った金銭その他の物」に，寄託物それ自体は含まれない。寄託物の返還は，平成29年改正における法制審議会・民法（債権関係）部会における説明によれば，「保管」の一内容を構成するものであり，民法646条の準用を根拠として義務付けられるものではない。委任においては，委任事務処理のために委任者から預かった物にも646条が適用されることと対照的である（もっとも，例えば動物の寄託を引き受けた受寄者が，その保管に必要となる飼料その他の物を受け取っていた場合には，本条の適用が考えられる）。

　旧民法財産取得編214条は，1項で「収取シタル果実及ヒ産出物」ならびに寄託物をやむを得ず換価したときの代金について，受寄者から寄託者に返

418　〔吉永〕

第11節 寄 託 　　　　　　　　　　　　　　　　　　§*665* III・IV

還するべき旨を定め，さらに2項で受寄物について取得した償金，権利また
は利益を，寄託者に移転するべき旨を定めている。646条の準用は，これを
物の引渡しと権利の移転に整理するとともに，「受け取った物」「取得した権
利」一般に拡張する形で引き継いだものである（梅777頁も参照）。

III　647条（受任者の金銭の消費についての責任）の準用

　受寄者は，寄託者に引き渡すべき金額または寄託者の利益のために用いる
べき金額を自己のために消費したときは，その消費した日以後の利息（法定
利率によって計算される利息）を支払うとともに，寄託者に生じた損害を賠償し
なければならない（665条による647条の準用）。

　もっとも，受寄者が寄託者に対して，一定の金額を引き渡す義務を負う場
合の典型例である消費寄託には，本条は適用されない。受寄者は，契約に基
づいて，寄託を受けた金銭を消費することが認められているからである。そ
うすると，本条が適用される典型的な場面というのは，寄託物をやむを得ず
換価したときの代金を，受寄者が自己のために費消したという場合であろう
か（梅777頁）。

　旧民法には，金銭が消費された場合に利息を支払うべき旨の規定は置かれ
ていない（財産取得編214条3項は，「遅滞ニ付セラルルコト無クシテ当然損害賠償ノ
責ニ任ス」と定める）。比較法的には，ドイツ民法698条が本条と同旨を定め
ており，起草委員は，その草案（第一草案619条2文，第二草案638条）に示唆
を得て，647条を寄託に準用する旨を定めたものと推測される。

IV　648条（受任者の報酬）の準用

1　報酬支払義務

　受寄者は，特約がなければ，寄託者に対して報酬を請求することができな
い（665条による648条1項の準用）。すなわち，寄託は，原則として無償契約で
ある。もっとも，寄託を原則として無償契約とするのは，ローマ法からの沿
革的な理由にすぎない。そして，そのローマ法にあっても，無償であること
が寄託の要件とされたのは古典時代であって，ユスティニアヌス法では，有

〔吉永〕　419

§*665* IV　　　　　　　　　　　　　　　　　　　第3編　第2章　契　約

償とする旨の合意が認められていたことが指摘されている（新版注民(16)380頁〔打田畯一＝中馬義直〕）。

報酬の特約は，明示である必要はなく，黙示のものであっても構わないことは委任と同様である（→§648 Ⅰ 4(1)(ｱ)）。また，倉庫営業をはじめとして，商人がその営業の範囲内において寄託を引き受けたときには，相当な報酬を請求することができる（商512条。標準倉庫寄託約款甲48条・乙44条も参照）。

2　報酬支払の時期

報酬の支払時期について，本条が準用する648条2項本文は，受任者は，委任事務の履行後でなければ報酬を請求することができないとして，報酬の後払を定めている。これを文字どおりに適用すれば，受寄者は，寄託物を寄託者に返還し終えてからでなければ報酬を請求できないというようにも思われるが，判例は，前述のとおり（→§662 Ⅳ 2）報酬支払義務と寄託物返還義務が同時履行の関係に立つことを認めている（大判明36・10・31民録9輯1204頁。さらに，大判昭9・6・27民集13巻1186頁が報酬請求権に基づく留置権の行使を認める）。その際，648条2項本文の文言との関係については，「受任者カ其委任セラレタル法律行為ヲ為シタル後仮令ヘハ売買契約締結ノ委任ヲ受ケタル場合ニ於テハ第三者ト其売買ヲ締結シタル後ナラサレハ報酬ヲ請求シ得サルトノ趣旨ニシテ委任者ニ対スル一切ノ義務ヲ履行シタル後ニアラサレハ其請求ヲ為シ得サルトノ趣旨ニアラス」（前掲大判明36・10・31）と説明されている。寄託に置き換えてみれば，受寄者は，約束された保管を行った後でなければ報酬を請求できないが，返還までをも含めたすべての義務を履行した後でなければ報酬を請求できないという趣旨ではない，ということになろう。

報酬が，期間によって定められているとき（保管料が月額で定められている場合が典型例である）には，本条の準用する648条2項ただし書がさらに624条2項の規定を準用しており，それによれば，報酬は，その期間を経過した後に請求することができるものとされている。

3　寄託の中途終了と割合的報酬の支払

寄託が，寄託者に帰責事由のない履行不能となり，あるいはその他の事由により中途で終了したときには，受寄者は，すでにした履行の割合に応じて報酬を請求することができる（665条による648条3項の準用）。

420　〔吉永〕

第11節 寄 託　　　　　　　　　　　　　　　　　　§*665* Ⅳ

(1)　寄託者に帰責事由のない履行不能

　本条が準用する 648 条 3 項 1 号によれば，寄託の履行が不能になったことについて寄託者に帰責事由があるときには，同項は適用されないこととなる。これは一見すると，寄託者に帰責事由があるときに，受寄者が（割合的）報酬請求権を失うようにも見えるが，そうではない。この場合には，債権者の責めに帰すべき事由により債務の履行が不能になった場合の危険負担に関する民法 536 条 2 項が適用され，受寄者は，報酬の全額を請求できる（潮見・改正法 322 頁）。

　逆に，寄託の履行が不能になったことについて受寄者に帰責事由があるときには，本条が準用する 648 条 3 項 1 号が適用され，受寄者は，すでにした履行の割合に応じて報酬を請求できる。平成 29 年改正前民法 648 条 3 項は，受任者（665 条による準用のときは受寄者）に帰責事由がないことを要件としていたので，実質的に内容が変更されたことになる。変更の理由については，「委任事務の一部とは言え，委任が終了するまでは受任者は現に委任事務を処理したのであるから……受任者は既履行部分の割合に応じた報酬を請求することができるとすることが合理的である」（中間試案補足説明 494 頁）と説明されている。なお，受任者（あるいは 665 条により準用される場合の受寄者）に帰責事由がある履行不能において，委任者（または寄託者）が 415 条に基づく損害賠償請求権を取得することはもちろんである。

(2)　寄託の中途終了

　また，寄託が中途で終了したときにも，受寄者は，すでにした履行の割合に応じて報酬を請求することができる（665 条が準用する 648 条 3 項 2 号）。寄託者による返還請求（662 条）に受寄者が応じて寄託物を返還した場合，受寄者が引取請求権（663 条）を行使して寄託物を返還した場合のほか，債務不履行により契約が解除（541 条・542 条）された場合などが典型例である。

　これについても履行不能の場合と同様，平成 29 年改正前民法においては受任者（受寄者）に帰責事由がないことを要件としていたが，改正によって，この要件は削除されている。

〔吉永〕　　421

§665　V　　　　　　　　　　　　　　　　　　　第3編　第2章　契　約

V　649条（受任者による費用の前払請求）ならびに650条（受任者による費用等の償還請求等）1項および2項の準用

1　費用前払等の請求権

　受寄者は，寄託者に対し，寄託物の保管に必要な費用の前払を請求し（665条の準用する649条），必要な費用を支出したときには，その償還を請求することができる（665条の準用する650条1項）。さらに，受寄者が，寄託物の保管に必要な債務を負担したときは，寄託者に対して，自己に代わってその弁済をするように請求し，債務が弁済期にないときには，相当の担保を供させることができる（665条の準用する650条2項）。なお，650条のうち，委任者の無過失責任を定める3項は，寄託には準用されていない。

2　費用の意義

　民法は，償還（または前払）の対象となる費用について，詳細な定めを置いていない。

　本条が準用する650条の文言からは，寄託に基づく債務を履行するために受寄者が負担する費用の一切が，償還の対象となるようにも読める。しかし，学説は，古くから，契約の性質または内容からして，受寄者自身の負担に帰すべき費用は，寄託者に対して償還を請求できないと指摘し，その例として，保管に要する普通の労務または場所の供与について生じる費用を挙げる（吾孫子勝・寄託契約論〔1919〕232頁）。有償寄託においては，こうした費用は報酬の中に包含されると考えるべきであるし，無償寄託において，こうした費用の償還を認めれば，結局，有償寄託となってしまうからである。こうした見解に異論は見られず（末弘800頁，我妻・中Ⅱ721頁，新版注民(16)382頁〔打田畯一＝中馬義直〕），今日でも通説といってよい。

3　同時履行の抗弁権および留置権

　費用償還と寄託物の返還は，同時履行の関係に立ち，留置権の行使も認められる（末川・下226頁，新版注民(16)382頁〔打田＝中馬〕）。

〔吉永一行〕

第 11 節　寄　託　　　　　　　　　　　　　　　　　　　§665の2　I

（混合寄託）

第 665 条の 2 ①　複数の者が寄託した物の種類及び品質が同一である
　　場合には，受寄者は，各寄託者の承諾を得たときに限り，これらを
　　混合して保管することができる。

②　前項の規定に基づき受寄者が複数の寄託者からの寄託物を混合し
　　て保管したときは，寄託者は，その寄託した物と同じ数量の物の返
　　還を請求することができる。

③　前項に規定する場合において，寄託物の一部が滅失したときは，
　　寄託者は，混合して保管されている総寄託物に対するその寄託した
　　物の割合に応じた数量の物の返還を請求することができる。この場
　　合においては，損害賠償の請求を妨げない。

　　〔改正〕　本条＝平 29 法 44 新設

I　概　　要

　受寄者が複数の者から寄託を受けた場合，例えば A から動産甲を，B か
ら動産乙を寄託されたという場合，たとえ甲と乙が同じ種類・品質の物であ
ったとしても，受寄者は，A に対しては甲を，B に対しては乙を返還するべ
きである。この返還義務の履行を確実にするために，受寄者は，甲と乙を分
別できる状態で保管するべきであり，混合して保管することは原則として許
されない。

　しかし，例えば甲と乙が同じ品種・同じ品質の米である場合，これらを混
合して保管し，A から返還請求があれば甲そのものではなく，甲と同量の
米を，混合して保管した寄託物から返還することができるようにすれば，受
寄者は，保管のための場所と労力を節約することができて便宜であり，それ
は保管料の低廉化という形で寄託者にも利益をもたらし得る。

　このように，①受寄者が複数の寄託者から同種・同等の物の寄託を受ける
ことが予定されており，②寄託者は，自己が寄託した物自体ではなく，自己
が寄託した物と同種・同等・同量の物の返還を請求することができるにとど
まるという形式の寄託には，本条の定める混合寄託と，次条の定める消費寄
託があるが，混合寄託は，③寄託物の所有権は受寄者に移転せず，受寄者は

〔吉永〕　　423

§ 665 の 2　II　　　　　　　　　　　　　　第 3 編　第 2 章　契　約

寄託物を消費することは許されない（すなわち寄託物を保管する義務を負う）という点で，消費寄託と異なる特徴をもつ。

　こうした保管の形態は，穀物や飼料，あるいは金地金や有価証券の保管などで利用され，古くから「混蔵寄託」と呼ばれてきた。平成 29 年改正において，法規定を設ける実務的意義が高いとされ，「混合寄託」の名で規定が新設されたものである。以下の注釈では，平成 29 年改正によって設けられた本条の定める寄託は（その改正にいたる議論の中で論じられているものも含めて）「混合寄託」と，改正に向けた議論より前に行われていた議論との関係では「混蔵寄託」と呼び分けることとする。

II　平成 29 年民法改正前の議論状況

1　明治 23 年商法における規定

　明治 23 年制定の旧商法は，613 条に「物ヲ二人以上共同シテ寄託シタル場合ニ於テ別段ノ契約ナキトキハ各人ヨリ其物ノ還付ヲ求メ又各人ニ之ヲ還付スルコトヲ得」と，また，616 条に「二人以上ノ寄託者ノ代替物カ互ニ混合シタルトキハ各寄託者ハ其寄託シタル数量ノ割合ニ応シテ混合物ノ共有者ト為リ且其割合ニ応シテ混合物全部ノ喪失又ハ毀損ノ危険ヲ負担ス」との規定を置き，混蔵寄託について，本条と同様の内容を定めていた。

　明治 29 年民法を審議する法典調査会においては，長谷川喬委員から商法に定められた混蔵寄託の規定は，商事のみに関連するから民法に規定しなかったのかとの質問が出された。これに対して，起草委員の富井政章は，混蔵寄託について規定することは，「混同〔混和の誤りと思われる〕ノ規定テ自ラ必要ガ消エテ仕舞ツタ」と説明している（法典調査会民法議事 36 巻 82 丁裏）。混蔵寄託の規定は，その後，明治 32 年の改正で商法からも姿を消している。

2　平成 29 年民法改正前における学説の理解

(1)　混蔵寄託に関する理解の定着

　民法には規定されなかったものの，混蔵寄託については実務上の重要性をもつものと理解されており，その法的関係については，おおむね次のような理解が成立していた（我妻・中 II 716 頁以下，新版注民(16)334 頁以下〔明石三郎〕。また立法論として松本烝治「混蔵倉庫寄託論」志林 15 巻 9 号〔1913〕2 頁以下）。

424　〔吉永〕

第11節　寄　託　　　　　　　　　　　　　　　　　　§*665の2*　**II**

混蔵寄託においては，受寄者は目的物の所有権（その他処分権）を有することはなく，この点で消費寄託と異なる。混合されて一体となった寄託物は，全寄託者の共有となる。ただし，寄託者が他人物を寄託しているときは，一体となった寄託物に対して共有持分権をもつのは，元の寄託物の所有者である。各寄託者（または元の寄託物の所有者）の持分の割合は，それぞれの寄託者が寄託した寄託物の数量に応じて定まる。

各寄託者は，受寄者に対して，一体となった寄託物から自己が預けた寄託物と同数量の物を取り分けて返還することを求める請求権をもつ。この返還請求権は，所有権（共有持分権）に基づくものではなく，混蔵寄託契約に基づくものと解するべきである。というのも，前述のとおり，寄託者が他人物を寄託している場合には，寄託者は共有持分権をもたないこととなるからである。

そして，こうした混蔵寄託の成立のためには，すべての寄託者の承諾があることが必要である。さらに，寄託物が代替物であり，客観的に種類・品質が特定できることも要件となる。

(2)　**「交換寄託」概念の紹介**

以上のように議論されてきた混蔵寄託と類似点を持ちつつも，これと異なる寄託の形態だと指摘されるものが，交換寄託である。ドイツにおいて1937年の有価証券寄託法（Gesetz über die Verwahrung und Anschaffung von Wertpapieren〔Depotgesetz〕）で認められたものであり，それが日本において紹介されている（山田晟「ドイツにおける株券の混合寄託」法協80巻1号〔1963〕64頁以下）。

混蔵寄託と同様，①受寄者が複数の寄託者から代替物（ここでは有価証券）の寄託を受け，②寄託者は，自己が寄託した証券自体ではなく，自己が寄託したものと同種・同量の有価証券の返還を請求することができるにとどまり，③寄託物の所有権は受寄者には移転しない。

しかし，混蔵寄託と異なり，交換寄託においては，各寄託者は，自身の寄託した有価証券に対する権利を持ち続ける。というのも，有価証券には番号が付されているため，混蔵された場合であっても，どの寄託者から寄託された証券であるか特定することが可能だからであり，このため，混蔵された寄託物が一体となることも，それが寄託者全員の共有に服することもないと考えられるからである。

〔吉永〕　　425

§665の2　II　　　　　　　　　　　　　　　第3編　第2章　契　約

　ただし，受寄者は，保管する有価証券を，それと同種・同量の他の有価証
券と交換することが認められる。この寄託物を交換できる権限が受寄者に与
えられているとの構成に，交換寄託の特徴がある（日本における裁判例として，
受寄者にこうした交換権限を与える旨の当事者間の「暗黙の合意」があったと認定し，そ
の効力を認めたものとして東京地判昭41・3・14判時456号39頁。さらに，寄託ではな
いが，株式の売買契約において，売主が売り渡した株式について，「番号ヲ異ニスル同種
ノ他ノ株式ヲ以テスルノ自由即変更権」をもつと判示したものとして大判昭12・7・7民
集16巻1120頁）。

3　民法（債権法）改正検討委員会『債権法改正の基本方針』における立法提案

(1)　混蔵寄託に関する従来の議論の基本的な継承

　民法（債権法）改正検討委員会がとりまとめた『債権法改正の基本方針』
（以下『基本方針』で引用）では，混蔵寄託について，上述のような議論状況を
基本的に踏襲し，それを明文化する形で改正が提案された。その際，「混合
寄託」の名称が用いられている（詳解V 213頁）。

　その提案によれば，①受寄者は，寄託者の承諾がなければ寄託物を混合し
て保管することはできず，②混合保管が行われたときには，各寄託者は，そ
の寄託した物の数量の割合に応じて，混合保管された寄託物の共有持分権を
取得し，③各寄託者は，共有持分権の割合に応じた数量の物を，混合保管さ
れた寄託物から分離して返還することを内容とする請求権を取得するものと
されている。さらに，④混合保管された寄託物の共有持分権の譲渡が行われ
た場合には，指図による占有移転の方法によって第三者に対抗できる旨を提
案している。

(2)　「交換寄託」概念の不採用と寄託物の「混合保管」の意味

　ただし，『基本方針』においては，交換寄託に関する議論には触れておら
ず，提案にも取り込まれていない。むしろ，有価証券寄託においても，『基
本方針』が提案する混合寄託の規定が適用されることを前提としている。

　このような方針は，寄託物の「混合保管」の意味についての次のような理
解が前提になっていると考えられる。

　すなわち，改正議論の前において混蔵寄託が論じられるときには，寄託物
が混和し，あるいは少なくとも物理的に混置されている場合が念頭に置かれ

426　　〔吉永〕

第11節　寄　託　　　　　　　　　　　　　　　　　　§*665の2*　III

ていたようにみえる。明治29年民法制定時の議論において，富井政章が，
混和の規定によって解決できると説明しているところに，それが典型的に現
れている。

　これに対して『基本方針』においては，「各寄託物が物としての特定性を
保っている場合（たとえば，保管場所が地理的に隔離している場合）でも，
各寄託者と受寄者との間の合意によって，ある特定された範囲に含まれる種
類および品質の同一な寄託物全体を各寄託者の共有財産とすることは可能で
ある」（詳解V 216頁）との立場を示している。すなわち，そこでいう「混合
保管」は，混和・混置が行われることや，特定性が失われることは要件とさ
れていない。そうであれば，従来の議論で交換寄託に当たると考えられてき
た類型も，混蔵寄託と区別する必要はなくなり，ともに「混合寄託」として
同じ規律に服することとなる。

III　本条の定める要件・効果

1　要　　件

(1)　寄託物が代替物であり，種類および品質が同一であること

　混合寄託において，寄託者は，自己が預けた寄託物そのものではなく，そ
れと同種・同等の物の返還を受ける。したがって，寄託物は代替物でなけれ
ばならず，かつ，種類および品質が同一であることが必要である。

(2)　各寄託者が混合寄託とすることについて承諾すること

　寄託においては，前述のとおり（→I）個別保管が原則であるところ，混
合寄託は，その例外となるものである。また，後述のとおり，この寄託物全
体の量が減少したときに，減少分を按分して負担しなければならなくなる
（→2(3)）。

　このような効果を伴う混合寄託を成立させるためには，各寄託者が，通常
の寄託ではなく混合寄託とすることについて承諾することが要件となる。混
合寄託について定める標準倉庫寄託約款においても，同様の要件が定められ
ている（甲19条1項，乙16条1項）。混合寄託について明文の規定をもつ海外
の立法例においても同様である（ドイツ商法469条1項は当事者の明示の合意を要
求する）。

〔吉永〕　　427

§665の2　III　　　　　　　　　　　　　　　　　　　第3編　第2章　契　約

2　効　果

(1)　分別管理義務の解除

前述の要件が満たされるとき，受寄者は，寄託物を「混合して保管することができる」（665条の2第1項）。すなわち，複数の寄託者から寄託された物を寄託者別に分けて保管するという義務（分別管理義務）を免れる。

(2)　寄託者の返還請求権

受寄者が混合保管を行うと，寄託者が受寄者に対してもつ返還請求権は，混合して保管されている寄託物から自身が預けた寄託物と同量の物の返還を求めるというものになる（665条の2第2項）。

改正前の議論においてすでに指摘されているとおり，この返還請求権は，契約に基づいて生じる請求権であり，寄託者が，混合して保管されている寄託物に対して共有持分権をもつことに根拠を求めるべきではない。寄託者が他人物を寄託している場合には，寄託者は共有持分権をもたないが，それでも受寄者に対する返還請求権は取得することになるからである。

(3)　寄託物の一部が滅失した場合（現在量を按分して返還する）

混合して保管されている寄託物の一部が滅失した場合，各寄託者は，残った寄託物について，各自が寄託した数量に応じて按分した数量の返還請求権をもつ（665条の2第3項前段）。もちろん，受寄者の責めに帰すべき事由によって滅失し，返還が不能になったのであれば，受寄者は寄託契約に基づく債務に不履行があったことを理由とする損害賠償責任を負う（同項後段参照）。これに対して，例えば備蓄した石油が揮発する場合のような自然の滅失については，責任を負わない。

受寄者が，甲乙2人の寄託者から寄託を受けており，その承諾を受けて混合寄託が行われている場合において，寄託物の一部が滅失しているにもかかわらず，甲に対して，甲が寄託したのと同じ数量の物を返還してしまうと，乙が返還を受けるべき数量が不足してしまうことになる。この場合，乙に対する返還が（一部）履行不能となり，甲に返還するべき数量を誤ったことについて受寄者の責めに帰すべき事由があれば，受寄者が損害賠償責任を負うことはもちろんである。さらに，乙は，甲に対して不当利得返還請求権を取得し，混合保管されていた寄託物に共有持分権を有していたのであれば，甲に対して現物の返還を求めることも可能であると解される（我妻・中II 718

428　〔吉永〕

第11節　寄　託　　　　　　　　　　§665の2　III

頁）。

(4)　寄託物に対する所有権の所在

(ア)　「寄託者の共有」の明文化の断念　　混合寄託が行われた場合に，寄託物の所有権が誰にどのように帰属するかということについて，民法は規定を置いていない。前述（→Ⅱ3⑴）したように，『基本方針』においては，混合保管された寄託物が各寄託者の共有となる旨を定めることが提案され，法制審議会・民法（債権関係）部会の『民法（債権関係）の改正に関する中間的な論点整理』においても，その考え方を踏襲した提案がされている（中間論点整理補足説明417頁）。

しかし，寄託者が寄託物の所有者ではない他人物寄託においては，寄託者が共有持分権を取得するのはおかしいという指摘が，すでに論点整理の段階でも指摘されており（中間論点整理補足説明417頁。部会第18回議事録14-15頁〔深山雅也幹事発言〕），その指摘を踏まえて，中間試案においては，寄託者が共有持分権を取得する旨を規定するという提案は姿を消している（中間試案補足説明523頁）。

(イ)　受寄者への所有権移転の否定　　もっとも，混合して保管されている寄託物に対する所有権は，通常寄託の場合と同様，受寄者に移転しない。この点で，受寄者が寄託物の所有権を取得し，その消費が認められる消費寄託との相違点がある。このことは，明文の規定こそ欠くものの，一貫して異論なく認められている。

また，これとも関係するが，受寄者は，やはり通常寄託の場合と同様，預けられた寄託物自体を保管する義務を負う。消費寄託のように，預けられたものを一度消費し，同種・同量・同等の物を調達するというのでは，債務の履行にかなった履行だということはできない。混合寄託における受寄者は，常に，寄託物の全量をその手元で保管し続けなければならず，また，寄託物と寄託物でない物を（たとえ同種・同等の物であっても）交換することは許されない。

(ウ)　寄託物に対する所有権　　混合保管された寄託物に対する所有権は，次のように考えることができる。

寄託物の混合保管により，民法245条の定める混和が生じる場合には，その規定に基づいて所有権の帰属が定められる。目的物が同種・同等の物であ

〔吉永〕　429

§666

第3編 第2章 契約

ることからすれば，その主従の区別をすることができない場合に該当し，混和時の所有者（繰り返しになるが寄託者であることも，寄託者ではないこともある）が，価格の割合に応じた持分で共有することとなる。

では，混和が生じない場合（混置されているが目的物の識別が可能な場合，あるいは物理的に離れて保管されている目的物を混合寄託の目的物とした場合）にはどうであるか。従来からの混蔵寄託に関する議論がこうした場合を念頭に置いていたのかは明確ではなく，法制審議会・民法（債権関係）部会における議論でも，物権法制との関係で改めて議論をするべき問題との意見（部会第18回議事録17頁〔中田裕康委員発言〕）があったのみであり，今後の解釈に委ねられている問題というべきである。

この問題を考えるには，混和の場合と異なり，①物理的に分離可能であるばかりか，特定性も失っていないようなケースで，②法定の原因ではなく当事者の意思に基づいて寄託物を一体のものとみて共有の成立を認めることができるかという点が問題となる。また，仮に共有の成立を認めるとして，その場合に，各寄託者が共有持分権をもつのは，①複数の目的物のそれぞれに対してとみるべきか，それとも②「混合」された1つの寄託物に対してとみるべきかという点も，検討が必要となろう。

〔吉永一行〕

（消費寄託）

第666条① 受寄者が契約により寄託物を消費することができる場合には，受寄者は，寄託された物と種類，品質及び数量の同じ物をもって返還しなければならない。

② 第590条及び第592条の規定は，前項に規定する場合について準用する。

③ 第591条第2項及び第3項の規定は，預金又は貯金に係る契約により金銭を寄託した場合について準用する。

〔対照〕 ド民700，ス債481，イ民1782
〔改正〕 本条＝平29法44全部改正

第 11 節 寄 託　　　　　　　　　　　　　　　　　　　　　§*666* Ⅰ

> **（消費寄託）**
> **第 666 条①**　第 5 節（消費貸借）の規定は，受寄者が契約により寄託物
> 　を消費することができる場合について準用する。
> **②**　前項において準用する第 591 条第 1 項の規定にかかわらず，前項の
> 　契約に返還の時期を定めなかったときは，寄託者は，いつでも返還
> 　を請求することができる。

細　目　次

Ⅰ　総　説 ……………………………431
　1　概要と実例…………………………431
　2　金銭消費寄託に関する法的規制………432
Ⅱ　本条の制定・改正の経緯 ……………433
　1　法典調査会 …………………………433
　2　平成 29 年改正 ……………………434
Ⅲ　消費寄託の要件および効果 …………435
　1　消費寄託の要件……………………435
　　(1)　寄託物の代替性 ………………435
　　(2)　寄託物の引渡し ………………435
　2　消費寄託の効果……………………435
　　(1)　受寄者の保管義務・返還義務 ……435
　　(2)　寄託物の所有権の移転 …………439
　　(3)　契約に適合した目的物を引き渡す
　　　寄託者の義務 …………………440

Ⅳ　預金契約 ……………………………440
　1　預金契約の法的構成・法的性質………440
　　(1)　流動性預金（普通預金・当座預
　　　金）をめぐる取引の法的構成 ………440
　　(2)　総合口座の委任・準委任としての
　　　性質（預金取引履歴の開示）………441
　2　預金者の認定………………………441
　　(1)　定期預金 ………………………441
　　(2)　普通預金 ………………………442
　3　誤振込みによる預金の成立………443
　4　預金債権の共同相続と遺産分割………444
　　(1)　判例の変遷 ……………………444
　　(2)　民法（相続法）および家事事件手
　　　続法の改正 ……………………446

Ⅰ　総　説

1　概要と実例

　消費寄託は，前条の定める混合寄託と同様に，寄託者が受寄者に寄託する
物が代替物であり，寄託者のもつ返還請求権が，寄託した物自体ではなく，
寄託した物と同種・同等・同量の物を目的とするのにとどまるという特徴を
もつ。しかし，混合寄託と異なり，受寄者は，寄託された物を消費すること
が許されており，寄託された物自体を保管しておくことを義務付けられては
いない。

　法文上，寄託物に制約はなく，代替性のある物であればどのような物でも
目的物とすることができる。しかし，実際には，金銭を目的とする場合がほ
とんどであり，その代表的な例が金融機関における預金・貯金（以下では両者

〔吉永〕　　431

§666 I

第3編 第2章 契約

を含む意味で「預金」との語を用いる）である。預金については，経済社会における重要性から種々の行政的規制も設けられているほか，私法上の準則としても，多くの裁判例が公表されており，独自の法領域を形成していると言ってよい（→Ⅳ）。

預金のほかでは，有価証券の寄託において実例が（株式等振替制度により規模は相当に縮小しているとはいえ）見られる。さらに，近年，災害に備えた医薬品・医療器材の循環型備蓄に応用する例が報じられてもいる（読売新聞2015年1月17日朝刊千葉県内版33頁。千葉県八千代市と同市医師会から指定医療機関に医薬品・医療器材が交付され，医療機関ではこれらを日常の診療で使用しながら，使用した分を順次補充するという仕組みである）。

2 金銭消費寄託に関する法的規制

金銭消費寄託に関連して，種々の法的規制が定められている。

出資の受入れ，預り金及び金利等の取締りに関する法律（出資法）は，出資金以上の払戻しを約束して不特定多数の者から出資を受け入れることを禁じる（同法1条）とともに，金融機関以外の者が業として預り金をすることを禁止し（同法2条），刑事罰を定めている（同法8条3項）。1953年に発覚した保全経済会事件を契機として，一般大衆を保護し，金融秩序を維持することを目的に制定されたものである。

金融機関の業務は，銀行法あるいはその規定を準用する信用金庫法等の法律が，その運営に関する規制を定めている。その業務は，内閣総理大臣の免許を受けることを必要とし（銀行法4条1項，信用金庫法4条など），行政の監督の下に置かれている。なお，銀行が顧客との取引にあたって用いる約定書（約款）は，1962年に全国銀行協会が銀行取引約定書ひな型を作成し，事実上，全銀行で統一されていた（注釈として新版注民(17)286頁以下〔鈴木禄弥＝山本豊〕）が，2000年に廃止されている。

金融機関の経営破綻から顧客の預金を保護するために，預金保険法が定められ，預金保険機構が同法に定められた業務の運営に当たるものとされている。預金者保護のための制度としては，預金保険機構と金融機関および預金者の間に，金融機関が預金の払戻しを停止した場合に備えた保険関係を成立させる（同法49条）とともに，破綻金融機関を救済するための合併等に関する資金援助を行う（同法59条）ことが予定されている。

第11節　寄　託　　　　　　　　　　　　　　　　　　　　　§*666*　II

　さらに，いわゆる振り込め詐欺（2004年に警察庁が統一名称として決定）の被害の拡大に対応するため，犯罪に使用された口座にかかる預金債権を被害回復分配金として被害者に支払う手続などを定めた犯罪利用預金口座等に係る資金による被害回復分配金の支払等に関する法律（振り込め詐欺救済法）が2007年（平成19年）に制定されている。同法に関する業務も，預金保険機構が扱うこととなっている。

II　本条の制定・改正の経緯

1　法典調査会

　法典調査会において，起草委員から当初提出された原案には，本条に相当する定めは置かれていなかった。起草委員の富井政章は，金銭を預かったという場合，受寄者はこの金銭を使ってしまうことができるが，寄託物そのものを返還するというのは寄託の要素ではないので，これも寄託に当たると考えてよいと説明をしている（法典調査会民法議事36巻78丁表〜裏）。さらに，封金のような場合を除いては，金銭の寄託はすべて貸借（消費貸借）になるのではないかという横田國臣委員からの指摘（法典調査会民法議事36巻95丁表）に対しても，当事者の意思が貸借ではなく「預ケル預カル」というものであるから，寄託になると説明をしている（法典調査会民法議事36巻98丁裏〜99丁表）。

　もっとも，議論が進む中で，寄託物そのものを返還する通常寄託と，受寄者が寄託物を一度消費し，同種・同等・同量の物を調達して返還する消費寄託との相違が明らかになり，代替物の寄託の場合には，消費貸借の冒頭規定である原案589条（現587条）を準用する趣旨の規定を設けることが提案された。

　この提案を受けた起草委員の当初の修正案は，「代替物ヲ以テ寄託ノ目的ト為シタルトキ」に消費貸借の規定を準用するというものであった（法典調査会民法議事36巻255丁表）。しかし，寄託物が代替物であれば当然に消費してよいわけではない（審議の中では葡萄酒を預かったという例が挙げられている）。このため「受寄者カ契約ニ因リ受寄物ヲ消費スルコトヲ得ル場合ニ於テハ」という文言に改められた上で，可決されている（法典調査会民法議事36巻262丁表。

〔吉永〕　　433

§666 II

第3編 第2章 契約

ただしその後の審議に提出された案，そして公布された当時の本条では，「契約ニ依リ」の文字が使われている）。

なお，平成16年に行われたいわゆる民法の現代語化（平成16年法律147号による改正）により，本条は，それまで本文・ただし書の構造をもった1項だけの条文であったものを，本文の内容を第1項，ただし書の内容を第2項とする条文に書き改められている。

2　平成29年改正

本条はさらに，平成29年改正により，それまで消費貸借の規定を概括的に準用していたものを，準用される規定を個別に明示するなど表現が改められ，それによって内容（準用される規定）も改められている。大まかには次の3点に整理することができる。

第1に，消費寄託の受寄者が負う返還義務の内容について，従来は消費貸借の規定を準用していたものを改めて，本条1項に明示することとしている。

第2に，これとも関係して，消費貸借に関する規定のうち冒頭規定である587条が準用の対象から外れたほか，準消費貸借に関する588条も，消費寄託には準用されないこととなった（なお，平成29年改正前民法589条は削除され，利息に関する新たな規定に置き換えられている）。後者の点については，法制審議会・民法（債権関係）部会の議論の最終盤まで準用する旨の規定を残す提案が維持されていた（部会資料82-1・60頁）。しかし，諾成性を含めて契約の成立に関する事柄については，消費貸借ではなく寄託のルールを適用するという方針のもと，準消費貸借に関する588条は準用しないこととされたものである（部会第94回議事録58頁の松尾博憲関係官および山野目章夫幹事発言）。

第3に，返還時期に関する591条（平成29年改正により新たに第3項が設けられている）について，預貯金の場合に2項および3項が準用されるものの，それ以外の消費寄託においては準用されないものとされた（すなわち預貯金以外の消費寄託における目的物の返還時期については，寄託に関する規定である662条および663条が適用される）。改正前の条文においても，591条1項は準用の対象から外されていたが，2項および新設された3項も原則として準用の対象から外し，（定期預金を念頭に）預貯金の場合についてのみ準用の対象にすることとしたものである（→III 2(1)(ウ)）。

434　〔吉永〕

第11節　寄　託　　　　　　　　　　　　　　　　　　§*666*　Ⅲ

Ⅲ　消費寄託の要件および効果

1　消費寄託の要件

(1)　寄託物の代替性

　消費寄託は，寄託者が寄託物を受寄者に預けるに際して，「受寄者が……寄託物を消費することができる」旨を契約で定めることによって成立する。受寄者は，寄託物を消費したのちに，寄託物と同種の物を調達して寄託者に返還することになる。このため，前提として，寄託物が代替物であることが必要である。

　もっとも，代替物を寄託する場合のすべてが消費寄託になるわけではない。金銭の寄託においても，封金については，受寄者は寄託された金銭をそのまま保管するべきであるし，その他の代替物も，単に市場で同種の物を調達できるからといって，寄託物を消費してよいことになるわけではない。契約の解釈として「寄託物を消費することができる」旨が定められていることが，消費寄託の成立要件として必要である。

(2)　寄託物の引渡し

　平成29年改正により，消費寄託も，通常寄託と同様に諾成契約とされ，寄託物の引渡しは，契約の成立要件ではなくなった。もっとも，受寄者の返還義務は，受寄者が実際に寄託物の引渡しを受けた後に発生する。

　引渡しの完了に関する判例として，顧客が銀行の窓口に紙幣および小切手を差し出し，銀行員もこれを認めて首肯したものの，当該銀行員がこの紙幣等には手を触れず，作業中の事務を続けていた間に，この紙幣等が何者かによって窃取されたという事案において，消費寄託の成立を否定したものがある（大判大12・11・20新聞2226号4頁。いわゆる窓口一寸事件）。他方で，銀行支店長が，支店応接室で顧客から定期預金とするよう依頼された現金を受け取りながら，これを横領し，銀行には入金しなかったという事案において，預金契約の成立を認めて，顧客から銀行に対する預金返還請求を認容したものもある（最判昭58・1・25金法1034号41頁）。

2　消費寄託の効果

(1)　受寄者の保管義務・返還義務

　(ア)　同種・同等・同量の物の返還義務　　消費寄託の成立により，受寄者

〔吉永〕　　435

§*666* III 第3編 第2章 契約

は，寄託物そのものを保管する義務を免れ，寄託物と同種・同等・同量の物を返還する義務を負うことになる。後者の返還義務の内容については混合寄託（665条の2）と同じであるが，混合寄託においては寄託物の保管が義務付けられるという点で相違がある。

(イ) 価額の返還・償還　受寄者は，一定の場合には，寄託物と同種・同等・同量の物の返還ではなく，寄託者から引き渡された物の価額を返還することができ（→(a)），あるいは価額を償還することが義務付けられる（→(b)）。

(a) 契約不適合の場合における価額の返還　寄託者が受寄者に引き渡した物が，種類または品質に関して，寄託（消費寄託）契約の内容に適合しない物であるときには（寄託者の引渡義務の内容については，→(3)），受寄者は，引き渡された物と同種・同等・同量の物を調達して返還せずとも，その物の価額を返還することができる（666条2項の準用する590条2項）。なお，これは消費寄託が有償の場合と無償の場合とを問わない。

種類または品質が契約の内容に適合しない物を引き渡された受寄者は，引き渡された物と同種・同等の物を返還する義務を負うこととなる。しかし，例えば，寄託物と同じ程度に品質の悪い物を調達するというのは，実際には困難なことも多く，また寄託者にとってもそうした物の返還を受けることが利益になるとは必ずしも言えない。このため，受寄者は，価額の返還を選択することができるとしたものである。

もっとも，金銭や有価証券以外の代替物について消費貸借が行われることは，実際には稀であるため，種類または品質に関する契約不適合が問題となる場合は，事実上ほとんどないものと考えられる。

なお，数量に関する契約不適合の場合には，返還の目的物を調達することに困難が伴うわけではない。このため，受寄者は，原則どおりに，寄託物と同種・同等の物を，引き渡された（契約に適合していない）数量と同量だけ調達し，寄託者に返還することが必要である。

返還されるべき価額の算定については，（契約に適合しない）寄託物と同種・同等・同量の物の返還によって寄託者が得られる利益と等しいものであることというのが基準となる（末弘526頁，新版注民(15)44頁〔浜田稔〕）。このため，履行期における履行地の相場が標準となる。

(b) 返還不能の場合の価額償還義務　受寄者は，寄託物と同種・同

第 11 節　寄　託　　　　　　　　　　　　　　　　　　　　　§*666*　**III**

等・同量の物をもって返還することができなくなった場合には，返還できな
くなった時の物の価額を償還しなければならない（666 条 2 項の準用する 592 条
本文）。

　消費寄託における受寄者の返還義務は，種類債務であるから，その履行不
能が生じることは稀であるといってよい。しかし，例えば有価証券（株券や
社債）が寄託されていた場合において，発行会社が解散するなどして同種の
有価証券を調達することができなくなるなどして，返還が不能になることは
ありうる。この場合，寄託者は，受寄者に対して返還義務の履行を強制する
ことはできず（412 条の 2 第 1 項），さらに返還不能が受寄者の責めに帰すこと
のできない事由によるものであるときには，受寄者に対する損害賠償の請求
もできなくなる（415 条 1 項ただし書）。

　しかし，寄託物を消費して利益を得た受寄者が返還義務も損害賠償義務も
免れるのであれば，寄託者に損失を押し付けて，不当な利益を得ることにな
る。そこで，こうした場合には，受寄者は，物の価額を寄託者に償還するべ
きであるとされたのである（新版注民(15)48 頁〔浜田〕および同書所掲文献参照）。

　この場合の価額の算定は，本来であれば，寄託物と同種・同等・同量の物
の返還によって寄託者が得られる利益と等しいものであるべきである。しか
し，問題となっているのは受寄者が返還するべき時期において現物の調達が
できなくなっている場面であり，価額の算定が困難であることが想定される。
そこで，本条 2 項の準用する民法 592 条本文は，返還をすることができなく
なった時点（「その時」という文言はこの意味である）の価額をもって償還させる
こととしている（新版注民(15)48-49 頁〔浜田〕および同書所掲文献参照）。

　なお，本条 2 項の準用する民法 592 条ただし書によれば，以上の準則は，
民法 402 条 2 項に規定する場合，すなわち通貨が寄託され，受寄者がその特
定の通貨で返還することを義務付けられているところ，当該特定の種類の通
貨が強制通用力を失った場合には適用されない。この場合には，受寄者は，
旧貨幣の価額（市場価値）を償還するのではなく，民法 402 条 2 項に従い，
他の通貨で支払うことが必要である。

　(ウ)　返還時期　　消費寄託における目的物の返還時期は，原則として，通
常寄託と同じ準則が適用される。

　(a)　寄託者からの返還請求　　寄託者からは，返還時期を契約に定めて

〔吉永〕　437

§666 III 　　　　　　　　　　　　　　第3編　第2章　契　約

いると否とを問わず，いつでも返還を請求することができる（662条）。

返還時期の定めがない場合について，消費貸借の準則によれば，相当期間を定めた催告（591条1項）を行ったのちに返還の請求ができることになるが，この規定は，平成29年改正前民法本条2項においても，準用の対象から排除されていた。

この場合の寄託者のもつ返還請求権の消滅時効について，判例は，当座預金に関するものであるが，当座預金契約終了時から進行すると判示したものがある（大判昭10・2・19民集14巻137頁。評釈として奥田昌道〔判批〕鈴木竹雄＝竹内昭夫編・銀行取引判例百選〔新版，1972〕39頁）。学説には，これに反対して，債権成立の時から時効期間が進行するとするものがある（我妻・中Ⅱ743頁）。なお，返還時期の定めがない通常寄託（土地建物の寄託）の場合については，寄託成立の時から時効期間が進行するとした判例がある（大判大9・11・27民録26輯1797頁。→§662Ⅳ3）。

返還時期の定めがある場合については，平成29年改正前民法では消費貸借に関する民法591条1項が準用される結果，その反対解釈により，返還時期まで返還を請求することはできないと解されていた。もっともその上で，契約の趣旨が，受寄者に単なる保管を託したものであり，受託者の利益のために金銭を利用することを目的としていない場合には，期限の定めは寄託者の利益のためのものであると解して，寄託者に任意の返還請求権が認められるとの主張もあった（我妻・中Ⅱ743頁。こうした例外を認めないものとして，鳩山・下661頁）。

こうした準則は，平成29年改正により民法591条が（預貯金以外の）消費貸借契約には準用されなくなり，通常寄託と同様に寄託者が任意の返還請求権をもつものとされたことから，実質的に変更されたことになる。この変更の理由については，「貸す」ことと「預かる」こととは，契約の性質が異なるためなどと説明されている（部会資料81-3・25頁。なおこれ以前に，我妻・中Ⅱ726頁が「目的物の有する価値を，寄託者が自分で保管する危険を避け，受寄者にその保管を委託することを目的とする，という意味で，なおこれを寄託の一種と解して妨げないであろう」と述べていることも参照）。

返還時期の定めがある場合にも寄託者が任意の返還請求権をもつことに対しては，とりわけ金融機関の立場から，定期預金でも預金者がいつでも預金

第11節　寄　託　　　　　　　　　　　　　　　　　　　　§*666*　III

の返還を求めることができるようになってしまい適切でないとの懸念が提示
されもした（部会資料75B・24頁，部会第85回議事録46頁〔中原利明委員発言〕）。
しかし，結局は，民法の規定が任意規定であることから問題は生じないとの
理解で意見が一致している（部会第85回議事録47-48頁〔内田貴委員，中原委員，
山野目章夫幹事発言〕）。

　（b）　受寄者からの返還　　受寄者からは，返還時期の定めがなければ，
いつでも返還をすることができるが（663条1項），返還時期の定めがあると
きには，原則としてそれに従わなければならず，やむを得ない事由がなけれ
ば返還することはできない（同条2項）。

　後者について，平成29年改正前民法では，消費貸借に関する591条2項
が準用される結果，受寄者は任意に返還することができるとされていた。し
かし，寄託が寄託者の利益を図るためのものであることからすると，返還時
期が定められているにもかかわらず受寄者がいつでも寄託物を返還すること
ができるとするのは妥当でないと考えられ，改正が行われている（中間試案
補足説明525頁）。

　ただし，預金債権については，返還時期が定められているときでも，受寄
者（金融機関）が任意に返還できるものとされている（666条3項が591条2項を
準用する。なおこの場合，寄託者に生じる損害を賠償しなければならない〔同条3項〕）。
預貯金の場合には，受寄者が預かった金銭を運用することを前提としており，
受寄者にとっても利益があるという点で，他の消費寄託と異なる（むしろ消
費貸借と類似する）性質があることが理由である（部会資料81-3・26頁）。金融機
関の立場からは，期限到来前の定期預金について，銀行から期限の利益を放
棄して，相殺に供することができるようになるというメリットがある（部会
資料75B・24頁）。

　(2)　**寄託物の所有権の移転**

　消費寄託においては，受寄者は，寄託物を消費することができる。このた
め，寄託物の所有権は，通常の寄託の場合のように寄託者にあるのではなく，
受寄者に移転するものと考えられている（我妻・中II 727頁，新版注民(16)386頁
〔打田畯一＝中馬義直〕，鈴木705頁，中田550頁）。

　寄託物が寄託者の所有物でない場合にも，寄託物の所有権が受寄者に移る
のかということを明示に論じたものは見当たらない。もっとも，消費寄託の

〔吉永〕　　439

§666 IV

第3編 第2章 契約

大部分を占める金銭の消費寄託においては，金銭におけるいわゆる「占有＝所有」理論により，受寄者が所有権を取得すると考えられるのであり，議論の実益はほとんどない。金銭以外の代替物が寄託物とされ，その寄託者が所有権を有していなかった場合については，即時取得（192条）の成立が問題となると考える。

(3) 契約に適合した目的物を引き渡す寄託者の義務

通常の寄託と異なり，消費寄託は，受寄者が寄託物を消費することによって利益を得ることが予定されている。このため，寄託者は，寄託物の種類・品質・数量について契約の定めに適合したものとするべき義務を負う。

その際，有償の消費寄託であれば，売買に関する規定が準用される（559条本文）。このため，民法562条以下に定める契約不適合における売主の担保責任の規定が，寄託者にも適用される。

無償の消費寄託においても，寄託者は，契約に適合した物を寄託物として受寄者に引き渡す義務を負う。ただし，その際の引渡義務の内容については，本条2項が準用する民法590条1項が，さらに贈与に関する民法551条1項を準用している。このため，寄託者は，寄託の目的として特定した時の状態で寄託物を引き渡す義務を負っていたと推定されることになる。

IV 預金契約

消費貸借の実務上の例として最も重要なものは預金契約であり，その社会的重要性は言うまでもない。判例・裁判例も多く公刊され，学説上の議論も活発に行われて，独自の法領域を形成していると言ってよい。

1 預金契約の法的構成・法的性質

(1) 流動性預金（普通預金・当座預金）をめぐる取引の法的構成

定期預金においては，1つの預入れ行為で1つの債権が生じる。これに対して，流動性預金（普通預金・当座預金）においては，口座の上で入金と出金が繰り返される。

このような口座にかかる銀行と預金者の間の債権関係について，通説は，口座へと行われた入金は，既存の残高債権と融合して，1つの残高債権になるとする（我妻・中II 742頁）。その法的なメカニズムについては，普通預金

第11節　寄　託　　　　　　　　　　　　　　　　　　　　　§666　Ⅳ

口座・当座預金口座の開設によって，金融機関に将来の入金を預金債権に組み入れる義務を負わせる基本契約が設定され，その枠内で，個別の入金が行われる都度，残高債権との融合が行われるという構成が有力に主張されている（森田宏樹「流動性預金『口座』契約とは何か」金判 1290 号〔2008〕1 頁）。

　平成 29 年改正に向けた立法提案でもその構成が採用され（詳解Ⅴ 221 頁以下），中間的な論点整理でも取り上げられている（中間論点整理補足説明 418 頁，部会資料 47・67 頁）。しかし，部会における審議では，預金契約にも様々なものがあるなかで，流動性預金だけを民法に規定することに対する違和感が示され（部会第 58 回議事録 41-43 頁の佐藤則夫関係官，三上徹委員，中井康之委員，松本恒雄委員発言），結局改正民法には織り込まれないこととなった（部会資料 57・43 頁）。

(2)　総合口座の委任・準委任としての性質（預金取引履歴の開示）

　一般に，預金取引は消費寄託の性質をもつことに異論はない。しかし，今日の預金口座（総合口座）は，単に預金の引受け・返還が行われるだけではなく，振込入金の受入れ，各種料金の自動支払，利息の入金，定期預金の自動継続処理等が行われ，これらは，委任ないし準委任の性質を有すると考えられる。これを根拠に，金融機関が，預金契約に基づいて，預金者の求めに応じて預金口座の取引経過を開示すべき義務を負うとする判例がある（最判平 21・1・22 民集 63 巻 1 号 228 頁）。そして，預金者が死亡し，相続人が複数いる場合には，各相続人は，預金債権とは別に，共同相続人全員に帰属する預金契約上の地位に基づいて，この取引経過開示請求権を，単独で行使することができると判示されている。

2　預金者の認定

(1)　定　期　預　金

　銀行の窓口で預入れを行う者（預入行為者）と，その預入れの原資を出捐している者（出捐者）が異なる場合に，その預金は誰のものになるのか。こうした預金者の認定をめぐる問題については，古くから，①自らの出捐によって自己の預金とする意思で銀行に対し，自らまたは使者・代理人を通じて預金契約をした者が預金者であるとする客観説，②預入行為者が特に他人のために預金をする旨を明らかにしていない限り，預入行為者が預金者であるとする主観説，③原則として客観説によるが，預入行為者が自己の預金である

〔吉永〕　　441

§*666* IV 　　　　　　　　　　　　　　　　　　　　第3編　第2章　契　約

と表示したときには預入行為者が預金者であるとする折衷説が対立するとさ
れてきた。

判例は，まず，無記名定期預金について，預入行為者（印章も預入行為者の
姓のものであった）ではなく出捐者が預金債権者になるとし（最判昭 32・12・19
民集 11 巻 13 号 2278 頁），次いで記名式定期預金についても預入行為者（預金名
義人）ではなく出捐者が預金債権者になると判示した（最判昭 52・8・9 民集 31
巻 4 号 742 頁）。これらの判例は，客観説をとったものだと理解され，通説も
それを支持しているといわれる。

もっとも，これらの判例が本当に客観説を採用したものかについては，疑
問もないわけではない（前者の無記名定期預金に関する前掲最判昭 32・12・19 につ
いて大森忠夫〔判批〕鈴木竹雄 = 竹内昭夫編・銀行取引判例百選〔新版，1972〕65 頁
〔一応客観説によっていると言えるとしつつ，折衷説の立場とも解されるとする〕，後者の
記名式定期預金に関する前掲最判昭 52・8・9 について髙窪利一〔判批〕昭 52 重判解 113
頁〔客観説を採用したものとは即断できず，主観説を前提としても，同一の結論を導きう
ると指摘する〕）。

さらに，当事者確定の議論の契機となった無記名定期預金が 1988 年に廃
止されたことや，2002 年に金融機関等による顧客等の本人確認等に関する
法律（平成 14 年法律 32 号。平成 19 年制定の犯罪による収益の移転防止に関する法律
〔平成 19 年法律 22 号〕により廃止）が制定されて預金口座開設時の金融機関によ
る本人確認が厳格化されたことも，客観説に対する消極的な評価を強めるこ
ととなっている（以上のような経緯については，田中夏樹「預金制度の変化と預金契
約の当事者確定——利害関係の変容を通じた検討——」日本法学 83 巻 2 号〔2017〕337
頁〔338-340 頁〕を参照）。

(2)　普 通 預 金

定期預金と異なり，普通預金においては，入金があるごとに既存の残高と
融合して，1 つの残高債権になると考えられている（→1(1)）。このため 1 つ
の債権について出捐者が複数になることも考えられ，客観説をとることは困
難だとも考えられる。

実際，判例においても，他人のための金銭の保管を目的として開設された
普通預金口座の帰属が問題となった 2 つの判例において，客観説を採用した
とは評価し難い判断を示している。

442　〔吉永〕

第 11 節　寄　託　　　　　　　　　　　　　　　　　§*666*　IV

最高裁平成 15 年 2 月 21 日判決（民集 57 巻 2 号 95 頁）は，損害保険代理店
が保険契約者から受け取った保険料を保険会社に支払うまでの間保管する目
的で信用組合に開設した普通預金口座について，保険会社ではなく保険代理
店に帰属すると判示している。さらに最高裁平成 15 年 6 月 12 日判決（民集
57 巻 6 号 563 頁）は，弁護士が債務整理のために依頼者から預かった金銭を管
理する目的で銀行に開設した普通預金口座が，依頼者に対する租税滞納処分
として差し押さえられたという事案で，当該預金が弁護士に帰属すると判示
している。いずれも，預入行為を行った預金の名義人を預金者と認定したも
のである（先例との整合性の検討について加毛明〔判批〕民百選 II 7 版 149 頁）。

なお，こうした場合における金銭保管の利益を受けるべき実質的権利者
（前掲判例における保険会社あるいは依頼人）の保護に関連して，前掲最高裁平成
15 年 6 月 12 日判決における深澤武久・島田仁郎裁判官補足意見が，信託法
理の適用を示唆している（岸本雄次郎「損害保険料保管専用口座とその利害調整——
最二小判平十五・二・二一（民集五七巻二号九五頁）を題材として——」筑波法政 39 号
〔2005〕183 頁も参照。さらに公共工事の前払金保証制度のもとで，公共工事請負人が前
払金の保管のために開設した普通預金口座について，公共工事を発注した県を委託者兼受
益者，請負人を受託者とする信託が成立していたとする最判平 14・1・17 民集 56 巻 1 号
20 頁も参照）。

3　誤振込みによる預金の成立

振込依頼人が仕向銀行に誤った振込依頼をしたために，被仕向銀行が受取
人の口座への入金処理を行ったという場合に，これによって受取人の被仕向
銀行に対する預金債権は成立するかという問題がある。

こうした誤振込みに基づく預金債権の成否をめぐって，学説は，大きく分
けると，振込依頼人の振込依頼に錯誤があったことを出発点として，この錯
誤による無効（平成 29 年改正後民法によれば錯誤を理由とする意思表示の取消し）を
被仕向銀行・受取人との関係でも主張できるかという観点からの問題のとら
え方（錯誤アプローチ）と，預金債権は，被仕向銀行と受取人の間の預金契約
に基づいて成立するとの理解を出発点として，その契約の解釈の問題とする
とらえ方（契約解釈アプローチ）とに分かれていた。さらに，後者の契約解釈
アプローチにおいては，預金債権の成立のために，振込依頼人と受取人の間
に原因関係を必要とする説と不要とする説とが対立していた（こうした学説の

〔吉永〕　　443

§666 IV

第3編 第2章 契 約

整理と，振込入金の法的構成についての詳細は森田宏樹「振込取引の法的構造——『誤振込』事例の再検討」中田裕康＝道垣内弘人編・金融取引と民法法理〔2000〕123頁以下を参照）。

下級審裁判例は，原因関係必要説をとっていたところ，最高裁平成8年4月26日判決（民集50巻5号1267頁）は，原因関係不要説をとり，受取人の被仕向銀行に対する預金債権が成立するとした（これにより，振込依頼人は，受取人に対して不当利得返還請求権を有することがあるにとどまり，預金債権を差し押さえた受取人の債権者に対する第三者異議の訴えは認められないと判示した）。もっとも学説上は，受取人の債権者は，本来であれば回収できなかった受取人に対する債権を，振込依頼人の誤振込みがあったことによって偶然に回収できることになってしまうのであり，こうした「棚ぼた」式の利益を保護する必要はないとして，判例を批判するものが有力である（松岡久和〔判批〕平8重判解73頁，岩原紳作〔判批〕民百選Ⅱ7版146頁。森田・前掲「振込取引の法的構造」182頁以下は，振込取引の法的性質から判例を支持した上で，振込依頼人の受取人に対する不当利得返還請求権について，先取特権に類似した優先権を付与するような立法的解決または契約の関係規定の改定を検討する）。

4　預金債権の共同相続と遺産分割

(1)　判例の変遷

共同相続された可分債権は，相続によって共同相続人間で法定相続分どおりに当然に分割されるというのが判例の立場である（最判昭29・4・8民集8巻4号819頁）。これを前提に，最高裁平成16年4月20日判決（家月56巻10号48頁）は，貯金債権（判決文には現れていないが通常郵便貯金であったようである旨を齋藤毅〔判解〕曹時69巻10号〔2017〕3145頁注4〔後掲最大決平28・12・19の判例解説〕が述べる）も，こうした可分債権に該当し，相続開始と同時に当然に相続分に応じて分割されて各共同相続人の分割単独債権となると判示した（このため，共同相続人の1人が，法律上の権限なく自己の債権となった分以外の債権を行使した場合には，他の共同相続人との関係で不法行為または不当利得になるとする）。

しかし，最高裁平成22年10月8日判決（民集64巻7号1719頁）は，定額郵便貯金について，相続開始と同時に当然に各共同相続人の分割単独債権になるものではないとして，共同相続人間において，定額郵便貯金債権が遺産に属することの確認を求める訴えには，確認の利益があると判示した。その

444　〔吉永〕

第11節　寄　託　　　　　　　　　　　　　　　　　　　§*666*　IV

理由は，定額郵便貯金は，郵便貯金法上，預入金額を一定額に限定すること
でその事務の定型化，簡素化が図られているのであり，これが相続によって
分割されるとすることは，そうした定型化，簡素化の趣旨に反するからと説
明されている。その後，最高裁は①委託者指図型投資信託受益権（これに類
する外国投資信託受益権を含む）および個人向け国債について，前者は，信託財
産に関する帳簿書類の閲覧など委託者に対する監督的機能を有する権利とい
う可分ではないものが含まれていることを理由に，後者は，法令上，一定額
をもって権利の単位が定められ，1単位未満での権利行使が予定されていな
いことを理由に，それぞれ相続によっても当然に分割されないとし（最判平
26・2・25民集68巻2号173頁），さらに②委託者指図型投資信託の受益権が共
同相続された後，当該受益権に基づく元本償還金および収益分配金が販売会
社の預り金として被相続人名義の口座に入金された場合の預り金返還債権も，
共同相続人間で当然に分割されるものではないとした（最判平26・12・12判タ
1410号66頁）。

　これら3件の判例は，いずれも，通常郵便貯金に関する前掲最高裁平成
16年4月20日判決とは事案が異なるものとして（すなわち判例変更の方法によ
らずに）判示されたものである。しかし，最高裁平成28年12月19日大法廷
決定（民集70巻8号2121頁）にいたり，普通預金債権，通常貯金債権および
定期貯金債権は，いずれも，相続によって当然に分割されるものではないと
して，前掲最高裁平成16年4月20日判決は明示的に変更された。その理由
としては，①これらの債権が具体的な遺産分割の方法を定めるにあたっての
調整に資する財産であることが指摘されるとともに，②普通預金債権および
通常貯金債権は，共同相続人全員で預貯金契約を解約しない限り，同一性を
保持しながら常にその残高が変動しうるものとして存在し，各共同相続人に
確定額の債権として分割されることはないと解されることが指摘され，そし
て③定期貯金債権については，郵政民営化以前のその前身である定期郵便貯
金と基本的内容が異ならないことが挙げられている。

　判例は，その後，定期預金債権および定期積金債権についても，相続によ
って当然には分割されない旨を判示しており（最判平29・4・6判タ1437号67
頁），ほぼすべての種類の預金債権について，可分債権には当たらず，相続
によって当然に分割されない旨を判示したことになる。

〔吉永〕　445

(2) 民法（相続法）および家事事件手続法の改正

平成30年法律72号による民法および家事事件手続法の改正では，これらの判例を受けて，預金債権は，相続の開始によって当然に分割されるのではなく，相続財産として遺産共有の状態になることを前提としている。そのうえで，遺産分割前の各相続人による個別的権利行使の制度が設けられている。

それによると，まず，新設された民法909条の2により，各相続人は，遺産に属する預金債権の一部について，単独でその権利を行使することができることとされている。行使された預金債権については，権利を行使した当該相続人が遺産の一部分割によって取得したものとみなされる。権利の行使にあたって，払戻しを受けた預金の使途などに制約はないが，行使できる額の上限が設けられている。上限額は，遺産に属する預金債権のうち相続開始の時の債権額の3分の1に自己の法定相続分を乗じた額と，標準的な当面の生計費や平均的な葬儀費用などを勘案して法務省令で定められる額との小さい方の額となる。

次に，家事事件手続法200条が改正され，旧3項が4項に移されたうえで，新たな3項が置かれている。それにより，遺産分割の審判または調停の申立てを受けた家庭裁判所が，預金債権の全部または一部を相続人に仮に取得させるという保全処分を行うことができるようになった。上述の改正後民法909条の2とは異なり，この方法による個別的権利行使に上限額はないが，「相続財産に属する債務の弁済，相続人の生活費の支弁その他の事情により遺産に属する預貯金債権……を行使する必要があると認めるとき」という要件を満たす必要がある。

〔吉永一行〕

第12節　組　合　　　　　　　　　　　　　　　　　　　　§*667*　I

第12節　組　　合

（組合契約）
第667条①　組合契約は，各当事者が出資をして共同の事業を営むことを約することによって，その効力を生ずる。
②　出資は，労務をその目的とすることができる。

細　目　次

I　本条の意義 ……………………………447
　1　組合契約の意義………………………448
　　(1)　組合契約と組合 …………………448
　　(2)　組合契約に含まれるもの ………448
　2　組合契約の性質………………………449
　　(1)　合同行為説の是非 ………………450
　　(2)　組合契約の具体的性質 …………451
II　組合規定の適用要件 …………………452
　1　組合契約の成立要件………………452
　　(1)　組合契約の当事者 ………………452
　　(2)　出　資 ……………………………453
　　(3)　共同事業 …………………………457
　　(4)　合意内容と民法規定との関係 ……460
　　(5)　合意の形式 ………………………462
　2　みなし組合の可能性………………463
　　(1)　法令による組合関係――共同鉱業
　　　権者および共同鉱業出願者間 ………463
　　(2)　解釈による組合関係 ……………463
III　組合に関する規定の作用範囲 ………464
　1　分類の前提――営利と非営利…………464
　2　非営利を目的とする団体………………465
　　(1)　法令との関係 ……………………465

　　(2)　非営利団体の実例 ………………466
　3　営利を目的とする団体………………466
　　(1)　法令との関係 ……………………466
　　(2)　営利団体の実例 …………………467
　4　特定目的の団体………………………469
　5　合意が認定しづらい共同関係…………470
　　(1)　共同所有者間 ……………………470
　　(2)　地域団体 …………………………470
　　(3)　共同相続 …………………………470
　6　講　……………………………………470
IV　内的組合――組合の特殊形式 ………470
　1　内的組合の意義………………………471
　　(1)　内的組合の可否 …………………471
　　(2)　特殊な内的組合――下方利益参加
　　　　（Unterbeteiligung）………………471
　2　内的組合の要件 ……………………472
　　(1)　内的組合の定義 …………………472
　　(2)　内的組合と匿名組合との異同 ……472
　3　内的組合の効果………………………472
　　(1)　内的組合の対外関係と財産帰属 ……472
　　(2)　内的組合の内部関係 ……………472

I　本条の意義

本条は冒頭規定として，組合契約の成立要件を定めている。ここでは，規

〔西内〕　447

§*667* I

定の適用要件について見た後（→Ⅱ），規定の適用範囲について具体例を見て
いく（→Ⅲ）。最後に，組合の中でも特殊なものとして論じられている，いわ
ゆる内的組合についてまとめる（→Ⅳ）。

　なお，ここで本条以下の解説で用いる用語法の整理として，組合に対する
債権者を組合債権者と表記することとの関係で，組合員に対する債権者を組
合員債権者と表記する（組合債務者，組合員債務者も，同様の区分を用いる。つまり，
組合財産に属する債権に対する債務者を組合債務者，組合員の財産に属する債権に対する
債務者を組合員債務者と，それぞれ定義する）。

1　組合契約の意義

　組合契約に含まれるものを述べる前提として（→(2)），最初にまず組合契約
という用語を整理しておこう（→(1)）。というのは，組合に係る条文の中では，
組合契約という用語のほか，組合という用語も用いられているからである
（たとえば，前者につき 667 条，後者につき 670 条 1 項）。

(1)　組合契約と組合

　この組合契約と組合という用語の使い分けは，民法の立法過程に遡る。つ
まり，法典調査会での検討レベルで，本条の元になった条文案（原案 674 条）
は「会社契約ハ」の文言で始まっていた（「会社」という文言が用いられていたこ
とも含め民法の立法過程については，相本宏「民法上の組合について――編纂過程を中心
に」佐賀大学経済論集 9 巻 1〜3 号〔1977〕373 頁以下を参照）。

　民法では，組合契約の成立と関わる場面（667 条），および，組合契約で特
則を定める場面（670 条 2 項・672 条・678 条）につき，「組合契約」の文言が用
いられ，「組合」という文言と区別されている。このことから，組合契約か
ら生じる通常の法律関係――つまり特則がない場面――については，「組合」
の言葉が用いられていることがわかる。また，「組合」という法律関係を設
定・変更する合意に「組合契約」という名称を与えられていることがわかる。

(2)　組合契約に含まれるもの

　このような組合契約には，次の(ア)(イ)の場合が含まれる。

　(ア)　組合創設の合意　　組合契約とは，本条の内容に沿った合意を行うこ
とによって成立し，これによって組合という法律関係が生じる。

　(イ)　組合契約の追加（補充）・変更の合意　　組合契約の中には，民法と違
う特則を置く場合，および，組合契約の内容を変更する場合が含まれる。こ

第12節 組 合　　　　　　　　　　　　　　　　　　§*667* I

のため，このような合意の成立要件についても原則として組合創設の合意の成立要件に準じることになる（新版注民(17)53頁〔福地俊雄〕）。

そして，組合契約の変更については，組合員全員の同意を要するとするのが原則である。しかし，次の3つの例外がある。

第1に，法令上定められた例外の場合である。たとえば，除名の場合がある。つまり，除名は，契約当事者変更の一般論によれば当事者全員の合意を要すると解する余地があるにもかかわらず，民法上はその特則が定められ，要件が緩和されている（新版注民(17)53頁〔福地〕）。

第2に，組合契約で例外を定めておく場合である。たとえば，組合契約変更の要件につき多数決条項を設けた場合がある。つまり，組合契約の変更を多数決で行えるとする条項は，原則として有効である（新版注民(17)53頁〔福地〕。なお，有限責任事業組合契約に関する法律5条では，組合の事業，名称，組合員の氏名または名称および住所，組合の存続期間，組合員の出資の目的およびその価額等についての組合契約の変更については，全員一致でないと変更できないとしている）。ただし，既得権の全部または一部を奪うことは本人の同意なしにはできないとされる（新版注民(17)53頁〔福地〕）。また，組合契約の変更を総会で行う旨の規定と，総会は多数決によるという一般規定がそれぞれ存在する場合に，組合契約の変更を多数決でできるか否かは，多数決条項の射程に関する解釈問題であるとされる（新版注民(17)53頁以下〔福地〕）。

第3に，解釈上認められる例外である。たとえば，組合契約変更に対する同意義務を，解釈により認める可能性がある。この点につき，組合契約の補充・変更について，比較法的考察に照らしてみると，同意義務を認める余地がある（山本顯治「契約交渉関係の法的構造についての一考察(3・完)」民商100巻5号〔1989〕808頁・814頁以下でドイツでの人的会社における定款変更への社員の同意義務の議論が少し紹介されている）。

2　組合契約の性質

組合契約は，契約の一種として民法に規定されながらも，通常の契約との違いも強調されてきた。そこで，この組合契約の法的性質を整理しておく必要がある。

具体的には，合同行為説の是非と，組合契約の具体的性質（双務，有償，諾成契約性）が，それぞれ問題となる。

〔西内〕　　449

§*667* I

第3編　第2章　契　約

(1)　合同行為説の是非

民法の学説では，法律行為の分類として，契約・単独行為という争いのない分類のほかに，合同行為という類型を導入し，団体設立行為（法人設立行為と，組合設立行為）をここに分類する立場がある。ただし，仔細に見た場合には，この合同行為という分類は次の2つの意味で用いられている。

第1に，意思表示の同一方向性によって定義する見解である。つまり，一方で，契約は利害関係が対立する当事者が行う，反対方向の意思表示により成立するとされる。他方，合同行為は利害関係を共通する当事者が行う，同一方向の意思表示により成立するとされる。その結果，後者では，当事者の協力関係が強調される傾向がある。しかし，経済学的にエージェンシー理論により説明される団体関係は，むしろ利害関係が対立する当事者により成立するものであって，契約と連続的に説明される。また，たとえば，受領義務に関する議論の発達に見られるように，契約関係から協力関係を導くことは可能である。したがって，この意味での合同行為説の妥当性は疑わしい（なお，宮崎孝治郎「合同行為否認論」愛知学院大学論叢法学研究10巻2号〔1967〕39頁は，合同行為概念の成立史を取り扱い，また，利益の分布状況や意思表示の方向の考察から合同行為は契約に包含されるという）。

第2に，法律行為の当事者の1人につき法律行為の無効原因・取消原因がある場合に，それが他の当事者の法律行為の有効性には影響しない場面を指して，合同行為という分類を用いる立場である（たとえば，山本・総則103頁以下）。そして，この立場が前提とした解釈論は，平成29年改正法の667条の3に結実している。そのため，――たとえば，組合類似の法律関係への類推適用の形で――この667条の3が適用される法律関係の射程を画するための概念であれば，合同行為という概念を用い続ける意味はあることになろう。ただし，効果に注目して組合契約を合同行為と性質決定するこうした分類論を，667条の3の立法を支える根拠論と混同するべきではない。つまり，同条の趣旨は，当事者意思の推定に求められており，したがって，この趣旨から同条が任意規定であることも導かれる（→§667の3 I 2）。任意規定か否かの判断にとって示唆を与えないような，組合契約が合同行為であるという抽象的理由（たとえば，松尾弘・民法改正を読む〔2012〕175頁以下参照）に依拠して，667条の3が定められたわけではない。

450　〔西内〕

第12節 組 合   §*667* I

なお，第2の見解と類似するものとして，法律行為の当事者の1人につき法律行為の無効原因・取消原因がある場合に，当該当事者が当該原因を主張することを防ぐ場面を示す概念として，合同行為という概念が用いられる場面がある。たとえば，大審院判例では，合資会社設立行為につき94条の適用を否定するために，合同行為という概念を用いたものがある（詳細は，→§667の3 I 1(1)(イ)）。この立場については，平成29年改正法では扱われておらず，依然として解釈論に委ねられている（→§667の3 IV 1）。したがって，この解釈論の是非を探る意味でも合同行為という概念が意味を持つ可能性は残されているといえよう。

(2) 組合契約の具体的性質

組合契約が，上記無効原因・取消原因以外の処理では契約と同じように扱われるとして，次に問題となるのは，組合契約の性質である。

(ア) 双務契約性　　667条の2（同時履行の抗弁権や履行拒絶権規定の排除）に現れているように，組合契約は双務契約と理解されることが前提とされている。

ただ，双務契約であることが通常であるとしても，双務契約であることが必要であるかは別の問題である。この点は後述する出資の必要性と関係する（→II 1(2)(ウ)）。

(イ) 有償契約性　　667条の2では扱われなかったものの，売買契約法の準用の適否（559条）につき，組合契約が有償契約であることも前提とされて議論されてきた。特に，出資義務と組合員たる地位の取得は，有償性が前提とされている。

ただ，有償契約であることが通常であるとしても，有償契約であることが必要であるかは別の問題である。この点は，後述する出資の必要性のほか（→II 1(2)(ウ)），組合契約の成立要件としてすべての組合員の利害関係を要するかという問題と関係する（→II 1(3)(イ)(b)）。

(ウ) 諾成契約性　　組合契約は諾成契約であることが前提とされている（星野310頁など）。

ただし，組合契約が成立したと評価される場面について，合意が重視されているかは別の問題である。たとえば，「事実的契約関係（事実上の組合）」の議論（新版注民(17)30頁以下〔福地〕）を参照した場合，組合はそもそも契約と

〔西内〕　451

§*667* Ⅱ   第3編　第2章　契　約

いう基礎に基づいて成立するのか否かという問題が生じる。

Ⅱ　組合規定の適用要件

　組合規定が適用される典型的な場面は，Ⅰで見たような組合契約が成立する場面である。そこで，組合契約の成立要件が問題となる。この点は以下の1で検討する。また，組合規定が適用される場面は，それ以外にも認められているため，これについて2で簡単に触れる。

1　組合契約の成立要件

　組合契約の成立要件については，冒頭規定から一定の当事者が出資と共同事業につき合意する必要があることが導かれる。その結果，当事者，出資，共同事業につき，それぞれ検討する必要がある（→(1)～(3)）。そのほか，合意内容（組合契約の十分条件と必要条件の仔細）と合意形式という要素につき，それぞれ検討する必要がある（→(4)(5)）。

(1)　組合契約の当事者

　組合契約の当事者については，当事者の人数と，当事者の性質につき，それぞれ問題がある。

　(ア)　当事者の人数　　組合も契約によって成立する以上，2人以上の当事者が必要である（我妻・中Ⅱ771頁）。この点は争いがないものの，後述する組合の解散原因との関係で影響を与える論点となっている（→§682 Ⅱ2）。

　(イ)　当事者の性質　　当事者の性質については，自然人の場合と，法人・団体の場合を分けて検討する必要がある。

　　(a)　自然人の場合　　組合契約の当事者に，自然人がなりうることについて，争いは存在しない。

　　(b)　法人や団体の場合　　これに対し，組合契約の当事者に，法人がなりうるかについては，会社法成立以前には若干の問題があった。というのは，会社法制定前商法55条は，会社は他の会社の無限責任社員となれないとされ（この規定の趣旨につき，大判大5・11・22民録22輯2271頁参照），この会社の議論の影響を組合の議論でも受ける可能性があったからである。もっとも，建設ジョイントベンチャーをはじめ，法人が組合の当事者となる事例は実務上に多く存在し，通説もこの実務を許容する態度をとっていたといえよう。

452　〔西内〕

第12節 組 合　　　　　　　　　　　　　　　　　　　　　§*667* **II**

　同様に解釈上の問題として，組合その他の法人外団体が組合の当事者とな
りうるかという問題もある。これについても，肯定するのが一般的であった
といえよう（新版注民(17)43頁〔福地俊雄〕）。ただし，有限責任事業組合の当事
者になりうるかについては，「個人又は法人」（有限責任事業組合契約に関する法
律3条1項）に当事者が限定されていることから消極に解されている（日下部
聡＝石井芳明監修・日本版 LLP——パートナーシップの未来へ〔2005〕98頁）。

　(2)　出　　資
　本条では，合意の内容として出資が要求されている。
　(ア)　出資が要求される趣旨　　この出資が要求される趣旨は，起草者の意
思によれば，組合契約成立の場面の明確化である。このような明確化の意図
を指し示すのは，「出資」に関係する部分の本条の規定案では，不明確な部
分が含まれていたものの，これが削除されてきた経緯である。すなわち，法
典調査会で検討された初期の段階では「共同ノ目的ヲ達スルニ必要ナル出資
其他ノ事項ヲ約スルニ因リテ」となっており（法典調査会民法議事37巻4丁表以
下），この「其他ノ事項」とは出資とは別のものを指すと考えられていた（同
巻34丁裏以下）。ただ，この「其他ノ事項」の部分は，不明確さが嫌われ，議
論の最終段階で削除されることになる（同巻49丁表以下）。またこの不明確さ
が嫌われたとの関係で，富井政章によれば，「会社契約ハ各当事者カ共同ノ
事業ヲ営ムニ因リテ其効力ヲ生ス」という案も法典調査会に提出される先行
段階の議論では出てきたものの，富井はそれには反対であったという（同巻
51丁裏以下）。

　このような趣旨からすれば，組合契約を成立させようとする当事者は，明
確に出資を定めておくことが望ましい。ただ，(4)(ア)で後述するように，共同
事業の合意から出資義務を導く立場もあり，必要条件としての優先度が高い
とはいいがたい状態にある。

　(イ)　出資の客体　　出資とは，組合目的達成のために当事者によって拠出
される経済的手段の総称のことであると定義されており（新版注民(17)43頁
〔福地〕参照），この定義に含まれる一切の客体を含む。具体的には，(a)金銭
その他の物，(b)各種権利，(c)のれんやノウハウなど権利とはいいがたい財産
的価値，(d)労務，(e)信用，(f)不作為が含まれうる。

　(a)　金銭その他の物　　金銭その他の物については，その所有権が想定

〔西内〕　453

されている。

(b) 各種権利　各種権利の中では(a)を客体とする各種制限物権が含まれる。また，各種権利につき，債権や知的財産権のような無体的権利が含まれることも，争いはない。

(c) のれんやノウハウなど権利とはいいがたい財産的価値　権利に至らない財産的価値も，組合目的達成のために有用な財産的手段であれば含まれる。たとえば，特許の先願者の地位や，一体としての営業が含まれると解されている。

(d) 労務　本条2項では，労務が出資に含まれうることが明示されている。この規定は注意規定であるとされ，ただし，「出資」の文言に含まれる「資」の文字が労務を含みかねるように思われることから，誤解を避けるために置かれたとされている（法典調査会民法議事37巻35丁表）。

(e) 信用　信用について，会社法制定前商法89条は，労務の出資とともに信用の出資を認めていた。このように会社法の出資として信用が定められていた理由は，起草者が信用出資を組合については認める必要がないと考えていたためであるとされる（新版注民(17)44頁〔福地〕）。しかしながら，現在では組合についても信用出資を認めるのが通説である（新版注民(17)44頁以下〔福地〕）。

この信用のように，財産的負担可能性の一種であっても，それ自体が財産的価値を持っており，かつ，組合目的に資するという性質を持つのであれば，出資と認めてよい。

(f) 不作為　不作為が出資となりうるか否かについては，否定説も存在しているものの，場面を分けて一定の場合には肯定する考え方が一般的である。

つまり，ある立場は，組合契約上当然に共同目的から導かれる競業避止義務の範囲内での不作為と，それを超える不作為とで，区別を設け，後者についてのみ出資としての性質を認める（新版注民(17)45頁〔福地〕）。たとえば，後者の例としては，組合の事業が営利事業である場合に従来営んでいた営業を廃止する場合，また，組合の事業が営利事業でない場合に一定の不作為を合意する場合が，これに当たるとされている。

ややニュアンスの異なる立場として，共同の事業を営む場合の競業避止義

第12節　組　合　　　　　　　　　　　　　　　　　§*667*　II

務と，取引制限自体を目的として団体を設立する場合とを区別して，組合目
的実現と直接関係する不作為である後者のみを不作為の出資と認める見解も
ある（三宅・下 1118 頁）。

　(ウ)　各当事者の出資　　本条 1 項では，「各当事者が出資」を約すること
が必要であると定められている。そのため，「各当事者」と「出資」の意義
について，解釈上の問題が生じる。また，出資の履行請求をいかにして行う
のかという問題が生じる。

　　(a)　「各当事者」の意義——全員の出資は必要か？　　「各当事者」の出
資が組合の定義上求められていることとの関係で問題となるのは，全員が出
資を行う必要性があるか，という問題である。すなわち，学説では，出資を
行わない組合員がいることを許容しない立場が通説であるところ，その根拠
については，次の 2 つの説がある。第 1 に，共同事業という組合の本質概念
に出資義務が包含されるからという説がある（我妻・中 II 771 頁参照）。第 2 に，
本条 1 項で「各当事者」の出資を掲げているからという説がある（新版注民
(17)45 頁〔福地〕）。第 2 の立場は，出資を行わない組合員がいる場合は，「各
当事者」の出資に当たらない以上，組合に当たらないと見るわけである。

　もっとも，これらの説に従い組合に当たらないとしても，なお，組合法の
規定が適用される可能性がある。たとえば，出資をしない構成員がいる団体
につき，組合の規定の準用を認めた裁判例が存在している（大阪地判昭 41・
5・18 判時 463 号 51 頁〔市長選挙立候補者の「選挙対策本部」の運動員が行った不法行
為につき，業務執行者に 715 条 2 項の責任が追及された例〕）。学説も，この裁判例を
肯定的に解している（新版注民(17)45 頁〔福地〕）。

　　(b)　「出資」の意義　　「出資」は，合意によって定められる必要があり，
合意がある限りは当該合意が優先する。

　問題となるのは，出資に関する合意の細目が定められておらず，明確性が
欠ける場合である。このような事態が生じうる理由は，「組合が成立したと
いいうるためには，最少限度として，一定の目的とそれを当事者全員の共同
の事業として営むという 2 点についての合意が成立しなければならない」と
いい，この 2 点が定まると出資義務の「内容・時期などは解釈によって補充
される」という立場が有力だからである（我妻・中 II 774 頁。なお，経費が必要
であることが明白な事業を共同ですることを約する場合には，経費分担〔出資〕の合意が

〔西内〕　　455

あると推定すべきだとの立場もある〔新版注民(17)45頁〔福地〕〕。したがって，解釈により補充される部分がありうることになり，次の4点については解釈による補充可能性が議論されている。

第1に，出資としての性格を持つものは何かという問題である。これについては，諸般の事情に照らして判断されるべきだとされており（新版注民(17)46頁〔福地〕），必ずしも明確な基準は存在していない。ただし，出資が組合目的実現のための経済的手段の拠出であることからすれば，組合目的の認定とこれと対象となる経済的手段との関係性の認定が決定的なものとなるであろう。

第2に，各当事者の出資割合はどの程度となるかという問題である。この点につき明確な合意がなければ平等だと推定される（大判大14・5・23新聞2466号11頁）。また，特段の事情がない限り，損益分配割合から出資割合を推認することは許される（新版注民(17)47頁〔福地〕のほか，山田誠一〔判批〕法協104巻10号〔1987〕1500頁・1503頁を参照〔損益分配の割合から出資額の推定を行うことを許容する。674条と同趣旨だという〕。また，熊本地八代支判昭36・6・2下民集12巻6号1287頁〔利益分配割合から出資割合を推定〕も参照）。

第3に，各当事者は追加出資義務を負う場合はあるかという問題である。この点については明示的な合意がなければ追加出資義務は発生しないという見解が一般的であるものの，出資が割合で定められている場合に追加出資義務を認定できる可能性が示唆されている（新版注民(17)47頁〔福地〕）。

第4に，出資の時期はいつかという問題である。この点については，組合成立の時点とは限らず，「組合の事業の遂行に応じ随時」だと考える立場がある（我妻・中Ⅱ772頁）。ただ，この立場は，不確定期限のことを指しているのか，それとも期限の定めがない債務を指しているのかは明らかではない。期限について特約がない限り，原則として期限の定めのない債務と解した上で，組合目的との関係で明確に後の出資が予定されている場合に不確定期限と解することになろう。

(c) 各当事者への出資請求　各当事者への出資請求は業務執行としての性質を持つと考えられている（新版注民(17)47頁〔福地〕）。そのため，履行請求の要件としては業務執行の要件に準じることになる。

その遅滞に関しては，669条（遅延損害金の特則）のほか，667条の2第1項

第12節　組　合　　　　　　　　　　　　§*667* II

（同時履行の抗弁権排除）が関係してくる。

(3)　共　同　事　業

本条1項では，「共同の事業を営む」ことの合意が要件とされている。この点につき，次のような解釈上の問題が生じる。

(ア)　組合の目的たりうる事業　　組合の目的として当該事業が許容されるかという問題につき，次の3点が問題となる。

(a)　非営利事業の許容　　組合の目的たりうる事業には，非営利も含まれる（法典調査会民法議事37巻5丁裏以下。非営利の意義につき，一Ⅲ）。損益分配に関する規定（674条）や，残余財産分配に関する規定（688条3項）は，通常は営利団体であることを考慮した推定規定にすぎないとされる（新版注民(17)47頁〔福地〕）。

(b)　当座組合の許容　　反復継続的活動を内容としない，いわゆる当座組合も肯定される（新版注民(17)48頁〔福地〕）。

(c)　法令違反の禁止　　組合の事業は，公序良俗や強行法規に反するものであってはならない（新版注民(17)48頁〔福地〕。公序良俗違反の裁判例として東京地判昭58・3・30判タ500号180頁〔パチンコ商品買受販売業〕，強行法規違反の裁判例として最判昭41・11・25民集20巻9号1946頁〔漁業法に違反して漁業権を出資した共同での定置漁業〕がある）。

(イ)　事業の共同性　　日本の民法の解釈としては，ドイツ法に多くの影響を受けてきたものの，違いを強調する説もある。すなわち，ドイツ民法705条の文言は「共同目的の達成に努める」となっており，これより本条の文言は限定された言い回しとなっていると評価する説がある（三宅・下1105頁）。つまり，ドイツ民法典の文言とは異なり，全員参加的な共同経営（「営む」）の実質が必要だと，文言から読み込むわけである。

こうした点もあってか，事業の共同性の解釈については参加の側面の必要性が強調される傾向がある。具体的には以下の点に現れる。

(a)　すべての組合員の業務執行関与　　通説は，すべての組合員が業務執行に関与することが必要だと解しており，こういえるためには，最低限，監視権と業務執行組合員解任権があることが必要だとする（我妻・中Ⅱ772頁以下・778頁〔ただし，ドイツ民法やスイス債務法では，組合契約であるとの法性決定に関わるものと理解されているというより，これに反する合意が強行法規違反となるか否か

〔西内〕　　457

§667 II 第3編 第2章 契約

という文脈で理解されているようである〕，三宅・下1129頁。名古屋地判平17・12・21
判タ1270号248頁〔船舶リース事件第一審〕も参照）。

内的組合や匿名組合であっても，この関与権は保障される（新版注民(17)48
頁〔福地〕。商539条も参照）。

(b) すべての組合員の利害関係 現在の通説は，すべての組合員が組
合事業達成について何らかの利害関係を持つことを要求している（新版注民
(17)48頁〔福地〕）。

この利害関係は，非営利組合であれば，精神的なものでもよいとされる
（非営利の意義について，一III 1）。これに対し，営利組合については，損失分担
義務を負わない組合員がいてもよいとする一方で，利益分配にあずからない
組合員がいること（いわゆる獅子組合）は許容されないと解するのが，通説で
ある（大判明44・12・26民録17輯916頁〔損失分担義務を負わない組合を許容した。
他方，獅子組合を許容しない部分は傍論〕のほか我妻・中II 773頁，新版注民(17)48頁
以下〔福地〕。この場合，契約が無効となるのではなく，別の契約であると法性決定さ
れることにつき，来栖631頁，新版注民(17)49頁〔福地〕。なお，三宅・下1170頁は，損
失を分担しない組合員がいることの意味を分析し，追加出資義務を負わない組合契約は有
効だが，出資の返還保障をすることは「共同事業の経営や出資の性質に反する」という）。

ただし，規定の成立史から見る限り，このような獅子組合を否定する解釈
は自明ではない（法典調査会レベルでは，原案681条として「会社ノ利益ハ之ヲ総社
員ニ分配スルコトヲ要ス」と定めていた〔法典調査会民法議事37巻118丁表以下〕。この
規定を置こうとした理由は，営利団体である限り，一方で，利益が分配されない組合員が
いることは許されないものの，他方，損失を分担しない組合員がいることはかまわないこ
と〔規定の反対解釈〕を明確化することにあったらしい〔富井と梅謙次郎の意見〕。しか
し，次の3つの方面から攻撃を受けて，この規定は削除される。第1に，営利団体であれ
ば総組合員に利益を分配するのは当然であり，当然のことを定める規定は不必要ではない
か，との意見である。第2に，営利団体では総組合員が損失も分担するべきであり，反対
解釈部分がおかしいとの意見である。第3に，非営利団体を組合の規定に沿って作ること
を認めている以上は，利益分配を受けない組合員がいることも契約自由に委ねてかまわな
いのではないか，との意見である。このいずれの意見が規定削除の決定打となったのかは
判然とせず，起草者意思は不明確である）。最高裁判例はなく，したがって，獅子
組合を認める解釈の余地は十分存在しているといえよう（後藤元伸「組合型団

458 〔西内〕

第12節　組　合　　　　　　　　　　　　　　§*667* **II**

体における共同事業性の意義——損益分配と事業の共同性の連関〜仏独法を参照して——」関法59巻3＝4号〔2009〕869頁・908頁は，独仏の比較法を踏まえて，損益分配は組合の成立要件ではなく，共同性の有無を判断するための考慮要素にすぎないとして，獅子組合も許容する）。

　(ウ)　共同事業の存否の判定と裁判例　　共同事業の存否が問題となったと考えられうる裁判例としては，次のようなものがある（ただし，以下の(b)は出資の要否，出資の有無とも関係する）。

　(a)　共有物利用関係　　古い最高裁の裁判例では，共有物利用関係について組合成立を否定するものがある（最判昭26・4・19民集5巻5号256頁〔漁業権者が網干場として共同利用する土地の共有物分割請求が問題となった事案であり，組合性を否定して請求を認容〕）。つまり，土地の共有者が共同でその土地を使用することは共有土地の利用方法であって，本条の「共同の事業を営むこと」に当たらないと判示している。これを一般化し，「弁護士や医師が施設を共同で利用するのも同様である」とする立場がある（三宅・下1111頁）。

　しかし，その後の裁判例では，共有物利用関係でも組合であると認定されている（神戸地洲本支判昭27・11・24下民集3巻11号1634頁〔山林の共有共同経営につき組合であると認定〕，東京地判昭62・6・26判時1269号98頁〔航空機共同所有等を目的とする組合の組合員による航空機事故につき，715条の事業執行性を否定〕，最判平11・2・23民集53巻2号193頁〔ヨット購入者間における脱退の可否につき積極〕）。特に，関係からの離脱を制約する必要性を認めつつ共同購入を契機に共同関係に入る場合に，組合の成立を認める近時の裁判例からすれば，共有物利用関係であるかを問わず，むしろ，共同目的のために複数人から出資を集め維持する必要性とこの必要性への組合法の法的効果の適合性（たとえば，258条の適用排除）が満たされていれば，組合関係を認定して差し支えないといえよう。

　(b)　労務が出資だと評価されうる関係　　古い最高裁の裁判例では，労務が出資だと評価されうる関係につき，組合成立を否定するものがある（最判昭32・10・31民集11巻10号1796頁〔金銭など物的出資の有無を問わず柳網の構成員になるとされており，脱退の際にはその持分の払戻しをしていなかったなどの事情があるとされていた事案につき，原審が組合類似のものと認定して一部構成員からの持分確認請求を肯定した判決を，最高裁は破棄差戻し〕）。

〔西内〕　　459

§667 II
第3編 第2章 契約

ただし，学説では，この判決に説得力がないと論じる見解が有力である（新版注民(17)50頁〔福地〕。山田・前掲判批1500頁・1504頁以下は，最高裁が認定した事実はいずれも組合契約類似の認定を覆すには十分でないことを論証している）。というのは，上記最高裁判決では出資の有無を問題とするようではあるものの，労務も出資と認定できる以上，出資として欠けるところはないからである。また，上記最高裁判決の事案では共同事業性を否定したと評価する余地もあるものの，共同事業性を否定する具体的事情はうかがわれないからである（山田・前掲判批1508頁以下参照）。そして，その後，下級審でも労務が出資であると評価されうる関係につき組合関係を認定するものがある（大阪地判昭47・4・27労民集23巻2号278頁〔市立学校等の警備員を構成員とする警備組合を民法上の組合であるとして，市との間の契約主体は構成員ではなく組合自体であると認定し，市との間の雇用契約上の地位を仮に認める仮処分申請を棄却〕）。

このように見た場合，上記最高裁判決の射程は，労務が出資であると評価されうる場面か否かによって区切られるというより，事案の具体的な特徴によって画されるといえよう（たとえば，上記最高裁判決の事例では，金銭等の出資の有無を問わず加入が認められ，かつ，持分払戻しをしていなかった当事者間の関係という具体的事実と，持分払戻しの性格を持つ持分確認という請求内容を組合法適用の法的効果〔668条〕によって認めることとの，不適合性が存在した。つまり，労務出資に対しては持分払戻し以外の方法によって報いられることが予定されていた関係において，組合法の形式的適用によって持分払戻しを認めることの不都合性があったといえる）。

(4)　**合意内容と民法規定との関係**

(2)と(3)と関連する問題として，民法の規定がいかなる場合に適用されるのか，という問題がある。

(ア)　**合意の要素——組合契約の必要条件**　共同目的（一定の目的と共同事業性）と出資では，共同目的の合意部分に優先的な要素性がある。というのは，共同目的さえ定まれば，すべての当事者が出資義務を負うことは当然であって，その内容や時期などは解釈により補充されるからである（新版注民(17)51頁〔福地〕のほか，前述の(2)(ウ)(b)も参照）。

(イ)　**法性決定の考慮要素——組合契約の十分条件**　組合法の適用範囲は，もとより不明確なものである。この不明確さは，起草者が共同目的達成手段を出資に限定したことよって組合の成立範囲を限定しようとしたにもかかわ

第12節 組 合　　　　　　　　　　　　　　　　　　§*667* II

らず（→1 ⑵⑺），その後の学説が出資の合意を明確には要求しないこと（直前の⑺）によって強められている。つまり，冒頭規定から読み取れる要件らしい要件は，共同目的ぐらいしかない。このため，法性決定が問題となることがある。ただし，法性決定にとって何が決定的なのかは，必ずしも明確でない状況である。

たとえば，当事者の法形式選択の側面を見てみよう。一方で，組合法の適用にとっては，当事者による法性決定が必ずしも優先するわけではない（税法上の事案であるが東京高判平19・10・30訟月54巻9号2120頁〔667条1項に基づく組合である旨規約に定められていた投資クラブについて匿名組合であると認定〕）。他方，当事者の法性決定が原則として優先するとした裁判例もある（同じく税法上の事件として名古屋高判平17・10・27税資255号（順号10180）〔航空機リース事件第二審〕）。

また，組合契約の客観的内容を見てみよう。この点に関し，典型契約類型を法適用の模範型と考える立場からは，その他の典型契約とは異なる団体的組織の有無が，法性決定にとっては基準となるのかもしれない。というのは，この立場は，組合契約を団体型契約の模範型として位置づけているからである（たとえば，大村180頁）。ただ，団体的組織に注目する考えは，次の2つの難点がある。第1に，この立場を採用するのであれば，組合法の適用範囲を画する団体的組織とは何かを確定する困難な問題が生じることになる（この困難を指摘するものとして，西内康人「団体論における契約性の意義と限界⑴──ドイツにおける民法上の組合の構成員責任論を契機として──」論叢165巻3号〔2009〕1頁以下参照）。第2に，団体的組織が定義できたとして，それが法性決定にどの程度の意味を持つかである。かりに団体的組織の典型は社団（たとえば，最判昭39・10・15民集18巻8号1671頁にいう「団体としての組織をそなえ，そこには多数決の原則が行なわれ，構成員の変更にもかかわらず団体そのものが存続し，しかしてその組織によつて代表の方法，総会の運営，財産の管理その他団体としての主要な点が確定しているもの」）だと考えることもできるものの，社団のいずれの要素が欠ける場合に組合としての法性決定に悪影響を与えるのかは判然としない。たとえば，多数決原則の排除が組合契約の認定に悪影響を与えるとすれば，670条を冒頭規定化することに近い効果があり，これは670条が任意法規だと考えられていることと抵触してしまう（起草者は667条〔原案674条〕を強行法規だと考えていた〔法典調査会民法議事38巻119丁表〕）。

〔西内〕　461

以上の点は，典型契約とは何か，および，法性決定とは何かという根本的な問題と関係する未解決の課題である。このような状況で，予防法学的に組合であるとの認定に確実を期すためには，今まで組合だと認定されてきた類型（→Ⅲ）に組合契約の客観的内容を近づけることに配慮しつつ，当事者による組合法の選択を併有させることが，比較的穏当な手段となると思われる。また，組合法の適用が争われてきた領域での検討結果からすれば（→(3)(ウ)），組合法の適用によって導出される具体的な法的効果と当事者関係との適合性が，重要な判断要素になるように思われる。

　(ウ)　組合法の任意法規性　　詳しくは各条文で説明するものの，組合法は原則として任意法規である。ただし，どの条文が強行法規であるか否かについては意見がまとまらず，平成29年改正法では明示されなかった。

　強行法規であることにつき争いがないのは，673条（検査権）と678条（「やむを得ない事由」がある場合の脱退）である。これに対し，たとえば，679条（非任意脱退事由）の強行法規性については争いがありうるところである（特に，持分会社における社員の退社が任意法規化された影響をどう見るかが問題となる〔会社607条・608条参照〕）。また，伝統的には，冒頭規定に掲げられた事業の共同性と各当事者の出資の解釈と絡んで強行法規性の有無が論じられてきたところ（→(2)(ウ)・(3)(イ)），近時はこれらの解釈と組合法に特有の各種効果を関連付けて強行法規性の是非を論じる見解が存在している（たとえば，組合法上の共有と出資の関係につき伊藤栄寿「組合財産の共有——物権編の共有との比較検討——」名法270号〔2017〕199頁・212頁以下，また，分配規制と共同事業〔獅子組合〕の関係につき平野秀文「組合財産の構造における財産分割の意義(1)」法協134巻4号〔2017〕529頁・541頁以下）。

　なお，有限責任事業組合契約に関する法律では，民法とは違った理由で強行法規であると定められているものがある（たとえば，同法では，組合員は業務執行に原則全員参加しなければならないとされ，その緩和にも制約が設けられている〔同法13条以下参照〕。このように立法された趣旨は，有限責任事業組合における組合事業の健全性確保による債権者保護や，損失の取り込みだけを狙った租税回避などの悪用を防ぐことにもあるとされている〔日下部＝石井監修・前掲書107頁以下〕）。

(5)　合意の形式

　合意の形式としては，方式性等の有無と，双方代理等による組合契約成立

第12節 組 合 　　　　　　　　　　　　　　　　　　　§*667* **II**

が問題となる。

　(ア)　方式性と要物性　　組合契約では方式性も要物性も存在しない（新版
注民(17)50頁〔福地〕）。したがって，契約書等の作成や出資の履行は，組合契
約の成立要件ではない。

　(イ)　双方代理等　　組合契約成立の場面での双方代理等については，具
体的には108条の適用が問題とされてきた。108条の適用については，会社
についてこれを否定する裁判例が多いものの，適用ありと考える説もある
（この問題について裁判例紹介も含めて詳しく論じる新版注民(17)50頁以下〔福地〕は，
適用肯定説。ただし，契約締結と契約履行行為を分け，合意が後者に当たるとされる場
面〔たとえば，発起契約（基本契約）に基づく個別合意〕では108条の適用はないとす
る）。

2　みなし組合の可能性

　1のような通常のルートのほか，組合法が適用される法律関係が法律上認
められ，また，これを解釈上認める立場がある。

(1)　法令による組合関係――共同鉱業権者および共同鉱業出願者間

　共同鉱業権者については，鉱業法43条5項による組合契約締結みなし規
定がある（共同鉱業権者とは，鉱業原簿にその旨の登録がされたものをいう〔新版注民
(17)54頁〔福地〕〕）。このようなみなし規定が置かれている理由は，持分の譲
渡や相続に制限がなく，共同鉱業権者の意思に反する第三者が共同鉱業権者
となってしまい，業務執行上支障が多かったので，これを防止するためであ
る。しかし，この理由が正しいなら，立法政策上は譲渡や相続の制限で足り
るはずであるとの批判がある（我妻・中II 776頁以下）。

　また，共同鉱業出願者間についても，鉱業法23条5項による組合契約締
結みなし規定がある。

(2)　解釈による組合関係

　船舶共有者間や，建物区分所有者間について，組合法の適用を議論する立
場がある（新版注民(17)55頁〔福地〕）。

　このうち，船舶共有者間については，持分に応じた業務執行参加権（商
692条〔平30改正前693条〕，なお商693条〔同694条〕），持分買取請求権（商694
条〔同695条〕）や，債務弁済に関する規律（商695条〔同696条〕）の存在が，
組合類似の関係を示唆する証左として指摘されている（我妻・中II 752頁，新

　　　　　　　　　　　　　　　　　　　　　　　　　　　　　　　〔西内〕　463

§*667* Ⅲ   第3編　第2章　契　約

版注民(17)22頁〔福地〕)。

　また，建物区分所有者間については，かつて合有説を主張する見解が存在
した（我妻・中Ⅱ752頁。新版注民(17)23頁〔福地〕では建物の区分所有等に関する法
律で定められた法的性質に照らして，管理組合が組合的性質だとしている)。なお，ド
イツでは住宅所有者共同関係が，権利能力のある独自の団体であると判例上
認められている（ヴォルフ＝ヴェレンホーファー〔大場浩之ほか訳〕・ドイツ物権法
〔2016〕27頁など)。

Ⅲ　組合に関する規定の作用範囲

　ここでは，どのような関係に組合の成立が認められ，組合法の適用が認め
られているのかを紹介する。主として，営利・非営利の区別を中心に論じる
が（→2・3)，このほか，特殊な例として，特定目的の場合などを区別して
論じる（→4~6)。

1　分類の前提——営利と非営利

　その前提として，以下での分類の基準を少し説明しておく必要があろう。
というのは，従来の議論での営利・非営利の区別が，利益分配に注目する現
在とは違う可能性があるからである。つまり，民法のこれまでの基本書類で
は，非営利目的とされるものの中に，中間目的・共益目的のような，利益分
配の有無ではない基準が含まれている（たとえば，組合員相互の利益を図る協同組
合型団体は，利益分配を伴うものであっても，非営利団体に分類されている可能性があ
る)。この結果，「営利を主たる目的としない組合」という言葉遣いや，そこ
での残余財産分配請求権（解散時）が肯定されるという現象が生じている（新
版注民(17)128頁〔品川孝次〕参照)。

　以下，組合に関する記述では，便宜的に，デフォルトルールとして最低限，
脱退時や解散時に利益分配請求権を持つかどうか（残余財産分配請求権を観念で
きるか）に注目して区別を行う（この点につき，株主に剰余金配当請求権と残余財産
分配請求権の両方を排除することはできないとする会社法105条2項も参照)。この区
別を用いる結果，剰余金分配請求権がなくても，解散時や脱退時の残余財産
分配請求権が認められると考えられうるものについては，営利団体に分類し
ている。また，財団法人を原則とする学校法人（私立学校法参照）に準じた団

464　〔西内〕

体や，定款で別段の定めがない限り解散時の残余財産配分ができない医療社団法人（医療法56条1項）に準じた団体については，残余財産分配請求権はデフォルトではないから，ここでは非営利に分類している。別の言葉でいえば，①配当の形で利益分配請求権を当然に持つ団体（営利団体〔狭義〕），②配当の形では持たないが解散時や脱退時に残余財産分配請求権が観念できる団体（営利団体〔広義〕），③①や②に当たらない団体（非営利団体）に分けて，③のみを非営利団体として取り扱う（なお，②については一般社団法人における基金を超えない額の返還であれば，非営利性に反しないと解する余地はある。詳細は，→§688 III 1 (4)(ウ)(b)）。

2　非営利を目的とする団体

非営利団体については，まず法令との関係を述べた上で（→(1)），具体的に現れた類型について論じる（→(2)）。

(1)　法令との関係

非営利団体については，法令との関係で，次の2点につき注意が必要である（非営利の組合契約で生じうる問題の全体像については，西内康人「組合契約で非営利活動を営む場合の法的諸論点」NBL1104号〔2017〕53頁以下を参照）。

第1に，ここ2では非営利法人の型（学校法人，社会福祉法人，医療法人等）を模範として分類しているものの，(2)の中には，上記の意味での営利団体が含まれている可能性があることである。とりわけ，株式会社を基礎とする学校設立が認められたり，医者を構成員とするパートナーシップが構想されたりする現在においては，残余財産分配請求権は通常肯定されているとみるべきであろう。この意味で，配当と残余財産分配を禁じる特約がない限り，組合目的から非営利であることが明らかな例は，せいぜい(2)(イ)の社会福祉ぐらいであろう。

第2に，非営利の団体だと性質決定された場合における一般社団法人及び一般財団法人に関する法律239条の準用の可否である。特に，同条2項（決議による帰属先決定），同条3項（国庫への帰属）に準じた解散時残余財産の帰属が認められるのかは問題となろう（詳細は，→§688 III 1 (4)(ウ)(b)）。

また，第2の点との関係で，脱退の場合に残余財産の分配を受けることができるかどうか，その割合はいかにして定まるのかも，非営利団体では問題となろう（この点は，→§681 III 1 (2)。脱退原因とも関係する〔→§679 II 1 (2)(ア)〕）。

§667 Ⅲ　　　　　　　　　　　　　　　　　　　第3編　第2章　契　約

(2)　非営利団体の実例

非営利団体として現れた実例は，以下のものがある。

(ア)　学校　　学校については，若干の裁判例がある（松山女学院〔松山地判昭25・7・（日付不明）下民集1巻7号1178頁〕，建築技能者養成学校〔最判昭33・7・22民集12巻12号1805頁〕，幼稚園の開設運営〔東京高判昭52・9・21東高民時報28巻9号233頁〕）。しかし，1で述べたように，利益分配を伴わないという意味での非営利なのかは疑問を呈する見解がある（三宅・下1107頁）。

(イ)　社会福祉　　赤十字社の例が，法典調査会において登場している（法典調査会民法議事38巻34丁表）。

(ウ)　非営利法人設立準備　　医療法人の設立準備につき組合関係の成立を認めた例がある（東京地八王子支判昭60・10・17判時1182号105頁参照。なお，医療を目的とする場面についても，非営利団体なのか否かにつき上述の問題がある）。

3　営利を目的とする団体

ここでは法人等の法令との関係を(1)で少し整理した後，(2)で具体例と考えられるものを列挙していく。

(1)　法令との関係

組合と関係する法定区分としては，会社，匿名組合，有限責任組合の3つがある。

(ア)　会社　　会社法制定前の商法では，組合に関する民法の規定が合名会社と合資会社に準用されていた（会社法制定前商法68条）。この規定は会社法では削除されている。準用がなくなったことは，組合→持分会社への法理準用だけでなく，持分会社→組合への法理準用の可能性にも影響しうる（組合に関する判例として紹介されていたものの中には，合名会社，合資会社に関する裁判例が含まれている。なお，株式会社をはじめとした会社制度との違いについては，田中亘・会社法〔2016〕5頁以下で詳しく論じられている〔特に，12頁の図を参照〕）。

(イ)　匿名組合　　匿名組合固有の議論は様々なものがあるものの（米田保晴「匿名組合の現代的機能(1)――その現状と法律上の論点――」信州大学法学論集4号〔2004〕77頁が匿名組合に関する議論状況の整理として詳しい），民法との関係で重要なのは，匿名組合が組合の一種か否かという問題である。通説はこれを否定し，多数の匿名組合員がいても横の関係がないこと（共同事業性不存在）に相違を求めている（我妻・中Ⅱ749頁から750頁のほか，西原寛一・商行為法〔3版，

466　〔西内〕

第12節　組　合　　　　　　　　　　　§667　Ⅲ

1973〕175頁以下を参照。西原は複数の出資者がいる場合には，各々の出資者と営業者との間で匿名組合契約が成立するものの，「出資者相互間に民法上の組合関係が存することとなる」という。このように匿名組合関係と内的組合関係の併存を認める）。

ただし，匿名組合と民法上の組合の一種である内的組合を峻別することについては，懐疑的な見解もある（新版注民(17)20頁〔福地俊雄〕は区別の実益を疑う）。

(ウ)　有限責任組合　　組合の特殊形態として，有限責任事業組合契約に関する法律で有限責任事業組合（LLP）が，投資事業有限責任組合契約に関する法律で投資事業有限責任組合（LPS）が，それぞれ定められている。どちらも民法上の組合とは異なり組合員の有限責任を認めているものの，LPSは業務執行強制性がないという特徴がある（有限責任組合員は業務執行に関与しなくてよい）。その代わりに，LPSでは業務執行に携わる組合員の中から無限責任組合員を置かねばならないという特徴がある（そのほかの比較については，納屋雅城「民法の観点から見た有限責任事業組合法の諸問題」近畿大学法学55巻1号〔2007〕1頁〔設立中のLLP（設立中の社団と同様の扱いを示唆），共同事業要件，濫用防止規定の3点につき論じている〕と米田保晴「匿名組合の現代的機能(2)——その現状と法律上の論点——」信州大学法学論集6号〔2006〕159頁・190頁以下〔有限責任事業組合と投資事業有限責任組合との比較〕を参照）。

(2)　営利団体の実例

裁判例を中心に整理すると，以下のような団体の実例がある（なお，LLPに関してではあるが，日下部聡＝石井芳明監修・日本版LLP——パートナーシップの未来へ〔2005〕96頁での想定される利用例も参考になる）。

(ア)　ジョイントベンチャー（合弁事業）　　事業者間での合弁事業のビークルとして，組合が利用される例は多い。

古典的には，建設ジョイントベンチャーが多く利用され，この法律関係につき議論と裁判例が蓄積してきた（平井一雄「Joint Ventureについての一素描」独協法学1号〔1968〕127頁以下〔日本のジョイントベンチャーを民法上の組合と法性決定〕，同「建設共同企業体の法律的性質——判例を素材として」ジュリ852号〔1986〕205頁〔組合であるとの法性決定〕，栗田哲夫「建設業における共同企業体の構成員の倒産」判タ543号〔1985〕25頁以下〔共同企業体の構成員が1人となった場合も工事を存続する義務があること，ひいては団体が存続する可能性に注目して，社団説を採用。ただし，

〔西内〕　　467

§*667* III 第3編 第2章 契 約

有限責任を認める趣旨でないことにつき，27頁注67参照），納屋雅城「共同企業体の代表者による契約締結と契約の効果の帰属」法時76巻4号〔2004〕87頁〔代理権の有無，顕名の有無の問題も含む〕）。判例も，これを民法上の組合であると認めている（最判平10・4・14民集52巻3号813頁）。

このほかに，最近では，建設以外の共同事業も多い。たとえば，映画の製作委員会（福井健策編・映画・ゲームビジネスの著作権〔2版，2015〕17頁参照。東京地判平14・10・25 / 2002 WLJPCA10250007，東京地判平23・4・5 / 2011 WLJPCA04058001など），スマホアプリの共同開発（東京地判平26・2・6 / 2014 WLJPCA02068010），不動産の共同開発（東京地判平22・8・25 / 2010 WLJPCA08258033），リゾートマンション事業（東京地判平21・6・16 / 2009 WLJPCA06168006），ピアニストと音楽会企画等を行う会社とのコンサート共催（東京地判平17・3・30 / 2005 WLJPCA03300034）といった例がある。

(イ) 自由業パートナーシップ　　いわゆる士業，医師業についての共同経営として，組合の形が利用される場面がある。

たとえば，弁護士事務所の例がある（東京高判平15・11・26判時1864号101頁〔2人の弁護士による渉外弁護士事務所〕，東京地判平22・3・29判時2099号49頁〔3人での弁護士事務所〕）。学説上も古くから，組合の典型例の一つであると考えられてきた（我妻・中II 754頁）。

珍しい例として，監査法人とは別に，そのパートナー等の間で組合契約（パートナーシップ契約）が締結されていた場合がある（東京地判平16・3・30 / 2004 WLJPCA03300009）。また，同様に珍しい例として，クリニックの開設・運営が，医者とホームページ作成事業者との間で締結された組合契約によって行われ，対外的には医者の単独事業であるとされたものがある（東京地判平25・3・8 / 2013 WLJPCA03089001）。

(ウ) 協同組合　　農林漁業のための地域的集団についても，民法上の組合だと認められてきた（我妻・中II 751頁）。これと関連して，リンゴの生産協同組合を組合と認めたものがある（最判平13・7・13判タ1073号139頁）。

また，特殊な例として，設立中の協同組合法人が問題となった例もある（東京地判昭58・3・22下民集34巻1〜4号137頁〔中小企業等協同組合法における事業協同組合の成立が不成立となった場合〕）。

(エ) 投資事業組合　　投資事業組合として，組合が利用される場面もある

468　〔西内〕

（田中慎一＝保田隆明・投資事業組合とは何か——その成り立ち・利益配分・法的位置づけから活用法まで〔2006〕を参照）。たとえば，ベンチャーキャピタルのビークルとして，組合が利用されている例が増加している（東京地判平23・1・19金判1383号51頁，東京地判平24・2・29判タ1385号282頁など）。また，航空機リース事件（名古屋地判平16・10・28判タ1204号224頁，名古屋高判平17・10・27税資255号（順号10180））や船舶リース事件（名古屋地判平17・12・21判タ1270号248頁，名古屋高判平19・3・8税資257号（順号10647））をはじめとしたリース案件についても，税法上のメリットが注目されて組合が利用される例がある。

（オ）　従業員持株会　　従業員持株会も組合の一種である（斉木秀憲「従業員持株会の課税関係に関する一考察」税務大学校論叢70号〔2011〕73頁がその法律関係につき詳しい）。特に，近時はこれに関する裁判例も増加している（東京地判平16・10・4／2004 WLJPCA10040003，東京地判平20・3・14／2008 WLJPCA03148011，東京地判平22・10・20／2010 WLJPCA10208002，東京地判平23・9・2／2011 WLJPCA09028004など）。

（カ）　発起人組合と設立中の営利法人　　発起人組合も民法上の組合であると認められている。なお，この発起人組合の権限は，会社設立に必要不可欠のものに限られるわけではなく，組合員間の合意に依存する（田中・前掲書547頁以下）。

　　特殊な例として，設立中の協同組合法人の例がある（→(ウ)）。

4　特定目的の団体

　　2・3と分けてここ4で特定目的の団体を論じるのは，特定目的団体を組合とは認めない立場があるからである（たとえば，来栖628頁，新版注民(17)21頁〔福地〕は，カルテル協定や協調融資を組合とは認めない〔ただし，共同して1個の貸付けを行う「共同融資」は組合と認める〕。三宅・下1114頁以下も参照）。

　　具体例としては，カルテル協定のような場面がある（我妻・中Ⅱ750頁以下のほか，東京高判昭32・8・5下民集8巻8号1452頁〔特定地域に第三者が浴場を新設することを阻止する目的での既存浴場営業者の組合〕）。ただし，公序良俗違反との関係で注意が必要となる（三宅・下1114頁以下は公序良俗違反の可能性を指摘する。なお，東京地判平21・1・20判時2035号59頁は，官製談合を契機としたと考えられる建設ジョイントベンチャーであるものの，公序良俗違反性は否定されている）。

　　別の例としては，共同債権管理（最判昭37・12・18民集16巻12号2422頁）や

共同貸付けの例がある。

5 合意が認定しづらい共同関係

その他，合意が認定しづらい特殊なものとして，次のような例も議論されている。

(1) 共同所有者間

共同鉱業権，船舶共有者，区分所有者間について議論があることは前述した（→Ⅱ2）。

(2) 地 域 団 体

地域団体も，組合との関係で議論されることがある（我妻・中Ⅱ747頁）。そして，地域住民の団体が共同利益のために水利土木等の事業を行う場合は，組合だと評価される余地がある（三宅・下1111頁，新版注民(17)23頁〔福地〕）。

(3) 共 同 相 続

共同相続に関しては，次の2点で組合と関係する。

第1に，共同相続人間の共有が，組合と同様に「合有」であるとして理論的に整理される可能性である（我妻・中Ⅱ753頁以下を参照）。

第2に，個人企業が共同相続後に共同で営まれる場合が，組合契約だと評価される可能性である（新版注民(17)23頁〔福地〕）。

6 講

共同で出資を行い，1人または数人が抽選等によりこれを取得し，既落札者はこれを返還する義務を負う法律関係は，「講」や「無尽」と呼ばれている（詳細は注民(17)336頁以下〔荒川重勝〕）。このような法律関係も，民法上の組合の性質を持つとするのが通説である（新版注民(17)24頁〔福地〕）。

しかし，消費貸借の性質も併有しており，特に，既落札者が多くなり未落札者が少なくなると，組合としての性質は後退すると判例は解している（最判昭42・4・18民集21巻3号659頁）。また，組合としての性質に疑問を呈する見解もある（三宅・下1112頁）。

Ⅳ 内的組合——組合の特殊形式

組合の特殊形式として，内的組合が区別されて議論されている。そこで，以下ではその意義，要件，効果について論じる。

第 12 節　組　合　　　　　　　　　　　　　　　　　　　§*667*　**IV**

　なお，内的組合については民法改正で条文化が検討されたものの，匿名組合との区別の不明瞭性など明文の規定を設けるには議論が熟していないことを考慮し，規定を設けないこととされた（部会資料 47・104 頁以下）。

1　内的組合の意義

　内的組合とは，対外的行為を組合員全員の名ではなく，対外行為を行う当事者の固有名義で行い，組合関係が対外的に現れないものである（新版注民(17)25 頁〔福地俊雄〕）。

(1)　内的組合の可否

　このような内的組合が認められることは，学説上争いがない（我妻・中Ⅱ768 頁，新版注民(17)107 頁〔森泉章〕）。

　多くの裁判例でもこれを認めている（大判大 6・5・23 民録 23 輯 917 頁〔免許を持つ者の名義での米穀販売業〕，仙台高判昭 44・4・30 判時 562 号 49 頁〔パチンコ店を 1人の名義で営み，税務申告もこの者の名で行っていた事案につき，匿名組合であるとの主張を排斥〕，東京高判昭 60・2・28 判時 1149 号 107 頁〔高圧線下の土地の賃借権等を取得して電力会社から補償金を取得することを目的とする民法上の組合〕，東京地判昭 62・11・5 判タ 670 号 156 頁〔特定の当事者名で行われていた宅地開発分譲事業〕，東京地判平 25・3・8 / 2013 WLJPCA03089001〔クリニックの開設・運営が，医者とホームページ作成事業者との間で締結された組合契約によって行われ，対外的には医者の単独事業であるとされたもの〕）。

(2)　特殊な内的組合──下方利益参加（Unterbeteiligung）

　内的組合の中でも，ドイツ法での議論を受けて，下方利益参加の類型を区別する議論がある（新版注民(17)26 頁以下〔福地〕）。下方利益参加とは，他の法人や団体の構成員の地位（株式など）につき，一方で，組合契約の当事者の 1人に帰属させてこれを行使させるものの，他方で，そうした地位の行使が他の組合員の指図に従う必要があり，かつ，そうした地位から生じる利益（配当など）を他の組合員に帰属させる契約である。言い換えれば，株式等について名義と計算をずらすことにより，背後者がそうした株式等を間接保有する形態の契約である。

　実例として，タクシー会社の再建のために代表者と従業員を構成員とする「共済会」を構成し，一方では，同会社の株式を従業員に分配すると称し，他方，全株式を 10 名の委員ないし役員の個人名義としていた事案につき，

〔西内〕　　471

§*667* IV　　　　　　　　　　　　　　　　第3編　第2章　契　約

民法上の組合としての性質を否定した裁判例（大分地判昭62・3・25判時1244号116頁）を，下方利益参加の例ではないかとする説がある（新版注民(17)27頁〔福地〕）。

2　内的組合の要件

内的組合がいかなる場合に成立するかについては，内的組合自体の定義と，内的組合に似た類型としての匿名組合との違いを確認する必要がある。

(1)　内的組合の定義

内的組合についても，共同事業関係と出資は存在する必要がある。通常の組合との違いは，対外的業務執行を，全員の名ではなく，当事者の固有の名義で行うことである（新版注民(17)25頁〔福地〕）。

(2)　内的組合と匿名組合との異同

匿名組合も，当事者の固有の名で対外的業務執行を行う点では，内的組合と共通する。

しかし，複数者を匿名組合員とする匿名組合契約はできないのに対し，内的組合ではこのような形態が可能である点に違いが求められるのが通常である（→Ⅲ3⑴⑷）。

3　内的組合の効果

通常の組合関係との違いを中心に論じると，以下のような異同がある。

(1)　内的組合の対外関係と財産帰属

内的組合では，675条は適用されず，業務執行組合員が単独で責任を負うにとどまる。

有力説として，対外的財産の帰属者と，対外行為の名義が，一致する必要があるという立場が主張されている（我妻・中Ⅱ769頁以下，新版注民(17)27頁以下〔福地〕）。ただし，この立場を採用した場合，これと異なる合意（業務執行に関する定め，または，財産帰属に関する定め）が無効となるのか，それとも，これと異なる合意は組合契約ではないと法性決定されるのか，このいずれなのか判然としないところがある。

(2)　内的組合の内部関係

内部関係は，内部的業務執行などの組合員相互の関係と，組合契約の特性に関する特殊性に関して論じる必要がある。

(ア)　組合員相互の内部関係　　内的組合の内部関係は，基本的に通常の組

472　〔西内〕

第12節 組 合　　　　　　　　　　　　　　　　　　　　　§*667の2* I

合に関する規定と同じである（新版注民(17)28頁以下〔福地〕）。たとえば，内的
組合の業務執行組合員には，その辞任・解任について672条の適用がある
（新版注民(17)108頁〔森泉〕参照〔なお，そこで掲げられている事例は「内的組合に類
似する」と書かれているものの，2で見た内的組合の定義に該当する事例である〕）。

　(イ)　内的組合の組合契約としての特色　　内的組合には，667条の3の射
程が及ばない可能性がある。というのは，667条の3の基礎になった従来の
議論は，組合契約全体が無効・取消しの影響を受けると第三者が害されるこ
とを懸念したものであったところ，内的組合ではこの悪影響が生じないから
である（新版注民(17)29頁〔福地〕参照）。つまり，667条の3の趣旨が第三者
保護にあるのだと考えるなら，内的組合にはその適用がないと考えることが
可能である。

　もっとも，667条の3の制定根拠は，第三者保護ではなく組合契約当事者
の意思推定に求められている（→§667の3 I 2）。したがって，内的組合にも
適用できると思われる。

〔西内康人〕

　　（他の組合員の債務不履行）
　第667条の2①　第533条及び第536条の規定は，組合契約について
　　は，適用しない。
　②　組合員は，他の組合員が組合契約に基づく債務の履行をしないこ
　　とを理由として，組合契約を解除することができない。
　　　〔改正〕　本条＝平29法44新設

I　本条の意義

　本条は，契約総則の規定が適用されないことを定めた条文である。具体的
には，同時履行の抗弁権を定める533条の不適用，および，債務者の危険負
担等を定める536条の不適用，ならびに，解除規定の不適用，これら3点を
定めている。

〔西内〕　473

§667の2 Ⅰ　　　　　　　　　　　　　　　第3編　第2章　契　約

1　本条の成立経緯

　本条は，平成29年改正前民法における通説的見解に影響を受けて制定されたものである。しかし，細かな部分ではこの通説的見解と異なる部分がある。このため，改正前の議論と，改正における議論の相違をまとめておく必要がある。

(1)　平成29年民法改正前の議論状況

　平成29年民法改正前から，双務契約に関する規定と，解除規定の適用を排除する見解は通説であった。細かく見た場合，次のような特徴を持つ。

　(ア)　**同時履行の抗弁権に関する議論状況**　　民法上の組合の法的性質につき，双務契約説でも合同行為説でも，同時履行の抗弁権は一般に認められないと考えられていたようである（新版注民(17)33頁以下〔福地俊雄〕）。ただし，通説は，同時履行の抗弁権が行使できる例外を，次の2つの場面で認めていた。

　すなわち，第1に，業務執行者が定められない場合に未履行組合員からの履行請求を拒絶できる可能性と，第2に，組合員が2人である場合に履行請求を拒絶できる可能性という，2つの例外を認める立場があった（我妻・中Ⅱ759頁以下）。第1の場面が例外である理由は，請求を受けた組合員も相手方に出資請求できる地位にあって同時履行の抗弁権を認めることが公平に資すると考えられるからである。また，第2の場面が例外である理由は，団体性が希薄で，共同利益と個人利益が区別できず，公平の原則を優先すべきだからという点に求められている（新版注民(17)34頁〔福地〕）。

　(イ)　**危険負担に関する議論状況**　　債権者主義を定める平成29年改正前民法534条は適用しないのが通説だった（新版注民(17)35頁〔福地〕）。また，債務者主義を定める同536条についても同様に適用しないのが通説であった（新版注民(17)34頁以下〔福地〕）。

　(ウ)　**解除権に関する議論状況**　　解除権行使は，裁判例でも，一般に否定されてきた（比較的新しいものとして，東京高判昭46・7・30判時641号67頁，東京地判平22・5・10／2010 WLJPCA05108001がある。古い裁判例としては，大判明44・12・26民録17輯916頁や，無尽講に関する大判昭14・6・20民集18巻666頁がある）。また，特殊な例として，540条2項が組合については適用されないとして，関係から離脱する意思表示の撤回を認めた裁判例もあった（山形地判昭45・

474　〔西内〕

第12節 組 合 §*667の2* Ⅰ

4・14 判時 609 号 73 頁〔自動車整備工場の共同事業〕)。

　学説も同様に，民法上の組合に解除規定の適用を否定してきた。その際，解除規定の適用排除は，すべての規定（540 条以下）に及ぶと解するのが通説であった（新版注民(17)186 頁〔菅原菊志〕)。もっとも，組合員が 2 人であれば遡及効のない解約を認めても構わないのではないかという立場もあった（新版注民(17)38 頁〔福地〕。理由は，2 人だけの組合について同時履行の抗弁権を認めるのと同じである。→(ｱ))。

(2)　平成 29 年民法改正における議論状況

　ここでは，(ｱ)と(ｲ)で中間試案段階での議論状況と，その後の変化に分けて論じるほか，(ｳ)で特に当初の案から大きな変更があった解除規定の議論状況の変遷を論じる。最後に，(ｴ)で，(1)で見た従来の議論の状況に対して平成 29 年改正法がどのような位置づけになるのかをまとめることとする。

　(ｱ)　中間試案　　同時履行の抗弁権の不適用と解除規定の不適用は，中間試案で提案されていたものである（中間試案第 44・2)。この背景は次のような事情である。

　すなわち，一方で，民法の体裁からは組合には契約総則の適用がありうるものの，他方，組合の団体的性格に由来する一定の制約を考慮する必要があるとする（部会資料 75A・40 頁)。そして，組合契約の法的性質をどのように解するかについては，引き続き解釈に委ねざるを得ないとしても（部会資料 75A・40 頁)，同時履行の抗弁権の不適用と解除規定の不適用については，予測可能性を確保するために，規律の明確化が試みられた結果によるものである（中間試案補足説明 527 頁以下)。

　(ｲ)　その後の変化　　要綱仮案は，この同時履行の抗弁権と解除規定に加え，危険負担も組合には適用されないこととした。このように危険負担に関する規定も要綱仮案で加えられた理由は，危険負担に関する規定の改正も平成 29 年改正法では予定されていたのでその方針が固まるまで組合法では取り上げないこととしていたところ，要綱仮案の原案を示す段階で危険負担に関する規定を改正する方向性が定まったことによるものである。すなわち，要綱仮案の原案を示す段階では，危険負担規定の改正は 534 条・535 条を削除した上で，536 条を履行拒絶権構成に改める方向での改正に固まった。

　そして，履行拒絶権構成になっても，危険負担の趣旨は組合契約には適合

〔西内〕　475

§667の2 Ⅰ　　　　　　　　　　　　　　　　　　　第3編　第2章　契　約

しないとされた（以下の説明の詳細につき，部会資料81-3・26頁以下）。というのは，まず536条1項について述べると，ある組合員Aの出資義務が不可抗力により履行不能になった場合，536条1項を適用すると，別の組合員Bは当該組合員Aからの履行請求を拒みうるだけでなく，他の組合員Cからの履行請求を拒みうる余地があるからである。このようにBは，Aのみならず，Cの履行請求をも拒みうる余地があるのは，Cの履行請求がAを含む組合員全員を代理して行われたと評価する余地があり，したがって，BはAに対して有する履行拒絶権をCに対しても行使できると解することが可能だからである。そして，この場合に，「他の組合員が自己の出資債務の履行を拒むことができるとすれば，互いに履行拒絶権を行使し合い，いつまでも出資義務が履行されないことにもなりかねない」（部会資料81-3・27頁）という不都合があるわけである。また，536条2項の適用についても不都合がある。というのは，二重の利得を防止するという536条2項後段に定める利得償還義務の趣旨は，組合の出資請求権の場面には妥当しないからである。つまり，たとえば，組合員Bに対する出資請求権の履行を組合員Aが受けた場合，この出資が組合員Aの財産ではなく組合財産に属する以上，かりに当該組合員Aが出資義務の履行不能により保険金取得等の利得を得たとしても，当該組合員Aが二重の利得を得るわけではない。以上のように536条1項，2項後段の適用には不都合があることから，536条の適用を排除する規定が本条1項に加えられた。

　なお，文言の修正も要綱仮案の段階でいくつか行われている。

　たとえば，解除規定の不適用については，中間試案の趣旨を基本的に維持しつつ，本条の規律が他の組合員が出資債務の履行をしない場合のみでなく，組合契約に基づく債務の履行をしない場合について一般的に妥当しうるものであることから，表現の修正を加えている（部会資料81-3・26頁以下）。具体的には，「組合員は，他の組合員が出資債務の履行をしない場合であっても，組合契約を解除することができない」（部会資料75A・40頁）とされていたものが，出資義務に限定しない文言に変更された。

　こういった出資義務への非限定への文言修正の影響を受けてか，表題も変更されている。つまり，表題も「他の組合員が出資債務の履行をしない場合」（部会資料75A・40頁）から，「契約総則の規定の不適用」に変更された

第12節 組 合　　　　　　　　　　　　　　　　　　　　§667の2　Ⅰ

（部会資料81-1・20頁，部会資料82-1・61頁）。この見出しはさらに，条文案にな
る際に，「他の組合員の債務不履行」という現在の形に変更された（部会資料
84-2・140頁）。

　(ウ)　解除規定についての適用排除をめぐる変遷　　解除の規定は，中間試
案段階では，540条から548条まですべての規定が適用されないこととされ
ていた。すなわち，組合契約の終了に関しては，組合員の脱退・除名（678
条〜680条），組合の解散（682条・683条）に関する規定が置かれていることか
ら，解除の規定として540条から548条まですべて適用がないとされていた
（中間試案補足説明528頁以下参照）。

　しかし，素案の段階では，条文ごとに違った配慮が必要になるとの考え方
を，採用している（部会資料75A・42頁）。

　具体的に組合契約にも適用があるものを掲げると，まず540条は適用があ
る。すなわち，「解除権の行使方法について規定するものであり，民法第
683条の場合や，特約による解除権を行使する場合に適用がある」。544条も
「組合契約においては，相手方当事者が数人ある場合として」，また，547条
も「特約による解除権の行使につき期間の定めがないときは」適用がある。

　他方，組合契約に適用がないものを掲げると，解除事由に関する541条か
ら543条は，上述のように判例の趣旨から適用がない。また，原状回復義務
に関する規律である545条と546条は，解除の不遡及を定めた684条が優先
するため，適用されない。最後に，548条は，「法定解除事由について消極
的に規定するものであ」るから，解除事由について定める541条から543条
と同様に適用がない。

　以上をまとめると，立法経緯から見て組合に適用されない契約総則の解除
法は，法定解除原因に関するもの（541条〜543条・548条）と，遡及効に関す
るもの（545条・546条）である。

　(エ)　従来の解釈と改正法との関係　　平成29年改正法の特徴は，次のよ
うにまとめられる。

　(a)　同時履行の抗弁権の包括的排除　　まず，同時履行の抗弁権との関
係では，業務執行者が定められていない場合に例外的に同時履行の抗弁権を
認める通説の解釈を，平成29年改正法では否定することにした。その理由
としては，業務執行者が置かれていない場合であっても，このような抗弁権

〔西内〕　477

§*667の2* Ⅰ　　　　　　　　　　　　第3編　第2章　契　約

を認めると業務の円滑を害することが指摘されている（部会資料75A・41頁，中間試案補足説明528頁）。この結果，533条は，全面的に適用されないこととされた。

　(b)　履行拒絶権の排除　　次に，危険負担との関係である。危険負担に関する規定も，適用がないことでほぼ争いがない状況であった。平成29年改正法は，危険負担規定が履行拒絶権規定になったことを受けて，この危険負担に関する通説を，履行拒絶権につき受け入れたものだといえる。

　(c)　解除規定の一部適用関係　　契約解除に関する規定も，適用がないことでほぼ争いがない状況であり，平成29年改正法はこれを受け入れたものである。また，解除規定の適用がない理由についても，判例・通説が踏襲されている。

　他方，適用が排除される規定の範囲は，必ずしも従来の通説とは適合しない。すなわち，従来の通説は，540条から548条までのすべての適用を排除すると考えていたように思われる。他方，前述したように（一(ウ)），中間試案の後，素案を作る段階では，解除規定のすべての適用が排除されるわけではないとの考えが，示されている。

2　本条の趣旨

　ここで立法過程を踏まえつつ，本条の趣旨をまとめておこう。というのは，本条の強行法規性を判断する上で意味を持つからである。

(1)　契約総則の適用排除の理由

　基本的に，契約総則の適用排除の理由は，規律を明確化するためである。ただし，細かく見ると，次のように細分化される。

　(ア)　双務契約規定の適用排除の理由　　まず同時履行の抗弁権排除については，業務の円滑を害することが懸念されている（一1(2)(エ)(a)）。つまり，組合員間の内部関係における不利益が考慮された結果，本条は置かれたといえる。

　次に履行拒絶権の規律の適用排除は，履行拒絶権を認める536条1項の趣旨と二重の利得を防止する同条2項後段の趣旨が組合については妥当しないことが理由とされている。これも，組合の内部関係のみと関係するものである。

　(イ)　解除規定の適用排除の理由　　解除規定の適用排除の理由については，

478　〔西内〕

第12節 組 合　　　　　　　　　　　　　　§*667の2* II・III

法定解除事由については組合では脱退・解散という形で特則が置かれていること，および，遡及効についてはこれを排除する規定があること，これらが理由となっている。したがって，脱退・解散の規定や遡及効排除の規定の趣旨と同様に考えられることになる。

これに対し，平成29年改正法の議論の際には，特約による解除を認めることを前提にしており（→1(2)(ウ)），したがって，解除事由（実質的には脱退・解散事由）の拡張は妨げられないことになろう。

(2)　本条は強行法規か？

双務契約規定の適用排除の趣旨は組合内部の関係に関わるものであるから，特約により別段の定めをすることが妨げられていないように思われる。

これに対し，解除規定の適用排除は，脱退・解散の規定や遡及効排除規定の趣旨に依存するわけであるから，その解釈に依存することになろう。もっとも，特約による解除事由（実質的には脱退・解散事由）の拡張は認められる。

したがって，本条はこれらの限りで任意法規であると考えられる。

II　本条適用の要件

本条適用の要件は，組合契約が存在することである。1項についても，2項についてもこれは異ならない（厳密にいえば，解除規定が排除される要件は，条文の文言上，組合契約に基づく請求権の不履行があることである〔この不履行の対象となる義務が出資義務に限定されない。→I 1(2)(イ)〕。このような請求権を基礎付けるために，組合契約の成立が現れることになる）。

また，本条が任意法規と考えられうることも考慮すれば（→I 2(2)），本条の適用を排除する特約の不存在も，要件となりうることになろう。

III　本条適用の効果

1　同時履行の抗弁権の排除

効果として現れるのは，同時履行の抗弁権が，出資義務の履行請求に対する抗弁の主張から排斥されることである。また，他の組合員がある組合員の出資義務の履行遅滞に基づく損害賠償を求める際に，当該他の組合員からの

〔西内〕　479

§667の2 III　　　　　　　　　　　　　　第3編　第2章　契　約

出資義務について履行の提供が行われていなくても損害賠償の効果が発生する（415条参照）。

2　履行拒絶権の排除

効果として現れるのは，履行拒絶権が，抗弁の主張から排斥されることである。そして，この場合も，組合契約の存在が請求原因事実に現れるのが通常であることからすれば，裁判所は，履行拒絶権の主張を失当として，排斥することになろう。

3　解除規定の一部適用排除

効果として現れるのは，解除規定の一部が適用排除されることである。

(1)　適用が排除される解除規定

適用が排除されるのは，解除原因に関する条文（541条～543条・548条）と遡及効に関する条文（545条・546条）である。

(2)　適用が排除されない解除規定

これに対し，540条（683条の場合や特約による解除権を行使する場合），544条（組合においては相手方は複数だから適用がある），547条（特約による解除権の行使につき期間の定めがない場合）は，適用がある。このため，540条2項の適用を排除した裁判例（→I 1⑴(ｳ)）は，改正法の下では妥当しない。

4　補論——履行不能の事後処理

履行拒絶権と解除に関係して，履行不能に陥った契約当事者が組合員になれるかにつき，問題がある。すなわち，我妻の例に倣って「特定の不動産を出資する義務を負担する者の給付が不可抗力により履行不能と」なる場合を考えよう。

この場合，我妻によれば，「出資義務を負担しない者は組合員とはなれないのだから，組合契約で改めて別の給付をする合意をしなければ，組合員とはなれない」という（我妻・中II 761頁）。この場合の処理としては，679条に定めのない非任意脱退を認める可能性が指摘されている（→§679 II 1⑺）。このように，出資義務と組合員の地位の連動性を認めている学説がある。この連動性は，組合員全員の出資が組合契約の要件となっていることと密接に関係する（→§667 II 1⑵(ｳ)(a)）。

480　〔西内〕

第12節　組　合　　　　　　　　　　　　　　　§*667の2*　IV

IV　本条の射程——有償契約規定の適用の有無

　組合契約の性質と関係し，有償契約規定の適用の有無も，解釈論上は問題
となる（→§667 I 2⑵㈡）。特に，出資義務の瑕疵を理由とした代金減額請求
権や追完請求権などの有無につき問題となりうる。本条はこの点について定
めるものではなく，従来の議論が意味を持ちうる。

　一方で，双務有償契約である以上は，瑕疵ある特定物を出資した場合には
担保責任を負う可能性を指摘する見解がある（たとえば，石田(文)176頁）。他
方で，現在の通説は，有償契約に関する規律の適用排除の可能性を認めてい
る（我妻・中 II 761頁以下，新版注民(17)35頁以下〔福地俊雄〕）。ただし，この通説
も，持分会社社員の債権出資に関する担保責任を規定する会社法582条2項
（会社法制定前商法69条）は類推適用されてよいとする（新版注民(17)37頁〔福
地〕）。

　裁判例としては，原審が平成29年改正前民法563条・564条の適用を認
めたのを破棄した大審院明治44年12月26日判決（民録17輯916頁）がある。
つまり，担保責任の規定を適用していないのであって，この点で裁判例も通
説に沿うものである。

　以上を踏まえて，たとえば，担保責任規定の組合契約への適用につき，ど
のように解釈するべきであろうか。一方で，有償契約であるとの性格まで組
合契約で否定する必要はなく，組合契約に不適合な規定は559条ただし書の
解釈として適用の排除を考えればよい（岡本裕樹「典型契約としての組合契約の意
義」名法254号〔2014〕723頁・741頁以下）。そして，追完請求権や損害賠償請求
権といった出資の履行確保の機能を持つ制度は，出資自体の履行請求権と同
様，組合契約においても認められると考えてよい。他方，解除原因について
は，組合で特則があることから本条1項で適用が排除されているところであ
る。したがって，担保責任に基づく解除原因は，組合契約には適用がないと
見るべきである。また，代金減額請求権は，危険負担と同様の機能を果たす
ところ，これを認めると危険負担規定の適用を排除した本条1項の趣旨に反
することになる。したがって，担保責任に基づく代金減額請求権も，その適
用がないと見るべきである。

〔西内康人〕

〔西内〕　　481

§667の3 I

第3編　第2章　契約

（組合員の1人についての意思表示の無効等）

第667条の3　組合員の1人について意思表示の無効又は取消しの原因があっても，他の組合員の間においては，組合契約は，その効力を妨げられない。

〔改正〕　本条＝平29法44新設

I　本条の意義

本条は，意思表示の無効・取消しの効力が，他の組合員に波及しないことを定めた条文である。

ここでは，本条成立の経緯から本条の趣旨を考察していく。

1　本条の成立経緯

本条は，従来の議論状況の影響を受けているものの，議論の焦点は微妙に異なっている。この異同が要件効果の解釈論にも影響しうることから，以下では，平成29年改正前の議論状況と改正における議論状況を対比させて論じる。

(1)　平成29年民法改正前の議論状況

ここでは，学説，裁判例，法令の状況をそれぞれ見ていこう。

(ア)　学説　まず，学説においては，組合が事業を開始して第三者と取引関係に入る前と後で区別を行う見解が有力であった（我妻・中II 762頁以下）。

すなわち，第三者と取引関係に入る前については，意思表示に関する民法総則の規定はそのまま適用されるとされていた。この場合，当該組合員が組合関係から離脱することについては争いがない。問題となるのは，3人以上の者で組合を形成した場合において，残存組合員のみで組合が残存するか否かである。この点につき，残存組合員のみで組合を成立させようとする意思が認められない限り，組合契約が全体として無効・取消しの影響を受けると考えられていた（我妻・中II 763頁）。

これに対し，第三者と取引関係に入った後については，意思表示に関する民法総則の規定は適用されないと考えられていた（我妻・中II 763頁以下）。この解釈を認める上で，会社法の規定（一(ウ)）も参照されていた。

(イ)　裁判例　関連する裁判例として挙げられるのは，合資会社の成立に

482　〔西内〕

第12節　組　合　　　　　　　　　　　　　　§667の3　I

関する次の2件の事案である。すなわち，93条は適用される一方で（大判大8・3・19刑録25輯319頁〔文書偽造に問われた〕），94条は合資会社設立行為が合同行為に当たることを理由にその適用が否定されていた（大判昭7・4・19民集11巻837頁）。

　(ウ)　法令　　関連する条文は，株式会社と持分会社につき，それぞれ存在する。

　株式会社では，会社法51条1項（株式引受人の心裡留保，虚偽表示の主張不能），同条2項（会社設立後における株式引受人の錯誤，詐欺，強迫の主張不能）が関係する（会社法制定前商法191条）。つまり，株式会社であれば，意思欠缺や意思表示の瑕疵がある場合に，当該社員についてすらその無効や取消しの主張が制限されている。

　持分会社では，会社法832条1号（社員が民法その他の法律の規定により設立にかかる意思表示を取り消すことができる場合に，成立から2年以内に限り，当該社員は設立の取消しを求めることが可能），同法845条（持分会社における設立無効または取消しの確定後に，当該無効または取消しの原因が一部の社員のみにあるときには，残存社員全員の同意により会社を存続させることができ，この場合には，当該原因がある社員は退社する）が関係する。つまり，持分会社であれば，意思表示の瑕疵がある場合に，――期間制限はあるものの――会社関係全体を覆滅させることが可能となっていた。

　このように，当該社員について無効・取消しの主張が制限されていること，および，持分会社について一部社員の無効・取消原因が会社関係全体を覆滅させること，これらが学説の解釈論につながっていく（→(ア)）。

　(2)　平成29年民法改正における議論状況

　民法改正の結論としては，(1)(ア)で見た従来の通説的解釈とは，本条では異なった立法が行われている。そこで，以下では，(ア)でこの変化の理由を見る。次に(イ)で，文言の微修正が行われた部分とその意味を見ていく。

　(ア)　従来の通説的解釈の拒絶　　従来の通説（→(1)(ア)）は，対外的な取引の前後で効果を分けるという考え方を採用していた。

　しかし，この通説は，他の組合員の意思に適合せず，また，取引開始時を確定するための新たな紛争発生可能性を考慮すると適切でないと，退けられている（部会資料75A・43頁，中間試案補足説明527頁）。他方，法的安定性を重

〔西内〕　　483

§667の3 I 　　　　　　　　　　　　　　第3編　第2章　契　約

視すれば，組合契約の利用の妨げとならないためにも，無効・取消しに関する規律を新設する必要があるとする（部会資料75A・43頁以下）。

そこで，第三者との取引の開始の前後を問わず，組合員の一部について無効・取消しの原因があっても，他の組合員の間における当該組合契約の効力は，妨げられない旨の規定を設けるとされた（中間試案補足説明527頁，部会資料75A・44頁）。

(イ)　文言の微修正　　以上のようなこの条文の核は，中間試案段階で完成されていた（中間試案第44・1）。そして，その後も中間試案から，実質的な変更は存在しない。

ただし，文言の微修正は行われている。すなわち，まず，中間試案で「意思表示又は法律行為」を対象としていたのに対して，素案では「法律行為」に改められた（部会資料75A・43頁）。その後，要綱仮案の原案を作成する段階で，無効の対象が「法律行為」から，「意思表示」に改められた（部会資料81-1・20頁）。

このように文言に変遷がある理由は，一方で，素案では，90条をも対象に含めることを念頭に置いたからである（部会資料75A・44頁）。他方，要綱仮案の原案で，この法律行為という文言を用いることが不適切だとされた理由は，組合員全員につき一体として成立する契約（法律行為）につき，その相対的無効を認めるように読めることが不都合であると考えられたためである（部会資料81-3・28頁）。90条をも対象とすることを否定するという趣旨ではない。したがって，文言の変更にもかかわらず，90条をも対象とするとの評価には変更がないと考えられる。

2　本条の趣旨

以上を踏まえて本条の趣旨を見ていくことにしよう。この点は特に，(2)で見るように，本条の任意法規性と関わる。

(1)　意思表示の瑕疵が波及しない理由

本条では，意思表示の瑕疵が，他の組合員が行った意思表示の効力に波及しないとの立法態度が示されている。このような効果の導出を支える理由は，当事者の意思推定と，人的信頼関係論からの離脱に，さらに分解される。

(ア)　当事者の意思推定　　立法の経緯（一1(2)(ア)）から見ると，従来の通説が退けられて本条が定められた大きな理由は，当事者の通常の意思に適合

484　〔西内〕

第12節　組　合　　　　　　　　　　　　　　　　§667の3　I

するからであると考えられている。そこでは，紛争の回避や法的安定性も理由として掲げられているものの，これらの価値においても，広い意味での当事者意思への適合性が問題とされていると考えられる（紛争回避や法的安定性は，当事者の利益にかない，したがって，当事者の推定的意思にかなうものである）。

　(イ)　**人的信頼関係論からの離脱**　　従来の通説は，組合は人的信頼関係に基づくものであることを理由に，組合員の1人につき無効・取消しの原因が主張できる場合，他の組合員の意思表示も影響を受けて，組合契約全体が効力を失うのが原則であると考えていた（→1(1)(ア)）。これは，持分会社でこのような規律がされていることと適合的であった。

　これを受けて，契約全体が効力を失うという原則に対する例外は，社団の場合であると考えられていた。すなわち，「その結合の目的が経済的なものか公益的なものか，その組合員が業務執行権を有するかどうか，その組合が組合員の交替をある程度予測する等その他の点でいわば『社団化』された性質をどの程度もつか等，諸般の点を綜合して，反対に推定すべき場合もあるであろう」とされていた（新版注民(17)39頁〔福地俊雄〕）。

　平成29年改正法は，この従来の通説が唱えてきた原則と例外の区別を撤廃し，組合員の一部が欠ける場面につき社団で議論されてきたものに近づけるものである。そうだとすれば，改正法は次の2つの点から人的信頼関係論と距離を置くものと評価することが可能であろう。第1に，社団との比較で，組合法で規律される組合が人的信頼関係に基づく関係であるとの断定的な推定を行うことが妥当なのか，という観点である。第2に，人的信頼関係という観念から一定の効果を導き出す態度が妥当なのか，という観点である。特に，第2の観点との関係で，人的信頼関係に基づく効果が問題となる場面では，どのような信頼が問題となっているのか，個別に見ていく必要があろう（たとえば，本条で問題となっているのは，組合員となるべき者が欠けた場面である。これに対し，たとえば，同様に人的信頼関係が理由とされる679条の1号に死亡が脱退事由として挙げられているのは，組合員となるべきであるとされた者〔被相続人〕以外の者〔相続人〕が加入する場面である。このそれぞれについて，条文とは反対の効果をもたらす特約を認定するための事情は，異なってくる可能性がある〔組合目的達成にとって，ある組合員が存在しないことによる不都合性と，ある関係当事者が組合員として関与してくることの不都合性は，異なる可能性がある，ということである〕）。

〔西内〕　485

§667の3 II
第3編　第2章　契約

(ウ)　補論——瑕疵の対象　　本条で問題とされる瑕疵は，文言上は，意思表示となっている。

しかし，立法経緯からすれば，法律行為の瑕疵も含むものである（→ I 1 (2)(イ)）。また，残存当事者の意思推定，紛争回避，法的安定性という本条を支える理由（(ア)参照）からしても，法律行為の瑕疵を対象から外す理由はないというべきであろう。さらにいえば，たとえば，現代的暴利行為（議論の詳細について，山本・総則275頁以下とそこに掲げられた文献を参照）は法律行為の瑕疵であるものの，意思表示法との連続性が指摘されているところであって，これを本条の対象外とする理由は乏しい。

したがって，本条で問題とする瑕疵の対象には，文言で示された意思表示のみならず，解釈上は法律行為も含めるべきである（なお，新版注民(17)38頁〔福地〕でこの問題につき対象とされている条文は，3条から20条〔現21条〕，および，93条から97条であり，90条は含まれていない。従来の議論が90条をあまり想定していなかったとすれば，この点も平成29年改正法による変更点となろう）。

(2)　本条は任意法規か？

本条の制定趣旨が，当事者の意思推定に関わることからすれば（→ I 2(1)(ア)），別段の合意，たとえば，1人につき無効原因がある場合に契約全体が無効となることを定めることも，許されるというべきであろう。実際，立法経過では，別段の定めを許すと明示されている（部会資料75A・44頁）。

ただし，この別段の合意の認定は，慎重に行うべきである。というのは，本条の制定趣旨には，紛争回避や法的安定性も含まれており，したがって，本条の意思推定を安易に覆滅させるべきではないからである。

II　本条適用の要件

本条適用の要件は，組合契約が締結されていること，意思表示の瑕疵の当事者ではないこと，別段の合意がないことの3点である。

1　組合契約の締結

まず要件となるのは，組合契約の締結である（667条）。

2　意思表示の瑕疵が存在する当事者ではないこと

本条は，意思表示の瑕疵が存在しない当事者の間で組合契約の残存を認め

486　〔西内〕

第12節 組 合　　　　　　　　　　　　　　　　　　　　　§*667の3*　III

るものであるので，意思表示の瑕疵が存在する当事者の問題は，本条の対象
外である。ここでの瑕疵には90条も含みうる（→I 1⑵⑷）。

3　別段の合意の可能性

　これに対して，本条は任意法規であるので（→I 2⑵），別段の合意が可能
である。たとえば，ある組合員についての無効原因または取消権行使により
組合契約全体を無効にする別段の合意がある場合には，これを主張立証して
組合契約全体の無効の法的効果を導くことも，可能であろう。

　ただし，別段の合意の認定は容易に行われるべきではない（→I 2⑵）。と
りわけ，組合につき人的信頼関係の存在を推定してここから演繹的に組合契
約全体の無効を導く従来の通説の態度が平成29年改正法で否定されたこと
や（→I 2⑴⑷），紛争回避・法的安定性が改正法で重視されたことを（→I 2
⑴⑺）重視する必要がある。したがって，組合員間の密接な信頼関係や無
効・取消原因による離脱対象者の重要性などを具体的に立証しない限りは，
この別段の合意が行われたと意思推定するべきではなかろう。言い換えれば，
無効・取消原因がある組合員が存在しなくなることにより，組合目的の達成
が具体的に困難となることが立証される必要があろう。

III　本条適用の効果

　効果は，ある組合員についての無効原因または取消権行使により組合契約
全体が無効とはならないことである。そして，本条が任意法規であることと
併せて，この点はこれまでの解釈論による主張立証責任の所在を，逆転させ
たものである。つまり，従来は特約がない限り組合契約全体が無効であると
評価されていたのに対し，現在は特約がある場合に限り組合契約全体が無効
となる。

　また，組合員が2人しかいない場合については，解散事由の有無の問題と
して扱うべきだとされる（中間試案補足説明527頁，部会資料75A・44頁）。つ
り，無効・取消しにより組合員が1人となった場合に，当然に組合が解散す
るか否かという問題が存在する（→§682 II 2）。

〔西内〕　　487

IV　本条の射程

　本条は，無効・取消原因がない組合員につき，意思推定を媒介に組合契約の存続を認めるものである。

　したがって，意思推定を媒介としないタイプの議論の適否や，無効・取消原因がある組合員の処遇については，語るものではない。また，詐害行為取消しに関しても本条と関係するかは，別個問題となる。

1　主観的範囲の問題と従来の議論との関係

　本条の人的射程は，「組合員の1人について意思表示の無効又は取消しの原因が」存在する場合の「他の組合員」である。つまり，無効または取消しの原因がある組合員についてはその意思表示の無効取消しの主張を当該組合員が行えることを前提に，この有効性の有無が他の組合員に影響を与えないとするものである。

　これに対し，従来の議論の焦点は，次の2点でズレる。第1に，他の組合員に対しては影響を与えるのが原則だと考えられてきた点である（→Ⅰ2(1)(イ)）。第2に，無効または取消しの原因がある組合員についてのその主張を当該組合員から行うことも許されず，当該組合員も675条2項の責任を負うと考えてきた点である。

　このうち第2の点の解釈を根拠づけるため，たとえば，我妻は，株式会社の株式引受けについての無効または取消しの主張を当該無効・当該取消しの原因がある当事者についても制限する会社法制定前商法191条を，好意的に引用している（我妻・中Ⅱ763頁以下）。また，設立無効の規定のない組合においては，「組合契約そのものの無効・取消を認めることなく，すべて脱退によつて処理する他はない」として，無効や遡及的無効の効果を認めず，脱退に処理を一元化しようとしている（我妻・中Ⅱ764頁。ただし，制限能力者については，表見的責任をも免れさせる117条2項の法意から，675条2項の責任を免れることができるとする。この点については，我妻・中Ⅱ765頁，新版注民(17)41頁以下〔福地俊雄〕）。

　つまり，一方で，無効や取消しの原因がある組合員につき，675条2項の責任を負うのか否か，この責任は権利外観責任より重いものか否かという議論が，これまでの学説では存在した。他方，この問題について，本条は何も

第12節 組 合　　　　　　　　　　　　　　　　　　　§ *667の3*　Ⅳ

述べるものではない。この点は，引き続き，解釈問題だということになろう（以上のような責任がどのような場合に認められる可能性があるか，ドイツ法との比較法からまとめたものとして，西内康人「信託法の無効・取消基準——ドイツ組合法に照らした信託の特質の検討——」信託研究奨励金論集35号〔2014〕75頁参照）。

　この点につき675条2項の責任を負う余地があると考える場合，無効・取消原因がある当事者から組合への求償が問題となりうるかもしれない。この求償の問題につき，中間試案補足説明では，解釈に委ねることで足りるとしている（中間試案補足説明527頁）。

2　任意法規性の問題と従来の議論との関係

　本条は，任意法規であると考えられる（→Ⅰ2(2)）。

　しかし，Ⅰ1で見たような性格を持つ第三者との取引前後で区別を行ってきた従来の議論が，任意法規としての性格を持つのか否かは，はっきりしない。というのは，強行法規の性質を持つと考えられてきた会社法制定前商法に言及し（たとえば，江頭憲治郎「会社法の趣旨」江頭憲治郎＝門口正人編集代表・会社法大系(1)〔2008〕1頁・11頁以下による批判を参照），「この精神を類推すべき」だとして無効や取消しの排除を根拠づけようとしているからである（我妻・中Ⅱ763頁参照）。また，無効や取消しの主張を排除する実質的根拠として，権利外観保護を援用しているものの（我妻・中Ⅱ763頁），第三者保護を目的とする権利外観規定が当事者間の合意では動かせないことは，たとえば，94条2項の法意より明らかだからである。

　したがって，従来の議論は，強行法規性を前提としたものと見ることが可能である。だとすれば，本条が存在するとしても，ある組合員の意思表示が組合契約全体に影響を与えるとの別段の合意を排除する基準時として，組合が第三者と取引を開始した時点を理解することも，解釈上は残されることになる。

3　詐害行為取消しの処理の問題と従来の議論との関係

　1・2とは独立した問題として，詐害行為取消しの処理について以下のように議論されてきた。つまり，一方で，通常の無効，取消しと同様に処理すべきであるという立場があり（我妻・中Ⅱ765頁以下），他方，第三者との取引開始前であっても，詐害行為取消しの場合については，他の組合員に組合存続意思があるとの推定を働かせてよいとの見解も存在していた（新版注民(17)

〔西内〕　489

§*668* I   第3編　第2章　契　約

42頁〔福地〕）。このいずれを採用しても，本条を適用するのであれば，結論
は変わらないこととなろう（つまり，詐害行為取消原因のない組合員の間では，組合
関係は存続するのが原則となる）。

〔西内康人〕

（組合財産の共有）
**第668条　各組合員の出資その他の組合財産は，総組合員の共有に属
する。**

細　目　次

I　本条の意義 ………………………………490
　1　組合財産とは………………………491
　　(1)　組合財産の定義 ………………491
　　(2)　組合財産の内容 ………………491
　2　共有とは……………………………493
　　(1)　関連制度との対応関係 …………493
　　(2)　組合における共有の特殊性 ………493
　　(3)　補論──信託における「合有」と
　　　の違い …………………………495
　3　持分の対象…………………………495
　　(1)　持分概念の多義性 ………………495
　　(2)　組合財産概念の多義性 …………496
II　組合財産の特性 …………………………497
　1　物権的財産の特性…………………497
　　(1)　分割請求に対する制限 …………497
　　(2)　物権的財産の処分 ………………497
　　(3)　物権的財産の対外的主張 ………498
　　(4)　物権的財産の管理利用 …………498

　　(5)　物権的財産と登記 ………………498
　2　組合債権の特性……………………500
　　(1)　一体としての組合債権 …………500
　　(2)　組合債権の処分 ………………501
　　(3)　組合債権の対外的主張 …………501
　　(4)　組合債権の独立性 ………………501
　　(5)　組合債権と対抗要件 ……………502
　3　組合債務の特性……………………502
　　(1)　組合債務の法的構成と組合員責任
　　　………………………………502
　　(2)　組合債務の処分 ………………503
　　(3)　組合債務に対する主張 …………503
　　(4)　組合債務の執行 ………………504
　4　組合財産と組合員財産………………504
　　(1)　組合財産と組合員財産との区別 …504
　　(2)　組合債務と組合員債務を区別する
　　　ことの重要性──組合員債権者によ
　　　る組合財産への執行可能性 …………504

I　本条の意義

　本条は，組合財産が共有にあることを定めるものである。この「組合財
産」と「共有」の意味について争いがあるほか，関連して「持分」とは何を
指すのかについても整理を要する状況になっている（→1～3）。これを論じ
た後，組合財産の特性を場面ごとに論じることにする（→II）。

490　〔西内〕

第12節 組 合　　　　　　　　　　　　　　　　　　　　§*668*　I

1　組合財産とは

そこで，まず問題となるのは，「組合財産」とは何か，ということである。

(1)　組合財産の定義

組合財産とは，組合の事業遂行の用に供される財産である（新版注民(17)56頁〔品川孝次〕）。このような組合財産という言葉は，集合物か個物かという観点から，次の2つの意味で用いられている。

第1に，包括財産を指す場面がある。つまり，複数の物や権利の集合をもって，組合財産と見るわけである。これに対して第2に，この第1の意味の組合財産に属する個々の財産を指して組合財産と呼ばれる場面がある。

この点は，平成29年改正法を作成する際に問題となった。

すなわち，改正法では，「組合財産」という文言にかかる修正が検討された。というのは，民法で用いられている「組合財産」という文言は，「組合財産に属する個々の財産を指すのか，それとも総体としての組合財産を指すのかを巡り議論されている」ところ，個々の財産であることを明確にする必要性が感じられたからである。そこで，素案では「組合財産に属する財産」との文言を用いたとされている（部会資料75A・45頁）。もっとも，この「組合財産に属する財産」という文言は，要綱仮案の原案段階で，現状の「組合財産」に戻った。というのは，「『組合財産』という用語が総体的な財産を意味すると解する見解は少なく，他の法律の用語例を見ても，このような用語を用いて一定の総体的な財産に属する個々の財産を意味する例が多い」からである（部会資料81-3・28頁）。したがって，改正法の下では，「組合財産」は組合財産に属する個別財産の意味で解される可能性が高まったといえよう。

(2)　組合財産の内容

組合財産には以下のものが含まれると解されている。(ｱ)から(ｴ)までが積極財産であり，(ｵ)は(ｳ)と(ｴ)に対応する消極財産である。

(ｱ)　**組合員の出資した各種の財産**　　組合員が出資した財産が，組合財産に含まれることにつき争いはない。この内容は，物権・債権・知的財産権のほか，各種利用権でもよい。

これらを組合財産とする結果として，出資の履行は一種の権利変動であって，各種権利変動の規定の適用を受けることになると考えられている（新版注民(17)57頁〔品川〕）。

〔西内〕　491

§668 I

第3編　第2章　契約

（イ）　出資請求権　　出資請求権が組合財産の対象か否かという議論については，反対説もあったものの（新版注民(17)57頁〔品川〕に反対説の紹介がある），これを認める見解が通説である。

そして，出資請求権が組合財産の対象となるか否かという議論は，誰が履行請求権を有するかという議論との関係で実益を持つと考えられている（新版注民(17)57頁〔品川〕）。つまり，出資請求権は債権であるところ，多数当事者の債権関係は適用されず，各組合員は請求できないのではないか，との問題設定である〔676条2項参照〕。なお，三宅・下1140頁も参照〔三宅自身は，組合財産だとしつつ，各組合員が履行請求できるとの立場を採用する〕）。

（ウ）　組合の業務執行によって取得した財産　　組合の名で，かつ，組合の計算で取得した財産が，組合財産に含まれることに争いはない（新版注民(17)57頁〔品川〕）。判例も一般論としてこれを認めている（最判昭41・11・25民集20巻9号1946頁〔（漁業法に違反して）漁業権を出資して共同で定置漁業を営む組合が行った，魚類の売買契約に基づいて，構成員全員から代金請求が行われた事案〕）。

これに対し，業務執行者の名で，かつ，組合の計算で取得した財産が組合財産に含まれるか否かについては，受任者の引渡請求権（671条・646条）を経由することになると解されている（新版注民(17)57頁〔品川〕）。

（エ）　組合財産から生じた財産　　組合財産から生じた財産としては，まず，果実・利息のほか，収用対価のような代償物がある（新版注民(17)57頁〔品川〕）。

このほか，組合財産の価値変形物として生じる債権も含む。たとえば，財産の不当処分の場合の，当該組合員への損害賠償請求権や，その物を取得した第三者への損害賠償請求権も含む（三宅・下1141頁。組合財産の不法処分に関する業務執行者に対する損害賠償請求権の例は，大判昭13・2・15新聞4246号11頁を参照）。また，組合財産を棄損した第三者に対する損害賠償請求権も含む（大判昭13・2・12民集17巻132頁を参照）。

（オ）　組合の債務　　ここには2種類のものが含まれる。

第1に，業務執行によって生じる債務である（（ウ）に対応）。これは，さらに，組合が業務を執行するにあたって負担する契約債務と，業務執行者が組合業務を執行するにつき他人に損害を与えた場合の損害賠償債務に分けられる（新版注民(17)58頁〔品川〕）。なお，業務執行での不法行為が組合債務となる法律構成に

492　〔西内〕

第 12 節 組　合　　　　　　　　　　　　　　§*668* I

ついては，→§670 の 2 V）。

　第 2 に，組合財産から生じた債務である（(エ)に対応）。ここには，717 条，718 条による不法行為債務が含まれる（新版注民(17)58 頁〔品川〕のほか，大判昭11・2・25 民集 15 巻 281 頁も参照）。

2　共有とは

　組合の共有については，── これを合有と呼んで概念上区別するか否かはともかくとして ── 特殊性が認められることは争いがない。問題は，その原因と結果である。

(1)　関連制度との対応関係

　組合の共有の特殊性が認められるのは，関連制度（法人格，物権法上の共有）が適合しないという問題があるからである。

　(ア)　法人格の不存在　　組合は，法人格が存在しないものとして，その権利能力を認めないのが通説である。

　ただし，独仏の比較法を重視して，権利能力を肯定する立場も古くから存在している（三宅・下 1141 頁以下は権利能力肯定。来栖 639 頁以下は微妙な書き方をしている〔一方で「一の権利主体といってよい」（同 661 頁）と主張し，組合自体の権利主体性を認めるように読めるものの，他方，組合に組合財産を完全に帰属させるのではなく，むしろ，組合財産は組合員への共有に属することを前提にした記述が散見される（同640 頁以下）〕）。特に最近では，ドイツ法の判例上組合に権利能力が認められたことを参考に，日本法でも民法上の組合に権利能力を認めてよいとの立場も現れている（たとえば，高橋英治「ドイツにおける民法上の組合の規制の現状と課題 ── 日本の債権法改正への示唆」同・会社法の継受と収斂〔2016〕330 頁〔初出 2014〕）。

　(イ)　物権法上の共有制度の不都合性　　本条の文言は「共有」であるものの，物権法上の共有制度が，組合に適合しないことも争いはない。この点は，676 条，677 条に結実している。

　大審院の裁判例でも，物権法上の共有では不適合であることを示す言葉が用いられている。つまり，組合財産の特殊性を表す言葉として，「団体財産」（大判昭 7・12・10 民集 11 巻 2313 頁），「特別財産（目的財産）」（前掲大判昭 11・2・25）と述べるものがある。

(2)　組合における共有の特殊性

　以上の結果として，組合における「共有」には特殊性が認められている。

〔西内〕　493

§668 I 第3編　第2章　契約

ただ，その範囲や内容，および，理論構成については，若干の争いがある。

　㋐　裁判例　　最上級審の裁判例としては，次の3つがある（前掲大判昭和11年を中心に民法改正を念頭に評釈したものとして，伊藤栄寿「組合財産の帰属関係」法時89巻9号〔2017〕121頁以下も参照）。

　まず，前述した大審院昭和7年12月10日判決は，264条，427条以下の不適用を宣言している。つまり，多数当事者の債権関係にかかる条文は，民法上の組合に使うことができないということである。

　次に，前述した大審院昭和11年2月25日判決は，組合財産から生じた権利義務の組合財産への帰属と，組合に対する債権を組合員が譲り受けた場合の混同の否定を認めている。つまり，組合員から独立した財産の存在を肯定しているということである。

　他方，最高裁昭和33年7月22日判決（民集12巻12号1805頁）は，共有規定の原則性を宣言している。このため，たとえば，組合財産に属する不動産につき組合員が単独で第三者に妨害排除請求ができるか否かという問題については，保存行為性（252条ただし書）を媒介として肯定的に理解されることになる。

　以上のように，物権法上の共有を基礎としつつ，必要な限度で修正を行うのが裁判所の態度であるといえる。

　㋑　学説　　学説では，大要，以下のような議論が展開されてきた（詳細は，新版注民(17)63頁以下〔品川〕が特に詳しい）。対立軸としては，①全体の法的構成（共有の修正か，合有という特殊な共同所有形態を認めるか，権利能力まで認めるか）と，②個別法律関係での処理（個別財産に対する個別的持分の有無，組合債権の処理，組合債務の処理）にかかる。

　①につき，共有説と合有説の争いがある。これに対し，最近では権利能力肯定説も有力化している（→(1)㋐）。

　②のうち，個別的持分の有無は，肯定する説と，否定する説に，大きく分けられる（→3(2)㋐）。組合債権の処理は，427条以下の適用を肯定するか否かについて，争われている（→Ⅱ2(1)㋐）。組合債務については，肯定説と否定説に分けられる（→Ⅱ3(1)）。これらには，①でどのような態度を採用するかが関係すると考えられている。ただし，共有説と合有説の争いに意味はないとする説も有力である（新版注民(17)65頁以下，特に66頁のまとめ〔品川〕）。と

第12節 組　合　　　　　　　　　　　　　　　　§*668*　I

いうのは，①での共有説と合有説の違いは，②での違いに，必ずしも結実していないからである。

(3)　補論——信託における「合有」との違い

信託受託者が複数いる場合の権利帰属状態は「合有」（信託法79条〔旧信託法24条〕）であるとされている。この信託法上の制度との関係につき，民法上の組合における財産関係も「合有」と理解する立場があることを踏まえると，両者の違いを特に意識する必要がある。

具体的に，第1に，不動産登記に関して持分の記載が要求されるか否かという点で，異なっている。一方で，民法上の組合における不動産登記では，持分の記載が必要である（→Ⅱ1(5)(ア)）。他方，信託における「合有」ではその必要はないと解されている（昭和38・5・17民事甲1423号民事局回答。横山亘「信託に関する登記（中・その1）」登記研究589号〔1997〕120頁以下も参照）。

第2に，物権にかかる請求につき保存行為として単独での訴訟行為が許容されるか否かで異なっている。一方で，組合では組合員単独での訴訟行為が許容される傾向にある（→§670の2Ⅳ3(1)(ア)(b)(ii)）。他方，信託ではこれを否定する最上級審の裁判例がある（大判昭17・7・7民集21巻740頁）。

3　持分の対象

これまでに述べてきたこととの関係で，組合法の議論でしばしば登場する「持分」という概念についても整理しておく必要があろう。というのは，持分それ自体が多義的な概念であるだけでなく，対象となる組合財産もまた多義的な概念だからである。

(1)　持分概念の多義性

まず，「持分」は，多義的概念である。たとえば，組合財産に対する共有持分（個別的持分，または，包括的持分）のみならず，会社に対する社員権（持分会社という言い方を参照）も，「持分」という言葉で議論されている。

このような，持分概念の多義性については，様々な形で整理されている（我妻・中Ⅱ816頁以下が特に詳しく，①組合員たる地位そのもの〔業務執行参画権〕，②個々の組合財産の上の持分権，③組合財産を引当てとする各組合員が負う債務負担部分，④②と③を包含した包括的意味，⑤損失分担責任や出資義務，⑥利益分配請求等の基本権，⑦⑥の支分権，⑧組合員責任に分類している。三宅・下1141頁以下も参照）。

本書の記載では，「持分」は個別的持分と包括的持分を指すものとして限

〔西内〕　　495

§668 I 　　　　　　　　　　　　　第3編　第2章　契　約

定し，社員権に相当するものは「組合員たる地位」と表記して区別すること
にしたい。

(2)　組合財産概念の多義性

次に，「組合財産」も多義的概念である。少なくとも，組合目的のための
包括財産の意味と，そこに属する個別財産の意味がある（→1(1)）。

このような組合財産概念の多義性に係る議論と対応して，持分も，少なく
とも次の2つの可能性がある。

(ア)　組合財産に属する個々の財産に対する持分　　第1に，組合財産に属
する個々の財産に対する割合的権利を指して，「持分」と呼ぶ可能性である。

組合の「共有」を物権法上の共有の修正だとする判例（→2(2)(ア)）は，こ
れを認めるものと考えられる。また，通説もそうである。

これに対し，組合の権利能力を認める説（→2(1)(ア)）は，このような持分
を否定する傾向にある（三宅・下1144頁以下は，個別財産に対する組合員の持分を，
明確に否定する。来栖651頁も個別的持分否定説）。

(イ)　組合財産総体に関する持分の可能性　　以上の個別的持分を肯定する
説の中でも，組合財産全体に対する持分，つまり，包括的持分については，
肯定説と否定説の争いがある（三宅・下1148頁以下，新版注民(17)70頁以下〔品
川〕が詳しい）。この議論の実益の一つは，包括的持分の差押え・換価に違い
が出うることである（新版注民(17)72頁〔品川〕）。

この争いにつき，包括的持分を認める有力説がある。つまり，合有関係と
して個別的持分と包括的持分の併存関係を認める説がある（我妻・中II 814頁
以下）。

これに対し，包括的持分を否定する説も有力である（新版注民(17)67頁以
下・72頁以下〔品川〕）。この立場は，組合員の債権者が組合財産から満足を得
るルートを認めるとしても，これは包括的持分の差押えと構成する必要はな
く，組合員たる地位の財産的側面に対する執行と構成すればよいとする（→
II 4(2)）。しかも，改正法の立法経緯からすれば，各条文で定める「組合財
産」について包括的財産のことを指すと考えてその持分を認める説は採用し
づらくなったといえよう（→1(1)）。

(ウ)　持分比率の決定方法　　このように持分を定義した場合，持分の比率
が問題となる場面がある。あまり問題となる場面はないものの（星野313頁），

496　〔西内〕

第12節 組 合　　　　　　　　　　　　　　　　　§*668* Ⅱ

たとえば，不動産登記につき持分比率を明示する場合（→Ⅱ1⑸(ア)），あるい
は，681条に基づく残余財産分配請求権の決定比率につきここでの持分の比
率によると考える場合（→§681 Ⅲ1⑵）に，それぞれ問題となろう。

　こうした持分比率の決定方法に関しては，出資額によると考えられている
（包括的持分につき我妻・中Ⅱ814頁以下，個別的持分につき我妻のほか星野313頁を参
照。なお，両方とも根拠条文は不明だが，三宅・下1142頁は我妻説につき損益分配の割
合と同様だと考えたのだろうと解釈し，674条を参照する。脱退時の残余財産分配が出資
額基準となることについて674条を参考にする山本797頁も参照）。ただし，特約が許
される可能性がある（我妻・中Ⅱ814頁以下）。

Ⅱ　組合財産の特性

　判例を前提とする限り，組合財産の特性は，組合関係に対して不適合な部
分に合わせた形での，物権法上の共有の修正にすぎない（→Ⅰ2⑵(ア)）。そこ
で，具体的にどの場面でどのように共有が修正されるのか，見ていく必要が
ある。

1　物権的財産の特性

物権的財産については，以下のような特性が現れる。

⑴　分割請求に対する制限

物権法上の共有は分割自由が定められているのに対し，組合における共有
では各組合員の分割請求が排除される（詳細は，→§676 Ⅳ）。

　ただし，組合員全員の合意により清算前に分割をする余地はある（→2⑴
(イ)）。

⑵　物権的財産の処分

物権的財産を処分する際にも，特性が現れる。

　(ア)　組合財産に属する個々の財産の処分の禁止　　組合財産に属する財産
を，各組合員は単独で処分することはできない（ただし，法律構成については考
え方が分かれ，業務執行事項説〔新版注民(17)76頁〔品川孝次〕〕と，共有物処分説
〔251条〕がありうる）。

　なお，追認や即時取得の可能性はある（新版注民(17)76頁〔品川〕）。

　(イ)　各組合員による持分処分の禁止　　各組合員は，持分を単独で処分す

〔西内〕　497

§*668* Ⅱ

ることもできない（詳細は，→§676Ⅱ）。

　(ｳ)　**持分の差押えの可否**　　各組合員の持分を，組合員債権者は差し押さえることができない（詳細は，→§677Ⅲ1）。この点は，(ｲ)とは異なり従来は解釈問題であったが，平成29年改正法で条文化された。

(3)　物権的財産の対外的主張

　物権的財産については，これに関する紛争を誰が扱うのかという点についても，特性が現れる。具体的には，共有物管理権に基づく主張の場面と，持分権に基づく主張の場面で，特性が現れる（なお，新版注民(17)76頁以下〔品川〕は，持分に基づく主張という形で論を始めているが，内容は共有物管理権に基づく主張の話になっていて，ねじれがある〔保存行為に基づく主張可能性の話をしている〕）。ただし，こうした訴訟法上の問題については，業務執行事項とも関係するため，後に詳細に取り上げることにする（→§670の2Ⅳ）。

　(ｱ)　**共有物管理権に基づく対外的主張**　　裁判所は，物権法上の共有が組合財産の基礎であると考えているため，いわゆる保存行為（252条ただし書）に当たる場合には，組合員単独での訴訟追行権限を認めている（最判昭33・7・22民集12巻12号1805頁のほか，大判大12・4・16民集2巻243頁〔共同鉱業権の事案〕も参照）。

　(ｲ)　**持分権に基づく対外的主張**　　このほか，個別財産に対する持分権を否定する立場を採用しない限りは（→Ⅰ3(2)(ｱ)），持分権に基づく対外的主張も考えられる。

　なお，このような持分権を肯定しつつ，持分権に基づく訴訟は否定する立場もある。たとえば，一部の組合員からまたは一部組合員に対して，特定物の持分権の存否確認をすることは，訴えの利益を欠くとする立場がある（新版注民(17)77頁〔品川〕。理由は不明）。

(4)　物権的財産の管理利用

　物権的財産を内部的に管理利用する場合は，(3)と同様に，共有物管理権と持分権に基づく法的構成の可能性があるほか，業務執行事項と関係する（→§670，§670の2）。

(5)　物権的財産と登記

　最後に，物権的財産については，登記の問題がある。というのは，組合に権利能力が認められない以上は，組合員の共有名義での登記が原則だと考え

498　〔西内〕

第12節　組　合　　　　　　　　　　　　　　　　§*668*　**II**

られるからである（前掲最判昭33・7・22参照）。したがって，組合員の共有名義での登記に対して，例外的手段が認められないか，問題となるわけである。このような共有登記の例外の可否の問題はさらに，組合名義での登記の可否の問題と，組合員の一部の名義での登記が行われる場合の法律関係の問題の，2つの問題に分けられる。

　(ｱ)　組合名義での登記の可否　　組合名義での登記の可否については，否定するのが通説である（山野目章夫・不動産登記法〔増補，2014〕91頁以下）。というのは，組合には権利能力がないからである。また，登記官には形式的審査権限しかなく，したがって，――法人のように法人登記から主体の存否を判断できる場合とは異なり――組合の存否の判定ができないからである。この点は，権利能力なき社団名義での不動産登記ができないことと，同様である。

　もっとも，組合名義での登記を認めないことへは，批判も強い（たとえば，三宅・下1150頁以下，特に，1152頁。また，折衷案として，登記申請の際に持分の記載を必要とせず，不動産登記法39条を適用しないという方向性での解決を提案する説もある〔来栖654頁。持分を表示せずに共同関係を基礎づける法律関係のみを表示した登記はドイツ法が認めてきた（新版注民(17)77頁以下〔品川〕）。なお，最近のドイツ法では，土地登記能力を認める判例をうけて，民法典で民法上の組合の登記能力も認められている（ヴォルフ＝ヴェレンホーファー〔大場浩之ほか訳〕・ドイツ物権法〔2016〕292頁以下を参照。ただし，ヴォルフらの文献に記されているように，その場合の登記では組合員の名を示すことも必要となる）〕）。

　(ｲ)　組合員の一部の名義で登記がされる場合の法律関係　　したがって，不動産登記は，組合員の名義で登記するしかない。この場合の選択肢としては，組合員全員の名義のほか，組合員の一部の名義（たとえば，代表者名義）にしてしまう場合が考えられる。しかし，組合員の一部の名義にする場合には，次の2つの法律問題がさらに生じる。

　第1に，誰が登記請求権を持つか，という問題である。この問題については，登記権利者たる登記名義人が登記請求権をも持つという考え方のほか，登記権利者と登記請求権者がズレうるという考え方も，団体について主張されている（たとえば，長井秀典「総有的所有権に基づく登記請求権」判タ650号〔1988〕18頁は，社団を念頭に置くものの，登記権利者〔代表者〕と登記請求権の主体〔総有団体構成員全員〕がズレてもかまわないこと〔同21頁〕，および，社団が原告とな

〔西内〕　499

§668 II　　　　　　　　　　　　　　　　　第3編　第2章　契　約

って代表者への移転登記を求める判決を得た場合に意思表示を求める判決の執行が直ちに
終了する以上は執行力や既判力の拡張を議論するまでもなく代表者自身が登記請求できる
こと〔同27頁以下〕を論証している〔ただし既判力拡張が意味を持たないかは，最判平
26・2・27民集68巻2号192頁にも注意〕）。そして，後者の考え方を組合に当て
はめるなら，登記請求権は組合員の共有財産または組合財産になる。この考
え方を取る場合，代表者による訴訟追行につき訴訟法上の問題が，別個生じ
ることになる（→1(3)，§670の2Ⅳ）。というのは，訴訟上の権利行使者（代表
者）と権利帰属者（組合員）が，ズレることになるからである。

　第2に，登記を信頼して登場した第三者を，どのようにして保護するかと
いう問題がある。この問題の解決策としては，公信の原則を利用する方向性
と（たとえば，代表者名義の登記が行われている場合に，無断処分や差押えが生じたとす
るとき，信託法27条（旧信託法31条）を類推適用して，信託受託者の無断処分に準じて
取引を有効とする可能性がある〔新版注民(17)78頁・90頁〔品川〕〕），公示の原則を
利用する方向性の（たとえば，組合員の共有登記となっていない財産について組合員
の債権者が執行した場合には，177条により，組合財産であることを対抗できないとする
可能性がある〔新版注民(17)89頁以下〔品川〕〕），2つの可能性が存在している。

2　組合債権の特性

　組合財産に属する債権は，物権的財産と似た性質を持つものの，細かく見
ると違いもある。違いの点を中心に論じると，以下のようになる。

(1)　一体としての組合債権

　組合債権は，組合目的の達成のための経済的手段として一体のものとして
扱われることが，目的達成のためのビークルである組合の法的性質と適合的
である。これと関連して，次の2つの法的効果が導かれる。

　(ア)　分割債権性の否定　　大審院の裁判例において，組合債権が分割債権
となることは否定されている（大判昭7・12・10民集11巻2313頁参照）。学説も，
一般にこの裁判例に賛成している（新版注民(17)78頁以下〔品川〕）。

　(イ)　組合員への分割禁止　　組合員の請求による組合財産の分割は禁じら
れる。

　しかし，組合員全員の合意，または，清算の一方法としての分割は可能で
ある（新版注民(17)79頁〔品川〕，大判大2・6・28民録19輯573頁）。ただし，解散
後に損失分担の割合が定められたとしても，清算事務として分割されるまで

500　〔西内〕

第 12 節　組　合　　　　　　　　　　　　§*668*　II

は債権の分割が行われたとはいえない（新版注民(17)79 頁〔品川〕）。

(2)　組合債権の処分

この点はあまり論じられてはいないものの，物権的財産の処分と同様になると考えられる（→1(2)）。

(3)　組合債権の対外的主張

組合債権の対外的主張についても，物権的財産と同様の問題がある。つまり，共有物管理権に対応する多数当事者の債権関係に基づく債権主張と，持分に基づく債権主張の可能性である。ただし，業務執行の問題とも関係するため，詳細はのちに述べる（→§670 の2 IV）。

(ｱ)　多数当事者の債権関係に基づく請求可能性　　(1)と関連して，組合債権を多数当事者の債権関係に基づいて各組合員が主張することは，禁じられていると考えられる。

ただし，多数当事者の債権関係の規律を用いて請求を認める不可分債権説や準共有説も学説上は存在している（新版注民(17)79 頁以下〔品川〕に紹介がある）。

(ｲ)　持分権に基づく請求　　物権的財産とは異なり，債権共有の場合には，持分権に基づく請求は理論上消極的に解されるものと思われる。実際，持分額に応じた履行請求は不可能だと，判例・通説上考えられてきた（新版注民(17)79 頁〔品川〕，大判昭 13・2・12 民集 17 巻 132 頁，大判昭 13・2・15 新聞 4246 号 11 頁）。そして，平成 29 年改正法ではこの争いのない解釈が条文化されるに至った（676 条2 項）。

(ｳ)　組合員による組合債務者に対する相殺禁止　　(ｲ)と関連して，組合が債権を持つ第三者に対して債務を負う組合員は，組合財産である債権を持分の限度で相殺に供することもできない。平成 29 年改正法の下では，この解釈は 676 条2 項から導かれることになる（→(4)(ｲ)）。

(4)　組合債権の独立性

組合債権は，組合目的の達成のための経済的手段として，組合員から一定の独立性を認めることが，目的の達成のためのビークルである組合の法的性質に適合的である。このため，次の性質が組合債権について導かれる。

(ｱ)　混同の否定　　組合員の1 人が組合に対する債権者である場合に，債権の混同は否定されている（大判大 5・4・1 民録 22 輯 755 頁〔組合員の1 人に対す

〔西内〕　501

§*668* Ⅱ   第3編　第2章　契　約

る組合からの売掛代金に関して混同を否定〕）。学説も一般に，この結論を支持している（新版注民(17)80頁〔品川〕）。

　(イ)　**組合債務者による組合員に対する相殺禁止**　　組合が債権を持つ第三者に対して債務を負う組合員につき，当該第三者の側から当該組合員の持分の限度で相殺を主張することはできない。この解釈は，677条から導かれる。この場面は，前述した場面（→(3)(ウ)）の逆の場面であり，持分の対外的主張が禁じられることとも関係する。

　(5)　**組合債権と対抗要件**

　組合債権と対抗要件の問題は，次の2つの点で問題となる。

　第1に，組合自体につき，債権譲渡の第三者対抗要件を具備することができるか否かである。この点は，債権譲渡登記が関係する場面では不動産登記と同様に考えられるものの（→1(5)。また，動産及び債権の譲渡の対抗要件に関する民法の特例等に関する法律1条は主体を明示的に法人に限定している），通知・承諾という通常の手段（467条2項）についてはあまり議論が存在せず結論が判然としない。

　第2に，脱退の際に組合財産たる個別債権に対する残存組合員の持分が増加することにつき，対抗要件を要するか否かという問題である。これについては，消極に解されている（新版注民(17)80頁〔品川〕）。

　3　組合債務の特性

　消極財産たる組合債務についても，1・2で見た積極財産と同様の議論がある。

　(1)　**組合債務の法的構成と組合員責任**

　まず，問題となるのは，組合員の責任とは別に組合債務という概念を認めるか否かということである（→§675Ⅰ1(1)）。この点の議論は，具体的に，次の2つの点で実益を持つ。

　第1に，組合債務を認めることにより清算の際に組合財産からできるだけ組合債務の弁済が求められる点にある（新版注民(17)82頁〔品川〕参照）。この点で，組合債務を組合員債務と区別する必要性があるという。そして，大審院昭和11年2月25日判決（民集15巻281頁）は，組合財産につき717条，718条から生じたような組合債務は組合財産から弁済されるのが本筋であるとして，組合債務の独立性を認めている。

502　〔西内〕

第12節 組 合　　　　　　　　　　　　　　　　　§*668* II

第2に，組合業務とは無関係に負担した組合員全員の債務に基づいて組合財産に執行できるか否かという問題がある（→§675 II 1(2)。言い換えれば，組合債務以外の債務に基づいて，組合財産への執行を認める余地があるか，という問題である。新版注民(17)82頁以下〔品川〕も参照。ただし，同83頁は組合債務を認めつつ，組合員債務による組合財産への執行を認めざるをえないと結論づけている）。

(2) **組合債務の処分**

このようにして認められた組合債務は，債務引受け等の手段により処分することが考えられる。このための要件としては，物権的財産の処分と同様に考えられよう。

(3) **組合債務に対する主張**

組合債務の独自性を認めるとして，これをいかなる形で主張するかが問題となる。これはさらに，訴訟外での主張の問題と，訴訟での主張の問題に分けられる。

(ア) 訴訟外での履行請求　　訴訟外での履行請求につき，議論があるのは，履行の主体と，絶対的効力の有無の問題である。

(a) 履行の主体　　通説は履行の主体につき，組合員全員で行うのが本則だとするが（於保不二雄・債権総論〔新版，1972〕208頁は反対），「常務」に当たる範囲では各組合員が履行できるという（新版注民(17)84頁〔品川〕）。そして，「常務」に当たるか否かにつき，その存在につき争いのない債務の履行は「常務」だとする見解がある（我妻・中II 811頁）。

(b) 絶対的効力の有無　　組合員の1人に対する請求が絶対的効力を有するか否かという問題も，古典的には論じられてきた。これにつき，肯定説が有力である（甲斐道太郎「組合の財産関係」契約法大系V 121頁・130頁以下。なお，淡路剛久「連帯債務における『一体性』と『相互保証性』(1)」法協84巻10号〔1967〕1305頁・1325頁以下は，組合債務の絶対効を認めるとしても，組合と共同相続を対比した上で，合有関係から結論を導くのではなく人的結合関係に焦点を当てる必要があるとする）。このような解釈が平成29年民法改正後も妥当するかどうかは，連帯債務における請求の絶対効を認めていた改正前民法434条が削除された経緯を踏まえた検討が必要となろう（中間試案補足説明190頁以下）。

(イ) 訴訟での履行請求　　この点は訴訟法の問題となるため，詳細は後述するが（→§670の2 IV），訴訟当事者は誰か，という問題がある。訴訟当事者

〔西内〕　503

§668 II

第3編 第2章 契約

となる可能性がある者としては，組合自体と，組合員全員（誰かが組合員全員の代理人または訴訟担当となる場合を含む）の，2つがありうる。

このうち組合が当事者となりうる可能性については，——組合につき最高裁が認めた事例はないものの——組合の当事者能力が被告側訴訟について認められる場合については（民訴29条），組合が当事者となりうる。もっとも，組合には権利能力が存在しない以上，組合が訴訟当事者となる場合は，形式的には他人（組合員）の権利を行使しているという意味での当事者適格の問題は生じる（この問題をクリアするために，組合は組合員の訴訟担当であると構成する方法と，事案限りの権利能力を認める方法がありうる）。

次に，組合ではなく組合員が当事者となる場合には，必要的共同訴訟か否かという問題が生じる。そして，組合員全員の固有必要的共同訴訟だと解しているようにも読める学説がある（新版注民(17)85頁〔品川〕を参照。というのは，弁済は各個人では行えないことを前提として議論しており〔新版注民(17)84頁〔品川〕〕，したがって，組合債務の管理処分権は全員に合一的に帰属しているように読めるからである）。もっとも，訴訟法学説でも実体法学説でも，通説的には通常共同訴訟だと考えられているようである（→§670の2 IV 3 (1)(イ)(b)，§675 II 1 (2)(ア)）。

(4) 組合債務の執行

この問題は，675条1項に関して述べる（→§675 II）。

4 組合財産と組合員財産

最後に，組合財産と組合員財産との関係が問題となる。特に，1から3で見たように，組合財産が組合員財産から一定の独立性を持つとしても，組合員の債権者が組合財産から満足を得る方法がないのか，問題となる。

(1) 組合財産と組合員財産との区別

出発点となるのは，これまで述べてきたように，組合財産と組合員財産は区別されることである。

したがって，組合財産は，原則として組合債務の弁済に供される（675条1項）。また，組合員債権者は組合財産に権利行使できない（677条）。

(2) 組合債務と組合員債務を区別することの重要性——組合員債権者による組合財産への執行可能性

これに反しない形で，組合員債権者が組合財産から満足を得ることができないのかは，解釈上問題となる。

504 〔西内〕

第12節　組　合　　　　　　　　　　　　　　　§*668*　II

(ｱ)　個別の組合財産に対する組合員債権者の執行禁止　　組合員債権者は，組合財産に対しては，執行できない（ただし，組合債務とは無関係に成立した債務が組合員全員に対して存在する場合，組合財産に執行できる可能性はある。→3(1)）。また，組合員債権者は当該組合員の個別的持分に対しても執行できない（→§677 III 1）。

ただし，公示の原則または公信の原則により一定限度で執行が認められる余地はある（→1(5)(ｲ)）。

さらに，動産や債権について財産分離が徹底されていない場合には，組合員債権者により執行された際に，組合の側から第三者異議の訴えができないという可能性も指摘されている（新版注民(17)90頁〔品川〕参照。ただし，根拠条文は不明）。

(ｲ)　組合員債権者の執行対象　　以上の結果，組合員債権者の執行対象は，個別財産以外のものとなる。

(a)　現実に発生した金銭債権　　債務者たる組合員につき具体的に発生した，利益配当請求権や残余財産分配請求権は執行の対象となる（新版注民(17)90頁〔品川〕）。また，業務執行にあたって立て替えた出資金の償還請求権も執行対象となりうる（新版注民(17)90頁〔品川〕。671条，650条が根拠だと考えられる）。

(b)　金銭債権の基本権についての執行可能性　　(a)のような支分権の執行可能性については争いがないのと対照的に，金銭債権の基本権の執行可能性については争いがある。つまり，将来発生する利益配当請求権や残余財産分配請求権を包括的に差し押さえることができるか否か，という問題である。この点は，会社法611条7項（会社法制定前商法90条）に絡んで議論されている（新版注民(17)90頁以下〔品川〕）。そして，組合について肯定する説が有力であった（新版注民(17)90頁以下〔品川〕，我妻・中 II 820頁も肯定説）。

(c)　組合員たる地位に対する執行可能性　　このほか，組合員たる地位に対して執行することができるのかも問題となる。この執行可能性は，2つに分けられる。

第1に，差押債権者から脱退を行わせることによって残余財産分配請求権を強制的に具体化させることについて論じられている。参考となるのは，合名会社等の法人に関してはこれを許容する規定があることである（会社609

〔西内〕　505

§ *669* I

第 3 編　第 2 章　契　約

条〔会社法制定前商法 91 条〕。国税徴収法 74 条も参照）。そして，この会社法規定
の類推により組合についても差押債権者からの脱退を肯定する考え方がある
（我妻・中 II 815 頁以下。来栖 641 頁以下も参照）。しかし，最上級審の裁判例は反
対である（大判昭 6・9・1 新聞 3313 号 9 頁）。また，学説にも反対説がある（三
宅・下 1166 頁，北川 104 頁）。

　なお，この第 1 の考え方の亜種として，債権者代位権の行使により，組合
員債権者が組合員を任意脱退させる可能性を説く学説がある（鈴木 80 頁以下）。
この考えによると，組合員債権者の権利保全の必要性によって，678 条の
「やむを得ない事由」が判断されることになる。

　第 2 に，組合員たる地位自体を競売にかけることについて論じられている。
この点につき，組合員たる地位の処分が組合契約で認められていることを要
件に，これを肯定してよいとの立場がある（我妻・中 II 841 頁以下）。

〔西内康人〕

（金銭出資の不履行の責任）
　第 669 条　金銭を出資の目的とした場合において，組合員がその出資
　　をすることを怠ったときは，その利息を支払うほか，損害の賠償を
　　しなければならない。

I　本条の意義

　本条は，金銭債務たる出資義務の不履行につき，利息の支払のほか，損害
賠償義務も認めている。

　この条文は，419 条 1 項の特則としての意味がある。つまり，419 条 1 項
は，解釈上，金銭債務につき約定利率を超える損害賠償を請求できないこと
を定めていると理解されている。そして，本条は，金銭債務たる出資義務に
ついて約定利率を超えた賠償を認めることで，419 条 1 項の例外を定めてい
る。

506　〔西内〕

第12節 組 合

II 本条適用の要件

本条が想定するのは金銭債務たる出資義務の不履行である。ただし，学説の中には，業務執行者が保管する金銭の引渡遅滞につき，本条を準用すべきであるとの立場がある（三宅・下1140頁）。

III 本条適用の効果

本条適用の効果は，金銭債務たる出資義務の不履行につき，約定利率を超えた損害賠償を肯定することである。その結果，出資義務が金銭債務である場合であっても，その不履行について弁護士費用賠償が認められる余地がある（ただし，弁護士費用賠償を相当因果関係がないとして否定した裁判例として，東京地判平23・4・5／2011 WLJPCA04058001がある）。

IV 補論──出資義務不履行と組合員としての地位

金銭債務に限られないが，出資義務を怠っている組合員が組合員としての地位を取得できるか，特に，利益配当請求権を取得できるかどうかにつき，問題となりうる。

これにつき，出資義務の不履行は，損害賠償請求権や除名正当事由を発生させるものの，利益配当請求権その他の組合契約上の権利の発生を妨げるものではないとの立場がある（新版注民(17)93頁〔品川孝次〕）。出資義務を履行しない脱退組合員についても残余財産分配請求権は発生し，単に相殺が問題となるにすぎない（新版注民(17)180頁〔菅原菊志〕，合名会社について大判昭15・10・30民集19巻2142頁）。

ただし，持分会社についてであるものの，履行期の定めのない出資請求権については，会社の請求によってはじめて具体的請求権となる以上，そうならない間に退社した社員については出資義務が消滅し，この結果，残余財産分配請求権も消滅すると解する判例がある（最判昭62・1・22判タ631号130頁〔合資会社の事例〕。また，この判決の簡単な解説として田中亘・会社法〔2016〕726頁以下，詳細な解説として大杉謙一「持分会社・民法組合の法律問題」岩原伸作ほか・会社・

〔西内〕 507

§*670*

第3編　第2章　契　約

金融・法(上)〔2013〕53頁以下を参照)。組合についても同様に考えることができよう。

〔西内康人〕

（業務の決定及び執行の方法）

第670条①　組合の業務は，組合員の過半数をもって決定し，各組合員がこれを執行する。

②　組合員の業務の決定及び執行は，組合契約の定めるところにより，1人又は数人の組合員又は第三者に委任することができる。

③　前項の委任を受けた者（以下「業務執行者」という。）は，組合の業務を決定し，これを執行する。この場合において，業務執行者が数人あるときは，組合の業務は，業務執行者の過半数をもって決定し，各業務執行者がこれを執行する。

④　前項の規定にかかわらず，組合の業務については，総組合員の同意によって決定し，又は総組合員が執行することを妨げない。

⑤　組合の常務は，前各項の規定にかかわらず，各組合員又は各業務執行者が単独で行うことができる。ただし，その完了前に他の組合員又は業務執行者が異議を述べたときは，この限りでない。

〔改正〕　①＝平29法44改正　②＝平29法44全部改正　③④＝平29法44新設　⑤＝平29法44改正移動（③→⑤）

（業務の執行の方法）

第670条①　組合の業務の執行は，組合員の過半数で決する。

②　前項の業務の執行は，組合契約でこれを委任した者（次項において「業務執行者」という。）が数人あるときは，その過半数で決する。（第3項・第4項は新設）

③　組合の常務は，前2項の規定にかかわらず，各組合員又は各業務執行者が単独で行うことができる。ただし，その完了前に他の組合員又は業務執行者が異議を述べたときは，この限りでない。（改正後の⑤）

508　〔西内〕

第12節 組 合　　　　　　　　　　　　　　　　　　　　§*670* I

細 目 次

I　本条の意義 ……………………509
　1　本条の成立経緯………………509
　　(1)　平成29年民法改正前の議論状況…509
　　(2)　平成29年民法改正における議論
　　　状況 ………………………………510
　2　本条の趣旨……………………510
　　(1)　本条の適用範囲 —— 組合代理以外
　　　の業務執行 ……………………511
　　(2)　意思決定手続と意思執行手続の分
　　　離 ………………………………511
II　本条適用の要件 ………………512
III　本条適用の効果 ………………512

　1　組合契約で業務執行者を選任しなかっ
　　た場合 ……………………………512
　　(1)　意思決定手続 …………………512
　　(2)　意思執行手続 …………………514
　2　組合契約で業務執行者を選任した場合
　　…………………………………………514
　　(1)　業務執行者の選任 ……………515
　　(2)　意思決定手続（業務執行者）……516
　　(3)　意思執行手続（業務執行者）………516
　　(4)　業務執行者以外の組合員に留保さ
　　　れた権限 ………………………517
IV　補論 —— 内的組合と業務執行 …………517

I　本条の意義

　本条は，平成29年改正によって組合代理の条文が670条の2に分離され
たことを念頭に，主として内部的業務執行についての規律を，判例・通説を
参考に明確化したものである。このように本条は，改正法によって新設され
た670条の2と密接に関係する条文であるため，本条の意義を理解するにあ
たっては改正法の経緯を詳しく見る必要がある。

1　本条の成立経緯

　本条の成立経緯として，まず平成29年民法改正前の議論状況を見た上，
改正にかかる経過を見ていくことにする。

(1)　平成29年民法改正前の議論状況

　民法改正前の議論にあたって，問題の所在は2つ存在した。すなわち，第
1に，業務執行権と代理権をリンクさせるか，第2に，意思決定手続と意思
執行手続を区別するか，の2つである。

　業務執行権と代理権の関連性にかかる第1の点につき，当初は，業務執行
権と代理権を区別しない見解が採用されていた（たとえば，梅789頁以下）。こ
れに沿って，裁判例では業務執行権一般の所在と代理権の所在をリンクさせ
て考えてきた（新版注民(17)94頁以下〔森泉章〕）。

　これに対し，学説は反対説が有力となってきた。とりわけ問題とされたの
は，業務執行権一般と代理権のような対外的業務執行権とはリンクしないの
ではないか，という問題意識である。たとえば，「現在の法律理論では，組

〔西内〕　509

§*670* I   第3編　第2章　契　約

合意思を決定することと事実行為をすることとを，組合以外の者と法律行為
をすることから区別する」という（我妻・中Ⅱ777頁。新版注民(17)52頁〔福地俊
雄〕，星野318頁以下なども同旨）。

　また，意思決定手続と意思執行手続の分離にかかる第2の点につき，これ
を区別すべきであるという立場は，古くから有力に存在してきた（たとえば，
来栖636頁，星野319頁）。

(2)　平成29年民法改正における議論状況

　改正法に至る議論状況は，このような学説の議論の影響を色濃く反映した
ものとなっている。すなわち，以上の議論を反映させる形で，本条の枠組み
は中間試案段階ですでに定まっている。

　その後の変化として，主としては文言の微調整にとどまるものの，要綱仮
案の段階ではパブリック・コメントでの次のような意見に配慮している。す
なわち，「組合員の過半数で」組合の業務執行を決するとする本条1項につ
いて，「出資の価額の過半数で」決することとすべきであるとの意見が，パ
ブリック・コメントで寄せられていた。しかし他方，この見解は採用されな
かった。その理由は，「組合契約においてそのような特約をすることは妨げ
られない反面，出資の形態によっては，業務執行の決定の都度，出資価額の
割合を確定することが煩雑な場合もあり得ることから」であるとされている
（部会資料75A・48頁）。

2　本条の趣旨

　改正を念頭に置きつつ本条の趣旨は次の5つにまとめられる。第1に，組
合代理以外の問題を規定することである。第2に，意思決定手続と意思執行
手続を区別して規定することである。第3に，組合員以外の第三者を業務執
行者に任命することも可能であることである。第4に，業務執行者が1人で
ある場合の意思決定権限と意思執行権限を明示することである。第5に，業
務執行者を定めた場合であっても総組合員によるときには業務執行の意思決
定権限と意思執行権限を総組合員が有することである。

　このうち，上記第3と第5の点は，立法過程でも問題とならなかった争い
のない解釈であり，かつ，本条の適用範囲と関係しない。したがって，上記
第1の670条の2との関係における本条の適用範囲と，上記第2と第4の点
に関連する意思決定手続と意思執行手続の問題に絞って，以下で本条の趣旨

510　　〔西内〕

第 12 節 組 合　　　　　　　　　　　　　　　　　　　　§*670*　I

を明確化することにしたい。

(1)　**本条の適用範囲 —— 組合代理以外の業務執行**

　本条の適用範囲は，新設された 670 条の 2 との関係から見る限り，組合代理以外の場面である。この適用範囲を考えるにあたっては，次の 2 点を意識する必要がある。

　(ア)　**対内的業務執行と対外的業務執行の区別**　　まず，対内的業務執行と対外的業務執行の区別である。このうち，前者が本条の適用範囲に含まれることは争いがない。

　(イ)　**対外的業務執行と組合代理の区別**　　しかし，対外的業務執行がすべて本条の適用範囲から除かれ，670 条の 2 の適用範囲になるということではない。というのは，670 条の 2 が対象としているのは，組合代理であって対外的業務執行ではないからである。そして，組合代理と対外的業務執行が一致しない場面は，たとえば，次の 3 つが考えられる。

　第 1 に，個別事項や包括事項について，自己の名での業務執行権しか与えない場面である（我妻・中 II 786 頁以下。なお，我妻は任意的訴訟担当の場合も含めているように読めることにつき，同 795 頁以下や，同 797 頁も参照。さらに，新版注民 (17)108 頁〔森泉〕も参照〔業務執行組合員に組合の権利義務につき自己の名で管理する権限を与える場合〕）。この場合は，代理ではない。裁判例でもこのような業務執行の形態は認められている（大判大 5・4・1 民録 22 輯 755 頁〔会計担当者が他の組合員に金銭請求することは組合を代表しなくてよいとした〕を参照）。

　第 2 に，全員が自己の名で業務執行を行う場合である（我妻・中 II 786 頁）。この場合も，代理ではない。

　第 3 に，対外的な事実行為を行う場合である。たとえば，対外的な交渉のみを行う場合である。これも，対外的業務執行だが組合代理の問題ではないと考えることができよう。

(2)　**意思決定手続と意思執行手続の分離**

　意思決定手続と意思執行手続の分離は，業務執行者が定められない場合の本条 1 項と，業務執行者が複数いる場合の本条 3 項で定められている。

　その趣旨は，平成 29 年改正前民法 670 条で定めていたのは意思決定手続のみであり，意思執行手続を明示する必要があるとの問題意識によるものであった（本条 1 項につき部会資料 75A・48 頁，中間試案補足説明 533 頁，本条 3 項〔平

〔西内〕　511

§*670* II・III

第3編 第2章 契約

29改正前2項〕につき部会資料75A・49頁，中間試案補足説明534頁参照）。

なお，本条5項は，改正前民法670条3項がこの意思決定手続と意思執行手続の分離に合わせて文言が微調整され，かつ，以下の改正で条文が追加されたことに合わせて条文の位置がズレたものである。改正前民法670条3項の趣旨を変更するものではない（部会資料75A・49頁，中間試案補足説明534頁）。

II　本条適用の要件

基本的には従来の通説的解釈を明文化しただけであり，要件上大きな問題は存在していない。つまり，特約による本条適用排除の可能性を除けば，組合契約が存在すること以外には要件は存在していない。ただし，次の2点に注意する必要がある。

第1に，本条の適用範囲については，対内的業務執行に限られるわけではないことに注意が必要となる（→ I 2(1)(イ)）。

第2に，業務執行者の選任の有無に従って本条の効果は異なる。したがって，業務執行者の選任要件にも注意する必要がある（→III 2(1)）。

III　本条適用の効果

効果についても，訴訟に発展しやすい対外的業務執行の問題の多くが，平成29年改正によって組合代理について定める670条の2に移されたこともあり，本条に関連した問題は多くないと思われる。ただし，671条・672条・680条・683条との関係で，意思決定手続に従わない意思執行手続が行われたことを，主張する可能性はある（委任規定が直接適用される場面〔→§671 II〕での，委任契約違反該当性も同様に考えられる）。

こうした意思決定手続違反性を判断する上で，次のような効果が本条からは生じる。

1　組合契約で業務執行者を選任しなかった場合

この場合の法的効果は，意思決定手続と意思執行手続に分ける必要がある。

(1)　意思決定手続

意思決定手続のあり方は，従来の解釈論と変化がない。

512　〔西内〕

第12節　組　合　　　　　　　　　　　　　　　　　§*670*　Ⅲ

　(ｱ)　多数決の原則　　本条1項では，意思決定手続につき多数決の原則を定めている。これと関連して，以下の3つの問題がある。

　第1に，発議権の問題である。この発議権については定められていないものの，各組合員が有すると解されている（新版注民(17)97頁〔森泉章〕）。

　第2に，多数をどのようにしてカウントするかという議決権決定方法の問題である。この議決権の決定方法も，明示されてはいない。この点，多数決の決定方法につき，組合員の頭数が原則だが，出資額によるものという別段の定めが可能だとする見解がある（我妻・中Ⅱ778頁）。立法経過における議論からしても，出資額に応じたこのような議決権の定めは当然に認められよう（一Ⅰ1(2)）。問題は，頭数や出資額以外の基準で議決権を定めることができるかである。この問題は解釈問題であるが，頭数でも出資額でもない議決権の定め方については，非公開会社について一株一議決権の例外を認める会社法109条2項の趣旨からして，許されるのではないかと思われる（ただし，正義衡平の観点から導かれうる構成員平等原則に反しないかは問題となりうる。この平等原則につき，組合と同様に社員平等原則〔会社109条1項〕を定めていない一般社団法人〔一般法人48条参照〕に関して平等原則の適用可能性を示すものとして，北村雅史「一般社団法人の機関制度の検討」NBL1104号〔2017〕29頁・30頁以下を参照）。

　第3に，議決の方法である。この点につき，一方で，有権代理の可否と絡む裁判例であるが，決議の形で意思決定手続が履行される必要はなく，7人の組合員のうちで4人による代理行為につき組合代理を肯定していることが参考になる（最判昭35・12・9民集14巻13号2994頁）。もっとも他方，本条1項は「組合員の過半数をもって決定」するとしているところ，670条の2第1項の「組合員の過半数の同意」とは区別されていることから，単純な同意より重い手続が要求されていると考えることもできる。このいずれの解釈が基準となるかは，今後確定されるべき解釈問題である（予防法学的には，本条1項の場面では過半数同意の獲得のみならず，過半数の議決を行っておくことが適切であろう）。

　(ｲ)　常務の執行　　この多数決原則の例外として，本条5項本文では，常務を各組合員単独で行えることが定められている。このような各組合員による常務執行権限は，意思決定のみならず意思執行についても単独で行えることを定めるものである（本条1項と対比）。もっとも，常務完了前に異議が述

〔西内〕　513

§*670* Ⅲ   第3編　第2章　契　約

べられた場合は，本条5項ただし書により，多数決原則に戻る。

　そして，常務とはたとえば，漁業協同組合では「日々漁船を出し又は漁獲した魚を売却する等」が挙げられている（来栖636頁）。もっとも，次のような2つの問題がある。

　第1に，常務とは何か，という問題である。この問題につき，2つの定義がある。まず，①事務の軽微性から定義する見解であり，たとえば，「その組合にとつて日常の軽微な事務と認められるもの」（我妻・中Ⅱ778頁）という定義がある。これに対し，②組合目的の範囲内から決める見解があり，軽微なものといえなくても組合目的の事業の部類に属するなら常務といえる（たとえば，物品販売目的の組合での多額取引も常務）とする立場がある（三宅・下1128頁）。

　第2に，他の組合員から異議を述べる機会を与える必要があるか，という問題である。この点につき，通説は否定説をとる（我妻・中Ⅱ778頁）。

　(ウ)　委任規定の準用　　671条により，意思執行手続についても，644条以下が準用される。この結果，(ア)や(イ)の決定手続は，善管注意義務に従う必要があり，費用償還等の問題が生じうる。

　(2)　意思執行手続

　意思執行手続も，従来の解釈論と大きな変化はない。

　違いは条文の体裁にすぎない。つまり，本条1項により，多数決による意思決定につき，この執行が各組合員に委ねられることが明示されたことぐらいである。

　(ア)　業務執行権の委託　　意思執行手続を単独組合員に委ねることができることは，従来の解釈論から認められてきた。具体的に，「組合契約とは別箇に独立の委任契約（643以下）に基づいて業務執行を組合員中のある者に委任することは許されるし，また，ある特定の事項にかぎってその処理を1人または数人の組合員に委任することもできる」（新版注民(17)98頁以下〔森泉〕）とされてきた。

　(イ)　委任規定の準用　　意思決定とは別に，意思執行の問題についても671条で644条以下が準用されている。

2　組合契約で業務執行者を選任した場合

　組合契約で業務執行者を選任した場合の本条の効果も，従来の解釈論と大

514　〔西内〕

第12節　組　合　　　　　　　　　　　　　　　　§670　III

きな変化はない。ただし、業務執行者の選任の要件に特別の問題があるので、まず(1)で論じる。その後、(2)と(3)で意思決定手続、意思執行手続の問題をそれぞれ論じた後、(4)で業務執行者以外の組合員に留保された権限を論じる。

(1)　業務執行者の選任

　本条2項では、組合契約の定めるところにより、組合員または第三者に業務執行を委託できると定められている。こうして委託を受けた者を業務執行者と呼ぶ（ただし、業務執行者の定義上、どのような委託を受けたことが必要なのかは必ずしも明確でない。この点、商法上の支配人の定義の問題〔たとえば、森本滋編・商法総則講義〔3版、2007〕93頁〔北村雅史〕〕と同じように、①包括的に業務執行権を授与された者と、②組合業務の主任者たる地位を得た者という、2通りの定義があるのではなかろうか。そして、①説では、代理権〔対外的業務執行権〕を制限された者も業務執行者に当たると解している最判昭38・5・31民集17巻4号600頁との抵触が問題となる。他方、②説では、主任者たる地位をどのようにして定義するのかという別個の問題が生じる）。

　名称は必ずしも業務執行者である必要はなく、むしろ、「理事・管理人・幹事・総代・代表者等の名称でよばれることが多い」（新版注民(17)98頁〔森泉〕）とされている。

　(ア)　業務執行者の選任の要件　　業務執行者選任については、次の2つの問題がある。

　第1に、どの程度の組合員の同意を要するかという問題である。この点、組合契約に別段の定めがない場合には、業務執行者を選任するために組合員の全員一致が必要となる（新版注民(17)98頁〔森泉〕）。ただし、組合契約で別段の定めをすることは可能である（新版注民(17)98頁〔森泉〕）。裁判例でも、講契約に関してではあるが最上級審裁判例は、多数決による選任を認めている（大判大6・8・11民録23輯1191頁。反対・三宅・下1129頁）。

　第2に、組合員以外の者を業務執行者に選任することは可能か否かという問題である。この点、従来の条文からは可否が明らかではなかった。これに対し、平成29年改正法では本条2項により、第三者も業務執行者にできることを明示した。

　(イ)　業務執行者の辞任・解任の要件　　業務執行者が選任されているといえるためには、辞任・解任の要件が満たされていない必要もある。この点の

〔西内〕　515

§*670* Ⅲ   第3編　第2章　契　約

詳細は，672条の議論に委ねる。

(2)　意思決定手続（業務執行者）

　第三者を業務執行者になしうるかどうかという前述した点で争いがありえたにもかかわらず，法適用の効果として違いはなかった。たとえば，多数決や常務執行につき，業務執行者が第三者の場合にも，平成29年改正前民法670条2項，3項を類推して処理することに争いはなかった（新版注民(17)100頁〔森泉〕，我妻・中Ⅱ784頁）。

　このほか，具体的には次のような問題がある。

　(ア)　多数決の原則　　業務執行者が複数いる場合には，多数決が意思決定手続の原則であると平成29年改正法で明示された（670条3項）。これ以外の問題については，業務執行者が選任されていない場合の多数決の問題を参照されたい（→1(1)(ア)）。

　(イ)　常務の執行　　業務執行者が複数の場合，常務は単独で執行できること（670条5項本文），および，他の業務執行者の異議がある場合には多数決に戻ること（同項ただし書），これらも平成29年改正法で明示された。これ以外の問題については，業務執行者が選任されていない場合の常務の執行の問題を参照されたい（→1(1)(イ)）。

　(ウ)　委任の規定の準用　　通説によれば，組合員たる業務執行者の意思決定手続にも671条により644条以下が準用される（なお，第三者が業務執行者である場合には，組合との関係は委任契約そのものであって，671条を介さずとも委任規定が適用される。→§671Ⅱ1）。

(3)　意思執行手続（業務執行者）

　多数決で決定された場合であっても，業務執行者がいる場合の業務執行は各業務執行者が単独で執行できることが，平成29年改正法では明示された（670条3項）。この点も，従来の解釈論と変化はない。これ以外に，以下のような問題がある。

　(ア)　業務執行権の委託　　各組合員が業務執行権を委託する場合とは異なり（→1(2)(ア)），業務執行者が選任されている場合の個別委託については，業務執行者の自己執行義務との抵触が問題となりうる。

　(イ)　委任の規定の準用　　通説によれば，組合員たる業務執行者の意思執行手続にも671条により644条以下が準用される（なお，第三者が業務執行者で

516　〔西内〕

第 12 節 組 合　　　　　　　　　　　　　　　　　　　　　　§*670*　Ⅳ

ある場合には，組合との関係は委任契約そのものであって，671 条を介さずとも委任規定
は適用される。→§ 671 Ⅱ 1）。

(4)　業務執行者以外の組合員に留保された権限

業務執行者が選任された場合，これ以外の組合員に留保される権限は以下
のようになる。

(ア)　全員一致での意思決定と意思執行　　平成 29 年民法改正により，業
務執行者に業務執行を委ねた場合であっても，全員一致での意思決定または
意思執行ができることが，改正法では明示された（670 条 4 項）。

この点と関連する従来の解釈論では，業務執行者以外の組合員は，業務執
行に関する権限を，673 条に掲げるものを除いて失うと解されることにつき，
争いはなかった。そして，業務執行者が第三者である場合にも通説は同様に
考えてきた（新版注民(17)100 頁〔森泉〕，我妻・中Ⅱ 784 頁を参照。三宅・下 1129 頁
は，業務執行組合員への委任の場合には，他の組合員の業務執行権限が縮減するという意
味で〔留保されるのは検査権と解任権のみ〕，通常の委任との関係で特殊性を有するとみ
ている〔縮減という形ですら影響を受けないはずだから〕。なお，三宅・下 1130 頁以下は，
組合員以外が業務執行者となる場合には，通常の委任と同様であると考え，組合員の業務
執行権限は制約を受けないと考えていた〔たとえば，常務に当たるものであれば，第三者
を業務執行者に定めた後も各組合員が単独で執行できるとする〕。この三宅説は，現在で
は本条 4 項の反対解釈により明示的に排除されることになろう）。

(イ)　業務と財産状況の検査権　　(ア)で見たような，業務執行者以外の組合
員に 673 条に掲げる権限が留保されることは，従来と同様であり変更を受け
ない。

また，この権限が強行法規的に与えられ，組合員の合意によっては排除で
きないことも，従来の解釈論と変化しないと思われる（→§ 673 Ⅰ）。

Ⅳ　補論——内的組合と業務執行

内的組合（→§ 667 Ⅳ）は，業務執行について特殊性がある。というのは，
対外的業務執行を業務執行者が自己の名義で行うため，したがって，組合代
理が問題とならないからである。つまり，平成 29 年改正法で新設された
670 条の 2 は適用されず，本条の問題となる。また，内的組合では，その定

〔西内〕　517

§670の2

第3編 第2章 契約

義上，必ず業務執行者が選任されたことになる関係で，業務執行の規律はそれに従うことになる（→Ⅲ2）。

なお，内的組合に関する訴訟は，業務執行者が自己の名で訴え，または訴えられることになろう。その関係で，組合員全員がその名で訴えまたは訴えられることが原則であるとしてその例外を考える通常の組合の訴訟の問題とは，区別されて考えられることになろう（→§670の2Ⅳ）。

〔西内康人〕

（組合の代理）

第670条の2① 各組合員は，組合の業務を執行する場合において，組合員の過半数の同意を得たときは，他の組合員を代理することができる。

② 前項の規定にかかわらず，業務執行者があるときは，業務執行者のみが組合員を代理することができる。この場合において，業務執行者が数人あるときは，各業務執行者は，業務執行者の過半数の同意を得たときに限り，組合員を代理することができる。

③ 前2項の規定にかかわらず，各業務執行者は，組合の常務を行うときは，単独で組合員を代理することができる。

〔改正〕　本条＝平29法44新設

細　目　次

Ⅰ　本条の意義 ……………………………519
　1　本条の成立経緯………………………519
　　(1)　平成29年民法改正前の議論状況…519
　　(2)　平成29年民法改正における議論状況 …………………………………520
　2　本条の趣旨………………………………522
Ⅱ　本条適用の要件 ………………………522
Ⅲ　本条適用の効果 ………………………522
　1　組合契約で業務執行者を選任しなかった場合………………………………523
　　(1)　意思決定手続 ……………………523
　　(2)　意思執行手続 ……………………526
　2　組合契約で業務執行者を選任した場合 …………………………………527
　　(1)　業務執行者の選任 ………………527
　　(2)　意思決定手続（業務執行者）………527
　　(3)　意思執行手続（業務執行者）………529
　　(4)　業務執行者以外の組合員に留保された権限 ……………………………530
　3　特殊な顕名──手形行為………………530
Ⅳ　組合関係訴訟 …………………………531
　1　組合関係訴訟の問題を整理する視点──実体法と訴訟法…………………531
　2　組合の当事者能力………………………532
　　(1)　組合の当事者能力に関する判例 …532
　　(2)　組合の当事者能力に関する学説 …533

第 12 節　組　合　　　　　　　　　　　　　　　　§*670の2*　I

3　組合財産に関する訴訟の可否…………534	V　補論──業務執行と関連した不法行為
(1)　業務執行者を定めない場合 ………534	…………………………………………542
(2)　業務執行者を定めた場合 …………538	1　要　件……………………………………542
4　組合員間での組合契約に関する争い	2　効　果……………………………………542
の有無……………………………………541	

I　本条の意義

本条は，670条で規律される対内的業務執行とは区別される，対外的業務執行のうち代理の形式で行われるものについて，意思決定手続と意思実現手続の規律を置いた条文である。

ここでも，本条の内容や射程について理解するため，本条の制定経緯をまず1で確認しておこう。その後，こういった改正の経緯から得られる本条の趣旨についての示唆について2で見ていくことにする。

なお，組合代表という単語が用いられることがあるので，一言しておく。すなわち，組合には法人格がないため組合員の代理と解さざるを得ないものの，「このように，代理法理によって，組合の対外的業務執行が業務執行組合員・第三者に委ねられることを，学説は組合の団体性を重視して組合代表と呼んでいる」（新版注民(17)101頁〔森泉章〕）とする立場がある。しかし，代理と呼ぼうが代表と呼ぼうが効果に違いは現れず，用語を区別する実益はない（なお，社団につき代表概念を用いることに批判的な見解として，新版注民(17)14頁以下〔福地俊雄〕も参照）。

1　本条の成立経緯

ここでは，平成29年改正前の議論状況と改正に至る議論状況を対比させて見ていこう。

(1)　平成29年民法改正前の議論状況

改正に至るまでの重要な経緯は670条と同様であり，問題の所在は2つある。すなわち，第1に，業務執行権と代理権をリンクさせるか，第2に，意思決定手続と意思執行手続を区別するか，の2つである。これにつき，両方を区別するのが従来から通説的な考え方であった（→§670 I 1 (1)）。

とはいえ，詳しくはⅢで論じるものの，業務執行の規定に準ずる手続を満たせば代理権が発生することについては，最上級審の裁判例を中心に認めら

〔西内〕　519

§670の2 Ⅰ 　　　　　　　　　　　　　　　　　　第3編　第2章　契　約

れてきた。たとえば，組合の業務に関する代理権授与は，平成29年改正前民法670条1項に準じて多数決で決するというのが判例である（大判明40・6・13民録13輯648頁，最判昭35・12・9民集14巻13号2994頁参照）。また，常務については同条3項により各組合員が行える以上，この常務の執行に必要な代理権は，各組合員が有していると解されていた（→Ⅲ1(1)(ウ)）。

(2)　平成29年民法改正における議論状況

このような従来の議論を受けて，組合代理を別に規律する方針で，改正法は定められた。これは，中間試案段階で提案されていたものである（中間試案第44・5）。このような案が提案された背景は，「民法には組合代理に関する規定は設けられていないが，今般の改正では，内部関係である委任と外部関係である代理を区別して規定を設ける方向で検討されていること」である（部会資料75A・50頁）。

そうした方向性で，具体的には，最上級審の裁判例や通説に沿った形で，次の3点を定めるものである。第1に，組合業務に関する代理権付与の意思決定手続は原則として多数決で行うものの，常務に関しては各組合員が代理権を有するとの例外を認めること，第2に，業務執行者を定めた場合にはこの者に代理権が専属すること，第3に，業務執行者が2人以上いる場合は第1の場面に準じて代理権授与が決定されること，この3点を定めるということである。これらをそれぞれ，以下の(ア)から(ウ)で取り上げる。

他方，組合代理について第三者を保護するための要件効果については，現行の平成29年改正前民法670条に関する解釈や要件事実と関連して多くの議論が既に存在するものの，今回の改正で第三者の保護規定は取り上げないこととされた。したがって，この点は依然として解釈に委ねられる。ただし，詳細は以下の(エ)で見るように，法人と同様の保護を図るべきであるとの考え方は，妥当しづらいと思われる。

(ア)　代理権授与の意思決定に関する多数決原則と常務の例外　　まず，第1の点に関し，代理権付与の意思決定手続が原則として多数決であることは本条1項が，常務に関して各組合員が代理権を有することは同条3項が，それぞれ定めている。こうした規律を設ける理由は，従来一般的であった解釈を明文化することにある（中間試案補足説明535頁以下，部会資料75A・51頁）。

なお，代理以外の業務執行の場合とは異なり，常務に対する異議の制度が

第12節 組 合　　　　　　　　　　　　　　　　　　　　§670の2 I

ないことには，注意が必要である（本条3項と670条5項を対比）。この点は，常務について異議がある場合に代理権の遡及的消滅の可能性を否定していた従来の通説（星野322頁以下参照）を受けたものだと考えられる。もっとも，遡及的か否かを問わず，代理権は消滅しないように見えるため，この点で従来の通説的議論とは異なる。

　(イ)　業務執行者への代理権専属性　　次に第2の点に関し，業務執行者を定めた場合にこの者に代理権が専属することは，本条2項前段が定めている。この規律を置く理由は，業務執行者を置く趣旨を推断し，これを明文化したことにある（部会資料75A・51頁，中間試案補足説明536頁）。

　(ウ)　業務執行者が2人以上いる場合の多数決原則と常務の例外　　最後に，第3の点につき，業務執行者が2人以上いる場合に，多数決に関する部分は，本条2項の後段となり，常務に関する部分は同条3項に定められている。この規定の趣旨は，平成29年改正前民法670条2項，3項の規律を背景として代理権の有無も決定されるとの通説的解釈を，明文化したものである（中間試案補足説明536頁，部会資料75A・51頁）。

　(エ)　法人に準じた第三者保護の否定　　平成29年改正法に関する本条の議論では，第三者保護規定の要否との関係で，以下のように，法人ほどの相手方保護を図る必要はないとの考えが審議過程で示されている。このことからすれば，民法旧54条（平成18年法律50号による改正前のもの）類推を行う考えは，採用しづらくなったと考えられる。

　すなわち，第三者保護規定を置くことも検討されたものの，特段の規律は設けないこととされている（中間試案補足説明536頁）。この理由は次の2点である（部会資料75A・51頁以下）。第1に，「特段の留保なく『代理』の用語を用いており，表見代理に関する規定の適用を前提としている」からである。第2に，「組合が団体的性格を有するとしても，法人格を有せず，契約によって成立するものであり，法人と同水準の第三者保護規定を別途設ける必要性が高いとはいい難い」からである。

　この結果，「組合規約等で内部的にこの権限を制限しても，その制限は善意無過失の第三者に対抗できない」とした判例（最判昭38・5・31民集17巻4号600頁）の解釈を含め，表見代理に準じた第三者保護が図られるべきであるとの方向性が示されたと考えられる。

〔西内〕　　521

§670の2 II・III 　　　　　第3編　第2章　契　約

2　本条の趣旨

1のような改正の経緯を見る限り，本条の趣旨は，組合代理に関する事項を基本的にそれ以外の業務執行事項に準じて処理することである（ただし，常務に対する異議の意味に注意すべきである。→1(2)(ア)）。そのため，本条の射程に関する問題や，意思決定手続と意思執行手続との区別に関する問題は，670条に関する議論がそのまま当てはまる（→§670 I 2）。

また，第三者保護のあり方については，明示的に定めていない以上，今後も解釈論に委ねられる。しかし，改正の経緯で法人と同様の保護の可能性が念頭に置かれつつこれが否定されたことを無視するわけにもいかず（→1(2)(エ)），よって，代理に準じた形での問題処理に近づくと考えられる。

II　本条適用の要件

本条適用の要件は，基本的には670条の要件と異ならず，したがって，要件上大きな問題は存在していない。つまり，特約の可能性を除けば，組合契約が存在すること以外には要件は存在していない。ただし，次の2つの点に注意する必要がある。

第1に，本条の適用範囲については，対外的業務執行のすべてを含むわけではなく，代理行為に限られることに注意が必要となる（→§670 I 2(1)）。

第2に，業務執行者の選任の有無に従って本条の効果は異なる。したがって，業務執行者の選任要件にも注意する必要がある（→§670 III 2(1)）。

III　本条適用の効果

本条適用の効果は，代理権の発生である。すなわち，組合代理が有権代理となるための要件を定めることとなる。そして，この効果は，業務執行者の有無によって異なる形で定められているため，以下ではこれを1と2に分けて論じる。

また，無権代理となる場合を含めて，学説と裁判例では，第三者が保護されるための要件と効果が関連付けて論じられてきた（比較的最近の学術論文としては，納屋雅城「共同企業体の代表者による契約締結と契約の効果の帰属」法時76巻4

522　〔西内〕

第 12 節 組　合　　　　　　　　　　　　　　§670の2　III

号〔2004〕87頁がある〔代理権の有無，顕名の有無の問題も含む〕）。そこで，ここIII
では，そういった問題も含めて論じる。

　これらを論じた後，3で組合による手形行為の許否の問題を論じる。とい
うのは，顕名の特殊問題として，手形行為の特殊性が論じられているからで
ある。

1　組合契約で業務執行者を選任しなかった場合

　平成29年改正法は，業務執行規定に従って代理権を授与するという態度
を採用している（→I）。これは，基本的には大審院以来の最上級審裁判例の
態度に沿ったものである。

　すなわち，最上級審の裁判例は業務執行の規定に従わない限り代理権を認
めてこなかった。たとえば，業務執行者が定められていない場合には，全員
共同でなければ業務執行も組合代理もできない（大判大7・7・10民録24輯1480
頁）としており，業務執行権のない組合員は代理権を有しない（大判大7・
10・2民録24輯1848頁）とされている。

　そして，最上級審裁判例は，業務執行規定に従う場合に限り代理権を認め
る。つまり，670条の規定によらないと組合代理はできないとしてきた（大
判明40・6・13民録13輯648頁）。もっとも，決議の形で意思決定手続が履行さ
れる必要はなく，7人の組合員のうちで4人による代理行為につき組合代理
を肯定している（最判昭35・12・9民集14巻13号2994頁）。本条1項も「組合員
の過半数の同意」でよいとしており，「組合員の過半数をもって決定」する
と定める670条1項よりも緩和している（670条1項の手続では決議が要求される
可能性がある。→§670 III 1(1)(ア)）。

　以下では，このような改正法につき，意思決定手続と意思執行手続に分け
て，問題点を論じる。

(1)　意思決定手続

　意思決定手続の基本的なあり方は，代理以外の業務執行規定で述べたこと
と同様である（→§670 III 1）。つまり，多数決の原則が採用され（670条の2第
1項），常務について例外が定められている（同条3項）。ただし，(ウ)で述べる
意思決定手続違反の効果の問題には，無権代理の処理の問題が絡むため，注
意する必要がある。

(ア)　多数決の原則　　多数決に関する問題は，代理以外の業務執行におけ

〔西内〕　　523

§670の2 III　　　　　　　　　　　　　　　　　　　　第3編　第2章　契　約

る多数決の問題と基本的に同様である（発議権，多数決定方法〔議決権割合決定方法〕，議決の方法。→§670 III 1 (1)(ア)）。

　ただ，代理権授与に絡む議決の方法について，全員に出席の可能性を与えた決議の方法で行う必要はないとした裁判例があることには，注意が必要となろう（前掲最判昭35・12・9）。

　(イ)　常務の執行　　常務に関する問題も，代理以外の業務執行に関する常務の問題と基本的に同様である（常務の定義の問題。→§670 III 1 (1)(イ)）。

　ただし，常務に対する異議の制度がないことには，注意が必要である（本条3項と670条5項を対比。→ I 1 (2)(ア)）。

　(ウ)　意思決定手続違反の組合代理の効果　　学説上，また，最上級審の裁判例として注目を集めてきたのは，以上の意思決定手続に違反した代理行為の効力の問題である。

　この問題は，伝統的に，単独代理権を認めるか（単独代理権説），それとも，業務執行規定に従って代理権を認めるか（業務執行事項説）の争いと関連して論じられてきた（新版注民(17)103頁以下〔森泉章〕のほか，後述する(b)も参照）。ただ，このような争いの実益は，必ずしも明確ではない。もしかしたら，単独代理権説を採用すると，業務執行者が定められた場合（→2）につき，他の組合員の代理権は停止するだけであってこの組合員の無権代理行為に110条は適用できるとする説（我妻・中 II 793頁）に基礎が与えられる点が，異なるかもしれない。ただ，単独代理権説を採用する論者であっても，このような場合に110条の適用を肯定するかは未知数である。

　そこで，以下ではこうした理論的な争いにはあまり深入りせずに，有権代理の場面と，無権代理の場面で，それぞれ代理が有効だと扱われて第三者が保護される可能性につき，論じていくことにしよう（詳細は山本764頁以下）。

　(a)　有権代理となる場合　　有権代理となる場面としては，他の組合員の同意による追認の可能性が指摘されている（新版注民(17)76頁〔品川孝次〕）。より厳密にいえば，多数決事項の場合は，多数組合員が同意した場合に，追認可能性が認められる余地があろう。

　(b)　無権代理となる場合　　無権代理となる場合に，第三者が救済される可能性については，次の3つの平面で議論されている（たとえば，納屋雅城「共同企業体の代表者による契約締結と契約の効果の帰属」法時76巻4号〔2004〕87

524　〔西内〕

第12節 組 合 　　　　　　　　　　　　　　　　　§670の2　III

頁・88頁では，110条説のほか，109条適用の可能性も示唆している）。すなわち，第1に代理権授与表示の次元，第2に越権代理や代理権制限の次元，第3に代理権消滅の次元である。

第1の次元については，109条の適用が問題となる。これ以外に，理論的には，表見代表取締役や表見支配人の規定などの準用も問題となりうるはずである。もっとも，あまり議論されていない。

第2の次元については，民法旧54条（平成18年法律50号による改正前のもの）を準用するか否かで議論が分かれうる。この民法旧54条の適用可能性については，業務執行の委任がない場合には不可能だと考えられていたようである（新版注民(17)105頁〔品川〕）。したがって，業務執行の委任がない場合には，110条の次元で議論されることになりそうである。

その上で，第2の次元につき110条の適用可能性を探るのであれば，基本代理権の有無が先決問題となる。この点につき，業務執行規定とは無関係に各組合員が代理権を持つとする単独代理権説が，現在の通説となっている（新版注民(17)103頁以下〔品川〕参照）。これに対し，業務執行規定に従って代理権が生じるという業務執行事項説もある（たとえば，法典調査会の議論によれば，梅謙次郎は，業務執行権の範囲で各組合員が代理権を有すると考えていたようである〔法典調査会民法議事38巻82丁表以下〕）。

ただし，第2の次元について，この基本代理権の発生根拠に関する議論の実益は，明確ではない。というのは，まず，単独代理権説も業務執行事項説も，110条の適用を認めているからである（たとえば，単独代理権説につき新版注民(17)104頁以下〔森泉〕，業務執行事項説につき広中307頁）。また，平成29年改正前につきいずれの説によるにせよ，改正法の下では本条，特にこの3項を出発点に考えざるを得ないからである。むしろ，違いが現れるとすれば，代理権の発生根拠について，任意代理に近いものを想定するか，法定代理に近いものを想定するかであろう。そして，業務執行事項説は法定代理の考え方と親和的であるものの，その逸脱について安易に110条を適用して相手方保護の範囲の拡張を図ることは，法令により代理権の範囲が限定されている趣旨を損なう解釈論である（山本766頁注31を参照）。したがって，110条による代理権の範囲の拡張は，本条3項による常務についての代理権の発生根拠につき，組合契約当事者の意思推定により認められるものだと解する場合に限っ

〔西内〕　525

§670の2 Ⅲ

第3編　第2章　契　約

て，適合的な解釈となろう（組合員の代理権が任意代理に近い可能性や110条の適用可能性については，中田569頁以下も参照）。

　なお，判例では，業務執行者が選任されていない場合には，110条を用いることによって相手方を保護したものはない。

　第3の次元については，あまり議論がない（我妻・中Ⅱ837頁が脱退の際の表見代理について少し論じる）。

　なお，第3の次元については，常務の執行につき他の組合員から異議が事前にあったにもかかわらず，これを知らずに相手方と取引した場合には112条を適用する可能性が指摘されていた（三宅・下1139頁）。しかし，異議による代理権消滅を前提とするこの見解は改正法では採用しづらい（→Ⅰ1(2)(ア)）。

　(エ)　委任規定の準用　　意思執行手続とは別に，組合代理の意思決定手続にも671条により644条以下の規定が準用されうる。したがって，善管注意義務違反や費用負担の問題などが生じうる。

(2)　意思執行手続

　代理に関する意思執行手続の問題も，代理以外の意思執行手続の問題と基本的に同様である（→§670Ⅲ1(2)）。ただし，代理特有の問題として，顕名の問題が付け加わるため，この点を(ウ)で論じる。

　(ア)　業務執行権の委託　　代理以外の業務執行権を委託する場合と同様に考えられる。

　(イ)　委任の規定の準用　　671条で意思執行手続に644条以下の規定が準用される結果，たとえば，善管注意義務違反が問題となりうる（たとえば，新版注民(17)105頁〔森泉〕は，「なお，各組合員が代理行為をする場合には，善良なる管理者の注意をもってなすべきであり，この義務を怠り組合に不利益を与えれば，組合に対し損害賠償義務を負わねばならない」という）。

　(ウ)　顕名の方法　　顕名については，組合には法人格がない以上，組合員全員の名前でなすのが本則だとされる（新版注民(17)105頁〔森泉〕）。しかし，組合名義での顕名が認められることも，争いはない。

　また，組合員名義や組合名義が示されずとも，諸般の事情から組合のためにすることがわかればよいとされている（新版注民(17)105頁〔森泉〕。条文上の根拠は示されていないが，100条ただし書か）。

第12節　組　合　　　　　　　　　　　§*670の2*　Ⅲ

2　組合契約で業務執行者を選任した場合

業務執行者を選任した場合には，この業務執行者に代理権があると推定される（大判明44・3・8民録17輯104頁，大判大8・9・27民録25輯1669頁（傍論），後掲最判昭38・5・31，最判昭43・6・27判時525号52頁参照）。この点に争いはない。

これを前提として，業務執行者が代理権を行使する場合には，業務執行者による代理以外の業務執行と同様の問題が生じる（→§670 Ⅲ 2）。具体的には，業務執行者の選任要件（以下，(1)で論じる），意思決定手続と意思執行手続の問題（以下，(2)と(3)でそれぞれ論じる），業務執行者以外に留保された権限の問題（以下，(4)で論じる）が，それぞれ存在する。

(1)　業務執行者の選任

業務執行者の選任にかかる要件は，代理行為であると否とを問わず，業務執行についての説明が妥当する（→§670 Ⅲ 2(1)）。

(ア)　業務執行者の選任の要件　　組合員以外の者が業務執行者になりうることのほか，業務執行者選任の要件は，代理以外の業務執行の場合と同じである（→§670 Ⅲ 2(1)(ア)）。

(イ)　業務執行者の辞任・解任の要件　　これについては，672条の注釈でまとめて論じる。

(2)　意思決定手続（業務執行者）

本条2項と3項によると，業務執行者が複数いる場合の代理に関する意思決定手続は，代理でない業務執行のそれと同様である。つまり，多数決の原則が採用され，常務に関して例外が認められている。このため，代理以外の業務執行につき述べたことが妥当する（→§670 Ⅲ 2(2)）。ただし，意思決定手続違反の場面では無権代理の問題が絡むため注意する必要がある（以下の(ウ)で論じる）。

(ア)　多数決の原則　　業務執行者が複数いる場合には，多数決が意思決定手続の原則であると平成29年改正法で明示された（670条の2第2項）。これ以外の問題については，業務執行者が選任されていない場合の多数決の問題を参照されたい（→§670 Ⅲ 1(1)(ア)）。

(イ)　常務の執行　　業務執行者が複数の場合，常務は単独で執行できること（670条の2第3項）も平成29年改正法で明示された。これ以外の問題については，業務執行者が選任されていない場合の常務の執行の問題を参照され

〔西内〕　527

§670の2 III

第3編 第2章 契約

たい (→§670 III 1 (1)(イ))。

(ウ) 意思決定手続違反の組合代理の効果　ここ2の冒頭で述べたように，業務執行者選任行為での代理権授与は推定される。その上で，(ア)(イ)のような法律上の制限や，あるいは，内部的に設定された代理権授与にかかる意思決定手続違反により業務執行者が代理行為を行った場合の効力が問題となる (詳細は山本764頁以下)。

なお，学説の一部により主張されてきた民法旧54条類推の可能性は，厳密にいえば無権代理ではないかもしれないが，110条と対比されて論じられているため，無権代理に関する問題の一部として論じる。

(a) 有権代理となる場合　他の組合員の同意による追認の可能性が指摘されている関係上 (新版注民(17)76頁〔品川〕)，他の業務執行者の同意がある場合には，本条2項により，追認が認められると考えられる。

(b) 無権代理となる場合　無権代理となりうる場合の相手方の救済については，3つの平面で議論されている。第1に代理権授与表示の次元，第2に越権代理や代理権制限の次元，第3に代理権消滅の次元である。

第1の次元については，109条の適用が問題となる。これ以外に，理論的には，表見代表取締役や表見支配人の規定などの準用も問題となりうるはずである。もっとも，あまり議論されていない。

第2の次元については，民法旧54条類推適用説と110条適用説で，学説は分かれている (学説のまとめは新版注民(17)105頁以下〔森泉〕)。

第2の次元と関連する判例としては，最高裁昭和38年5月31日判決 (民集17巻4号600頁) がある (三陸定置漁業組合の業務執行者が，組合規約により毎事業年度の事業契約の設定変更および毎事業年度における借入金の最高限度については総会の議決を経なければならないとされていたことに違反して，漁業用資材の取引を行い，相手方から代金請求された事案)。この事案の結論としては，民法上の組合において組合規約等で業務執行者の代理権限を制限しても，その制限は善意無過失の第三者に対抗できないものと解するのが相当であると判示されている。この判旨は，善意・無過失を基準としているという意味で110条説に近いが，「対抗」という言い回しは民法旧54条説に近い側面がある (星野322頁は「民法110条と54条との中間の責任」と表記する)。

なお，第2の次元と関連して，業務執行権を有しない組合員が対外的行為

第12節　組　合　　　　　　　　　　　　　　　　§*670の2* Ⅲ

をした場合も，110条の問題とすべきだという説がある（新版注民(17)107頁
〔森泉〕，我妻・中Ⅱ793頁）。このように110条となる理由につき，我妻は，業
務執行者が定められた場合も各組合員は代理権を保持し，これが停止されて
いるにすぎないのだという構成を採用している（→Ⅲ1(1)(ウ)）。これに対し，
代理権は不存在または消滅していると考えるなら，第1の次元か第3の次元
の問題に還元せざるを得ないであろう。

　最後に，第3の次元については，あまり議論がない（我妻・中Ⅱ837頁が脱
退の際の表見代理について少し論じる）。理論的には，112条の適用可能性が問題
となろう。

　なお，第3の次元については，業務執行者が複数いる場合に常務の執行に
つき他の業務執行者から異議が事前にあったにもかかわらず，これを知らず
に相手方が取引した場合には112条を適用する可能性が指摘されていた（三
宅・下1139頁）。しかし，異議による代理権消滅を前提とするこの見解は平成
29年改正法では採用しづらい（→Ⅰ1(2)(ア)）。

　(エ)　委任規定の準用　　意思執行手続とは別に，通説によれば業務執行組
合員の意思決定手続にも671条により644条以下の規定が準用されうる（組
合員でない業務執行者には委任規定が適用される。→§671Ⅱ）。したがって，善管注
意義務違反や費用負担の問題などが生じうる。

(3)　意思執行手続（業務執行者）

　代理に関する意思執行手続の問題も，代理以外の意思執行手続の問題と基
本的に同様である（→§670Ⅲ2(2)）。ただし，代理特有の問題として，顕名の
問題が付け加わるため，この点を(ウ)で論じる。

　(ア)　業務執行権の委託　　代理以外の業務執行権を委託する場合と同様に
考えられる。

　(イ)　委任の規定の準用　　通説によれば，業務執行組合員には671条で意
思執行手続に644条以下の規定が準用される（組合員でない業務執行者には委任
規定が適用される。→§671Ⅱ）。この結果，たとえば，善管注意義務違反が問題
となりうる（たとえば，新版注民(17)107頁〔森泉〕は善管注意義務違反の余地を認め
ている）。

　(ウ)　顕名の方法　　組合には法人格がない以上，組合代理は組合員全員の
名前でするのが本則であるとされる（新版注民(17)106頁〔森泉〕）。

〔西内〕　529

§670の2 III

第3編　第2章　契約

ただし，組合名を示した組合代表者等の表示でも足りるとされる（新版注民(17)106頁〔森泉〕。手形につき代表者名義での約束手形振出しを認めた例として最判昭36・7・31民集15巻7号1982頁を参照）。

(4) 業務執行者以外の組合員に留保された権限

代理以外の業務執行と同様に，業務執行者が定められた場合であっても，一定の権限はこれ以外の組合員に留保されうる（→§670 III 2(4)）。

(ア) 全員一致での意思決定と意思執行（組合員全員による対外的行為）　本条では定められていないが，組合員全員が一致することにより対外的行為の意思決定と意思執行をすることができる。

670条4項とは異なり，このことが本条で定められていないのは，認められないという趣旨ではなく，組合員全員による対外的行為が代理には当たらない（本人の行為にすぎない）ことによるものだと考えられる。したがって，この場合の根拠条文は670条4項である（→§670 I 2(1)(イ)）。

(イ) 業務と財産状況の検査権　業務執行権と同様に代理権を業務執行者に委ねた場合であっても，673条の権限が留保されることについて，争いはない。

3 特殊な顕名——手形行為

組合の手形行為については，その可否について多くの議論がある（新版注民(17)109頁以下〔森泉〕のほか，最新の議論状況については森本滋〔判批〕落合誠一＝神田秀樹編・手形小切手判例百選〔6版，2004〕8頁以下，齊藤真紀〔判批〕神田秀樹＝神作裕之編・手形小切手判例百選〔7版，2014〕8頁以下参照）。というのは，組合については権利主体性を否定する見解が一般的であるところ，これを前提にして，組合名義での顕名が手形の文言性に反しないか否かが問題となるからである。

具体的に，組合の手形行為につき問題となる類型は次の4つである。すなわち，第1に機関方式（代理であることを示さずに組合名義でする手形行為），第2に組合代理方式（代理であることを示して組合名義でする手形行為），第3に組合員代理方式，第4に組合員全員の名義での手形行為である（森本・前掲判批9頁）。このうち，一般にこの問題として論じられているのは，第2の類型である。

この第2の類型につき，通説は組合名義での代理行為による手形振出しを認めている（来栖638頁以下，新版注民(17)110頁以下〔森泉〕）。判例も，組合名

530　〔西内〕

第12節 組 合　　　　　　　　　　　　　　　　　　§670の2　IV

義での代理行為による手形振出しを認めている（前掲最判昭36・7・31）。そし
て，この判例は，この手形で用いられた組合名義を，組合員の集合名義だと
解釈している。判例がこのように組合名義を組合員全員の名義だという集合
名義だと解することは，手形の文言証券性に反するものではない。というの
は，かりに各組合員は具体的に誰であるかを確定する際に手形外の事情が考
慮されるとしても，これは手形外の事情を持ち込んで手形の記載を補充変更
するものではなく，その記載内容自体の意味確定作業にすぎないから，した
がって，手形の文言証券性（手形客観解釈の原則）に反しないと解されるため
である（森本・前掲判批9頁）。

IV　組合関係訴訟

　組合関係訴訟をめぐる論点は非常に多岐にわたっており，また，訴訟方法
も多岐にわたっており，これを網羅的に整理する紙幅はない（訴訟方法に係る
学説・判例の整理としては，被告側を想定したものであるが青木哲「民法上の組合の債務
と強制執行(1)──ドイツ民事訴訟法736条をめぐる学説の展開──」法協121巻4号
〔2004〕438頁とそこにつけられた注が，特に詳しく参考になる）。したがって，ここ
での記述は論点を整理する概括的なものにとどめる。

　こうした論点整理を行う上で基礎となる視点を，以下の1でまず整理す
る。その後，組合の当事者能力をまず論じた後（→2），組合財産に関する訴
訟につき業務執行者を定めない場合と定めた場合の問題をそれぞれ論じる
（→3）。最後に，組合員間で組合契約の存在が争われる場面について少し述
べる（→4）。

1　組合関係訴訟の問題を整理する視点──実体法と訴訟法

　以下の2から4の記述で基礎とされる視点は，実体法と訴訟法に関わる
次の2つのものである。

　第1に，実体法上の法的構成がどのようになるかが1つの問題として生じ
てくる。たとえば，組合の側が訴える場合につき，所有権に基づく妨害排除
請求権は，共有所有権全体に基づくものと，持分権に基づくものの2つが考
えられる（→§668 II 1 (3)(イ)）。また，共有所有権全体に基づくものは，共有物
管理権の所在につき，保存行為であるとして単独管理権が認められるものが

〔西内〕　　531

§670の2 Ⅳ   第3編 第2章 契 約

ありうる（→§668 Ⅱ 1 (3)(ア)）。逆に，組合の側が訴えられる場合につき，組合
債務を不可分債務と構成し，各組合員の単独管理権を認める構成がありうる。
他方，組合の権利能力を認めた場合，あるいは，これに準じて特殊な共有形
態を認めた場合には，このような構成を認める余地がなくなる（組合への単独
帰属あるいはこれに準じた構成に一元化され，持分権や共有物管理権，不可分債務の問題
は生じなくなる）。こういった実体法上の問題につき，いかに考えるかが，議
論の1つの分岐点である。

　第2に，これに合わせて訴訟上の法的構成がどのようになるかがもう1つ
の問題として生じてくる。たとえば，組合の側が訴える場合につき，組合員
に所有権が帰属するとしてその所有権に基づく物権的請求権を行使すること
を考えよう。この例では，組合員全員が当事者となる可能性のほか，業務執
行者がいるときには，組合自体に当事者能力が認められてこの組合を当事者
とする可能性が生じる。また，この業務執行者による任意的訴訟担当を認め
る余地がある。さらに，学説上は組合員全員が当事者となる場合の特殊類型
として，ある組合員が組合員全員の代理人となるという構成が認められてき
ている。したがって，これらの関係をいかに整理するかが，議論のもう1つ
の分岐点となる。

2　組合の当事者能力

　組合の当事者能力に関しては，多くの最上級審裁判例があり（→(1)），これ
と関連して組合の当事者能力を認める要件が学説上争われてきた（→(2)）。

(1)　組合の当事者能力に関する判例

　最上級審の裁判例により，組合を含めた法人以外の団体の当事者能力は，
民訴法29条（旧民訴46条）の適用によって争いなく認められてきた（最上級
審裁判例における先例だと，①法人外団体が原告で，訴訟物が金銭請求以外，②法人外団
体が原告で，訴訟物が金銭請求，③法人外団体が被告で，訴訟物が金銭請求以外，④法人
外団体が被告で，訴訟物が金銭請求の4つに分けた場合，①と②は最判昭42・10・19民
集21巻8号2078頁〔権利能力なき社団の事案〕，③は大判昭10・5・28民集14巻1191
頁〔民法上の組合の事案〕，④は最判平22・6・29民集64巻4号1235頁〔権利能力なき
社団の執行の事案〕で，それぞれ法人以外の団体の当事者能力が肯定されている〔名津井
吉裕「当事者能力の要件としての『財産的独立性』」同・民事訴訟における法人でない団
体の地位〔2016〕（以下，「財産的独立性」で引用）199頁〔初出2011〕の206頁以下〕。

532　〔西内〕

①についてはほかに，最判平 14・6・7 民集 56 巻 5 号 899 頁〔合意により認められた経理内容調査権に基づく請求〕，最判平 26・2・27 民集 68 巻 2 号 192 頁〔新代表者に対する持分権移転登記手続を求める請求〕がある。組合についてはほかに，②につき最判昭 37・12・18 民集 16 巻 12 号 2422 頁がある）。

こうした最上級審裁判例の理解につき，一方で，原告能力を認める基準と被告能力を認める基準が同様であることにつき，争いはない（名津井吉裕「民法上の組合の当事者能力」同・前掲書〔以下，「組合の当事者能力」で引用〕153 頁〔初出 2005〕の 158 頁以下では，原告能力と被告能力で基準に違いがないことの考察がある）。また，これらが法人以外の団体の当事者能力を肯定した裁判例であることにつきほぼ争いがない（ただし，山木戸克己「民法上の組合の清算人に関する任意的訴訟信託の適否」法時 35 巻 8 号〔1963〕90 頁以下は，民法上の組合に当事者能力を認めているのは，当事者表示の方法として組合員全員の省略表示を認めているにすぎないという見方を提示する。そして，業務執行者がいる場合，この者は組合員の法令上の訴訟代理人であると解する。これに対して，名津井・前掲「組合の当事者能力」165 頁以下では，この山木戸説は結局，組合に当事者能力を認める説と変わりないことが示されている）。

(2) 組合の当事者能力に関する学説

他方，当事者能力が認められる基準としては，以下のように大別して 2 つの学説がある。

(ｱ) **代表者の定められている組合には民訴法 29 条の適用があるとする見解**　1 つは，業務執行者が定められている場合に，無条件に組合の当事者能力を認めた前掲最判昭和 37 年を重視して，代表者の定めがある場合に民訴法 29 条の適用を肯定する見解である。ただし，この立場については，次の 2 点につき注意が必要となる。

第 1 に，業務執行者を定めない場合につき，多数決により包括的な代理権付与を行うことにより，民訴法 29 条の代表者を選任することができるか否かである（この点につき，福永有利「権利能力なき社団の当事者能力」木川統一郎古稀・民事裁判の充実と促進（上）〔1994〕323 頁以下では，組合に民訴法 29 条の適用を否定する見解が存在し，多数決により授権された代表者が訴訟追行することを不都合だと考える説があることが紹介されている部分を参照されたい）。

第 2 に，当事者を特定するために必要な要件として，組合の名称は必要となる可能性はある（名津井・前掲「財産的独立性」参照）。

§670の2 Ⅳ

第3編 第2章 契 約

(イ) 社団的性質がある組合に限って民訴法29条の適用があるとする見解　もう1つは，(1)で見た判決のうち前掲最判昭和37年以外の判決が社団としての性質を認定していることを重視して，また，前掲最判昭和37年以降には社団に当事者能力を認めた判例があることを重視して，代表者の定め以外の要素（社団性）により当事者能力認定の限定をはかる見解がありうる。たとえば，民事訴訟法上は，財産的独立性を要求する見解が有力である（名津井・前掲「財産的独立性」参照）。

　もっとも，かりに社団性を要求するとしても，最近の考察による限り，社団性は組合契約の効果に吸収される可能性はある（たとえば，名津井・前掲「財産的独立性」199頁では，民事訴訟法学説での有力説である財産的独立性を社団性として要求するとの説が，前掲最判平成14年をもとに検討されている。その結果，同245頁では，「団体名，代表機関の存在，そして団体財産の形成」が法人外団体に当事者能力を認める要件だとまとめられている。ただし，同231頁以下によると，ここでの団体財産の形成とは最判昭39・10・15民集18巻8号1671頁にいう「財産の管理」と同義である。このため，組合法の適用により，団体財産の形成という要件が認められる余地があろう〔たとえば，新堂幸司・新民事訴訟法〔5版，2011〕147頁は，民法上の組合には条文上財産的独立性が認められることを理由に（676条1項と677条が参照されている），民訴法29条の適用対象になると認めている〕）。組合契約の効果からも社団性を導けるとするこの見解による限り，(ア)説との違いは，——組合法により認められる財産的独立性が任意法規としての性質を持つとすればだが——財産的独立性を組合契約により排除した場合につき，生じることになろう（(ア)説では当事者能力は否定されないが，(イ)説では否定される可能性がある）。

3　組合財産に関する訴訟の可否

　組合財産に関する訴訟の可否は，業務執行者の有無，および，原告側と被告側を基準として，それぞれ分けて議論する必要がある。

(1)　業務執行者を定めない場合

　業務執行者を定めない場合には，業務執行者を定めた場合（以下の(2)で論じる）よりも，訴訟方法は限られることになる。

　(ア)　組合の側から訴える場合　　組合の側から訴える場合，組合員全員が当事者となる可能性はほぼ争いなく認められるものの，これ以外の方法で組合員全員が登場しない形の訴訟方法が可能か否か，問題となる。

534　〔西内〕

第12節　組　合　　　　　　　　　　　　　　　　　**§670の2　IV**

（a）**組合員全員が当事者となる場合**　　組合財産は組合員の共有に属する以上（668条），組合員全員が当事者となる可能性については，ほぼ争いなく認められている。ただし，次の4点で注意が必要となろう。

第1に，組合に権利能力を認める説があることである（→§668 I 2(1)(ア)）。この権利能力肯定説による限り，組合財産に関する訴訟は，組合が当事者としてしか認められないとするのが論理的であろう。

第2に，組合財産に係る訴訟を業務執行として集約する可能性がある。この場合，組合財産の帰属形態よりは業務執行規定が基準となって，組合財産関係訴訟の可否が定まることになろう。ただ，この立場を採用したとしても，通常は組合員全員に業務執行権が留保されることになる以上（670条4項），組合員全員が訴訟当事者となる可能性が拒絶されるのは，別段の業務執行方法を定めた場合となろう。

第3に，代理を認める可能性である（福永有利「共同所有関係と固有必要的共同訴訟——原告側の場合」民事訴訟雑誌21号〔1975〕1頁・49頁以下で業務執行者が定められていない場合の代理権の問題がまとめてある）。たとえば，代理権を与えられた組合員が訴訟上の代理権も有すると解する立場がある（我妻・中II 796頁，新版注民(17)117頁以下〔森泉章〕。これに対し，上田徹一郎「組合と訴訟・執行」契約法大系V 136頁・139頁は各組合員に実体法上の代理権があることが訴訟法上の代理権を直ちに導くものではないとの立場を取る）。そして，民法学説では，業務執行者を定めない場合には，各組合員が実体法上の代理権を有するとの立場が有力である（我妻・中II 788頁以下など。新版注民(17)77頁〔品川孝次〕は明確に「常務」だという。反対は三宅・下1136頁）。

第4に，必要的共同訴訟か否かという問題である。ただ，被告側に比べてこの問題はあまり論じられておらず，結論は判然としない（次の(b)(ii)の結論からすれば，物権の給付訴訟については単独管理権が認められる限りで消極，債権の給付訴訟については積極に捉えられるように思われる。なお，井上繁規・必要的共同訴訟の理論と判例〔2016〕235頁以下では，前掲最判昭37・12・18〔債権給付請求について組合の当事者能力認定〕を，必要的共同訴訟を肯定する方向の最高裁判例として引用している）。

（b）**各組合員が当事者となる場合**　　この場合はさらに，訴訟法上の任意的訴訟担当の場合と，実体法上の単独管理権に基づく場合の2つのルートがある。

〔西内〕　535

§670の2 IV

（i）　**任意的訴訟担当に基づく可能性**　　この場合は，選定当事者制度を利用する可能性がある（民訴30条。なお，青木・前掲論文438頁は，被告側を想定したものであるが，選定当事者の可能性を認めている）。

（ii）　**単独管理権に基づく場合**　　この場合はさらに，(α)持分権に基づく請求は可能かという問題と，(β)管理行為として請求は可能かという問題の，2つに分けられる。

　物権については，(β)について保存行為説を採用し，可能とするのが判例である（最判昭33・7・22民集12巻12号1805頁）。他方，組合員の内部紛争に関する事案であるが，東京高裁昭和52年9月21日判決（東高民時報28巻9号233頁）は，組合員間の合意に基づいて組合員中の1名の登記名義となっている不動産につき，組合の解散による組合財産の清算前に，他の組合員が自己の持分の移転登記を請求することができるかという問題につき，消極に解している（個別財産の分割を求めるに等しいから，ということを理由とするようである）。この昭和52年判決は物権について(α)の可能性を否定しているものである。

　これに対し，債権については，単独管理権に基づく訴訟は不可能とするのが最上級審裁判例である（大判昭13・2・12民集17巻132頁，大判昭13・2・15新聞4246号11頁）。これは，(α)と(β)の両方を否定しているものとみることができる。平成29年改正による676条2項にもこの方向性が反映されている。下級審も，基本的には，この方向性に従っている。たとえば，債権に関し東京地裁平成元年10月12日判決（判時1355号85頁）は，業務執行組合員の行為によって民法上の組合の財産が減少したとしても，これによる損害賠償請求権は組合財産に属するから，各組合員が個々に損害賠償請求することはできないとしている。

（c）　**組合が当事者となる場合**　　業務執行者を定めない組合につき，民訴法29条（旧民訴46条）は適用できないことに，争いはないと思われる（もっとも，多数決代表を認める可能性に注意。→2(2)(ア)）。

　ただし，組合に権利能力を認める説であれば，民訴法28条経由で当事者能力を認める余地はある（もっとも，組合員に判決効が及ぶかは判然としない）。

（d）　**組合員と組合以外の者が当事者となる可能性**　　組合員と組合以外の者が当事者となる可能性は，ほぼ論じられておらず，否定的に解されてい

第12節 組 合 §670の2 Ⅳ

るものだと思われる。

(イ) 組合の側が訴えられる場合 組合の側が訴えられる場合の基本的な問題の構造は，組合の側が訴える場合と同様である（→(ア)）。

(a) 組合員全員が当事者となる場合 組合が訴えられる場合も，組合に関する債務が組合員全員に属する以上（668条），組合員全員が当事者となりうることにつき，ほぼ争いはない。ただし，積極財産の場合と同様に，次の4点で注意が必要となる（→(ア)(a)も）。

第1に，組合に権利能力を認める説があることである（→§668 Ⅰ 2(1)(ア)）。この権利能力肯定説による限り，組合財産に関する訴訟は，組合が当事者としてしか認められないとするのが論理的であろう。

第2に，組合財産に係る訴訟を業務執行として集約する可能性がある。ただ，積極財産の場合と比べ，消極財産の場合にまで業務執行に集約する説は多くないように思われる。

第3に，代理を認める可能性である。

第4に，必要的共同訴訟か否かという問題である。この点については，学説上，多くの争いがある（青木・前掲論文438頁，特に注12は，組合員全員が被告となる場面につき，固有必要的共同訴訟か否かについての議論をまとめる）。なお，組合の財産関係と類似する総有につき被告側判例はないものの，共同訴訟の絡む被告側判例は多く，それは固有必要的共同訴訟ではないとするのが判例の立場であるという指摘がある（高橋宏志・重点講義民事訴訟法(下)〔2版補訂版，2014〕332頁以下。たとえば，最判昭43・3・15民集22巻3号607頁〔共同相続した建物収去土地明渡義務〕は，被告側の義務は不可分債務だとして固有必要的共同訴訟ではないとする〔また，強制執行を行うためには全員への勝訴判決を得なければならないが，訴訟共同の必要はなく，さもないと，訴えの取下げや請求の認諾ができず不便であり，また，誰が共同相続人であるか不明の場合に訴え却下のリスクを原告が負うことになって不便だという〕）。

(b) 各組合員が当事者となる場合 この場合も，任意的訴訟担当の可能性と単独管理権に基づく場合が考えられる。

(i) 任意的訴訟担当に基づく場合 この場合は，選定当事者制度を利用する可能性がある（民訴30条。→(ア)(b)(i)）。

(ii) 単独管理権に基づく場合 この場面は，結局，前述(a)の必要的共

〔西内〕 537

§670の2 Ⅳ 　　　　　　　　　　　　　第3編　第2章　契　約

同訴訟か否かという論点と密接に関係する。そして，単独管理権を被告側で認めることのメリットは，通常共同訴訟であるとの結論が導きやすくなることにとどまるであろう。

　(c)　組合が当事者となる場合　　この場合も，業務執行者を定めない組合への民訴法29条（旧民訴46条）の適用は考えづらい（→(ア)(c)）。

　ただし，組合の権利能力を認める立場からは民訴法28条の適用がありうることに注意が必要となろう（もっとも，組合員に判決効が及ぶかは判然としない）。

　(d)　組合員と組合以外の者が当事者となる場合　　この場合は，原告側と同様に，認められていないのではないかと思われる。

(2)　業務執行者を定めた場合

　業務執行者を定めた場合には，判例上，業務執行者による任意的訴訟担当と，業務執行者を代表者とする組合の当事者能力が，それぞれ認められている。この点を踏まえ，(1)の議論がどのように変化するのか，検討する必要がある。

　(ア)　組合の側から訴える場合　　組合員に共有の形で権利が帰属する以上，(1)の場合と同様に，組合員全員が当事者になる可能性と，その修正が議論される必要がある。

　(a)　組合員全員が当事者となる場合　　組合財産は組合員の共有に属する以上（668条），組合員全員が当事者となる可能性については，ほぼ争いなく認められている。ただし，次の4点で注意が必要となろう。

　第1に，組合に権利能力を認める説があることである（→§668 Ⅰ 2 (1)(ア)）。この権利能力肯定説による限り，組合財産に関する訴訟は，組合が当事者としてしか認められないとするのが論理的であろう。

　第2に，組合財産に係る訴訟を業務執行として集約する可能性がある。この場合，組合財産の帰属形態よりは業務執行規定が基準となって，組合財産関係訴訟の可否が定まることになろう。ただ，この立場を採用したとしても，通常は組合員全員に業務執行権が留保されることになる以上（670条4項），組合員全員が訴訟当事者となる可能性が拒絶されるのは，別段の業務執行方法を定めた場合となろう。

　第3に，代理を認める可能性である（我妻・中Ⅱ798頁以下）。ただし，法令上の訴訟代理人なのか，訴訟委任に基づく訴訟代理人なのかは，説が分かれ

538　〔西内〕

第12節　組　合　　　　　　　　　　　　　　　　　§*670の2*　IV

る（上田・前掲論文136頁・138頁以下は，自己の名で管理処分をなす権限を与えられている場合を除き，業務執行者を任意的訴訟担当とみる構成に反対であり，法令上の訴訟代理人とみるべきだという。これに対し，新版注民(17)118頁〔森泉〕は訴訟委任に基づく訴訟代理人だと解している）。

　第4に，必要的共同訴訟か否かという問題である。ただ，被告側に比べてこの問題はあまり論じられておらず，結論は判然としない（後述の(b)(ii)での検討結果からすれば，業務執行者を定めていない場合と同様かもしれない〔→(1)(ア)(a)〕）。

　(b)　各当事者が組合員となる場合　　この場合も，任意的訴訟担当に基づく場合と単独管理権に基づく場合が問題となる。

　(i)　任意的訴訟担当に基づく場合　　最高裁は，共同事業体が請け負った工事が相手方から解除されその損害賠償が共同事業体側から求められた事案につき，業務執行組合員の任意的訴訟担当を認めている（最大判昭45・11・11民集24巻12号1854頁）。このことから，業務執行者が組合員でもある場合につき，任意的訴訟担当を認めるのが学説の大勢であるといえる（ただし，反対説もある。上田・前掲論文137頁以下のほか，三宅・下1109頁も参照）。

　このほか，選定当事者制度を利用することも考えられよう（民訴30条）。

　(ii)　単独管理権に基づく場合　　業務執行の定め方如何によって財産管理権の所在が変わらないとすれば，業務執行者を定めていない場合と同様に考えられる。そして，最上級審裁判例は，業務執行者がいない場合に，財産管理権の所在を業務執行権の規律（670条・670条の2）に依存させていない以上（→(1)(ア)(b)(ii)），業務執行者を定めた場合にも同様に，財産管理権は組合員に留保される可能性があろう。

　(c)　組合が当事者となる場合　　組合の当事者能力が認められる基準の問題については前述した（→2）。これが認められることを前提に，さらに次の問題がある。

　第1に，組合員に判決効が及ぶかどうかという問題である。この問題を肯定するために，組合が組合員の訴訟担当となる可能性が指摘されてきたが（福永・前掲「権利能力なき社団の当事者能力」303頁以下では，権利能力なき社団が当事者となる場合につき，社団構成員に属する権利を社団が訴訟担当として権利行使している可能性〔形式説〕と，社団に実質的に属する権利を社団が権利行使している可能性〔実質説〕の2つの理解がありうることが触れられている），組合固有の当事者適格を認

〔西内〕　　539

§670の2 IV　　　　　　　　　　　　　　第3編　第2章　契　約

めつつ反射効構成を採用する見解もある（名津井吉裕「法人でない団体の当事者
能力の再構成」同・前掲書265頁〔初出 2013〕では，組合の当事者能力を認め組合を当
事者とする場合の訴訟法上の構成につき，固有適格構成の立場から，訴訟担当構成との違
いが述べられている）。

　第2に，業務執行者が複数いる場合の訴訟提起をどのように行うのかとい
う問題である。民法学説では，業務執行者が複数である場合に，各業務執行
者が単独で「常務」として訴えを提起できるとする説が有力である（新版注
民(17)77頁〔品川〕など）。これに対し，訴訟法学説には，「常務」とは言いづ
らいのではないかとの批判説がある（福永・前掲「共同所有関係と固有必要的共同
訴訟」1頁・11頁以下）。

　第3に，業務執行者の権限が何らかの形で欠落する場面で民訴法35条に
よる特別代理人の選任が可能か否かという問題である（名津井・前掲「組合の
当事者能力」172頁では，業務執行者の権限が欠落している場合に，特別代理人を選任し
て訴訟を維持できるか否かについて，一定の場合には肯定できるとの解釈論を提示する）。

　(d)　組合員や組合以外の者が当事者となる場合　　組合員でない業務執
行者につき，任意的訴訟担当が認められるかが問題となる。この可能性は，
前述した判決（前掲最大判昭45・11・11）の射程が，組合員でない業務執行者
にも及ぶか否かによって異なることになろう。つまりは，この事案で任意的
訴訟担当が認められた理由につき，継続的・包括的な業務執行権が実体法上
の権限とともに与えられていることのみを重視するか，それとも，組合員で
あることをも重視するかによって，結論は異なってこよう（この点につき，た
とえば，山本克己「民法上の組合の訴訟上の地位(1)――業務執行組合員による任意的訴
訟担当――最大判昭和45年11月11日民集24巻12号1845頁」法教286号〔2004〕72
頁・78頁以下を参照〔継続的・包括的な実体法上の管理の委託関係とは別に，選定当事
者と同じ意味における利益共同関係の存在が，前掲最判昭和45年を「被担当者の利益保
護について懸念の少ない場合」としていると評価している〕）。

　(イ)　組合の側が訴えられる場合　　業務執行者が定められている組合の側
が訴えられる場合，業務執行者が定められていない場面（一(1)）や業務執行
者が定められた組合の側が訴える場面（一(ア)）と類似した問題が生じる。

　(a)　組合員全員が当事者となる場合　　組合が訴えられる場合も，組合
に関する債務が組合員全員に属する以上（668条），組合員全員が当事者とな

540　〔西内〕

第12節　組　合　　　　　　　　　　　　　　§*670の2*　Ⅳ

りうることにほぼ争いはない。ただし，積極財産の場合と同様に次の4点で
注意が必要となる（→(2)(ア)(a)）。

第1に，組合に権利能力を認める説があることである（→§668 Ⅰ 2(1)(ア)）。
この権利能力肯定説による限り，組合財産に関する訴訟は，組合が当事者と
してしか認められないとするのが論理的であろう。

第2に，組合財産に係る訴訟を業務執行として集約する可能性がある。た
だ，積極財産の場合と比べ，消極財産の場合にまで業務執行に集約する説は
多くないように思われる。

第3に，代理を認める可能性である。

第4に，必要的共同訴訟か否かという問題である（この点は特に，業務執行者
を定めない場面で組合の側が訴えられることについて論じた。→(1)(イ)(a)）。

(b)　各組合員が当事者となる場合　　この場合も，任意的訴訟担当に基
づく場合と単独管理権に基づく場合の2つが考えられる。

(i)　任意的訴訟担当に基づく場合　　最上級審はないものの，下級審レ
ベルでは，業務執行組合員の被告適格が認められている（東京高判平8・11・
27判時1617号94頁〔問題となったのは，債権取立委任のために約5200社が加盟してい
た「クレジット債権管理組合」である（職員は100名ほど）。法人税の確定申告も，組合
で独自になされていた。財産の管理処分権は，被告が持っていたと認定されている。原告
から被告に対して，脱退に伴う残余財産分配請求が行われたもの〕）。

(ii)　単独管理権に基づく場合　　この場合は，必要的共同訴訟の要否に
問題は集約される（→(1)(イ)(b)(ii)）。

(c)　組合が当事者となる場合　　この場合の問題は原告側と同様に考え
られる（→(ア)(c)）。

(d)　組合員と組合以外の者が当事者となる場合　　この場合の問題は原
告側と同様に考えられる（→(ア)(d)）。

4　組合員間での組合契約に関する争いの有無

組合員間で組合契約に関して争いがある場合，固有必要的共同訴訟かどう
かが3の場合とは区別されて論じられている。

裁判例としては，固有必要的共同訴訟であるかのように判示した裁判例が
ある（大判昭3・6・21民集7巻493頁）。学説にはこれに対して肯定的な評価を
下す立場もある（我妻・中Ⅱ806頁以下）が，否定的な立場もある（星野321頁。

〔西内〕　541

§670の2　Ⅴ　　　　　　　　　　　　　第3編　第2章　契　約

なお，上田・前掲論文136頁・146頁以下は，固有必要的共同訴訟と解するべきだが，確認の利益との関係で，争わない者は被告としなくてもよいという）。

Ⅴ　補論──業務執行と関連した不法行為

以上のⅠからⅢは，業務執行と関係した法律行為についての議論である。これに対して，業務執行と関連した不法行為については，要件・効果につき次のような議論がある。

1　要　件

業務執行と関連した不法行為については，2つの構成が論じられている。

1つは，法人の不法行為規定（民旧44条，一般法人78条）を用いる可能性である。下級審ではこの考えを用いたものがある（鹿児島地判昭48・6・28判時720号86頁〔共同企業体の構成員の従業員が共同企業体の工事現場において労災事故で死亡し，全部の構成員に対して不法行為に基づく損害賠償が請求された事案（過失は，ジョイントベンチャーの現場責任者であり構成員の代表者である者と，死亡の原因となった鉄材落下にかかる従業員に，それぞれ認定されている）〕）。最近はこの考えが有力化している（後藤元伸「権利能力なき社団の法理と民法上の組合」法時85巻9号〔2013〕30頁・33頁のほか，高橋英治「ドイツにおける民法上の組合の規制の現状と課題──日本の債権法改正への示唆」同・会社法の継受と収斂〔2016〕330頁以下〔初出2014〕〔ドイツで，日本の上記規定に相当するドイツ民法31条の類推適用を認めないとしていた判例が，2003年になって変更されたことが示されている。また，これを踏まえ，一般法人法78条類推適用を支持している〕を参照。なお，組合について論じるものではないが，一般法人法78条がどのような場面まで拡張して適用できる可能性があるかについては，橋本佳幸「非営利法人と不法行為責任」NBL1104号〔2017〕36頁以下を参照）。

もう1つは，使用者責任を用いるという可能性である（我妻・中Ⅱ809頁。なお，平井一雄「建設共同企業体の法律的性質──判例を素材として」ジュリ852号〔1986〕205頁〔民法旧44条の類推適用を認めた前掲鹿児島地判昭48・6・28に批判的である。また，──論理構成は明確とはいいがたい──業務執行についての構成員の1人による不法行為は構成員全員の共同不法行為に当たると構成する〕）。

2　効　果

1に沿って発生した債務が組合債務になることには争いがない。

542　〔西内〕

第12節　組　合　　　　　　　　　　　　　　§*671*　I・II

　これに対し，1につきいずれの構成を取るとしても，組合員の責任は 675
条 2 項が適用されて分割無限責任となるのではなく連帯無限責任となるとす
る解釈論がある（前掲鹿児島地判昭 48・6・28 参照）。

〔西内康人〕

　（委任の規定の準用）
　第 671 条　第 644 条から第 650 条までの規定は，組合の業務を決定し，
　　又は執行する組合員について準用する。

　　　〔改正〕　本条＝平 29 法 44 改正

　　　（委任の規定の準用）
　　第 671 条　第 644 条から第 650 条までの規定は，組合の業務を執行する
　　　組合員について準用する。

I　本条の意義

　本条は，組合関係につき委任規定を準用する条文である。
　なお，組合員でない業務執行者は本条の適用範囲に含まれないが（→II 1），
効果の議論（→III）については同様のことが妥当すると考えられる。

II　本条適用の要件

　本条適用の要件は，共通して問題となる要件と，適用範囲に関わる要件に
分かれる。

1　本条適用の共通要件

　本条適用のための共通要件は，組合契約の業務執行を行う組合員がいるこ
とである。ここでいう業務執行には，意思決定手続と意思執行手続の両方を
含む。
　本条適用の対象となっているのは「組合員」である。これに対し，たとえ
ば，組合員以外の第三者が業務執行者に選任された場合は，組合との関係は
委任関係と考えられる。したがって，この場合，委任規定は本条を介さずと

〔西内〕　　543

§671 III　　　　　　　　　　　　　　　　　　　第3編　第2章　契　約

も直接適用される（新版注民(17)99頁以下〔森泉章〕を参照）。

2　本条の適用範囲

このほか，本条の適用範囲については，業務執行組合員を含ませるか否か
につき，次のような解釈上の問題がある。

(1)　業務執行組合員非包含説

すなわち，一方で，本条の適用範囲は，立法当初狭く考えられていた。と
いうのは，業務執行組合員が死亡した場合には，委任の規定によって相続人
が一時的な事務処理義務を負うとの見解を起草者は採用していたところ（法
典調査会民法議事38巻37丁表），本条で準用されている条文には654条はない
からである。したがって，業務執行者は委任関係にあると起草者は考えてお
り，本条の適用範囲ではなかった。むしろ，本条の適用範囲は業務執行を委
託されていない組合員による業務執行の場面となるはずであった（同巻37丁
表以下）。

(2)　業務執行組合員包含説

他方，その後の通説は，本条の適用範囲を広く捉える。すなわち，業務執
行組合員と組合ないし組合員との関係は委任関係ではないとした上で，本条
が適用されるという解釈を採用している（新版注民(17)119頁以下〔森泉〕）。こ
れに加えて，起草者と同様に，業務執行の委託がない場合の業務執行にも本
条が適用されるとする（我妻・中Ⅱ780頁など）。

Ⅲ　本条適用の効果

業務執行組合員に本条を適用するかどうかは前述のように争いがあるもの
の（一Ⅱ2），適用の有無にかかわらず委任規定が問題解決の基準となること
には変わりがない。そこで，以下の1では業務執行組合員を含め組合員が
業務執行をする場合の効果を論じる。また，2では，特殊な問題として，委
任者は誰かという問題を論じる。

1　組合員が業務執行をする場合の規律

準用されている条文は，業務執行をする組合員が負う義務の側面と，業務
執行に関わらない組合員の義務の側面に，分かれている。

544　〔西内〕

第12節 組 合　　　　　　　　　　　　　　　　　　§*671*　III

(1) 業務執行をする組合員の義務

ここでは，644条から647条が準用されている点が関連する。

(ア) 善管注意義務　　644条が準用されている結果，組合員は善管注意義務を負う。

そして，この義務は，説明義務とも関わりうるため，次に紹介する顛末報告義務を拡張する意味を持ちうる（たとえば，川井307頁は委任契約につきこのような義務の可能性を認めている）。

(イ) 顛末報告義務　　645条が準用されている結果，組合員は業務執行の顛末について報告する義務を負う（この義務は，解散後であっても解散までの計算を報告する義務として存在している〔新版注民(17)120頁〔森泉章〕〕）。

また，業務執行者が定められた場合，他の業務執行者のみならず，他の組合員に対しても報告義務があるとされている（新版注民(17)120頁〔森泉〕。この点は，次の(ウ)と対比されたい）。

なお，事後報告をしない場合であっても対外的業務執行の効力に影響はない（新版注民(17)120頁〔森泉〕，大判大10・11・12民録27輯1917頁）。

(ウ) 受領物引渡義務等　　646条が準用されている結果，組合員は受領物を引き渡し，また，権利を移転する義務を負う。ここには，登記を代表者名義に移転する義務も含まれる。

そして，引渡しの相手は組合であるものの，組合には法人格がないため，実際上は組合員の共同占有に移すことになろう（組合関係において委任者に該当する者は誰か，という問題とも関係する。→2)。また，業務執行者がいる場合はこの者の占有に移すことになろう。さらに，複数の業務執行者がいる場合には，業務執行者の共同管理に移せば足りるとされている（我妻・中II 782頁）。

(エ) 損害賠償義務　　647条が準用される結果，業務執行を行った組合員が負う金銭の引渡義務については，利息と損害賠償の支払義務を負うことになることになりうる（647条は419条の特則である）。

(オ) 自己執行義務　　以上に加えて，平成29年改正法で新設された644条の2も準用される。この結果，委任契約で認められるところの自己執行義務も，組合契約には準用されることになる。したがって，やむを得ない事由がない限りは，業務執行を他者に委託することはできない。

ただし，履行補助者は使える可能性がある（新版注民(17)120頁以下〔森泉〕。

〔西内〕　545

§*671* Ⅲ

第3編 第2章 契 約

また，大判大3・3・17民録20輯182頁〔業務執行者につき，委任による代理人と同様に，履行補助者を利用できるという〕も参照）。

なお，注意を要するのは，意思決定手続と意思執行手続が区別されたこととの関係である。ここで，意思執行手続を特定の組合員に請け負わせることは，意思決定手続を経由している限り，自己執行義務に抵触する委任に当たらない（→§670 Ⅲ 1 (2)(ア)）。これに対し，意思決定を委託すること，あるいは，意思執行が委託された組合員が別の者に委託すること，これらは自己執行義務違反が問題となりうると考えられる。

(2) **他の組合員の義務**

業務執行に関わらない組合員には，648条から650条が準用されていることが問題となる。

(ア) **報酬支払義務** 648条1項が準用されている結果，組合の業務執行に関しては原則として報酬支払の必要がない。

これに対し，報酬支払が合意された場合には，同条2項以下の規律に従って処理される。また，平成29年改正法で新設された648条の2も準用される結果，成果等に対して報酬を支払うことを約した場合には，請負の規律に準じて報酬関係が処理されることになる。

(イ) **費用償還義務** 650条1項が準用されている結果，意思決定や意思執行に費用がかかった場合には，その償還が請求できる。

この費用償還の相手方は，本来は組合であるはずである。ただし，組合には法人格がないため，他の組合員になる可能性がある（たとえば，業務執行組合員の費用等償還請求権につき，組合に対してではなく，他の組合員に対して成立するとした建設ジョイントベンチャーの事案がある〔東京地判平21・9・28／2009 WLJPCA 09288006〕）。

(ウ) **費用前払義務等** 649条，650条2項，3項が準用される結果，費用前払義務，代弁済義務，損害賠償義務が意思決定と意思執行には生じうる。

2 **委任者は誰か？**

本条が適用される場合，組合関係において受任者に該当する者は比較的明確である。

これに対し，組合関係において委任者に当たる者はあまり明確ではない。というのは，実質的には組合自体だと解されるところ，組合には法人格がな

546 〔西内〕

第12節 組 合　　　　　　　　　　　　　　　　　　　　　§*671* IV

いからである。

　原則は，組合が委任者に該当する者であると考えるべきであろう。その結果，委任者の地位は668条の注釈で述べた組合債権・組合債務と同様の拘束を受けた上で，権利義務の履行が行われる必要があろう。

　ただし，学説の状況を見る限り，他の組合員であると解されているようにも思われる場面もある（たとえば，業務執行者が定められていない場合の権利義務履行の相手方は，原則として他の組合員全員であるとの記述がある〔新版注民(17)120頁以下〔森泉〕〕）。特に，訴訟を通じた履行を確保するためには，組合関係における委任者に該当するのは他の組合員と解した方が問題を処理しやすい場合もあろう（費用等償還請求権につき，組合に対してではなく，他の組合員に対して成立するとした建設ジョイントベンチャーの事案がある〔前掲東京地判平21・9・28〕）。

IV　補論——委任規定が問題となる法律関係

　本条が直接に対象とするのは，組合契約である。しかし，下級審の裁判例からは，以下のような団体の例で，組合契約同様に委任規定が適用ないし準用されている。

　まず，善管注意義務については，匿名組合に適用されたかのように思える事案がある（東京地判平27・2・25／2015 WLJPCA02258013）。同様に投資事業有限責任組合にも善管注意義務が適用されている（東京地判平24・4・16／2012 WLJPCA04168014，東京地判平25・5・27／2013 WLJPCA05278008）。

　次に，受取物引渡義務については，マンション管理組合に適用事例がある（東京地判平25・3・12／2013 WLJPCA03128003）。

　最後に，組合だとは明確に認定されていないが，報告義務が認められた事例がある（東京地判昭30・4・11下民集6巻4号686頁〔「中学校建設促進協力会」の会長の報告義務が問題となった事例であって，同会の性質は組合か権利能力なき社団あるいは無名契約だと解されている〕）。

〔西内康人〕

§*672* Ⅰ・Ⅱ   第3編　第2章　契　約

（業務執行組合員の辞任及び解任）
第672条①　組合契約の定めるところにより1人又は数人の組合員に
　業務の決定及び執行を委任したときは，その組合員は，正当な事由
　がなければ，辞任することができない。
②　前項の組合員は，正当な事由がある場合に限り，他の組合員の一
　致によって解任することができる。

　　　〔改正〕　①＝平29法44改正

:::
（業務執行組合員の辞任及び解任）
第672条①　組合契約で1人又は数人の組合員に業務の執行を委任した
　ときは，その組合員は，正当な事由がなければ，辞任することがで
　きない。
②　（略）
:::

Ⅰ　本条の意義

　本条は，委任契約における任意解除権（651条）との比較で，業務執行組
合員の辞任と解任を，「正当の事由」がある場合に制限した規定である。

　なお，本条が任意法規か否かはあまり明確な議論がないものの，一方で，
多数決で解任できるという形で緩和することは構わないとしつつ，他方，解
任権を完全に排除することは許されないとの見解がある（三宅・下1130頁。→
§667 Ⅱ 1 (3)(イ)(a)）。

Ⅱ　本条適用の要件

　本条適用の要件は，①本条が適用される法律関係であることである。これ
に加えて，解任については，②「正当の事由」，③他の組合員の全員一致，
④解任の意思表示が必要だと考えられる。また，辞任は，①に加えて，②
「正当の事由」と④辞任の意思表示が必要だと考えられる。

　①の本条が適用される法律関係の存在については，条文の文言に忠実に，
組合契約をもって業務執行を委任された組合員に限るとするのが通説である
（新版注民(17)122頁〔森泉章〕。これ以外の考え方については，来栖637頁を参照）。な

548　〔西内〕

第12節 組 合　　　　　　　　　　　　　　　　§672 III, §673

お，①に該当しない第三者に業務執行を委任した場合には，いつでも解任できるものの，解任のためには組合員の全員一致が必要だと解されている（新版注民(17)122頁〔森泉〕）。つまり，①に該当しない第三者に業務執行が委任された場合には，②の要件が欠落することになるものの，③④の要件は要求される。

次に，②の「正当の事由」については，具体例として，他の組合員との意見衝突，業務執行者の疾病・公務等による業務執行不能，業務執行者の重大な義務違反，業務執行者の能力制限などが挙げられている（新版注民(17)123頁〔森泉〕のほか，星野321頁を参照）。具体的には，裁判例が参考となる（松山地判昭25・7・（日付不明）下民集1巻7号1178頁〔松山女学院事件。「正当の事由」につき680条について消極に判断した後，672条のこれも同様に解した裁判例〕，東京地判平24・2・29判タ1385号282頁〔投資事業組合について解任を無効とした事案〕）。

III 本条適用の効果

辞任や解任の場合の効果は判然としないものの，本条が委任の特則を定める関係から，おそらくは委任終了に準じて処理されるものだと考えられる。また，代理の問題も絡む場合には，代理権消滅に係る論点とも関係しよう（→§670の2）。

〔西内康人〕

（組合員の組合の業務及び財産状況に関する検査）
第673条　各組合員は，組合の業務の決定及び執行をする権利を有しないときであっても，その業務及び組合財産の状況を検査することができる。

　　〔改正〕　本条＝平29法44改正

（組合員の組合の業務及び財産状況に関する検査）
第673条　各組合員は，組合の業務を執行する権利を有しないときであっても，その業務及び組合財産の状況を検査することができる。

〔西内〕　549

§673 I〜III

第3編　第2章　契　約

I　本条の意義

本条は，組合の業務執行権を有しない場合であっても，各組合員に業務と組合財産に関する検査権を与えることによって，組合員を保護するためのものである。また，このような権利は，通説からは667条にいう「共同の事業」の内容であると解されている（→§667 II 1 (3)(イ)(a)）。

したがって，組合の本質に属しており，強行法規であるとされている（新版注民(17)124頁〔森泉章〕を参照）。

II　本条適用の要件

本条適用の要件は，組合員であることである。そして，本条は強行法規であるため，別段の定めがあっても適用される（ただし，別段の定めがある場合は，組合の本質が失われるという記述もあり〔たとえば，新版注民(17)124頁〔森泉章〕〕，この結果，別段の定めがある場合にはそもそも組合であると法性決定されない可能性もある）。

また，本条は，業務執行者がいる場合といない場合と両方に適用される（新版注民(17)124頁〔森泉〕）。

最後に，第三者への委託による本条の権利の行使は原則認められないが，特別の事情（病気・長期不在等）がある場合には認められる可能性がある（新版注民(17)124頁〔森泉〕。大判昭19・8・11民集23巻452頁も参照）。

III　本条適用の効果

本条適用の効果は，業務および財産状況の検査権が行使できることである。

1　委任規定との違い

この規定は，委任契約における報告請求権と似ているものの，次の2点で違いがある。

第1に，委任規定よりもできることの範囲は広い（新版注民(17)124頁〔森泉章〕）。つまり，各組合員は，みずから組合におもむき，帳簿その他書類を検閲し，財産の有無を調査することができるという。

550　〔西内〕

第12節　組　合　　　　　　　　　　　　　　　§*674* I

　第2に，権利行使者の側は善管注意義務を負うと解されていることである。というのは，本条の権利は業務執行の一環であり，また，業務執行には委任規定が準用されるからである（671条・644条）。

2　違反の効果

　検査権行使妨害等の違反は，業務執行者の解任事由（672条2項）や，損害賠償事由となる（新版注民(17)124頁〔森泉〕）。

〔西内康人〕

　　（組合員の損益分配の割合）
　第674条①　当事者が損益分配の割合を定めなかったときは，その割
　　　合は，各組合員の出資の価額に応じて定める。
　②　利益又は損失についてのみ分配の割合を定めたときは，その割合
　　　は，利益及び損失に共通であるものと推定する。

I　本条の意義

　本条は，損益分配の割合について組合契約に合意がない場合に，これを補充して定めるものである。このように割合のみが本条の対象であるが（→II），損益分配の時期や方法の問題とも密接に関係するので本条で論じることにする（→III・IV）。

　また，このような本論に入る前に，以下では損益自体の意義と損益分配の意義をそれぞれ明らかにしておく（→1・2）。

　なお，本条の問題を論じるにあたっては，営利の意義についても注意が必要である（→§667 III 1）。というのは，本条の利益分配は営利団体と関係するものの，営利団体には組合存続中の利益分配を否定しつつ残余財産分配請求権（脱退時，解散時）は認めるものも含まれるからである。たとえば，いわゆる協同組合にはこのタイプのものがある。そこで，以下では，利益分配まで認めるものを「営利団体（狭義）」と表記し，先に定義した営利団体とは区別する（基本書では，「営利を主たる目的」とする団体という言い方も用いられている。新版注民(17)125頁〔品川孝次〕を参照）。

〔西内〕　551

§*674* I 　　　　　　　　　　　　　　　　　　第3編　第2章　契　約

1　損益の意義

損益の意義については，その定義の問題と，別段の定めの可能性がそれぞれ問題となる。

まず，利益をいかに定義するかについては，これが年度ごとの粗利益なのか，純利益なのか，争われている。通説は，営業年度ごとの利益と解している（我妻・中Ⅱ820頁以下。反対は，三宅・下1169頁）。理由は，資本維持の原則が採用されていないこと，および，組合員が責任を負う以上（675条2項）は組合債権者を害することがないこと，の2点に求められるようである（新版注民(17)126頁〔品川〕）。

次に，損失も，年度ごとに計算するのか，それとも純損失を指すのか，争いがありうる。利益が純利益を指すのと同様に，この損失の点も，純損失を指すと解するのが通説のようである（我妻・中Ⅱ821頁，新版注民(17)126頁〔品川〕。つまり，出資償還に満たない額の財産しかないだけでは，「損失」に当たらない）。ただし，別の観点からの異説がある（三宅・下1168頁は，出資償還請求権を履行できない場合は「損失」があるとし，純損失がなくてもよいとする）。

最後に，上記の利益・損失の意義については，別段の定めをする可能性がある（新版注民(17)126頁〔品川〕）。そこで，組合員の別段の合意の認定，または，意思推定が問題となりうる（新版注民(17)126頁〔品川〕は，合名会社について純利益をもって利益と認定することがデフォルトであると推定すべきであるという学説を参照した上で，「実際上，組合においても，とりわけそれが営利企業である場合には，組合の財政的基盤を確保するために，定期に貸借対照表を作成し，そのうえで利益が生じた場合にのみそれを分配する，という建前をとることが多いであろう」という）。

2　損益分配の意義

次に問題となるのは，損益分配の持つ意味である。特に，組合目的との関係で，損益分配の必要性と許容性が問題となる。

(1)　損益分配の必要性

損益分配にあずからない組合員がいることが許容されるかどうかは，以下のように大きな争いがある（→§667Ⅱ1(3)(イ)(b)）。

まず，一部組合員が損失を分担しないことにつき，通説はこれを許容している（我妻・中Ⅱ822頁以下，新版注民(17)127頁〔品川〕，大判明44・12・26民録17輯916頁。これに対し，三宅・下1170頁は，一方で，追加出資義務を負わないという特

552　　〔西内〕

第12節　組　合　　　　　　　　　　　　　　　　§*674*　II

約であれば有効だが，他方，出資の返還保障をする特約は「共同事業の経営や出資の性質
に反する」という）。

　また，利益分配にあずからない組合員がいることは，通説によれば，共同
事業性が失われるとの理解が示されている。いわゆる獅子組合を許容しない
見解である。しかし，最近では反対説もある。

(2)　損益分配の許容性

　許容性に関しては，利益分配の可否という形で，問題が顕在化する。たと
えば，利益分配の決議が多数決その他当該組合で認められた業務執行方法で
可能であるか，という問題である。

　一方で，営利団体（狭義）であれば，問題なく認められる。他方，営利団
体（狭義）でない場合は問題が生じる。あまり議論はないものの，否定的に
解されるということになるのだろう（→III 1 (2)）。

　なお，営利団体（狭義）でない場合であっても，脱退時や解散時の残余財
産分配請求権は認められる可能性がある（営利団体〔広義〕となる可能性もある。
また，非営利団体で一切の残余財産分配が否定されるかは，解釈上の問題である。→§688
III 1 (4)(ウ)(b)）。

II　損益分配割合の定まり方

　本条が定めるのは損益分配割合である。ただし，本条は任意法規だと解さ
れているので，別段の定めにより定まる場合がある（→1）。この別段の定め
がない場合に，本条は機能して損益分配割合が定まる（→2）。

1　組合契約で定める場合

　組合契約での損益分配の定め方としては，損益分配割合自体を定める場合
と，出資の評価額を定める場合の2通りがありうる。

(1)　損益分配割合自体を定める場合

　損益分配割合自体に関する合意としては，本条との対比で2種類ある。1
つは，出資額と損益分配割合とを異なるものとして定める可能性である。も
う1つは，損失分担割合と利益分配割合を異なるものとして定める可能性で
ある。この両者はどちらも認められる。

〔西内〕　　553

§*674* **II** 第3編 第2章 契 約

(2) 出資の評価額を定める場合

次の2との関係で，出資の評価額だけを定めておくことも認められる。そして，評価額の算定が難しい場面，つまり，労務や信用を出資とする場合にはこのような合意をしておくことが望ましいとされている（新版注民(17) 127頁〔品川孝次〕）。

2 組合契約で定めない場合

組合契約で定めない場合は，本条1項で出資価額への比例原則，2項で利益分配割合か損失分担割合の一方を定めた場合の他方へのスライドが，それぞれ定められている。

(1) 出資の価額への比例原則

この出資価額への比例原則を適用するためには，出資価額を確定する必要がある。そして，この評価額につき契約上定まっている場合は問題がないが（一1(2)），そうでない場合，総組合員の合意で合理的に評価・決定するよりないとされる（我妻・中Ⅱ 823頁）。それでも定まらない場合はどのようにするのか明確ではないが，裁判所による出資価額の認定により処理するしかないと考えているのであろう。

(2) 利益分配割合か損失分担割合の一方を定めた場合の他方へのスライド

本条2項は表題のような原則を定めている。したがって，利益分配割合か損失分担割合の一方のみを定め，他方について組合契約が沈黙しているときには，一方の定めが他方の割合を定める際にも用いられる。

しかし，組合契約が沈黙している場合に，本条が機械的に適用されるのかは，疑問も呈されている。たとえば，解散時の残余財産分配請求権に関してではあるが，本条の適用を拒絶し，公平に従って分配割合を決定した裁判例もある（東京高判平15・11・26判時1864号101頁〔共同法律事務所の解散に伴う2名の弁護士の利益分配について，配分的正義の要請あるいは信義公平に照らし，6対4と判断された事例（本条2項の適用を排除）〕）。学説にも，この裁判例に同調して，一般論を展開する見解がある（納屋雅城「民法上の組合における損益分配の割合の推定の例外——東京高裁平成15年11月26日判決を素材として——」近畿大学法学53巻1号〔2005〕1頁〔本条2項について，立法史と，フランス法の紹介を取り扱っている。結論としては，本条2項の機械的な適用が当事者の公平を害する結果となる場合に，この適用を除外する結論を認めるようである〕）。

554 〔西内〕

第12節 組 合

III 損益分配の実行時期

損益分配の実行時期については，利益と損失が区別されて議論されている。

1 利益分配をなす時期

この場合は，営利団体（狭義）か否かで区別する必要がある（「営利団体（狭義）」の定義。→Iの冒頭部）。

(1) 営利（狭義）を目的とする組合の場合

営利団体（狭義）の場合，取引慣行と当該組合の特殊事情を考慮して，業務執行の一環として利益分配を行う必要があるとされている（我妻・中II 824頁）。また，この利益分配請求権は具体的請求権である。たとえば，業務執行者が利益分配を拒む場合に，利益分配請求ができることを示唆する見解がある（我妻・中II 824頁〔ドイツ民法721条も参照している〕。三宅・下1169頁も同旨。東京地判平22・5・17 / 2010 WLJPCA05178008〔マンション建物と敷地の共有者である原告が，同共有者として同建物，敷地を管理し賃料等を収受している被告に対し，収益金の支払を求めた事案につき，分配を肯定〕，東京地判平22・12・22判時2121号91頁〔建設ジョイントベンチャーにつき工事代金の支払を受けた被告に対する利益分配請求を肯定〕，東京地判平26・11・14 / 2014 WLJPCA11148005〔建設ジョイントベンチャーにつき利益分配請求を肯定〕も参照）。

なお，匿名組合では営業年度ごとに利益分配請求権が発生すると考えられている（たとえば，岸田雅雄・ゼミナール商法総則・商行為法入門〔2003〕297頁）。

(2) 営利（狭義）を目的としない組合の場合

営利団体（狭義）でない場合，組合存続中の利益分配は総組合員の合意によるしかないとされる（我妻・中II 824頁）。

2 損失分担をなす時期

損失分担をなす時期は，解散・清算時が原則であると解されている（我妻・中II 824頁以下）。また，脱退時にも認められうる（→§681 IV）。

これに反し，各組合員に対して組合存続中に損失の補填を請求することは，業務執行者の意思や組合員多数決ではなしえず，組合員の全員一致による必要性があるとされる（我妻・中II 825頁，新版注民(17)128頁〔品川孝次〕）。

〔西内〕 555

§674 IV, §675　　　　　　　　　　第3編　第2章　契　約

IV　損益分配の方法

損益分配の方法も，利益と損失が区別されて議論されている。

1　利益分配の方法

利益分配の方法は合意によって定めることができ，また，合意に反する利益分配方法を選択する場合には総組合員の合意が必要だと解されている（我妻・中II 821 頁以下）。

そうでない場合，通常は金銭での分配となる（我妻・中II 821 頁）。

2　損失分担の方法

損失分担の方法も合意によって定めることができ，また，合意に反する損失分担方法を選択する場合には総組合員の合意を要すると解されることになろう。また，追加払込請求には別段の合意を要する（新版注民(17)128 頁〔品川孝次〕）。

そうでない場合，通常は解散時に処理されることになる。なお，組合員が組合に対して債権を持つ場合に，清算手続で弁済が得られなかった部分については，損失分担割合に応じて他の組合員に直接請求することで処理される（大阪高判平元・1・27 判タ 674 号 134 頁）。

〔西内康人〕

（組合の債権者の権利の行使）

第 675 条① 　組合の債権者は，組合財産についてその権利を行使することができる。

② 　組合の債権者は，その選択に従い，各組合員に対して損失分担の割合又は等しい割合でその権利を行使することができる。ただし，組合の債権者がその債権の発生の時に各組合員の損失分担の割合を知っていたときは，その割合による。

　　　〔改正〕 　①＝平 29 法 44 改正　②＝平 29 法 44 新設

第12節 組 合 §*675* I

> **（組合員に対する組合の債権者の権利の行使）**
> **第675条** 組合の債権者は，その債権の発生の時に組合員の損失分担の割合を知らなかったときは，各組合員に対して等しい割合でその権利を行使することができる。（改正後の①）
> （第2項は新設）

I 本条の意義

本条は，平成29年改正前民法675条を主張立証責任の所在を明確化して2項に移動させ，1項に組合財産への権利行使可能性の条文を新設したものである。

このような本条の意義を明確化するため，まず改正経緯を紹介した上（→1），本条の趣旨について検討する（→2）。

1 本条の改正経緯

ここでは，改正前の議論状況と改正における議論状況を対比して見ていく。

(1) 平成29年民法改正前の議論状況

本条1項の適用の前提である組合債務の存在につき，起草者の1人である梅謙次郎は，独立した組合債務というものを想定していなかった。すなわち，梅は，組合員へ債務が帰属し，これが分割される割合を定めたものだと考えていたようである（梅802頁。なお，新版注民(17)129頁〔品川孝次〕も参照）。これに対し，現在では組合財産を引当てとする組合債務の独立性を認めた上で，これとは別に組合員の責任か，あるいは，組合員の債務が存在すると考える見解が有力化している。そして，組合債務について組合財産に執行できることにつき争いはない（たとえば，新版注民(17)82頁〔品川〕参照）。

本条2項で明確化された立証責任については，これを論じない基本書も多く（たとえば，新版注民(17)129頁以下〔品川〕の記述には，この論点は存在しない），したがって，大きな問題だとは意識されてこなかった。

(2) 平成29年民法改正における議論状況

中間試案では，組合の債権者が，各組合員に対して等しい割合で権利行使できることを原則として，損失分担割合を知っている場合を例外とする整理が，目指されていた（中間試案第44・3）。この趣旨は，主張立証責任の所在の

〔西内〕 557

§675 I   第3編 第2章 契 約

明確化である（中間試案補足説明532頁）。つまり，一方で，改正前の規定では
組合員への権利行使のために，「債権者に組合員相互の損失分担の割合を知
らなかったことの証明を求める」ように読める。他方，「均等割合を原則と
した上で，これと異なる分担割合の定めがある場合には，各組合員において，
これを債権者が知っていたことを証明することとすべきであるとの指摘があ
る」（部会資料75A・46頁）。したがって，このような指摘に従って，主張立証
責任を明確にした条文構造が目指されることになったわけである。

　その後，各組合員へ権利行使する際のこのような主張立証責任の明確化に
加えて，組合債権者による組合財産への権利行使可能性が，675条関係の改
正として素案に加えられた（部会資料75A・44頁）。この案自体は，中間試案
で存在していたものであるが，後述する676条関係の改正と位置付けられて
いた（中間試案第44・3）。

　なお，文言上の修正としては，以下の2つがある。

　1つは，「組合財産」という文言にかかる修正である。つまり，組合財産
とは，総体としての組合財産と，そこに属する個々の財産の2つを指す可能
性があるため，これを区別しようとする案があった（結果として，区別せず）。
この点は組合財産概念の多義性の問題として前述した（→§668 I 1(1)）。

　第2に，損失分担割合を知らなかった第三者からの，損失分担割合の主張
可能性の明文化である。具体的には，本文に当たる部分の主語の直後に「そ
の選択に従い」が加えられ，また，「等しい割合で」の前に「損失分担の割
合又は」が加えられた。これにより，たとえば，等しい割合より多くの損失
分担割合を引き受けた組合員に対して訴えを提起する場合，損失分担の割合
を債権者側から主張して，この割合を請求できることが，明文化された（部
会資料84-2・143頁）。

2　本条の趣旨

　本条の趣旨は，1項に定める組合債務による組合財産への権利行使可能性
と，2項に定める組合員の分割無限責任の発生に分けられる。

(1)　組合財産への権利行使可能性

　本条1項の組合財産への権利行使可能性を定める趣旨は，平成29年改正
前にすでに一般的であった解釈を明文化するものにすぎない。

558　〔西内〕

第12節 組 合　　　　　　　　　　　　　　　　　　§675 I

(2) 組合員の分割無限責任の発生

本条2項は組合員責任の割合を定めているものの，その前提として組合員責任が発生することが含意されている。そこで，以下では，組合員責任の法的構成に係る議論を紹介する（一(ア)）。次に，組合員責任の発生根拠と，組合員の地位変動による影響可能性をそれぞれ見る（一(イ)(ウ)）。最後に，平成29年改正法で明示された立証責任について少し見る（一(エ)）。

(ア) 組合員責任は債務か責任か？　　ここでは，2つの説がある。第1に，一債務二責任説であり，組合債務は1つしかなく，組合財産に対する責任と組合員財産に対する責任の2つが併存すると見る（我妻・中Ⅱ809頁以下）。もう1つは二債務説であり，組合債務とは別に，組合員債務が成立すると理解する（星野309頁など通説）。そして，この2つの説の争いは，以下の実益があるとされる。すなわち，脱退組合員の債務の追及手続，個人的責任が追及された場合の抗弁権の内容（槇悌次「組合員の責任」契約法大系Ⅴ168頁以下）や，混同（甲斐道太郎「組合の財産関係」契約法大系Ⅴ130頁）の説明につき，二債務説の方が無難であるとされている（新版注民(17)132頁〔品川〕）。

(イ) 組合員責任の発生根拠　　このように組合員独自の債務と解される組合員責任の発生根拠については，大きく2つの考え方がありうる。

　(a) 代理権　　1つは，組合代理が，組合ではなく組合員の代理人であるとの考え方に基づき，自己責任として組合員の責任が発生するとみる立場である（新版注民(17)130頁〔品川〕）。

しかし，代理権説が純粋な形で貫かれていたのかは，疑わしい。すなわち，責任発生根拠が代理権であればその制限を通じて組合員責任をも制限する理論的可能性が考えられる。他方，業務執行者の代理権を制限することによって責任制限を図ることは許されないとする見解が，わが国では有力であった（槇・前掲論文160頁以下）。したがって，この代理権説を純粋に貫く見解は，わが国ではほぼ存在しなかったのではないかと推察される。

むしろ，代理権説の意義は，表見代理の規定に従って組合員個人の責任を認める余地を説く場合に，現れてくるといえよう（たとえば，§680の2Ⅰ1(1)で紹介する，脱退組合員の責任を認める根拠として109条準用を認める説）。もちろん，組合員責任の発生根拠を純粋な意味での代理権だと理解しないにもかかわらず表見代理規定を用いることに問題がないかは，別途考える必要があろう。

〔西内〕　559

§*675* II 第3編 第2章 契約

（b）　法人とのアナロジー　　もう1つは，法人と同様に，団体債務とは別個の債務が法定債務として団体構成員である組合員債務として発生するとの考え方である。この考え方は，団体構成員の責任が営利法人・非営利法人で区別されていることに準じて，法人以外の団体についても区別を行おうとする見解に連なるものである（新版注民(17)130頁〔品川〕では(a)の代理権説に加えて，組合員の責任が発生する実質的根拠として，組合員が配当請求権や残余財産分配請求権を持つことを掲げている）。

(ウ)　組合員の地位変動と組合員責任　　このように(イ)で見たように，組合員責任は法人とのアナロジーで考える見解が有力化している。しかし，完全に同じというわけでもない。

つまり，一方で，脱退しても依然として組合員の責任を負う（680条の2第1項）。この責任は，消滅時効以外の形により一定年限で消滅するものではない（会社法612条2項と対比）。ただし，脱退後の債務弁済は実質的に他人の債務弁済であり，求償可能である（680条の2第2項）。

他方，加入者は，加入前に生じた組合債務につき，組合債務の責任部分は引き受けることになるものの，組合員責任は負わない（677条の2第2項。会社法605条と対比）。

(エ)　立証責任の明確化　　原則と例外を本文とただし書の形で明示することの趣旨は，従来から主張されてきた主張立証責任を明確化することにある（→1(2)）。

II　組合財産への権利行使方法

本条1項に定める組合債務の効果は，組合財産へ権利行使できることである。しかし，組合財産へ権利行使をする方法については，次のような問題がある。

1　債務名義の相手方

債務名義の相手方としては，組合に対する債務名義，組合員全員に対する債務名義，任意的訴訟担当を当事者とする債務名義の3つが考えられる（なお，青木哲「民法上の組合の債務と強制執行(1)――ドイツ民事訴訟法736条をめぐる学説の展開――」法協121巻4号〔2004〕438頁以下とそこにつけられた注が，債務名義の

第12節　組　合　　　　　　　　　　　　　　　　　§*675*　II

問題につき特に詳しい）。

(1)　組合に対する債務名義を得た場合

　組合に対する債務名義を得る可能性については問題が少ない。むしろ，組合の当事者能力が認められるかどうかが問題となろう（→§670の2Ⅳ2）。

(2)　組合員全員に対する債務名義を得た場合

　組合員全員に対する債務名義を得る場合の問題は次の3つがある。

　(ア)　固有必要的共同訴訟か？　　第1に，組合債務に関する訴えが組合員の固有必要的共同訴訟か否かという問題である。このことについては前述したとおり，組合員の固有必要的共同訴訟でないとする考えが通説である（→§670の2Ⅳ3(1)(イ)(a)）。その結果，各組合員を各別に訴えた債務名義を集合させて執行することが可能となる（来栖644頁）。

　(イ)　組合債務以外の債務で執行できるか？　　第2に，組合債務とは無関係の債務につき，組合員全員に債務名義を得れば組合財産に対し執行が可能か否かという問題がある（新版注民(17)82頁〔品川孝次〕）。なお，有限責任事業組合契約に関する法律22条1項によれば，このような債務名義での執行は禁じられる。

　(ウ)　事実審口頭弁論終結前に組合員たる地位の変動があった場合　　第3に，組合員全員を訴える場合には，組合員の地位変動が事実審口頭弁論終結前後にあった場合の法的処理が，問題となる。

　このうち，事実審口頭弁論終結前に組合員の地位変動があった場合は，次の2つの場合に分けられる。第1に，訴訟中の脱退の際には，組合財産に対する執行は脱退組合員以外の組合員への債務名義によって行うとされている（新版注民(17)85頁〔品川〕）。第2に，訴訟中に加入者がいる場合には，当事者の追加か，あるいは，別訴が，組合財産への執行のためには必要となる（新版注民(17)85頁以下〔品川〕）。

　事実審口頭弁論終結後について，脱退者の処理は上記と同様である。これに対し，加入者がいる場合には，新たにその加入者に対する債務名義を必要とする説（我妻・中Ⅱ840頁）と，口頭弁論終結後の承継人（民訴115条1項3号）に当たるとする説（新版注民(17)86頁〔品川〕）がある。

(3)　任意的訴訟担当に対する債務名義を得た場合

　この場合は，2つの可能性がある。

〔西内〕　561

§675 Ⅱ   第3編 第2章 契 約

1つは，組合員全員の選定当事者となる可能性である（民訴30条）。

もう1つは，組合員全員の任意的訴訟担当となる可能性である（→§670の
2Ⅳ3⑵⑷⒝⒤）。

2 執行財産の特性

組合員の1人の名義となっている財産に対する執行の困難は，古くから指
摘されてきた（新版注民(17)86頁〔品川〕，我妻・中Ⅱ811頁）。この困難を考察す
るにあたっては，財産の種類別に考察する必要がある。

⑴ 不動産の場合

不動産の場合，組合名義での登記ができないことが問題をもたらす。すな
わち，一方で，組合名義での登記ができず代表者等第三者名義で登記されて
いることがある。他方，民事執行規則23条1号では執行債務者名義の登記
事項証明書の提出が要求されていることから，執行にかかる問題が生じる。

この点につき，同様の問題が生じる権利能力なき社団では，判例上，社団
へ不動産所有権が属することを確認する確認判決その他の文書の提出による
執行が認められている（最判平22・6・29民集64巻4号1235頁。なお，左記の判決
は，執行債権者と社団および登記名義人の間で確定判決等を要求する。このように社団と
登記名義人の両方に対して訴訟を原則提起する必要性につき，賛成説がある〔ただし，通
常共同訴訟か，必要的共同訴訟かどうかは意見が分かれる（固有必要的共同訴訟だとする
説として山本克己〔判批〕金法1929号〔2011〕44頁，類似必要的共同訴訟だとする説と
して名津井吉裕「社団財産の不動産競売の申立てに必要な文書の取得手続」同・民事訴訟
における法人でない団体の地位〔2016〕365頁〔初出2014〕）がある〕。これに対し，登記
名義人のみを被告とすることで足りるとする説もある〔山本弘「法人格なき社団の財産に
対する強制執行の方法——最判平成22年6月29日が残した問題点」田原睦夫古稀・現代
民事法の実務と理論(下)〔2013〕1230頁を参照〕。このような執行方法は，民法学
説上古くから主張されてきたものが採用されたものである（星野英一「いわゆ
る『権利能力なき社団』について」同・民法論集(1)〔1970〕227頁〔初出1967〕の289頁
以下を参照）。

組合についても，同様の困難が生じうる以上，同様の執行方法が認められ
るべきであろう（なお，我妻・中Ⅱ811頁は実質的に組合財産であることを証明して，
不動産執行を認めるべきだとする）。

第12節　組　合　　　　　　　　　　　　　　　§*675*　Ⅲ

(2)　不動産以外の場合

この場合はあまり議論がないが，登記・登録ができる動産が上記不動産と同様に扱われる場面を除いて，法人と同様だと考えられているのではないかと思われる。

Ⅲ　組合員責任の効果

組合員責任の効果としては，本条に定める割合の問題のほか（→1），性質や執行の問題がある（→2・3）。

1　組合員責任の割合

組合員責任は分割責任が定められているところ，一定の場合には連帯責任も認められうる。

(1)　分割責任原則

本条2項で定めるのは分割責任原則である（たとえば，名古屋高判昭49・5・16判時764号41頁は，組合が売却した土地が二重譲渡となってしまった場合の履行不能に基づく損害賠償債務につき，分割責任を認める）。このような分割責任は，さらに次のような原則と例外に分かれる。

(ア)　頭割原則　　本条2項本文によると，組合員の責任は，原則として，組合員の人数に応じて分割されることになる。

(イ)　組合債権者からの選択可能性　　また，本条2項本文によると，組合債権者から，損失分担割合に応じた組合員責任の追及が可能である。

(ウ)　債権者の悪意と損失分担割合への従属　　これに対し，本条2項ただし書によると，損失分担割合につき組合の側から債権者の悪意を立証すれば，この損失分担の割合に，組合員責任の割合は従属することになる。この悪意の基準時は，組合債務の発生時点である（この債務発生時点とは，組合債務の通常の発生原因である契約の場合，組合が対外的に契約を締結した時点を指すものであると考えられる〔山本792頁参照〕）。

ただし，悪意の債権者が拘束されるのは，損失分担割合だけである。損失分担額を限定する組合員間の合意があっても，債権者に対抗できない（我妻・中Ⅱ813頁）。

〔西内〕　563

§675 Ⅲ

第3編 第2章 契約

(2) 連帯責任となる場合

学説上は，——立法論としてなのかもしれないが——全員が業務執行権を持つ場合にも，連帯債務を認めるべきであるとの見解がある（星野英一「いわゆる『権利能力なき社団』について」同・民法論集(1)〔1970〕298頁注7〔初出1967〕。新版注民(17)133頁以下〔品川孝次〕も参照）。これに対し，裁判例では，次の3つの場面で，連帯債務が認められている。

第1に，商法511条が適用される場合である（最判平10・4・14民集52巻3号813頁，東京地判平14・10・25/2002 WLJPCA10250007〔映画製作委員会の対外的債務〕。福岡高判昭33・3・19高民集11巻2号151頁も参照〔組合債務が商行為によって生じた場面で，加入組合員の連帯責任を持分の限度で肯定〕）。なお，古い下級審裁判例には，合名会社に関する連帯責任を，組合へと類推適用したものがある（東京地判昭29・12・25判タ47号60頁参照〔商行為を目的とするやや高度の団体性を持つ組合における組合員の責任について，人的会社に準じて考え，合名会社に関する会社法制定前商法80条（会社法580条1項に相当）を準用〕）。

第2に，組合が手形を振り出した場合である（大阪地判昭26・6・20判タ16号55頁〔発起人組合〕，最判昭35・12・9民集14巻13号2994頁〔発起人組合〕，東京地判昭41・12・20判タ205号156頁〔設立中の財団〕，最判昭50・7・14金判472号2頁〔ばらの店協同組合〕）。

第3に，不法行為の場合である（青森地判昭38・5・7下民集14巻5号884頁〔自動車事故〕，鹿児島地判昭48・6・28判時720号86頁〔建設ジョイントベンチャーの現場責任者の過失が問題となった事案〕）。

2 組合員責任の性質——補充性と付従性

このような組合員責任は，保証と類似した，直接無限責任である。ただし，保証とは異同がある。

つまり，補充性はないが，付従性はある（新版注民(17)133頁〔品川〕。他方，三宅・下1161頁は補充的責任だとする）。一方で，補充性がない結果，組合員の個人財産に対していきなり執行することも可能である（新版注民(17)134頁〔品川〕）。他方，付従性の結果，組合債務に生じた事情を抗弁として主張可能である。また，相殺権・取消権・解除権の援用可能性については（新版注民(17)135頁〔品川〕参照），平成29年民法改正後は，組合がこれを行使できる限度で履行拒絶権が認められると見るべきであろう（457条3項参照。また，会社

564 〔西内〕

第12節　組　合　　　　　　　　　　　　　　　　　　　　§*675* III

581条2項参照）。

3　組合員責任と執行

　組合員責任の追及方法としては，次の2つの形が考えられている。1つは，組合債務に関する訴訟にかかる債務名義を利用する方法である。もう1つは，組合員責任を訴訟物として各組合員に対して債務名義を獲得する方法である。

(1)　組合債務に基づく訴えで債務名義を得た場合

　この場合はさらに，組合を被告とした場合，組合員全員を被告とした場合，任意的訴訟担当を被告とした場合の3種に分けられる。この場面では，一債務二責任説と二債務説の対立が，組合員責任の執行力に関する理論構成に密接に関係する（→I 2(2)(ｱ)）。

　(ｱ)　組合を被告とした場合　　組合を被告とした場合に組合員財産に執行できるかという問題については，否定説もあるものの（甲斐道太郎「組合の財産関係」契約法大系V 121頁・131頁は組合債務と組合員債務とを別個の債務であると考える以上，組合員債務の執行には組合債務についての債務名義では足りないとみる），肯定説が有力である。肯定説の論理は，大きく2つに分けられる。

　1つは，一債務二責任説の立場から，組合員責任の問題は責任の問題にすぎないと構成する立場である（我妻・中II 813頁）。

　もう1つは，二債務説の立場から，反射効により執行力拡張を認めるものである（新堂幸司・新民事訴訟法〔5版，2011〕151頁は，会社法581条1項〔会社法制定前商法81条1項〕の類推適用により組合が提出できなくなった抗弁は提出できなくなり，また，反射効によって組合に対する判決の効力が及び，執行文付与は民執法27条2項に基づくとする。新版注民(17)135頁〔品川〕も同旨であると思われる〔ただし，執行可能な組合員は，「各組合員（組合債務の発生時に組合員であり，かつ，執行時にも組合員たる地位にある者）」という限定をつけている。したがって，執行時に脱退している組合員については，後述の組合員に対する訴えを経由することになると考えているようである〕。来栖三郎「民法上の組合の訴訟当事者能力」菊井献呈・裁判と法(上)〔1967〕331頁・349頁や星野316頁も参照）。ただし，反射効理論の母法となったドイツ法では，この考えが立法論にとどまっていたことに注意が必要となろう（本間靖規「合名会社の受けた判決の社員に及ぼす効力について（4・完）」北法34巻1号〔1983〕1頁・29頁以下では，合名会社に関して，会社が受けた判決で社員に対して執行文付与が受けられると述べる。他方，この解釈論を導くにあたって参考とされたドイツ法

〔西内〕　565

§676

では，執行力拡張が立法論にとどまっていたことが同8頁で指摘されている）。

下級審裁判例でも，肯定説がある（東京地判昭43・9・11ジュリ428号6頁〔ただし，判決の詳細は不明〕）。また，有限責任事業組合契約に関する法律21条1項1号でも，肯定説に沿った形の立法が行われている。

(イ) 組合員全員を被告とした場合　組合員全員を被告とする形で組合債務に関する債務名義を得た場合，一債務二責任説のみならず二債務説の下でも，組合員の個人財産への執行が可能だとされている（新版注民(17)135頁〔品川〕）。二債務説の下での執行を可能にする理論構成は明らかではないが，(ア)と同様に反射効理論を利用するか，あるいは，組合債務に関する訴訟と組合員債務に関する訴訟が当然に単純併合されていると考えるのであろう。

(ウ) 任意的訴訟担当の場合　任意的訴訟担当の場合は，(イ)と同様に考えられる。

(2) **組合員責任に基づく訴えで債務名義を得た場合**

本条に基づく責任を訴訟物として各組合員を訴える方法が認められることについては争いがない。また，脱退した組合員に対する責任追及方法は，(1)の方法にはよりえず，この方法によることになろう（新版注民(17)135頁〔品川〕）。

〔西内康人〕

（組合員の持分の処分及び組合財産の分割）

第676条①　組合員は，組合財産についてその持分を処分したときは，その処分をもって組合及び組合と取引をした第三者に対抗することができない。

②　組合員は，組合財産である債権について，その持分についての権利を単独で行使することができない。

③　組合員は，清算前に組合財産の分割を求めることができない。

〔**改正**〕　②＝平29法44新設　③＝移動（②→③）

566　〔西内〕

第12節 組 合 　　　　　　　　　　　　　　　　§*676* I

> （組合員の持分の処分及び組合財産の分割）
> 第676条① （略）
> 　（第2項は新設）
> ② （略，改正後の③）

I　本条の意義

　本条は，組合財産が共有であると定めている668条につき，物権法上の共有や多数当事者の債権関係に対する特則を定めるものである。具体的には，持分処分禁止と分割請求禁止を定める平成29年改正前民法676条を本条1項と3項で維持し，組合財産である債権の組合員による権利行使不能を定める本条2項を新設するものである。

　このような本条の趣旨を探るため，まず改正の経緯を取り上げた上（→1），本条の趣旨について論じる（→2）。その後，各項の要件効果につき，別々に論じる（→II～IV）。

1　本条の改正経緯

　ここでは，改正前の議論状況と改正に至る議論状況とを対比させて論じる。

(1)　平成29年民法改正前の議論状況

　本条2項に相当する効果については，これを認めることにつき，最上級審の裁判例でも学説でも争いがなかった（→§670の2 IV 3 (1)(ｱ)(b)(ii)）。

　また，本条2項に含まれるところの，組合員債権者との関係で組合債権を用いた当該組合員からの相殺禁止の趣旨も認められることにつき，争いはなかった（ただし，どの条項から導かれるかについては争いがあった。すなわち，一方で，我妻・中II 808頁は平成29年改正前民法676条2項〔本条3項〕の効果だと解している。他方，新版注民(17)152頁〔品川孝次〕，星野315頁は同条1項〔本条1項〕の効果だと解している）。

(2)　平成29年民法改正における議論状況

　本条2項の核は中間試案で定まっている。その趣旨は，債権の分割主義を定める427条が，組合財産に属する債権には妥当しないことを明らかにしたものである（中間試案補足説明531頁）。

　その後，中間試案段階から実質の変更は存在しないものの若干の文言変更

〔西内〕　567

§*676* I 第3編 第2章 契 約

がある。つまり，「組合について分割債権に関する民法第427条の適用があり得ることを前提とするものと解されることを避けるため，『分割』の用語を用いないように表現を改めている」（部会資料81-3・28頁）。

2 本条の趣旨

本条の趣旨は，一見して明確である。つまり，物権法上の共有や多数当事者の債権関係の適用を排除し，持分処分禁止（その反映としての組合債権の単独管理権の否定）と，分割請求禁止を定めるものである。

ただし，次の2点で留意が必要である。

(1) 持分とは？

第1に，本条1項にいう「持分」の意味である。これについては，従来の解釈論に照らして，個別的持分，包括的持分と，組合員たる地位の3種類の意味がありうる（→II 1 (1)，§668 I 3 (1)。新版注民(17)144頁以下〔品川〕も参照）。

この「持分」の意味については，平成29年民法改正の経緯に照らせば，包括的持分の意味とは解しづらくなったように思われる（→§668 I 3 (2)(イ)）。

(2) 本条は任意法規か？

第2に，本条は任意法規なのか，という問題である。この点につき，改正経緯からは判然としない。したがって，平成29年民法改正前の従来の学説を参考にするしかない。

そして，民法改正前の学説を参照すると，一方で，組合員たる地位や包括的持分の処分禁止と本条1項を解するのであれば，任意法規となることに争いはない（新版注民(17)137頁〔品川〕）。

他方，個別的持分の処分と個別財産に関する分割請求禁止は，強行法規だとする立場がある（新版注民(17)136頁以下〔品川〕）。理由は，「組合財産の存続目的に反するのみならず，組合の存続を不安定にし，組合と取引関係に立つ人々の利益を害する危険性をもつ」からだとされる。しかし，本条が取引安全保護までも目的としているのかは，判然としない（なお，合意による分割を可能とする新版注民(17)150頁以下〔品川〕も参照）。任意法規だという解釈も，十分に成り立つ。

第 12 節　組　合　　　　　　　　　　　　　　　　　　　　　§*676*　II

II　持分処分の制限

本条 1 項では，持分処分が制限されている。このことの要件と効果につき，以下では考察する。

1　持分処分制限の要件

本条 1 項適用の要件としては，「持分」と「処分」の解釈が問題となる。このほか，こういった処分制限を公示できないこととの関係で，本条 1 項の適用範囲を制限すべきか，若干の議論がある。

(1)　「持分」の意義

「持分」という言葉につき，個別的持分，包括的持分，組合員たる地位という 3 種の概念を含ませうることについては，前述した（→§668 I 3(1)）。これに応じて，本条 1 項にいう「持分」の意義についても，この 3 種の 1 つまたは複数を含ませるか否かを軸に，議論が行われている（新版注民(17)137 頁以下・143 頁以下〔品川孝次〕）。近時は，個別的持分と解する説が多数であるようであり（新版注民(17)138 頁〔品川〕），平成 29 年改正法に適合的な解釈であると思われる（→I 2(1)）。

裁判例の状況も，このような学説の多数に沿う状況にある（東京高判昭 27・2・29 高民集 5 巻 4 号 150 頁，東京地判昭 31・12・26 下民集 7 巻 12 号 3854 頁参照）。ただし，関連する最上級審の裁判例である大審院裁判例の多く（大判大 4・10・2 民録 21 輯 1546 頁，大決大 4・3・2 民録 21 輯 207 頁，大判大 12・4・16 民集 2 巻 243 頁，大判大 4・9・28 民録 21 輯 1515 頁，大判大 5・12・20 民録 22 輯 2455 頁，大判大 9・7・16 民録 26 輯 1131 頁）は，共同鉱業権に関するものであることに注意が必要となる（新版注民(17)138 頁以下〔品川〕。問題の所在は，共同鉱業権者間では当然に組合契約が締結されたのと同じ効果が発生する結果，共同鉱業権の個別的持分の有無に組合の包括的持分が当然に随伴することである。個別的持分と包括的持分を切り離して一方を処分することは，共同鉱業権の場面ではありえないわけである。このため，共同鉱業権の持分の処分につき争われた事案においては，個別的持分と包括的持分のいずれが処分されたことが問題視されたのか，判然としない状態になっている。なお，本文に掲げた以外の例も含めて裁判例全体の状況については林良平編・注解判例民法 3 債権法 II〔1989〕884 頁以下〔四宮章夫〕を参照）。

〔西内〕　569

§*676* Ⅲ 第3編 第2章 契 約

(2) 「処分」の意義

処分とは，典型的には持分を譲渡することである。このほか，持分の抵当権設定（前掲大決大4・3・2）や，持分の質入れのような物権設定も含まれる。

(3) 持分処分制限と公示

持分処分の制限が公示されていない以上，取引の安全を害するのではないかとの問題意識が存在している。しかし，94条2項により第三者の保護を図る余地はないとされている（新版注民(17)148頁以下〔品川〕）。というのは，わが国では持分処分制限の登記ができない以上，共有名義でも虚偽表示とはいいがたいからである。

2 持分処分制限の効果

持分処分制限の効果として，組合の側からも，第三者の側からも，処分は存在しないものとして扱える（新版注民(17)145頁以下〔品川〕）。

効果に関して解釈上争われているのは，本条1項の制限が物権的効果か債権的効果かという問題である（新版注民(17)146頁〔品川〕）。通説は，物権的効果と解している（我妻・中Ⅱ804頁以下）。

Ⅲ 持分に応じた組合債権の行使禁止

本条2項では，持分に応じて組合員が債権を行使することを禁じている。

1 持分に応じた組合債権の行使禁止の要件

要件は，対象となっている債権が組合財産に属することである（668条）。

2 持分に応じた組合債権の行使禁止の効果

効果としては，2つの側面で現われる。

(1) 持分に応じた単独管理権の否定

1つは，持分に応じた管理処分権を否定する効果がある。この結果，組合員による訴訟上の権利行使を封じる意味を持つ。たとえば，ある組合員が第三者と売買を行ったことを請求原因事実として売買代金を請求する場合が，問題となろう。この場合に，相手方から，他の組合員との組合契約の存在と，当該売買が組合の対外的業務執行として行われたこと（670条の2関連）を抗弁（債権の組合財産への帰属）として主張して，請求の全部却下を求めることが考えられる。ただし，組合員単独で訴えていたとしても，任意的訴訟担当が

570 〔西内〕

第12節　組　合　　　　　　　　　　　　　　　　　　　　§*676*　IV

認められうることには注意が必要であろう（→§670の2 IV）。

(2)　組合債権を用いた組合員からの組合員債権者に対する相殺禁止

もう1つは，組合員の側から，自分の債権者に対して，自分の持分の限度
で，組合債権を相殺に用いることが禁じられることである（なお，当該債権者
からの相殺は，677条により禁じられる）。

IV　分割請求の禁止

本条3項が定めるのは，清算結了前の分割禁止である。

1　分割請求禁止の要件

本条3項適用に関して問題となるのは，本条1項との対比としての持分の
意味と，条文の適用範囲が清算結了前に限定されている意味である。また，
本条1項との対比では，分割請求禁止の公示ができるかどうかも問題となる。

(1)　持分の意義

本条3項は，258条で認められている個別的持分を具体化する分割請求を
禁止するものである（個別的持分の意味。→§668 I 3(1)）。その理由は，個別的
持分を現実化させて分割請求を認めると，組合目的達成への支障となるとい
う問題が生じるからである（新版注民(17)150頁〔品川孝次〕）。

(2)　清算結了前の財産関係であること

本条3項に定められているように，清算手続終了後しか分割請求は許され
ない（最判昭44・11・18判タ242号170頁）。

しかし，解散後に清算人が清算を結了しない場合には，258条類推による
分割請求を認める立場がある（688条参照）。たとえば，2人の組合員しかい
ない場面で1人が脱退した場合につき，258条類推を認めた裁判例がある
（横浜地判昭59・6・20判タ539号357頁）。学説にもこのような分割の肯定説が
ある（我妻・中II 849頁，新版注民(17)192頁〔菅原菊志〕）。

(3)　補論——分割請求禁止と公示

分割請求禁止も，持分処分禁止と同様に公示できないのが原則である（→
II 1(3)）。

ただし，有限責任事業組合契約に関する法律74条では，登記による公示
がない限り分割禁止を第三者に対抗できないとする特則を置いていることに，

〔西内〕　571

§*677* I   第3編　第2章　契　約

注意が必要となる。

2　分割請求禁止の効果

本条の効果は，258条に基づく分割請求を排除することである。このため，これ以外の次の2つの方法での分割を禁じるものではない。

1つは合意による分割である。この合意による分割につき，認められることに争いはない（大判大2・6・28民録19輯573頁，新版注民(17)150頁以下〔品川〕を参照）。

もう1つは，業務執行の一環として，利益配当等の方法として分割することである（新版注民(17)151頁〔品川〕）。

3　補論──分割禁止を導くための援用

本条3項の適用範囲は組合関係に限られる。

しかし，258条の効果を排除するために，本条が援用されることがある。たとえば，共同使用の私道について，分割禁止を導くために本条3項を援用した事案がある（横浜地判昭62・6・19判時1253号96頁）。

〔西内康人〕

（組合財産に対する組合員の債権者の権利の行使の禁止）
第677条　組合員の債権者は，組合財産についてその権利を行使することができない。

〔改正〕　本条＝平29法44全部改正

> （組合の債務者による相殺の禁止）
> **第677条**　組合の債務者は，その債務と組合員に対する債権とを相殺することができない。

I　本条の意義

本条は，組合員債権者による組合財産への権利行使不能性を定めるものである。平成29年改正前民法との関係では，改正前民法677条で定められていた組合員債権者による組合債務との相殺禁止は，本条の適用から導けると

572　〔西内〕

第12節 組 合 §*677* I

されている。したがって，本条は改正前民法の背後にある，より一般的な法理を定めるものである。

このような条文の趣旨を明確化するため，本条の改正の経緯を見た後，趣旨について考察する。

1 本条の改正経緯

ここでは，平成29年改正前の議論と改正における議論を対比させてみていく。

(1) 平成29年民法改正前の議論状況

本条改正前は，組合員債権者である組合債務者からの，組合員債権との相殺禁止だけが定められていた（平29改正前677条）。

これに対し，個別的持分に対する執行禁止については，個別的持分の差押えを否定する説が通説であった（新版注民(17)147頁以下〔品川孝次〕）。なお，その効果は，改正前民法676条1項と同列で論じられてきた。

(2) 平成29年民法改正における議論状況

本条の趣旨は，平成29年改正前民法676条1項から導けると従来から解されており，これを明文化したにすぎないとされている（部会資料75A・46頁，中間試案補足説明530頁）。

しかし，本条の規律を設けるべきではないとの考えが存在するとも，中間試案では注記されている。というのは，「パブリック・コメントにおいて，公示制度を整備しないまま，組合員名義でありながら組合員の債権者が差し押さえることのできない財産の創出を認めると，債権者の信頼を害し，執行妨害に利用されるおそれもあるとして，反対する意見も寄せられた」（部会資料75A・46頁，中間試案補足説明529頁以下）からである。

その後の審議では，まず，執行妨害の懸念があるにもかかわらず，本条を維持することが，素案で決定された（部会資料75A・44頁）。この理由は，権利能力なき社団でも同様の問題が生じうること，詐害行為取消権による対処も可能であること，組合の側からの第三者異議の訴え等の強制執行の不許を求める必要がある以上は執行妨害に使われるおそれは大きくないこと，これらが考慮されている（部会資料75A・46頁以下）。

また，改正前民法677条は，現在の677条の規律に含まれる関係にあることから，削除するのが適当だとされている（部会資料84-3・19頁）。

〔西内〕 573

§*677* II・III　　　　　　　　　　　　　第3編　第2章　契　約

文言に関する変更としては，「組合財産に属する財産」の文言が使われたのち，現状と同じ「組合財産」の文言に戻った。この表現の変遷が生じた理由は，675条関係での表現の変遷の理由と同様である（→§668 I 1⑴，§675 I 1⑵）。

2　本条の趣旨

以上のような改正の経過からすると，本条の趣旨は，従来の通説的議論を明文化したものにすぎず，かつ，676条1項から導かれる当然の効果を定めたものということになる。したがって，本条における「組合財産」の意義や，本条の任意法規性については，676条の趣旨の議論が参考になる（→§676 I 2）。

⑴　組合財産とは？

その結果，本条にいう組合財産とは，個別的持分に対応する個別財産と解して差し支えないはずである。

⑵　本条は任意法規か？

任意法規性については，本条の趣旨を，組合と取引をする者の保護を図る趣旨であると理解するか否かに依存することになろう。これを考えるにあたっては，676条1項を強行法規と解するべきかが，問題となる。

II　本条適用の要件

本条適用の可否については，組合財産が核となる概念となる（→§668 II）。

III　本条適用の効果

本条適用の効果は，大きく分けて2つある。1つは，組合財産に対する組合員債権者の執行禁止，もう1つは，組合員債権者から組合債権を受働債権とした相殺を禁じることである。

1　組合員債権者による組合財産への執行排除

本条適用の効果として，組合員債権者が組合財産に執行できないことが導かれる。この点については，2つの注意点がある。

1つは，執行が排除できる場面である。より具体的に言うと，組合財産の

574　〔西内〕

第12節　組　合　　　　　　　　　　　　　　§677の2　I

意義や，組合財産処分を禁じる登記ができないことが問題となる。この点については，676条1項の問題点と同様であり，この点の議論が参考になる（→§676 II 1（1）（3）。執行禁止と登記については新版注民(17)149頁以下〔品川孝次〕も参照）。

　もう1つは，組合員債権者が組合財産から満足を得る方法はないのか，という問題がある。この点については，組合財産と組合員財産の区別と関連して前述した（→§668 II 4（2））。

2　組合債権を用いた組合員債権者からの組合員に対する相殺禁止

　組合債務者である組合員債権者から，組合債権を受働債権とする相殺は，本条の効果として禁じられる。これは，676条2項と逆の場面である。

　なお，組合員債権者から組合債権を受働債権として例外的に相殺できる可能性やこの要件については，十分に議論が尽くされておらず，今後の議論に委ねられることになろう（信託法22条を参考にした立法提案につき部会資料47・85頁以下を参照）。

〔西内康人〕

（組合員の加入）

　第677条の2①　組合員は，その全員の同意によって，又は組合契約の定めるところにより，新たに組合員を加入させることができる。

　②　前項の規定により組合の成立後に加入した組合員は，その加入前に生じた組合の債務については，これを弁済する責任を負わない。

　　〔改正〕　本条＝平29法44新設

I　本条の意義

　本条は，組合員の加入に関する法律関係について定めた条文である。具体的には，本条1項で加入の可能性と手続要件を，本条2項で加入した場合の加入組合員の責任を，それぞれ定めたものである。

　このような本条の趣旨について理解するため，まず改正の経緯を述べ，その後，趣旨について考察する。

〔西内〕　575

§677の2　Ⅰ　　　　　　　　　　　　　　第3編　第2章　契　約

1　本条の成立経緯

ここでは，平成29年改正前の議論状況と，改正における議論状況を対比
させてみていく。

(1)　平成29年民法改正前の議論状況

平成29年民法改正前は，大きく分けて，加入可能性，加入手続の要件，
加入の効果（特に加入組合員が既存の組合債務につき組合員責任を負うか）という3
点につき，議論が行われてきた。

まず，加入可能性については，古くから認められていた。たとえば，法典
調査会の議論では，当事者の特約により新組合員を加入させる可能性も認め
られている（法典調査会民法議事38巻36丁表）。また，最上級審でも，大審院は
加入を認めていた（大判明43・12・23民録16輯982頁）。こうした状況を反映し
て，有限責任事業組合契約に関する法律24条1項は，加入可能性を明文で
定めている。

次に，加入手続要件が，他の組合員の同意があること，または，組合契約
上定められた手続を履行することであることも，争いがなかった（我妻・中
Ⅱ839頁，新版注民(17)155頁以下〔菅原菊志〕）。

最後に，加入の効果として，加入組合員が，加入前の組合債務について個
人財産をもって責任を負わないことも，争いがなかった（我妻・中Ⅱ840頁，
新版注民(17)158頁〔菅原〕）。なお，改正前民法の立法時に若干の争いがあった
ものの，加入前の組合債務について加入組合員が責任を負うとの条文案は否
定されたという経緯がある（具体的には，終身定期金の議論後に，加入前に生じた債
務についても責任を負うと定める条文の提案が行われた。この規定への賛同者は梅謙次郎
と穂積陳重であり，根拠は報償責任と加入者の意思推定に求められていた〔法典調査会民
法議事38巻185丁裏以下〕。これに対し，富井政章から，加入する組合は債務超過である
かもしれず利益を受けるとは限らないこと，分割責任主義の結果として無資力者が加入す
れば債権者が困ることを理由に反対があった〔同巻187丁裏以下〕。結果，この条文案は
否決されている）。

(2)　平成29年民法改正における議論状況

平成29年民法改正においては加入可能性を条文で明確化することにされ
た。本条1項で加入を認める理由としては，除名や脱退についての規定の存
在から組合の同一性を維持した構成員変動が可能であること，加入を認めた

576　〔西内〕

第12節　組　合　　　　　　　　　　　　　　　§677の2　II

上記判例があること，新たな組合員加入を認めた有限責任事業組合契約に関する法律24条1項が存在することが，指摘されている（部会資料75A・52頁）という。その上で，組合員の加入手続に関する通説を明文化するものである（中間試案補足説明527頁）。

また，加入組合員につき本条2項の規律を置いた理由は，従来一般的であった解釈を明文化したにとどまる（部会資料75A・53頁）。ここで，会社法605条と異なる取扱いになる理由は，「持分会社の法人性に基づくものと説明されている」（中間試案補足説明537頁。→§675 I 2(2)(ウ)）。なお，本条2項は任意法規だとされている（部会資料75A・53頁）。

このような本条の改正の方向性は，中間試案（中間試案第44・6）から変化しておらず，文言を含めてその後の変化は存在しない。

2　本条の趣旨

本条は，従来認められたきた解釈を明確化するものである。

ただし，改正経緯に現れたように，本条2項は任意法規であることに，留意が必要である。

II　加入の要件

加入は，加入対象者と組合員全員との加入契約によるとされている（新版注民(17)155頁〔菅原菊志〕）。このため，加入の意思表示，組合側の同意の意思表示，そして契約内容の3点について，それぞれ考察する必要がある。

1　加入の意思表示

加入の意思表示については，方式性，撤回可能性，相手方が問題となる。

(1)　意思表示の無方式性

加入の意思表示に何らかの方式を求める見解は見当たらない。

(2)　意思表示の撤回可能性

脱退と対比される解除の意思表示につき，撤回可能性を制限する規定があるのに対し（540条2項。→§667の2 I 1(2)(エ)(c)・III 3(2)），加入の意思表示については撤回可能性を制限する規定がない。このため，加入の意思表示の撤回可能性は，意思表示一般の撤回可能性の原則に従うと考えられる。

〔西内〕　577

§677の2 II 第3編 第2章 契約

(3) 意思表示の相手方

加入の意思表示の相手方は組合員全員であり，この者から受動代理権を与えられていれば受動代理人に対する意思表示も可能である。

ただし，業務執行者の代理権には，加入の意思表示に関する受働代理権が，必ずしも含まれていない可能性があることには注意が必要である（新版注民(17)155頁参照〔菅原〕。ただし，脱退の意思表示に関する受動代理権の場面とは異なり〔→§678 II 1 (3)〕，新版注民(17)155頁〔菅原〕では能動代理権と受動代理権の問題のみならず，意思決定と意思執行を区別していないため，後述する組合員の同意の緩和可能性〔業務執行者単独での判断で加入させてよい場面〕の議論と混じり合っている可能性がある〔→2参照〕）。

2 組合員の同意

組合員の同意については全員の同意が要求されている。そのことから，この同意をどのようにして行うかということと，その緩和手段が問題となる。

(1) 全員の同意の必要性

組合員の同意については，原則として全員につき必要となることにつき争いはない。これは，加入申込みがあってから同意を全員から行うことも考えられるものの，次の3つの手法も認められている。

第1に，代理権を与えておく可能性である（新版注民(17)155頁〔菅原〕）。この場合は，意思決定権限としては全員の同意が必要となると考えた上で，この意思決定の意思執行権限につき単独で行える可能性が認められていると考えられる（意思決定と意思執行の区別については，→§670）。ただ，意思決定権限の授与も当然に含むことが前提にされているとも考えられ，次の同意要件緩和可能性とも関係する。

第2に，予約を行う可能性である。これは，一方の予約と片務予約の双方が認められている（新版注民(17)155頁〔菅原〕）。

第3に，事前に同意を行っておく可能性である（新版注民(17)155頁〔菅原〕）。この場合は，組合の側からの撤回可能性が問題となりうる。

(2) 同意要件の緩和可能性

同意要件の緩和可能性については，本条1項により認められている。たとえば，過半数の同意があればよいと組合契約で緩和しておく可能性につき，平成29年改正前から認められてきた（新版注民(17)155頁以下〔菅原〕。ただし，

578　〔西内〕

第12節 組 合 §*677の2* Ⅲ

この場合に，反対組合員が当然に脱退できるか否かについては，説が分かれる〔賛成は我妻・中Ⅱ839頁，反対は新版注民(17)156頁〔菅原〕〕。

3 加入契約の内容

加入契約の内容として問題となるのは，加入者が出資をする必要があるかどうかという問題である。

通説は，出資義務の存在を加入契約の要件と考えている（新版注民(17)156頁〔菅原〕）。というのは，通説は全員が出資義務を負うことを組合契約成立の要件としており（→§667Ⅱ1(2)(ウ)(a)），このこととのバランスから新たに加入する組合員も全員が出資義務を負う必要があるからである。したがって，加入契約の要件として出資義務が存するか否かは，組合契約成立の要件として全員が出資義務を負うべきか否かの議論に依存する。

Ⅲ 加入の効果

加入の効果は，組合員たる地位の取得と，加入組合員の責任の問題に分けられる。

1 組合員たる地位の取得

組合員たる地位の取得の問題は，出資義務，業務執行権，組合財産の取得の3つに分けられる。

(1) 出 資 義 務

出資義務が要件か否かは争いがありうるものの（→Ⅱ3），出資の種類・方法等の問題は，設立の際と同様である（新版注民(17)156頁〔菅原菊志〕）。

(2) 業務執行権

加入者は，既存組合員と同様の業務執行権を有する。業務執行組合員解任権（672条2項），検査権（673条）も同様である。

(3) 組合財産の取得

加入組合員は，組合財産の積極財産を取得する。これは，組合員の数が増えたことの当然の結果であって，既存組合員から加入組合員への権利の譲渡が行われるのではないとされる（新版注民(17)156頁〔菅原〕）。

その結果，組合債権については，組合員の変動に伴う対抗要件具備は必要ないとされる。他方，不動産登記は必要だとされる（我妻・中Ⅱ840頁，新版注

〔西内〕 579

§*677の2* Ⅳ 　　　　　　　　　　　　　　第3編　第2章　契　約

民(17)156頁以下〔菅原〕)。

2　加入組合員の責任

加入組合員の責任は，2つの側面に分けられる。

1つは，組合債務につき加入組合員が持分を取得した部分についても組合財産への権利行使を認めるか否かという問題である（675条1項，新版注民(17)157頁〔菅原〕)。こうした責任を加入組合員も負うことについては，特に争いがない。

もう1つは，組合債務につき加入組合員が組合員責任を負うかという問題である（675条2項)。これが本条2項で条文化された部分であり，一方で，加入前に生じた組合債務について加入組合員は組合員責任を負わないとされた。他方，加入後に生じた組合債務につき加入組合員が組合員責任を負うことは争いがない。

なお，この第2の責任については，先後関係が問題となる以上，立証責任が重要となるかもしれない。しかし，加入と債務発生原因の先後関係の立証責任は，本条2項からは読み取りづらいことに注意が必要となる。この立証責任の解釈論については，両論ありえよう。たとえば，加入前の債務について例外的に加入組合員は責任を免れることができるというのなら，債務発生原因が加入より前の日付で生じたことにつき，加入組合員が立証責任を負うべきであろう。これに対し，組合へ加入することによりはじめて組合員の責任が根拠づけられることを重視するのなら，組合員の責任を追及する相手方が立証責任を負うべきであろう。

Ⅳ　補論——組合員たる地位の譲渡

加入や脱退とは異なり，組合員たる地位の変動が生じる組合員たる地位の譲渡は条文がない。しかし，組合員たる地位の譲渡を加入と脱退の組み合わせと構成でき，かつ，加入と脱退が認められる以上は，そうした地位譲渡も認められるとするのが通説である（我妻・中Ⅱ841頁，新版注民(17)153頁・159頁以下〔菅原菊志〕。なお，共同鉱業権につき，持分譲渡に伴い，脱退と加入が生じると認めた裁判例がある〔大判大5・12・20民録22輯2455頁〕)。そこで，ここ加入の箇所で，組合員たる地位の譲渡についても論じることにする。

580　〔西内〕

第12節　組　合　　　　　　　　　　　　　　　　　§677の2　IV

1　組合員たる地位の譲渡の要件

　組合員たる地位の譲渡の要件は，これが加入と脱退に準じて認められる以上，これらと対比してみていく必要がある。具体的には，加入手続の要件との関係で，次の2点が問題となる。

　第1に，組合員たる地位の譲受人から組合に対して，加入申込みに準じる意思表示を行う必要があるか否かという問題である。この点につき，通説（我妻・中Ⅱ841頁，新版注民(17)160頁〔菅原〕）や最上級審裁判例（前掲大判大5・12・20）は否定説に立つ。つまり，譲渡人と譲受人の間での契約と残存組合員の同意だけでよい。

　第2に，組合員全員の同意を要するかどうかである。この点につき，通説は，残存組合員全員の同意を要求している。また，下級審裁判例も，これを要求している（東京地判昭39・3・9判タ162号180頁）。

　この第2の点との関係で，そうした組合員の同意の方式や緩和要件は，加入契約での組合側の同意の問題に準じて考えられると思われる（→Ⅱ2。たとえば，他の組合員の同意は，事前に行われてもよい〔新版注民(17)160頁〔菅原〕。ただし，組合契約で概括的に譲渡の可能性を認めているにすぎない場合には，譲渡したことと譲受人の氏名を組合に通知しなければ，組合に対抗できないとする説がある〔我妻・中Ⅱ842頁，新版注民(17)160頁〔菅原〕。こうした通知を要求する理由としては，他の組合員の利害への影響が大きいこと，および，脱退で意思表示が要求されていることとのバランスといった，一見して組合契約に特有の事情が挙げられている。これに対し，通知が要求される趣旨について，組合員の地位の譲渡も契約上の地位の譲渡であることを重視すれば，契約上の地位譲渡一般につき平成29年改正前民法467条類推を認める立場〔たとえば，野澤正充・契約譲渡の研究〔2002〕351頁以下・355頁・363頁など〕から導くこともできるように思われる）。

2　組合員たる地位の譲渡の効果

　組合員たる地位の譲渡の効果は，組合員たる地位に伴う権利義務の移転である（新版注民(17)161頁〔菅原〕）。しかも，加入と脱退と同様に考えられている結果，譲渡人は脱退者と，譲受人は加入者と同様の地位に立つと考えられる。ただし，次の3つの点で注意が必要である。

　第1に，出資義務，利益配当請求権，損失分担義務などすでに具体化した権利義務は移転しないことである（新版注民(17)161頁〔菅原〕。なお，出資義務が

〔西内〕　　581

§678 I・II

具体的請求権となる時期の問題がある（→§669Ⅳ）。また，こういった権利義務が譲渡人に残ることと関連して，譲渡人が受け取った配当の処理や，譲渡人が負担した損失の処理に関して，当事者間で不当利得等の問題が生じる可能性がある（三宅・下1164頁以下）。

第2に，譲渡人が業務執行組合員であるとしても，業務執行者たる地位は譲受人に移転しないことである（新版注民(17)162頁〔菅原〕）。

第3に，譲渡人は脱退者に準じて扱われるとはいえ，残余財産分配請求権（681条）は発生しないことである。

〔西内康人〕

（組合員の脱退）

第678条①　組合契約で組合の存続期間を定めなかったとき，又はある組合員の終身の間組合が存続すべきことを定めたときは，各組合員は，いつでも脱退することができる。ただし，やむを得ない事由がある場合を除き，組合に不利な時期に脱退することができない。

②　組合の存続期間を定めた場合であっても，各組合員は，やむを得ない事由があるときは脱退することができる。

Ⅰ　本条の意義

本条は任意脱退の要件について定める条文である。これに対し，非任意脱退の要件については679条と680条に，脱退の効果については681条に，それぞれ定められている。

なお，本条の任意法規性については，要件論と密接に関係するため，要件の箇所で論じる（→Ⅱ2(3)・(4)(イ)）。

Ⅱ　任意脱退の要件

任意脱退の要件としては，任意脱退の申込みが最低限必要だと考えられる（→1）。このほか，条文上定められた脱退ができる場面であることを満たす

第12節　組　合　　　　　　　　　　　　　　　　§*678*　II

必要がある（→2）。また，特殊な問題として，組合員が3人以上いないと──つまりは脱退後の組合員が2人以上いないと──，任意脱退はできないのかという問題がある（→3）。

1　任意脱退の意思表示

任意脱退を行うためには，脱退者の側から脱退の意思表示を行う必要がある。この意思表示については，方式性，撤回可能性，相手方がそれぞれ問題となる。

(1)　意思表示の無方式性

意思表示に何らかの方式を求める見解は見受けられない。

(2)　意思表示の撤回可能性

脱退の意思表示に関しては，解除に関する540条2項が適用されないとした上で，撤回を認めた裁判例がある（山形地判昭45・4・14判時609号73頁〔自動車整備工場の共同事業〕）。

しかし，解除法の適用排除に関する議論から見る限り（→§667の2I），540条2項の適用を機械的に排除する必要はない。むしろ，撤回できないのが原則であるというべきであろう。

(3)　意思表示の相手方

この意思表示の相手方は，原則として残存組合員全員である（新版注民(17)163頁〔菅原菊志〕）。もっとも，一定の者に受動代理権を与える可能性は認められている。この受動代理権については，次の2点で注意が必要である。

第1に，業務執行者の権限の中には，脱退の意思表示の受動代理権を，当然には含まない可能性があることである（新版注民(17)163頁〔菅原〕）。

第2に，組合契約で脱退の意思表示の相手方を限定しておくことが認められうることである（新版注民(17)163頁〔菅原〕）。

2　任意脱退ができる時期と機会

任意脱退ができる時期と機会については，本条が定めるとおり，存続期間を定めない場合（終身の場合を含む）と，存続期間を定めた場合を分ける必要がある。

(1)　存続期間を定めない場合，および，終身と定めた場合

この場合は，原則として脱退ができるものの，一定の場合にこれが制限されていることに注意が必要となる。

〔西内〕　583

§678 II

第3編　第2章　契　約

(ｱ)　任意脱退の原則的許容　　本条1項本文は，任意脱退を原則として許容している。

なお，任意脱退権の趣旨を考えるにあたっては，権利能力なき社団の議論が参考になるかもしれない。つまり，権利能力なき社団において多数決で組織変更ができることを認める根拠として，権利能力なき社団は「脱退の自由が前提されている団体」である点が特殊だと見る見解もある（新版注民(17)54頁〔福地俊雄〕）。つまり，一定の決定に対して反対派が決定的な影響力を行使できないことの代償措置として，任意脱退が認められていると見る余地があるわけである。そして，組合も多くの点で多数決が貫徹されている以上（670条・670条の2），任意脱退権が重要となると考える余地がある（任意脱退権の重要性と日本の法秩序との関係については西内康人「組合における脱退制限とその根拠の検討」論叢180巻5＝6号〔2017〕501頁以下のほか，後藤元伸「組合型団体における任意脱退の意義と機能——ドイツ法およびフランス法との比較法的考察」関法52巻4＝5号〔2003〕1164頁以下，同「法人，組合などの団体に関する規律の体系化とその内容的整備についてどう考えるか」椿寿夫ほか編・民法改正を考える〔2008〕66頁・68頁を参照）。

(ｲ)　組合にとって不利な時期におけるやむを得ない事由の必要性　　上記のような任意脱退権は，組合にとって不利な時期である場合には，やむを得ない事由が要求されるという点で，制約されている。

(a)　不利な時期　　不利な時期とは，2つの点から定義されている。

1つは，組合目的達成にとっての支障である（「組合の目的，事業経営の状況，経済界の情勢など諸般の事情からみて，その組合員がその時期に脱退することが組合の目的達成のために特に不利益である，という時期」〔新版注民(17)164頁〔菅原〕〕）。

もう1つは，組合の財産状態や損失分担の割合などからみて，その時期に脱退することが他の組合員全員の不利益で脱退組合員に不当な利益を与える場合である（新版注民(17)164頁〔菅原〕，我妻・中Ⅱ827頁）。

(b)　やむを得ない事由　　やむを得ない事由とは，あまり明確な概念とはいいがたいものの（代表的な裁判例も，極めて古いものしか存在しない。新版注民(17)164頁以下〔菅原〕を参照），次の3点に気をつける必要があろう。

第1に，「正当な事由」（672条1項）という用語との違いである。この違いは，脱退者に帰責性がある場合に現れる。脱退者に帰責性がある場合，「や

584　〔西内〕

第12節　組　合　　　　　　　　　　　　　　　　　§*678*　Ⅱ

むを得ない事由」が認められるとしても，「正当な事由」とはいいがたい可能性が指摘されている（法典調査会民法議事 37 巻 111 丁表以下の梅謙次郎発言）。

第 2 に，どのような事情が考慮されるかである。出発点となるのは，脱退する組合員本人の事情である。たとえば，立法時の議論として，富井政章は大病や海外への渡航を挙げている（法典調査会民法議事 38 巻 17 丁裏以下）。ただし，脱退する組合員の主観的事情と定義しつつ，その組合員を中心とするすべての事情を斟酌して判断すべきだという立場もある（我妻・中Ⅱ 828 頁，新版注民(17)164 頁〔菅原〕）。この立場からは，脱退組合員と残存組合員との利益衡量が重要視される。そして，この立場からは，「不利な時期」の判断内容の一部が「やむを得ない事由」の中に入り込んでくる。

第 3 に，2 人しか組合員がいない場合に，脱退により組合が解散となるという重大性を考慮すべきか否かである。この問題につき，解散可能性を考慮して脱退を制約すべきであるという見解（我妻・中Ⅱ 828 頁，新版注民(17)165 頁〔菅原〕）と，考慮しなくてよいとの見解（三宅・下 1173 頁以下）がある。

　(c)　やむを得ない事由が認められない場合の脱退の意思表示の効力
やむを得ない事由がない場合，脱退の効力を生じない。この点は，委任のように契約関係離脱を認めて損害賠償義務（651 条 2 項）を生じさせるのとは異なっている（新版注民(17)163 頁〔菅原〕）。

(2)　存続期間の定めがある場合

存続期間の定めがある場合，本条 2 項で定めるように，やむを得ない事由がある場合に限って脱退できる。このため，前述の議論が参考となる（→(1)(イ)）。

(3)　本条は強行法規か？

本条が強行法規か否かという問題は，主として，「やむを得ない事由」がある場合にも脱退を何らかの形で制限できるか否かという形で議論されている（なお，米国デラウェア州法に基づくリミテッド・パートナーシップの有限責任組合員につき，非任意脱退以外の脱退をみとめないとしていた定めが，消費者契約法に違反しないとされた事案がある〔東京地判平 22・4・27／2010 WLJPCA04278023〕）。しかし，仔細に見ると，次のような各種の合意の可能性があり，それぞれにつき許否を判断する必要がある。

(ア)　組合にとって不利な時期の内容につき別段の合意をする可能性　　こ

〔西内〕　585

§678 II

第3編　第2章　契約

の可能性についてはあまり論じられていないが，「やむを得ない事由」の内容につき合意できるかどうかの議論に，依存しうる。というのは，「やむを得ない事由」の意義につき，脱退組合員と残存組合員の利益衡量と考える立場からすると，残存組合員の利益の考慮は「やむを得ない事由」と「不利な時期」の両方にかかることになるためである。

(イ)　やむを得ない事由の内容につき別段の合意をする可能性　　この可能性についてもあまり論じられていないが，任意脱退権が認められる趣旨（→(1)(ア)），脱退組合員と残存組合員の利益衡量（→(1)(イ)(b)）をいかに考えるかに依存することになろう。

(ウ)　やむを得ない事由が存在する場合にも脱退を制限する可能性　　これは，さらに次の3つの可能性に分けられる。

(a)　脱退の排除　　第1に，脱退権自体を排除してしまう可能性である。この排除可能性は，判例により明示的に否定されており（最判平11・2・23民集53巻2号193頁），通説も同様である（新版注民(17)166頁〔菅原〕，我妻・中II 829頁）。

(b)　脱退時期の延期　　第2に，脱退時期を一定の時期まで延期させる可能性である。この可能性につき，あまりに長期にわたる延期を認めることは，任意脱退権を実質的に否定することになり，したがって，任意脱退権の趣旨や脱退組合員の利益を害しすぎることになろう（→(1)(イ)）。他方，事業年度の終了時への限定など，合理的な範囲であれば認められよう（持分会社につき会社606条1項前段参照）。

(c)　脱退者への不利益取扱い（脱退組合員からの賠償の要否や残余財産分配制限）　　第3に，脱退組合員に一定の不利益を与えることである。たとえば，脱退組合員からの賠償について予定すること，または，残余財産分配請求権（681条）につき制限することが，考えられよう。これも，脱退自体を制限するわけではない以上，上記(b)と同様に考えるしかないように思われる。

(エ)　やむを得ない事由がない場合につき脱退を制限する可能性　　やむを得ない事由がない場合について任意脱退を認めないとの定めについては，契約自由により任意脱退を認めるのが通説である（新版注民(17)166頁〔菅原〕，我妻・中II 829頁）。

ただし，最上級審の裁判例にはこれと反対だと解されるものがある（大判

586　〔西内〕

第12節 組 合　　　　　　　　　　　　　　　　　　§*678*　Ⅲ

昭 18・7・6 民集 22 巻 607 頁〔正当の事由なく組合を脱退することを禁じており，かつ，任意脱退には残存組合員の同意を要するとしていた組合契約条項を無効とした〕）。また，この可否につき明示的に述べた最高裁判例はない。

　この(エ)の場合をどう考えるかについても，任意脱退権が認められる趣旨（→(1)(ア)）をいかに考えるかに依存することになろう。

　(4)　**本条による脱退ができない場合の脱退可能性 ── 同意による脱退**

　本条による脱退ができない場合であっても，任意脱退は以下の場合に認められる余地がある。

　(ア)　全員の同意の必要性　　まず，加入と同様に，総組合員の同意があれば任意脱退できると解される。

　(イ)　同意要件の緩和可能性　　次に，また加入と同様に，この同意要件を組合契約で緩和することが考えられる。この中には，同意の意思決定権限と意思執行権限を業務執行者に与える可能性や，あるいは，本条 1 項ただし書とは異なり組合にとって不利な時期でも任意脱退権の行使を認める可能性が含まれよう。

　3　3 人以上の組合員がいることを要するか？

　組合員が 1 人になることが解散事由と解されうることとの関係で（→§682 Ⅱ 2），残存組合員が 1 人になる形での任意脱退の可否が，論じられている。

　この問題については，許されると解しつつ，分配の処理は清算と同じになるという考え方が通説のようである（新版注民(17)165 頁以下〔菅原〕）。ただし，組合の解散を認めるに等しい任意脱退であるため，「やむを得ない事由」が限定的に解釈される可能性がある（→2(1)(イ)(b)）。

Ⅲ　任意脱退の効果

　任意脱退の効果は，組合員たる地位の喪失と組合員責任の処理である。これらは，加入の裏返しであって，加入の効果の問題点と共通する（→§677 の 2 Ⅲ）。また，脱退の効果一般と共通するため，詳細は後述する（→§680 の 2，§681）。

　1 点だけ注意が必要な問題として，個別的持分が残存組合員に移転することに伴う対抗要件の問題がある。一方で，債権譲渡の対抗要件は必要ない

〔西内〕　587

§679 Ⅰ・Ⅱ   第3編　第2章　契　約

（新版注民(17)180頁〔菅原菊志〕，大判昭7・12・10民集11巻2313頁）。他方，不動
産物権につき登記を有するか否かについては，考え方が分かれうる（星野
328頁は登記を要するという。新版注民(17)180頁以下〔菅原〕，我妻・中Ⅱ836頁も同
旨）。ただし，登記の欠缺が問題となるような事例はほとんどない（新版注民
(17)181頁〔菅原〕，我妻・中Ⅱ837頁）。

〔西内康人〕

> **第679条**　前条の場合のほか，組合員は次に掲げる事由によって脱退
> する。
> 　一　死亡
> 　二　破産手続開始の決定を受けたこと
> 　三　後見開始の審判を受けたこと
> 　四　除名
> 　　〔改正〕　本条＝平11法149・平16法76改正

Ⅰ　本条の意義

　本条は，非任意脱退事由について定めるものである（除名の要件の詳細は，
→§680。また，任意脱退については，→§678）。

　こうした脱退事由が強行法規であるか否かは，個別の脱退事由ごとに見て
いくしかない。

Ⅱ　非任意脱退の要件

　非任意脱退の要件として争いがないのは，非任意脱退事由が生じることで
ある（→1）。また，組合員が1人となると解散事由になりうることとの関係
で，非任意脱退が生じるためには，組合員が3人以上存在する必要があるか
も，問題となりうる（→2）。

1　非任意脱退事由の発生

　非任意脱退事由は，本条と680条で法定されている（→(1)～(4)）。このほか，

第12節　組　合　　　　　　　　　　　　　　　§*679*　Ⅱ

法定されていない非任意脱退事由が存在するかどうかにつき議論がある（資
格喪失，組合員債権者からの強制，出資義務の履行不能，合併による当事者消滅につき，
→(5)〜(8)）。

(1)　組合員の死亡

本条1号は組合員の死亡を脱退事由として定めている。ただし，適用範囲
に関して2点の問題がある。第1に，別段の定めの可能性である。第2に，
清算中の組合についての適用の可否である。

(ア)　相続人が死亡組合員の地位を承継する組合契約の効力　　別段の定め
としては，相続人が組合員となりうるかが問題とされて議論されている（新
版注民(17)169頁以下〔菅原菊志〕。なお，厳密にいえば，遺言により相続人以外の者に
組合員たる地位を承継させる場合にも同様の問題は生じるであろう）。ここでの問題は，
こうした別段の定めの可否，別段の定めの内容，組合員たる地位の承継が認
められる場合の法的処理である。

(a)　相続人による地位承継条項の可能性　　本条1号の趣旨は，人的信
頼関係のない者と組合契約関係に入ることを防止することによって，残存組
合員を保護しようとしたものであり，任意法規であることに争いはない（新
版注民(17)169頁〔菅原〕）。したがって，別段の定めは可能である。

(b)　地位承継条項の内容　　地位承継条項としては，次のような4つの
内容がありうるとされている（新版注民(17)170頁以下〔菅原〕）。

第1に，相続人に組合員たる地位を当然に承継させる条項である。この場
合に，組合員たることを相続人が欲しない場合は，相続放棄しかない。

第2に，他の組合員の同意がある場合に地位を承継する条項である（こう
した同意要件の履行については，加入の際の組合側からの同意要件と同様に考えられる。
→§677の2Ⅱ2）。

第3に，地位承継の選択権を相続人に与える条項である。この場合，第1
の場合とは異なり，相続財産を承継しつつ組合員たる地位だけを承継しない
ことが可能となる。逆に，組合員たる地位を引き受ける場合には，相続の単
純承認の意思とは異なる，組合員たる地位の引受けに関する意思表示が必要
だとされる。

第4に，地位承継人の資格に条件をつける条項である。たとえば，遺産分
割により組合員の地位を引き継ぐと決まった者に組合員資格の承継を認める

〔西内〕　　589

§679 II

第3編 第2章 契約

条項，相続人のうちの特定人にのみ承継資格を与える条項，成年者であることや一定の教育を受けていることを条件とする条項などが考えられている。

(c) 組合員たる地位の相続が認められる場合の法的処理　(b)のように組合員たる地位の承継が認められるとして，その場合の法的処理としては次の4点がさらに問題となる。

第1に，被相続人が業務執行組合員であった場合に，業務執行者の地位が承継の対象となるか否かである。通説（新版注民(17)171頁〔菅原〕，我妻・中Ⅱ832頁）・判例（最判昭44・10・21家月22巻3号59頁）は，これを否定している。

第2に，共同相続の場合の処理である。まず，別段の定めがない限り，共同相続人の各々が，組合員たる地位を分割して組合員となりうるとされる（新版注民(17)172頁〔菅原〕）。次に，遺産が分割されるまでは相続法上の共有状態に従い，権利行使することになる（新版注民(17)172頁〔菅原〕）。最後に，出資義務その他の組合員の債務は連帯債務となると主張する学説がある（新版注民(17)172頁〔菅原〕，我妻・中Ⅱ832頁。ただし，条文上の根拠は明確でない）。

第3に，いわゆる「相続させる」遺言が用いられた場合の処理である。この場合は，遺産分割方法の指定（908条）として，判例に従い処理されることになろう。

第4に，限定承認の場合の処理である。この場合，組合員たる地位を承継せず，脱退し，持分払戻請求権が相続財産に組み込まれる形で処理されると主張する学説がある（新版注民(17)173頁〔菅原〕。ただし，清算時に被相続人が死亡した場合には例外を認める）。理由は，このように解しないと，有限責任組合員を作ることになり，組合の性質に反するからである，という（我妻・中Ⅱ833頁）。ただし，株式会社が組合員になれること（建設ジョイントベンチャーは株式会社を構成員とするのが通例である）とのバランスからすると，この理由付けで十分かどうかは疑問が残る。

(イ) 清算中の組合における例外的取扱い　清算中の組合においては，本条1号の適用はない（最判昭33・2・13民集12巻2号211頁）。というのは，本条1号の趣旨は，人的信頼関係のない者と組合契約関係に入ることを防止することによって，残存組合員を保護しようとしたものであるところ（→(ア)(a)），清算により残余財産の帰属が問題となる場面ではこの趣旨は妥当しないからである。

590　〔西内〕

第12節　組　合　　　　　　　　　　　　　　　　　§*679* II

(2)　組合員の破産

本条 2 号は，組合員が破産した場合の脱退につき定めている。この条項については，任意法規性，清算中の例外，資格喪失との関係が問題となる。

(ア)　**別段の定めの可能性**　　本条 2 号は，強行法規であるとの見解が通説であるとされてきた（新版注民(17)173 頁〔菅原〕，星野 327 頁。なお，起草者も同様に考えていたことにつき法典調査会民法議事 38 巻 120 丁裏参照）。というのは，組合員の残余財産分配請求権を現実化させて弁済にあてないと破産の目的を達成できないからであるという（部会資料 47・100 頁も参照）。

しかし，本条 2 号を強行法規だと解釈することは，持分会社につき社員の破産という退社事由を任意法規とする会社法 607 条 2 項と適合しない。というのは，脱退の対象となる組合員・社員に対する債権者の利益を保護すべき状況は，組合と持分会社で同様だからである。したがって，会社法制定後は，むしろ，本条 2 号を任意法規であると解するのが，法体系に適合的な解釈であろう（ただし，組合と持分会社では利益状況が異なると考えることもできる。たとえば，持分会社について認められている社員の債権者の会社財産への執行方法〔→§668 II 4〕が，組合については認められないとの解釈を採用する場合である）。このように任意法規だと解する場合，本条 2 号の趣旨は 1 号と同様の人的信頼関係保護に還元されると理解すべきことになる（たとえば，星野 327 頁は，本条 2 号の趣旨は，上述の通説の趣旨のほか，1 号と同様の人的信頼関係保護にあると述べる）。

あるいは，本条 2 号を通説のいう趣旨で強行法規だと理解するとしても，残余財産分配請求権が発生しない場合に限って，任意法規だと解する余地もあろう。たとえば，非営利団体の場合には，破産による強制脱退を認める必要はないように思われる。

(イ)　**清算中の組合における例外的取扱い**　　清算中に破産手続開始決定が行われた場合には，本条は適用されない（新版注民(17)173 頁〔菅原〕）。その理由は，本条 1 号と同様である（→(1)(イ)）。

(ウ)　**資格喪失との関係**　　破産手続開始決定を受けていないことは，組合員たる地位の資格要件ではない（新版注民(17)173 頁〔菅原〕）。つまり，破産者も組合員になりうる。したがって，後述する資格要件の喪失と，破産手続開始決定を受けたことは関係しない（→(5)）。

〔西内〕　　591

§*679* II 　　　　　　　　　　　　　　　　　　第3編　第2章　契　約

(3)　組合員に対する後見開始審判

本条3号は，組合員が後見開始の審判を受けた場合に非任意脱退事由となると定めている。この条項については，任意法規性，資格喪失との関係がそれぞれ問題となる。

(ア)　別段の定めの可能性　　本条3号については，別段の定めは可能である（新版注民(17)174頁〔菅原〕）。というのは，他の組合員の利害を考慮してこの脱退原因が定められたからであり，したがって，本条1号と同様の趣旨だからである。

(イ)　資格喪失との関係　　制限行為能力者でないことは，組合員たる地位の資格要件ではない（新版注民(17)174頁〔菅原〕）。

(4)　除　　　名

本条4号は，除名を非任意脱退事由と定めている。この具体的要件については，680条で後述する。

(5)　資　格　喪　失

本条では定められていないものの，組合員たる地位の資格要件を定める場合がある。そこで，このような定めの許容性と，資格喪失の場合に本条に該当しなくても当然脱退するのかどうかが，それぞれ問題となる。

(ア)　組合契約で組合員たる地位の資格を定めることの許容性　　組合契約で，組合員たる地位を取得するための要件を定めること自体は，契約自由の範囲内として当然に許されているものと思われる（新版注民(17)174頁〔菅原〕参照）。

(イ)　資格喪失と民法所定の脱退との関係　　これに対し，資格喪失と民法所定の脱退との関係については争いがある。下級審裁判例では，資格喪失の場合は民法所定の脱退手続を経由しないと脱退しないとした事案がある（東京地判昭33・2・24下民集9巻2号272頁）。これに対し，会社法607条1項1号（会社法制定前商法85条1号）の類推適用により，資格喪失は非任意脱退事由となるとの立場もある（新版注民(17)174頁以下〔菅原〕）。

(6)　組合員債権者からの強制

本条で法定されていない非任意脱退事由として，組合員債権者が差押債権者となった上で脱退を強制する可能性がある。つまり，組合員債権者が組合財産から満足を得る方法として，組合員たる地位または包括的持分の差押え

592　　〔西内〕

第 12 節　組　合　　　　　　　　　　　　　　　　§679　Ⅲ

を認めた上で，会社法609条（会社法制定前商法91条）の類推適用により差押債権者は組合員を脱退させることができるという説がある（→§668 Ⅱ 4 (2)(イ)(c)）。

(7)　出資義務の履行不能

本条に法定されていない非任意脱退事由には，組合員の出資義務の履行不能が含まれる可能性がある。つまり，すべての組合員の出資義務の存在が組合契約の成立要件となっていることとの関係で（→§667 Ⅱ 1 (2)(ウ)(a)），出資不能の場合を非任意脱退の一事由だとする見解がある（三宅・下1176頁・1123頁）。

(8)　合併による当事者の消滅

最後に，本条に法定されていない非任意脱退事由には，合併による当事者の消滅が含まれる可能性がある。というのは，持分会社につきこのような脱退事由を定める規定が存在するからである（会社607条1項4号）。そして，法人組合員が認められていることからすれば，組合員である法人が合併により消滅する場合は，組合でも死亡と同様に脱退事由になりうると考える余地があるからである。そして，持分会社に準じてこのような脱退事由を認めるのであれば別段の定めも許容されよう（会社608条参照）。

他方，同様に人的信頼関係を基礎とする委任では，死亡は契約解消事由であるものの（653条1号），合併による当事者消滅の場合がこれに準じると考えられているようには思われない。委任契約の人的信頼関係が合併による当事者消滅では失われないと考えるなら，組合についても同様に解する余地はある。

民法上の組合が以上のどちらに近いと考えるかは，未解決の解釈問題というべきであろう。

2　3人以上の組合員がいることを要するか？

たとえば，死亡時に2人しか組合員がいない場合には，脱退ではなく，解散で処理すべきであるとする考えがある（新版注民(17)168頁〔菅原〕）。

Ⅲ　非任意脱退の効果

非任意脱退の効果は，任意脱退の効果と共通するため割愛する（→§678 Ⅲ，

〔西内〕　593

§*680* Ⅰ・Ⅱ

第3編 第2章 契 約

§680の2，§681)。

〔西内康人〕

（組合員の除名）
第680条 組合員の除名は，正当な事由がある場合に限り，他の組合
員の一致によってすることができる。ただし，除名した組合員にそ
の旨を通知しなければ，これをもってその組合員に対抗することが
できない。

Ⅰ 本条の意義

本条は，679条4号で非任意脱退事由と定められた除名について，その要
件を定めるものである。

なお，詳しくは後述するところに譲るものの（→Ⅱ1(2)・2(2)），要件を緩
和することにつき本条は任意法規である。

Ⅱ 除名の要件

除名の要件は，正当事由の存在と，残存組合員の全員一致に分けられる
（→1・2)。また，残存組合員が2人以上必要か否かも争われている（→3)。

1 正当事由の存在

除名にはこれを正当化する事由が必要である。

(1) 正当事由の判断要素

正当事由の判断要素としては，次の3点に注意する必要がある。

第1に，除名する側に帰責性があってはならないことである。これは，
678条1項で「やむを得ない事由」と書き分けられていることから導かれる
（→§678Ⅱ2(1)(イ)(b))。

第2に，除名される側の組合運営に対する帰責性が必要だということであ
る。たとえば，正当事由と評価される例として，出資義務の不履行，競業行
為，業務執行もしくは組合代表にあたり不正の行為をなしまたは権利なくし

594 〔西内〕

第12節 組 合 §*680* II

て業務執行もしくは組合代表に干与したこと，重要な義務の不履行など，が掲げられている（新版注民(17)176頁〔菅原菊志〕）。

この帰責性が要求されることとの関係で，単に品位を害したというだけでは，正当事由に該当しない可能性があることにも注意が必要であろう（団体の規約で除名要件が定められていた事案での除名否定例ではあるが，東京高判平2・10・17判時1367号29頁〔脱税事犯により実刑の確定判決を受け，刑の執行を免れるために逃亡したこと等がゴルフクラブの威信と名誉を毀損するとの理由で会員に対してした除名が無効とされた事例〕）。また，組合員の側の帰責性は，除名という処分の重大性と，比例原則に従う必要がある可能性がある（団体の規約で除名要件が定められていた事案での除名否定例ではあるが，横浜地判昭63・2・24判タ671号140頁〔乗馬倶楽部の技術指導官に対する暴行を理由とする会員の除名処分が社会通念上不相当として無効とされた事例〕）。

第3に，次に見る残存組合員の一致による意思決定とも関係するが，条件付き除名決議も有効だということである（新版注民(17)177頁以下〔菅原〕，大判昭14・11・9民集18巻1233頁）。したがって，追完の可能性を残しつつ，除名される側の帰責性を認定することも可能だということである。

(2) 正当事由要件の緩和可能性

除名に関する要件は強行法規ではなく，除名の原因を定めることは可能であるとされている（新版注民(17)177頁〔菅原〕）。

2 残存組合員の一致による意思決定

除名には，残存組合員が一致して除名に賛同することが必要である。

(1) 全員一致原則と2人以上の一括除名

このような全員一致原則からは，2人以上の組合員を一括して除名しうるか，という問題が導かれる。というのは，除名対象となっている2人以上の組合員を1人ずつ切り離してみた場合，当該組合員以外の除名対象者の賛同も除名には要すると解されるところ，一括除名が認められるならこの者らの賛同は必要とせずに除名できることになるからである。

たとえば，ABCDEを構成員とする組合においてABを除名する場合，ABの一括除名を認めるならAの除名につきBの同意を，また，Bの除名につきAの同意を，それぞれ要しなくなる。逆に，一括除名を否定する場合，ABが結託すれば，CDEはABのいずれも除名することができなくなってし

〔西内〕 595

§680 Ⅲ・Ⅳ 　　　　　　　　　　　第3編　第2章　契　約

まう。

　この問題については，一括除名否定説が通説であって，除名対象の組合員らが結託した場合には除名ができないことになるものの，この場合には解散請求によるべきだという（新版注民(17)177頁〔菅原〕）。ただし，このような数名の組合員を1回で除名することができるかにつき，肯定説もある（梅815頁）。

(2)　全員一致原則の緩和可能性

　このような全員一致に係る除名要件は，強行法規ではなく，多数決や委員会認定を要件とすることも可能である（新版注民(17)177頁〔菅原〕）。

3　3人以上の組合員がいることを要するか？

　2人しかいない組合で除名が可能か否かという問題は，立法時から見解が分かれていた（法典調査会では，梅謙次郎は2人でも除名可能だと考えている節があるものの，富井政章は解散であると考えているようである〔法典調査会民法議事38巻56丁裏〕。現在の通説は除名否定説であり，解散請求によるべきだという〔新版注民(17)176頁以下〔菅原〕〕）。

Ⅲ　除名の対抗要件

　本条ただし書は，除名の対抗要件として，除名される組合員への通知を要求している。この趣旨は，被除名者を保護すること（新版注民(17)178頁〔菅原菊志〕）であって，法人法や団体法からの要請というわけではない（たとえば，株式会社の代表取締役の解任決議は，決議が行われれば通知がなくても効力を生じる〔最判昭41・12・20民集20巻10号2160頁〕）。

Ⅳ　除名の効果

　除名の効果は，任意脱退の効果と共通するため割愛する（→§678Ⅲ，§680の2，§681）。

〔西内康人〕

596　〔西内〕

第12節　組　合 §680の2 I

（脱退した組合員の責任等）

第 680 条の2①　脱退した組合員は，その脱退前に生じた組合の債務
　について，従前の責任の範囲内でこれを弁済する責任を負う。この
　場合において，債権者が全部の弁済を受けない間は，脱退した組合
　員は，組合に担保を供させ，又は組合に対して自己に免責を得させ
　ることを請求することができる。

　②　脱退した組合員は，前項に規定する組合の債務を弁済したときは，
　組合に対して求償権を有する。

　　〔改正〕　本条＝平 29 法 44 新設

I　本条の意義

　本条は，脱退組合員が脱退後にどのような責任を負うかについて定めるも
のであって，脱退の効果を具体化するものである。

　このような本条の趣旨について見るため，本条が平成 29 年改正法により
設けられた経緯をまず見ていく。

1　本条の成立経緯

　ここでは，平成 29 年改正前の議論状況と改正における議論状況を対比し
て見ていく。

(1)　平成 29 年民法改正前の議論状況

　脱退組合員が脱退前に負担した組合債務に対する組合員責任は存続し，こ
の債務の弁済は他人の債務の弁済と解釈されることにつき，争いのない状況
であった。そして，脱退後の脱退組合員による組合債務の弁済が他人の債務
の弁済と解釈されるというこのような見方は，681 条で純資産説を採用する
趣旨（→§681 Ⅱ 2）と整合的である（新版注民(17)181 頁以下〔菅原菊志〕，我妻・
中Ⅱ 838 頁）。つまり，脱退時に組合の積極財産が消極財産を上回る限度で残
余財産分配請求権（681 条）が発生すると解釈すること（純資産説）は，脱退
組合員と組合との関係では組合債務は組合財産をもって弁済する趣旨を含ん
でいるわけである。

　これに対し，脱退後に生じる組合債務について，組合員責任は発生しない
ことについても争いはなかった（我妻・中Ⅱ 837 頁，星野 329 頁）。ただし，表

〔西内〕　　597

§680の2　II

第3編　第2章　契　約

見代理規定が適用される可能性を指摘する見解があった（新版注民(17)181頁〔菅原〕は，組合に脱退組合員の名称が使われている場合に民法109条の適用可能性を示唆する。なお，この説は，このような責任を回避するために，退社社員からの商号変更請求を定める会社法613条〔会社法制定前商法92条〕の準用を認める）。

(2)　平成29年民法改正における議論状況

このような議論を受け，従来の通説的議論を定める形で本条が定められることとなった（部会資料75A・53頁以下，中間試案補足説明539頁）。

ただし，求償権を認める本条2項は中間試案段階では存在しなかった（中間試案第44・7）。本条2項は，素案を起案する段階で，現れている（部会資料75A・53頁）。素案で入れた理由は，パブリック・コメントで明文化の実務上の重要性が指摘されたからである（部会資料75A・55頁）。この，求償権が認められる理由も，従来の通説を受けて，脱退後の組合員責任の履行は他人の債務の弁済だと考えられるからである。

2　本条の趣旨

本条は，平成29年改正前の通説的な議論状況を明文化したものである。また，1項前段よりも責任を加重できる点，同項後段の担保等提供請求を排除できる点，2項の求償権を排除できる点は，任意規定であると考えられる。

そして，この本条1項後段，2項は681条での純資産説の採用（→§681 II 2）を前提とした議論である以上，組合の消極財産を差し引かずに積極財産を払い戻した場合には，妥当しない可能性がある。したがって，この場合には求償権を排除する別段の合意を認定する可能性が認められよう。

II　本条適用の要件

本条適用の要件としては，組合員が脱退すること，組合員脱退前に組合債務が発生すること，別段の合意が存在しないことの，3点が必要となる。

1　組合員の脱退

組合員の脱退としては，任意脱退（678条）や非任意脱退（679条・680条）のほか，組合員たる地位の移転も問題となる（→§677の2 IV。なお，§681 II 1と対比）。

598　〔西内〕

第12節　組　合　　　　　　　　　　　　　　　　　§*680の2*　III

2　組合債務発生と組合員脱退との先後関係

本条では組合債務が組合員脱退前に発生したことを要求している。

しかし，立証責任の所在については明らかではない。そのため，加入について定めた677条の2第2項と同様の問題が生じると考えられる（→§677の2 III 2）。

3　別段の合意の不存在

脱退後に発生した債務について脱退組合員も責任を負うとの合意は可能である。また，求償権を排除する合意も認められうる。

そして，担保等提供請求（680条の2第1項後段），求償権（同条2項）を排除するとの合意は，脱退時残余財産分配を純資産説ではなく積極財産説に従って行った場合にも（→§681 II 2），認められる余地があろう（→ I 2）。

III　本条適用の効果

本条適用の効果は，脱退後に生じた債務について脱退組合員の責任が存在しないことと，脱退前に生じた債務についての処遇に分けられる。

1　脱退後に生じた債務についての責任不存在

本条は，脱退後に生じた組合債務に関する脱退組合員の責任について明確に定めるものではない。しかし，本条1項前段の反対解釈からはこのような責任の不存在が導かれよう。また，このような解釈は，本条の制定経緯として脱退組合員の責任に関する従来の解釈論を引き継いだことからも，導かれよう。

2　脱退前に生じた債務の処遇

本条は，脱退前に生じた債務についての処遇を定める。まず，脱退前に発生した債務について依然として脱退組合員が責任を負う旨を定めている（680条の2第1項前段）。そして，このような脱退組合員の責任は他人（組合）の債務についてのものであることを前提に，担保等提供請求（同条1項後段）や組合債務を履行した場合の求償権（同条2項）を定めている。

〔西内康人〕

§681 I・II 第3編 第2章 契約

（脱退した組合員の持分の払戻し）

第681条① 脱退した組合員と他の組合員との間の計算は，脱退の時
における組合財産の状況に従ってしなければならない。

② 脱退した組合員の持分は，その出資の種類を問わず，金銭で払い
戻すことができる。

③ 脱退の時にまだ完了していない事項については，その完了後に計
算をすることができる。

I 本条の意義

本条は，残余財産分配請求権の成立とその効果について定めた条文である。

なお，本条は任意法規であると考えられる。というのは，非営利団体とし
ての組合も認められているからである。しかしながら，組合員の一部だけが
残余財産分配を受けられないとした場合には，獅子組合の禁止との抵触が問
題となるであろう（→§667 II 1 (3)(イ)(b)）。

II 本条適用の要件

本条に従って残余財産分配請求権が発生するためには，組合員の脱退，利
益の存在，組合員の出資，別段の定めの不存在がそれぞれ問題となる。

1 組合員の脱退

本条は組合員の脱退を要件とする以上，任意脱退か非任意脱退のいずれか
が生じていることが必要となる（678条〜680条）。

なお，組合員たる地位の移転における譲渡人は，基本的には脱退組合員と
同じ地位に立つものの，ここでの脱退者には当たらない。

2 利益の存在

残余財産分配請求権が生じるためには，その原資が必要である。

これにつき，積極財産の分配という説（積極財産説）と，純資産の分配とい
う説（純資産説）がある（説の対立につき，三宅・下1177頁。通説は純資産説である
〔我妻・中II 835頁以下，新版注民(17)180頁〔菅原菊志〕〕）。ここで，純資産説は，
脱退後の責任が他人の債務の弁済と理解されることと整合的であるとの特徴

600 〔西内〕

を持つ（我妻・中II 838頁，新版注民(17)181頁以下〔菅原〕）。そして，680条の2という純資産説に整合的な立法がなされた以上（→§680の2 I），本条でも純資産説を採用するのが平成29年改正法の趣旨に適合的であろう（なお，純資産の有無の計算方法について，→III 1）。

3 組合員の出資

組合員の出資も，残余財産分配請求権の要件になると考えられている。

ただし，出資義務未履行のまま脱退した場合につき，持分会社の議論を参考にする限り，一定の場合には残余財産分配請求権が発生すると見る余地がある（→§669 IV）。つまり，一方で，出資義務未履行の脱退組合員にも残余財産分配請求権は発生し，単に相殺が問題となるにすぎない（新版注民(17)180頁〔菅原〕，合名会社について大判昭15・10・30民集19巻2146頁）。他方，履行期の定めのない出資請求権については，会社の請求によってはじめて具体的請求権となる以上，そうならない間に退社した社員については出資義務が消滅し，この結果，残余財産分配請求権も消滅すると解されている（最判昭62・1・22判タ631号130頁〔合資会社の事例〕）。したがって，この議論が参考になるなら，出資義務が具体的に発生している限りで，未履行のまま脱退しても残余財産分配請求権は発生しうることになる。

4 別段の定めの不存在

本条については別段の定めが可能だと考えられる以上（→I），別段の定めで残余財産分配請求権を排除していないことも要件となる。この点は非営利性をいかに理解するかという問題である（→§688 III 1 (4)(ウ)(b)）。

III 本条適用の効果

本条適用の効果としては，残余財産分配請求権が発生する。この残余財産分配請求権については，残余財産の計算方法，残余財産分配請求権の相手方と実現方法が，それぞれ問題となる。

1 残余財産分配請求権の計算方法

残余財産分配請求権を計算するにあたっては，残余財産（純利益）自体をどのように計算するかという問題と，分配比率をどのように計算するかという2つの問題がある。

§*681* III　　　　　　　　　　　　　　　　　　第3編　第2章　契　約

(1)　残余財産の計算方法

残余財産を計算する際には，基準時と資産評価方法が問題となる。

(ア)　基準時　　残余財産の計算にあたっては，通常は脱退時が標準時となる（681条1項）。特に除名の場合は，680条ただし書の趣旨から，通知到達時と理解されている（我妻・中Ⅱ834頁，新版注民(17)178頁以下〔菅原菊志〕）。

また，結了しない事項については結了するまで計算留保が可能とされている（681条3項）。この計算留保の場合も脱退するものの，継続的法律関係終了後の信義則の要求するところだとして，脱退後であっても脱退者に報告請求権は帰属すると考えられている（新版注民(17)179頁〔菅原〕）。

(イ)　資産評価方法　　組合財産計算方法については，2つの問題がある。

第1に，営業価格と売却価格のいずれを基準とするべきか，という問題がある。この問題につき，売却価格説（国歳胤臣「組合員の交替」契約法大系Ⅴ178頁）と，営業価格説（新版注民(17)180頁〔菅原〕）がある。

第2に，計算を誰がどのように行うかという問題がある。これにつき，組合契約で一定の者が行うと定めると規定された場合の裁量につき争われる事案が増加しており，裁判所は合理的な範囲であれば裁量を認める傾向にある（東京地判平22・10・20/2010 WLJPCA10208002〔従業員持株会の事案〕，東京地判平23・9・2/2011 WLJPCA09028004〔従業員持株会の事案〕）。ただし，この裁量も無制限ではなく，逸脱による善管注意義務が認められる余地がある（東京地判平23・1・19金判1383号51頁〔投資事業組合の事案〕）。

(2)　分配比率の計算方法

分配の割合については，特に，損益分配の比率と出資比率が違う場合が組合では認められているところ（674条1項参照），これらがズレる場合にいずれの比率に従うのかが問題となる。

こうした分配の割合につき，多くの書籍で「脱退組合員の持分に従って」払い戻すとされている（新版注民(17)180頁〔菅原〕）。そして，持分割合の決定方法につき詳述してある教科書は少ないものの，特約がない限り出資額の比率によるとされる（→§668 Ⅰ3(2)(ウ)）。

これに対し，石田穣は次のように述べる。つまり，持分の比率という言い回しを採用せず，清算時の残余財産分配のあり方に準じて分配比率は決定されるのだという（石田(穣)401頁）。そして，清算時の残余財産分配比率は，原

則として法令に従い出資額の比率としつつ（688条3項），利益分配を清算時にのみ行い，または通常の配当に加えて，清算時にも行う場合には利益分配比率によるとする（石田（穣）404頁）。

この石田穣の考え方による限り，営利団体では出資比率を基準とする688条3項が適用されることはあまりないと考える余地があろう。というのは，営利団体では，清算時の残余財産分配の性質も利益分配と解する余地があるからである。実質論としても，688条3項をこの場合に適用して，組合財産の形で留保された純資産が配当される場合と残余財産分配の場合とで比率が異なる事態を招くことは，当事者の通常の意思に合致しないというべきであろう。したがって，688条3項の基準によるのは，当事者が明示的に利益配当と残余財産分配の比率を異なるものと定めた場合か，あるいは，非営利性に反しない限度で出資の返還を行う場合に限られることになろう（後者の場合の詳細は，→§688 III 1 (4)(ウ)(b)。また，持分割合に従って払い戻すとの説を採用した場合にも，持分割合を決定する特約を，利益分配の基準に従って認定できると考えるなら，同様の結論となる）。

あるいは，ズレを解消する方向も考えられよう。たとえば，出資比率が明確でない場合に限られるものの，損益分配比率から出資比率を推定することは認められている（→§667 II 1 (2)(ウ)(b)）。

2 残余財産分配請求権の相手方

残余財産分配請求権が，組合債務として成立することには争いがない（新版注民(17)180頁〔菅原〕）。

3 残余財産分配請求権の実現方法

残余財産分配請求権の実現方法としては，金銭での分配可能性と履行期が問題となる。

(1) 金銭での分配可能性

残余財産分配請求権は，金銭で履行してもよい（681条2項）。もっとも，出資した物自体を分配の一部または全部にすることは差し支えない（新版注民(17)180頁〔菅原〕）。

(2) 履 行 期

残余財産分配請求権は，期限の定めのない債務であって，催告時から遅滞に陥るとされる（新版注民(17)180頁〔菅原〕）。

〔西内〕　603

§*681* IV，§*682* I　　　　　　　　　　　第3編　第2章　契　約

IV　補論——損失の処理

純資産説に従い損失がある場合，脱退組合員に追加出資を求めることができる可能性が指摘されている（新版注民(17)180頁〔菅原菊志〕。→§674 III 2）。

〔西内康人〕

（組合の解散事由）
第682条　組合は次に掲げる事由によって解散する。
　一　組合の目的である事業の成功又はその成功の不能
　二　組合契約で定めた存続期間の満了
　三　組合契約で定めた解散の事由の発生
　四　総組合員の同意
　　　〔改正〕　本条＝平29法44改正

（組合の解散事由）
第682条　組合は，その目的である事業の成功又はその成功の不能によって解散する。
（第一号—第四号は新設）

I　本条の意義

本条は，解散請求以外の解散原因について定めている（解散請求については683条。解散の効果については684条以下）。そして，平成29年改正法により2号から4号までの解散原因が追加されたという特徴を持つ。

そこで，改正法に至る経緯をまず紹介し，本条の趣旨について考察する。

1　本条の改正経緯

ここでは，平成29年改正前の議論状況と，改正における議論状況を対比させて見ていく。

(1)　平成29年民法改正前の議論状況

平成29年改正前においても，本条2号から4号までに定められた事項が

604　〔西内〕

第12節　組　合　　　　　　　　　　　　　　　　§*682*　I

解散原因になりうることについて争いはなかった（新版注民(17)183頁〔菅原菊志〕参照）。

(2)　平成29年民法改正における議論状況

本条の改正経緯において重要なのは，条文は従来争いのない解釈を引き継いだこと，および，組合員が1人となった場合を解散原因と定めるか否かにつき争いがあったこと，これらの2点である。

(ア)　従来の通説の条文化　　本条の改正は，平成29年改正前民法682条中の解散事由を本条1号とした上で，他の解散事由として，①組合契約で定めた存続期間の満了（2号），②組合契約で定めた解散事由の発生（3号），③総組合員の同意（4号）を付け加えるものである。この①から③を追加する趣旨は，これらの事由による解散を学説が一般に肯定していることを受けて，このことを明文化したものである（中間試案補足説明540頁以下，部会資料75A・55頁以下）。

このような本条の骨組みは，中間試案段階で定まっている（中間試案第44・8）。文言を含め，その後特に変化は存在しない。

(イ)　組合員が1人となった場合を解散原因とするか？　　これに対し，組合員が1人となってしまった場合の扱いが今後も解釈に委ねられることになったことには，注意が必要となる。

つまり，この論点は，中間試案段階から意識されていたものの，最終的に改正項目とはされなかった（中間試案補足説明541頁，部会資料75A・56頁）。この論点が発生した付随的事情は，会社法の改正である。すなわち，会社法制定前商法94条4号では社員が1人となったことが人的会社の解散事由であったのに対し，会社法641条4号は社員が1人でも持分会社が存続することを定める。また，「建設共同企業体などにおいて，プロジェクトの途中で組合員の1人が破産するなどして残りの組合員が1人になった場合に，新たな組合員の加入を待たずに強制的に組合の清算が開始されるとすれば，実務上支障が大きいとする意見もある」（部会資料75A・56頁）。そこで，一方では，人的会社と同様に，組合員が1人となっても解散事由には当たらないと，解する立場も考えられうる。他方，「この見解に対しては，複数の組合員の存在を成立要件としておきながら存続要件とはしないことの理論的一貫性に疑問もある上，組合員が1人となって団体としての外形を喪失しているにもか

〔西内〕　　605

§682 II

第3編　第2章　契約

かわらず独立した組合財産の存在を許容することには弊害もあり得るという批判が考えられる」（中間試案補足説明541頁）。また，現状の学説では，「組合員が1人になった場合が組合の解散事由に当たるかどうかについては，学説上は，これに当たるとする見解が一般的である」（部会資料75A・56頁）。さらに，有限責任事業組合契約に関する法律37条ただし書および2号で定められているように，組合員が1人となることを解散事由に掲げつつ，2週間以内に新たに組合員を加入させるなどしたときはこの限りでないとする例もあり，組合員・社員が1人となることと，解散事由のあり方は，一対一の対応ではない（部会資料75A・56頁）。

このように議論が収束しなかったため，組合員が1人となった場合の解散原因該当性は依然として解釈論に委ねるとされた。

2　本条の趣旨

本条の趣旨は，従来の解釈論を明文化したものにすぎない（→1(2)(ア)）。したがって，条文解釈としては従来の解釈を利用できる。

また，解散原因については，限定列挙ではないと考えられる。というのは，解散原因の追加につき，解釈に委ねている部分があるからである（→1(2)(イ)）。

さらに，本条は任意法規であると考えられる。というのは，本条で定められた解散原因は，組合員の利益を重視するか（1号），または，組合員の意思を重視しているからである（2号から4号）。

II　解散の要件

解散が生じるためには解散原因が発生する必要がある。この解散原因は，法定解散原因と，解釈上の解散原因に分けられる。

1　法定解散事由

法定解散事由は，本条が各号で定めている。

(1)　事業成功または事業成功不能

本条1号は，組合の目的としての事業成功または事業成功不能を解散原因と定めている。

この成功とは「予定した事業が完了すること」であり，成功不能とは「確定的に成功の見込がなくなること」である（新版注民(17)183頁〔菅原菊志〕）。

606　〔西内〕

第12節 組 合　　　　　　　　　　　　　　　　　　　　§*682* II

これらは，社会通念に従って判断される（新版注民(17)183頁〔菅原〕）。

　裁判例では，債権管理等を目的とする組合で，債権の大部分を保有しその管理の任に当たっていた組合員が脱退して，事務を処理する者がいなくなった場合に成功不能を認めた例がある（大判昭12・1・28判決全集4巻3号21頁）。これに対し，新規営業を抑制するために既存の浴場営業者によって組織された組合において，誰も新規開業者がいないという状況で現在に至っているだけでは事業の成功には当たらないとした裁判例もある（東京高判昭32・8・5下民集8巻8号1452頁）。また，株式会社の従業員持株会において，株式公開をしないことから持株会が株式を購入することが不可能となり，新規会員の募集を停止せざるを得なくなったことから従業員間で不平等が生じたことは，事業成功不能に当たらないと判示した裁判例もある（東京地判平18・6・26判タ1240号273頁）。

　なお，やや特殊な裁判例として，無尽講に関するものがある（東京高判昭43・5・29下民集19巻5＝6号338頁）。この裁判例では，無尽講の講元から行われた無尽金の請求が問題となり，多数講員が掛金の支払をしないからといって，それだけで講の目的到達が確定的に不能となるものではないのみならず，かりに確定的に不能となったとしても，無尽講の特質から見て民法685条は特段の事由がない限り準用されず，講元は講員の信託に基づく掛金取立ての権能を当然には失わないものと解するのが相当であると判示されている。

　(2)　**存続期間の満了**

　本条2号は，組合契約で定めた存続期間満了を解散原因として定めている。

　この解散原因との関係で注意を要するのは，期間満了後も活動を継続した場合をどのように法的に評価するか，である。起草者の見解としては，一方で，存続期間満了後も活動を継続する場合には，新たに組合契約を締結したとみるべきであろうという（法典調査会民法議事38巻8丁裏の富井政章発言）。他方，賃貸借での使用継続の事実のように，契約を継続することを推定させる単純な事実を組合では見出すことが困難であるがゆえに，黙示の更新のような制度はここでは定められていない（同巻11丁表以下の梅謙次郎発言）。このような起草者の見解をまとめるなら，賃貸借のような定型化が困難であっただけであって，賃貸借における黙示の更新に準じた効果を否定する趣旨ではないと考えられる（存続期間のない組合に転換することを認めた上で，これを望まない

〔西内〕　607

§682 II

第3編 第2章 契　約

組合員には任意脱退権を認める〔678条1項〕という解決が考えられる）。

(3)　組合契約で定められた解散事由の発生

本条3号は，組合契約で定められた解散事由を解散原因としている。

このような解散事由は客観的に定まるものである必要性があるとされている（新版注民(17)183頁〔菅原〕）。また，内容としては，多数決による解散決議や，役員決議による解散を定めることも有効であるとされている（新版注民(17)183頁〔菅原〕。従業員持株会につき書面による解散決議を認めた東京地判平18・6・26判タ1240号273頁も参照）。

(4)　総組合員の同意

本条4号は，総組合員の同意を解散原因としている。

同意に方式は問われないとされている（新版注民(17)183頁〔菅原〕）。

(5)　組合員の解散請求

この具体的内容については，683条の注釈で述べる。

2　解釈上争いのある解散事由——組合員が1人となること

組合員が1人となることは，改正における議論では結論がまとまらなかったように，今後も解釈上問題となる解散原因である（→ I 1 (2)(イ)参照）。

ただし，現状では，解散原因肯定説が有力であると思われる。まず，起草者は組合員が1人となることは解散事由となると考えていた（法典調査会民法議事38巻6丁表の富井発言，同巻36丁裏）。また，組合員が1人となったことにより当然に解散したと認めた裁判例も多い（たとえば，大阪地判昭40・2・27金法402号7頁〔建設ジョイントベンチャーから1人が脱退し，他の1人が組合債権を行使した事案〕，東京地判昭44・10・4判時589号61頁〔花屋の共同経営を解消し1人が引き継ぐことにした場合に，民法の清算規定と異なる合意がされた事案〕，東京高判昭45・6・18下民集21巻5＝6号810頁〔マーケット式貸店舗経営の共同事業において1人の脱退〕，横浜地判昭59・6・20判タ539号357頁〔病院の共同経営で，脱退者からの共有物分割が請求された事案〕，東京地判平19・11・30／2007 WLJPCA11308005〔建設ジョイントベンチャーに帰属する組合債権を残存組合員が単独で請求できるかという点で原告適格が問題となった事例〕）。

したがって，組合員が1人となった場面を解散原因としないためには，立法的解決が必要であろう。

608　〔西内〕

第12節 組 合　　　　　　　　　　§*682* III, §*683* I・II

III　解散の効果

解散の効果は，一方で，清算を目的とする組合関係への転化である（新版注民(17)182頁〔菅原菊志〕）。この結果，685条以下の適用が問題となる。

他方，清算結了までは清算の目的の範囲内で組合は存続する（大判大12・7・14民集2巻491頁）。この範囲で組合財産の共有状態（668条）も存続する。

〔西内康人〕

（組合の解散の請求）

第683条　やむを得ない事由があるときは，各組合員は，組合の解散を請求することができる。

I　本条の意義

本条は解散請求の要件について定めている。

また，本条は，任意脱退（678条）や除名（680条）と並んで，解除の特則をなすものである。したがって，要件の解釈にあたっては，これらの制度との関係を考える必要があると思われる。

なお，本条は，起草者の見解によれば強行法規である（法典調査会民法議事38巻121丁表参照）。この見解は，本条が少数組合員の最低限の保護を図っているという趣旨からしても正当なものであろう（→II2）。したがって，解散を難しくする別段の定めは許されない。他方，解散を容易にする形での別段の定めは，682条3号により許される。

II　解散請求の要件

解散請求の要件としては，これを請求する意思表示と，やむを得ない事由の存在の2点が問題となる。

1　解散請求の意思表示

解散請求の意思表示については，方式性，撤回可能性，相手方の3点が問

〔西内〕　609

§*683* Ⅱ   第3編　第2章　契　約

題となる。

(1)　意思表示の無方式性

意思表示に何らかの方式を求める見解は見受けられない。

(2)　意思表示の撤回可能性

撤回可能性は認められないと考えられる（540条2項）。というのは，本条の解散請求が解除に準じるものである以上は，同様に解除の特則と理解される任意脱退の撤回可能性と同様に考えられるからである（→§678 Ⅱ 1 (2)）。

(3)　意思表示の相手方

意思表示の相手方も，任意脱退と同様に考えられる（→§678 Ⅱ 1 (3)）。

つまり，原則として他の組合員全員に対する意思表示が必要であって（新版注民(17)185頁〔菅原菊志〕），一部組合員に対して行われた解散請求の意思表示は無効である（山形地判昭45・4・14判時609号73頁）。また，業務執行者は，特段の権限授与がない限り，解散請求の受働代理権を有していない（新版注民(17)185頁〔菅原〕）。

2　やむを得ない事由

やむを得ない事由の解釈にあたっては，任意脱退や除名の要件解釈が参考になる（→§678 Ⅱ 2 (1)(イ)(b)，§680 Ⅱ 1 (1)）。もっとも，一方で，任意脱退や除名に対して，解散請求は原則として補充性を有すると考えられている点に，注意が必要となる（新版注民(17)184頁〔菅原〕）。ただし他方で，任意脱退や除名では妥当な解決が与えられない場合には，このような補充性の例外も認められている。たとえば，多数派組合員により少数派組合員が不公正かつ恒常的な不利益を被っているときには，解散請求が許されるとする（新版注民(17)184頁〔菅原〕参照。また，最判昭61・3・13民集40巻2号229頁も参照〔合名会社につき合名会社の業務執行が多数派により不公正かつ利己的に行われ，少数派が恒常的な不利益を被っている場合に，退社による持分払戻しには会社存続の基盤である不動産を売却換価しなければならず，多数派の抵抗によりこれに長時間を要すると認められるときには，解散請求の「やむを得ない事由」に当たるとした〕）。

このようなやむを得ない事由を肯定した裁判例は多様であるものの，著しい信頼関係破壊が認定されているものが多い（奈良地判昭25・12・28下民集1巻12号2133頁〔被告である営業者の背信性による信頼関係破壊〕，東京高判昭32・8・5下民集8巻8号1452頁〔組合員の全員一致でなされるべき業務執行が円満に行われる可能

610　〔西内〕

第12節　組　合　　　　　　　　　　　§*683*　Ⅲ，§*684*　Ⅰ・Ⅱ

性の消滅〕，仙台高判昭44・4・30判時562号49頁〔税務調査により所得の不正領得が発覚〕，前橋地高崎支判昭46・8・9判時660号70頁〔出資の目的である店舗が返還されないことによる解散請求を行っている組合員の不利益と，業務執行者側の帰責性による信頼関係破壊〕，東京地判昭62・11・5判タ670号156頁〔2人の組合員がいる民法上の組合において，内部的な訴訟の提起が信頼関係破壊の証左であるとして解散請求を認めた判決〕）。そうした決定的な信頼関係破壊に至らない義務違反等では，解散請求は否定されうる（東京高判昭52・9・21東高民時報28巻9号233頁〔事業収支の報告を怠り収益を分配しなかった事例につき解散請求否定〕）。

Ⅲ　解散請求の効果

解散請求が認められる場合の効果は，解散の効果と同じである（→§682Ⅲ。685条以下を参照）。また，遡及効はない（684条）。

〔西内康人〕

（組合契約の解除の効力）
第684条　第620条の規定は，組合契約について準用する。

Ⅰ　本条の意義

本条は，解除が遡及効を有しないと定めた620条が，組合契約にも準用されることを定めたものである。そして，この規定は創設的規定というより，「組合の解散の請求の効果について，当然のことを規定したにすぎないもの」と解されている（部会資料75A・42頁参照）。

Ⅱ　本条適用の要件

本条適用の要件は，組合契約が成立していることと，解散請求（683条）の要件が満たされること（新版注民(17)185頁〔菅原菊志〕参照〔同書での本条の説明は，解散請求の効果に関するものであり，したがって，本条が適用されるためには解散

〔西内〕　　611

§*684* Ⅲ, §*685* Ⅰ　　　　　　　　　　　　第3編　第2章　契　約

請求が効力を生じることが前提となっている〕），この2点であるとされる。また，この解散請求の原因に代えて，特約で解除原因が定められた場合も，本条が適用されうる（→§667の2 Ⅰ1⑵(ウ)）。

Ⅲ　本条適用の効果

本条が適用される場合，620条が準用されることになる。

また，原状回復義務に関する545条・546条の適用を排除する意味も有している（部会資料75A・42頁。→§667の2 Ⅰ1⑵(ウ)）。

〔西内康人〕

（組合の清算及び清算人の選任）
第685条①　組合が解散したときは，清算は，総組合員が共同して，又はその選任した清算人がこれをする。
②　清算人の選任は，組合員の過半数で決する。

〔改正〕　②＝平29法44改正

（組合の清算及び清算人の選任）
第685条①　（略）
②　清算人の選任は，総組合員の過半数で決する。

Ⅰ　本条の意義

本条は，清算における清算人選任方法を定めた条文である。

なお，本条を含めた清算規定は任意法規であると考えられる（我妻・中Ⅱ846頁，新版注民(17)186頁〔菅原菊志〕）。というのは，民法の定める清算規定は，組合契約当事者間の公平を図るためのものだからである。

第12節　組　合　　　　　　　　　　　　　　　　§*685*　II・III

II　本条適用の要件

本条適用の要件は，組合の解散（682条・683条）と，別段の合意の不存在である。

III　本条適用の効果

本条の適用の効果は，清算人選任手続に関する規律が適用されることである（→1）。また，業務執行のあり方とも関係している（→2）。

1　清算人の選任方法

清算人は，一定の者から，一定の手続で選任される。

(1)　清算人の選任適格

清算人は，組合員でなくてもよいとされている（我妻・中II 846頁以下）。

(2)　清算人選任手続

清算人の選任方法は，組合契約で定めていた場合と，そうでない場合で違いがある。

(ア)　組合契約による清算人指定可能性　　組合契約で清算人を直接に定めることは可能である。組合員の中から清算人を選んだ場合，辞任・解任につき特殊性がある（687条）。

(イ)　組合契約で清算人を指定しない場合　　本条2項の定める多数決手続に従い，清算人を選任することが可能である。もっとも，本条は任意法規なので，本条2項以外の手続を組合契約で定めておくことも可能である。

なお，業務執行者が清算人にスライドするわけではない（三宅・下1185頁）。

2　清算事務の処理方法

この清算事務の処理方法は，清算人を選任しなかった場合と，清算人を選任した場合に分けられる。

(1)　清算人を定めない場合

すべての組合員により清算事務を実行することになる（685条1項）。この者らが清算人となるため（新版注民(17)187頁参照〔菅原菊志〕），この者らによる清算事務の執行については，686条が適用されて業務執行規定が準用される（670条3項～5項・670条の2第2項3項）。

〔西内〕　　613

§*686* I　　　　　　　　　　　　　　　　第3編　第2章　契　約

そして，業務執行規定が準用されることとの関係上，業務執行に関する別
段の定めが清算事務の意思決定と意思執行にもスライドするか否かが，問題
となる。この点については組合契約における意思解釈の問題だというほかな
いが，組合存続中に業務執行につき全員一致の定めがあっても，それは清算
事務には適用されないとした裁判例がある（東京高判昭32・8・5下民集8巻8号
1452頁〔組合員の不和によって全員一致の業務執行が不可能となり，解散請求が認めら
れた事案〕）。学説も，清算段階では業務執行段階とは組合員間の利害が異な
ることを根拠に，この裁判例を支持している（新版注民(17)187頁〔菅原〕）。

(2)　清算人を定めた場合

定められた清算人について，業務執行者の業務執行規定に準じて，業務執
行が行われる（686条により670条3項〜5項・670条の2第2項3項を準用）。

この場合も，業務執行者が清算人にスライドするわけではない以上（一1
(2)(イ)），業務執行に関する定めがスライドしない点は清算人を定めない場合
と同じだと思われる（一(1)）。

〔西内康人〕

（清算人の業務の決定及び執行の方法）
第686条　第670条第3項から第5項まで並びに第670条の2第2項
及び第3項の規定は，清算人について準用する。

〔改正〕　本条＝平29法44全部改正

> （清算人の業務の執行の方法）
> 第686条　第670条の規定は，清算人が数人ある場合について準用する。

I　本条の意義

本条は，清算人の業務執行につきその意思決定手続や意思執行手続に業務
執行者の規律を準用する条文である。

なお，本条を含め，清算規定は任意法規である（一§685 I）。

II 本条適用の要件

本条適用の要件は，前条に従い清算人が定められたこと，別段の定めがないことである。

このうち，別段の定めがないこととの関係では，業務執行に関する別段の定めが当然に清算事務に関する別段の定めに当たるかどうか，問題となりうる。この点は否定的に解する余地があろう（→§685 III 2(1)）。

III 本条適用の効果

本条適用の効果は，670条3項〜5項と，670条の2第2項・3項を準用することである。そのため，以下の記述は基本的に，当該条文で述べたことに準じて考えられる。

1 清算人の業務執行権限

清算人の業務執行権限について問題となるのは，代理権の有無と訴訟に関する権限である。

(1) 代理権の有無

清算人は清算事務の範囲内で，組合員全員を代理する可能性が認められてきた（大判大14・5・2民集4巻238頁）。このような解釈は，670条の2が準用されていることから維持される。

(2) 訴訟権限

清算人の訴訟権限は，基本的に業務執行者のそれと同様に考えられよう（→§670の2 IV）。

ただし，清算人の任意的訴訟担当適格を否定した判例（最判昭37・7・13民集16巻8号1516頁〔農産加工組合の清算人に選任された組合員が，別の組合員に対して，対外的に受領した金銭の引渡請求をした事案〕）には注意が必要である。後に，業務執行者の任意的訴訟担当適格を認めた判例（最大判昭45・11・11民集24巻12号1854頁）により判例変更されたものの，どの範囲で判例変更が生じたとみるべきかは，解釈問題であろう。

2 組合員側の監視権

清算人が業務執行者と同様の権限を持つことに対応して，残余の組合員に

§*687* I〜III　　　　　　　　　　　　　　　　第3編　第2章　契　約

は清算事務を監視する権限を認める見解がある（673条類推による。我妻・中II
850頁，新版注民(17)193頁〔菅原菊志〕）。

〔西内康人〕

　　　（組合員である清算人の辞任及び解任）
　第687条　第672条の規定は，組合契約の定めるところにより組合員
　　の中から清算人を選任した場合について準用する。
　　　　〔改正〕　本条＝平29法44改正

　┌─────────────────────────────────
　┊　（組合員である清算人の辞任及び解任）
　┊　第687条　第672条の規定は，組合契約で組合員の中から清算人を選任
　┊　した場合について準用する。
　└─────────────────────────────────

I　本条の意義

　本条は，組合契約により選任された清算人につき，その辞任と解任の要件
を672条に準じて加重するものである。
　なお，本条を含めた清算規定は任意法規である（→§685 I）。

II　本条適用の要件

　本条適用の要件は，清算人が組合契約により選任されたことである。
　この清算人が組合契約により選任されたこととの関係では，組合員からの
黙認によって清算事務をしている場合は本条に当たらないとした裁判例があ
る（東京控判大7・1・30新聞1393号23頁）。

III　本条適用の効果

　本条適用の効果は，委任の場合に比べて清算人の辞任要件と解任要件を加
重することである（詳細は，→§672）。

616　〔西内〕

第12節　組　合　　　　　　　　　　　　　　§*688*　I～III

なお，清算人解任請求に関する会社法648条3項（会社法制定前商法132条2項）は準用不可能である（高松高判昭38・3・5判タ142号134頁）。

〔西内康人〕

　（清算人の職務及び権限並びに残余財産の分割方法）
第688条①　清算人の職務は，次のとおりとする。
　一　現務の結了
　二　債権の取立て及び債務の弁済
　三　残余財産の引渡し
②　清算人は，前項各号に掲げる職務を行うために必要な一切の行為をすることができる。
③　残余財産は，各組合員の出資の価額に応じて分割する。
　　〔改正〕　①＝平18法50全部改正　②＝平18法50新設　③＝平18法50移動
　　　　　　（②→③）

I　本条の意義

　本条1項と2項では，清算人が，どのような内容につきどのような権限を持つか定めている。また，本条3項は残余財産が分配される際の基準を定めている。

　なお，本条を含め清算規定は任意法規である（→§685 I）。

II　本条適用の要件

　本条適用の要件は，1項，2項については清算人が選任されたことである。また，3項については，残余財産が存在することである。

III　本条適用の効果

　本条適用の効果は，清算人の職務権限を発生させることと，残余財産分配

〔西内〕　617

§*688* Ⅲ　　　　　　　　　　　　　　　　　　　　　　第3編　第2章　契　約

に関する比率を定めることである。この具体的内容が問題となるほか，こう
した職務権限を超えた清算人の行為についての効果が問題となる。

　なお，残余財産分配比率は，清算人を定めない場合でも問題となるものの，
清算人の職務権限のうちの残余財産分配と関連することから，その箇所で論
じる（→1(4)）。

1　清算人の職務範囲

　清算人の職務の範囲は，本条1項と2項で以下のものに限定されている。

(1)　現務の結了

　本条1項1号は，現務の結了が清算人の職務に入ると定めている。

　ここで「現務の結了」とは，「解散当時までの取引その他の業務に結末を
つけること」である（新版注民(17)189頁〔菅原菊志〕）。新たな法律行為をする
ことも，このために必要であれば含まれる。

　現務の結了の特殊な例として，組合の解散後，組合財産に関する仮処分取
消しの申立てをすることは，現務の結了に含まれるとした裁判例もある（大
判大8・1・25民録25輯89頁）。

(2)　債権の取立て

　本条1項2号は，組合債権の取立てが清算人の職務に入ると定めている。

　ここにいう「取立て」には，相殺，和解，債権の譲渡換価，取立てのため
の為替手形の振出し，抵当権の実行も含む（新版注民(17)189頁〔菅原〕）。また，
履行期未到来債権や条件付き債権については，換価による回収可能性が認め
られている（新版注民(17)189頁〔菅原〕）。

　なお，物の出資や金銭出資の取立てがここに含まれるか否かにつき争いが
あり，肯定説（我妻・中Ⅱ847頁，新版注民(17)189頁〔菅原〕）と否定説（三宅・下
1185頁以下）に分かれている。

(3)　債務の弁済

　本条1項2号は，組合債務の弁済が清算人の職務に入ると定めている。

　ここにいう「弁済」には，弁済に必要な原資を確保する行為も含まれうる
（厳密にいえば，本条2項の範囲であろう）。たとえば，期限未到来の債務につい
て，弁済に必要な財産を保留することを含める見解がある（三宅・下1186頁）。
また，弁済に必要な原資を確保するために，出資請求未履行の組合員がいる
場合には，履行期の定めを問わず，会社法663条（会社法制定前商法126条）の

618　〔西内〕

第12節 組 合 　　　　　　　　　　　　　　　§ *688* Ⅲ

準用により，出資の履行請求ができるとする説がある（新版注民(17)189頁以下〔菅原〕）。さらに，組合財産が債務を弁済するに足りない場合，損失分担割合に従い負担額取立てができるとする説（我妻・中Ⅱ848頁，新版注民(17)190頁〔菅原〕）もある（→§681 Ⅳ）。

「弁済」との関係で争いがあるのは，組合債権者が清算中に債務弁済を請求せず，組合債務を弁済せずに清算を結了した場合に，清算人は責任を負うかという問題である。この問題については，否定説（三宅・下1186頁は清算が組合員のための事務であることを理由にこれを否定）と，肯定説（我妻・中Ⅱ847頁以下は肯定するが，我妻・中Ⅱ846頁では三宅と同様に清算が組合員のための事務であることを前提とした記述があり，三宅が批判するようにその部分の記述と矛盾する可能性がある）がある。

(4) 残余財産の引渡し

本条1項3号は，残余財産の引渡しが清算人の職務に入ると定めている。また，その比率については，3項で出資額を基準とすると定めている。問題となるのは，残余財産の意義，残余財産に関する清算人の職務権限，そして，分配比率の決定方法である。

(ｱ) 残余財産の意義　　残余財産の意義については，脱退時の残余財産分配と同様に争いがある。

通説は，残余財産につき組合債務を弁済した残りであると定義する（我妻・中Ⅱ848頁，新版注民(17)190頁〔菅原〕）。この立場は，脱退時残余財産の意義につき純資産説を採用する通説に対応する（→§681 Ⅱ2）。これに対し，出資償還を残余財産分配として行い，これを行って残余があれば利益，不足があれば損失と考える説もある（三宅・下1187頁以下。利益部分の分配は674条による）。

(ｲ) 残余財産の引渡しに関する清算人の権限　　清算人が残余財産引渡しに関して持つ権限としては，次の3点が問題となる。

第1に，分配率の決定である。こうした分配率決定は，別段の合意がない限り，清算人の権限には入らず，また，清算人の過半数をもって決定することもできないと解されている（新版注民(17)191頁以下〔菅原〕）。この点につき，次の(ｳ)で見るのと違った比率を定めるには，組合員全員の合意によるべきであるとされる（新版注民(17)192頁〔菅原〕）。

〔西内〕　619

§*688* **III**   第3編　第2章　契　約

　第2に，分配率に従った引渡しの時期である。この点については，清算人
は組合債権者または組合員の権利を害しない限り，清算の中途においても，
組合財産を組合員に分割可能であるとされる（新版注民(17)191頁〔菅原〕）。

　また，以上のように引渡しの時期について裁量を持つこととの関係で，清
算につき争いが生じた場合に，258条類推で処理できるか否か争われている
（我妻・中Ⅱ849頁や新版注民(17)192頁〔菅原〕は賛成。三宅・下1188頁は共有物分割
ではないことを理由に批判。横浜地判昭59・6・20判タ539号357頁も参照〔2人の医師
による組合で，1人が脱退し，清算手続に入ったにもかかわらず，清算が行われず，258
条類推が認められた例〕）。

　第3に，代理権の有無である。この点との関係で，清算人が清算のために
組合財産を処分する権限は，肯定説（大判大12・7・14民集2巻491頁）と否定
説（新版注民(17)192頁〔菅原〕）がある。

　(ウ)　分配比率決定方法　　分配比率決定方法については，営利と非営利を
分けて論じる必要がある。

　　(a)　営利団体の場合　　ここでは，脱退の場合と同様に，損益分配比率
（674条）と出資比率（688条3項）が異なる場合に，どちらに依存して残余財
産分配比率が定まるか，問題となる。

　起草者である富井政章や梅謙次郎（法典調査会民法議事38巻95丁表以下・101
丁裏以下）は，利益や損失と残余財産との区別を前提として，残余財産のみ
が出資割合に従うとしているようである（利益・損失は別段の定めがあればそれ
による）。ただし，富井は利益と残余財産の区別がつかない場合には，利益も
含めて出資割合に従って分けられるのだという。そして，利益と残余財産と
の区別は通常困難であるので，この立場からは本条3項が機械的に適用され
ることになろう。

　これに対し，損益分配比率が出資比率と異なる場合には，損益分配比率に
従って残余財産分配を行うとの別段の合意を認定する方向も，考えられる
（→§681Ⅲ1(2)）。というのは，本条3項は任意法規であり，また，営利団体
において利益分配比率と残余財産分配比率を異ならせることが組合契約当事
者の通常の意思だとは考えがたいからである。むしろ，これらを別にすると
の別段の合意がない限りは，両者は一致すると考えるべきであろう。

　なお，上記いずれの考えを採用するとしても，出資比率が明確でない場合

620　〔西内〕

第 12 節　組　合　　　　　　　　　　　　　　§*688*　III

には，損益分配比率から出資比率の推定が行われうる（→§667 II 1 (2)(ウ)(b)）。

　(b)　非営利団体の場合　　非営利団体の場合は，次の3点が問題となる。

　第1に，そもそも，残余財産分配が非営利性に反しないのか，という問題である。これについては，前述したように（→§667 III），一般社団法人の基金返還が非営利性に反しないことを考慮すれば，基金返還を超えない程度の返還であれば非営利性に反しないと見る余地があろう（なお，権利能力なき社団に関してではあるが，本注釈と同様に基金制度との関係を考える必要性を説くものとして，佐久間毅・民法の基礎1——総則〔4版，2018〕382頁，大村敦志・新基本民法2——物権編〔2015〕172頁のほか山本・総則522頁も参照）。

　第2に，一定程度分配が許容されるとして，比率をいかにして決定するかという問題である。これは，本条3項が適用されることになろう。これに対し，674条2項による損失分担割合からの推定は許されないというべきである。というのは，ここでの残余財産分配は利益分配ではないからである。

　第3に，上記第1と第2の基準によって帰属先が決まらない財産につき，どのような準則に従って残余財産帰属を決定するかである。これが問題となるのは，誰にどの程度残余財産が帰属すべきかに関する意思決定は，清算人の職務に属さず，組合員の全員一致を要すると考えられるからである（→(イ)）。このため，意見がまとまらず帰属先が決まらない問題が生じる。この問題への対処としては，少なくとも2つの可能性がある。1つは，民法の清算規定に完全に従わざるを得ないと考える可能性である。もう1つは，一般社団法人及び一般財団法人に関する法律239条を準用することである。特に，組合契約で残余財産の最終的な帰属先が定められていない場合に，その処理に同条2項，3項を使えるか問題となる。たとえば，同条2項に関しては，特に剰余金の部分につき，第三者へ寄付を行うことを決議で決定できるか問題となろう。また，同条3項については，利益部分を含め帰属先が決まらない部分は，当然に国庫に帰属する処理を認める余地が考えられる。この同条の準用の可否，特に同条3項の準用の可否を考えるにあたっては，規定の趣旨をどのように理解するかが問題となろう（たとえば，最終的な国庫帰属の趣旨を，構成員から独立した法人に帰属した財産が，法人消滅に伴い無主の財産になることを防ぐことだと考えるなら，法人以外の団体への準用は慎重であるべきである。他方，最終的な国庫帰属の趣旨を，構成員への分配を禁じるという非営利性の尊重のためだと考えるなら，

〔西内〕　　621

§*688* Ⅲ

第3編　第2章　契　約

法人以外の団体にも趣旨が妥当することになろう）。

(5)　その他清算を行うために必要な一切の行為

本条2項は，1項を補充して，清算を行うために必要な一切の行為を行うことを認めている。この範囲を定めるにあたっては，1項各号で定められた行為が要請される趣旨を考える必要があろう。

2　職務範囲を超えて行為した場合

清算人が職務範囲を超えて行為した場合，670条や670条の2の違反で述べたことと同様の効果が発生すると考えられる（→§670Ⅲ，§670の2Ⅲ）。

〔西内康人〕

第13節　終身定期金　　　　　　　　　　　　　　　　　　　　§*689*　I

第13節　終身定期金

（終身定期金契約）

第689条　終身定期金契約は，当事者の一方が，自己，相手方又は第
三者の死亡に至るまで，定期に金銭その他の物を相手方又は第三者
に給付することを約することによって，その効力を生ずる。

〔対照〕　フ民 1968-1973，ド民 761

細　目　次

I　本条の位置づけ ……………………623
　1　射倖契約（リスク移転型契約）とし
　　ての典型契約規定——賭事，終身定期
　　金，和解—— ………………………623
　2　射倖契約とは何か………………625
　　(1)　射倖契約の定義 ………………625
　　(2)　射倖契約の要素——出捐の不確実
　　　性と損益の不確実性—— …………626
　　(3)　射倖契約と条件付法律行為（契
　　　約）…………………………………627
　　(4)　実定・射倖契約の実益 …………627
　　(5)　射倖契約とコーズ論との関係 ……630
　　(6)　射倖契約の分類 ………………630
II　終身定期金契約の意義 …………631

　1　終身定期金契約とは………………631
　2　終身定期金契約の性質……………632
　　(1)　有償契約・無償契約 ……………632
　　(2)　実定契約・射倖契約 ……………632
　　(3)　要式契約・不要式契約 …………633
　　(4)　諾成契約・要物契約 ……………633
　3　民法（債権法）改正における議論……633
III　類似の法制度 ……………………633
　1　年金制度……………………………633
　2　保　険 ……………………………634
　3　リバースモーゲージ ……………634
　4　終身扶養契約 ……………………634
IV　判　例 ……………………………635

I　本条の位置づけ

1　射倖契約（リスク移転型契約）としての典型契約規定——賭事，終身定
　　期金，和解——

　民法典は，契約当事者の要素的効果意思を類型化することによって，各々
の典型契約を規定するが，今日ではこれをいくつかのグループに分けて捉え
ることが一般的である。例えば，財産権移転型（贈与，売買，交換），貸借型

〔西原〕　　623

§*689* I　　　　　　　　　　　　　　　　　　　　第3編　第2章　契　約

（消費貸借，使用貸借，賃貸借），労務提供型（雇用，請負，委任，寄託）といった具合である。

　そうして，終身定期金契約には，組合，和解と共に，「その他」の典型契約という呼称を与え，これに独自の意義を見出さないという捉え方が近年の見解である（注民(14)2頁〔柚木馨＝高木多喜男〕）。

　また，終身定期金契約は，他の典型契約と比較をした場合，その実例に乏しいこともあって，その存在自体に疑問が呈されることも多い。実際，終身定期金契約については，「わが民法における有名契約中の『蛇足』と化し去つたかの観さえある」（沼正也「終身定期金契約」契約法大系V 240頁）との見解も存在した。これを受けてか，民法（債権法）改正の議論にあっては，終身定期金契約の規定を単純に削除すべきであるとする立法提案も見られたところである（一II 3）。しかしながら最終的に，削除案は採用されず，結果的には既存の規定内容に変更が加えられることがないまま，現行法となるに至っている。

　このように，終身定期金契約に対しては，典型契約からの削除案まで登場しながらも，それが実現しなかったということは，2つのことを示唆している。その第1は，確かに終身定期金は実務的な意味での実益に乏しいとはいえ，理論的な重要性はいまだに存在しているのではないか，という点であり，第2は，民法（債権法）改正作業にあっては，既存の規定を超えるまでの説得力ある立法案を提示することができなかったということである。しかしながらいずれにせよ，こうした2点についての解答を得ようとするのであれば，現行民法典上での終身定期金の位置づけに対する検討は必要不可欠だといえよう。

　この点，明治時代の民法典編纂期には以下のように考えられていたようである。すなわち，旧民法財産編301条および旧民法財産取得編157条以下には，当時のフランス民法1104条および同1964条以下に影響を受けたと思われる射倖契約（les contrats aléatoires）に関する規定を置いているが，そこでは射倖契約の定義および，各種の射倖契約として，博戯および賭事，終身定期金について規定を置いていた。その後，明治31年（1898年）施行の民法典制定作業にあっては，早くから「射倖契約」という用語を法典上では用いないという立法的選択がなされ（法典調査会民法議事〔近代立法資料5〕40頁以下），そ

624　〔西原〕

第 13 節　終身定期金　　　　　　　　　　　　　　　　§*689* I

の上で，組合に続く典型契約として，終身定期金，賭事，和解という 3 つの典型契約を規定していた（法典調査会第一議案〔近代立法資料 13〕268 頁以下）。このうち賭事については，最終的にはわが国の典型契約の規定としては削除されており，終身定期金，和解のふたつが典型契約の規定として遺された。これに加え，起草委員の一人である梅謙次郎は，和解を射倖契約の一種として理解していた（Oumé Kendjirō, De la transaction, thèse pour le doctorat, 1889（rep. 2002, Shinzansha）, nos 290 à 296, 梅謙次郎・日本民法和解論完〔復刻版，2001〕24 頁以下，西原慎治「和解と射倖契約論 ── 梅謙次郎博士の所説を起点として ──」久留米大学法学 68 号〔2013〕1 頁以下）点を併せ考えるのであれば，わが国の「その他」の典型契約は，いま，組合を仮に団体形成型契約と呼ぶとする（我妻・中 I 220 頁）と，これに加えて，終身定期金，和解という射倖契約（リスク移転型契約）という位置づけが与えられるべきだということになる（西原 1 頁）。

　本書における叙述の基本的な考え方はこうした典型契約の理解に立脚するものである。しかしながら，従来このような理解が一般的でなかったのは，わが国においては射倖契約という概念に対する共通の理解の乏しさがその原因であろうかと思われる。したがって，以下では，終身定期金を理解する上で必要な範囲で，射倖契約について概説する。

2　射倖契約とは何か

(1)　射倖契約の定義

　明治期の法典編纂期において，フランス法上の les contrats aléatoires をどのように邦語訳するのかを巡っては，二転三転する議論ののち，ようやく射倖契約との定訳を得るに至るが，今日では，これを一方または双方の当事者の契約上の具体的な出捐義務が発生するか否かまたはその大小いかんが，偶然の出来事によって左右され，したがって当事者のなす具体的な出捐相互間の均衡関係が偶然によって左右される契約と定義づけるのが一般的である（大森忠夫・保険法〔補訂版，1985〕84 頁参照）。この定義によれば，射倖契約とは，以下の 2 つの要素を併有する契約であることになる。すなわち，「当事者の契約上の具体的な出捐義務が発生するか否かまたはその大小いかんが，偶然の出来事によって左右される（出捐の不確実性）」と，その結果としての，「当事者の具体的な出捐相互間の均衡関係が偶然によって左右される（損益の不確実性）」である。

〔西原〕　　625

§689 I 第3編 第2章 契約

(2) 射倖契約の要素 —— 出捐の不確実性と損益の不確実性 ——

このうち，前者すなわち「出捐の不確実性」については，契約に基づく給付のあり方を特徴づけているということができる。すなわち，伝統的には給付は，与える給付（dare）と為す給付（facere）に分類されることが多いが（我妻栄・新訂債権総論〔1964〕24頁），今日では，これらに担保する給付（praestare）も加えて議論される（新版注民(10) I 96頁〔金山直樹〕）こともある。こうした考え方を踏まえれば，「出捐の不確実性」とは，担保する給付が契約構造に挿入されるという意義を有するものである。例えば，宝くじを購入するといった射倖契約の場合，そこで購入者が受ける給付は，当選金を内容とする金銭債権そのものではなく，当選するというチャンスそのものを給付として捉えるということを意味する。次に，後者の「損益の不確実性」とは，当該契約の最終的な損益については，契約当初には当事者からはうかがい知ることができないということである。例えば，1200万円の支払を対価として，相手方の死亡に至るまで毎月10万円を支払い続けるという単純な終身定期金契約の場合，利息等の条件を全て除外して考えると，終身定期金債務者は年額120万円，10年間で1200万円の支払義務を負担することになるのだから，10年未満で相手方が死亡するのであれば，終身定期金債務者が得をして，相手方が損をすることになる。これに対して，10年を超えて相手方が生存したというのであれば，終身定期金債務者が損をして，相手方が得をする関係となる。しかしながら，最終的に当事者のいずれが得をして，損をするのかは，契約当初には不確実である。これが「出捐の不確実性」を前提とした「損益の不確実性」の意味するところであり，こうした2つの不確実性を含む契約が，ここで言うところの射倖契約である（西原17頁以下）。

したがって，上述の定義を前提とすると，射倖契約は実定契約に対立する有償契約の細分類である。少なくともこの意味では，無償の射倖契約はありえない（ただし，→(6)(ア)）。

なお，付言すると，保険契約を念頭に置いた議論ではあるが，上記の「出捐の不確実性」を危険負担給付と解し，その民法典上の根拠を，「条件が成就した場合にその法律行為から生ずべき相手方の利益」（128条），「条件の成否が未定である間における当事者の権利義務」（129条），つまり講学上期待権と称される財産法上の権利に求める考え方がある点は，民法学と保険契約

626 〔西原〕

第13節　終身定期金 §*689*　I

法学との架橋を考える上で一定の示唆を与えている点には注意すべきであろ
う（倉澤康一郎・保険契約の法理〔1975〕17頁・177頁，鈴木達次「射倖契約の法的構造
に関する一考察」法学政治学論究30号〔1996〕251頁以下）。

(3)　射倖契約と条件付法律行為（契約）

このように，射倖契約は条件付法律行為（127条以下）と類似した法構造を
有するが，この両者の異同についても，簡単に分析しておく必要がある。

古くから射倖契約の例として挙げられてきた契約類型に，投網の売買（la
vente d'un coup de filet）や青田買い（la vente d'une récolte sur pied）がある。たと
えば，投網の売買を例にとると，これは，あらかじめ漁師が漁に出る前に，
買主との間で当該漁によって獲れるであろう魚を全て売り渡すという契約で
ある。このとき，例えば，漁獲量に応じて1kgあたり100円といった形で
売買代金を決定したというのであれば，買主としては，漁獲量に応じて代金
を支払うのみでよい。こうした売買は，ローマ法上，期待物の売買（emptio
rei speratae）と呼ばれてきており，これは日本民法上の位置づけとしては，
条件付法律行為（契約）である。これに対して，漁獲量の大小にかかわらず，
あらかじめ一定額で売買する場合，そこで取引の対象となっているのは，ひ
とつのチャンス（担保する給付）であり，この契約は希望の売買（emptio spei）
と呼ばれてきており，これが射倖契約という契約カテゴリーということにな
る（西原50頁以下）。

このような例から理解されるように，射倖契約と条件付法律行為はいずれ
も一定の事件の成否によって当事者の権利義務関係が変動するという共通項
があるものの，リスク移転という側面から見れば，この両者は本質的に異な
ることになる。これはわが国の条件付法律行為は法律行為に付された条件を
念頭に置くために，例えば，停止条件付双務契約の場合，条件成就によって
当事者双方の債権債務関係が同時に具体化されるという法構造に由来するも
のであるということができる（倉澤・前掲書167頁）。つまり，終身定期金は，
和解と共に，リスク移転型契約に関する典型契約であると言いうるわけであ
る。

(4)　実定・射倖契約の実益

与える給付と為す給付のみから構成される実定契約と，少なくとも担保給
付（危険負担給付ないし期待権の給付）が含まれる構造である射倖契約とを区別

〔西原〕　　627

§689 Ⅰ

第3編　第2章　契約

することの実益について，実定・射倖契約を有償契約の細分類として捉える
フランス法では，概要以下のように説明してきた。すなわち，契約当初より，
契約当事者双方が何を与え，何をなすのかが定まっている実定契約の場合で
あれば，暴利行為（レジオン）に基づく取消訴権の適用を受けることがあり
うるが，それが定かではない射倖契約にあっては，暴利行為に基づいて取消
訴権が行使されることはありえない，ということである。このことを比喩的
に例を挙げて説明すると，以下のようになる。すなわち，たとえば通常100
円で購入できるパンを1万円で販売したという実定契約の場合，それは買主
に対する暴利行為であると評価されうるために，買主は当該契約を取り消す
ことが認められる。これに対して宝くじの売買といった射倖契約の場合には，
100円で購入した宝くじが，当選したことによって1000万円の金銭債権と
なったとしても，それは契約当初から当事者間の合意内容であったために，
そこに暴利行為は観念できず，当該契約が取り消されることはない。このこ
とをフランス法では，「偶然性はレジオンを排除する（L'aléa chasse la lé-
sion）」と表現してきた（西原79頁以下）。つまり，何を与えるか，あるいは
何を為すのかが契約締結当時より明らかな実定契約にあっては，ある有償取
引が，その対価との関係で暴利と評価されることがありうるが，約定の事件
の成否によって当事者の損益が変動しうる射倖契約にあっては，この意味で
の暴利はありえない。このように，暴利行為（レジオン）に基づく取消しの
有無を決するメルクマールとして，有償契約を実定・射倖契約という2つに
分類した点に，射倖契約独自の意義を持たせていたわけである。

　しかしながら，フランス民法典制定以降にあっても，たとえば定期金の額
が，当該定期金の元本から得られる収益よりも低いような終身定期金の設定
といった場合，つまり一種の暴利的な終身定期金設定のケースにあっては，
当該契約の効力を否定する必要性に迫られた。この場合，ある者の死亡がい
つであろうと，終身定期金設定者が損をし，債務者が得をすることに変わり
はないために，契約当初から当事者には損益の不確実性が存しないのである。
そこで，フランス破棄院は，こうした暴利的な終身定期金契約の効力を否定
するという判例法を形成し，こうした流れは現在に至っている。その結果，
少なくとも19世紀末のフランスの学説にあっては，実定・射倖契約の区別
をレジオンの適用の可否に求める見解に疑義が生じることとなった（西原79

628　〔西原〕

第13節　終身定期金　　　　　　　　　　　　　　　　　　　§*689*　I

頁以下）。

　わが国の明治31年（1898年）施行の民法典は、こうした学説の流れの影響
を強く受けている。すなわち、実定・射倖契約についての定義規定のほか、
暴利行為に基づく取消訴権に関する規定を置いていたボワソナード民法典草
案の立場とは一転し、実定・射倖契約についての定義規定や暴利行為に基づ
く取消訴権の規定を置かなかった。そうして、明治31年施行の民法典のも
とでは、この機能は、民法90条が担うこととなったわけである。しかしな
がらこのような日本法の流れは、無意識のうちではあったにせよ、射倖契約
は一般に、公序良俗に反する事項を目的とする法律行為であるとして無効で
あるという誤謬を形成することになるのである。つまり、射倖契約と賭博が
同意義だとすると、同じく射倖契約の一種である保険契約も一律に民法90
条違反となるはずであるが、これが不当であることは明らかである（反対説
として、森田果「射倖契約はなぜ違法なのか？」NBL849号〔2007〕35頁以下参照）。こ
のことに加えて、議論を混乱させるもう1つの原因は、「賭博」概念につい
てである。大陸法体系にあっては、博戯（jeu, Spiel）、賭事（pari, Wette）とい
ったそれぞれの個別の典型契約が存在し、立法政策によってそれらを無効と
する規定を置く。わが国にあっても、旧民法典（明治23年）にあっては、こ
れら両者を無効とする旨の規定を置くが、現行民法典の直接の原型と評価で
きる明治31年民法典の草案にあっては、「賭事」に関しての規定が置かれて
いた点については注意が必要である。最終的にこの規定案は民法典に採用さ
れなかったとはいえ、そこでは、「賭事ハ法令ニ於テ之ヲ禁セサル場合ニ限
リ其効力ヲ有ス」と規定がなされていた（西原265頁）。こうした経緯からす
れば、わが国の民法典の解釈論としても、博戯、賭事といった個別の無名契
約の存在は措定しえても、賭博自体に、当事者の要素的効果意思から導かれ
る明確な定義は見出せないわけであり、あってもそれはせいぜい民法90条
によって無効となる射倖契約である、という程度の意味しか有さない。した
がって、改正前フランス民法典1964条が列挙するとおり、射倖契約のカテ
ゴリーに含まれる契約に博戯・賭事、終身定期金、保険、冒険貸借等の類型
が認められるという意味での概念の整理が適切であるといえるし、その意味
で、現行民法典上の解釈論としては、「著しく射倖的な」（傍点西原）法律行
為のみが無効として取り扱われることになるだろう（我妻栄・新訂民法総則

〔西原〕　629

§*689* I　　　　　　　　　　　　　　　　　　　第3編　第2章　契　約

〔1965〕282頁）。

(5)　射倖契約とコーズ論との関係

ところでフランスにおいては，20世紀中葉に入り，実定・射倖契約を区別する実益として，これをコーズ論との関係で理解する見解が登場する。その内容を簡潔に表現すると，射倖契約は実定契約と同様に，契約の一般ルールに服するものの，射倖契約は実定契約とは異なった合意構造を有しているのであるから，合意の有効要件もそれに応じて分析しなければならない，というものである（西原92頁以下）。その具体例をいくつか挙げると，①射倖契約には，その合意の中に偶然性（aléa）が挿入されているわけだから，不確実性が存在しなければならず，不確実性を欠く契約は，そもそも無効である，②損益の不確実性を欠く射倖契約は，無効である，③射倖契約における不確実性には，当事者の当該事件の発生についての不知に求める立場（主観的偶然性）と，当該事件が客観的に発生していないことに求める立場（客観的偶然性）があるが，主観的偶然性を原則とすべきである，④射倖契約にあっては，当事者双方に平等に不確実性を有していなければならず，この平等性が崩れると，合意の無効あるいは免責といった効果が生じる，といったものである。こうした見解は，日本民法典の解釈論としては，終身定期金のみならず，幅広い適用領域を持つといえよう（例えば128条～134条・448条・平29改正前570条（瑕疵担保責任）・572条（瑕疵不担保特約の無効）・693条・696条等）。

(6)　射倖契約の分類

(ア)　射倖契約と準射倖契約　　(2)の通り，射倖契約とは「出捐の不確実性」を前提とした「損益の不確実性」をいうものであるが，これに対して，わが国にあっては，このうちの前者，すなわち「出捐の不確実性」のみをもって射倖契約とする見解もある（鳩山・上12頁など）。これはボワソナードの理解する射倖契約の定義でもあった（西原175頁以下）。これを準射倖契約と呼ぶ。射倖契約は有償契約を前提とした概念であるが，準射倖契約概念に立脚した場合には，有償・無償の射倖契約がありうることとなり，その結果，条件付契約，担保権設定契約，保証契約までもがこのカテゴリーに含まれることになる（西原10頁，なお，棚田良平・保険契約の法的構造〔1984〕575頁以下，野村豊弘「フランスにおける終身定期金（rentes viagères）制度について」北村一郎編集代表・現代ヨーロッパ法の展望〔1998〕300頁以下参照）。

630　　〔西原〕

第 13 節　終身定期金　　　　　　　　　　　　　　　　　　　§*689*　**Ⅱ**

　(イ)　本来的射倖契約と付加的射倖契約　　射倖契約の中には，博戯・賭事，有償終身定期金契約，冒険貸借契約，保険契約のように，当該典型契約の要素的効果意思が射倖契約としての構造を有することになるものがあり，これを本来的射倖契約という。これに対して，前述の投網の売買のように，通常は実定契約であるが，当事者がリスク移転の効果意思を挿入することによって，射倖契約となる類型があり，これを付加的射倖契約という（西原184頁）。

　(ウ)　本質的射倖契約と付随的射倖契約　　射倖契約の中には，当事者の主たる効果意思が射倖契約としての性質を有せざるを得ない類型（本質的射倖契約）と，当事者の従たる効果意思（特約）が射倖契約としての性質を有する類型（付随的射倖契約）がある。前者の例としては，本来的射倖契約の例として挙げたものと同様であるが，後者の例としては，危険負担，瑕疵担保責任（平29改正前570条以下），賃貸借契約における定額補修分担金特約（例えば，京都地判平20・4・30判タ1281号316頁）がある（西原184頁）。

　(エ)　個別的射倖契約と団体的射倖契約　　射倖契約の中には，賭博や終身定期金のように，一対一での取引を念頭に置いた個別的射倖契約と，保険契約のように，保険会社（保険者）と多数の顧客が保険団体を形成し，同一内容での多数の契約の成立を前提としている団体的射倖契約がある。団体的射倖契約は，大数の法則に基づく料率算定によって，契約内容を定型化・均一化することが可能となり，そこでの契約は本質的に附合契約としての性質を有せざるを得ない（西原11頁）。この点，保険契約にあっては，「一定の事由の発生の可能性に応じたものとして」（保険2条1号）保険料を支払う合意なのであるから，これは団体的射倖契約を念頭に置いていることがわかる。団体的射倖契約にあっては，附合契約としての性質を有することから，団体としての拘束力に基づく効果が生じる余地の検討が必要になるだろう。

Ⅱ　終身定期金契約の意義

1　終身定期金契約とは

　終身定期金契約は，当事者の一方が，自己，相手方または第三者の死亡に至るまで，定期に金銭その他の物を相手方または第三者に給付することを約することによって成立する（689条）。

〔西原〕　　631

§689 II 第3編 第2章 契約

契約によって対象とされる者については，契約当事者であっても構わないし，契約当事者以外の第三者であってもよい。また，定期金債務者が定期金設定者に対して出捐するのは，金銭その他の物である。したがって，「定期金設定者の死亡に至るまで身辺の介護をする」といった合意は，本条が規定する終身定期金契約ではなく，終身扶養契約という無名契約であることになる（→Ⅲ4）。

2 終身定期金契約の性質

(1) 有償契約・無償契約

本条は，対価の有無について規定していないために，終身定期金契約は，有償・無償のいずれもありうる。有償契約の場合には，原則として売買の一般規定が準用されることになるだろう（559条）。

問題となるのは，無償の終身定期金契約については，贈与の規定（549条以下）が準用されるのか否かという点である。この点，贈与を無償契約の一般ルールを定めたものであるという理解のもと，559条とはパラレルのルールが存在すると考えるのであれば，無償契約には一般に贈与の規定が準用されることになるが，贈与は与える給付を念頭に置いた典型契約であるという理解のもと，リスク移転型契約の一種である終身定期金契約にあっては，担保する給付が念頭に置かれているのであるから，そこには類推の根拠たりうる共通性がないと考えるのであれば，必ずしも終身定期金契約に贈与の規定が準用されることはないこととなる（西原慎治「無償の終身定期金契約と贈与契約の拘束力との関係について──その撤回可能性を巡って──」岸田雅雄古稀・現代商事法の諸問題〔2016〕849頁以下）。この点については，贈与の節に定められた各規定に関しての個別具体的な検討の積み重ねによって解決を図るべきであろう。

(2) 実定契約・射倖契約

終身定期金契約は，少なくとも有償のそれにあっては，射倖契約の一種である。無償の射倖契約は厳密には射倖契約とは言えない（これと異なる見解として野村豊弘「フランスにおける終身定期金（rentes viagères）制度について」北村一郎編集代表・現代ヨーロッパ法の展望〔1998〕参照）。

また，終身定期金契約は，個別的射倖契約を念頭に置いた規定である。団体的射倖契約としての終身定期金契約を締結しても原則として有効であることには変わりないが，その場合には，解釈上，団体としての拘束力に基づく

第13節　終身定期金　　　　　　　　　　　　　　　　　　　　§*689*　Ⅲ

効果が生じる余地があるだろう。

(3)　要式契約・不要式契約

本条は，契約の成立に一定の方式を必要とする旨の規定ではないことから，終身定期金契約は，不要式契約であると言える。

(4)　諾成契約・要物契約

本条は，契約の成立に物の交付を必要とする旨の規定ではないことから，終身定期金契約は，諾成契約であると言える。

3　民法（債権法）改正における議論

民法（債権法）改正作業にあっては，まず，終身定期金契約そのものの位置づけが議論の対象となった。すなわち，見直しにあたっての具体的な基本方針として，①有償の終身定期金契約を中心に規定を再編成する考え方，②典型契約としてではなく特殊な弁済方法の一つとして，終身定期金としての不確定量の弁済の規定を設ける考え方，③終身定期金契約に代わる新たな典型契約として「射倖契約」の規定を設ける考え方，④終身定期金契約の規定を単純に削除する考え方の4案が提起され，その上で，仮に上記①の考え方に立脚した場合に，各論的にどのような規定の修正を必要とするのかが検討された（部会資料18-2・25頁以下）。紙幅の都合上，それらの紹介・検討については割愛するが，最終的には，条文の文言に変更を加えられていない（なお，太矢一彦「民法（債権関係）改正の議論にみる終身定期金契約」土地総合研究24巻3号〔2016〕99頁以下参照）。

Ⅲ　類似の法制度

1　年　金　制　度

現在のわが国において，終身定期金が用いられない理由のひとつは，年金制度の発達によって終身定期金の機能が代替されているからである。すなわち，もともと民法典に終身定期金の規定を置いた理由としては，老後の生活保障という側面が大きかった（梅829頁）。しかしながら現在においては，その機能は各種の年金制度（公的年金・私的年金）によって担われているといえるからである。年金制度は定期的かつ長期的に一定額が支払われることを予定している点においては終身定期金と類似しているが，契約を前提としてい

〔西原〕　　633

§689 Ⅲ　　　　　　　　　　　　　　　　　　　　第3編　第2章　契　約

るか否かという点において，一般的に強制加入となる公的年金制度は終身定
期金とは異なると言えるし，私的年金にあっても，本条の定義にあてはまる
ものは必ずしも多いとは言えないだろう（堀勝洋・年金保険法〔4版，2017〕9頁
参照）。

2　保　　険

　当事者の一方（保険者）が，一定の事由が生じたことを条件として財産上
の給付をすることを約し，相手方（保険契約者）がこれに対して保険料を支払
う契約を保険という（保険2条1号）。一般的には，保険事故の発生により保
険者には保険金支払義務が発生する類型が念頭に置かれるが，例えば，生命
保険契約（同条8号）において，保険金が終身払いである契約については，
保険契約と終身定期金の混合契約であるといえよう。また，保険契約にあっ
て，保険料は「当該一定の事由の発生の可能性に応じたものとして」決定さ
れるため，団体的射倖契約としての性質を有せざるを得ないのに対して，本
条以下に定める終身定期金契約は個別的射倖契約を念頭に置いている点で異
なると言えよう。

3　リバースモーゲージ

　リバースモーゲージとは，とりわけ高齢者の生活保障を目的として，通常
はその所有する不動産に居住したまま定期的に金銭を借り受け，一定年齢あ
るいは死亡時に当該不動産を換価することによって借入金を一括返済する契
約である（太矢一彦「リバースモーゲージ契約」非典型契約の総合的検討（別冊 NBL
142 号）〔2013〕193 頁，大垣尚司「ファミリーヴィアジェの設計──終身定期金契約を利
用した扶養・相続の取引法的構成──」立命 353 号〔2014〕67 頁以下）。リバースモー
ゲージにあっては，通常は目的不動産の居住者（あるいはその配偶者）の死亡
等によって清算されるが，貸付金額は目的不動産の抵当価値という上限が存
することから，この点において終身定期金契約とは異なるものといえよう。

4　終身扶養契約

　終身扶養契約とは，ある者が死亡するまで，その者の身辺介護等を行う契
約である。終身定期金の目的物は「金銭その他の物」であるが，終身扶養契
約にあっては，扶養ということ自体が目的となっている点において異なる。
しかしながらこうした特殊性を除いては，原則として終身定期金契約の規定
が類推適用されることになるだろう。

634　　〔西原〕

第13節　終身定期金　　　　　　　　　　　　　　　§*689*　IV，§*690*　I・II

IV　判　　例

　終身定期金に関する裁判例は多くない（大判昭3・2・17民集7巻76頁につい
ては新版注民(17)203頁〔山崎賢一＝田中恒朗〕参照）。しかしながらそれは，終身
定期金の部分に規定された条文を巡って争われた裁判例が少ないという側面
もあることには注意が必要であり，終身定期金契約を射倖契約に関する一例
として捉えるのであれば，幅広い裁判例を見出すことができそうである。以
下，『新版注釈民法(17)』刊行以降の裁判例で，かつ終身定期金契約に関す
る裁判例と位置づけることに比較的異論の少ないものとしては，①大阪高裁
平成20年4月25日判決（判タ1276号218頁），②東京地裁平成19年1月26
日判決（判タ1264号327頁）およびその控訴審である③東京高裁平成21年10
月29日判決（判時2071号129頁）がある。

〔西原慎治〕

　　（終身定期金の計算）
　第690条　終身定期金は，日割りで計算する。

　　　〔対照〕　フ民1980，ド民759-760

I　本条の意義

　例えば，ある終身定期金の設定にあって，毎期の弁済期に至る前に設定者
が死亡していたという場合，前の弁済期から死亡日までの定期金をどのよう
に取り扱うのかについては，本来は終身定期金契約の当事者の合意内容に従
って解釈すべきものである。しかしながらかような合意がない場合や，あっ
たとしてもその内容が確定できなかった場合に備えて，当事者の合理的意思
を定めた任意規定が本条である（梅833頁，来栖690頁）。

II　具　体　例

　例えば，6月16日より毎月3万円支払うという終身定期金契約の場合，6

〔西原〕　　635

§*691* Ⅰ・Ⅱ   第5編　第2章　契　約

月分については，日割り計算する結果，1万5000円を支払うこととなる。

　問題となるのは死亡日の取扱いについてである。例えば9月15日に死亡したという場合，死亡日は算入しないとすれば9月分については14日（9月1日〜14日）分について支払えばよいが，死亡日も含めて考えるのであれば15日（9月1日〜15日）分を支払う必要がある。あくまで当事者の合意内容の問題であるが，本条の趣旨が，1日という期間の経過によって具体的な金銭債権が発生すると解釈するのであれば，死亡日は1日に算入しないこととなる（新版注民(17)215頁〔山崎賢一＝田中恒朗〕）。

〔西原慎治〕

　　　（終身定期金契約の解除）
　第691条①　終身定期金債務者が終身定期金の元本を受領した場合において，その終身定期金の給付を怠り，又はその他の義務を履行しないときは，相手方は，元本の返還を請求することができる。この場合において，相手方は，既に受け取った終身定期金の中からその元本の利息を控除した残額を終身定期金債務者に返還しなければならない。
　②　前項の規定は，損害賠償の請求を妨げない。
　　　〔対照〕　フ民 1977-1978

Ⅰ　本条の意義

　本条は，終身定期金債務者が終身定期金の元本を受領した場合に，その終身定期金の給付やその他の義務（担保供与義務の不履行等（我妻・中Ⅱ 866頁），なお，§693も参照）を履行しなかった場合の効果およびその場合の当事者間の利益調整のための規定である。

Ⅱ　終身定期金契約の解除を認めるか否か

　まず，終身定期金契約においてひとたび契約の拘束力が認められた場合に，

636　〔西原〕

第13節　終身定期金　§691　III

そこからの脱却を認めうるか否か，という点が問題となる。この点，終身定期金契約は本来的射倖契約であるために，これを否定的に解する見解がありうる。すなわち，終身定期金契約の成立によって既に「賭け」は始まっているのだから，もはやそれを遡及的に無効とすることはできないはずだというものである。このことを言い換えれば，終身定期金契約にあっては，債務者の給付義務は基本権の設定にとどまるにすぎないため，その設定行為が完了する以上，そこからの脱却は認められないこととなる。しかしながら本条はそうした立場を採らず，一定の場合には相手方からの元本返還請求を認めるとの規定内容となっている。これは射倖契約においても債務不履行解除の法理は一般化できるということがその理由として挙げられる（梅834頁以下）が，仮に終身定期金契約は契約の拘束力から脱却できないという法制度を採用した場合には，相手方としては履行の強制によって給付内容の実現を図るほかはないが，その迂遠さとの対比を考えるのであれば，本条の合理性も一定範囲で説明ができることになるだろう。

III　一般原則との関係

次に，本条1項前段の効果は，元本返還請求権の発生と規定するのみであるが，その根拠についてである。この点については，債務不履行に基づく解除の効果であると理解するのが妥当であろう（梅834頁以下）。なお，催告は不要である。このことを前提とすると，本条1項後段は，原状回復請求権に関する545条の特則であると理解されることとなる。その結果，終身定期金債務者は，元本の返還義務を負い，これに対して，相手方は，既受領の終身定期金から元本の利息を控除した額を返還する義務を負うこととなる。この際に，既受領の終身定期金の利息は控除されないが，この点が545条2項の特則であると理解されることになる。これは終身定期金債務者が元本を受け取った場合には，計算上は，既払終身定期金の金額の中にその元本からの利息の部分も含まれることになるが，その元本の利息の利息を支払う結果となり，計算が複雑になり妥当ではない，という点がその根拠として挙げられる（梅835頁）。

なお，元本の利息が給付済みの定期金の額を超える場合がありうるが，か

〔西原〕　637

§692 I・II
第5編　第2章　契約

ような契約には損益の不確実性が存在しないために，そもそもそうした有償終身定期金の設定契約自体が無効であると解すべきであろう（西原82頁以下）。したがって，元本利息は定期金の額を下回るのが通常であるが，とりわけ設定者が長期の生存に至る場合には，支払うこととなる終身定期金の総額が最終的に元本の総額を超えることになりうる。そうして，例えば定期金の不履行が長期に及んだことから，元本の利息が給付済みの定期金を超えるような場合については，少なくとも本条1項後段の規定は直接これを定めていないが，この場合には超過部分の返還は不要であると解される（三宅・下1222頁）。結局，終身定期金の債務不履行解除があった場合，あくまで計算上は，（法定）利息額分の預金をしていたのと同様の帰結となる。

　なお，本条2項は，損害賠償請求について規定するが，これは545条4項と同趣旨である。

〔西原慎治〕

（終身定期金契約の解除と同時履行）
　第692条　第533条の規定は，前条の場合について準用する。

I　本条の意義

　本条は，前条の規定の効果として，終身定期金債務者の義務不履行の効果として相手方に解除された場合には，元本の返還請求権と利息控除後の既受領終身定期金の返還請求権が存在することになるが，その両請求権の関係が同時履行の関係に立つことを規定している。

II　533条との関係

　同時履行の抗弁権（533条）は，双務契約における履行上の牽連関係から認められる制度であるが，双務契約にとどまらず，両債務間に牽連性を認めることが当事者の公平に適する場合には，準用されることがあり（我妻・上89頁），本条はその規定の1つである。双務契約が解除された場合の当事者

第13節　終身定期金　　　　　　　　　　　　　　　§693　I・II

双方の原状回復義務については，546条に規定されているが，本条はこれと同趣旨だということになる。したがって，691条に基づいて相手方からの元本の返還請求がなされた場合には，履行の提供がなされるまでは相手方からの履行請求を拒絶することが正当化されることとなる。

〔西原慎治〕

　（終身定期金債権の存続の宣告）
　第693条①　終身定期金債務者の責めに帰すべき事由によって第689
　　条に規定する死亡が生じたときは，裁判所は，終身定期金債権者又
　　はその相続人の請求により，終身定期金債権が相当の期間存続する
　　ことを宣告することができる。
　②　前項の規定は，第691条の権利の行使を妨げない。

I　本条の意義

　本条は，終身定期金債務者の帰責事由に基づく事故（死亡）発生の場合の効果を定めるものである。

II　射倖契約との関係

　客観的には事故（死亡）は発生しているにもかかわらず，それが終身定期金債務者の帰責性に基づく事故の発生であった場合に当該債務が消滅しない理由は，終身定期金が本来的射倖契約としての性質を具備していることに求められる。すなわち，射倖契約にあっては，偶然の事故の発生に当事者の権利義務の発生消滅をかからしめる合意を行っていることから，本条が規定するように，偶然ではない事故の発生が生じた場合には，それは契約当初に合意した約定の事故とは言えないためである（例えば保険51条参照）。いわゆるモラル・リスクに対処する規定であるとも言えよう。この点，例えば同じく本来的射倖契約としての性質を有する火災保険契約において，被保険者が故意に目的物を放火したというような場合には，保険者は免責される（保険17

〔西原〕　　639

§694

第5編　第2章　契　約

条1項参照）。これは約定の事故の発生により，保険者の具体的な保険給付義務が発生するとの合意であることに由来する。これに対して終身定期金契約の場合には，――たとえて言えば，解除条件的に，より正確には不確定期限として――支分権たる終身定期金を支払い続けるという合意であるために，免責といった効果を発生させることはありえず，一定の期間について終身定期金債権の存続という効果を規定していると理解することができるだろう。

したがって，終身定期金債務者は，帰責事由に基づき約定の事故（死亡）を生じさせてはならない，という一種の不作為義務を，契約から生じる付随義務として負担しているとも言いうる。つまり，本条のような場合には，債権者は，債務者が691条所定の「その他の義務を履行」していないとして元本の返還請求を行うこともでき，本条2項はこの旨を規定する。もっとも，691条は，有償契約でかつ元本を受け取った場合の規定である。本条はそうした限定が付されていないことから，有償・無償いずれの場合にあっても適用があることとなる。

〔西原慎治〕

（終身定期金の遺贈）
　第694条　この節の規定は，終身定期金の遺贈について準用する。

本条の意義

終身定期金は，遺贈によっても設定されることがある。しかしながら，その場合であっても当事者間の権利義務関係が，契約によって発生する場合と変わることはないために，準用規定を置いたのが本条の規定である（梅841頁）。もっとも，遺言による終身定期金の成立等については，遺言に関する規定（960条以下）に基づいて判断されることとなる（新版注民(17)222頁〔山崎賢一＝田中恒朗〕）。

〔西原慎治〕

640　〔西原〕

第14節 和 解 　　　　　　　　　　　　　　　　　　　　　　§ *695* I

第14節　和　　解

（和解）
第695条　和解は，当事者が互いに譲歩をしてその間に存する争いを
やめることを約することによって，その効力を生ずる。

細　目　次

I　総　論 ……………………641	IV　和解の成立要件 …………………645
1　民法上の位置づけ…………642	1　「互譲」…………………………646
2　民事司法制度上の位置づけ…………642	(1)　学説における理解 ……………646
II　沿　革 ……………………642	(2)　判例における理解 ……………647
1　現行規定まで………………642	(3)　平成29年民法改正における議論
2　改正案……………………643	……………………………648
III　和解契約の法的性質 …………643	2　「争い」……………………………649
1　和解の有償性・双務性………643	(1)　学説における理解 ……………650
2　和解の諾成性………………644	(2)　判例における理解 ……………650

I　総　　論

　和解は様々な争いに決着をつける手段の一つである。争いに決着をつけよ
うとする場合，訴訟を提起し判決を求めることも考えられる。しかし，裁判
を起こすには，莫大な時間と労力を要する場合も少なくない。これに対し和
解契約を締結した場合，その条件が多少不利なものであったとしても，結果
として安い労力とコストで済む場合がある。裁判による場合には，当事者間
に長く怨恨が残ることもあるが，和解の場合には，和解契約の締結を契機と
して，従来反目していた当事者が和合し，その交誼を復活させるということ
もある。起草者の梅謙次郎は以上のような点を挙げながら和解の特徴を描写
する（梅842頁）。これらの点は現代においてもなお通用しうるものといえよ
う。

〔竹中〕　　641

§695 II

第3編 第2章 契約

1 民法上の位置づけ

和解は民法上, 典型契約の一種として695条・696条に規定される。比較法的に見た場合, フランス民法のように, より詳細な内容の規定を置く法系も存在するものの, 日本法は, 簡素な構造を採用した。民法上の和解契約に関する問題は, この2か条の条文により処理がなされる。

2 民事司法制度上の位置づけ

和解契約の締結には2種類の方法が存在する。第1が, 裁判外でなされる和解である。民法上の和解とも呼ばれる。第2が, 裁判所においてなされるものであり, 裁判上の和解と呼ばれる。裁判上の和解には, 起訴前の和解と訴訟上の和解の2種類が存在する。前者は, 訴え提起前で訴訟係属がない状態において当事者が簡易裁判所に出頭して和解をなす場合であり, 締結された和解の内容は調書に記載される (民訴275条)。後者は, 訴え提起後, 訴訟係属のある状態において当事者が裁判所の面前で和解を行う場合であり, こちらの和解も, 調書に記載される (以上につき, 高橋宏志・重点講義民事訴訟法(上)〔2版補訂版, 2013〕769頁)。両者ともに, 締結された和解は確定判決と同一の効力を有する (民訴267条)。民法695条以下の和解契約は, いずれの類型の和解においても前提となるが, 現在では, 民事訴訟法学における裁判上の和解に関する議論が別途発展を遂げており, 民法上の問題と民事訴訟法上の問題が別異に位置づけられ論じられることが多い。

II 沿　革

1 現行規定まで

和解に関する条文に関しては, 民法起草過程の中で大きな変化が存在する。

旧民法において, 和解契約に関する条文は財産取得編第5章110条〜114条に置かれていた。これらの条文は和解契約に関する内容を詳細に定めたものである。具体的な内容は, 当時のフランス民法を概ね前提とする。

しかしながら, 現行民法の起草過程においてこれらの条文は大幅に削除された。その結果, 現行法は, 定義規定たる695条と696条の2か条から構成される。現行の和解規定は, 旧民法の規定を整理し簡素化した規定として理解できる。

642　〔竹中〕

第 14 節　和　解　　　　　　　　　　　　　　§ 695　Ⅲ

　これらの条文の起草を担当したのは梅謙次郎である。梅は現行民法の起草
に際し，旧民法の規定における重複を排除したと説明する。また，旧民法が
前提としたフランス民法が抱えるいくつかの理論上の問題にも着目し，それ
らの問題についての自身の見解を重ね合わせる形で，理論的観点からの変更
を行ったとする（→§ 696　Ⅰ 1）。梅は和解契約に関する専門家であったため，
これらの提案は受け入れられ現行の条文に結実した。

　695 条の和解契約の定義は，裁判上の和解との関係においても理論的な前
提を構成するものであるため，訴訟法上の問題（裁判上の和解に関する問題）に
も影響を及ぼしうる。

　なお，民法起草時には，695 条・696 条の理解に際し，訴訟法上の視点と
実体法上の視点が混在した形で議論がなされることが少なくなかった。和解
に関する古い議論においては両者の視点が区別されずに取り扱われているよ
うにもみえる場面が散見されるが，これは以上のような起草時の経緯による。

2　改　正　案

　平成 29 年の民法改正との関係においても，695 条・696 条の定める内容に
ついて議論がなされた。しかしながら，最終的には現行法を維持するという
形で議論は収束し，修正は加えられていない（改正に関する経緯につき，中間論
点整理補足説明 431 頁以下，中間試案補足説明 543 頁以下，部会資料 75A・57 頁）。

Ⅲ　和解契約の法的性質

　和解契約は，民法上典型契約の一種として規定されており，一般に，有
償・双務・諾成契約として理解されている。

1　和解の有償性・双務性

　和解契約は，伝統的に有償契約であると理解されてきた。当事者の互譲が
存在するためである。一方当事者の譲歩が他方当事者の譲歩の反対給付に当
たるとされる（広中 321 頁）。

　和解契約は双務契約としても位置づけられている（末弘 881 頁，松坂 236 頁等。
双務性を部分的に否定するものとして，三宅・下 1231 頁，石田（穣）415 頁等）。伝統的
には，各当事者は互いに譲歩をなすが，譲歩をなすにあたっては義務を負う
のが通常だからであると説明される（梅 846 頁）。例えば，所有関係が争われ

〔竹中〕　　643

§695 III 　　　　　　　　　　　　　　　第3編　第2章　契　約

ていた不動産につき，甲が乙の所有権を認める代わりに報酬として1000円の支払を受けるとの和解契約が成立した場合を考える。和解契約により，甲は乙に対し，乙を所有者として認める義務を負い，当該義務は契約締結と同時に履行され，その結果乙が所有者となる。他方で乙は1000円の支払義務を負う。以上のような形で双方の互譲により双方が義務を負うことになるため，和解契約は双務的であるとされた（以上，梅846頁）。和解契約の双務契約性の問題は，和解契約において各当事者が負う債務の内容確定の問題にも関わり（この視点からの整理として，中田593頁以下参照），民法起草後散発的に議論がなされているが，実益がない議論であるとの指摘もある（星野338頁等）。

2　和解の諾成性

日本法上，和解契約は当事者の合意のみによって成立する諾成契約として規定されている（695条）。比較法的に見た場合，和解を要式契約として規定する法系も存在する（フランス民法等）が，日本の民法起草者は諾成契約として規定した。書面要件の充足の有無の判断が別途生じることにより紛争が再燃することを避けるというのが起草者の意図であった（梅謙次郎・日本民法和解論〔復刻版，2001〕40頁）。

なお，民法上の和解とは異なり，裁判上の和解・調停に関しては，調書の作成が要求されている。和解契約の諾成性は民法上の和解の特徴といえる。

和解契約を諾成契約として規定することの適否については平成29年民法改正の審議過程においても問題とされた（部会資料48・12頁等参照）。現実に締結される和解契約のほとんどは書面を用いて締結されていること，および，後述の和解の確定効が及ぶ「争い」の範囲（→Ⅳ）を書面により契約成立時点で明確化するメリットは大きいことから，和解契約の要式契約化への要請も主張されたが，少額でなされ書面を作成しないような柔軟な紛争解決を阻害するのではないかという懸念（部会第59回議事録41頁〔中井康之委員，佐成実委員〕）や，書面によらない和解の無名契約としての効果に関する不明瞭さも指摘され（部会第59回議事録44頁〔中田裕康委員〕），最終的には採用されなかった。

第14節　和　解　　　　　　　　　　　　　　　　§*695*　IV

IV　和解の成立要件

　695条は和解契約を「互いに譲歩をしてその間に存する争いをやめる」契約として定義する。それゆえ，和解契約の成立に際しては，伝統的に，当事者間の合意に加え「互譲」と「争い」の2つの要件が必要と理解されてきた（二要件論。星野337頁等）。この見解は，起草者の理解を前提とした上で，古い時代の判例より採用されてきた。

　しかしながら，近年，これらの要件を厳密な形では区別せず，効力の面から帰納的に和解の成立の可否を画定することで足りるとの見解も主張されている（→§696 II 3）。実際，20世紀後半以降，これらの要件が用いられる中心的な局面は，696条との関係にほぼ限定されている。一定の合意が和解契約と性質決定されれば和解の確定効が生じるため，従前の紛争に基づく主張を蒸し返すことは不可能となる。しかしながら，和解後の事情変化により，和解と目される合意に先行する紛争に基づく主張を再度行いたいと考える当事者は一定数存在する。当事者としては錯誤等の主張を行うことが考えられるが，696条の存在ゆえ容易ではない。そのため，和解の成立要件の不足を指摘することで，和解としての性質決定を否定し，確定効を封じようとする（下級審では，互譲の不存在ゆえ，和解契約の性質決定を否定するものが存在する。例えば，横浜地判平18・11・15判タ1239号177頁は，一方当事者が債権放棄・支払猶予をなすのみで互譲がないとし，民法上の和解契約ではなく，履行方法についての合意にすぎないとする）。

　これらの紛争においては，成立要件についての議論に関し，和解契約としての本質を具備しているかどうかという視点よりも，確定効を排除することが適当かどうかといった視点が正面に出る。以上のような視点を強調する場合，上記の2つの成立要件は，確定効の排除を根拠づけるための形式的論拠にすぎず，その実質的な判断内容に直接着目する方が適切であるとの主張につながる（高梨公之「和解」契約法大系V 206頁・217頁，平井49頁）。このように理解する場合，上記の2つの成立要件を拡張するという要請は当然のこととして捉えられ，成立要件を二分するという発想自体に対しても疑問が呈されることになる（和解の成否に関する総合的判断を行う際の考慮要素としての位置づけに縮減される）。和解契約の本質に関わるとともに，契約の成立要件そのものの

〔竹中〕　　645

§695 IV 第3編 第2章 契 約

機能にも関わる問題であるといえる。

ただ，上記二要件については，それぞれにつき既に議論の蓄積が存在するため，以下に概観する。

1 「互譲」

当事者間に紛争が存在した場合に，「互いに譲歩をなして」争いをやめるのが和解契約である。「互譲」は，「互いに譲歩すること」を意味する概念として定義されたが，その用語法に関しては起草過程において若干の議論が存在した。もともと旧民法においては「和解ハ交互ノ譲合又ハ出捐ヲ為シテ」（旧財取110条1項）との文言が採用されていたところ，現行民法の起草過程において，「譲合」と「出捐」は重複しているとの指摘がなされたため，「譲歩」との語が採用された（法典調査会民法議事〔近代立法資料5〕92頁）。

(1) 学説における理解

(ア) 互譲要件の意義　　起草過程においては，「互譲」の内容について，次のような例を用いて説明がなされている。当事者間で債権額に争いがあり，甲は100円の債権を有しているといい，乙は50円しか存在しない，と主張した。そのため，当事者の合意により75円で折り合った。この場合，当事者双方が自らの主張の一部分を取り下げており，それゆえ「互い」に「譲歩」している。

なお，この例に対しては，真の債権額が100円だった場合，乙は結果として25円儲けることになるのだから乙は「譲歩」していないのではないか，との疑問も提起された。起草者である梅は，「和解ト云フモノハ権利ガ不確定ト言ツテモ宜シイデアリマスカラ其譲歩ト思フタモノガ譲歩デナクシテ」も「当事者ノ意思カラ言ヘバ何時モ『譲歩』デアリマス」と応答する。譲歩の有無の判定は，真実の権利状態を基準にした客観的な放棄の存否によって評価されるのではなく，当事者の意思を基準に評価すべきものとして理解されていた（法典調査会民法議事〔近代立法資料5〕93頁）。なお，具体的な紛争との関係においては，「譲歩の程度・内容・方法などはさまざま」（水本397頁）であり，互譲の有無の判断は容易ではない。

また，起草者によれば，譲歩に含まれるべきものは，民事訴訟に関連した譲歩に限定されるわけではなく，訴訟には関連しないより広範な内容を含むとされる（梅844-845頁，末弘876頁）。

646　〔竹中〕

第 14 節　和　解　　　　　　　　　　　　　　　　　　§695　IV

(イ)　互譲要件の機能　　互譲は和解契約の成立要件の一部を構成するため，互譲を欠く合意については性質決定（法性決定）の問題として取り扱われる。互譲を欠く場合には，非典型契約と評価した上で和解に関する規定の類推適用を解く見解が存在するほか（石田（穣）415 頁，平野 730 頁），「互譲」の不存在による和解契約の否定は，「互譲」の不存在ゆえ「争いはいわば表見的なものに過ぎず，実質的には争いがなかつた」（高梨・前掲論文 214 頁）ことを意味するにすぎないとし，和解契約の成否に関する総合判断の考慮要素以上の意義を見出さない見解も存在する。

裁判上の和解との関係では，一方当事者が訴訟提起をしたものの後に訴えを取り下げた場合や，一方当事者が他方当事者の権利を訴訟において認諾した場合が，互譲を欠く場合の典型例として挙げられる。このため，互譲要件は現在では，訴えの取下げや請求の認諾と区別する性質決定の機能を有すると説明されるのが一般的である（梅 843 頁，新版注民(17)240 頁〔篠原弘志〕，詳解 V 349 頁等）。

なお，起草者においては，旧民法の元となったフランス民法との関係で，互譲要件が民法総則等に規定される和解の代理権の範囲に関する規定とも関連を有することについての言及もなされており（法典調査会民法議事〔近代立法資料 5〕94-95 頁），機能的なレベルでは，本人が一方的に譲歩するような形での不利な和解が後見人等の代理人によって締結されてしまうことから本人を保護するためにも機能しうる要件としても意識されていたことが窺われる。

(2)　**判例における理解**

判例は，学説の議論を前提とした上で，「互譲」の存否についての認定は柔軟に行っていると評価されている（代表例として，大判昭 8・2・13 新聞 3520 号 9 頁等が挙げられることが多い）。

初期の判決においては，「互譲」の範囲を狭く解したかにもみえるものが存在した。親権者である母 A が子 Y の不動産の抵当権実行に関し，子を代理して残存債務の承認を含む合意を行ったが，後に，当該合意が民法旧規定 886 条所定の親族会の同意を得ていなかったため取消しの主張がなされた事案において，A が行った合意が「和解」であるかが争われたケースがそれである（大判明 39・6・8 民録 12 輯 937 頁）。和解であると認定されると同条 4 号に該当し，親族会の同意を得ていない和解の取消しが可能となるが，大審院

〔竹中〕　　647

§*695* IV 　　　　　　　　　　　　　　　第3編　第2章　契約

は，親権者たる母の行為は，子のために残存債務を承認し弁済期延長を認め
てもらう行為にすぎず，「互」いの譲歩はないため民法上の和解ではない，
と指摘した。しかし，同判決の主眼は，同条による母の親権行使の制限規定
に抵触するかという点にある。和解の代理権の範囲に関する規定である同条
において理解されるべき「和解」の内容が問題とされていた事例であり，締
結された和解契約としての性質決定そのものを争うために「互譲」要件が用
いられたわけではない点には留意を要する。

　判例はその後，主に裁判上の和解の事案において，「互譲」の範囲を広く
認める判断を行ってきた。和解により「請求ノ全部ヲ放棄シタルモ訴訟費用
ニ付テハ各自ノ負担トナシタル」場合であってもなお「譲歩」があったと認
めた判決（前掲大判昭8・2・13）や，「和解条項トシテ当事者ノ一方カ相手方
ノ主張スル実体上ノ請求権ヲ全部容認シテ之カ履行ヲ為スコトノミヲ定ムル
場合」であっても和解は有効に成立し「訴訟防止ノ為メニ為サルル裁判上ノ
和解ニ於テハ実体上ノ請求権ニ付当事者双方ノ互譲アルコトヲ必要トセス」
と判示する判決（大判明15・6・8民集19巻975頁）等がある。「互譲」の対象が
実体法上の権利放棄に限定されるわけではなく，将来の不確実性に関する場
合も含まれることが明らかにされ，幅広い内容が判例において「譲歩」の対
象として認められたと理解されている。このような方向性は，起草時に梅が
指摘した「互譲」の内容を主観的に解するという方向性にも概ね沿う。

　なお，「互譲」は和解契約締結当事者間においてのみ観念されるものでは
なく，一方当事者に対し第三者が給付をなす場合でも互譲の存在は認められ
る（係争債務につき連帯債務者が債務の履行をなす旨の合意がなされた場合にも互譲を認
め和解の成立を認めるものとして，大判大5・9・20民録22輯1806頁等）。

　また現在では，いわゆる示談（契約）も和解契約の一種として理解されて
いる。古い大審院判例には，互譲の要件を満たさない場合に和解ではなく示
談の語を与えるものも存在した（大判明41・1・20民録14輯9頁）が，その後，
示談との語が用いられた場合であっても，実質的には和解の効果の類推適用
が認められるとの理解が一般的となり，示談と和解契約の理論上の相違は消
失している。

(3)　平成29年民法改正における議論

　「互譲」要件の必要性については，平成29年に成立した民法改正の議論に

648　〔竹中〕

第14節 和　解　　　　　　　　　　　　　　　　　　　§695　Ⅳ

おいても問題とされた。

　一般に，学説においては，互譲がない紛争解決合意に関しても無名契約として和解の効果が（類推）適用されると理解されている。そのため，研究者委員を中心として「互譲」要件の必要性につき疑義が呈された（部会第18回議事録33頁以下〔道垣内弘人幹事，松岡久和委員，岡本雅弘委員〕）。しかしながら，実務家委員からは，訴訟上の和解における互譲に関する実務的な運用上の有用性について指摘がなされたほか，紛争当事者による自律的な合意形成を促す際の当事者の説得材料として互譲が少なからず機能していることについても強く主張された（実務上は，「紛争というのはいずれにも何らかの問題があって発生している」（部会第59回議事録43頁〔中井康之委員〕）のだから，和解と題される紛争解決合意において一方が他方に100％譲歩する場合はほとんどないとの認識も示された。なお，研究者委員からも，互譲の存在は和解契約の成立を根拠づける側面を持つとの指摘もなされている〔部会第18回議事録35頁〔中田裕康委員〕〕）。最終的には，「互譲」要件に修正は加えられてはいない。互譲の要件論的な必要性というよりも，実務上の感覚的な必要性または行為規範の視点から，当該要件を擁護する指摘が多かった点が着目される（部会第18回議事録33頁以下）。

2　「争い」

　和解契約は「争いをやめること」を約する契約である。そのため，和解契約の成立要件として，「互譲」とともに止めるべき「争い」が存在していることが必要であると理解されてきた。

　梅によれば，「争い」とは，元来フランス法における contestation の語に由来するものであり，元来は「訴訟」を意味する語であったとされる（法典調査会民法議事〔近代立法資料5〕92頁）。695条にいう当事者間に存する「争い」には，既に生じた訴訟に関するもののみならず，これから起こりかねない訴訟も含むとされており，日本法におけるその意味は広い（法典調査会民法議事〔近代立法資料5〕92頁）（旧民法にはこの点が明記されていたところ，梅は別々に分けるまでもないとのことで現行法の書き方になったとする）。

　伝統的に，「争い」の存在も和解の成立要件として捉えられてきた。そのため，やめるべき「争い」に欠ける場合には和解とは認められないことになる。梅は，債務の履行期に債務者が弁済できないため債権者に担保を供して支払期限を延長してもらうような場合を典型例として挙げる。債務者・債権

〔竹中〕　　649

§695 IV 第3編 第2章 契約

者はともに譲歩しているもののやめるべき争いがないためである（梅843頁）。梅によれば，通常の有償契約の大半が，以上のような意味での「争い」を欠く（梅843頁）。

(1) 学説における理解

現在の学説は，「争い」の要件を比較的広く解している。法律関係の存否・範囲または態様に関する主張の対立を「争い」の内容として理解するもの（松坂235頁等），債務者の無資力や執行の困難ゆえ請求権の実現が不確実な場合も「争い」があると解するもの（同義，三宅・下1225頁），広く権利関係について不確実性を有する場合を含むと解するものなど（我妻・中II870頁，広中321頁等，反対，石田(穣)418頁。なお，この点と関連し，互譲によって譲歩される内容は実体権の権利主張の放棄ではなく訴権の放棄と理解する見解も存在する〔三宅・下1241頁以下等〕）が挙げられる。

(2) 判例における理解

これに対し，判例においては当初，「争い」に含まれるべき内容は，権利関係に関する「争い」に限定されるとの理解が採られていた。起草者の影響が色濃く反映した理解といえる。ただ，民法上の和解を扱うその後の最高裁判決は少ない。その後の判例の傾向は確定しがたいものの，裁判上の和解において「争い」の概念を拡張する判決が相次いで出されたことの影響もあり，現在では和解一般との関係において「争い」の内容は広く解される傾向にある。

(ア) 権利関係・法律関係についての争い　　大審院は，初期の判決において次のような一般論を提示する。「和解ハ当事者カ互ニ譲歩ヲ為シテ其間ニ存スル争ヲ止ムル契約ナルヲ以テ和解契約ノ成立ニハ当事者間ニ於テ権利義務ノ存否若クハ其範囲体様ニ関シ当事者互ニ其主張ヲ異ニシ之カ紛争ヲ終局セシムルカ為メニ互ニ譲歩ヲ為シテ各一定ノ給付ヲ為スコトヲ約スル事実存在セサルヘカラス」，「和解ハ当事者ノ互譲ヲ手段トシテ争ヲ止ムルコトヲ目的トスル契約ナルヲ以テ当事者間ノ法律関係ニ付キ争ノ存スルナクンハ縦令当事者間ノ法律関係ヲ確定スル為メニ為シタル契約ナリトスルモ和解契約ニアラサル」。この判決の事案は次のようなものであった。XがYに対して負担する債務の弁済方法に関する合意がなされ，弁済の一環として不動産の譲渡もなされた後に，「Yト X トノ貸借関係ハ本日和解ヲ遂ゲ一切決了致候ニ

第14節　和　解　　　　　　　　　　　　　　　§*695*　IV

付他日双方ヨリ何等ノ苦情又ハ請求致ス間敷為念書如件」（乙書面）との書面
が交わされた。後にXの債務がYの詐欺により生じたものであることが明
らかとなったためXが弁済方法に関する合意の取消しを求めたところ，Y
が乙書面は和解契約である（ために取り消せない）と主張した。大審院は上記
のような説示を行った上で，乙書面につき，当該書面が，弁済契約締結後履
行までなされた上でその法律関係を確定するために交付されたものにすぎな
い場合は，（弁済契約後，当事者間で紛争が生じ，それを解決するために和解契約を締
結した場合とは異なり）「争い」が存在しないため，和解契約たりえないとし，
事実関係を確定するため原審に差し戻した（大判大5・7・5民録22輯1325頁）。
乙書面交付当時，当事者間に権利義務の存否態様についての争いがなく乙書
面が和解契約に係る書面ではなく単なる「念書」にすぎなかったと解しうる
場合には，「法律関係についての争い」がないと判断した例といえる。大審
院昭和9年7月11日判決（新聞3725号15頁）も同種の判決である。本判決で
は，債権者・債務者間において債権額自体には争いがなく，債権金額・弁済
時期を変更するためになされた合意が問題とされたが，大審院は「斯ル契約
ハ当事者カ其ノ間ニ存スル争ヲ止ムルコトヲ約スルモノニ非サルカ故ニ民法
上ノ和解……ニ非ス」とする。債権金額について争いはない状態でなされた
弁済期の変更と債務の一部免除の合意は「権利義務の存否態様につき争い」
がなく，単なる債務一部免除という無償契約にすぎない，との理解に基づく。
　㈠　争い概念の拡張　　「争い」の概念の内容はその後，主に裁判上の和
解との関係で緩やかに拡大を続ける。
　まず，鉱区の分譲契約につき訴訟上の和解が成立した事案において，分譲
契約の内容そのものについては争いがないものの，目的物の範囲・移転時
期・代金額支払方法が後に別の書面（後述の第二書面）によって定められ，裁
判上の和解として締結された場合，それが「訴訟ノ目的タル事項ニ付テハ現
ニ当事者ニ争アルト否トニ拘ハラズ」和解と性質決定されうるとの判示がな
されている（大判大6・10・5民録23輯1531頁）。本件においては，鉱区の分譲
契約についての契約書面（第一書面）がもともと存在し，それに基づきYに
より履行を求める訴えが提起されたところ，当該訴訟の中で裁判上の和解が
成立し別の書面（第二書面）が作成されたものであり，第一書面と第二書面
の関係が問われた。Xは，第一書面と第二書面に記載されている分譲契約の

〔竹中〕　651

§*696*   第3編　第2章　契　約

内容はほぼ同一であり「契約補充の目的」のもとに作成されたものにすぎず第一書面はなお有効であると指摘し，第二書面作成後に，第一書面に基づく解除（に基づく内入代金返還）を主張した（なお，Xが第一書面に基づく解除にこだわった理由は必ずしも明瞭ではない）。大審院は，第二書面によってなされた合意は「契約ニ因ル法律関係カ当事者間ニ現ニ争ナク且確実ナリトスルモ其法律関係ニシテ訴訟ノ目的ト為リタル以上ハ」民法上の和解契約であるとした。第二書面が和解契約として理解される場合，第一書面において問題とされた点は第二書面において蒸し返しが認められないため，第一書面の解除の主張も封じられる。本件事案においては，後続書面の作成に当たり「譲歩ノ事実」が認められると認定されていることから，実体的な権利関係には当事者に「争い」がなくとも，それ以外の手続上の事項に「争い」の存在を認めたものと思われる。

　上の判決は，「争い」の対象として，契約に関する実体的な法律関係のみならず「訴訟ノ目的タル事項ニ付テ」の紛争も「争い」に含まれると判示する点に特徴があるが，同様の見解は，その後の最高裁判決にも受け継がれている。約束手形の譲受人Xが振出人Yに対し訴訟において手形金を請求し，Yが，口頭弁論期日に答弁をしないまま訴訟上の和解が成立したという場合において，このような訴訟上の和解についても「当事者間に訴訟の目的物につき争が存するものと解」しうる（最判昭38・2・12民集17巻1号171頁）との判示がなされている。695条所定の「争い」には，「権利義務ノ存否若クハ其範囲体様ニ関」する争いのみならず，それ以外の争いも含まれ，「争い」の内容が広く解されつつあることがわかる。

〔竹中悟人〕

（和解の効力）
第696条　当事者の一方が和解によって争いの目的である権利を有するものと認められ，又は相手方がこれを有しないものと認められた場合において，その当事者の一方が従来その権利を有していなかった旨の確証又は相手方がこれを有していた旨の確証が得られたときは，その権利は，和解によってその当事者の一方に移転し，又は消

第 14 節　和　解　　　　　　　　　　　　　　　　　　　§*696*　I

滅したものとする。

細　目　次

I　総　論 ……………………653	(1)　旧民法との関係 ………………661
1　規定の沿革……………………654	(2)　判例の動向 ………………661
2　起草過程で議論された内容……655	(3)　学説における位置づけ …………665
3　696条に関するその後の議論……659	(4)　平成29年民法改正との関係………668
II　各　論 ……………………660	2　処分能力・権限に関する問題……668
1　和解と錯誤……………………660	3　現代的問題………………668

I　総　論

　和解契約が成立すると，当該和解契約によってやめようとした「争い」の範囲に属する事柄については蒸し返しが封じられる。仮に契約締結後，和解当時には不明確だった事項が明らかとなり，一方当事者の主張に強い合理性が認められる新たな証拠が現れたとしても，和解契約は不確実な点についての後日の蒸し返しを封じる契約であるから，当該証拠は意味を持たない。このように，和解契約の締結により法律関係が確定しその後の蒸し返しが拒絶されることを，一般に和解の確定効と呼ぶ。

　なお，和解の確定効という概念が用いられる場合，含意される点は論者によって異なり，その内容も必ずしも明瞭ではない。現在ではこの点はいくつかの形で分類されている。和解契約締結後は当該争いにつき蒸し返しを禁止するという効力（不可争効），和解契約締結後，和解契約により実体法上の権利変動が生じるという効力（権利変動効），さらには，695条の和解の定義から導かれるものとして，当事者間に存在した争いをやめるという効力（紛争終止効）に言及がなされることもある（中田596頁）。

　本条を卒然と読む場合，以上のような確定効全てを直接的に表現し定義する規定として理解することは難しい。696条は，和解契約の締結後真実の権利関係を窺わせる別の確証が現れたとしても和解契約に基づき権利関係の移転・消滅が確定する旨を定めるのみである。にもかかわらず，学説・判例において，696条は和解の「確定効」を確認する規定として理解されてきた。

〔竹中〕　653

§696 I

第3編　第2章　契　約

1　規定の沿革

本条の条文上の位置づけは複雑である。その理解については混乱が生じており，遠因は起草過程の議論に求められる。起草過程において696条は権利変動効との関係に焦点が当てられて議論されていたのに対し，その後の学説は不可争効に重点を移す形で同条を理解するようになった。旧民法財産取得編において，和解契約に関する条文は以下のような構造のもとに規定されていた。

すなわち，第1に，和解の定義に関する条文（旧財取110条）が置かれたのち，第2に，和解契約の効力について定める数か条（旧財取111条〜114条）が列挙されるというものである。後者が現行696条の内容に対応するが，これらの条文もさらに2つの類型に分類しうる。まず，旧111条は，和解が法律の錯誤により削除できないことを規定し，旧112条は，和解が偽造書類または無効行為に基づいてなされた場合の例外について定め，旧113条は，和解に関し一定の場合には事実の錯誤が認められることを示す。いずれも和解と錯誤との関係に関する規定である（不可争効に関わる）。旧114条はむしろ和解の権利変動効に関わる条文であり，和解が当事者間において確定判決と同一の効力を有することを確認した上で，和解によって生じる権利変動の内容について規定する。いずれの条文も当時のフランス民法の規定に倣う。

これに対し，現行民法起草者である梅謙次郎は，起草過程において，旧民法所定のこれらの条文をすべて削除し，定義規定である695条と696条のみを配置した。

このことの意味は次の2点に存する。

第1は，旧111条〜113条の削除により和解の錯誤を認める規定が消滅した点である。

第2は，旧114条の大幅な修正により，和解契約の効力の捉え方そのものが変化したという点である。

現在の日本において，和解と錯誤との関係で論じられることが多い「確定効」の問題は，直接的には上記の第1点に結びつく（後述IIで論じる）。しかし，696条そのものの内容を画定するためには，その前提問題として，和解契約の効力そのものに関わる上記の第2点の問題が起草過程を通して持った意味を確認する必要がある。

654　〔竹中〕

第14節　和　解　§*696* I

2　起草過程で議論された内容

　起草過程においては，旧民法財産取得編において規定された2種類の条文の修正が問題とされた。しかしながら，旧111条〜113条の削除に関しては，踏み込んだ議論はほとんどなされていない。

　起草過程においてもっぱら問題となったのは，旧114条の削除の意義についてであった。起草過程では，旧114条との関係において，和解契約の効果を「認定的」として捉えるか「移転的」なものとして捉えるかが問題とされた。これは，理論的には，フランス法に由来する旧114条が前提とした考え方を踏襲するか否定するかという問題に対応する。梅により旧114条が削除された結果，696条が規定する和解の権利変動効に関しては，旧114条由来の考え方ではなく，梅が前提としていた新たな考え方が採用されている。

　現行696条に現れる梅の理解は次のようなものである（以下，法典調査会民法議事〔近代立法資料5〕98-102頁，梅842-849頁）。

　次のような例を考える。甲・乙間において所有権の帰属に争いがあった不動産につき，甲が乙の所有権を承諾する代わり，乙から1000円の報酬支払を受けるとの条件で和解契約が成立した。甲が乙の所有権を認めた理由は，和解契約締結当時，自己に当該不動産の所有権がないことを認めたからではなく，1000円の報酬と引換えであれば自己が所有者であるとの主張を放棄してもよい，と考えたからである。

　①後に乙の所有権を確実視させる確証が出たならば，現行法上，乙は，和解契約の効果として当該不動産の所有権を持ち続けていたものとして扱われる。乙の所有権は，和解契約により，その効果が事後的に「認定」される。これが和解の「認定的」効力という言葉で表される内容である。

　では，同様の例において，②所有権が乙ではなく甲にあったことを確認する証拠が現れた場合はどうか。この場合，真実の所有者（甲）の発見にもかかわらず，和解契約の効力により所有権が甲から乙に「移転」したと理解される。当該不動産に対する乙の所有権は，和解契約によって新たに「移転」する（新たに「付与」されたと表現されることもある）。これが「移転的」効力である（その後の学説では「創設的」効力と呼ばれることもある。なお，この例の視点を甲に移すと，真実の所有者であった甲の所有権は，和解契約の効力により「消滅」する。このことゆえ和解の「消滅的」効力と呼ばれることもある。梅848-849頁）。

〔竹中〕　655

§*696* I 　　　　　　　　　　　　　　　　　　第3編　第2章　契　約

　和解契約によって確定された実体的な権利関係を，和解後発見された真実
の権利関係と対比した場合，権利の所在の食い違いが明らかになる場合があ
るが，その食い違いの有無に着目した形で和解契約後の権利関係の変動を示
すのが上記各種概念である（なお，以上のような説明に際し，伝統的には土地の境界
確定についての例が出されることが多い。しかし，この設例が民事訴訟法・行政法にわた
る特殊性を有するものであることについては水本404頁参照）。

　梅は，このような現行の日本法の考え方の基盤を構築した論者であり，上
記の説明は，梅の説明に強く影響を受けたものといえる（そのため梅の考え方
を「移転的」効力説と呼ぶことがある）。

　これに対し，旧民法が前提としていた考え方は，梅とは異なる。旧民法財
産取得編114条は，和解契約の効力に，「認定的」効力の発生のみを前提と
するものであった。起草過程において梅は，696条は，和解契約の効力とし
て「認定的」な効力のみを認める考え方を採用した旧114条を修正し，「移
転的」な効力をも与えることを確認した規定であると説明している。以上の
ような旧114条の削除は，具体的には次のような内容を意味するものであっ
た。

　そもそも，旧114条1項は，「有効ノ和解ハ当事者ノ相互ニ追認シタル権
利又ハ利益ニシテ既ニ生シ又ハ予見シタル争ノ目的タルモノニ付テハ当事者
間ニ在テハ確定判決ノ権利ト均シキ認定ノ効力ヲ生ス此場合ニ於テハ其権利
又ハ利益ハ従前ノ原因ニ由リテ保持シタルモノト看做ス但当事者双方ニ更改
ヲ為ス意思アリシトキハ此限ニ在ラス」と規定し，同2項は「之ニ反シテ相
互ニ供与シ又ハ諾約シタル権利又ハ利益ノ全部若クハ一分ニシテ争ノ目的タ
ラサリシモノニ付テハ和解ハ物権又ハ人権ヲ生シ之ヲ移転シ若クハ之ヲ消滅
セシムル有償合意ノ規則ニ従フ」と定める。旧114条は，和解契約によって
生じる権利義務関係が「争い」の範囲内のものである場合には，実体的な権
利関係が和解によって変化するのではなく，従前の原因どおりの効力が認め
られたものとして認定する（その意味で「認定的」）との発想を前提としている
（旧財取114条1項）。ただ，和解契約において争われた内容とは別の部分にお
いて，新たな権利の発生・移転・消滅が生じた場合には，その部分について
のみ，権利義務関係の変動（「移転」）が生じることを認める（同条2項）。

　これに対し，梅は以上のような旧民法の考え方は適切ではないとする。そ

656　〔竹中〕

第 14 節　和　解　　　　　　　　　　　　　　　　　　§ *696*　I

の理由として，梅は先の設例を元に次のように指摘し，旧 114 条の考え方は
以下のような不都合を生むと指摘する（以下，法典調査会民法議事〔近代立法資料
5〕98-102 頁）。

　例えば，前掲②の場合（甲の所有権を確実視させる確証が出た場合）において，
その後同不動産の所有権を争う丙が現れたとする。旧 114 条 1 項を前提に和
解の効果が「認定的」であるとするならば，乙は当初から所有権を有してい
たこととなり甲の権限を援用できない。また，甲が所有権を放棄したのは乙
との関係においてのみであるから，甲は丙に対しては自らの権限を主張しう
ることになり，場合によっては丙に勝訴しうる。しかし，甲が当該不動産の
所有権を取得してしまうのは適当ではない。この結論を回避するためには，
旧 114 条 1 項とは異なり，和解の効果として，甲の権利が乙に「移転」した
と理解する（すなわち「移転的」効力を認める）必要が生じる。では，常に「移
転的」と理解すればよいのかというとそうでもない。和解契約締結時に甲が
不動産の所有権を放棄して乙に移すと主張していたとしても，和解当時には，
当該不動産の所有権が真実のところ，いずれにあるのかは知る由もない。仮
にその後甲に真実権利があることが確証されたならば「移転的」となるが，
逆に，その後甲に権利がなかったことが明らかになる場合もあり，その場合
には「認定的」として差し支えなく（梅謙次郎・日本民法和解論〔復刻版，2001〕
221 頁），実体的権利関係の「移転」を認める必要はない。つまり，争いの対
象となり和解により確定された権利義務関係について，114 条 1 項のように
「常に」認定的効果を与えることは適切ではないのであり，和解により権利
義務関係が「認定」されることもあれば，和解の効力により「移転」するこ
ともあることを，ともに認めなければならないとするのである。そしてこの
点を明確化するために，旧 114 条 1 項は排除されなければならないと梅は主
張する。

　梅が批判の対象とする旧 114 条 1 項所定の「認定的」効力の適否は，当時，
フランス本国においても活発に議論がなされていた論点であった。梅によれ
ば，フランスにおいて論じられていた認定的効力説は，ローマ法以来の議論
が前提とされた歴史的な文脈に由来するものであったとされる。この発想は，
フランス旧法時代に，和解契約締結に際し課される税金との関係において主
張されたものにすぎず，その後フランス民法に受け継がれはしたものの，日

〔竹中〕　　657

§*696* Ⅰ   第3編 第2章 契 約

本法が継受するには適切ではない。梅は以上のように指摘した上で，旧114条を削除の上，696条を起草したと説明する。

　梅による以上のような説明は，起草委員の間で十分に理解されていたわけではない。梅による条文説明はローマ法に遡りフランス古法の是非に関する議論を踏まえたものであり，当時のフランス法の状況を解さない者には難解な内容であった。そのため，起草過程においては何人かの委員から疑問が提起され，中には歴史研究を背景としたフランス民法に対する梅による理論的批判の内容は696条の文言から明らかにはならないため，696条は削除したほうが良いのではないかとの指摘も出たほどである（法典調査会民法議事〔近代立法資料5〕102頁〔高木豊三発言〕）。しかしながら梅は，ヨーロッパで当該分野における理論家として一定の評価を得ていたため，最終的には梅の提案した696条がそのまま採用されることとなった。

　以上のような起草過程の議論状況からは次のような点が明らかになる。

　すなわち，現行の696条は，旧民法が前提とする「和解の認定的効力」というフランス法由来の発想を受け継ぐかどうかといった外在的な視点のもとで議論され，その結果，修正された条文であり，蒸し返し防止効（不可争効）としての和解の確定効の定義や範囲について直接定める条文ではないという点である。起草過程での審議も，「認定的」か「移転的」か，という権利変動効に係る性質についての議論が大半であり，不可争効を含む確定効の有無や範囲は直接には問題とされていない。そして，さらには，この修正に際し梅が念頭に置いていた問題意識は他の起草委員には十分に理解されておらず，また起草後も顧みられることはなかったという点にも留意を要する。

　その結果，その後の判例学説においては，696条の文言のみが独り歩きする形で議論が形成されるという特殊な状況が生じた。

　後に通説的見解を形成した我妻においても，696条の問題が取り上げられる際，梅の議論は参照されていない。また，現在においても上述の問題は「主として外国法（特にフランス）の特殊な事情による」議論で，「わが国においてはあまり意味がない」問題として捉えられるのが一般的である（星野339頁。なお，その後の学説の一部には，梅が批判を試みたフランス民法の考え方から出発した上で議論を進めるものも存在する。この見解は，和解の確定効により確定されるのは〔従来の学説が指摘するような〕実体的権利関係ではなく当事者の請求権・主張である

658　〔竹中〕

第 14 節　和　解　　　　　　　　　　　　　　　§*696*　I

とし，和解契約によって契約当事者が譲歩する内容は，〔実体権に基づく権利関係におけ
る犠牲としてではなく〕一定の「権利主張」に対する放棄と理解する〔三宅・下 1234 頁
以下等〕）。

3　696 条に関するその後の議論

　以上のような混乱を背景とする形で，起草後の各種学説は，696 条に含ま
れる概念に様々な形で多様な法技術的意義を与えようとした。しかし，696
条そのものの由来が明瞭ではなかったため，和解契約の効果に関する議論は
混乱に陥る。

　この混乱はとりわけ和解締結前に存在した債権に担保が付着していた場合
や，時効完成が問題となる場合，さらには，和解締結前になされた財産処分
の詐害性に関する問題等との関係で鮮明になった。判例学説においては，こ
れらの問題が「移転的」・「付与的」・「認定的」・「創設的」といった用語に結
び付けられ，和解締結後の債権の「同一性」の問題として扱われた。しかし
ながら，そこで用いられる用語の意味や用いられ方は様々であったため，議
論は混乱に陥る。判例においても，学説の議論に影響を受ける形で，上記の
各概念を根拠として一定の法的効果が導かれうるかのように判示する判決が
一時期多く出現した（以上の点および判例の詳細については新版注民(17)259-261 頁
〔篠原弘志〕を参照）。しかしながら，これらの判例において用いられる（認定
的・創設的等の）各種の用語は，必ずしも事案の解決に資しているわけではな
く，「和解の解釈上無用の混乱を導いている」と評される（新版注民(17)259-
261 頁〔篠原〕）。学説においてもこの点が徐々に意識されることとなり，和解
により確定された法律関係と従前の法律関係との同一性に関するこれらの問
題は「抽象的に決すべきではなく」「和解が確定的であれば同一性があり創
設的であれば同一性がない，といった議論をするのは適当ではない」との指
摘がその後現れる（星野 342 頁）。現在では，これらの問題は，最終的にはあ
る種の「和解契約の解釈問題」に帰着すると理解されるに至っている（星野
342 頁，我妻・中 II 878 頁，同義，広中 324 頁，石田(穣)420 頁，平井 54-55 頁，永井洋
士「和解の確定効に関する一試論」青山法務研究論集 14 巻〔2017〕25 頁）。

　また，現在の大多数の学説・判例において，696 条は，起草過程の議論と
は異なり，和解契約において決定された内容について事後の蒸し返しを封じ
るという原則を明らかにする条文であると理解されている。実際，このよう

〔竹中〕　　659

§696 II　　　　　　　　　　　　　　　　　　　第3編　第2章　契　約

な理解を前提とし，696条との関係において議論される内容は，和解と錯誤
の問題にほぼ収斂しつつある。

　しかし，以上のような696条の来歴を前提とする場合，この点に関する根
拠を696条に求めるという考え方も，論理的必然ではない。梅は，他の委員
による現696条の具体的な修正提案について応答する中で「和解ニ依ツテ訴
訟ト為ルモノデモ訴訟ト為ラヌモノデモ全ク其爭ヲ止メルノデアル従ツテ和
解デ極メタ事ヲ後トカラ証拠ガ出タ抔ト言フテ顚ヘスコトガ出来ヌト云フコ
トハ私ハ明文ハ要ラヌト思ヒマス」とも述べており（ただし，その意味について
は前後の文脈との関係で必ずしも明瞭ではない部分を残す。法典調査会民法議事〔近代立
法資料5〕104頁），蒸し返し防止という和解の効力の問題は，696条の問題と
してではなく，むしろ和解契約の本旨から導かれると理解することも可能で
ある（実際，和解の契約解釈に関連付けるものとして，平井51頁）。

　以上のように，696条には，起草過程における議論の不明瞭さを反映する
形で和解契約に関わる紛争にまつわる各種の混乱が様々な形で結び付けられ
てきたため，現在に至るまで，学説・判例における当該条文の位置づけは混
乱のうちにある。他方で，実務上，紛争として表面に出る類型に関しては，
その質量ともに和解と錯誤に関する問題が圧倒的に多くなったため，696条
に言及がなされる場合の具体的な紛争類型の中心は和解の不可争効に関わる
問題となった。

II　各　　論

1　和解と錯誤

　和解契約が締結されると，その確定効により，和解の対象となった事項に
ついては後日の蒸し返しが禁じられる。和解契約も典型契約の一つであるた
め，他の契約類型と同様に，契約の一般的な原則に服することになり，錯誤
等の法律行為の規定の適用も同様に問題となる。

　しかしながら，前述したような形で，和解の本質的な内容を規定する確定
効に関しては，条文との関係において不明瞭な点が少なくないだけではなく，
具体的な紛争との関係においては，錯誤無効のルールと抵触するようにみえ
る局面が少なくない。そのため，和解と錯誤に関する問題は，その関係の法

660　〔竹中〕

第14節　和　解　　　　　　　　　　　　　　　　　　　§696　II

的処理に際し多くの議論を生むこととなった。その結果，現在の学説・判例
においては，和解契約についての錯誤主張が一定の場合に認められている。

(1)　旧民法との関係

旧民法においては，財産取得編第5章111条・112条・113条において和
解と錯誤の関係についての条文が置かれていた。

しかし，現行民法の起草にあたり，「和解ハ私ニ争ヲ決スルモノニシテ和
解ノ前ニハ事実ノ不明ト権利ノ不確ハ素ヨリ常ニ存シオルヲ仮定スルモノナ
レハ」（理由書652頁）和解に関する錯誤についての規定を置く必要はないと
され，それらの条文は削除されている。特に，旧113条は和解についての事
実の錯誤を認めていたところ，それらの条文が削除されたことから，和解に
ついての錯誤は認めないとの考え方が696条により明確化されたとも解しう
る（実際，梅は「物ノ本質……ノ錯誤ニ付テハ契約ノ取消フ許スト云フ原則ガアツテ詰リ
112条ノ但書夫レカラ113条ノ第1項第2項ノ如キハ其適用ヲ示シタ」ものだが，696条
では「既成法典ノ原則タル所ノ物ノ本質ノ錯誤ニ因ツテ契約ヲ取消スト云フ原則ヲ採ラナ
カツタ其方ヲ改メテ居リマス」（法典調査会民法議事〔近代立法資料5〕107頁）と指摘す
る）が，現行民法においては，この問題は解釈に委ねられたものとして理解
されている。

(2)　判例の動向

判例は，和解の確定効ゆえ，争いの対象となった事柄について後日錯誤に
陥っていたことが明らかになったとしても蒸し返しは禁じられる，という原
則を確認した上で，一定の場合に錯誤主張を認める。まず，大審院明治37
年10月1日判決（民録10輯1223頁）は，次のとおり一般論を提示する。「和
解契約カ苟モ有効ニ成立シタル以上ハ縦令後日ニ至リ其和解ニ関スル事実ニ
錯誤アルコトヲ発見スルモ之カ為メニ和解ノ効力ヲ喪失スルモノニ非ス何ト
ナレハ事実ノ不明確ニシテ他日或ハ錯誤ノ発見セラルヘコトアルヤモ計ラレ
サルハ和解ノ性質上免カレサル所ニシテ又和解当事者ノ予期スル所ト云ワサ
ル可カラサレハナリ」。

その後，確定効が及ぶ範囲が問題となった。

大審院はまず，和解の趣旨からは696条により錯誤主張が封じられるとい
う点を次のように具体化する。「凡ソ和解契約ノ意思表示ニ錯誤アルモ其ノ
錯誤カ当事者ノ和解ニ依リテ止ムルコトヲ約シタル争ノ目的タリシ事項ニ存

〔竹中〕　661

スル場合ハ民法第 696 条ノ適用アルヘク従テ其ノ和解契約ハ有効ニシテ民法第 95 条ニ依リ之ヲ無効ト為スヘキモノニ非ス」。この判決では，賃借人による転貸借に関してなされた和解契約について，後に大家たる賃貸人による転貸借への承諾がなかったことが判明したため転借人が和解契約の錯誤無効を主張したという事案が問題となった。大審院は，先のような一般論を提示した後，「本件和解契約カ被上告人主張ノ如キ錯誤ニ依リテ無効ナリト為スニハ和解ニ依リテ止ムルコトヲ約シタル争カ地主ノ転貸ノ承諾ナキニ之レアリト誤信シタル被上告人ノ錯誤ニ因リ前ノ転貸借カ無効ナリシヤ否ヤニ関スル争ニ非スシテ其ノ他ノ事項ニ関スル争ナリシコトヲ必要トス」とし，原審がこの点に触れることなく，単に和解契約が錯誤により無効だと判じたのは審理不尽理由不備であるとして差し戻した（大判昭 5・3・13 新聞 3153 号 11 頁）。和解の確定効が及ぶのは「争い」の対象となった事項のみであり，転借人が賃貸人の承諾があると誤信して賃借人との間で転貸借に関する和解を締結した場合であっても，賃貸人の承諾の有無が和解に際し問題となったのであれば，争いの対象となったと理解されるため確定効が及び，錯誤主張は認められない。しかし，問題となっていないのであれば，それは和解による「争いの目的」とされた事項からは外れ確定効が及ばない。この論理が確認された点に意味がある。

その後も同様の論理により，錯誤無効を認めない判決が現れる。大審院大正 6 年 9 月 18 日判決（民録 23 輯 1342 頁）の事案は，債権の差押・転付命令を受けた債権者と第三債務者の間でなされた弁済方法に関する和解が成立し和解調書が作成された後に，転付命令が無効であることがわかったというものであったが，判例は「民法第 696 条ノ規定ハ当事者カ和解ニ依リテ止ムルコトヲ約シタル争ノ目的タル権利ニ付キ錯誤アリタル場合ニ限リ適用アルニ止マリ斯ル争目的ト為ラサリシ事項ニシテ和解ノ要素ヲ為スモノニ付キ錯誤アリタル場合ニ適用ナキコト明文上疑ナ」く，「若シ上告人カ本件ノ差押命令及ヒ転付命令ノ無効ナルヲ有効ナリト誤信シ之ヲ争ノ目的ト為スコトナクシテ本件ノ和解ヲ為シタルモノナルトキハ此和解ノ効力ノ有無ハ民法第 95 条ノ規定ニ則リテ之ヲ断セサルヘカラス」とし，この点の調査のため原審に差し戻している。

また，最高裁昭和 28 年 5 月 7 日判決（民集 7 巻 5 号 510 頁）は，賃借人を相

第14節　和　解　　　　　　　　　　　　　　　　　　　　§*696*　Ⅱ

手とした家屋明渡しの調停により，賃貸借契約を合意解除し賃貸人に家屋を明け渡す旨の調停が成立したところ，後日，賃貸人に当該家屋を必要とする事情がなかったことが明らかになったとしても，「調停成立に至る迄の事情並に上告理由書の記載よりすれば，上告人等は被上告人の主張を全面的に争っていたのであり被上告人が本件家屋を必要とすることを，確定した前提事実として本件調停の合意をしたものでない」とし，賃貸人における家屋の必要性の有無も含めて「争いの内容」となっていたことが認定されている。同様に，最高裁昭和36年5月26日判決（民集15巻5号1336頁）も，借地権期間満了に伴う調停において借地権消滅が合意された場合に，その後，賃借人が借地法6条所定の法定更新による借地権存続につき錯誤があったとしても，「借地権の存否自体」が和解の対象となった調停との関係では，696条により和解の効力を争うことができない，と指摘する。

　以上のように，判例においては，問題となる事項が696条の「争い」の範囲に含まれるか否かに応じ95条の錯誤主張の可否が決せられるとの理解が一般的である。

　なお，初期の判例の中には，上記とは異なるロジックを採用するかにみえる判決が存在する。大審院昭和10年9月3日判決（民集14巻1886頁）は，「斯ク斯クノ事柄有リ若クハ無シトノコトヲ前提（或ハ条件）ト定メテ一ノ契約ヲ締結シタル場合ニ此ノ事柄カ所定ニ反シ無ク若クハ有リタルトキハ其ノ依ツテ立ツトコロノ基礎ヲ失ヒタル契約ハ当然無効ニ帰セサルヲ得ス」とし，この論理は696条の場合にも適用があるとした。この判決の事案は，土地の強制競売での落札者と旧所有者との間で，旧所有者によって未払の状態にあった耕地整理費の立替金返還について締結された裁判上の和解につき，後に，土地の所有権移転とともに耕地整理費の負担も移転することが明らかとなり，落札者の旧所有者への求償権が存在しないことが明らかになったため，旧所有者が無効を主張したというものである。大審院は「求償権ノ当然ノ存在」という前提が崩れたのであるから，上述の判示に照らし「当然無効」であるとした。この判決の理論構成は従来の判決の構成とは異なるため，その意味が学説において議論された。

　しかし，多くの判例はその後も「争い」の範囲を外れるものであれば95条の錯誤に基づく無効主張を認めるという構成を採用し続ける。最高裁にお

〔竹中〕　　663

§696 II
第3編 第2章 契約

いても，特選金菊印苺ジャム事件として有名な最高裁昭和33年6月14日判決（民集12巻9号1492頁）において，同様の考え方が維持されている（この判決の事案は，代金債務について和解がなされ原告が仮差押えをした被告所有のジャムを「特選金菊印苺ジャム」であることを前提として代物弁済したところ，本件ジャムが粗悪品であったため和解の無効が問題とされたというものである）。最高裁は「本件和解は，本件請求金額62万9777円50銭の支払義務あるか否かが争の目的であつて，当事者である原告（被控訴人，被上告人），被告（控訴人，上告人）が……互に譲歩をして右争を止めるため仮差押にかかる本件ジャムを市場で一般に通用している特選金菊印苺ジャムであることを前提とし，これを1箱当り3000円（1缶平均62円50銭相当）と見込んで控訴人から被控訴人に代物弁済として引渡すことを約したものであるところ，本件ジャムは，原判示のごとき粗悪品であつたから，本件和解に関与した被控訴会社の訴訟代理人の意思表示にはその重要な部分に錯誤があつた」と判示した。

その後，和解と錯誤の関係は，いわゆる示談に含まれる権利放棄条項との関係でも問題となった（なお，前述〔→§695 IV 1 (2)〕のとおり，古くは，互譲の有無をもって和解契約と示談とを峻別する議論も存在したものの，現在では，いわゆる示談も和解契約の一種として理解することが一般的である）。ここで問題となるのは，交通事故等において，早急な紛争処理を目指し，加害者と被害者の間で示談が成立する場合である。この場合，被害者は自らの損害の内容・範囲を十分に把握しえないまま，少額の示談金にて合意を締結することが少なくない（ただし，民法上の和解とは異なる目的において——例えば加害者の刑事法上の責任軽減を目的として——示談が用いられる場合もあり，和解との認定を行うことには問題がある場合も存在する〔広中322頁等〕）。そして，その際に「爾後一切の損害賠償を行わない」旨の権利放棄条項が挿入されることがある。学説・判例では，以上のようなケースにおいて，事故後相当期間経過後重篤な後遺症が生じたような場合に，当該権利放棄条項がどこまで効力を持ちうるのかという点が問題とされた。学説では各種の論理構成により権利放棄条項の効力を否定する方策が検討され，一つの手段として錯誤無効についての問題も議論されたものの，判例は「全損害を正確に把握し難い状況のもとにおいて，早急に小額の賠償金をもつて満足する旨の示談がされた場合においては，示談によつて被害者が放棄した損害賠償請求権は，示談当時予想していた損害についてのものの

664 〔竹中〕

第 14 節　和　解　　　　　　　　　　　　　　　　　　　§*696*　Ⅱ

みと解すべきであつて，その当時予想できなかつた不測の再手術や後遺症が
その後発生した場合その損害についてまで，賠償請求権を放棄した趣旨と解
するのは，当事者の合理的意思に合致するものとはいえない」（最判昭 43・
3・15 民集 22 巻 3 号 587 頁）とし，契約の解釈により被害者が放棄した内容を
限定的に解し，示談後発生した損害を別損害として解釈するとの理解を明ら
かにした。

　なお，平成 29 年民法改正に際しては，示談との関係でも新規定を創設す
るかどうかが検討された（部会資料 18-1・9 頁等）。当初は人身損害の場合に限
定した規定が念頭に置かれていたが，財産損害の場合にも同様の問題が存在
しうる点や，規定の仕方によっては，事情変更の原則等を裏側から認めるこ
とにもなりかねない，との指摘がなされ，こちらも採用には至っていない。

　(3)　学説における位置づけ

　学説も，判例同様，一定の場合に和解契約の錯誤等による効力の覆滅を認
める。争点は，和解契約の効力の覆滅を認めるための判断基準をどのように
理解するのかという点に存する。

　この点につき，伝統的には，我妻栄による次のような指摘が議論の出発点
とされてきた（我妻栄「和解と錯誤との関係について」法協 56 巻 4 号〔1938〕730-731
頁）。

　我妻は，次のような例を提示して，錯誤無効が認められる範囲を説明する。
債権者甲が債務者乙に対し 2000 円の債権を有していたところ，数回の弁済
があり，その後，残存債務額に争いが生じた。甲は 1000 円の残存債務の存
在を主張し，乙は 500 円の債務のみの存在を主張したが，双方和解により，
750 円を残存債務として決定する。

　後日，残存債務額が 800 円であったことが明らかになった。この場合であ
っても，和解についての錯誤は主張できず，和解の効力は失われない。「債
権額の不確定を解消しよう」というのが和解契約の目的であり，債権額が後
日確定し一方が損をし他方が利益を得る可能性があることは，和解契約締結
時より既に考慮されていたためである。

　これに対し，同様の例において，甲・乙とも和解契約締結当時は甲が債権
者だと信じていたところ，後日，当該債権の丙から甲への譲渡が無効であり，
甲がそもそも債権者ではなかったことが明らかになった場合はどうか。本件

〔竹中〕　665

§696 II
第3編 第2章 契約

和解契約では，残存債務「額」の不明瞭から生じるリスクの引受けは目的としていても，甲が債権者ではなかった場合のリスクまで引き受ける契約とはなっていない。「額についての譲歩は認めねばならぬが，債権の帰属については何事をも認め得ない。……債権の帰属自体については当該和解契約は和解契約として何事をも決定する力を持たない」（傍点原文）。そのため，甲への債権の帰属が明示または黙示の「条件」として合意されていた場合には，条件不成就に基づく和解契約の無効が導かれるものの，「条件」とまでいえるほど明瞭な意思を当事者が黙示にも示していない場合には，錯誤の問題として処理される（我妻・前掲論文731頁）。

我妻は以上のように説明した上で，和解と錯誤が問題となる類型を3つに分類する。

まず，①「争いの目的となった事柄」についての錯誤主張がなされる場合である。このような場合の錯誤の効力は認められない（なお，この場合には，当初の和解において，真実に反する事実が判明した場合に争わない点が合意されているため，理論的には錯誤は存在せず，95条の問題ではないとの理解もありうる。この点を指摘するものとして，我妻・中II880頁，星野340頁，山本806頁，中田599頁）。

次に，和解契約において「争いの目的となった事項」とは異なる部分について錯誤主張がなされる場合である。この場合は，2つに分類される。一方は，②当該事項が和解契約の前提を構成している場合であり，この場合には錯誤無効が認められる。他方で，③当該事項が和解契約の前提を構成するわけではない場合には，錯誤の一般法理による処理がなされる（③の場合の具体例として，我妻は，「甲乙間に数個の債務があり，そのうちの一つについて和解が為された場合に，何れの債務なりやについて，当事者の一方に……錯誤が存在したやうな場合」を挙げる。しかし，「我民法の如く何等の規定を設けざる立法の下に於ては，……第二と第三の両場合を区別する必要なきものと謂ふべきであらう」との指摘のとおり，この区分は実益に乏しい〔我妻・前掲論文732-733頁〕）。

なお，以上のような分類が理念形にとどまるものであることは我妻によっても意識されている。我妻は，甲が1000円の残存債務を主張し，乙が500円の残存債務を主張した場合に750円で和解した場合，真実の額が600円だと分かった場合には，第1の例として錯誤主張は認められないが，残存債務の額が0円もしくは2000円満額であったとした場合に，このケースもなお

666　〔竹中〕

第14節　和　解　　　　　　　　　　　　　　　　　　　　§*696*　II

①の場合に包含されるかについては疑問が残るとする。この分類は「当事者
の争ふ意思如何」（我妻・前掲論文745頁，および746頁以下），すなわち契約の解
釈により決せられるであろうことが指摘されている。

　以上のような我妻による定式は判例学説においてその後強い影響力を持ち，
現在でも通説的な位置づけを保つ。

　学説においてはその後，696条との関係で錯誤が問題となる際に，そこで
語られる「錯誤」がどのような性質の錯誤なのかについても，議論がなされ
てきた。この点は，当該問題が議論された時代の錯誤法上の理論構成の相違
にも大きな影響を受けるため，議論の状況は明瞭ではない（ただし法的構成の
相違により結論が大幅に変わることはない）。大別すると，錯誤論の枠内で説明を
貫徹させようとする立場と，錯誤とは別の無効原因を認めようとする立場
（典型的には行為基礎論による。高森八四郎・法律行為論上の基本的諸問題〔1990〕88頁
等。広中325頁も同様の見方を示唆するが，事実認定レベルの問題であることも同時に指
摘している）の2種類に分類できる。後者は，ドイツ法を参照しながら「前
提」に関する錯誤について独自の理論を展開した上で，一定の類型に関して
は民法総則上の錯誤とは異なる性格が含まれることを主張する（高森八四郎
「和解の基礎に関する錯誤について(1)(2・完)」民商65巻6号903頁，66巻1号64頁
〔1972〕，同・前掲書81頁以下，三宅・下1245頁以下等）。

　また，以上のような分類とは別に，錯誤の対象となった事項が事実に合致
しないことを知っていたならばそもそも和解自体が生じることがなかったと
いう場合と，錯誤の対象となった事項が事実と合致しないことが当事者間で
わかっていたとしても，なお和解をする余地があった場合とを区別する見解
も存在する（新版注民(17)258-259頁〔篠原弘志〕）。

　なお，近年，我妻に端を発する通説的な議論は意思表示の解釈に帰着する
ものにすぎず，判断基準としては不十分だとする批判もある（神田英明「和解
契約の拘束力」法論66巻1＝2号〔1993〕81頁等）。下級審も含めた判例の分析か
ら，裁判所による実務上の解決は必ずしも当事者の和解意思の探求のみには
求められていないとしつつ，外在的な事情が考慮されていることを正面から
認めるべきであるとして，錯誤が認められる場合に考慮されるべきファクタ
ーの抽出を試みるものも現れている（神田英明「和解無効の実質的ファクターに対
する考察」法論67巻1号〔1994〕23頁。さらに，神田説と伝統的通説の接合を試みるも

〔竹中〕　667

§696 II 第3編 第2章 契約

のとして，永井洋士「和解の取消・無効原因とその正当化根拠の考察——和解契約に関する解釈基準提示の準備作業として」青山法務研究論集 12 巻〔2016〕31 頁）。

(4) 平成 29 年民法改正との関係

平成 29 年に成立した民法改正の際，錯誤により和解の効果を覆すことができない場合の要件の明文化についても議論された（和解と錯誤との関係では様々な提案もなされた。詳解 V 354 頁，民法改正研究会編・民法改正 国民・法曹・学会有志案（法時増刊）〔2009〕225 頁，高森八四郎「和解契約の規定を詳細化する必要はないか」椿寿夫ほか編・民法改正を考える（法時増刊）〔2008〕317 頁，神田英明「和解と錯誤の関係をめぐる条文改正に関する一考察」法論 81 巻 6 号〔2009〕181 頁）。しかしながら，これらの提案も採用には至っていない。平成 29 年民法改正においては，錯誤法のレベルにおいて大きな修正がなされたため，今後，和解契約との関係でもその影響が及ぶ可能性が論理的にはあるものの，現状においても法的構成の差異による結論の相違はあまり認められておらず，実務上どこまで意味を持ちうるかについては不明瞭である。

2 処分能力・権限に関する問題

和解をなすためには「争い」にかかる処分をなす能力・権限を要する。この点も，古くから議論がなされてきた。

胎児を代理してなされた和解の効力が生まれた子に及ばないとした判例として，大審院昭和 7 年 10 月 6 日判決（民集 11 巻 2023 頁）がある。また，婚外子が父に対し認知請求を行う際の認知請求権について，婚外子と父の間の和解により，財産贈与の代わりに当該請求権を放棄することが可能かも問題とされたが，認知請求権の性質ゆえ放棄不能としたものとして大審院昭和 6 年 11 月 13 日判決（民集 10 巻 1022 頁）等がある（その他の判決については注民(17) 183-184 頁〔篠原弘志〕を参照）。

なお，先述のとおり旧民法においては，親権者等の代理能力についての規定が存在し，古い判例において問題となっている。現行法においても 13 条 1 項 5 号が同様の点を規定するため，類似の問題が生じる可能性は残る。

3 現代的問題

公序良俗との関係での和解の有効性に関しても，従来より争われることが多い。古くは，賭博によって負けた者が，負け金の支払債務を準消費貸借の目的とし，当該債務についてなされた和解契約の効力を認めたものもあった

668 〔竹中〕

第14節　和　解　　　　　　　　　　　　　　　　　　　　§*696*　II

が（大判大 13・10・6 民集 17 巻 1969 頁），最高裁は類似の例においてなされた和
解契約の効力につき，公序良俗違反と判断し否定した（最判昭 46・4・9 民集 25
巻 3 号 264 頁）。

　その後，下級審においては，和解の原因となった契約（買戻条件付売買契約）
が公序良俗に違反するとされた場合に，当該契約の履行に関して成立した和
解契約も同様に公序良俗に反するとした例（東京地判平 6・12・5 判タ 895 号 278
頁）や，和解の錯誤は認めないものの，和解契約締結に至る交渉経過や相手
方が錯誤に陥った経緯，相手方の経済的損失の程度等の諸般の事情を総合し
た結果，信義則に照らし和解が無効とされた事例（東京地判平 8・8・29 判タ
933 号 262 頁）等が存在する。

　和解契約の有効性との関係では，近時，過払金返還訴訟との関係で締結さ
れる和解契約の効力が争われることが多くなってきている。この問題に関し
ては，近時関連する最高裁判例が相次いで出されたこともあり，和解の効力
に関する一つの争点となりつつある。

　具体的には，利息制限法所定の制限金利を超えた弁済に関して貸金業者と
借主との間で締結された和解契約の効力が問題となることが多い（下級審レ
ベルでは多くの判決の蓄積が存在する。和解の効力を否定するものとして，東京地判平
11・9・28 判タ 1085 号 232 頁等，肯定する例として，東京地判平 17・10・21 判タ 1224
号 263 頁，東京高判平 23・9・9 判タ 1370 号 179 頁，大阪高判平 22・6・17 判タ 1343 号
144 頁など）。ただし，そこでの争われ方は一様ではない。

　下記のとおり，最高裁レベルではいくつかの判断が相次いで出されている。
　まず，過払金が発生している継続的な金銭消費貸借取引において，特定調
停手続を経て借主と貸金業者の間で成立した調停条項中に，借主が借受金の
残元利金の支払義務を認める「確認条項」と，本件調停の調停条項に定める
ほか何等の債権債務のないことを確認する「清算条項」が存在した場合の，
各条項の公序良俗性が争われた事案において，最高裁平成 27 年 9 月 15 日判
決（判タ 1418 号 96 頁）は，当該条項を含む調停は公序良俗に反しないとした。
ただし，最高裁は，上記の判断を行う際に，当該調停の「目的」に照らす形
で，上記各条項の及ぶ範囲が「特定の期間内に……借り受けた借受金等の債
務……に限られ，」借主が貸金業者に有する「過払金返還請求権等の債権は
これに含まれない」と判示しており，和解契約の効力に関わる上記各条項の

〔竹中〕　　669

§696 II 第3編 第2章 契約

内容を狭く解釈している。この判断は，先述の示談に関する最高裁判決同様，最高裁が，和解契約中の各条項の解釈を通じて和解の効力を制限的に解する傾向にあることを示す。

その後，同様に過払金が発生している金銭消費貸借取引において，認定司法書士が関与した債務整理の際に締結された和解契約の効力が争われた最高裁平成28年6月27日判決（民集70巻5号1306頁）において，最高裁は，認定司法書士が行いうる裁判外の和解の範囲につき，「債務整理の対象となる個別の債権の価額」が基準になるとして，認定司法書士を介して締結しうる和解契約の範囲を明確化した。認定司法書士が関与して債務整理を行い和解契約が締結される場合，司法書士が代理できる範囲は司法書士法3条1項7号に定められた額を上限とするとされてきたものの，従来，その額についての解釈が一定ではなかったため，この点が明らかにされたことの実務的意義は大きい。

では，認定司法書士が代理しうる債務整理に関する和解契約の上限額を超えてなされた和解契約の効力は一律に無効となるのか。この点が争われたのが最高裁平成29年7月24日判決（民集71巻6号969頁）である。この判決では，司法書士法3条1項7号に規定する額を超える過払金返還請求権につき，借主が裁判外の和解をするために認定司法書士と締結した委任契約は，弁護士法72条違反を根拠に民法90条に照らして無効と判断されたものの，無効となる委任契約に基づき借主に代理してなされた和解契約は「その内容及び締結に至る経緯等に照らし，公序良俗違反の性質を帯びるに至るような特段の事情がない限り，無効とはならない」とされている。本件では，代理した司法書士が，過払金の額が司法書士法3条1項7号所定の額を超える場合には代理できない旨を借主に伝えたうえで事務処理を行った事案であったため，上記の「特段の事情」は認められることなく和解契約の効力は維持されている（司法書士との委任契約は無効とされた）。「特段の事情」が存する場合には和解契約の効力が左右されうる可能性が残されている点には注意を要する。

過払金返還請求との関係では，和解契約の効力につき，696条の確定効の問題が，公序良俗違反の問題や，代理人が関わった場合の和解契約の効力の問題も含め，より広い視点から争われつつあると評しえよう。

〔竹中悟人〕

事 項 索 引

A-Z

dispositum ･･････････････････････････4
locatio conductio ･･････････････････3
locatio operarum ･･････････････････4
locatio operis ･････････････････････4
locatio rei ･･････････････････････････4
mandatum ･･････････････････････････4
operae illiberales ･･････････････････4
operae liberales ･･･････････････････4

あ 行

争 い ･･････････････････････649, 650, 651
安全配慮義務･････････････････････47
医 師
　── の説明義務 ･･･････････････262
　── の善管注意義務 ･････････260
一応の完成 ･･････････････････････141
一債務二責任説････････････････559
一時金･･････････････････････････････67
一括下請負の禁止 ･････････････126
委 任 ･･･････････････････････････････239
　── と請負 ･････････････････9, 240
　── と寄託 ･･･････････････････241
　── と雇用 ･･･････････････8, 240
　── と相続財産の管理 ･･････241
　── における損害の範囲 ･･･315
　── における報告義務・説明義務 ･･･272
　── における報酬合意 ･･･････290
　── における報酬の支払時期 ･･･292
　── の解除 →委任解除
　── の終了事由 ･････････････335
　── の中途終了 ･･･････････････294
　── の任意解除 ･･･････････････318
　死後の事務処理を目的とする ── ･･･339
委任解除 ･･････････････････････････318
　── 後の報酬請求 ･･･････････301
　── と損害賠償 ･･･････････････329
　── の効果 ･･･････････････････333
　── の将来効 ･･･････････････････332
　相手方に不利な時期の ── ･･･329

　受任者の利益をも目的とする ── ･･･331
　成果完成前の ── ･･･････････300
委任契約の諾成契約性 ･････････244
委任事務履行後の報酬支払原則 ････292
委任者
　── と復受任者 ･･･････････････270
　── による費用前払 ･･･303, 305
　── の意思表示に基づく相殺 ･･･313
　── の許諾に基づく復委任 ･･･267
　── の後見開始審判 ･････････342
　── の死亡 ･････････････････････338
　── の受任者に対する費用償還，債務代弁
　　済・代担保提供・損害賠償 ･･･307
　── の責めに帰することができない事由に
　　よる事務履行の不能 ･････293
　── の責めに帰することができない事由に
　　よる成果完成の不能 ･････299
　── の破産手続開始決定 ･････340
　── の無過失 ･･･････････････316
　── の利益に応じた報酬支払 ･･･302
委任終了の対抗要件 ･･･････････347
委任の本旨 ･･････････････････････250
違約金･････････････････････････････45
医療従事者の善管注意義務 ･････260
請 負 ･･････････････････････115, 116
　── と雇用・委任 ･･･････････9
　── における一部解除 ･･････196
　── における解除 ･･･････････154
　── における任意解除
　　･････････224, 225, 226, 227, 228, 231
　── における報酬額 ･････････137
　── における報酬減額 ･･････170
　── における報酬の支払時期 ･･･182
　── の危険負担 ･･･････････････208
　── の中間払金 ･･･････････････183
　── の前払金 ･･･････････140, 182
請負契約
　── における条件変更 ･･････138
　── の具体例 ･･･････････････117
　── の成立と書面 ･･･････････118
請負人

事 項 索 引

―― の契約不適合責任（担保責任）‥‥‥‥157
―― の契約不適合責任（担保責任）規定の
　一元化 ‥‥‥‥‥‥‥‥‥‥‥‥‥‥‥‥158
―― の契約不適合責任（担保責任）に関す
　る準用規定の適用範囲 ‥‥‥‥‥‥‥159
―― の契約不適合責任（担保責任）の期間
　制限 ‥‥‥‥‥‥‥‥‥‥‥‥‥‥‥‥218
―― の契約不適合責任（担保責任）の制限
　‥‥‥‥‥‥‥‥‥‥‥‥‥214, 215, 216
―― の仕事完成義務 ‥‥‥‥‥‥‥‥‥122
―― の仕事の目的物の引渡義務 ‥‥‥129
―― の説明義務 ‥‥‥‥‥‥‥‥‥‥‥129
―― の着手義務 ‥‥‥‥‥128, 277, 418
営利団体 ‥‥‥‥‥‥‥‥‥‥‥‥‥‥‥466
営利団体（狭義）‥‥‥‥‥‥‥‥‥‥‥551
役　務 ‥‥‥‥‥‥‥‥‥‥‥‥‥‥‥‥‥2
役務型仕事 ‥‥‥‥‥‥‥‥‥‥‥‥‥‥16
役務提供型契約 ‥‥‥‥‥‥‥‥‥‥‥‥2
役務提供型典型契約 ‥‥‥‥‥‥‥‥3, 5
　（オランダ法）‥‥‥‥‥‥‥‥‥‥‥‥5
　（スイス法）‥‥‥‥‥‥‥‥‥‥‥‥‥5
　（ドイツ法）‥‥‥‥‥‥‥‥‥‥‥‥‥5
　（フランス法）‥‥‥‥‥‥‥‥‥‥‥‥6
　（ヨーロッパ私法に関する共通参照枠草案）
　‥‥‥‥‥‥‥‥‥‥‥‥‥‥‥‥‥‥‥7
役務提供契約‥‥‥‥‥‥‥‥‥‥‥‥2, 19
　―― についての一般規定 ‥‥‥13, 14, 360
　―― の受け皿規定‥‥‥‥‥‥13, 350, 359
　―― の性質決定‥‥‥‥‥‥‥‥‥‥‥10
　典型契約に該当しない―― ‥‥‥‥‥11

か　行

解　雇‥‥‥‥‥‥‥‥‥‥‥‥‥‥‥‥‥87
　―― の金銭解決 ‥‥‥‥‥‥‥‥‥‥100
　―― の合理的理由‥‥‥‥‥‥‥‥‥‥96
解雇権濫用法理‥‥‥‥‥‥‥‥‥‥‥‥93
解雇予告‥‥‥‥‥‥‥‥‥‥‥‥‥‥‥91
概算請負‥‥‥‥‥‥‥‥‥‥‥‥‥‥‥137
解散請求
　―― の効果 ‥‥‥‥‥‥‥‥‥‥‥‥611
　―― の要件 ‥‥‥‥‥‥‥‥‥‥‥‥609
解散の要件 ‥‥‥‥‥‥‥‥‥‥‥‥‥606
会社分割‥‥‥‥‥‥‥‥‥‥‥‥‥‥‥75
解除規定の一部適用排除 ‥‥‥‥‥‥480

解除権放棄事情 ‥‥‥‥‥‥‥‥‥‥‥354
解除権放棄特約 ‥‥‥‥‥‥‥‥‥‥‥354
解除によらない委任の終了 ‥‥‥‥‥335
解約告知 ‥‥‥‥‥‥‥‥‥‥‥‥‥‥332
解約予告‥‥‥‥‥‥‥‥‥‥‥‥‥‥‥90
瑕疵（667条の 3 で問題とする）‥‥‥486
貸金庫 ‥‥‥‥‥‥‥‥‥‥‥‥‥‥‥364
果実の引渡し ‥‥‥‥‥‥‥‥‥‥‥282
合併による当事者の消滅 ‥‥‥‥‥‥593
加　入
　―― の効果 ‥‥‥‥‥‥‥‥‥‥‥‥579
　―― の要件 ‥‥‥‥‥‥‥‥‥‥‥‥577
加入組合員の責任 ‥‥‥‥‥‥‥‥‥580
過払金返還訴訟 ‥‥‥‥‥‥‥‥‥‥669
可分性 ‥‥‥‥‥‥‥‥‥‥‥‥190, 201
下方利益参加 ‥‥‥‥‥‥‥‥‥‥‥471
完成擬制 ‥‥‥‥‥156, 186, 190, 194, 195, 228
　―― の範囲 ‥‥‥‥‥‥‥‥‥‥‥‥195
完成建物の所有権の帰属 ‥‥‥‥‥‥130
期間ごとの報酬支払合意 ‥‥‥‥‥‥292
企業秩序遵守義務‥‥‥‥‥‥‥‥‥‥42
議決権決定方法 ‥‥‥‥‥‥‥‥‥‥513
議決の方法 ‥‥‥‥‥‥‥‥‥‥‥‥513
危険負担法理 ‥‥‥‥‥‥‥‥‥‥‥62
危険領域 ‥‥‥‥‥‥‥‥‥‥‥‥‥209
危険領域説 ‥‥‥‥‥‥‥‥‥‥‥‥206
寄　託 ‥‥‥‥‥‥‥‥‥‥‥‥‥‥362
　―― における同時履行の抗弁権・留置権
　‥‥‥‥‥‥‥‥‥‥‥‥406, 420, 422
　―― の解除 ‥‥‥‥‥‥‥‥369, 401
　―― の諾成契約性 ‥‥‥‥‥366, 370
　―― の目的物 ‥‥‥‥‥‥‥‥‥‥365
混合―― 　→混合寄託
商事―― 　→商事寄託
消費―― 　→消費寄託
不動産の―― ‥‥‥‥‥‥‥‥‥‥‥365
無償―― ‥‥‥‥‥‥‥‥372, 385, 419
無体物の―― ‥‥‥‥‥‥‥‥‥‥‥366
寄託者
　―― と再受寄者の関係 ‥‥‥‥‥‥382
　―― による返還請求 ‥‥‥‥400, 437
　―― の受取物引渡請求権 ‥‥‥‥‥418
　―― の寄託物引渡義務 ‥‥‥‥‥‥368
　―― の寄託物引渡し前の解除権 ‥‥‥371

事 項 索 引

―― の損害賠償義務 ………369, 374, 397, 404
―― の損害賠償請求権の期間制限 ………411
―― の損害賠償請求権の時効の完成猶予
　………………………………………411
―― の担保責任 ……………………………369
―― の費用償還義務の期間制限 ………411
―― の費用前払・償還義務 ……369, 374, 422
―― の報酬支払義務 ………369, 374, 419
寄託物
　―― 受取り前の解除権 ………………………369
　―― の受取義務 ………………………368, 374
　―― の再寄託 ………………………………381
　―― の差押え ………………………………390
　―― の使用 …………………………………379
　―― の譲渡 …………………………………396
　―― の所有権 ……………407, 425, 429, 439
　―― の性質・瑕疵によって生じた損害 ……397
　―― の転置 …………………………………411
　―― の引渡義務 ……………………………368
　―― の分別管理義務 ………………368, 428
　―― の返還義務 ………………………368, 401
　―― の返還時期 ……………………………407
　―― の返還の相手方 ………………390, 405
　―― の返還場所 ……………………………409
　―― の保管義務 ……………………………368
　―― 返還請求権の消滅時効 ………………406
休業手当 …………………………………54, 68
旧54条類推適用説 ……………………………528
求人票 ……………………………………………27
競業避止義務 ……………………………………43
協同組合 ……………………………………468
共同事業 …………………………………………457
共同相続 …………………………………………470
業務執行組合員 ……………………………544
　―― の辞任・解任 ………………………548
業務執行事項説 ……………………………524
業務執行者 ……………………………………515
業務執行と関連した不法行為 ………………542
共有物利用関係 ……………………………459
金銭出資の不履行 ……………………………506
金銭その他の物の引渡し ………………………279
偶然性はレジオンを排除する ………………628
組　合 ……………………………………………447
　―― と組合契約 ……………………………448

―― の解散請求の効果 ……………………611
―― の解散請求の要件 ……………………609
―― の解散の要件 …………………………606
―― の共有 …………………………………493
―― の権利能力 ……………………………493
―― の合有 …………………………………494
―― の債務 …………………………………492
―― の当事者能力 …………………………532
―― の法人格 ………………………………493
組合員
　―― が1人となった場合 ……………487, 608
　―― 間での組合契約に関する争い ………541
　―― の加入の効果 ………………………579
　―― の加入の要件 ………………………577
　―― の自己執行義務 ……………………545
　―― の死亡 ………………………………589
　―― の受領物引渡義務 ……………………545
　―― の除名の効果 ………………………596
　―― の除名の対抗要件 ……………………596
　―― の除名の要件 ………………………594
　―― の制限行為能力 ……………………592
　―― の清算事務の処理方法 ………………613
　―― の清算人の職務範囲 …………………618
　―― の清算人の選任 ……………………612
　―― の善管注意義務 ……………………545
　―― の顛末報告義務 ……………………545
　―― の任意脱退の効果 ……………………587
　―― の任意脱退の要件 ……………………582
　―― の破産 ………………………………591
　―― の非任意脱退の効果 …………………594
　―― の非任意脱退の要件 …………………588
　―― の分割無限責任 ……………………559
　―― の連帯責任 …………………………564
組合員債権者 ……………………………448
　―― からの脱退の強制 ……………………592
　―― による組合財産への執行可能性 ……504
組合員責任 ……………………………………563
　―― と執行 ………………………………565
　―― の性質 ………………………………564
　―― の割合 ………………………………563
組合員たる地位 ……………………………496
　―― の資格喪失 …………………………592
　―― の譲渡 ………………………………580
　―― の譲渡の効果 ………………………581

673

事 項 索 引

―― の譲渡の要件 ……………………581
組合関係訴訟 ……………………………531
組合契約
　―― で定められた解散事由 …………608
　―― と組合 …………………………448
　―― に関する組合員間での争い ……541
　―― の具体的性質 …………………451
　―― の十分条件 ……………………460
　―― の成立要件 ……………………447
　―― の諾成契約性 …………………449
　―― の当事者 ………………………452
　―― の必要条件 ……………………460
組合契約変更
　―― に対する同意義務 ……………449
　―― の要件についての多数決条項 ……449
組合債権 …………………………………500
　―― の行使禁止 ……………………570
組合債権者 ………………………………448
組合財産
　―― に関する訴訟 …………………534
　―― の定義 …………………………491
　―― の特性 …………………………497
　―― の内容 …………………………491
　―― への権利行使方法 ……………560
組合債務 …………………………………502
組合代表 …………………………………519
組合代理と対外的業務執行 ……………511
組合法の任意法規性 ……………………462
倉荷証券 …………………………………406
契約の法性決定
　狭義の―― …………………………355
　広義の―― …………………………355
契約不適合
　―― に基づく契約解除 ……………178
　―― に基づく修補 …………………167
　―― に基づく修補請求権 …………167
　―― に基づく修補請求権の限界 ……169
　―― に基づく修補に代わる損害賠償 ……174
　―― に基づく修補に代わる損害賠償額の算
　　定 …………………………………173
　―― に基づく損害賠償請求権 ……173
　―― に基づく報酬減額 ……………170
　―― の意義 …………………………162
　―― の通知 …………………………219

検査権 ……………………………………550
建設業法 ……………………………118, 122
建築基準法 ………………………………121
顕　名 …………………………………526, 529
権利放棄 …………………………………664
コインロッカー …………………………364
講 …………………………………………470
合意解約 …………………………………51
後遺症 ……………………………………664
好意と無償委任 …………………………245
合意なき復委任 …………………………267
交換寄託 …………………………………425
高級労務 ……………………………8, 19, 239
公共工事標準請負契約約款 ……………120
工事監理者 ………………………………127
合同行為説 …………………………450, 474
公認会計士の善管注意義務 ……………258
互　譲 …………………………646, 647, 648
コーズ論 …………………………………630
個別的射倖契約 ……………………631, 632
個別的持分 ………………………………496
雇　用 ……………………………………18
　―― と委任 …………………………8
　―― と委任・請負 …………………9
　―― と準委任 ………………………350
　―― の期間 …………………………81
雇用契約 …………………………………18
雇用類似の契約 …………………………16
混合寄託 …………………………………423
　―― における寄託物の一部滅失 ……428
　―― における返還請求権 …………428
混合契約 ……………………………11, 35
混蔵寄託　→混合寄託

さ　行

再寄託 ……………………………………381
裁判上の和解 ……………………………642
債務の本旨 ………………………………40
採用内定 …………………………………28
採用の自由 ………………………………26
詐害行為取消し …………………………489
サービス …………………………………2
残余財産 ……………………………602, 619
残余財産分配請求権 ……………………601

事 項 索 引

指揮命令権 ……………………………………39
支給日在籍要件 ………………………………60
事業譲渡 ………………………………………74
事業成功 ……………………………………606
自己執行義務 ……………………265, 266, 381, 545
仕事の完成 …………………122, 123, 124, 125, 126
　　── の擬制　→完成擬制
仕事の目的物の所有権帰属
　　完成建物における ── ………………130
　　第三者の追加工事によって完成した建物に
　　　おける ── ……………………………136
　　未完成建物における ── ………………133
仕事の目的物の引渡義務 ……………………129
自己の財産に対するのと同一の注意 ………388
死後の事務処理を目的とする委任 …………339
獅子組合 ……………………………………458
事実上の組合 ………………………………451
辞　職 …………………………………………87
自身服務の原則 ……………………………266
下請負 ………………………………………126
　　── と出来形部分の所有権帰属 ………134
下請代金支払遅延等防止法 …………………127
示　談 …………………………………648, 664
実質的履行の法理 …………………………160
司法書士の善管注意義務 …………………257
事務処理関連金銭の私用 ……………284, 285
射倖契約 ………………………………624, 630
自由解除 ………………………………………10
従業員持株会 ………………………………469
就業規則 ………………………………………36
自由業パートナーシップ …………………468
終身定期金 …………………………………623
　　── の遺贈 ………………………………640
　　── の計算 ………………………………635
終身定期金契約 ……………………………631
　　── の解除 ………………………………636
終身定期金債権の存続の宣告 ……………639
終身扶養契約 …………………………632, 634
従属労働性 …………………………………9, 350
住宅建築工事請負契約約款 …………………120
住宅の品質確保の促進等に関する法律
　　…………………………………………121, 221
就労請求権 ……………………………………46
自由労務 ………………………………………4

受寄者
　　── による引取請求 …………401, 407, 439
　　── の受取物引渡義務 …………………418
　　── の寄託物受取り前の解除権 ………372
　　── の金銭の消費についての責任 ……418
　　── の自己執行義務 ……………………381
　　── の注意義務 …………………………385
　　── の通知義務 …………………………390
出捐の不確実性 ……………………………625
出　向 …………………………………………72
出　資 ………………………………………453
　　── の時期 ………………………………456
　　── 割合 …………………………………456
　　全員の ── ………………………………455
出資義務の履行不能 ………………………593
出資請求権 …………………………………492
受任者
　　── が受けた損害の賠償 ………………314
　　── が自己の名で取得した権利の移転 …283
　　── からの任意解除 ………………………10
　　── に対する委任者の費用償還，債務代弁
　　　済・代担保提供・損害賠償 …………307
　　── による解除 …………………………327
　　── による費用前払請求権 ……………304
　　── の意思表示に基づく相殺 …………313
　　── の受取物引渡義務 …………………277
　　── の金銭の消費 ………………………283
　　── の後見開始審判 ……………………342
　　── の財産上の損害 ……………………317
　　── の自己執行義務 ………………265, 266
　　── の支出した費用の償還 ……………310
　　── の死亡 ………………………………339
　　── の事務処理義務 ……………………248
　　── の身体損害 …………………………317
　　── の説明義務 …………………………273
　　── の責めに帰すべき事務処理上の障害
　　　………………………………………………299
　　── の注意義務 …………………………248
　　── の顛末報告義務 ……………………274
　　── の破産手続開始決定 ………………341
　　── の負担した債務の弁済と担保の提供
　　　………………………………………………312
　　── の部分的報酬請求 ……………293, 298
　　── の報告義務 ………………………272, 356

675

事 項 索 引

——の報酬 …………………287
——の報酬請求権 …………290
——の無過失 ………………316
——の利益 …………………289
——の利益をも目的とする委任 …323
——の利益をも目的とする委任の解除 …331
事務処理関連金銭を私用した—— …284, 285
複数の—— …………………268
受領基準説 …………………161
受領物引渡義務 ……………545
準委任 …………………269, 350
——の限定 …………………360
雇用と—— …………………350
準射倖契約 …………………630
ジョイントベンチャー ……467
場屋営業 ……………………386
状況報告義務 ………………274
商事寄託 ………………386, 420
使用者
——の配慮義務………………46
——の破産手続開始決定 ……112
——の付随義務………………46
——の報酬支払義務…………46
——の労務受領義務…………46
使用者責任 …………………542
消費寄託 ……………………430
——における寄託物の契約不適合 …436
——における返還義務 ………435
——における返還時期 ………437
——における返還不能の場合の価額償還義
　務 …………………………436
——の諾成契約性 ……………435
無償の—— …………………440
常 務 ………………………513
消滅時効
委任における報酬支払債権の—— …292
寄託者の損害賠償請求権の—— …411
寄託物返還請求権の—— ……406
受寄者の費用償還請求権の—— …411
賞 与 ………………………67
職場規律維持義務……………42
職務専念義務…………………41
除 名
——の効果 …………………596

——の対抗要件 ……………596
——の要件 …………………594
信託における合有 …………495
信用の出資 …………………454
信頼関係破壊 …………154, 247
診療契約………………………11, 242
スライド条項 ………………138
成果完成型 …………………15
成果完成型委任における成功報酬 …297
成果完成前の委任の解除 …300
成果等に対する報酬 ………295
成果報酬型委任………………10
成功報酬 ……………………296
製作物供給契約 ……………118
誠実義務（労働者の）………43
整理解雇 ……………………96
税理士の善管注意義務 ……258
善管注意義務
　医師の—— …………………260
　医療従事者の—— …………260
　組合員の—— ………………545
　公認会計士の—— …………258
　司法書士の—— ……………257
　税理士の—— ………………258
　専門的・職業的な—— ……255
　不動産仲介業者の—— ……260
　弁護士の—— ………………255
　弁理士の—— ………………259
　ボランティアと—— ………264
　有償受寄者の—— …………387
　労働者の—— ………………41
専門的・職業的な善管注意義務 …255
専用使用権分譲契約 ………359
倉庫営業 …………363, 386, 406, 408, 409, 413
双方利益委任 ………………354
損 益 ………………………552
損益の不確実性 ……………625
損益分配 ……………………552
——の実行時期 ……………555
——の方法 …………………556
損益分配割合 ………………553
存続期間の満了 ……………607

676

事 項 索 引

た 行

対外的業務執行と組合代理 …………………511
大学学納金返還請求訴訟 ………………………357
大学在学契約 ……………………………………357
第三者の追加工事によって完成した建物の所
　　有権の帰属 ………………………………136
代理商 ………………………………………………242
単価請負 ……………………………………………137
団体的射倖契約 ………………………………631, 632
単独代理権説 ……………………………………524
中間収入の控除 ……………………………………68
忠実義務 ……………………………………………252
注文者
　　―― の協力義務
　　　………145, 146, 147, 148, 149, 150, 151, 152
　　―― の検査義務・検収義務 ………………153
　　―― の受領義務 ……………………149, 150
　　―― の受領遅滞 ……………………………184
　　―― の破産手続の開始による解除 ………232
　　―― の不履行責任 …………………………180
　　―― の報酬支払義務 ………………………137
　　―― の利益 …………………………………201
注文者帰属説 ……………………………………132
賃　　金 …………………………………………27, 54
賃　　約 …………………………………………………3
追加出資義務 ……………………………………456
通信サービス契約 ………………………………13
定額請負 ……………………………………………137
　　―― における報酬額の変更 ………………138
定年制 ………………………………………………50
手形行為 ……………………………………………530
転　　籍 …………………………………………………73
顚末報告義務 ……………………………………274, 545
問　　屋 ……………………………………………269
同一労働同一賃金 ………………………………85
当座組合 ……………………………………………457
投資事業組合 ……………………………………468
投資事業有限責任組合 …………………………547
同時履行
　　請負における―― ……123, 129, 133, 141, 143,
　　　160, 161, 162, 168, 170, 172, 175, 176, 177,
　　　180, 182, 183, 184, 193, 197
　　寄託における―― …………………406, 420, 422

雇用における―― ……………………………53, 55
　　終身定期金における―― …………………638
同時履行の抗弁権の排除 ………………………479
特定住宅瑕疵担保責任の履行の確保等に関す
　　る法律 ……………………………………222
匿名組合 ………………………………………466, 547

な 行

内的組合 ………………………………………470, 517
　　―― の効果 …………………………………472
　　―― の要件 …………………………………472
仲立営業 ……………………………………………269
仲立人 ………………………………………………242
二債務説 ……………………………………………559
任意解除（受任者からの） ……………………10
任意解除制限準則 ………………………………354
任意脱退
　　―― の効果 …………………………………587
　　―― の要件 …………………………………582
任意的訴訟担当 ………………………536, 539, 541
年金制度 ……………………………………………633
年俸制 ………………………………………………91
ノーワーク・ノーペイ …………………………54

は 行

賠償額予定 …………………………………………45
発議権 ………………………………………………513
ハラスメント ………………………………………49
非営利事業 …………………………………………457
非営利団体 …………………………………………465
引渡基準説 …………………………………………161
必要的共同訴訟 ………………………………535, 537
非任意脱退
　　―― の効果 …………………………………593
　　―― の要件 …………………………………588
秘密保持義務 ………………………………………43
110条適用説 ………………………………………528
費　　用 ……………………………………………304
　　―― の償還 …………………………………310
標準倉庫寄託約款 ………………………363, 409, 413
付加的射倖契約 …………………………………631
復委任 ………………………………………………265
　　委任者の許諾に基づく―― ………………267
　　合意なき―― ………………………………267

677

事 項 索 引

復寄託 ……………………………… 381
復受任者
　　──と委任者 ……………………… 270
　　──の選任 …………………………… 267
不合理な労働条件格差 ……………… 85
不作為の出資 …………………………… 454
不自由労務 ……………………………… 4
付随義務
　　使用者の── ……………………… 46
　　労働者の── ……………………… 42
付随的射倖契約 ……………………… 631
物権的財産 …………………………… 497
　　──と登記 ………………………… 498
不動産仲介業者の善管注意義務 …… 260
部分的完成の擬制 ………… 194, 195, 203
フランチャイズ契約 ………………… 357
分配比率 ……………………………… 602
分配率決定 …………………………… 619
弁護士の善管注意義務 ……………… 255
弁理士の善管注意義務 ……………… 259
包括的持分 …………………………… 496
法性決定
　　組合としての── ………………… 461
　　準委任という── ………………… 353
　　和解という── …………………… 647
暴利行為（レジオン）に基づく取消訴権 … 628
法律行為でない事務の委託 ………… 350
保　険 ………………………………… 634
保証された性質の欠如 ……………… 166
発起人組合 …………………………… 469
ボランティアと善管注意義務 ……… 264
本質的射倖契約 ……………………… 631
本来的射倖契約 ………………… 631, 639

ま　行

未完成建物の所有権の帰属 ………… 133
未成年者 ……………………………… 35
みなし組合 …………………………… 463
みなし成功報酬約定 ………………… 297
未払賃金の立替払 …………………… 114
民間（旧四会）連合協定工事請負契約約款
　　　　　　　　　　　　　　　　… 120
民法旧 54 条類推適用説 ……………… 528
民法 110 条適用説 …………………… 528

無期転換 ……………………………… 84
無権代理 ………………………… 524, 528
無償委任 ……………………………… 245
　　好意と── ………………………… 245
無償受寄者の注意義務 ……………… 385
無償受任者の注意義務 ……………… 250
無名契約 ……………………………… 357
無理由解除 …………………………… 10
黙示の更新 …………………………… 107
黙示の雇用契約 ……………………… 31
黙示の労働契約 ……………………… 31
持　分 …………………………… 495, 569
　　──に応じた組合債権の行使禁止 … 570
　　──の分割請求の禁止 …………… 571
持分処分 ………………………… 569, 570
持分比率 ……………………………… 496
物型仕事 ……………………………… 16

や　行

約款による危険分配 ………………… 210
雇止め制限 …………………………… 84
やむを得ない事由（使用者による解除の）… 103
有期雇用契約 ………………………… 79
有限責任組合 ………………………… 467
有償委任 ……………………………… 244
　　──における成果完成型報酬 …… 295
有償契約規定の適用の有無 ………… 481
預　金
　　──契約 …………………………… 440
　　──債権の共同相続 ……………… 444
　　──債権の誤振込みによる成立 … 443
　　──債権の返還時期 ……………… 439
　　──者の認定 ……………………… 441
　　──取引履歴の開示 ……………… 441
　　当座── …………………………… 440
　　普通── …………………………… 440
　　流動性── ………………………… 440
予定工程終了（一応の完成）………… 123
予定工程終了説 ………………… 141, 159

ら　行

利益性 …………………………… 190, 201
履行拒絶権の排除 …………………… 480
履行不能の事後処理 ………………… 480

事項索引

履行補助者 ……………………………268, 545
履行割合型……………………………………15
リスク移転型契約 ……………………………627
利息の償還 ……………………………………312
リバースモーゲージ …………………………634
留置権
　請負における── ……………………133, 236
　寄託における── ………………406, 420, 422
隣人訴訟 ………………………………………245
レセプツム責任 ………………………………386
労働慣行………………………………………36
労働基準法……………………………………31
労働協約………………………………………36
労働組合法……………………………………33
労働契約………………………………………20
労働契約承継法………………………………76
労働契約法……………………………………24
労働者…………………………………………31
　──の企業秩序遵守義務………………………42
　──の競業避止義務……………………………43
　──の個人情報…………………………………48
　──の職場規律維持義務………………………42
　──の職務専念義務……………………………41
　──の誠実義務…………………………………43
　──の善管注意義務……………………………41
　──の秘密保持義務……………………………43

　──の付随義務…………………………………42
　──のプライバシー……………………………48
労働者派遣……………………………………76
労働者派遣法…………………………………72
労働法…………………………………………22
労　務 …………………………………………2
労務供給契約…………………………………19
労務受領義務…………………………………46
労務提供型契約 ………………………………1
労務の出資 ……………………………………454

わ 行

和　解 …………………………………………641
　──と錯誤 ……………………………………660
　──の確定効 …………………………………653
　──の成立要件 ………………………………645
割合的報酬 …………………186, 190, 192, 194, 195
　──額の算定 ……………………………191, 202
　寄託における── ……………………………420
　契約不適合解除における── …………………198
　合意解除における── …………………………200
　債務不履行解除における── …………………196
　事実上の仕事放棄と── ………………………200
　任意解除における── …………………………197
割増賃金………………………………………66

判 例 索 引

明 治

大判明 34・3・5 民録 7 輯 3 巻 13 頁 ‥‥‥‥281
大判明 34・6・27 刑録 7 輯 6 巻 81 頁‥‥‥‥278
大判明 35・12・18 民録 8 輯 11 巻 100 頁 ‥188
大判明 36・1・23 民録 9 輯 53 頁‥‥‥‥324, 351
大判明 36・3・5 民録 9 輯 234 頁‥‥‥‥‥396
大判明 36・10・31 民録 9 輯 1204 頁
‥‥‥‥‥‥‥‥‥292, 295, 406, 420
大判明 37・4・21 民録 10 輯 507 頁‥‥‥‥406
大判明 37・6・22 民録 10 輯 861 頁‥‥‥‥‥131
大判明 37・10・1 民録 10 輯 1201 頁 ‥‥‥227
大判明 37・10・1 民録 10 輯 1223 頁 ‥‥‥661
大判明 38・3・9 民録 11 輯 336 頁 ‥‥‥‥328
大判明 38・5・10 民録 11 輯 693 頁 ‥‥‥‥56
大判明 38・5・16 刑録 11 輯 497 頁‥‥‥278, 283
大判明 39・3・16 民録 12 輯 383 頁‥‥‥‥286
大判明 39・6・8 民録 12 輯 937 頁 ‥‥‥‥647
大判明 40・6・13 民録 13 輯 648 頁‥‥520, 523
大判明 41・1・20 民録 14 輯 9 頁‥‥‥‥‥648
大判明 41・6・15 民録 14 集 723 頁‥‥‥‥312
大判明 42・4・13 民録 15 輯 342 頁‥‥‥‥338
大判明 43・12・23 民録 16 輯 982 頁 ‥‥‥576
大判明 44・1・25 民録 17 輯 5 頁‥‥‥183, 231
大判明 44・2・21 民録 17 輯 62 頁 ‥‥‥‥139
大判明 44・3・8 民録 17 輯 104 頁 ‥‥‥‥527
大判明 44・4・28 民録 17 輯 243 頁 ‥‥‥270
大判明 44・6・20 刑録 17 輯 1219 頁 ‥278, 283
大判明 44・12・26 民録 17 輯 916 頁
‥‥‥‥‥‥‥‥‥458, 474, 481, 552
大判明 45・1・25 民録 18 輯 31 頁 ‥‥‥280
大判明 45・3・16 民録 18 輯 255 頁‥‥‥‥127
東京控判明 45・5・4 新聞 796 号 24 頁 ‥‥311

大 正

大判大元・12・20 民録 18 輯 1066 頁 ‥‥‥204
大判大 2・6・28 民録 19 輯 573 頁 ‥‥500, 572
大判大 3・3・10 民録 20 輯 147 頁 ‥‥‥‥281
大判大 3・3・17 民録 20 輯 182 頁 ‥‥‥‥546
大判大 3・4・24 刑録 20 輯 615 頁 ‥‥278, 279
大判大 3・5・21 民録 20 輯 398 頁 ‥‥280, 334
大判大 3・6・4 民録 20 輯 551 頁‥280, 328, 334

大判大 3・12・26 民録 20 輯 1208 頁 ‥131, 188
大判大 4・2・2 民録 21 輯 61 頁 ‥‥‥‥‥396
大決大 4・3・2 民録 21 輯 207 頁‥‥‥569, 570
大判大 4・4・27 民録 21 輯 590 頁 ‥‥‥‥396
大判大 4・5・12 民録 21 輯 687 頁
‥‥‥‥‥‥‥‥‥‥‥324, 325, 351
大判大 4・5・24 民録 21 輯 803 頁 ‥‥‥‥131
大判大 4・7・31 民録 21 輯 1356 頁 ‥‥‥‥62
大判大 4・9・28 民録 21 輯 1515 頁 ‥‥‥569
大判大 4・10・2 民録 21 輯 1546 頁 ‥‥‥569
大判大 4・10・16 民録 21 輯 1705 頁 ‥‥‥280
大判大 4・10・22 民録 21 輯 1746 頁 ‥‥‥135
大判大 4・11・30 民録 21 輯 1925 頁 ‥‥‥305
大判大 5・4・1 民録 22 輯 755 頁‥‥‥501, 511
大判大 5・5・6 民録 22 輯 909 頁‥‥‥‥‥131
大判大 5・7・5 民録 22 輯 1325 頁 ‥‥‥‥651
大判大 5・9・20 民録 22 輯 1806 頁‥‥‥‥648
大判大 5・11・22 民録 22 輯 2271 頁 ‥‥‥452
大判大 5・12・13 民録 22 輯 2417 頁 ‥‥‥131
大判大 5・12・20 民録 22 輯 2455 頁
‥‥‥‥‥‥‥‥‥‥‥569, 580, 581
大判大 6・1・20 民録 23 輯 68 頁‥‥‥‥‥328
大判大 6・5・23 民録 23 輯 917 頁 ‥‥‥‥471
大判大 6・8・11 民録 23 輯 1191 頁‥‥‥‥515
大判大 6・9・18 民録 23 輯 1342 頁 ‥‥‥662
大判大 6・10・5 民録 23 輯 1531 頁 ‥‥‥651
大判大 6・12・12 民録 23 輯 2079 頁 ‥324, 325
大判大 6・12・15 民録 23 輯 2119 頁 ‥‥‥339
東京控判大 7・1・30 新聞 1393 号 23 頁‥‥‥616
大判大 7・2・13 民録 24 輯 254 頁 ‥‥305, 306
大判大 7・2・20 民録 24 輯 349 頁 ‥‥‥‥226
大判大 7・3・13 民録 24 輯 481 頁 ‥‥‥‥365
大判大 7・4・29 民録 24 輯 785 頁 ‥‥‥‥279
大判大 7・5・16 民録 24 輯 967 頁 ‥‥‥‥334
大判大 7・6・4 民録 24 輯 1089 頁 ‥‥‥‥334
大判大 7・6・15 民録 24 輯 1126 頁
‥‥‥‥‥‥‥‥‥‥‥290, 291, 351
大判大 7・7・10 刑録 24 輯 929 頁 ‥‥278, 281
大判大 7・7・10 民録 24 輯 1480 頁‥‥‥‥523
大判大 7・9・27 新聞 1487 号 20 頁‥‥‥‥310
大判大 7・10・2 民録 24 輯 1848 頁‥‥‥‥523

判 例 索 引

大判大 7・10・21 民録 24 輯 2018 頁 ………283
大判大 7・10・30 民録 24 輯 2087 頁 ………279
大判大 7・12・14 民録 24 輯 2322 頁 ………92
大判大 8・1・17 民録 25 輯 9 頁 …………329
大判大 8・1・25 民録 25 輯 89 頁…………618
大判大 8・3・5 民録 25 輯 401 頁 ………292
大判大 8・3・19 刑録 25 輯 319 頁 ………483
大判大 8・9・27 民録 25 輯 1669 頁…………527
大判大 8・10・1 民録 25 輯 1276 頁…………123
大判大 9・4・14 刑録 26 輯 317 頁 ………278
大判大 9・4・24 民録 26 輯 562 頁 ……325, 351
大判大 9・7・16 民録 26 輯 1131 頁…………569
大判大 9・10・12 民録 26 輯 1464 頁 ………279
大判大 9・11・27 民録 26 輯 1797 頁 …406, 438
大判大 10・11・12 民録 27 輯 1917 頁………545
大判大 10・12・6 民録 27 輯 2121 頁 ………270
大判大 11・4・1 民集 1 巻 155 頁…………220
大判大 11・5・29 民集 1 巻 259 頁 ……102, 103
大判大 11・8・21 民集 1 巻 493 頁 ………407
大判大 11・9・29 民集 1 巻 557 頁 ………329
大判大 11・11・6 新聞 2078 号 18 頁 ………138
大判大 12・2・13 刑集 2 巻 60 頁 ………278
大判大 12・4・16 民集 2 巻 243 頁 ……498, 569
大判大 12・7・14 民集 2 巻 491 頁 ……609, 620
大判大 12・11・20 新聞 2226 号 4 頁 ………435
大判大 13・6・6 民集 3 巻 265 頁…………181
大判大 13・6・12 新聞 2288 号 19 頁 ………181
大判大 13・10・6 民集 17 巻 1969 頁 ………669
大判大 14・5・2 民集 4 巻 238 頁………615
大判大 14・5・23 新聞 2466 号 11 頁 ………456
大判大 14・9・8 民集 4 巻 458 頁…………313
大判大 14・12・14 民集 4 巻 590 頁…………271
大判大 15・1・20 判例拾遺 1 巻民 24 頁…………291
大判大 15・11・25 民集 5 巻 763 頁……128, 154

昭和元～21 年

大判昭 2・3・4 新聞 2686 号 10 頁 …………334
大決昭 2・11・15 新聞 2782 号 10 頁 ………290
大判昭 3・2・17 民集 7 巻 76 頁…………635
大判昭 3・5・28 裁判例 2 巻民 35 頁 ………281
大判昭 3・6・21 民集 7 巻 493 頁…………541
大判昭 3・8・21 評論 17 巻刑法 358 頁 ……281
大判昭 5・3・13 新聞 3153 号 11 頁…………662
大判昭 5・5・15 新聞 3127 号 13 頁…………339

大判昭 5・7・2 評論 19 巻民法 1016 頁
　　　　　　　　　　　　　　　　……406, 407
大判昭 5・10・28 民集 9 巻 1055 頁…………139
大判昭 6・9・1 新聞 3313 号 9 頁…………506
大判昭 6・10・21 法学 1 巻上 378 頁 ………204
大判昭 6・11・13 民集 10 巻 1022 頁 ………668
大判昭 6・12・8 新聞 3351 号 16 頁…………334
大判昭 7・3・25 民集 11 巻 464 頁 …325, 351
大判昭 7・3・29 民集 11 巻 513 頁 ………325
大判昭 7・4・19 民集 11 巻 837 頁 ………483
大判昭 7・4・30 民集 11 巻 780 頁
　　　………179, 192, 195, 196, 197, 202, 228
大判昭 7・5・9 民集 11 巻 824 頁…………131
大判昭 7・10・6 民集 11 巻 2023 頁…………668
大判昭 7・12・10 民集 11 巻 2313 頁
　　　　　　　　　………493, 494, 500, 588
大判昭 7・12・20 評論 22 巻民法 197 頁……325
大判昭 7・12・26 新聞 3518 号 18 頁 ………297
大判昭 8・2・8 民集 12 巻 60 頁 …………417
大判昭 8・2・13 新聞 3520 号 9 頁 ……647, 648
大判昭 8・9・11 刑集 12 巻 1599 頁……278, 280
大判昭 8・9・29 民集 12 巻 2376 頁……290, 310
大判昭 9・4・26 民集 13 巻 622 頁 ………53
大判昭 9・6・27 民集 13 巻 1186 頁……406, 420
大判昭 9・7・11 新聞 3725 号 15 頁…………651
東京控jud 昭 9・7・20 法律新聞新報 376 号 12
頁　　　　　　　　　　　　　　　…………147
大判昭 9・9・12 民集 13 巻 1659 頁…………279
大判昭 10・2・19 民集 14 巻 137 頁…………438
大判昭 10・4・13 法学 4 巻 1456 頁…………267
大判昭 10・5・28 民集 14 巻 1191 頁 ………532
大判昭 10・5・31 判決全集 1 輯 20 号 22 頁
　　　　　　　　　　　　　　　　…………215
大判昭 10・7・29 民集 14 巻 1430 頁 …148, 180
大判昭 10・8・10 新聞 3882 号 13 頁 …270, 271
大判昭 10・9・3 民集 14 巻 1886 頁…………663
大判昭 10・11・6 新聞 3913 号 10 頁…………131
大判昭 10・11・16 判決全集 2 輯 24 号 15 頁
　　　　　　　　　　　　　　　　…………290
大判昭 11・2・25 民集 15 巻 281 頁
　　　　　　　　　　　………493, 494, 502
大判昭 11・5・27 民集 15 巻 922 頁…………279
大判昭 12・1・28 判決全集 4 輯 3 号 21 頁…607
大判昭 12・3・24 判決全集 4 輯 7 号 3 頁 …297

681

判 例 索 引

大判昭 12・7・7 民集 16 巻 1120 頁‥‥‥‥426
大判昭 12・12・24 新聞 4237 号 7 頁 ‥‥‥293
大判昭 13・2・8 民集 17 巻 100 頁 ‥‥‥351
大判昭 13・2・12 民集 17 巻 132 頁
‥‥‥‥‥‥‥‥‥‥‥492, 501, 536
大判昭 13・2・15 新聞 4246 号 11 頁
‥‥‥‥‥‥‥‥‥‥‥492, 501, 536
大判昭 13・3・1 民集 17 巻 318 頁 ‥‥‥176
大判昭 13・3・10 民集 17 巻 392 頁‥‥‥267
大判昭 13・6・17 新聞 4298 号 14 頁 ‥‥297
大判昭 13・7・9 民集 17 巻 1409 頁‥‥‥396
大判昭 14・4・12 民集 18 巻 397 頁‥‥244, 351
大判昭 14・6・20 民集 18 巻 666 頁‥‥‥474
大判昭 14・11・9 民集 18 巻 1233 頁 ‥‥595
大判昭 15・6・8 民集 19 巻 975 頁 ‥‥‥648
大判昭 15・10・30 民集 19 巻 2142 頁‥‥‥507
大判昭 15・10・30 民集 19 巻 2146 頁‥‥‥601
大判昭 16・8・26 民集 20 巻 1108 頁 ‥267
大判昭 16・12・20 法学 11 巻 719 頁 ‥139, 119
大判昭 17・7・7 民集 21 巻 740 頁 ‥‥‥495
大判昭 18・7・6 民集 22 巻 607 頁 ‥‥‥587
大判昭 18・7・20 民集 22 巻 660 頁‥‥‥131
大判昭 19・8・11 民集 23 巻 452 頁‥‥‥550

昭和 22〜30 年
東京高判昭 24・11・9 高民集 2 巻 2 号 274 頁
‥‥‥‥‥‥‥‥‥‥‥‥‥‥338
大阪地判昭 25・3・25 下民集 1 巻 3 号 401 頁
‥‥‥‥‥‥‥‥‥‥‥‥‥‥297
東京地決昭 25・5・8 労民集 1 巻 2 号 230 頁
‥‥‥‥‥‥‥‥‥‥‥‥‥‥95
松山地判昭 25・7・日付不明下民集 1 巻 7 号
1178 頁 ‥‥‥‥‥‥‥‥‥466, 549
奈良地判昭 25・12・28 下民集 1 巻 12 号
2133 頁 ‥‥‥‥‥‥‥‥‥‥610
最判昭 26・4・19 民集 5 巻 5 号 256 頁 ‥‥459
大阪地判昭 26・5・26 労民集 2 巻 4 号 410 頁
‥‥‥‥‥‥‥‥‥‥‥‥‥‥95
大阪地判昭 26・6・20 判タ 16 号 55 頁 ‥‥564
東京地決昭 26・8・8 労働基準判例集 327 頁
‥‥‥‥‥‥‥‥‥‥‥‥‥‥95
東京高判昭 27・2・29 高民集 5 巻 4 号 150 頁
‥‥‥‥‥‥‥‥‥‥‥‥‥‥569
神戸地洲本支判昭 27・11・24 下民集 3 巻 11

号 1634 頁‥‥‥‥‥‥‥‥‥459
福岡高判昭 27・12・24 高民集 5 巻 13 号 690
頁‥‥‥‥‥‥‥‥‥‥‥‥313
東京高判昭 28・1・30 高民集 6 巻 1 号 38 頁
‥‥‥‥‥‥‥‥‥‥‥‥‥‥260
大津地判昭 28・3・14 労民集 4 巻 1 号 50 頁
‥‥‥‥‥‥‥‥‥‥‥‥‥‥94
最判昭 28・5・7 民集 7 巻 5 号 510 頁‥‥‥662
東京高判昭 28・5・11 下民集 4 巻 5 号 691 頁
‥‥‥‥‥‥‥‥‥‥‥‥‥‥297
新潟地高田支判昭 28・11・14 下民集 4 巻 11
号 1687 頁‥‥‥‥‥‥‥‥119, 122
最判昭 29・4・8 民集 8 巻 4 号 819 頁‥‥‥444
最判昭 29・8・24 民集 8 巻 8 号 1549 頁‥‥291
最判昭 29・8・31 民集 8 巻 8 号 1567 頁‥‥396
東京地判昭 29・12・25 判タ 47 号 60 頁‥‥564
神戸地判昭 30・2・22 下民集 6 巻 2 号 308 頁
‥‥‥‥‥‥‥‥‥‥‥‥‥‥293
東京高判昭 30・3・8 判タ 49 号 62 頁‥197, 228
東京地判昭 30・4・11 下民集 6 巻 4 号 686 頁
‥‥‥‥‥‥‥‥‥‥‥‥‥‥547
東京高判昭 30・4・22 下民集 6 巻 4 号 773 頁
‥‥‥‥‥‥‥‥‥‥‥‥‥‥325
東京地判昭 30・8・25 ジュリ 95 号 61 頁 ‥331

昭和 31〜40 年
東京高判昭 31・9・12 東高民時報 7 巻 9 号
194 頁 ‥‥‥‥‥‥‥‥‥‥331
東京高判昭 31・9・28 東高民時報 7 巻 10 号
228 頁 ‥‥‥‥‥‥‥‥‥‥260
最判昭 31・10・12 民集 10 巻 10 号 1260 頁
‥‥‥‥‥‥‥‥‥‥‥‥‥‥269
東京地判昭 31・12・26 下民集 7 巻 12 号
3854 頁 ‥‥‥‥‥‥‥‥‥‥569
東京高判昭 32・2・6 判タ 69 号 72 頁‥‥‥297
東京高判昭 32・2・11 下民集 8 巻 2 号 252 頁
‥‥‥‥‥‥‥‥‥‥‥‥‥‥117
東京高判昭 32・5・30 判タ 71 号 58 頁 ‥‥339
最大判昭 32・6・5 民集 11 巻 6 号 915 頁‥‥64
東京高判昭 32・7・3 高民集 10 巻 5 号 268 頁
‥‥‥‥‥‥‥‥‥‥‥‥‥‥259
東京高判昭 32・8・5 下民集 8 巻 8 号 1452 頁
‥‥‥‥‥‥‥‥469, 607, 610, 614
東京地判昭 32・8・15 判時 126 号 18 頁‥‥‥290

判　例　索　引

最判昭 32・9・10 裁判集民 27 号 687 頁……387
最判昭 32・10・31 民集 11 巻 10 号 1796 頁
　………………………………………………459
最判昭 32・12・19 民集 11 巻 13 号 2278 頁
　………………………………………………442
最判昭 33・2・13 民集 12 巻 2 号 211 頁……590
東京地判昭 33・2・24 下民集 9 巻 2 号 272 頁
　………………………………………………592
福岡高判昭 33・3・19 高民集 11 巻 2 号 151
　頁 ……………………………………………564
最判昭 33・6・14 民集 12 巻 9 号 1492 頁 …664
最判昭 33・7・22 民集 12 巻 12 号 1805 頁
　………………………466, 494, 498, 499, 536
東京高決昭 33・8・2 労民集 9 巻 5 号 831 頁
　…………………………………………………46
大阪高判昭 33・9・10 労民集 9 巻 5 号 816 頁
　…………………………………………………93
広島高岡山支判昭 33・12・26 高民集 11 巻
　10 号 753 頁 ………………………………301
東京高判昭 34・6・23 下民集 10 巻 6 号 1324
　頁 …………………………………………297, 299
神戸地判昭 34・7・2 労民集 10 巻 4 号 741 頁
　………………………………………………109
東京地判昭 34・9・23 判時 203 号 19 頁……181
最判昭 35・3・11 民集 14 巻 3 号 403 頁 ……91
最判昭 35・12・9 民集 14 巻 13 号 2994 頁
　………………………513, 520, 523, 524, 564
最判昭 36・2・16 民集 15 巻 2 号 244 頁……261
名古屋高判昭 36・3・31 高民集 14 巻 3 号
　213 頁 ………………………………………259
最判昭 36・5・25 民集 15 巻 5 号 1322 頁
　…………………………………………16, 33, 352
最判昭 36・5・26 民集 15 巻 5 号 1336 頁 …663
熊本地八代支判昭 36・6・2 下民集 12 巻 6 号
　1287 頁 ………………………………………456
大阪地判昭 36・6・29 判時 273 号 23 頁……279
最判昭 36・7・7 民集 15 巻 7 号 1800 頁……174
最判昭 36・7・31 民集 15 巻 7 号 1982 頁
　…………………………………………530, 531
東京地判昭 36・7・31 判時 273 号 18 頁……244
東京高判昭 36・8・7 民集 18 巻 6 号 1173 頁
　………………………………………………300
福岡地判昭 36・8・31 下民集 12 巻 8 号 2166
　頁 ……………………………………………231

東京高判昭 36・12・9 東高民時報 12 巻 12 号
　234 頁 ………………………………………339
東京高判昭 36・12・20 高民集 14 巻 10 号
　730 頁 ………………………140, 141, 142, 159
最判昭 37・2・1 民集 16 巻 2 号 157 頁 ……291
浦和地熊谷支決昭 37・4・23 労民集 13 巻 2
　号 505 頁………………………………………92
最判昭 37・7・13 民集 16 巻 8 号 1516 頁 …615
最判昭 37・7・20 民集 16 巻 8 号 1656 頁……69
大阪高中間判昭 37・10・1 高民集 15 巻 7 号
　525 頁 ………………………………………344
最判昭 37・12・18 民集 16 巻 12 号 2422 頁
　………………………………………469, 533, 535
最判昭 38・2・12 民集 17 巻 1 号 171 頁……652
最判昭 38・2・12 裁判集民 64 号 425 頁……181
高松高判昭 38・3・5 判タ 142 号 134 頁……617
東京地八王子支判昭 38・4・18 判タ 147 号
　114 頁 ………………………………………168
東京地判昭 38・4・19 下民集 14 巻 4 号 762
　頁 …………………………………………344, 345
青森地判昭 38・5・7 下民集 14 巻 5 号 884 頁
　………………………………………………564
最判昭 38・5・31 民集 17 巻 4 号 600 頁
　………………………………515, 521, 527, 528
東京高判昭 38・7・1 判タ 151 号 74 頁……330
大阪地堺支判昭 38・10・11 下民集 14 巻 10
　号 2001 頁………………………………………302
大阪高判昭 38・11・8 民集 21 巻 4 号 885 頁
　………………………………………………281
東京地判昭 39・3・9 判タ 162 号 180 頁……581
福島地判昭 39・7・2 下民集 15 巻 7 号 1709
　頁 ……………………………………………117
最判昭 39・7・16 民集 18 巻 6 号 1160 頁 …301
最判昭 39・7・28 民集 18 巻 6 号 1241 頁 …261
最判昭 39・9・8 裁判集民 75 号 177 頁 ……119
最判昭 39・10・15 民集 18 巻 8 号 1671 頁
　………………………………………………461, 534
最判昭 39・11・24 民集 18 巻 9 号 1927 頁…261
大阪地判昭 40・2・27 金法 402 号 7 頁 ……608
名古屋高決昭 40・3・24 高民集 18 巻 2 号
　184 頁 ………………………………………342
東京高判昭 40・4・14 判タ 176 号 181 頁 …260
最判昭 40・5・25 裁判集民 79 号 175 頁……131
東京高判昭 40・9・22 判タ 184 号 161 頁

683

判 例 索 引

　　　　　　　　　　　　……………338, 352
最判昭 40・10・19 民集 19 巻 7 号 1876 頁 …392
最判昭 40・12・3 民集 19 巻 9 号 2090 頁 …149
最判昭 40・12・17 裁判集民 81 号 561 頁 …351

昭和 41〜50 年

大阪地判昭 41・1・19 判タ 189 号 175 頁 …200
最判昭 41・1・28 民集 20 巻 1 号 145 頁……329
最判昭 41・2・17 裁判集民 82 号 405 頁……271
東京地判昭 41・3・14 判時 456 号 39 頁……426
大阪地判昭 41・5・18 判時 463 号 51 頁……455
東京地判昭 41・5・30 判タ 194 号 152 頁 …264
東京地判昭 41・5・31 下民集 17 巻 5=6 号
　435 頁 ……………………………………264
大阪地判昭 41・6・6 判タ 191 号 187 頁
　……………………………………297, 298
東京地判昭 41・10・28 判タ 200 号 153 頁…139
最判昭 41・11・25 民集 20 巻 9 号 1946 頁
　……………………………………457, 492
最判昭 41・12・20 民集 20 巻 10 号 2160 頁
　………………………………………596
東京地判昭 41・12・20 判タ 205 号 156 頁…564
東京高判昭 42・1・24 労民集 18 巻 1 号 1 頁
　………………………………………93
最判昭 42・4・18 民集 21 巻 3 号 659 頁……470
広島地判昭 42・8・22 判時 506 号 52 頁……165
最判昭 42・10・19 民集 21 巻 8 号 2078 頁…533
最判昭 42・10・27 民集 21 巻 8 号 2161 頁…139
横浜地判昭 42・10・27 下民集 18 巻 9=10 号
　1048 頁 ……………………………271, 303
東京高判昭 42・11・7 東高民時報 18 巻 11 号
　173 頁 ……………………………………297
東京高判昭 43・1・30 下民集 19 巻 1=2 号 17
　頁 ……………………………197, 228, 229
東京地判昭 43・2・27 判時 533 号 46 頁……332
最判昭 43・3・12 民集 22 巻 3 号 562 頁 ……78
最判昭 43・3・15 民集 22 巻 3 号 587 頁……665
最判昭 43・3・15 民集 22 巻 3 号 607 頁……537
最判昭 43・3・15 民集 22 巻 3 号 625 頁……341
最判昭 43・4・2 民集 22 巻 4 号 803 頁
　……………………………………298, 302
東京高判昭 43・5・29 下民集 19 巻 5=6 号
　338 頁 ……………………………………607
大阪地判昭 43・6・3 判タ 226 号 172 頁……260

最判昭 43・6・27 判時 525 号 52 頁…………527
東京地判昭 43・7・31 判タ 227 号 194 頁 …297
最判昭 43・8・2 民集 22 巻 8 号 1603 頁 ……42
最判昭 43・9・3 裁判集民 92 号 169 頁 ……351
東京地判昭 43・9・6 判時 557 号 246 頁……173
東京地判昭 43・9・11 ジュリ 428 号 6 頁 …566
最判昭 43・9・20 判タ 227 号 147 頁 …325, 351
東京地判昭 43・10・1 判時 558 号 71 頁 …193
東京地判昭 43・10・25 労民集 19 巻 5 号
　1335 頁 ……………………………………34
最判昭 43・12・24 民集 22 巻 13 号 3050 頁…40
最大判昭 43・12・25 民集 22 巻 13 号 3459 頁
　………………………………………38
最判昭 44・2・6 民集 23 巻 2 号 195 頁 ……260
東京地判昭 44・3・8 判時 564 号 56 頁
　……………………………………164, 166
仙台高判昭 44・4・30 判時 562 号 49 頁
　……………………………………471, 611
東京高判昭 44・6・12 判タ 240 号 239 頁 …305
最判昭 44・6・26 民集 23 巻 7 号 1264 頁 …298
広島地判昭 44・7・11 判時 576 号 75 頁
　……………………………197, 228, 231
大阪地判昭 44・8・6 判タ 242 号 289 頁
　……………………………………311, 317
最判昭 44・9・12 判時 572 号 25 頁…………131
大阪地判昭 44・9・24 判時 587 号 69 頁……167
東京地判昭 44・10・4 判時 589 号 61 頁……608
最判昭 44・10・21 家月 22 巻 3 号 59 頁……590
最判昭 44・11・18 判タ 242 号 170 頁………571
東京地判昭 45・2・27 下民集 21 巻 3=4 号
　484 頁 ……………………………………300
山形地判昭 45・4・14 判時 609 号 73 頁
　……………………………474, 583, 610
最判昭 45・6・18 民集 24 巻 6 号 527 頁……280
東京高判昭 45・6・18 下民集 21 巻 5=6 号
　810 頁 ……………………………………608
最大判昭 45・6・24 民集 24 巻 6 号 625 頁…253
名古屋地判昭 45・9・7 労判 110 号 42 頁……46
最判昭 45・10・22 民集 24 巻 11 号 599 頁 …299
奈良地判昭 45・10・23 下民集 21 巻 9=10 号
　1369 頁 ……………………………………43
東京地判昭 45・10・30 判時 620 号 58 頁 …168
東京地判昭 45・11・4 判時 621 号 49 頁
　……………………………193, 196, 197, 201

判例索引

最大判昭 45・11・11 民集 24 巻 12 号 1854 頁
　‥‥‥‥‥‥‥‥‥‥‥‥539, 540, 615
岡山地判昭 46・1・18 下民集 22 巻 1=2 号 1
　頁 ‥‥‥‥‥‥‥‥‥‥‥‥‥‥200, 206
東京高判昭 46・2・25 判時 624 号 42 頁‥‥‥199
最判昭 46・3・5 判時 628 号 48 頁 ‥‥‥‥‥132
大阪高判昭 46・3・31 金法 614 号 30 頁‥‥‥244
最判昭 46・4・9 民集 25 巻 3 号 264 頁 ‥‥‥669
東京地判昭 46・4・14 下民集 22 巻 3=4 号
　372 頁 ‥‥‥‥‥‥‥‥‥‥‥‥‥‥‥352
名古屋地判昭 46・4・20 判タ 264 号 224 頁
　‥‥‥‥‥‥‥‥‥‥‥‥‥‥‥‥‥‥260
東京高判昭 46・4・22 判タ 265 号 238 頁 ‥‥281
東京地判昭 46・5・1 判タ 266 号 239 頁‥‥‥205
東京高判昭 46・7・30 判時 641 号 67 頁‥‥‥474
前橋地高崎支判昭 46・8・9 判時 660 号 70 頁
　‥‥‥‥‥‥‥‥‥‥‥‥‥‥‥‥‥‥611
大阪地判昭 46・10・1 判時 676 号 57 頁‥‥‥299
東京地判昭 47・2・29 判タ 286 号 261 頁
　‥‥‥‥‥‥‥‥‥‥‥‥‥‥165, 167
最判昭 47・3・23 民集 26 巻 2 号 274 頁‥‥‥183
大阪高判昭 47・3・24 民集 29 巻 4 号 338 頁
　‥‥‥‥‥‥‥‥‥‥‥‥‥‥‥‥‥‥291
東京高判昭 47・4・26 判時 667 号 31 頁‥‥‥299
大阪地判昭 47・4・27 労民集 23 巻 2 号 278
　頁 ‥‥‥‥‥‥‥‥‥‥‥‥‥‥‥‥‥460
東京高判昭 47・5・22 下民集 23 巻 5～8 号
　260 頁 ‥‥‥‥‥‥‥‥‥‥‥‥‥‥‥171
東京地判昭 47・5・23 判時 681 号 50 頁
　‥‥‥‥‥‥‥‥‥‥‥‥‥‥229, 231
東京高判昭 47・5・29 判時 668 号 49 頁
　‥‥‥‥‥‥‥‥‥‥‥‥140, 141, 159
東京地判昭 47・7・17 判時 688 号 76 頁‥‥‥180
東京地判昭 47・9・16 判タ 288 号 329 頁 ‥281
大阪地判昭 47・9・22 判タ 288 号 332 頁 ‥332
東京地判昭 47・11・17 判時 706 号 99 頁‥‥‥92
大阪高判昭 47・11・29 判時 697 号 55 頁 ‥352
最判昭 47・12・22 民集 26 巻 10 号 1991 頁
　‥‥‥‥‥‥‥‥‥‥‥‥313, 314, 351
東京地判昭 47・12・27 判時 706 号 35 頁 ‥264
最判昭 48・1・19 民集 27 巻 1 号 27 頁‥‥‥‥37
東京高判昭 48・1・22 判タ 302 号 195 頁 ‥305
仙台高判昭 48・1・24 高民集 26 巻 1 号 42 頁
　‥‥‥‥‥‥‥‥‥‥‥‥‥‥‥‥‥‥244

東京地判昭 48・1・29 行集 24 巻 1=2 号 11 頁
　‥‥‥‥‥‥‥‥‥‥‥‥‥‥‥‥‥‥341
鹿児島地判昭 48・6・28 判時 720 号 86 頁
　‥‥‥‥‥‥‥‥‥‥‥‥542, 543, 564
東京地判昭 48・7・16 判時 726 号 63 頁‥‥‥137
東京地判昭 48・7・27 判時 731 号 47 頁
　‥‥‥‥‥‥‥‥‥‥‥‥‥‥144, 195
東京高判昭 48・9・21 判時 724 号 35 頁‥‥‥165
大阪高判昭 48・9・28 判時 725 号 52 頁‥‥‥302
最判昭 48・11・30 民集 27 巻 10 号 1448 頁
　‥‥‥‥‥‥‥‥‥‥‥‥‥‥‥‥‥‥300
最大判昭 48・12・12 民集 27 巻 11 号 1536 頁
　‥‥‥‥‥‥‥‥‥‥‥‥‥‥‥‥‥‥‥26
東京地判昭 49・2・7 判時 749 号 78 頁 ‥‥‥130
大阪地判昭 49・3・6 判時 745 号 97 頁‥‥‥‥67
大阪地判昭 49・3・18 判タ 308 号 267 頁 ‥341
東京地判昭 49・3・25 判時 753 号 36 頁‥‥‥256
名古屋高判昭 49・5・16 判時 764 号 41 頁‥‥563
大阪地判昭 49・6・6 判時 779 号 91 頁
　‥‥‥‥‥‥‥‥‥‥‥‥123, 141, 159
東京地判昭 49・7・16 判時 769 号 65 頁‥‥‥281
東京地判昭 49・7・18 高民集 27 巻 3 号 247
　頁 ‥‥‥‥‥‥‥‥‥‥‥‥‥‥‥‥‥148
最判昭 49・7・22 民集 28 巻 5 号 927 頁
　‥‥‥‥‥‥‥‥‥‥‥‥‥‥‥85, 107
名古屋高判昭 49・11・27 下民集 25 巻 9～12
　号 966 頁 ‥‥‥‥‥‥‥‥125, 165, 217
広島地判昭 49・12・12 判タ 322 号 210 頁‥‥303
東京地判昭 49・12・19 下民集 25 巻 9～12 号
　1065 頁 ‥‥‥‥‥‥‥‥‥‥‥‥‥‥256
横浜地判昭 50・2・7 判時 792 号 73 頁 ‥‥‥138
最判昭 50・2・25 民集 29 巻 2 号 143 頁 ‥‥‥47
最判昭 50・4・25 民集 29 巻 4 号 456 頁 ‥‥‥95
横浜地判昭 50・5・23 判タ 327 号 236 頁
　‥‥‥‥‥‥‥‥‥‥‥‥141, 144, 159
東京高判昭 50・6・30 判タ 330 号 282 頁 ‥302
最判昭 50・7・14 金判 472 号 2 頁 ‥‥‥‥‥564
京都地判昭 50・8・5 判タ 332 号 307 頁‥‥‥264
松江地益田支決昭 50・9・6 判時 805 号 96 頁
　‥‥‥‥‥‥‥‥‥‥‥‥‥‥‥‥‥‥352
東京高判昭 50・9・8 判タ 335 号 216 頁 ‥258
東京高判昭 50・9・25 判タ 335 号 222 頁 ‥200
最判昭 50・12・26 民集 29 巻 11 号 1890 頁
　‥‥‥‥‥‥‥‥‥‥‥‥‥‥‥‥‥‥298

判 例 索 引

昭和 51〜60 年

札幌地判昭 51・2・26 判タ 342 号 309 頁
　　　　　　　　　　　　　　188, 200, 202, 206
最判昭 51・3・4 民集 30 巻 2 号 48 頁
　　　　　　　　　　　　　　172, 176, 221
仙台高判昭 51・3・8 判タ 339 号 298 頁……244
最判昭 51・4・9 民集 30 巻 3 号 208 頁 ……271
東京地判昭 51・4・9 判時 833 号 93 頁 ……199
東京高判昭 51・5・27 金判 510 号 33 頁
　　　　　　　　　　　　　　　　122, 127
東京高判昭 51・6・29 金判 513 号 40 頁
　　　　　　　　　　　140, 141, 159, 171
最判昭 51・7・8 民集 30 巻 7 号 689 頁………45
札幌高判昭 51・8・23 判タ 349 号 232 頁 …169
東京地判昭 51・8・30 下民集 27 巻 5〜8 号
　560 頁 ………………………………………297
東京地判昭 51・9・29 下民集 27 巻 9〜12 号
　617 頁 ………………………………………165
最判昭 51・9・30 民集 30 巻 8 号 816 頁……261
東京地判昭 51・10・29 判時 841 号 102 頁 …92
最判昭 52・1・31 労判 268 号 17 頁 ………95
最判昭 52・2・22 民集 31 巻 1 号 79 頁
　　　　　　　　146, 148, 204, 205, 206
最判昭 52・2・28 金判 520 号 19 頁…………174
札幌高判昭 52・3・30 下民集 28 巻 1〜4 号
　342 頁 …………………………193, 196, 197
大阪地判昭 52・5・6 判タ 362 号 278 頁……297
東京高判昭 52・6・7 判時 861 号 66 頁
　　　　　　　　　　　　　　　　197, 228
東京地判昭 52・6・28 判時 873 号 62 頁……244
東京地判昭 52・7・11 判時 879 号 101 頁
　　　　　　　　　　　　　　　　117, 188
東京地判昭 52・7・19 判時 881 号 147 頁 …281
最判昭 52・8・9 民集 31 巻 4 号 742 頁 ……442
東京高判昭 52・9・20 判タ 366 号 239 頁 …165
東京高判昭 52・9・21 東高民時報 28 巻 9 号
　233 頁 …………………………466, 536, 611
盛岡地花巻支判昭 52・10・17 下民集 31 巻 1
　〜4 号 154 頁 ……………………………317
東京高判昭 52・11・30 判時 879 号 83 頁 …216
最判昭 52・12・13 民集 31 巻 7 号 974 頁……41
最判昭 52・12・13 民集 31 巻 7 号 1037 頁…42
最判昭 52・12・23 判時 879 号 73 頁 ………196
名古屋高判昭 53・5・9 判時 911 号 126 頁…281

東京地判昭 53・5・29 判時 925 号 81 頁……117
最判昭 53・6・23 金判 555 号 46 頁……235, 237
最判昭 53・7・10 民集 32 巻 5 号 868 頁
　　　　　　　　　　　　　　　　258, 351
最判昭 53・7・18 裁判集民 124 号 441 頁……67
最判昭 53・9・21 判タ 371 号 68 頁……172, 176
東京高判昭 53・10・12 高民集 31 巻 3 号 509
　頁 …………………………………………121
東京高判昭 53・12・11 判時 921 号 94 頁 …260
名古屋地判昭 53・12・26 判タ 388 号 112 頁
　　　　　　　　　　　　　117, 147, 180
最判昭 54・1・25 民集 33 巻 1 号 26 頁
　　　　　　　　　　　　　134, 135, 136
東京地判昭 54・1・25 判タ 391 号 94 頁……117
最判昭 54・3・20 判タ 394 号 60 頁…………174
東京地判昭 54・4・23 判タ 388 号 160 頁 …298
札幌高判昭 54・4・26 判タ 384 号 134 頁
　　　　　　　　　　　　　196, 202, 205
大阪高判昭 54・4・27 判時 947 号 115 頁 …263
最判昭 54・5・29 判時 933 号 128 頁 …244, 351
東京地判昭 54・5・30 判タ 394 号 93 頁……255
名古屋地判昭 54・6・22 判タ 397 号 102 頁
　　　　　　　　　　　　　　　　　　165
最判昭 54・7・20 民集 33 巻 5 号 582 頁 ……29
東京地判昭 54・9・25 判時 959 号 119 頁 …220
東京高判昭 54・10・29 労民集 30 巻 5 号
　1002 頁 …………………………………97
東京高判昭 54・11・8 判タ 407 号 89 頁……306
最判昭 54・11・13 判タ 403 号 78 頁 ………260
東京高判昭 55・2・18 労民集 31 巻 1 号 49 頁
　　　　　　　　　　　　　　　　　　43
福岡地判昭 55・2・26 判タ 431 号 152 頁 …264
静岡地判昭 55・5・21 判タ 419 号 122 頁 …263
福岡高判昭 55・6・24 判タ 426 号 128 頁 …206
最判昭 55・7・10 判タ 434 号 172 頁…………50
大阪高判昭 55・8・8 判タ 429 号 122 頁……231
仙台高判昭 55・8・18 下民集 31 巻 5〜8 号
　472 頁 …………………………156, 157, 183
大阪地判昭 55・8・22 判タ 449 号 228 頁 …300
福岡高判昭 55・9・17 下民集 31 巻 9〜12 号
　904 頁 ………………………………………291
東京高判昭 55・9・24 判タ 431 号 81 頁……325
東京高判昭 55・10・2 東高民時報 31 巻 10 号
　203 頁 ………………………………………293

686

判例索引

東京高判昭 55・10・23 判タ 430 号 148 頁…244
東京地判昭 55・11・26 判時 999 号 78 頁…168
大阪地判昭 55・11・28 判タ 440 号 133 頁…332
東京地判昭 55・12・15 労民集 31 巻 6 号
　　　1202 頁 ……………………………………42
仙台高決昭 56・1・14 判タ 431 号 103 頁…139
最判昭 56・1・19 民集 35 巻 1 号 1 頁…325, 351
大阪高判昭 56・1・20 判タ 444 号 142 頁…290
東京高判昭 56・1・29 判タ 437 号 112 頁…138
東京地判昭 56・1・29 判タ 437 号 113 頁…137
大阪地判昭 56・1・29 判タ 452 号 143 頁…117
最判昭 56・2・5 判タ 436 号 121 頁……327, 351
最判昭 56・2・17 判タ 438 号 91 頁
　　　………………179, 192, 196, 201, 202, 203
千葉地判昭 56・5・25 判時 1015 号 131 頁…73
東京地判昭 56・6・15 判時 1020 号 72 頁…297
最判昭 56・6・19 判タ 447 号 78 頁…………262
札幌高判昭 56・7・16 労民集 32 巻 3＝4 号
　　　502 頁 ………………………………………108
東京地判昭 56・8・19 判時 1035 号 123 頁…220
東京地判昭 56・10・29 判タ 466 号 128 頁…244
岐阜地判昭 56・11・20 判時 1043 号 119 頁
　　　……………………………………………254
東京地判昭 56・12・22 判タ 470 号 142 頁…122
大阪地判昭 57・2・17 判タ 474 号 185 頁…353
最判昭 57・3・4 判タ 470 号 121 頁…………334
最判昭 57・3・30 判タ 468 号 76 頁…………260
最判昭 57・4・13 民集 36 巻 4 号 659 頁……41
東京地判昭 57・4・28 判時 1057 号 94 頁
　　　………………………………140, 141, 159
東京高判昭 57・7・12 判タ 490 号 76 頁……264
最判昭 57・7・20 判タ 478 号 65 頁…………260
最判昭 57・10・7 判タ 485 号 63 頁 …………61
東京地判昭 57・11・19 判時 1075 号 131 頁
　　　……………………………………311, 317
東京高判昭 57・11・29 判タ 489 号 62 頁…352
浦和地判昭 57・12・15 判タ 494 号 112 頁…263
最判昭 58・1・20 判タ 496 号 94 頁
　　　…………………………………117, 169, 174
最判昭 58・1・25 金法 1034 号 41 頁 ………435
東京地判昭 58・1・27 判時 1089 号 68 頁…205
津地判昭 58・2・25 判タ 495 号 64 頁………245
東京地判昭 58・3・18 金判 683 号 40 頁……229
東京地判昭 58・3・22 下民集 34 巻 1～4 号

137 頁 ……………………………………………468
東京地判昭 58・3・30 判タ 500 号 180 頁 …457
福岡高判昭 58・6・7 判タ 497 号 197 頁……31
東京地判昭 58・6・8 判タ 516 号 135 頁……205
東京高判昭 58・7・19 下民集 34 巻 5～8 号
　　　574 頁 …………………………………148, 200
大阪高判昭 58・7・19 判タ 512 号 137 頁 …260
東京地判昭 58・7・28 判タ 512 号 129 頁 …135
最判昭 58・9・20 判タ 513 号 151 頁 …331, 351
大阪地判昭 58・9・26 判タ 533 号 185 頁 …257
京都地判昭 58・10・6 判時 1108 号 119 頁…231
大阪高判昭 58・10・27 判タ 524 号 231 頁
　　　…………………………………………117, 174
名古屋高判昭 58・11・16 判タ 519 号 152 頁
　　　…………………………………12, 329, 353
神戸地判昭 59・2・20 判タ 527 号 149 頁
　　　…………………………………117, 226, 227
最判昭 59・3・29 労判 427 号 17 頁 …………62
東京高判昭 59・3・29 判時 1115 号 99 頁 …138
高松高判昭 59・4・11 判タ 532 号 173 頁 …257
横浜地判昭 59・6・20 判タ 539 号 357 頁
　　　…………………………………571, 608, 620
東京地判昭 59・7・20 金判 720 号 27 頁…280
東京高判昭 59・7・25 判時 1126 号 36 頁 …205
仙台高決昭 59・9・4 判タ 542 号 220 頁 …135
東京高判昭 59・10・30 判時 1139 号 42 頁…135
東京地判昭 59・11・13 判時 1138 号 147 頁
　　　……………………………………………327
東京地判昭 59・11・28 判時 1138 号 85 頁
　　　…………………………………197, 201, 228
大阪地判昭 59・11・30 判タ 546 号 151 頁
　　　…………………………………196, 201, 202
大阪高判昭 59・12・14 判タ 549 号 187 頁…144
東京地判昭 59・12・24 判時 1166 号 99 頁…264
横浜地判昭 60・1・23 判タ 552 号 187 頁 …256
浦和地判昭 60・2・18 判タ 554 号 255 頁 …117
東京高判昭 60・2・28 判時 1149 号 107 頁…471
山形地新庄支判昭 60・2・28 判時 1169 号
　　　133 頁 ……………………………………141
最判昭 60・3・26 民集 39 巻 2 号 124 頁……261
東京高判昭 60・4・24 判タ 578 号 82 頁……325
最判昭 60・5・17 判タ 569 号 48 頁
　　　…………………………………156, 194, 200
東京高判昭 60・5・28 判時 1158 号 200 頁

687

判 例 索 引

　　　　　　　　　　　　……197, 228, 229
大阪高判昭 60・6・28 判タ 565 号 110 頁 …260
東京地判昭 60・9・17 判タ 616 号 88 頁
　　　　　　　　　　　　　　　　……122
名古屋地判昭 60・10・7 判タ 611 号 80 頁…117
東京地八王子支判昭 60・10・17 判時 1182 号
　105 頁………………………………………466

昭和 61～64 年

最判昭 61・3・13 民集 40 巻 2 号 229 頁……610
最判昭 61・3・13 労判 470 号 6 頁 …………40
東京高判昭 61・4・24 判時 1195 号 89 頁 …298
東京地判昭 61・4・25 判タ 625 号 191 頁 …119
名古屋地判昭 61・5・8 判タ 623 号 162 頁…268
京都地決昭 61・5・15 判タ 599 号 78 頁……329
東京地判昭 61・5・27 判時 1239 号 71 頁 …135
最判昭 61・5・30 判タ 606 号 37 頁…………260
東京地判昭 61・7・30 判タ 641 号 146 頁 …260
名古屋高判昭 61・8・20 判タ 626 号 202 頁
　　　　　　　　　　　　　　　　……342
福岡高判昭 61・10・1 判タ 638 号 183 頁 …352
最判昭 61・11・4 訟月 33 巻 7 号 1981 頁 …345
大阪高判昭 61・11・18 判タ 642 号 204 頁…259
最判昭 61・12・4 判タ 629 号 117 頁…………85
大阪高判昭 61・12・9 判タ 640 号 176 頁
　　　　　　　　　……129, 140, 141, 159
最判昭 62・1・22 判タ 631 号 130 頁 …507, 601
大分地判昭 62・3・25 判時 1244 号 116 頁…472
最判昭 62・4・2 判タ 644 号 94 頁……………69
仙台高判昭 62・4・27 判タ 655 号 165 頁 …257
東京地判昭 62・6・18 判時 1285 号 78 頁 …297
横浜地判昭 62・6・19 判時 1253 号 96 頁 …572
金沢地判昭 62・6・26 判時 1253 号 120 頁…119
東京地判昭 62・6・26 判時 1269 号 98 頁 …459
最判昭 62・7・10 民集 41 巻 5 号 1229 頁……47
最判昭 62・7・17 民集 41 巻 5 号 1283 頁
　　　　　　　　　　　　　　　……55, 68
名古屋地判昭 62・7・27 労民集 38 巻 3=4 号
　395 頁…………………………………………45
最判昭 62・9・18 労判 504 号 6 頁……………51
東京高判昭 62・10・28 判時 1260 号 15 頁…271
東京地判昭 62・11・5 判タ 670 号 156 頁
　　　　　　　　　　　　　　　……471, 611
最判昭 62・11・26 民集 41 巻 8 号 1585 頁…237

最判昭 63・1・19 判タ 661 号 141 頁 ………260
東京地決昭 63・1・19 判時 1267 号 148 頁 …63
最判昭 63・2・5 労判 512 号 12 頁……………48
横浜地判昭 63・2・24 判タ 671 号 140 頁 …595
静岡地沼津支判昭 63・2・24 判タ 678 号 190
　頁…………………………………………329
最判昭 63・3・15 民集 42 巻 3 号 170 頁 ……53
東京地判昭 63・3・29 判タ 685 号 248 頁 …282
最判昭 63・3・31 判タ 686 号 144 頁 ………260
東京高判昭 63・5・31 判時 1279 号 19 頁 …326
大阪高判昭 63・6・16 判タ 675 号 170 頁 …264
東京地判昭 63・6・22 判時 1312 号 118 頁…282
東京地判昭 63・6・29 金判 824 号 37 頁……117
東京地判昭 63・7・27 金法 1220 号 34 頁 …282
大阪高判昭 63・8・10 判タ 679 号 185 頁 …302
名古屋高判昭 63・9・29 金判 811 号 15 頁
　　　　　　　　　　……197, 228, 229, 231
大阪地判昭 63・12・23 判タ 700 号 207 頁…215
東京地判昭 63・12・27 判タ 730 号 190 頁…263

平成元～10 年

大阪高判平元・1・27 判タ 674 号 134 頁 …556
東京高判平・2・6 金判 823 号 20 頁 ………260
大阪高判平元・2・17 判タ 705 号 185 頁 …165
大阪高判平元・2・22 判タ 701 号 187 頁 …244
東京地判平元・3・14 判タ 691 号 51 頁……310
東京高判平元・5・9 判時 1308 号 28 頁……311
東京地判平元・6・20 判タ 730 号 171 頁 …263
東京地判平元・9・25 判タ 730 号 133 頁 …257
東京地判平元・10・12 判時 1355 号 85 頁…536
東京地判平元・10・16 判タ 713 号 187 頁…327
東京地判平元・12・25 判時 1361 号 72 頁…311
名古屋地判平 2・3・1 判時 1366 号 102 頁…264
東京地判平 2・3・2 判時 1364 号 60 頁……290
東京高判平 2・9・11 判タ 746 号 164 頁……264
東京高判平 2・10・17 判時 1367 号 29 頁 …595
神戸地判平 2・10・25 判タ 755 号 182 頁 …229
東京地判平 2・11・20 判タ 763 号 238 頁 …257
最判平 2・11・26 民集 44 巻 8 号 1085 頁……37
東京地判平 3・3・25 判タ 767 号 159 頁 …257
東京地判平 3・4・19 判時 1403 号 42 頁 …290
東京地判平 3・5・28 金判 887 号 25 頁 …282
東京地判平 3・6・14 判タ 775 号 178 頁
　　　　　　……141, 159, 164, 165, 167, 215

688

判 例 索 引

東京高判平 3・10・23 金法 1321 号 20 頁 …257
東京地判平 3・11・27 判時 1430 号 122 頁…279
東京地判平 3・11・28 判タ 787 号 211 頁 …264
東京高判平 3・12・4 判タ 786 号 206 頁……291
福岡高判平 4・1・30 判時 1431 号 131 頁 …302
東京地判平 4・1・31 判タ 786 号 215 頁……290
東京地判平 4・2・25 判時 1444 号 99 頁……292
福岡高判平 4・4・16 判タ 783 号 60 頁 …48, 49
東京地判平 4・4・28 判タ 811 号 156 頁 …255
東京地判平 4・5・22 判時 1448 号 137 頁 …276
最判平 4・6・8 判タ 812 号 177 頁 …………260
東京地判平 4・7・23 金判 932 号 33 頁 ……293
最判平 4・9・22 金法 1358 号 55 頁……243, 339
東京地判平 4・9・28 労判 617 号 31 頁………99
東京地判平 4・11・30 判タ 825 号 170 頁

　　　　　　　　　…………………197, 228, 231
京都地判平 4・12・4 判タ 809 号 167 頁……216
仙台高判平 4・12・8 判時 1468 号 97 頁……176
東京地判平 4・12・21 判タ 843 号 221 頁 …352
名古屋地決平 5・1・8 判時 1501 号 124 頁…329
神戸地判平 5・1・22 判タ 839 号 236 頁……263
高松地判平 5・2・16 判時 1490 号 118 頁

　　　　　　　　　…………………………329, 352
東京地判平 5・3・5 判時 1508 号 132 頁……352
東京高判平 5・3・30 判タ 863 号 216 頁……263
東京地判平 5・4・22 判タ 829 号 227 頁……291
東京高判平 5・5・26 判タ 848 号 241 頁……328
横浜地決平 5・6・17 判タ 840 号 201 頁……329
東京地判平 5・6・30 判タ 858 号 182 頁……264
京都地判平 5・9・27 判タ 865 号 220 頁

　　　　　　　　　………………………296, 352
最判平 5・10・19 民集 47 巻 8 号 5061 頁

　　　　　　　　　………………………133, 136
高松高判平 5・12・10 判タ 875 号 164 頁 …329
東京地判平 5・12・15 判時 1511 号 89 頁 …258
東京地判平 6・9・8 判時 1540 号 54 頁

　　　　　　　　　……………117, 164, 165
東京地判平 6・11・18 判時 1545 号 69 頁

　　　　　　　　　………………………296, 353
東京地判平 6・12・5 判タ 895 号 278 頁……669
東京高判平 6・12・21 判時 1593 号 63 頁 …329
東京地判平 7・2・17 判タ 891 号 146 頁

　　　　　　　　　………………………329, 352

東京地判平 7・2・22 判タ 905 号 197 頁……291
最判平 7・3・9 労判 679 号 30 頁 ……………36
東京地判平 7・3・13 判タ 890 号 140 頁……291
東京地判平 7・3・30 判タ 876 号 122 頁 ……49
最判平 7・4・25 民集 49 巻 4 号 1163 頁……263
最判平 7・5・30 判タ 897 号 64 頁 …………261
最判平 7・6・9 民集 49 巻 6 号 1499 頁……261
東京高判平 7・6・19 判タ 904 号 140 頁……259
大阪地決平 7・6・19 労判 682 号 72 頁……244
東京地判平 7・8・28 判時 1566 号 67 頁……245
最判平 7・9・5 判タ 891 号 77 頁 ……………48
東京高判平 7・10・25 判時 1579 号 86 頁 …263
東京地判平 7・10・27 判タ 915 号 148 頁 …264
東京地判平 7・11・27 判タ 918 号 160 頁 …264
東京高判平 7・11・29 判タ 904 号 134 頁 …291
東京地判平 7・12・25 判タ 909 号 163 頁……73
名古屋地判平 8・1・19 判時 1570 号 87 頁…329
最判平 8・1・23 民集 50 巻 1 号 1 頁 ………261
東京地判平 8・1・25 判タ 918 号 150 頁……264
東京地判平 8・3・13 判タ 935 号 240 頁……282
最判平 8・3・26 民集 50 巻 4 号 1008 頁 ……39
千葉地判平 8・3・26 金法 1456 号 44 頁……282
長野地松本支判平 8・3・29 労判 702 号 74 頁

　　　　　　　　　……………………………33
東京地判平 8・4・15 判時 1583 号 75 頁……257
福岡高判平 8・4・25 判タ 928 号 150 頁……282
最判平 8・4・26 民集 50 巻 5 号 1267 頁……444
千葉地判平 8・6・17 判時 1620 号 111 頁 …257
東京地判平 8・7・26 労判 699 号 22 頁……245
東京地判平 8・8・29 判タ 933 号 262 頁……669
東京高判平 8・11・27 判時 1617 号 94 頁 …541
最判平 8・11・28 判タ 927 号 85 頁 …………33
京都地判平 8・11・28 判タ 935 号 154 頁 …263
東京地判平 8・12・20 労経速 1623 号 11 頁

　　　　　　　　　……………………………311
大阪地判平 9・1・13 判タ 942 号 148 頁……264
東京地判平 9・1・31 労判 712 号 17 頁……75
最判平 9・2・14 民集 51 巻 2 号 337 頁

　　　　　　　　　………………………140, 176
千葉地判平 9・2・24 判タ 960 号 192 頁……256
東京高判平 9・3・5 LEX/DB25109038 　…352
最判平 9・3・27 判タ 944 号 100 頁 …………39
京都地判平 9・4・17 判タ 951 号 214 頁 ……48
東京地判平 9・5・26 判時 1611 号 147 頁……46

判 例 索 引

最判平 9・7・15 民集 51 巻 6 号 2581 頁
……………………………………140, 177
東京地判平 9・8・26 労民集 48 巻 4 号 349 頁
…………………………………………65
東京地判平 9・9・2 判タ 986 号 245 頁 ……258
東京地判平 9・9・9 金法 1518 号 45 頁 ……257
大阪地判平 9・9・11 交民 30 巻 5 号 1384 頁
…………………………………………264
東京高判平 9・9・24 判タ 981 号 142 頁……310
東京地判平 9・10・24 判タ 984 号 198 頁 …258
千葉地判平 9・10・27 判タ 1658 号 136 頁 …254
東京地決平 9・10・31 判タ 964 号 150 頁……29
福岡高判平 9・11・28 判タ 985 号 197 頁 …177
大阪高判平 9・12・12 判タ 980 号 185 頁 …257
東京地判平 9・12・22 判時 1662 号 109 頁…352
福岡地小倉支決平 9・12・25 労判 732 号 53
頁…………………………………………42
大阪高判平 10・3・13 判時 1654 号 54 頁 …259
最判平 10・4・9 判タ 972 号 122 頁 …………40
最判平 10・4・14 民集 52 巻 3 号 813 頁
……………………………………468, 564
東京地判平 10・6・12 金判 1056 号 26 頁 …344
東京地判平 10・6・25 判タ 1045 号 201 頁…311
東京地判平 10・6・26 判タ 1046 号 182 頁…292
福岡高判平 10・7・21 判タ 1000 号 296 頁…302
東京地判平 10・7・28 判時 1665 号 84 頁 …265
大阪高判平 10・7・31 判タ 998 頁 193 頁 …259
東京地判平 10・8・28 金法 1552 号 43 頁 …282
東京地判平 10・9・25 判時 1664 号 145 頁 …46
最判平 10・10・22 民集 52 巻 7 号 1555 頁
…………………………………243, 282, 353
最判平 10・10・30 判タ 991 号 125 頁…243, 353
大阪地判平 10・10・30 労判 750 号 29 頁……28
東京高判平 10・11・9 判タ 1034 号 166 頁…259
東京地八王子支判平 10・12・7 判自 188 号
73 頁 ………………………………………264
神戸地判平 10・12・9 判時 1685 号 77 頁 …259
東京高判平 10・12・10 労判 761 号 118 頁 …67

平成 11～20 年
東京地判平 11・1・25 判タ 1042 号 220 頁…264
大阪地判平 11・2・15 判時 1688 号 148 頁…256
最判平 11・2・23 民集 53 巻 2 号 193 頁
……………………………………459, 586

東京地判平 11・3・12 労判 760 号 23 頁
……………………………………99, 100
京都地判平 11・6・10 判タ 1006 号 298 頁…263
東京高判平 11・6・16 判タ 1029 号 219 頁
……………………………………155, 156
東京地判平 11・6・29 判タ 1081 号 220 頁…303
東京地判平 11・7・7 労判 766 号 25 頁………98
東京地判平 11・9・28 判タ 1085 号 232 頁…669
名古屋高判平 11・9・30 高民集 52 巻 75 頁
…………………………………………276
大阪高判平 11・9・30 判タ 1031 号 203 頁…341
大阪地判平 11・11・17 労判 786 号 56 頁 …112
東京地決平 11・11・29 労判 780 号 67 頁 …109
東京地判平 11・11・30 労判 789 号 54 頁……33
大阪地判平 11・12・17 労判 781 号 65 頁……17
東京地判平 11・12・21 判タ 1037 号 175 頁
…………………………………………340
神戸地判平 12・1・26 判タ 1045 号 181 頁…165
札幌地小樽支判平 12・2・8 判タ 1089 号 180
頁…………………………………………164
東京地判平 12・2・24 金判 1092 号 22 頁 …234
最判平 12・2・29 民集 54 巻 2 号 582 頁……262
神戸地判平 12・3・9 判時 1729 号 52 頁……264
最判平 12・3・24 民集 54 巻 3 号 1155 頁……48
東京高判平 12・4・19 労判 787 号 35 頁…28, 29
大阪地判平 12・6・30 労判 793 号 49 頁 ……99
大阪地判平 12・7・31 判タ 1074 号 216 頁…317
東京地判平 12・9・25 労判 796 号 49 頁 ……64
東京高判平 12・10・26 判時 1739 号 53 頁…260
東京地判平 12・11・14 判タ 1069 号 190 頁
…………………………………………229
仙台高判平 12・12・26 判時 1755 号 98 頁…258
東京地判平 12・12・26 判タ 1069 号 286 頁
……………………………………256, 291
東京地判平 13・1・25 金判 1129 号 55 頁 …389
大阪地判平 13・1・26 判時 1751 号 116 頁…255
最判平 13・2・22 判タ 1058 号 103 頁………219
東京地判平 13・2・27 労判 809 号 74 頁 ……99
東京地判平 13・5・10 判タ 1141 号 198 頁…257
東京高判平 13・5・24 判タ 1089 号 291 頁…341
最判平 13・6・8 判タ 1073 号 145 頁 ………261
最判平 13・7・13 判タ 1073 号 139 頁………468
最判平 13・11・27 民集 55 巻 6 号 1154 頁…262
東京地判平 13・12・3 労判 826 号 76 頁 ……49

判 例 索 引

釧路地判平 13・12・18 訟月 49 巻 4 号 1334
頁 ……………………………………338
最判平 14・1・17 民集 56 巻 1 号 20 頁 ……443
東京地判平 14・1・28 判タ 1107 号 233 頁…255
東京地判平 14・3・29 判時 1795 号 119 頁…294
東京地判平 14・4・16 労判 827 号 40 頁 ……46
東京地判平 14・4・22 判タ 1127 号 161 頁
　　　…………………………………117, 141
東京高判平 14・4・24 判時 1796 号 91 頁 …129
最判平 14・6・7 民集 56 巻 5 号 899 頁
　　　…………………………………533, 534
最判平 14・9・24 判タ 1106 号 85 頁 …173, 178
最判平 14・9・24 判タ 1106 号 87 頁 ……263
東京地判平 14・10・25
　　　2002WLJPCA10250007 …………………468, 564
最判平 14・11・8 判タ 1111 号 135 頁………261
東京地判平 15・2・5 判タ 1140 号 155 頁 …265
最判平 15・2・21 民集 57 巻 2 号 95 頁 ……443
東京地判平 15・3・25 判時 1839 号 102 頁…291
東京地判平 15・4・14 判時 1826 号 97 頁 …258
最判平 15・4・18 判タ 1127 号 93 頁…………73
東京地判平 15・5・21 判時 1840 号 26 頁 …352
最判平 15・6・12 民集 57 巻 6 号 563 頁……443
東京地判平 15・6・16 判タ 1175 号 196 頁…303
東京地判平 15・6・20 労判 854 号 5 頁………49
東京高判平 15・8・27 判時 1859 号 154 頁 …12
東京地判平 15・8・27 判タ 1139 号 121 頁 …97
東京地判平 15・9・8 判タ 1147 号 223 頁 …259
最判平 15・10・10 判タ 1138 号 74 頁………164
東京地判平 15・11・10 労判 870 号 72 頁 …109
東京地判平 15・11・10 判タ 1164 号 153 頁
　　　……………………………………………352
最判平 15・11・11 民集 57 巻 10 号 1466 頁
　　　……………………………………………261
最判平 15・11・14 判タ 1141 号 143 頁 ……261
東京高判平 15・11・26 判時 1864 号 101 頁
　　　…………………………………468, 554
東京地判平 15・12・19 労判 873 号 73 頁 …109
甲府地判平 16・1・20 判タ 1177 号 218 頁…275
東京地判平 16・2・16 判時 1870 号 67 頁 …352
東京地判平 16・3・10 判タ 1211 号 129 頁
　　　…………………………………149, 229, 232
大阪地判平 16・3・11 LEX/DB28090984 …310
東京地判平 16・3・30

2004WLJPCA03300009 ………………………468
最判平 16・4・20 家月 56 巻 10 号 48 頁
　　　…………………………………444, 445
東京地判平 16・4・27 判タ 1187 号 241 頁…257
東京地判平 16・5・10 判タ 1156 号 110 頁…264
東京高判平 16・6・3 金判 1195 号 22 頁……177
最判平 16・6・10 民集 58 巻 5 号 1178 頁 …341
東京地判平 16・7・9 判時 1878 号 103 頁 …274
最判平 16・7・13 民集 58 巻 5 号 1368 頁 …312
最判平 16・9・7 判タ 1169 号 158 頁 ………261
大阪高判平 16・9・10 民集 60 巻 9 号 3810 頁
　　　……………………………………………357
大阪地判平 16・9・29 判タ 1191 号 277 頁…177
東京高判平 16・9・30 判時 1880 号 72 頁 …352
最決平 16・10・1 判タ 1168 号 130 頁………341
東京地判平 16・10・4
　　　2004WLJPCA10040003 ……………………469
最判平 16・10・26 民集 58 巻 7 号 1921 頁…329
名古屋地判平 16・10・28 判タ 1204 号 224 頁
　　　……………………………………………469
東京地判平 16・12・22 判タ 1194 号 171 頁
　　　……………………………………………117
名古屋高判平 17・2・23 労判 909 号 67 頁…100
東京高判平 17・3・10 民集 60 巻 9 号 3514 頁
　　　……………………………………………357
東京地判平 17・3・30
　　　2005WLJPCA03300034 ……………………468
大阪高判平 17・4・22 民集 60 巻 9 号 3698 頁
　　　……………………………………………357
東京高判平 17・5・31 労判 898 号 16 頁 ……75
最判平 17・6・3 民集 59 巻 5 号 938 頁………33
東京地判平 17・6・24 判タ 1194 号 167 頁…255
東京地判平 17・7・8 判タ 1252 号 275 頁 …292
京都地判平 17・7・12 判時 1907 号 112 頁…275
東京地判平 17・7・13 労判 899 号 19 頁 ……75
最判平 17・9・8 判タ 1192 号 249 頁 ………262
大阪地判平 17・9・9 労判 906 号 60 頁………30
東京地判平 17・10・21 判タ 1224 号 263 頁
　　　……………………………………………669
大阪地判平 17・10・25 消費者法ニュース 66
号 131 頁 ………………………196, 201, 202
名古屋高判平 17・10・27 税資 255 号（順号
10180）………………………………461, 469
大阪高決平 17・11・9 家月 58 巻 7 号 51 頁

691

判 例 索 引

・・・276
名古屋地判平 17・12・21 判タ 1270 号 248 頁
・・・458, 469
横浜地判平 18・1・26 労判 927 号 44 頁・・・282
最判平 18・3・28 判タ 1227 号 150 頁 ・・・69
最判平 18・4・14 民集 60 巻 4 号 1497 頁 ・・・177
最決平 18・4・14 民集 60 巻 4 号 1535 頁 ・・・306
最判平 18・4・18 判タ 1210 号 67 頁 ・・・262
最判平 18・6・12 判タ 1218 号 215 頁・・・129
東京地判平 18・6・26 判タ 1240 号 273 頁
・・・607, 608
東京高判平 18・6・27 労判 926 号 64 頁・・・330
最判平 18・7・10 判タ 1222 号 140 頁・・・345, 351
東京地判平 18・8・30 金判 1251 号 13 頁 ・・・260
名古屋地判平 18・9・15 判タ 1243 号 145 頁
・・・155, 156, 196, 201, 202
東京高判平 18・10・24 判タ 1243 号 131 頁
・・・325, 330
最判平 18・10・27 判タ 1225 号 220 頁 ・・・262
横浜地判平 18・11・15 判タ 1239 号 177 頁
・・・645
東京地判平 18・11・21 判タ 1246 号 210 頁
・・・292
最判平 18・11・27 民集 60 巻 9 号 3437 頁
・・・243, 353
最判平 18・11・27 民集 60 巻 9 号 3597 頁
・・・243, 353
最判平 18・11・27 民集 60 巻 9 号 3732 頁
・・・243, 353
東京高判平 18・12・26 労判 931 号 30 頁・・・97
東京高判平 18・12・26 判タ 1285 号 165 頁
・・・155, 216, 232
東京地判平 19・1・26 判タ 1264 号 327 頁・・・635
東京地判平 19・2・28 労判 948 号 90 頁・・・100
名古屋高判平 19・3・8 税資 257 号（順号
10647）・・・469
名古屋地判平 19・3・30 LEX/DB28131293
・・・196, 201, 202
東京地判平 19・5・22 判時 1992 号 89 頁 ・・・117
東京地判平 19・5・23 判時 1985 号 79 頁 ・・・258
最判平 19・6・28 判タ 1250 号 73 頁・・・33
最判平 19・7・19 民集 61 巻 5 号 2019 頁 ・・・280
大阪高判平 19・9・27 金判 1283 号 42 頁・・・129
東京高決平 19・10・23 家月 60 巻 10 号 61 頁

・・・276
東京高判平 19・10・30 訟月 54 巻 9 号 2120
頁・・・461
東京地判平 19・11・30
2007WLJPCA11308005 ・・・608
大阪地判平 20・2・21 判タ 1318 号 173 頁・・・275
東京地判平 20・3・12 判タ 1295 号 242 頁・・・165
東京地判平 20・3・14
2008WLJPCA03148011 ・・・469
大阪高判平 20・4・25 判タ 1276 号 218 頁・・・635
京都地判平 20・4・30 判タ 1281 号 316 頁・・・631
大阪地判平 20・5・14 判タ 1287 号 185 頁・・・256
東京地判平 20・5・21 判タ 1292 号 215 頁・・・279
東京地判平 20・5・30 判時 2021 号 75 頁 ・・・303
東京地判平 20・6・4 判タ 1298 号 174 頁 ・・・260
東京高判平 20・6・26 労判 978 号 93 頁・・・100
東京高判平 20・6・27 労判 971 号 46 頁 ・・・30
最判平 20・7・4 判タ 1285 号 69 頁・・・276, 352
東京高判平 20・9・26 判タ 1322 号 208 頁・・・275

平成 21～29 年

東京地判平 21・1・20 判時 2035 号 59 頁 ・・・469
最判平 21・1・22 民集 63 巻 1 号 228 頁
・・・275, 441
東京地判平 21・1・23 判タ 1301 号 226 頁・・・256
最判平 21・4・17 判タ 1297 号 124 頁・・・341
宇都宮地栃木支決平 21・4・28 労判 982 号 5
頁 ・・・104
東京地判平 21・6・16
2009WLJPCA06168006 ・・・468
横浜地判平 21・7・10 判時 2074 号 97 頁 ・・・298
最判平 21・7・16 民集 63 巻 6 号 1280 頁 ・・・275
東京地判平 21・9・28
2009WLJPCA09288006 ・・・546, 547
大阪地決平 21・10・23 労判 1000 号 50 頁 ・・・44
東京高判平 21・10・29 判時 2071 号 129 頁
・・・635
東京地判平 21・10・30 判時 2075 号 48 頁・・・227
鹿児島地名瀬支判平 21・10・30 判タ 1314 号
81 頁 ・・・274
大阪地判平 21・12・4 判タ 1345 号 196 頁・・・298
最判平 21・12・18 民集 63 巻 10 号 2754 頁・・・31
東京高判平 21・12・21 判タ 1328 号 134 頁
・・・243, 340, 353

判例索引

東京地判平 21・12・21 判時 2074 号 81 頁…352
岡山地判平 22・1・22 判タ 1376 号 170 頁…254
最判平 22・1・26 民集 64 巻 1 号 219 頁……263
東京地判平 22・1・27 判タ 1328 号 126 頁…257
東京高判平 22・2・16 判タ 1336 号 169 頁
　……………………………………………326, 338
最判平 22・3・25 民集 64 巻 2 号 562 頁 ……44
東京地判平 22・3・29 判時 2099 号 49 頁 …468
東京地判平 22・4・27
　2010WLJPCA04278023 …………………585
東京地判平 22・4・28 判タ 1332 号 71 頁……17
東京地判平 22・5・10
　2010WLJPCA05108001 …………………474
東京地判平 22・5・17
　2010WLJPCA05178008 …………………555
大阪高判平 22・6・17 判タ 1343 号 144 頁…669
東京地判平 22・6・21 判タ 1341 号 104 頁…282
最判平 22・6・29 民集 64 巻 4 号 1235 頁
　…………………………………………532, 562
最判平 22・7・12 民集 64 巻 5 号 1333 頁……76
東京地判平 22・8・25
　2010WLJPCA08258033 …………………468
高松高判平 22・8・30 判時 2106 号 52 頁
　…………………………………………243, 340
東京地判平 22・9・8 労判 1025 号 64 頁……100
東京地判平 22・9・16 金法 1924 号 119 頁…275
東京地判平 22・9・21 判タ 1349 号 136 頁…352
最判平 22・10・8 民集 64 巻 7 号 1719 頁 …444
東京地判平 22・10・20
　2010WLJPCA10208002 ………………469, 602
東京地判平 22・10・26 判時 2114 号 77 頁
　………………………………140, 141, 159
福岡高判平 22・10・29 判時 2111 号 41 頁…257
津地判平 22・11・5 労判 1016 号 5 頁………103
東京地判平 22・12・8 判タ 1377 号 123 頁…258
福岡高宮崎支判平 22・12・22 判タ 1351 号
　192 頁 …………………………………256
東京地判平 22・12・22 判時 2121 号 91 頁…555
東京地判平 22・12・28 金法 1948 号 119 頁
　…………………………………………………345
神戸地判平 23・1・18 判タ 1367 号 152 頁…165
東京地判平 23・1・19 金判 1383 号 51 頁
　…………………………………………469, 603
東京高判平 23・2・23 判時 2129 号 121 頁

　…………………………………………65, 66
東京地決平 23・2・25 労判 1029 号 86 頁
　………………………………………17, 34
福岡高判平 23・3・10 労判 1020 号 82 頁……30
東京地判平 23・4・5
　2011WLJPCA04058001 ………………468, 507
最判平 23・4・12 民集 65 巻 3 号 943 頁 …34
最判平 23・4・12 判タ 1350 号 165 頁 ………34
京都地判平 23・7・4 労旬 1752 号 83 頁……106
東京高判平 23・8・3 金法 1935 号 118 頁 …275
東京地判平 23・9・2
　2011WLJPCA09028004 ………………469, 602
東京高判平 23・9・9 判タ 1370 号 179 頁 …669
東京地判平 23・11・25 労判 1045 号 39 頁
　…………………………………………99, 100
最判平 23・12・16 判タ 1363 号 47 頁………121
東京地判平 23・12・16 判タ 1384 号 196 頁
　…………………………………………………264
東京地判平 23・12・19 判タ 1372 号 143 頁
　…………………………………………………334
東京地判平 24・1・30 判タ 1404 号 207 頁…258
京都地判平 24・1・30 判タ 1370 号 183 頁…276
東京地判平 24・2・29 判タ 1385 号 282 頁
　…………………………………………………469, 549
東京地判平 24・3・1 判タ 1394 号 366 頁 …234
東京地判平 24・3・9 労判 1050 号 68 頁 ……49
東京地判平 24・3・23 判タ 1386 号 372 頁…237
東京地判平 24・3・29 判タ 1384 号 180 頁…303
福岡高判平 24・4・10 判タ 1383 号 335 頁…353
東京地判平 24・4・16
　2012WLJPCA04168014 …………………547
知財高判平 24・5・16 判タ 1406 号 216 頁…259
京都地判平 24・7・19 判タ 1388 号 343 頁 …13
東京地判平 24・8・9 判タ 1393 号 194 頁 …332
東京地判平 24・11・21 判タ 1394 号 203 頁
　…………………………………………………282
東京地判平 24・12・14 労判 1067 号 5 頁……32
東京地判平 25・3・8
　2013WLJPCA03089001 ………………468, 471
東京地判平 25・3・12
　2013WLJPCA03128003 …………………547
大阪地堺支判平 25・3・14 金判 1417 号 22 頁
　…………………………………………………264
大阪高判平 25・3・29 判時 2219 号 64 頁……13

693

判 例 索 引

最判平 25・4・16 民集 67 巻 4 号 1049 頁
　……………………………………256, 351
東京地判平 25・5・27
　2013WLJPCA05278008 ……………547
東京地判平 25・5・28 判タ 1416 号 234 頁…353
東京地判平 25・5・30 判タ 1417 号 357 頁
　……………………………………254, 257
東京地判平 25・7・1 判タ 1416 号 211 頁 …245
東京地判平 25・9・26 判時 2212 号 97 頁 …117
東京地判平 25・11・12 判タ 1417 号 215 頁
　……………………………………264, 282
東京地判平 25・11・22 LEX/DB25516155 …196
横浜地判平 25・12・25 判時 2219 号 89 頁…257
東京地判平 26・2・6
　2014WLJPCA02068010 ……………468
最判平 26・2・25 民集 68 巻 2 号 173 頁……445
最判平 26・2・27 民集 68 巻 2 号 192 頁
　……………………………………500, 533
東京地判平 26・5・29 判時 2236 号 113 頁…245
大阪高判平 26・6・19 判タ 1409 号 255 頁…254
東京地判平 26・10・24 判時 2266 号 70 頁…144
東京地判平 26・10・30 判時 2257 号 70 頁…144
東京地判平 26・11・12 労判 1115 号 72 頁 …99
東京地判平 26・11・14
　2014WLJPCA11148005 ……………555
最判平 26・12・12 判タ 1410 号 66 頁………445
東京地判平 26・12・24 判時 2260 号 57 頁
　………………………………………155, 196
東京地判平 26・12・24 判時 2266 号 70 頁…334

横浜地判平 26・12・25 判時 2271 号 94 頁
　……………………………………276, 353
東京地判平 27・2・25
　2015WLJPCA02258013 ……………547
東京地判平 27・2・26 判時 2270 号 56 頁 …276
東京地判平 27・3・25 判時 2274 号 37 頁 …256
名古屋高金沢支判平 27・5・13 判時 2266 号
　61 頁……………………………………177
東京地判平 27・5・29 判時 2273 号 83 頁 …327
最判平 27・9・15 判タ 1418 号 96 頁 ………669
東京地判平 27・11・16 労判 1134 号 57 頁 …17
大阪地判平 27・11・30 労判 1137 号 61 頁 …34
東京地判平 28・1・25 判タ 1427 号 205 頁…353
最判平 28・2・19 民集 70 巻 2 号 123 頁…37, 38
京都地判平 28・5・27 判時 2328 号 85 頁 …205
最判平 28・6・27 民集 70 巻 5 号 1306 頁 …670
大阪高判平 28・7・29 判タ 1435 号 114 頁 …34
東京地判平 28・11・25 労経速 2306 号 22 頁
　………………………………………………109
大阪地判平 28・12・15 労働判例ジャーナル
　61 号 22 頁……………………………………62
最大決平 28・12・19 民集 70 巻 8 号 2121 頁
　……………………………………444, 445
東京地立川支判平 29・1・31 労判 1156 号 11
　頁…………………………………………38
最判平 29・4・6 判タ 1437 号 67 頁…………445
東京地判平 29・6・29 労判 1164 号 36 頁……61
最判平 29・7・24 民集 71 巻 6 号 969 頁……670

新注釈民法(14) 債 権(7)
New Commentary on the Civil Code of Japan Vol. 14

平成 30 年 10 月 20 日　初版第 1 刷発行
令和 7 年 3 月 10 日　初版第 3 刷発行

編　　者	山　本　　　豊
発 行 者	江　草　貞　治

発 行 所　株式会社　有　斐　閣
東京都千代田区神田神保町 2-17
郵便番号 101-0051
http://www.yuhikaku.co.jp/

印　刷　株式会社　精　興　社
製　本　牧製本印刷株式会社

Ⓒ 2018, Yutaka YAMAMOTO. Printed in Japan
落丁・乱丁本はお取替えいたします。
★定価はケースに表示してあります。
ISBN 978-4-641-01760-3

[JCOPY] 本書の無断複写（コピー）は、著作権法上での例外を除き、禁じられています。複写される場合は、そのつど事前に、(一社)出版者著作権管理機構（電話03-5244-5088, FAX03-5244-5089, e-mail:info@jcopy.or.jp）の許諾を得てください。

有斐閣コンメンタール　　　◎＝既刊　＊＝近刊

新 注 釈 民 法　全20巻
編集代表　大村敦志　道垣内弘人　山本敬三

◎　第 1 巻　総 則 1　　1条〜89条　　　　　　　　　　　山野目章夫編
　　　　　　　　　　　　　　通則・人・法人・物

　　第 2 巻 I 総 則 2　　90条〜92条　　　　　　　　　　　山 本 敬 三編
　　　　　　　　　　　　　　法律行為(1)／法律行為総則

◎　第 2 巻 II 総 則 2　　93条〜98条の2　　　　　　　　山 本 敬 三編
　　　　　　　　　　　　　　法律行為(1)／意思表示

＊　第 3 巻　総 則 3　　99条〜174条　　　　　　　　　　佐久間　毅編
　　　　　　　　　　　　　　法律行為(2)・期間の計算・時効

　　第 4 巻　物 権 1　　175条〜179条　　　　　　　　　松 岡 久 和編
　　　　　　　　　　　　　　物権総則

◎　第 5 巻　物 権 2　　180条〜294条　　　　　　　　　小 粥 太 郎編
　　　　　　　　　　　　　　占有権・所有権・用益物権

◎　第 6 巻　物 権 3　　295条〜372条　　留置権・先取特権　道垣内弘人編
　　　　　　　　　　　　　　・質権・抵当権(1)

◎　第 7 巻　物 権 4　　373条〜398条の22　　　　　　　森 田　修編
　　　　　　　　　　　　　　抵当権(2)・非典型担保

◎　第 8 巻　債 権 1　　399条〜422条の2　　　　　　　磯 村　保編
　　　　　　　　　　　　　　債権の目的・債権の効力(1)

　　第 9 巻　債 権 2　　423条〜465条の10　　債権の効力　沖 野 眞 已編
　　　　　　　　　　　　　　(2)・多数当事者の債権及び債務

◎　第 10 巻　債 権 3　　466条〜520条の20　　債権の譲渡　山 田 誠 一編
　　　　　　　　　　　　　　・債務の引受け・債権の消滅・他

　　第 11 巻 I 債 権 4　　521条〜532条　　　　　　　　　渡 辺 達 徳編
　　　　　　　　　　　　　　契約総則／契約の成立

◎　第 11 巻 II 債 権 4　　533条〜548条の4　　契約総則／契　渡 辺 達 徳編
　　　　　　　　　　　　　　約の効力・契約の解除・定型約款・他

　　第 12 巻　債 権 5　　549条〜586条　　　　　　　　　池 田 清 治編
　　　　　　　　　　　　　　贈与・売買・交換

◎　第 13 巻 I 債 権 6　　587条〜622条の2　　　　　　　森 田 宏 樹編
　　　　　　　　　　　　　　消費貸借・使用貸借・賃貸借

　　第 13 巻 II 債 権 6　　借地借家法　　　　　　　　　　森 田 宏 樹編

◎	第14巻	債 権 7	623条〜696条　雇用・請負・委任・寄託・組合・終身定期金・和解	山 本　　豊 編
◎	第15巻	債 権 8〔第2版〕	697条〜711条　事務管理・不当利得・不法行為(1)	窪 田 充 見 編
◎	第16巻	債 権 9	712条〜724条の2不法行為(2)	大 塚　　直 編
◎	第17巻	親 族 1	725条〜791条総則・婚姻・親子(1)	二 宮 周 平 編
	第18巻	親 族 2	792条〜881条　親子(2)・親権・後見・保佐及び補助・扶養	大 村 敦 志 編
◎	第19巻	相 続 1〔第2版〕	882条〜959条総則・相続人・相続の効力・他	潮 見 佳 男 編
	第20巻	相 続 2	960条〜1050条　遺言・配偶者の居住の権利・遺留分・特別の寄与	水 野 紀 子 編